ANDROID DESIGN PATTERNS

안드로이드 디자인 패턴

그렉 누들면 저 / 유윤선 역

YoungJin.com Y.
영진닷컴

안드로이드 디자인 패턴

독자님의 의견을 받습니다.
이 책을 구입한 독자님은 영진닷컴의 가장 중요한 비평가이자 조언가입니다. 저희 책의 장점과 문제점이 무엇인지, 어떤 책이 출판되기를 바라는지, 책을 더욱 알차게 꾸밀 수 있는 아이디어가 있으면 이메일, 또는 우편으로 연락주시기 바랍니다. 의견을 주실 때에는 책 제목 및 독자님의 성함과 연락처(전화번호나 이메일)를 꼭 남겨 주시기 바랍니다. 독자님의 의견에 대해 바로 답변을 드리고, 또 독자님의 의견을 다음 책에 충분히 반영하도록 늘 노력하겠습니다.

STAFF

저자 그렉 누들먼 | **역자** 유윤선 | **총괄** 김태경 | **진행** 조충래 | **표지 디자인** 디자인팀 고은애 | **내지 편집** 디자인팀 고은애
이메일 : support@youngjin.com
주 소 : (우)153-803 서울특별시 금천구 가산동 664번지 대륭테크노타운 13차 10층 (주) 영진닷컴 기획1팀
팩 스 : (02) 2105-2200
전 화 : 1588-0789
등 록 : 2007. 4. 27. 제16-4189호

그렉 누들먼은 성공하는 디자인이 있다고 믿는다. 그렉은 SkunkWorks 팀에 들어간 후 이베이 모바일 앱(오늘날 50억 달러 이상의 수입을 올리는)의 초기 버전을 개발하면서 모바일 디자인을 처음 접했다.

그렉은 15년 이상 이베이, WebEx, 웰스 파고, Safeway/Vons, 시스코, IBM, 그루폰, Associated Press, 미국 특허청 등 포춘 500대 기업, 비영리 기업, 스타트업을 대상으로 크로스플랫폼 디지털 경험을 창출하는 데 도움을 줬다.

그렉은 아마존에서 평점 5점을 굳건히 지키고 있는 '검색 디자인: 전자 상거래 성공을 위한 UX 전략(Designing Search: UX Strategies for eCommerce Success, 와일리 출판사, 2011년)'의 저자다. 이 책에는 오늘날 검색 분야에서 유명한 전문가들(그렉이 특히 자랑스러워하는 부분이다)의 19가지 관점이 들어 있다.

그렉은 다음 저서에서도 장을 기고하거나 자신의 관점을 전달해 도움을 주었다.

- 모바일 디자인 패턴(Mobile Design Patterns, Smashing Media, 2012)
- 모바일 북(The Mobile Book, Smashing Media, 2013)
- 검색 경험 디자인(Designing the Search Experience, Tony Russell-Rose and Tyler Tate, 2013, Morgan-Kaufmann)
- 사이트를 위한 검색 분석(Search Analytics for Your Site, Lou Rosenfeld, Rosenfeld Media, 2011)

태블릿 화면 전환 스토리보드 작성에 대한 그렉의 연구는 최근 레이첼 힌먼의 The Mobile Frontier(Rosenfeld Media, 2012)에서도 강조한 바 있다.

그렉은 모바일 및 태블릿 디자인과 디지털 디자인 전략 주제와 관련해 Smashing Magazine, Boxes and Arrows, JavaWorld, ASP.NET Pro, Uxmatters, UXMagazine 등 선두 잡지사에 30개 이상의 기사를 기고했다.

그렉은 FatDUX, Rosenfeld, Media, Wiley, eConsultancy와 제휴하고 있으며, 워크숍 리더로서 마켓 대학(Marquette University), 헐트 비즈니스 스쿨(HULT Business School), 연합 통신사(Associated Press), 웰스 파고(Wells Fargo)에 워크숍 강연을 했다.

그렉은 세계적인 명성을 지닌 강연자로서, Adaptive Path의 UXWeek, SXSW, MobX, IA Summit, WebVisions, Design4Mobile, Search Engine Summit, Enterprise Search Summit, Net Squared Conference, DrawCamp, SketchCamp 같은 유명 컨퍼런스 및 워크숍에서 자주 강연했다.

그는 2011년 스케치캠프 SF 2011을 주최한 UX 스케치캠프 운동의 공동 창시자다. 그렉의 크로스 플랫폼 디자인 전략 컨설팅 업체인 디자인카페인은 샌프란시스코 임항 지구에 위치한다.

감사의 글

책을 써본 적이 없는 사람이라면 책 한 권을 끝내는 데 얼마나 많은 피와 땀과 눈물이 필요한지 상상하기 어려울 것이다. 이 자리를 빌어 스튜디오 B의 에이젠트 닐 솔킨드와 와일리 출판사의 환상적인 편집팀(샤를로트 쿠겐, 앰브로즈 리틀)에게 감사하고 싶다. 이 책에서 잘못된 내용이 있다면 그건 전적으로 내 잘못이고 이 분들의 잘못이 아니다. 또, 이 책에 대한 아이디어를 처음으로 갖게 해준 로버트 엘리엇에게도 감사하고 싶다. 아울러 핵심적인 안드로이드 시각 디자인 테마를 선별하고 분류하는 데 큰 도움을 준 킴벌리 존슨에게도 감사의 말을 전한다. 끝으로 이 책을 쓰는 동안 가정에 충실하지 못하고, 가족과의 약속도 자주 어겨야 했던 나를 이해하고 지지해준 가족들에게도 감사하다는 말을 전한다.

우리가 만났을 때 그렉이 처음으로 한 말은 "내가 집필하고 있는 책을 네가 이미 출간했어"라는 말이었다. 그렉은 내가 오라일리 미디어를 통해 2012년 출간한 모바일 디자인 패턴 갤러리라는 책을 말하고 있었다. 나는 그 당시 조금 미안한 마음이 들었다. 하지만 지금은 내가 책을 먼저 출간한 것이 다행이라고 생각한다. 물론 독자들이 생각하는 그런 이유에서는 아니다.

내가 패턴 갤러리를 시작했을 때 나는 6가지 주요 모바일 디자인 플랫폼에서 모두 볼 수 있는 보편적인 디자인 패턴을 찾아내는 데 집중했다. 2년 후 산업 분야가 성장함에 따라 모바일 플랫폼에서는 세 개의 거대 플랫폼만 남게 됐고 각자 자기만의 패턴과 원칙을 지니고 있었다. 보편적 패턴은 아직도 가치가 있기는 하지만, 좀 더 중요한 것은 구체적인 운영체제 속으로 깊이 들어가는 것이다.

그렉은 이와 같은 변화를 눈치채고 빠르게 성장하는 플랫폼인 안드로이드와 가장 최근에 출시된 운영체제인 젤리빈에 집중하기로 결정했다. 그의 책은 모바일 디자이너와 개발자들에게 친절하게 다가가 모바일 사용자 경험을 마스터할 수 있게 안내해준다.

이 책은 레퍼런스 책이라기보다는 워크숍에 가깝다. 그렉은 모바일 기기와 태블릿 기기에서 보편적인 시각 디자인 패턴과 안드로이드 UI 디자인 가이드라인의 기초에서 주제를 한 단계 더 발전시켜 디자인 원칙을 실전에서 적용할 수 있게끔 해준다. 각 절에서는 기본 원칙을 다루고, 주의할 점과 안티패턴을 경고하며, 기존 앱을 재디자인하는 법을 자세히 보여줌으로써 설명한 이론을 실전에 적용하는 법을 보여준다. 이 책은 디자인 세션에 참여할 때 가져가 팀과 함께 볼 만한 책이다. 7장 '검색'과 8장 '정렬 및 필터링'에 나온 패턴만 사용하더라도 이 책을 통해 독자들은 수없이 많은 시간을 절약할 수 있다. 이 책을 모두 읽고 활용한다면 여러분이 고객에게 전달하는 모바일 사용자 경험의 모든 측면이 크게 개선될 것이라고 믿어 의심치 않는다.

결론을 얘기하자면 이 정도 깊이로 안드로이드 응용 디자인을 다루는 리소스는 어디에도 없다. 다음 번에는 그렉이 윈도우용 디자인 패턴을 써 주기를 바랄 뿐이다. 그럼 재미있는 시간이 되기를 바란다.

테레사 닐 / UX 디자이너, 스타트업 컨설턴트, 저자/강연자
테레사 닐 인터페이스 디자인(www.theresaneil.com)

역자 서문

성공하는 앱과 실패하는 앱에는 분명히 차이가 존재한다. 하지만 그 차이가 무엇인지 찾아내기란 쉽지 않다. 기능이 비슷하고, 디자인이 비슷한데도 어떤 앱은 성공하고, 어떤 앱은 사용자로부터 외면을 받는다. 물론 여기에는 여러 가지 요소가 개입할 수 있지만 그 중 하나는 다름 아닌 사용자 경험이다.

따라서 성공하는 앱을 개발하려면 일단 성공하는 사용자 경험을 전달해야 한다. 하지만 모바일과 태블릿 기기가 다양한 만큼 디자인과 사용자 경험 측면에서 검토해야 할 사항은 그만큼 많다. 이를테면 4인치 기기 화면에서의 사용자 경험은 7인치 태블릿에서의 사용자 경험과는 다르다. 그 차이는 사용자가 기기를 한 손으로 쥐고 있는지, 두 손으로 쥐고 있는지 같은 인체공학적 요소로부터도 기인하고, 기기의 단순 화면 크기와 같은 폼 팩터(form factor)로부터도 기인한다. 또, 모바일 폰처럼 기기를 항상 가지고 다니는지, 주로 거실이나 실내에서 책상이나 무릎 등에 기기를 올려놓고 사용하는 지와 같은 사용 컨텍스트에 따라 달라지기도 한다. 아울러 기기에서 GPS나 무선 통신망을 사용할 수 있는지, 기기를 흔드는 제스처나 전체 화면 전환을 사용하는 게 어색하지 않을 만큼 기기 크기가 작은지(또는 큰지)에 따라서도 사용자 경험은 달라지기 마련이다.

따라서 성공하는 모바일 사용자 경험을 전달하려면 우선 모든 상황에서 적용할 수 있는 공통적인 디자인 패턴을 찾아내고, 모바일 폰, 소형 태블릿, 대형 태블릿 등 사용자 경험이 크게 달라지는 기기군을 분류해 각 상황에 맞는 최적화된 디자인을 구현해야 한다. 이 책에서는 이를 위해 58가지 디자인 패턴을 제시한다. 이들 패턴은 안드로이드의 UI 가이드라인을 토대로 하지만, 여기에 국한되지 않고 필요에 따라 인체공학적 측면이나 사용성 측면에서 더 나은 해결책을 제시하기도 한다. 또 이 책에서는 58가지 패턴만큼이나 중요한 12가지 안티패턴도 소개한다. 보통, 나쁜 디자인이나 나쁜 사용자 경험은 무언가를 하지 않아서가 아니라 잘못 행동을 하는 데서 기인한다. 그런 측면에서 이 책에 나와 있는 12가지 안티패턴은 모든 안드로이드 디자이너가 꼭 삼가야 할 패턴이라고 할 수 있다.

이뿐 아니라 이 책에서는 사용자 중심 모바일 디자인을 구현하는 데 꼭 필요한 방법론도 제시한다. 이 책이 위대한 점은 책 전체에서 이 프로토타입 방법론을 실제로 적용한 드로잉을 보여줌으로써 독자들이 계속해서 검증된 방법론을 사용하게 하고, 화면에서 디자인 패턴이 적용된 모습을 한눈에 볼 수 있게 해준다는 점이다. 즉, 저자는 자신의 방법론이 얼마나 실용적인지 이 책을 통해 증명하고 있으며, 독자들은 이 방법론의 유용성은 물론 실제 사례에 디자인 패턴이 적용되는 모습을 통해 각 디자인 패턴을 현업에 바로 응용할 수 있는 응용력을 갖추게 된다.

또, 이 책에서는 각 디자인 패턴을 소개하면서 태블릿에서의 활용법이나 다른 활용법을 끊임없이 소개한다. 이를 통해 독자들은 아무리 좋은 디자인 패턴이라고 하더라도 모든 상황에 적합하지는 않음을 알 수 있고, 각 상황에서 가장 효과적인 디자인 패턴을 찾아내는 혜안을 키울 수 있다. 특히 이 책에서 계속해서 소개하는 반려동물 가게 애플리케이션은 이 책의 58가지 효과적인 디자인 패턴을 적용하고, 12가지 안티패턴으로부터 벗어난 안드로이드 디자인 패턴의 총 집약체다. 이를 통해 독자들은 전체 맥락에서 각기 다른 디자인 패턴을 어떻게 서로 결합하고, 조합해 효과적인 사용자 경험을 전달할 수 있는지 몸소 익힐 수 있다.

간단히 말해 이 책은 효과적이고 성공하는 안드로이드 앱 디자인의 고든 것이 들어 있는 완벽 지침서다. 이 책에서 소개하는 디자인 패턴을 효과적으로 적용하고, 12가지 안티패턴을 삼간다면 누구든 성공하는 앱 디자인을 구현할 수 있다고 감히 말할 수 있다. 아울러 이 책과 함께 제공되는 병행 웹사이트(www.AndroidDesignBook.com)까지 활용한다면 안드로이드 앱 디자인에 필요한 천군만마를 얻을 수 있을 것이다.

이 책의 대상 독자

이 책은 효과적인 모바일 사용자 경험을 전달하고 싶거나 성공하는 앱을 구현하고 싶은 안드로이드 앱 디자이너, 개발자, 기획자를 대상으로 한다. 이 책에서는 코드 예제를 전혀 다루지 않는 만큼, 안드로이드 개발 경험이 없는 독자라도 누구나 이 책을 볼 수 있다. 아울러 iOS, 윈도우 모바일 폰 등 다른 모바일 플랫폼 분야에 있다가 안드로이드 개발을 시작하는 독자라면 이 책을 통해 안드로이드에 최적화된 디자인 패러다임과 다른 모바일 플랫폼과는 다른 안드로이드의 디자인 DNA를 익히는 데 큰 도움이 될 것이다.

감사의 글

먼저 이 책의 번역을 맡겨 준 영진닷컴에 감사한다. 그리고 좋은 책을 집필해준 저자 그렉 누들먼에게도 감사하고 싶다. 끝으로 나와 항상 함께하시는 하나님과 사랑하는 가족에게도 감사의 말을 전한다.

유윤선

CONTENTS 목차

5. 웰컴 사용자 경험　87

6. 홈 화면　105

7. 검색　131

이 책을 손에 쥐고 있는 독자들이 궁금해 할만한 몇 가지 질문에 대한 답부터 해보겠다.

왜 모바일 컴퓨팅인가?

제임스 로드: 자네는 군인이 아니잖아.

토니 스타크: 맞아. 나는 군인이 아니라 군대야.

아이언 맨, 마블 스튜디오, 2008년

모바일 컴퓨팅은 인류 역사상 가장 많은 가능성을 지닌 발전 분야다. 우리는 정보, 아이디어, 제품이 단 며칠(또는 몇 분) 내에 지구상 모든 사람에게 전달될 수 있는 거의 무한한 가능성을 지닌 시대에 살고 있다. 다른 어떤 현대 기술도 모바일 컴퓨팅만큼의 파급력과 잠재성을 갖고 있지 않은 것도 이 때문이다. 하지만 단순한 전달만으로는 불충분하다. 모바일 기술이 세계를 바꾸는 힘은 사람들을 편안하게 해주고, 사람들이 서로 쉽게 연결될 수 있는 힘을 주고, 똑똑한 결정을 하게 해주고, 재미 없는 일상을 벗어나려는 사람들의 욕구를 충족시켜주는 데 있다.

터치 스마트폰의 등장으로 인해 기술 사이의 관계는 직관적인 디지털 비서와의 관계로 발전했다. 이는 마치 초인적인 센서를 부착한 추가 신체 기관과도 같으며, 인공 두뇌를 갖춘 사이보그나 아이언맨 수트를 입은 토니 스타크에 비견될 만하다.

아이언맨은 필자가 가장 좋아하는 비유 대상이다. 이 수트는 토니 스타크의 몸의 일부가 아니지만, 수트를 입고 나면 토니는 수트와 하나가 된다. 아이언맨 수트는 토니의 의도대로 반응하고, 토니는 별다른 노력을 할 필요가 없다(즉, 인지적 저항이 없다는 뜻이다). 결국 아이언맨도 사람이다. 하지만 아이언맨도 사람이다. 하지만 아이언맨에게는 힘이 있다. 아이언맨이 믿을 수 없는 힘을 발휘하려면 이와 같은 기술과의 독특한 공생 관계가 필요하다.

모바일 폰은 우리의 아이언맨 수트다. 잘 구현된 모바일 경험은 인공 두뇌를 이루는 뼈와 같다. 앱을 효과적으로 디자인하고 개발한다면 사용자들은 보호받는 기분을 느끼고, 토니 스타크가 아이언맨 수트를 입었을 때처럼 강력한 힘을 발휘할 수 있을 것이다.

왜 안드로이드인가?

모바일 분야를 계속 지켜본 사람이라면 초창기 안드로이드에 몇 가지 성장통이 있었던 것을 기억할 것이다(좋게 말해 성장통이다). 시장 파편화, 표준 부족으로 인한 전반적인 혼란, 지나치게 빠른 업데이트 모두 이런 이런 비난의 대상이었다. 하지만 마치 아드레날린과 스테로이드로 힘을 얻은 프로 복싱 선수와 마찬가지로 안드로이드는 빠르게 이와 같은 도전 과제들을 포용했고, 빠른 성장과 발전을 거듭해 아무도 생각하지 못한 빠른 속도로 시장 점유율을 높였다.

이 책을 쓰고 있는 시점 기준으로 안드로이드 스마트폰 운영체제는 2012년 ¾분기 동안 판매된 전체 스마트폰 4대 중 3대에 장착돼 있다. 국제 데이터 주식회사(International Data Corporation)의 전세계 분기별 모바일 폰 통계 정보에 따르면 전세계에 출하된 전체 안드로이드 스마트폰의 개수가 1억 3천6백만 대를 넘었으며, 2012년 ¾분기에 출하된 1억 8천110만 대의 스마트폰 중 75%에 달한다. 또 매년 91.5%의 성장을 보이는 안드로이드의 성장률은 전체 시장의 성장률인 46.4%의 2배다(https://www.idc.com/getdoc.jsp?containerId=prUS23771812). 안드로이드 4.0 아이스크림 샌드위치의 출시와 더불어 안드로이드는 사실상 거의 모든 기기에서 적용할 수 있는 강력한 표준을 갖추게 됐고, 메뉴 및 내비게이션 스키마 구조에 대한 현명한 반응형 디자인 결정을 통해 파편화를 처리함으로써 한층 더 성숙한 디지털 플랫폼으로 발전했다.

간단히 말해 안드로이드의 현재 생태계는 폭발적인 분기별 성장률과 장기적인 시장 점유율 요소를 모두 갖춘 완벽한 환경이다. 독자들이 애플 iOS, 윈도우 모바일, 블랙베리, 과거 안드로이드 OS를 가지고 작업하고 있었거나 이번에 모바일 분야를 처음 접한다면 지금이야 말로 안드로이드 앱 디자인과 개발을 살펴볼 시점이다.

왜 이 책인가?

여러분의 앱을 사용할 때 아이언맨 수트를 입은 토니 스타크처럼 사용자가 강해진 듯한 느낌을 받게 하려면 효과적인 모바일 디자인에 숨어 있는 패턴들을 찾아내 이를 상황에 맞게 적용해야 한다. 여러분이 손에 쥐고 있는 이 책은 이들 패턴의 잠금을 풀어주는 열쇠다. 이 책을 통해 독자들은 위대한 모바일 경험을 성공적으로 구현하는 데 필요한 모든 것을 얻을 수 있다.

성공하는 디자인을 사용한다

이 책은 성공하는 디자인 패턴에 대한 책이다. 디자인 패턴은 특정 상황에 숨어 있는 특정 문제를 푸는 데 도움이 되는, 반복 활용이 가능한 솔루션이다. 그런데 왜 디자인 패턴이 필요할까? 안드로이드 디자인 문서를 읽는 것만으로도 충분하지 않을까? 디자인 패턴의 장점은 가장 효과적인 소통 방식을 사용하면서 실제 디자인을 구현할 때 접하는 복잡한 문제를 해결해 주는 데 있다. 크리스토퍼 알렉산더(디자인 패턴을 공식적인 개념으로 인정한 초기 선구자)가 그의 책 Timeless Way of Building(옥스포드 대학 출판사, 1979년)에서 말한 것처럼 패턴은 전체적이고 완전하며, 살아 있는 뭔가(그는 이를 '이름 없는 품질'이라고 부른다)를 개발하는 데 사용할 수 있는 디자인 언어의 어휘를 구성한다.

사용하기 쉬운 앱을 개발하는 데 도움이 될 뿐 아니라 디자인 패턴은 매우 실용적인 구성 요소 (building block)이기도 하다. 디자인 패턴은 단위가 작으며, 쉽게 배우고 이해할 수 있다. 또 패턴을 서로 조합해 사용하고 편리하고 재미있는 디자인을 만들 수도 있다. 끝으로 패턴은 단순하고 효과적으로 의사소통하는 데 필요한 디자인 언어를 형성한다.

58가지 핵심적인 안드로이드 앱 패턴을 적용한다

이 책의 2부에서는 안드로이드 4.0 이상의 앱에서 멋진 인터랙션 디자인과 직관적인 정보 아키텍처를 개발하는 데 필요한 모든 패턴을 볼 수 있다. 이 책에서는 안드로이드 앱 디자인에서 가장 어려운 주제들(웰컴 사용자 경험, 홈 화면, 내비게이션, 검색, 정렬 및 필터링, 데이터 입력, 폼)을 공략하는 58가지 핵심 디자인 패턴을 소개한다. 이 책에서 설명하는 디자인 패턴은 단순한 내용 설명을 넘어 그 안에 숨어 있는 원칙을 찾아내고, 공식 구글 문서의 기반 위에서 독자들이 이론을 실전에서 매끄럽게 활용할 수 있도록 설계됐다. 아울러 모바일 뱅킹에 적합한 핵심 디자인 패턴을 다루는 장과 까다로운 태블릿 디자인을 다루는 별도 장을 두고 있다.

🚫 12개의 안티패턴으로 실수를 피한다

이 책에서는 58가지 패턴뿐 아니라 고객의 만족을 위해 꼭 삼가야 하는 12가지 안티패턴도 소개한다. 단독으로 소개하는 안티패턴은 모바일에서 꼭 피해야 하는 패턴들을 나타낸다. 간혹 안티패턴 아이콘이 일반 패턴 내에서 사용된 경우도 볼 수 있다. 이들 안티패턴은 주의하지 않으면 빠지기 쉬운 함정들을 나타낸다. 이와 같은 안티패턴은 주의해서 읽자. 이 책에서는 종종 화면 일부나 전체 화면이 아닌 특정 상호작용을 안티패턴으로 표시하는 경우도 있다. 안티패턴과 부정적인 예시는 이 단락의 왼쪽에 보이는 기호를 사용해 표시한다.

혁신적인 아이디어를 통해 영감을 얻는다

훌륭한 디자인 패턴의 기초를 형성하는 데 도움을 줄 뿐 아니라 이 책에서는 검증된 패턴을 통한 확신을 바탕으로 한 걸음 더 나아가 기존 모바일 아이디어와 인터페이스 요소로부터 혁신적인 디자인을 구현할 수 있는 영감을 준다. 이 책에서는 기존 아이디어와 현재의 모바일 환경을 더욱 확장한 실험적인 패턴(이 단락 왼쪽에서 볼 수 있는 아이콘)도 살펴볼 수 있다.

필자가 강연하는 워크숍에서 사람들은 종종 "실험적인 패턴을 실제로 사용해도 괜찮습니까?" 하고 묻는다. 이 질문에 대한 답으로 짧은 이야기를 들려주고 싶다. 2010년 9월 필자는 시카고에서 열린 Design4Mobile에서 사용자 몰입형 내비게이션이라는 패턴을 소개한 바 있다. 필자는 앵그리 버드 같은 게임에서 사용하는 숨김 메뉴 내비게이션을 제안하고, 이런 내비게이션을 전자 상거래, 뉴스, 소셜 미디어 같은 좀 더 '심각한' 모바일 애플리케이션에서 채택해야 한다고 주장했다. 당시 컨퍼런스에 참석했던 많은 사람들은 '이게 되겠어? 탭 바를 사용해야 하는 애플의 엄격한 가이드라인을 통과하기나 하겠어?'라는 식으로 반응하며 회의적이었다. 이에 대해 필자는 애플의 탭 바는 단순히 보조 바퀴일 뿐이며, 모바일 사용자도 이제는 이런 내비게이션을 받아들일 준비가 됐다고 믿는다고 대답했다.

그 후로 1년이 채 지나지 않아 페이스북이 좌측 상단 구석에 새로운 형태의 접힘 내비게이션 메뉴를 들고 나왔다. 이후 다른 성공적인 앱들도 이 방식을 사용하기 시작했다. 예를 들어 플립보드는 우측 상단 구석에서 동일한 패턴의 메뉴를 사용했다. 오늘날 서랍 패턴이라고 부르는 이 패턴은 표준 안드로이드 4.0 툴킷의 일부가 됐으며 구글 플러스 같은 앱에서도 사용한다. 물론 이게 모두 필자의 공이라는 뜻은 아니다. 다만 재능 있는 많은 사람들이 이미 가고 있는 방향으로 다른 사람들이 가게끔 조금이나마 힘을 보태는 데 필자가 도움이 됐기를 바랄 뿐이다.

모바일 디자인은 믿을 수 없을 만큼 빠른 속도로 움직인다. 이 책에서 설명하는 실험적인 패턴은 현재의 주류 모바일 디자인 패턴에서는 조금 벗어났지만 가까운 미래에 등장할 만한 디자인 패턴이다. 새로운 아이디어를 실험해보고 싶은 독자에게 이와 같은 실험적 패턴들은 현재 구글 플레이에 등록된 700,000개 앱 중 단연 돋보이는 앱을 만들 수 있는 기회는 물론, 경쟁에서 앞서고, 사용자의 참여를 유도하는 혁신적인 모바일 경험을 전달하기 해줄 것이다(2012년 10월 29일 블룸버그 비즈니스위크에서 "구글은 현재 안드로이드에서 700,000개의 애플리케이션을 사용할 수 있다"고 말했다). 하지만 필자가 이렇게 말했다그 해서 이 말을 무조건 따를 필요는 없다. 대신 자신이 좋아하는 실험적 패턴을 실험해보고 사용자를 대상으로 테스트해보면서 자신이 진행하는 프로젝트에 이 패턴이 적합한지 확인해볼 것을 권한다. 또, 이 책에서 소개하는 아이디어에서 영감을 얻어 기본 패턴에서 벗어난 자신만의 독창적인 패턴을 개발해볼 것을 추천한다. 에크하트 톨이 그의 책 The Power of Ncw (New World Library, 2004)에서 강조하는 것처럼 "먼저 시도하면 여러분이 바로 증거가 된다."

완전한 디자인 방법론을 사용한다

이 책의 핵심 내용은 패턴이다. 하지만 1부에서는 효과적이고 저렴한 프로토타입을 개발하고 고객 테스트를 수행하는 데 도움되는 포스트잇 방법론을 소개한다. 또 1부에는 안드로이드 시각 디자인 원칙 및 이 원칙을 실전에서 활용하는 법을 보여주는 사례 연구가 담긴 장도 들어 있다.

여러분이 손에 쥔 이 책은 14년 간 디지털 제품을 디자인하고 개발한 필자의 실전 경험이 모두 집약된 책이다. 이 책에서 필자는 모바일 사용자 중심 디자인을 하는 데 가장 효과적인 방법론을 독자들과 나누고 있다. 하지만 방법론을 다루는 장이 한 장만 있는 것은 아니다. 사실 모바일 디자인을 위한 사용자 중심 방법론은 이 책의 모든 패턴에 녹아 있다. 이 책에서 소개하는 58가지 패턴 각각에서는 포스트잇 방법론을 통해 이 패턴을 구현할 때 패턴을 어떻게 그리고, 인터페이스 컨트롤을 어떻게 묘사할지에 대한 자세한 그림이 첨부돼 있다. 독자들은 이를 자신만의 애자일 프로토타입을 개발하는 지침으로 삼을 수 있다. 이 과정에서 도움이 필요하다면 주저하지 말고 이 책의 병행 사이트인 www.AndroidDesignBook.com을 방문하자. 이 사이트에서는 모바일 사용성 테스트와 관련한 자세한 동영상을 볼 수 있음은 물론, 독자들이 올린 질문에 대한 답도 들을 수 있다. 이 책은 성공하는 디자인에 대한 책이다. 필자는 독자들이 자신의 프로젝트에 이들 패턴을 실제로 적용함으로써 이 책을 통해 가장 많은 가치를 누릴 수 있게 되기를 바란다.

성공하는 디자인을 한다

필자는 입에 거품을 물고 구글을 좋아하는 사람이 아니다. 또, 필자는 한 개의 아이디어나 원칙만을 적용하기에는 지나치게 많은 프로젝트(적당한 타협과 직관적인 사고, 혁신이 필요한)를 수행하고 있다. 필자는 소위 '순수' 프로젝트라고 하는 다양한 프로젝트들이 처참하게 실패하는 것을 여러 차례 봤다. 따라서 이 책에서는 애플 iOS, 윈도우 모바일, 심지어 블랙베리 같은 다른 모바일 운영체제로부터 아이디어를 얻어 안드로이드에 응용하는 디자인 패턴도 여러 차례 볼 수 있을 것이다.

이 책의 1부에서는 새로운 안드로이드 OS의 특징에 대해 설명하는데, 이 중 대부분의 내용은 디자인 프로젝트에서 접하는 현실적인 문제와 이를 해결하는 효과적인 해결책이다. 간단히 말히 이 책은 멋진 모양과 성능을 자랑하는 현대 안드로이드 앱을 디자인하는 데 필요한 모든 요소를 집약한 책이다. 그럼 시작할 준비가 됐다면 바로 시작해보자!

코드는 어디에?

이 질문을 해줘서 고맙다. 환상적이고 직관적인 디자인도 물론 좋지만, 결국 어느 시점이 되면 이를 구현해야 한다. 이 책에는 코드가 전혀 없다. 이와 같이 디자인을 구현 방식과 분리한 것은 의도적인 결정이었다. 현대 모바일 디자인은 매 단계마다 다양한 제약과 빠지기 쉬운 함정이 도사리는 복잡한 분야다. 따라서 이 책에서는 프로젝트의 디자인 부분만 무사히 통과하도록 하는 데 모든 내용을 할애했다.

앱 코딩에 도움이 되도록 필자는 병행 사이트인 www.AndroidDesignBook.com을 개발했다. 특히 이 사이트는 기획−디자인−개발이라는 앱의 전체 생명주기를 완전히 지원하는 게 목적이다. 이 사이트에서는 100개 이상의 기사와 다양한 코드 예제, 또 학습하고 실전에서 그대로 복사해 사용할 수 있는 간단한 앱들을 제공한다. 또 사용자들이 문의한 디자인 과제에 대해 다루는 정기 디자인 웨비나(webinar), 사용자들이 올린 질문에 답해주는 전문가 팀 활동도 기대할 만하다. 이 사이트에서 가장 중요한 점은 매 과정마다 여러분을 도와줄 수 있는 훌륭한 안드로이드 커뮤니티가 있다는 점이다. 아울러 안드로이드 디자인 인증 프로그램도 준비 중이다. 가입 폼에서 빈 공간에 DROIDRULES를 간단히 입력하면 이메일을 통해 무료로 이 사이트에 가입할 수 있다. 여러분도 이 사이트에서 우리와 함께하기를 바란다!

이 책을 어떻게 읽어야 하나?

이 책은 안드로이드 앱의 디자인 및 개발 과정 내내 사용할 수 있는 실전 레퍼런스다. 이 책의 2부에는 디자인 및 개발 과정에서 계속 참고할 내용들이 들어 있다. 하지만 필자(및 와일리 출판사의 환상적인 편집자들 포함)는 처음부터 끝까지 이야기처럼 읽을 수 있는 책을 쓰기 위해 상당한 노력을 했다. 안티패턴은 보통 장의 시작 부분에서 다룬다. 또 장의 초반부에서는 좀 더 단순한 패턴을 다루고, 좀 더 복잡하고 실험적인 아이디어는 끝 부분에 두고 있다. 범용적인 패턴은 2부의 시작 부분에서 다루고, 모바일 뱅킹이나 태블릿 전용 패턴처럼 좀 더 구체적인 응용 사례는 책의 끝부분에서 다룬다.

당연히 구체적인 궁금증이 있다면 관련 장부터 시작해 내용을 살펴보면 된다! 하지만 어느 순간이 되면(가급적 빠를수록 좋다) 1부를 읽어볼 것을 권한다. 1부에서는 빠르고 효과적으로 안드로이드 4.0 디자인과 포스트잇 디자인 방법론을 소개하고 있다. 스스로 전문가라고 생각하는 독자일지라도 최소한 AutoTrader 앱의 디자인 사례 연구를 다루는 1장만은 꼭 읽어보기를 바란다. 1장은 2부에서 소개하는 실제 디자인 패턴에 몸을 담그기 전에 발을 적시기에 충분한 내용을 담고 있다.

누가 이 책을 읽어야 하나?

필자는 백엔드 자바 소프트웨어 아키텍처와 오라클 데이터베이스 개발자를 하다가 사용자 중심 디자인 분야로 옮겼다. 따라서 이 책에서는 안드로이드 앱을 디자인하고 개발하는 사람이라면 누구에게나 도움될 만한 실용적이고 실질적인 내용을 담고 있다. 이 책은 중급부터 고급 수준의 전문가를 대상으로 한다. 하지만 초보자라도 이 책에서 소개하는 디자인 방법론을 사용해 디자인하고, 실험하고, 기술을 연마한다면 안드로이드 디자인 전문가로 거듭날 수 있다. 또 이 책은 디자인, 목표, 수익 창출 측면에서 상품 관리자, 프로젝트 관리자, 시각 디자이너, 사용자 리서처, 사업가에게도 큰 도움이 될 수 있다. 이 책에서는 모바일 디자인 및 개발 과제를 설명할 때 이와 같은 다양한 분야의 사람들이 공통으로 사용할 수 있는 어휘를 제공하고 이들 문제를 해결할 수 있는 다양한 실전 접근법을 볼 수 있다.

UX 원칙과 안드로이드 OS 고려 사항

안드로이드용 디자인: 사례 연구

이 책은 어떤 디자인 패턴이 적합한지 다루는 책이다. 이 책에서 소개하는 디자인 패턴은 공식 구글 안드로이드 디자인 가이드라인을 기반으로 하며 최고의 모범 기법과 실제 디자인을 적용할 때 필요한 복잡한 요소들을 모두 아우르고 있다. 공식 안드로이드 가이드라인(http://developer.android.com/design/get-started/ui-overview.html)은 이 책의 근간이 된다. 이 책에서는 현업에서 디자인을 적용하는 데 이 가이드라인을 사용할 수 있게끔 살아 있는 해결책을 제시한다.

이 장에서는 좀 더 정교한 디자인을 통해 개선할 수 있는 앱에 더한 사례 연구를 통해 이 책에서 다루는 58가지 패턴 및 12가지 안티패턴의 기초를 다진다. 이 장에서 살펴볼 앱은 AutoTrader 앱이다. 각 절에서는 적절한 패턴을 참조하고 있으며, 디자인 솔루션에 대해 좀 더 자세히 알고 싶다면 관련 페이지로 페이지를 넘겨가면서 책을 봐도 된다.

AutoTrader 앱은 무조건적인 포팅의 전형적인 예다. 다시 말해 이 앱은 본래 iOS 앱이었다가 안드로이드에서 사용할 수 있게끔 빠르게, 최소 수준으로 포팅한 앱이다. 이어지는 절에서는 안드로이드 4.0 이상(아이스크림 샌드위치)에 맞게 이 앱을 재디자인하는 법을 보여준다. 여기서는 전체 앱을 다루지는 않는다. 전체 앱을 다루면 내용을 쓰는 이도, 읽는 이도 지루해지기 때문이다. 대신 세 가지 대표 화면에 대해 얘기한다. 바로, 검색 폼이 들어 있는 홈 화면, 검색 결과 화면, 항목 상세 화면이다. 이들 화면만 보더라도 안드로이드의 시각 디자인 및 내비게이션에 대한 특징을 충분히 이해할 수 있으며, 이 책의 상호작용 디자인 패턴에 대한 감을 잡을 수 있을 것이다. 이 장은 이 책의 2부에서 독자들을 기다리는 풍성한 솔루션 뷔페의 애피타이저 정도로 생각하면 된다.

실행 아이콘

첫 번째로 실행 아이콘을 살펴보자. iOS를 그대로 포팅하는 대부분의 앱은 실행 아이콘을 다시 디자인해야 한다는 중요한 사실을 간과한다. 안드로이드의 실행 아이콘 디자인은 iOS의 둥근 모서리가 적용된 정사각형 모양으로 제한을 받지 않는다. 따라서 디자이너는 안드로이드 실행 아이콘에 얼마든지 독특한 외양을 부여할 수 있다. 그림 1.1에 나와 있는 '옐프(Yelp)'와 트위터의 실행 아이콘을 살펴보자. 이 아이콘이야 말로 안드로이드다운 아이콘이다.

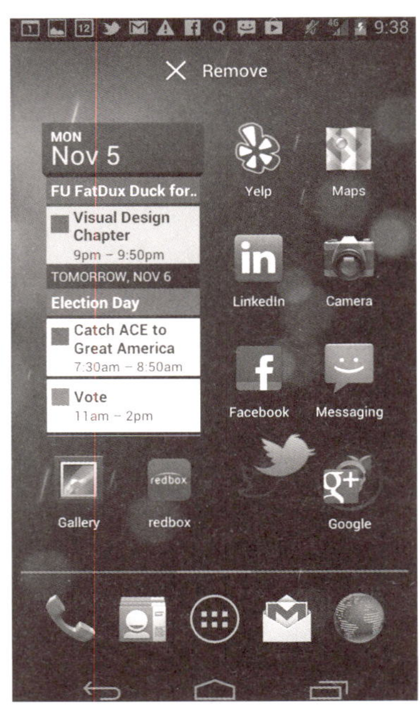

▶ 그림 1.1: 옐프와 트위터의 아이콘은 독특한 모양을 하고 있다.

그에 반해 우리 사례 연구에서 다루고 있는 AutoTrader 앱은 별도로 아이콘을 커스터마이징하지 않았다. 다행히 보통은 아이콘을 간단히 수정하면 된다. AutoTrader 앱의 경우 그림 1.2과 같이 아이콘을 재디자인해볼 수 있다. 여기서는 iOS 앱에서 'A' 글자를 그대로 가져오고, 독특한 모양을 주기 위해 배경 채색을 없앨 수 있다. 물론 꼭 로고의 일부를 사용할 필요도 없다. 예를 들어 아이콘은 자동차 모양이나 핸들 모양으로 만들어도 된다. 사람의 눈은 아이콘이 다른 앱의 아이콘 모양과 다를 때 좀 더 빠르게 아이콘을 인식하므로, 이렇게 하면 AutoTrader 사용자들은 긴 앱 목록에서 이 앱을 좀 더 빠르게 찾을 수 있을 것이다.

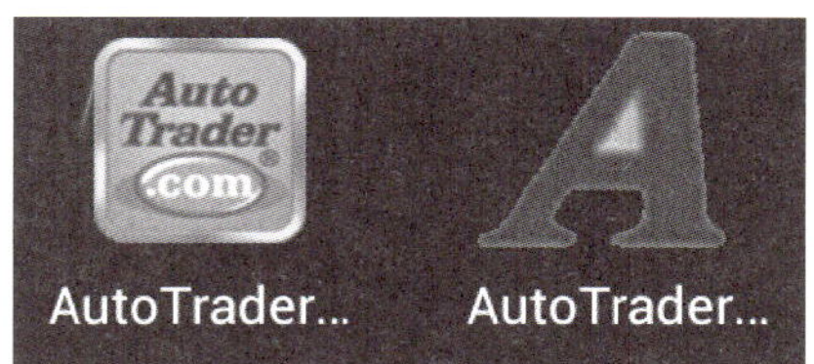

▶ 그림 1.2: 초기 AutoTrader 앱의 실행 아이콘은 눈에 띄는 모양이 없으므로 여기서는 아이콘을 재디자인했다.

액션 바와 정보 아키텍처

일반적으로 액션 바와 액션 바에서 수행하는 기능은 앱의 신경 중추를 담당하며, 전체 디자인에서 매우 중요하다. 아쉽지만 AutoTrader 앱의 현재 디자인은 이 점에서 아쉬운 대목이 많다(이 점으로 인해 이 앱이 우리 사례 연구에 적합한 앱이기도 하다).

수정 전

자동차 검색 화면이 나오는 기본 홈 화면을 살펴보자. 여기서 가장 강조하는 메뉴 기능은 설정(Settings)으로, 우측 상단 구석에 표시돼 있다(그림 1.3 참고). 이 우치는 대개 모바일 UI에서 두 번째로 중요하고 눈에 잘 띄는 공간이다(가장 눈에 잘 띄는 공간은 큰 로고가 차지하고 있는 좌측 상단 구석이다).

물론 설정 기능을 강조하는 것도 좋지만 아쉽게도 이 기능과 관련한 주된 사용 사례[1]나 2차적인 사용 사례를 상상하기란 거의 불가능하다. 특히 설정(Settings)이라고 해놓고 정작 제공하는 기능은 개인 정보 보호 정책, 방문자 동의, 이메일 피드백 버튼 같은 기능들이다. 이런 기능은 앱에서 강조해야 할 주된 기능과는 거리가 멀다!

[옮긴이의 말] 1 사용 사례(use case)는 사용자가 상품(여기서는 모바일 애플리케이션)에서 기대하는 가치나 상품을 사용하고 싶어하는 방식 등을 아우르는 용어다. 예를 들어 뉴스 앱의 주된 사용 사례는 뉴스 보기이고, 지도 앱의 주요 사용 사례는 지도 보기 및 길 찾기다.

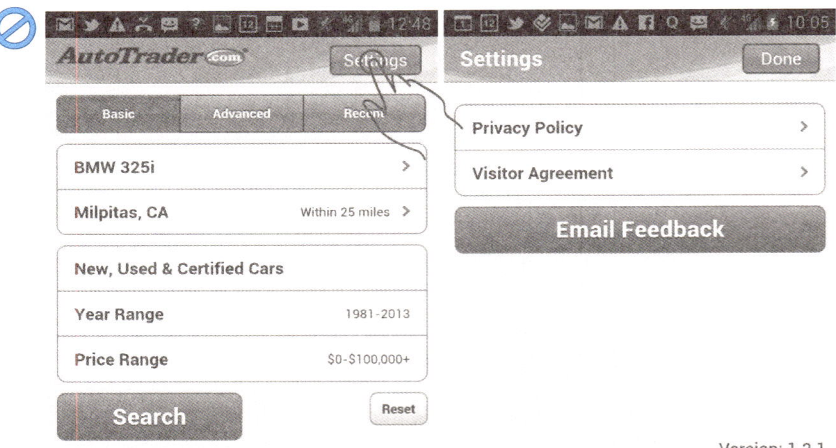

▶그림 1.3: AutoTrader 앱에서는 불필요한 설정 기능을 홈 화면 디자인에서 강조한다.

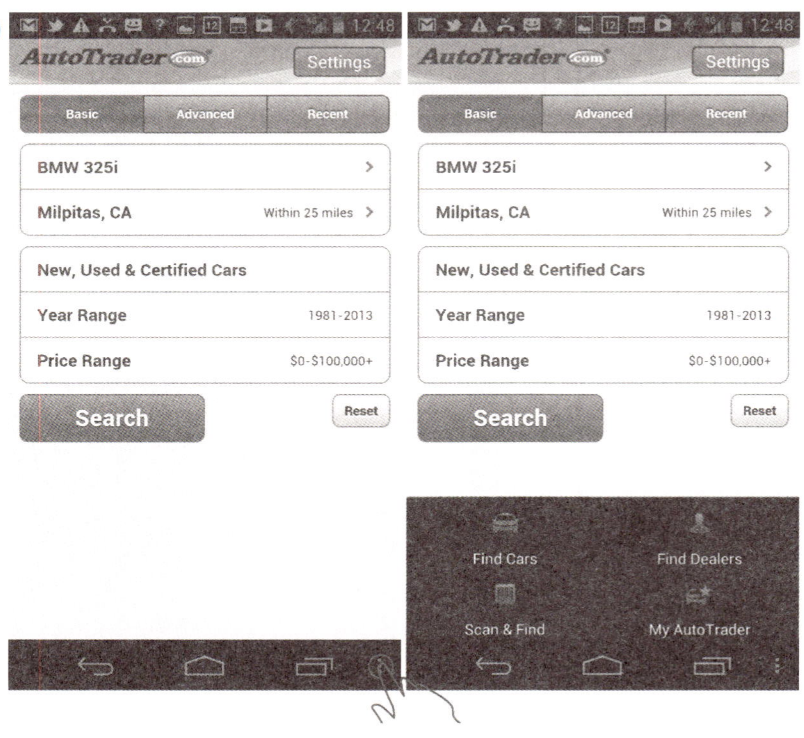

▶그림 1.4: AutoTrader 앱은 핵심 기능을 과거 스타일의 내비게이션 바 메뉴 아래 두고 있다. 이는 지양해야 할 안티패턴이다.

지나칠 정도로 강조된 설정 버튼과 달리 자동차 검색, 딜러 검색, 스캔 및 찾기, 내 AutoTrader 같은 핵심 기능은 안드로이드 2.3 스타일의 내비게이션 바 메뉴 아래 가려져 보이지 않는다(그림 1.4 참고).

다음 절에서는 액션 바를 효과적으로 사용하는 안드로이드 4.0 가이드라인에 따라 이 앱을 재디자인하여 가장 중요한 기능을 어떻게 강조하는지 살펴본다.

수정 후

첫 번째로 수정할 내용은 버튼 스타일이다. 둥근 모서리와 베벨은 없애야 한다. 마찬가지로 Settings 같은 단어 중심 기능도 액션 바에서 제거해야 한다. 안드로이드 4.0에서 액션 바의 액션은 아이콘으로 표시하고, 오버플로우 메뉴에서 액션은 텍스트로 표시한다. 이 원칙을 따를 경우 iOS를 그대로 포팅한 기존 메뉴를 액션 바로 바꾸면서 처음으로 수정할 사항은 그림 1.5와 같다.

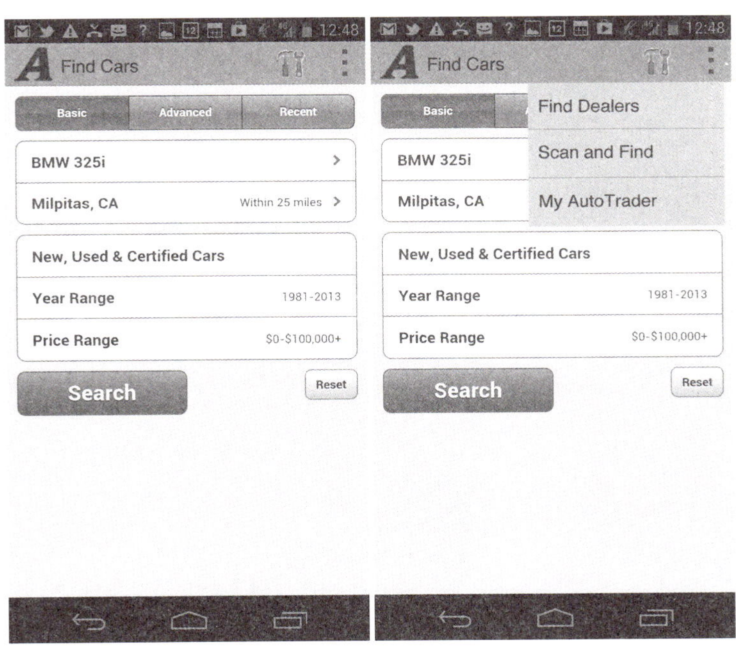

▶ 그림 1.5: 버전 1에서는 설정과 액션을 오버플로우 메뉴를 사용해 안드로이드 4.0으로 그대로 포팅했다.

이 버전에서는 설정 버튼이 망치와 렌치 모양의 아이콘으로 바뀌었고, 하단 내비게이션 메뉴가 액션 바의 오버플로우 기능으로 들어갔다. 또 큼지막한 회사 로고는 안드로이드 4.0 스타일의 액션 바 아이콘('A'와 같은 아이콘) 및 화면 제목으로 바뀌었다(안드로이드 디자인 가이드라인에 따르면 화면 제목은 화면 너비의 50%를 넘을 수 없다는 점에 주의하자. 여기서는 제목 길이가 짧으므로 문제가 되지 않지만 이런 제약이 있다는 점은 염두에 두자).

아쉽지만 '수정 전' 절에서 말한 것처럼 이와 같은 수정만으로는 아직 부족하다. 바뀐 새 디자인에서는 아이스크림 샌드위치로 정보 아키텍처(IA)를 포팅하고 있지만, 앱의 현재 정보 아키텍처에 내재한 단점은 해결하지 못하고 있다. 즉, 딜러 검색, 내 AutoTrader 같은 핵심 기능이 여전히 가려져 있고, 설정 기능도 적절한 위치를 찾지 못하고 있다. 설상가상으로 지금처럼 설정 기능을 상단 바에 두면 설정 기능을 사용해본 사용자들이 기능에 실망해 오버플로우 메뉴에 숨겨져 있는 다른 기능들도 별 쓸모가 없을 거라고 판단하기 쉽다. 따라서 현재의 디자인은 좀 더 개선할 여지가 있다.

한 가지 해결법은 딜러 검색과 내 AutoTrader 옵션을 상단 액션 바에서 볼 수 있게 하고, 설정을 오버플로우 메뉴 안으로 집어넣는 것이다. 그림 1.6에서는 이 화면을 보여준다.

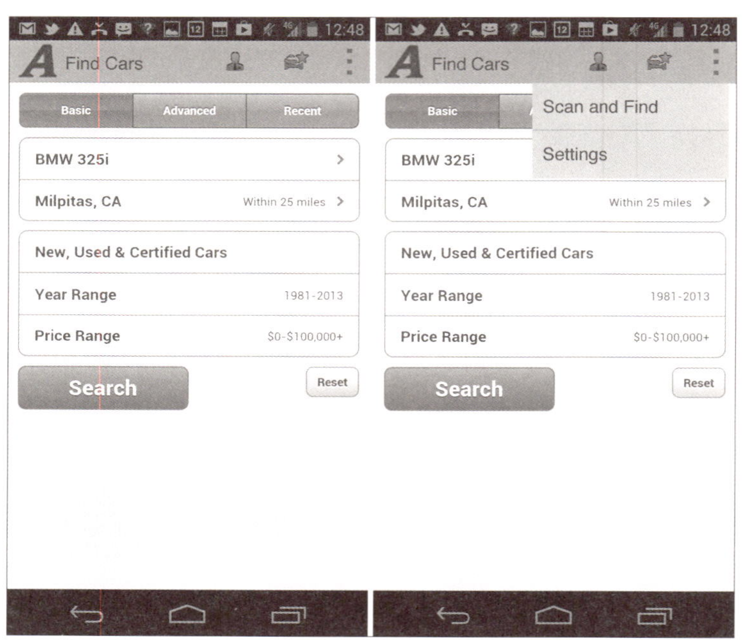

▶ 그림 1.6: 버전 2에서는 가장 유용한 기능을 상단 액션 바에 표시하고 설정 기능은 오버플로우 메뉴 속에 집어넣었다.

이 IA는 사용할 만하며, 현재 구글 안드로이드에서 아이스크림 샌드위치(4.0)과 젤리빈(4.1) OS 버전에 대해 권장하는 내용과도 일치한다. 하지만 현재 액션 바의 UI에는 몇 가지 중요한 문제점이 있다. 예를 들어 대부분의 기기에서는 몇 개의 기능만 추가하더라도 권장하는 너비인 사용 가능한 전체 공간의 50% 이상을 차지하기 일쑤다. 아울러, 액션 바에 더 많은 액션을 추가하면 앱에서 필요한 수직 공간을 그만큼 빼앗기게 되고 시각적인 소음이나 복잡도가 증가한다. 이런 문제는 그냥 무시해도 되는 작은 문제가 아니다.

주된 문제는 인지와 관련 있다. 아이콘만으로 모든 액션을 쉽게 이해할 수는 없다. 예를 들어 그림 1.6에서 필자는 기존 딜러 검색 아이콘과 내 AutoTrader 아이콘을 그대로 사용한다. 두 아이콘 모두 나쁘지 않지만, 대부분의 아이콘이 복잡하거나 비일반적인 행동을 나타내므로 쉽게 오해할 소지가 있다. 물론 아이콘을 모두 제거하고 모든 액션을 오버플로우 메뉴에 집어넣을 수도 있지만, 이렇게 하면 모든 메뉴 항목이 텍스트만으로 표시되므로 이상적인 해결책과는 거리가 멀다. 텍스트만을 사용해 메뉴를 표시하면 아이콘이 모바일 컴퓨팅에서 제공하는 재미 요소(필자가 생각하기에는 모바일 내비게이션의 심장과도 같은)를 모두 잃게 된다. 필자는 아이콘과 텍스트를 함께 사용할 때 내비게이션이 훨씬 더 효과적인 경우를 수없이 봤다. 사용자가 처음에 앱 사용 법을 배울 때 사용자는 텍스트와 아이콘이라는 두 내비게이션 요소를 모두 활용한다. 그러다가 어느 정도 시간 동안 앱을 사용하고 나면 아이콘만 보더라도 그 아이콘이 어떤 행동을 할지 인지할 수 있게 된다. 그럼 안드로이드에서 아이콘과 텍스트를 함께 사용할 수 있는 방법이 있을까?

다행히 디자인이 바뀐 구글 플러스 앱에서는 그림 1.7 처럼 서랍 요소를 활용해 아이콘과 텍스트를 함께 사용하는 법을 보여준다 서랍 패턴이나 다른 스위스 군용 칼 내비게이션 패턴 기법은 13장 '내비게이션'에서 자세히 다루는 만큼 여기서는 다루지 않겠다. 다만 서랍 사용자 인터페이스(UI)를 활용하면 아이콘과 텍스트를 모두 잘 활용할 수 있다는 점만 알아두자.

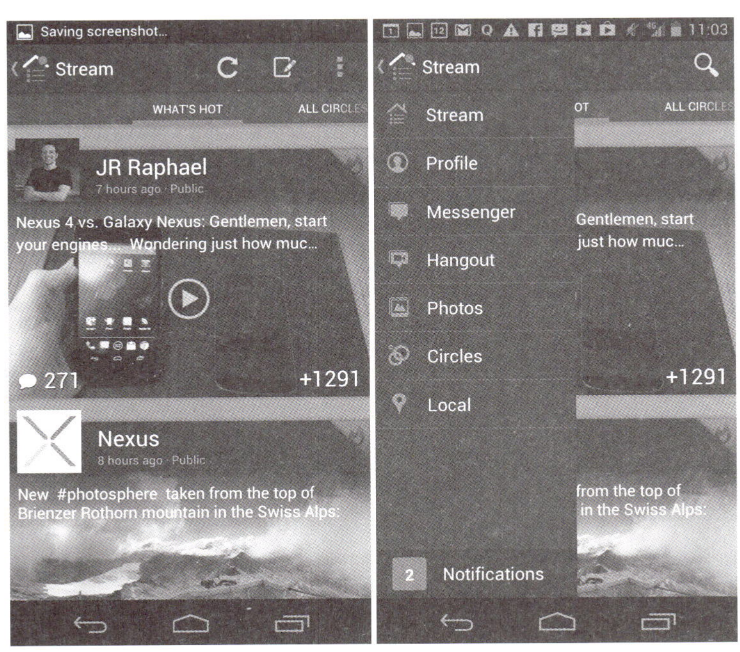

▶ 그림 1.7: 구글 플러스 앱 디자인에는 텍스트와 아이콘이 둘 다 들어 있는 서랍 메뉴를 사용한다.

안드로이드 UI 명세에서는 서로 직접적인 관련이 없는 최상위 레벨 화면이 앱 내에 여러 개 있는 경우 서랍 UI를 사용할 것을 권한다. AutoTrader 앱의 사례도 바로 여기에 해당한다. 앱의 자동차 검색 영역은 딜러 검색이나 내 AutoTrader 뷰와는 다르므로 이들 세 개의 최상위 레벨 내비게이션 기능은 서랍 메뉴(그림 1.8의 버전 3 디자인)에 집어넣는 게 좋다. 스캔 & 검색은 차 검색 기능이므로 차 검색 화면 안에 집어넣는 게 좋다. 이 화면은 액션 바에서 탭 한 번으로 바로 접근할 수 있다. 쓸모 없는(하지만 변호사들이 보기에는 필요한) 설정 기능은 오버플로우 메뉴 안에 감추는 유일한 기능이다. 이 기능은 탭 한 번으로 바로 접근할 필요가 없으므로 숨기는 게 가장 좋다.

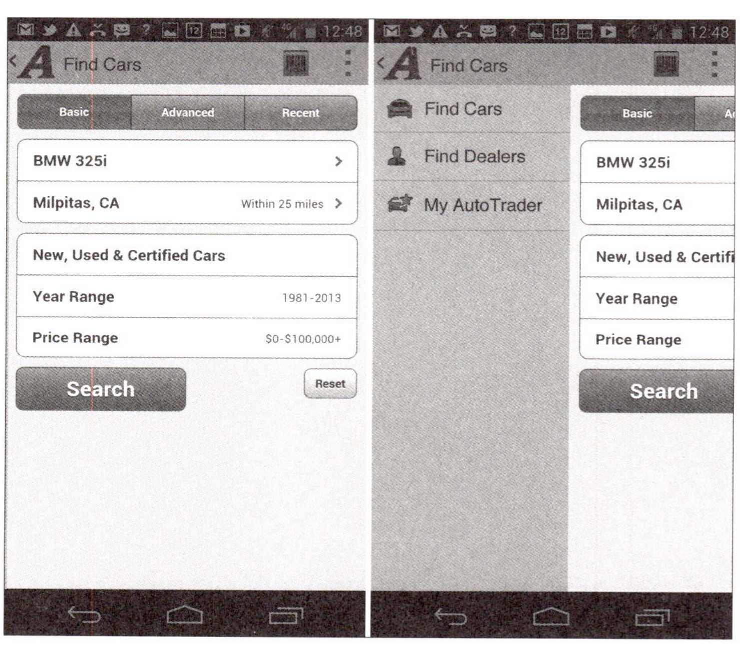

▶ 그림 1.8: 버전 3은 AutoTrader 앱에서 권장하는 디자인이다. 여기서는 서랍 메뉴를 사용하는 최상위 레벨 디자인을 사용한다.

버전 3은 권장하는 디자인이다. 이 디자인은 아이콘과 텍스트를 모두 보여주는 균형을 잘 유지하고 있으며, 좌우측 스와이프나 Up 아이콘(왼쪽 꺾쇠, 〈 기호)을 탭해 내비게이션에 바로 접근할 수 있게 해준다. 또, 상단 액션 바에서 적절한 크기의 화면 라벨을 보여줄 수 있게 상단 액션 바 공간을 마련해준다. 표준 안드로이드 가이드라인과 관련해 추가로 권장할 만한 수정 사항으로는 오른쪽에서 왼쪽으로 스와이프(또는 Up 아이콘 탭)함으로써 서랍 메뉴를 열 수 있음을 사용자가 알 수 있게 화면 왼쪽 모서리를 따라 얇은 선을 표시하는 것이다.

안드로이드 UI 가이드라인에서는 서랍 메뉴는 최상위 레벨 내비게이션에서만 사용하라고 경고한다. 이 말은 사용자가 자동차 검색 뷰 내 한 가운데 있을 경우 추가 뷰를 보려면 한두 단계를 거쳐야 한다는 뜻이다. 다행히 사용자의 현재 페이지에 따라 액션 바에서 적절한 추가 기능을 표시하면 사용자가 다른 뷰로 바로 이동할 수 있다. 이는 안드로이드 디자인 표준 문서에서도 권장하는 방식이다.

탭

탭은 다양한 애플리케이션에서 보조 내비게이션으로 활용할 수 있는 핵심 UI 요소다. 탭 패턴은 8장 '정렬 및 필터링'에서 다룬다.

AutoTrader 앱은 선택 탭에 둥근 모서리의 '눌린' 베벨 모양을 통해 iOS 스타일의 시각 디자인을 그대로 사용한다(그림 1.9 참고).

탭 컨트롤은 한 쪽 끝에서 다른 쪽 끝으로 밑줄을 긋는 방식으로 간단히 재디자인한다. 섀도우도, 베벨도, 둥근 모서리도 사용할 필요가 없다. 두꺼운 밑줄이 적용된 탭은 요소는 현재 선택된 탭을 나타낸다. 이 화면에는 간단한 텍스트 라벨(Basic | Advanced | Recent)을 사용할 공간이 충분하므로 바뀐 디자인에서는 텍스트를 사용한다.

그럼 탭 안에 전체 텍스트를 집어넣을 수 없는 경우는 어떨까? 이때는 텍스트 라벨을 해당 아이콘 기반 탭으로 바꿔야 한다. 2장 '안드로이드의 차별점'에서 보겠지만 터치 화면이 작은 기기에서 인터페이스를 실행할 수 있는 확장성이야 말로 안드로이드 OS의 핵심적인 차별점이다. 이런 확장성에 따라 기본 시각 디자인과 가이드라인이 결정된다.

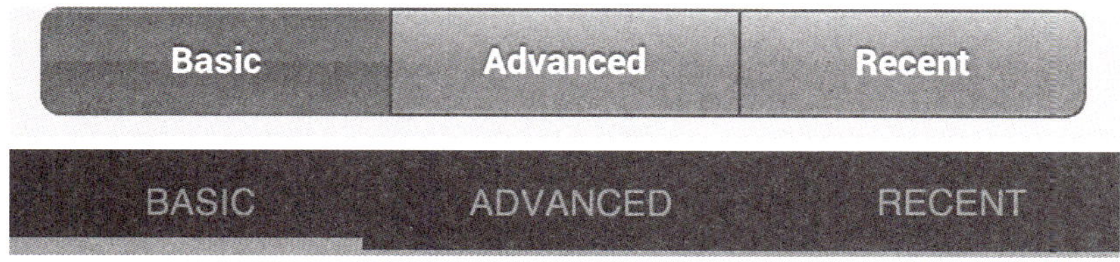

▶ 그림 1.9: 상단 화면은 디자인을 바꾸기 전 AutoTrader 앱의 탭을 보여준다. 하단 화면은 안드로이드 4.0에 맞게 바꾼 화면을 보여준다.

전용 선택 페이지

전용 선택 페이지는 긴 리스트에서 선택할 때 사용하는 주요 패턴이다. 이 패턴은 12장 '모바일 뱅킹'에서 자세히 다룬다. AutoTrader 앱은 '~보다 큰(오른쪽 꺾쇠, 〉 모양)' 기호가 들어 있는 iOS 스타일의 선택 방식을 사용한다(그림 1.10의 상단 화면 참고).

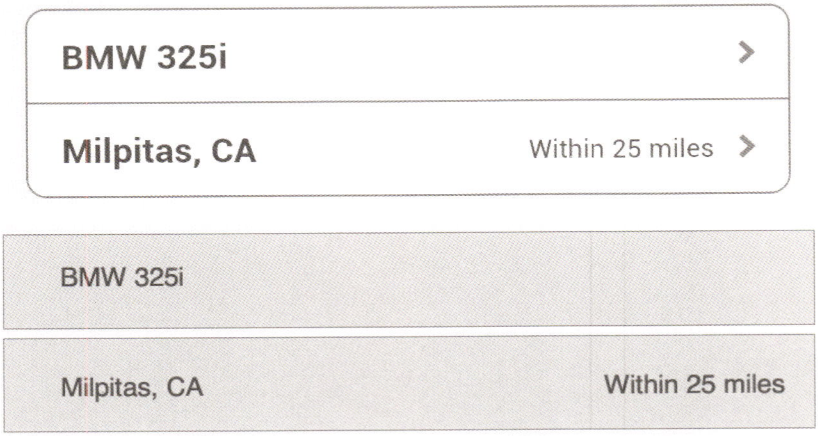

▶ 그림 1.10: 상단 화면은 디자인 수정 전 전용 선택 페이지에 대한 링크를 보여준다. 하단 화면은 안드로이드 4.0에 맞게 수정한 화면이다.

iOS는 오른쪽 꺾쇠 기호를 사용해 행 기반의 상호작용을 보여준다. 그에 반해 안드로이드 OS에서는 안에 들어 있는 기능을 알리는 표시가 없다. 2장에서 다루겠지만 안드로이드 OS에서는 '아무 곳이나 탭'한다는 개념이 더 중요하다. 선택 아이콘 같은 것을 탭할 경우 적당한 상호작용이 일어난다는 가정이 전제된다. 따라서 시각 디자인은 전형적인 안드로이드 방식으로 구현하며, 약간 어두운 행 배경색을 사용하고 오른쪽 꺾쇠 기호는 사용하지 않는다.

선택 컨트롤

안드로이드 플랫폼은 여러 화면 크기와 기기 설정에서 사용할 수 있는 터치 친화적인 컨트롤을 충분히 제공한다. 아이스크림 샌드위치에서는 터치 슬라이더, 완전히 재디자인된 텍스트 입력 컨트롤, 새로운 휠 컨트롤을 제공한다(자세한 내용은 10장 '데이터 입력'에서 설명). 이 절에서는 안드로이드로 포팅한 AutoTrader 앱이 여전히 iOS 방식의 폼 컨트롤과 폼 섹션 헤더를 사용한다는 것만 알면 된다. 이어지는 절에서는 이를 안드로이드 스타일에 맞게 재디자인하는 법을 다룬다.

수정 전

먼저 AutoTrader 앱에서 사용자가 연도와 가격을 선택할 때 사용하는 iOS 방식의 휠 컨트롤이 눈에 띈다(그림 1.11).

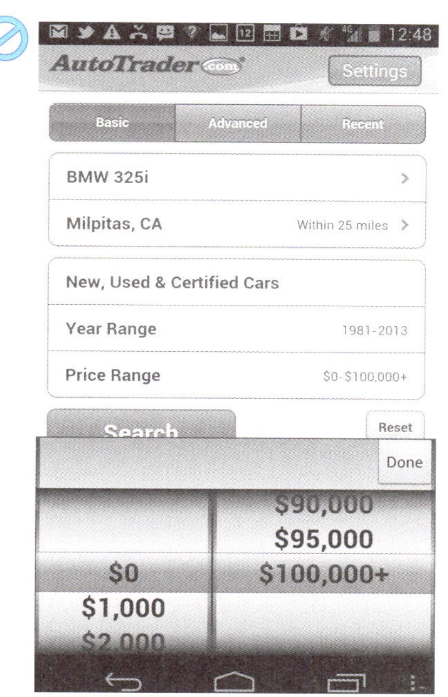

▶ 그림 1.11: AutoTrader 앱은 연도와 가격을 고를 때 iOS 스타일을 사용한다.

이 컨트롤은 네이티브 휠 컨트롤이 아니며, 안드로이드 스타일의 컨트롤로 바꿔야 한다. 이어지는 '수정 후' 절에서 몇 가지 아이디어를 확인해보자.

폼 디자인에서 중요하게 지적할 만한 또 다른 점은 iOS 스타일의 섹션 헤더를 사용하고 둥근 모서리를 적용한 입력 필드다. 2장에서 설명하겠지만 안드로이드는 컨테이너와 상자(특히 모서리가 둥근)를 모두 제거하는 비경계 모바일 공간 시각 스타일을 사용한다.

수정 후

10장에서 다루겠지만 안드로이드에서 영역 값 입력을 구현하는 터치 친화적인 방법에는 여러 가지가 있다. 가장 간단한 방법은 콤보 휠을 최소 값과 최대 값 휠 컨트롤로 활용하는 것이다(선과 오른쪽 작은 삼각형으로 표시). 그림 1.12에서는 이 아이디어를 적용한 화면을 보여준다.

NEW, USED & CERTIFIED CARS

YEAR RANGE

1981   2013

▶ 그림 1.12: 새 디자인에서는 네이티브 안드로이드 휠 컨트롤과 섹션 헤더를 사용한다.

물론 휠 컨트롤도 훌륭한 해결책이 될 수 있지만 다른 인터랙티브 디자인 패턴도 다양하게 활용할 수 있다. 10장과 11장에서는 복합 드롭다운 컨트롤, 별도의 최소 및 최대 값 슬라이더, 듀얼 슬라이더, 히스토그램 디자인 패턴을 적용한 슬라이더 등에 대해 다룬다. 이런 패턴을 적용하는 것은 복잡하지 않지만 정교한 노력이 필요하므로 이 책의 2부에서 자세히 다룬다. 이들 패턴은 가격 범위가 지나치게 낮거나 특정 연도에 재고가 없는 경우 등 검색 결과가 0개가 나오는 경우를 제한하기 위해 특별히 고안됐다. 이 주제는 9장 '결과 없는 화면 및 원하지 않는 결과 피하기'에서 자세히 다룬다.

안드로이드 4.0/4.1에서 폼은 다양한 화면 너비 및 크기에 순응할 수 있다. 따라서 폼 섹션에 컨테이너를 사용하기보다는 다양한 폼 부분을 간단한 헤더를 통해 서로 구분해주면 된다. 네이티브 헤더는 모두 대문자 Roboto 폰트(이 그림에서는 헬비티카를 사용)를 사용하며, 대비되는 색상을 통한 얇은 구분선을 사용한다.

버튼

AutoTrader 앱은 둥근 모서리와 베벨이 들어 있는 iOS 스타일의 버튼을 사용한다. 두 버튼은 높이 및 시각 처리 방식이 서로 다르고, 둘 사이에 여백이 많아 화면이 한 쪽으로 기울어진 것처럼 보이게 한다. 아울러 버튼은 검색/재설정, 다시 말해 확인/취소 순서로 배치됐다(그림 1.13 참고). 11장 '폼'에서 설명하겠지만 권장하는 버튼 방향은 반대 방향인 취소/확인 순서다. 따라서 새 디자인에서는 '수정 전' 버튼 위치의 순서를 뒤바꾼다.

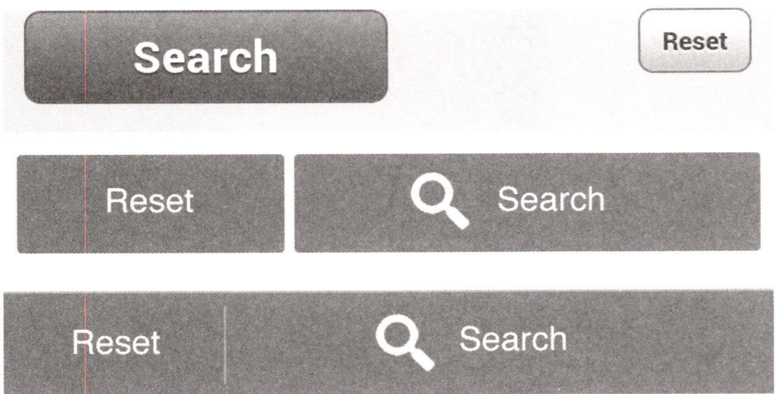

▶ 그림 1.13: 상단에는 현재 AutoTrader 버튼이 나와 있다. 바뀐 디자인은 가운데 그림이다. 또 다른 안드로이드 '탭 영역'은 하단에 나와 있다.

이와 대조적으로 안드로이드 버튼은 좀 더 사무적이다. 안드로이드 버튼에는 그라디언트가 없고, 둥근 모서리도 거의 사용하지 않는다. 권장하는 안드로이드 취소/확인 버튼은 간단한 구분선만으로 구분해 직사각형 모양으로 화면 너비 100%를 차지하는 버튼이다. 탭 영역은 2장에서 자세히 설명한다. 여기서는 주요 액션 버튼인 검색(Search)을 강조했고, 이 버튼 크기를 더 키우고 돋보기 아이콘을 추가해 좀 더 쉽게 탭할 수 있게 했다.

검색 결과

홈 화면과 IA 디자인을 변경했으니 이번에는 검색 결과 화면을 살펴보자. 검색 결과는 사용자가 홈 화면 폼을 사용해 검색을 수행하면 바로 나타나야 하므로 앱 사용 순서를 감안하더라도 이쯤에서 검색 결과 화면을 보는 게 맞다.

수정 전

AutoTrader 앱의 검색 결과 화면도 안드로이드 아이스크림 샌드위치 및 젤리빈 OS 가이드라인에 따라 디자인을 변경한다(그림 1.14 참고). 이 화면에서는 주로 약간의 안드로이드 요소를 가미한 채 iOS 표준을 사용한다. 이 화면에서는 세 개의 버튼을 사용한다. 두 버튼은 텍스트 버튼이고 한 버튼에는 아이콘이 들어 있다. 세 버튼은 모두 둥근 모서리와 베벨을 사용한다. 아울러 화면에서 각 결과는 iOS 오른쪽 꺾쇠(〉) 문자를 사용한다. 앞의 홈 화면과 마찬가지로 상단 앱 메뉴는 기기의 하단에 있는 내비게이션 바에서 메뉴 키를 탭해야 보인다.

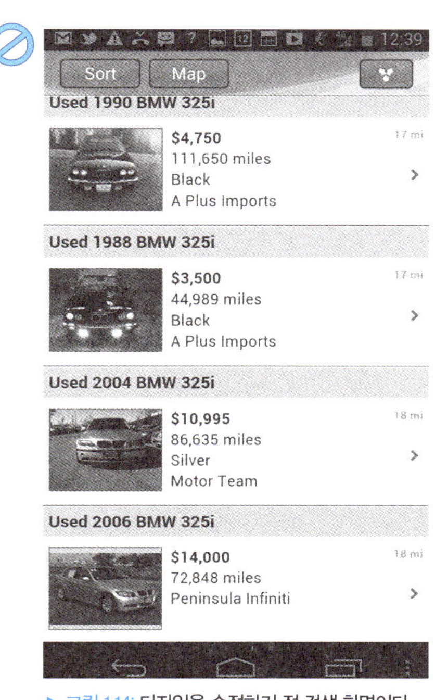

▶ 그림 1.14: 디자인을 수정하기 전 검색 화면이다.

서랍 상단 내비게이션 메뉴는 검색 결과 화면에서는 안전하게 가려진다. 좌측 상단 구석에 있는 아이콘을 탭하면 홈 화면으로 이동하고, 이 화면에서 사용자는 같은 버튼을 다시 탭해 상단 메뉴를 볼 수 있다. 이와 같은 방식을 사용하면 현재 화면 맥락에 맞는 액션 버튼(필터, 지도, 공유)을 화면에서 사용할 수 있다(그림 1.15 참고).

아이스크림 샌드위치 OS부터는 여러 내장 공유 기능으로 인해 공유 기능이 특별한 사용 사례가 됐다. 따라서 공유 기능은 안드로이드 UI 디자인 표준에 따라 표준 드롭다운 메뉴로 구현할 수 있다. 나머지 지도 및 필터 버튼은 안드로이드 스타일의 평평한 단일 색상 아이콘으로 구현하고, 액션 바 우측에 집어넣으면 된다. 이 방식은 지도-리스트의 관계를 구현할 수 있는 한 가지 방법이다. 좀 더 다양하고 효과적인 검색 및 필터링 패턴은 7장 '검색'과 8장에서 다룬다.

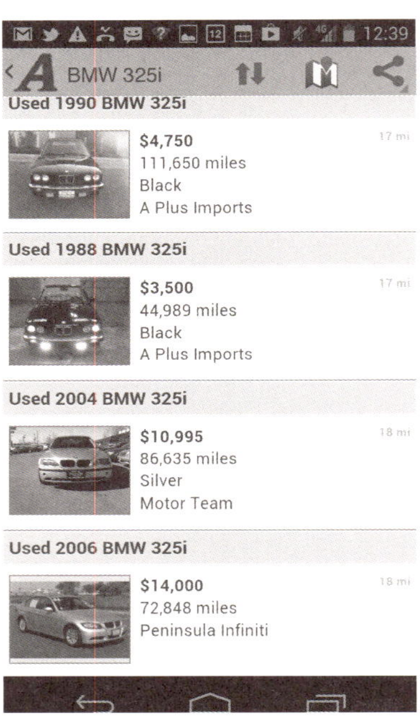

▶ 그림 1.15: **타이틀 바를 적용한 AutoTrader 앱의 수정된 디자인 버전 1이다.**

액션 바에서 타이틀 바를 사용하는 것 외에 또 다른 버전을 적용할 수 있다. 바로 드롭다운 컨트롤을 사용해 여러 뷰 가운데 뷰를 선택하게 하는 것이다. 이 경우 여러 가지 방식으로 재고를 정렬할 수 있다. 디자인을 수정한 버전 2에서는 화면 제목(자동차의 제조사 및 모델)이 멀티플 뷰 드롭다운 위에 표시된다. 버전 2는 안드로이드 4.0의 기능을 최대한 활용해 주요 기능을 추가한다는 점에서 권장할 만하다(그림 1.16 참고).

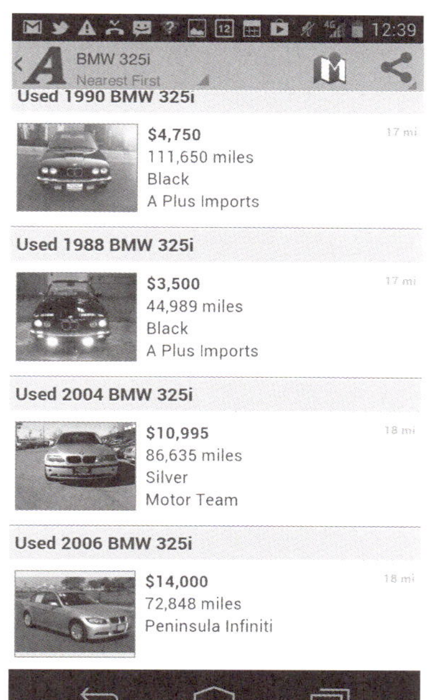

▶ 그림 1.16: AutoTrader 앱에서 권장하는 버전 2. 여기서는 검색 화면에 정렬 뷰 기능을 추가했다.

마지막으로 살펴볼 점은 검색 결과에 오른쪽 꺾쇠(〉) 기호가 없다는 점이다. 앞에서 말한 것처럼 화면 내 터치 공간은 별도의 시각적 표시 없이 항상 탭할 수 있어야 한다. 만일 상세 결과 화면으로 드릴다운하는 등의 액션이 고객에게 중요하다면, 별도의 시각적인 표시 없이도 터치를 통해 이 기능을 바로 사용할 수 있어야 한다. 그럼, 누군가가 실제로 검색 결과를 탭했다고 가정해보자. 다음 절에서는 세 번째이자 마지막 화면인 상세 결과 화면을 다룬다.

상세 결과

고객이 자동차 상세 화면으로 드릴다운하면 어떤 일이 생길까? 마지막 화면인 상세 결과 화면은 IA부터 탭, 버튼에 이르기까지 안드로이드에 맞게 새롭게 디자인할 요소가 여러 개 있다.

수정 전

상세 화면에도 여러 가지 iOS 요소가 들어 있다(그림 1.17 참고). 앞에서 본 것처럼 이번에도 탭이 텍스트 기반이며, 베벨과 둥근 모서리를 갖고 있다. 또, 검색 결과 화면과 마찬가지로 공유 버튼도 있다. 하지만 이 화면에서 공유 버튼은 두 개가 보인다. 하나는 상단 메뉴 바이고, 또 다른 하나는 저장/공유 버튼이다. 이는 사용자가 헷갈리기 쉽다.

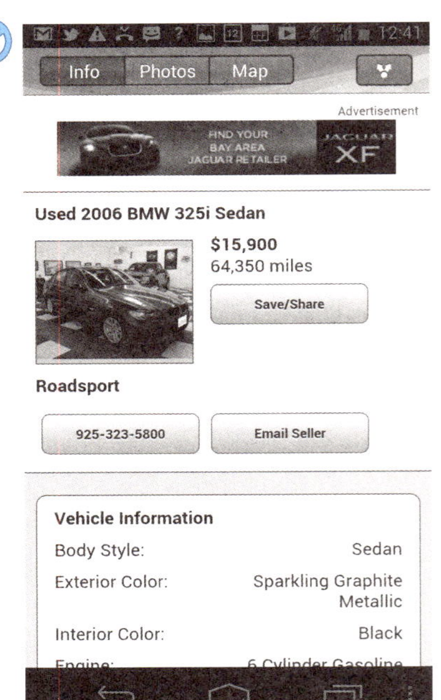

▶ 그림 1.17: 디자인을 수정하기 전 기존 AutoTrader 앱의 상세 결과 화면이다.

이 화면에서 제공하는 다른 기능으로는 판매자에게 전화하기, 이메일 보내기 기능이 있지만 주요 버튼으로 강조하는 버튼이 전혀 없다. 따라서 고객이 먼저 무엇을 해야 할지 앱에서 전혀 알려주지 못한다. 나머지 화면은 둥근 모서리를 가진 컨테이너를 사용해 배치했다. 물론 이런 컨테이너는 제거해야 한다.

가장 중요한 점은 리스트 내 다음 항목으로 이동하는 방법이 '포고스틱'밖에 없다는 점이다. 즉, 뒤로 가기 버튼을 눌러서 검색 결과로 돌아간 후 다른 상세 화면을 선택해야 한다(13장에서 다루겠지만 '포고스틱'[2]은 내비게이션 안티패턴이다).

수정 후

바뀐 화면 디자인에서는 전역 내비게이션 기능을 제거함으로써 간단한 Up 내비게이션을 계속 이어간다. 그럼 액션 버튼은 어디에 집어넣어야 하고, 사용자가 가장 많이 사용할 주된 기능은 어떻게 알아내야 할까? 네이티브 안드로이드 지메일 앱의 상세 화면을 살펴보면 안드로이드 OS 4.0에서 이런 해결책을 어떻게 구현해야 할지 쉽게 알 수 있다(그림 1.18 참고).

포고스틱 내비게이션을 줄이기 위해 네이티브 메일 앱에서는 똑똑한 안드로이드 OS 인터페이스 컨트롤인 스와이프 뷰를 활용해 좀 더 효과적인 내비게이션을 제공한다. 이 컨트롤을 사용

▶ 그림 1.18: 지메일 앱은 상세 결과 화면에서 스와이프 뷰 컨트롤을 사용한다.

하면 사용자는 오른쪽에서 왼쪽으로 스와이프해 다음 상세 결과로 이동할 수 있다. 이 기능은 화면 하단에 '2 of 133'이라는 상태를 보여주는 어두운 선을 통해 고객에게 알려준다. 물론 이런 방식도 좋지만, 테스트 결과를 보면 사용자가 이런 기능을 바로 인식하는 인식률은 매우 낮았다. 따라서 안드로이드 AutoTrader 앱의 디자인을 변경할 때는 5장 '웰컴 사용자 경험'에서 설명하는 간단한 화면 오버레이 튜토리얼이나 13장에서 설명하는 애니메이션 전환 워터마크 패턴을 사용해 스와이프 뷰 컨트롤을 강조하고, 이와 같은 중요한 기능을 고객이 놓치지 않게끔 해야 한다. 어떤 튜토리얼 방식을 사용하든 고객이 사용법을 익히고 나면 튜토리얼은 더 이상 필요 없으며 감출 수 있는 만큼 여기서는 이들 패턴은 보여주지 않는다.

일부 애플리케이션에서 스와이프 동작은 탭 사이를 이동하는 데 사용한다. 여기서는 다음 상세 항목으로 이동하는 데 스와이프 행동을 사용하기로 한 만큼 그림 1.19에 나온 것처럼 페이지 상단에서는 탭 제스처를 통해서만 이동 할 수 있는 탭을 사용한다.

이제 주 컨텍스트 메뉴와 보조 컨텍스트 메뉴를 액션 바에 집어넣어코자. 자동차 상세 페이지에는 액션이 세 개뿐이므로 상단에는 한 개의 액션 바만 있으면 된다. 이 액션 바에서는 탭 위에서 제목(항목 이름) 옆에 세 개의 액션을 모두 수용한다. 작은 기기에서 공간이 더 필요하거나 향후 디자인 과정에서 기능을 더 추가해야 한다면 상세 페이지 액션 중 일부를 오버플로우 메뉴나 다음 장에서 다룰 분할 액션 바로 옮기면 된다. 끝으로, 2장에서 설정하는 모바일 공간

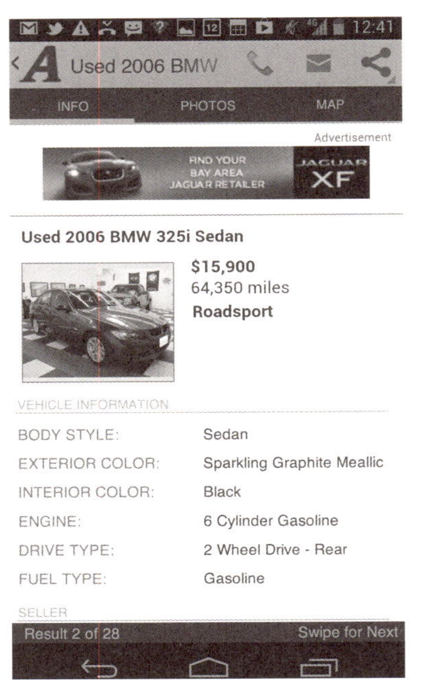

▶ 그림 1.19: AutoTrader 상세 페이지를 새로 디자인한 화면이다.

무경계 원칙에 따라 화면에서 모든 컨테이너를 제거하고 이를 안드로이드 4.0의 헤더로 대체한다. 이와 같이 불필요한 컨테이너를 제거하면 실제로 텍스트를 몇 줄정도 더 보여줄 수 있다는 점에 주목하자. 이는 모바일 화면에서는 꽤 큰 도움이 된다.

정리하며

그림 1.20에서는 디자인을 변경하기 전 AutoTrader 앱의 세 화면을 보여준다. 기존 IA와 iOS 방식의 컨트롤, 필드, 버튼을 주의해서 보자. 화면 영역은 둥근 모서리가 적용된 컨테이너로 서로 구분돼 있다. 각 화면 영역에는 상호작용을 구현하는 요소들이 오른쪽 꺾쇠 기호로 표시돼 있으며, 비인터랙티브 요소와 시각적으로 구분돼 있다. 따라서 전체적인 시각 스타일이 다소 무거운 느낌이다.

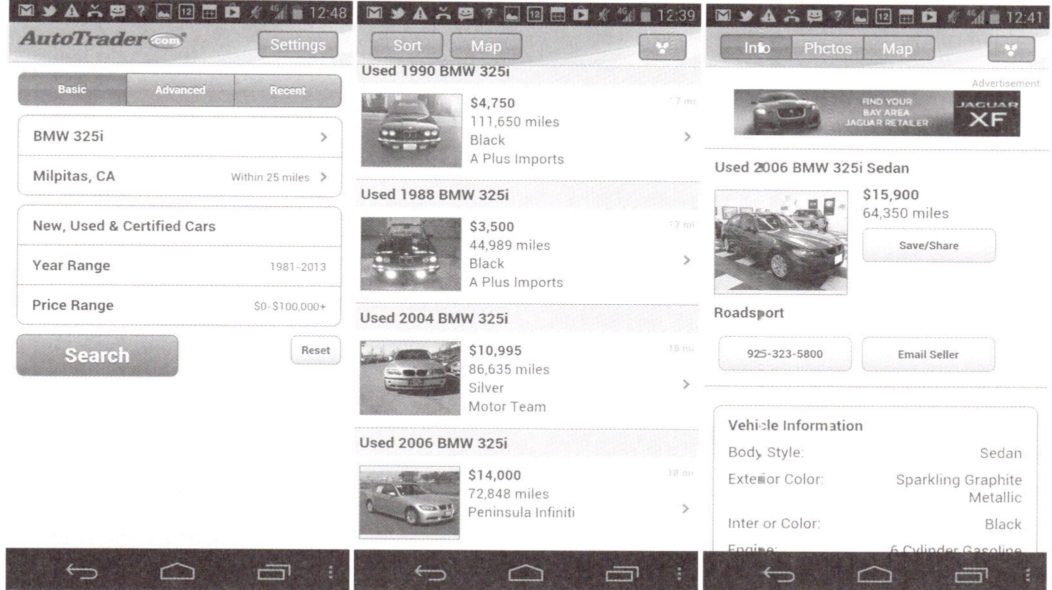

▶ 그림 1.20: 디자인을 수정하기 전 AutoTrader의 세 화면이다.

그에 반해 그림 1.21은 안드로이드 4.0 DNA에 맞게 새로 디자인한 세 개의 화면이 나와 있다.

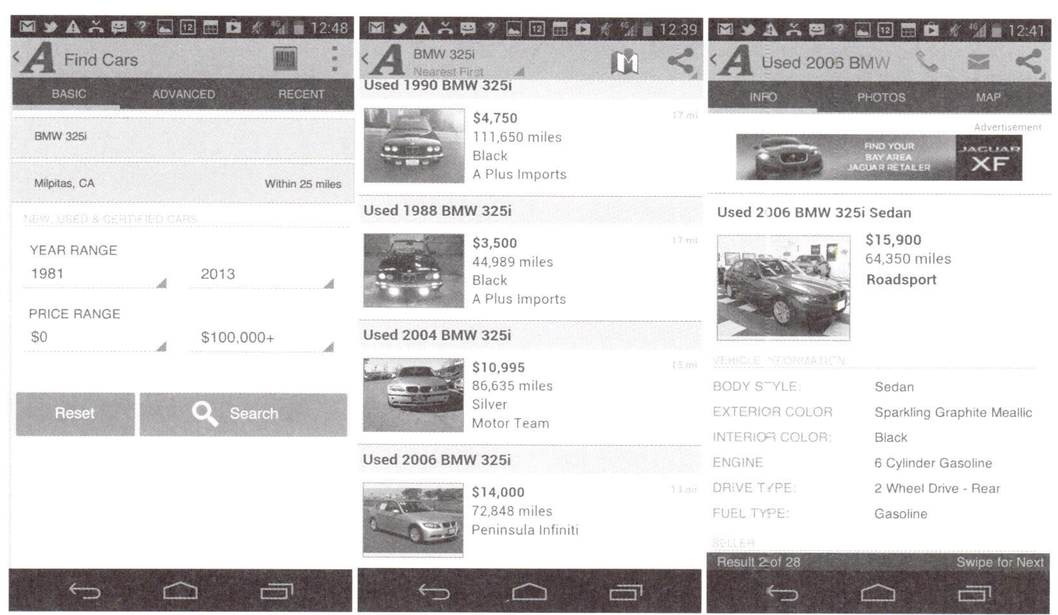

▶ 그림 1.21: 안드로이드 4.0에 맞게 새로 디자인한 AutoTrader의 세 화면

새롭게 바뀐 디자인에서는 안드로이드 4.0 가이드라인에서 권장하는 특화된 터치 컨트롤과 고유 내비게이션 스키마를 사용했다. 시각적인 관점에서 보면 새 디자인에서는 그라디언트와 둥근 모서리가 거의 없는 평평한 버튼, 터치 패널, 액션 바를 사용한다. 끝으로 새 디자인에서는 기존 컨테이너나 추가적인 터치 표시를 모두 제거했다.

지금까지 각 화면의 각기 다른 버전을 여러 개 살펴봤다. 이는 자연스러운 과정이다. 안드로이드 디자인은 복잡하지 않지만 매우 세심한 주의를 필요로 한다. 아울러 안드로이드 디자인에서는 다양한 공간 제약과 새로운 상호작용 기회가 있다. 빠르고 저렴한 프로토타입을 통해 새 디자인을 구현하기 전 고객 테스트를 철저히 해야 하는 게 중요한 것도 이 때문이다. 필자는 포스트잇을 활용해 프로토타입 및 테스트를 하는 것을 좋아한다. 그래서 이 책에서는 이와 같은 디자인 방법론을 사용한 예를 여럿 볼 수 있다. 4장 '모바일 디자인 프로세스'에서는 전체 디자인 및 프로토타입 프로세스에 대해 자세히 설명하고, 확신을 가지고 고객 테스트를 할 수 있는 실전 기법을 제공한다.

AutoTrader 앱은 안드로이드 시각 디자인 언어와 위젯에 대한 세부 내용을 보여주기에 충분했으며, 이 책을 시작하는 예제로도 매우 적합했다.

하지만 지금까지 살펴본 내용은 안드로이드에서 볼 수 있는 창의적이고, 재미있고, 유용한 여러 디자인 패턴 중 빙산의 일각에 지나지 않는다. 다음 장에서는 이 책에서 다룰 다양한 디자인 패턴을 살펴보기 전에 안드로이드 운영체제가 다른 모바일 운영체제와 어떻게 다른지 안드로이드의 특징에 대해 짧게 살펴본다.

안드로이드의 차별점

안드로이드는 공개 후 수년 간 혈기 왕성한 호르몬을 주체할 수 없는 10대처럼 행동했다. 안드로이드는 폭발적으로 성장했으며, 성장은 폭발적이었으며, 그 변화는 매우 크고 다양했다. 아이스크림 샌드위치를 내놓으면서 사용자 인터페이스 표준과 디자인 요소 또한 크게 바뀌었으며, 이제 안드로이드 플랫폼은 어느 정도 성숙하고 안정화됐다.

하지만 여전히 안드로이드 OS는 반항적인 해커 DNA를 유지하고 있으며 안드로이드의 고유 특징을 내포하고 있다.

평평한 세계에 온 것을 환영한다

안드로이드 OS 앱을 애플 iOS 앱과 비교할 때 제일 먼저 눈에 띄는 점은 안드로이드 앱 세계는 평평하다[1]는 것이다. 안드로이드에서는 버튼이 평평하다. 또, 콘텐츠 영역도 평평하다. 아울러 툴바나 다른 컨트롤도 모두 평평하다. 루디 러커의 소설 'Message Found in a Copy of Flatland'에 나오는 플랫랜드 사람들처럼 안드로이드에는 2차원 이외의 다른 것은 보이지 않는다. 또 순수 디지털 아티팩트[2] (현실 세계에서 볼 수 없는 가상의 물건 등) 이외의 다른 모습도 눈에 띄지 않는다. 안드로이드는 하드웨어를 구동하는 소프트웨어일 뿐이다. 아울러 필자는 이 점이 잘 됐다고 생각한다. 왜 그럴까? 사물을 '실제'처럼 보이게 하거나 '예쁘게' 보이게 하려고 노력할 필요가 없으므로 고객의 미니멀한 디지털 경험에만 집중할 수 있기 때문이다. 많은 점에서 안드로이드 4.0은 애플 iOS와 극명한 대조를 이루는 또 다른 모바일 운영체제인 윈도우 모던 UI에서 사용하는 것과 유사한 평평한 디지털 시각 스키마를 사용한다.

예를 들어 그림 2.1에 나온 것 처럼 안드로이드 메시지 앱을 iOS의 메시지 앱과 비교해보자.

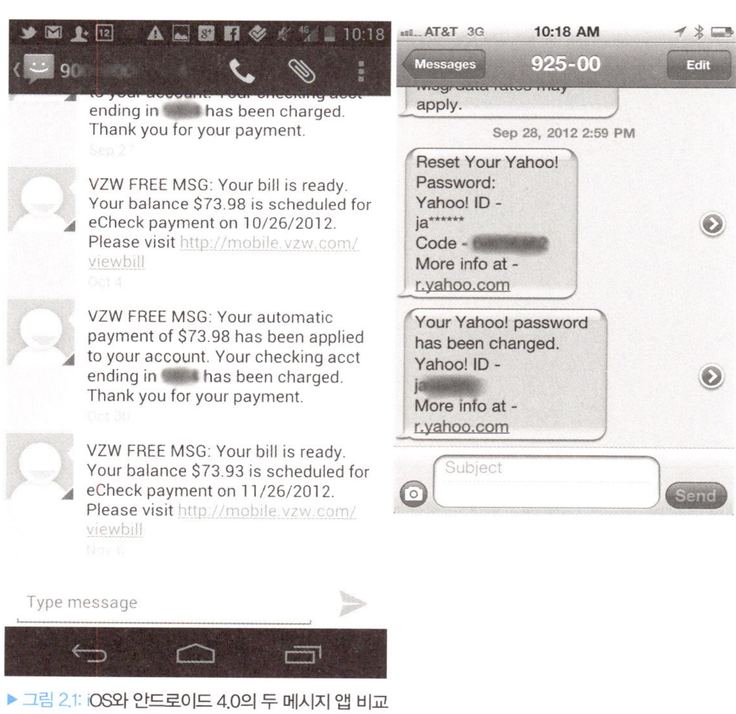

▶ 그림 2.1: iOS와 안드로이드 4.0의 두 메시지 앱 비교

[옮긴이의 말]1 애플도 iOS 7을 시작으로 이런 평평한 2차원 디자인을 전체 시각 테마로 지정했다.
2 디지털 아티팩트란 말 그대로 디지털 세계에서만 존재하고, 현실 세계의 사물을 모방하지 않은 사물을 가리킨다. 예를 들어 현실 세계는 3차원이므로 현실 세계의 버튼을 모방한 버튼을 디지털적으로 그리려면 베벨이나 섀도우 등을 활용할 수 있다. 현실 세계에서는 2차원 버튼(x, y축만 있고 z축이 없는)이 없으므로 이런 시각적인 디자인이 없는 버튼은 디지털 아티팩트에 해당한다.

그럼 제일 먼저 정보의 밀도가 눈에 띈다. 즉, 안드로이드 앱에는 훨씬 더 많은 내용이 화면을 채우고 있다. 그 원인 중 하나는 iOS에서는 메시지를 표현할 때 말 풍선을 사용하는 데 반해 안드로이드 앱에서는 메시지를 테이블 목록으로 표시하기 때문이다. 물론, 어떤 사람에게는 이런 표현 방식이 재미 없을 수도 있다. 하지만 안드로이드에서는 어떤 변명도, 장식도 사용하지 않는다. 따라서 안드로이드 앱은 단순하고, 평평하고, 매우 기능적인 문자 메시지 기기 역할을 한다. 전체 시각 스키마는 매우 제한적이고, 거의 사무적이다. 또, 툴바도 살펴보자. iOS에서는 페이지에서 튀어 나온 것처럼 보이게 하는 3차원 느낌의 툴바를 사용한다. iOS에서는 툴바가 현실 세계와 시각적으로 유사하게 보이게끔 도와주는 그라디언트를 사용해 이런 효과를 구현한다. 그에 반해 안드로이드 툴바는 전체 페이지를 2차원으로 그리고, 물리적인 사물의 모양과는 전혀 상관없이 디지털적으로 표현한다. 평평한 세계에 대한 과감한 포용과 '3차원으로부터 자유'로 인해 안드로이드에서는 반투명한 메뉴(그림 2.2 참고)를 사용할 수 있고, '콘텐츠 중심적인' 메뉴를 제공하게 됐다(다양한 메뉴 스타일은 13장 '내비게이션'에서 자세히 다룬다).

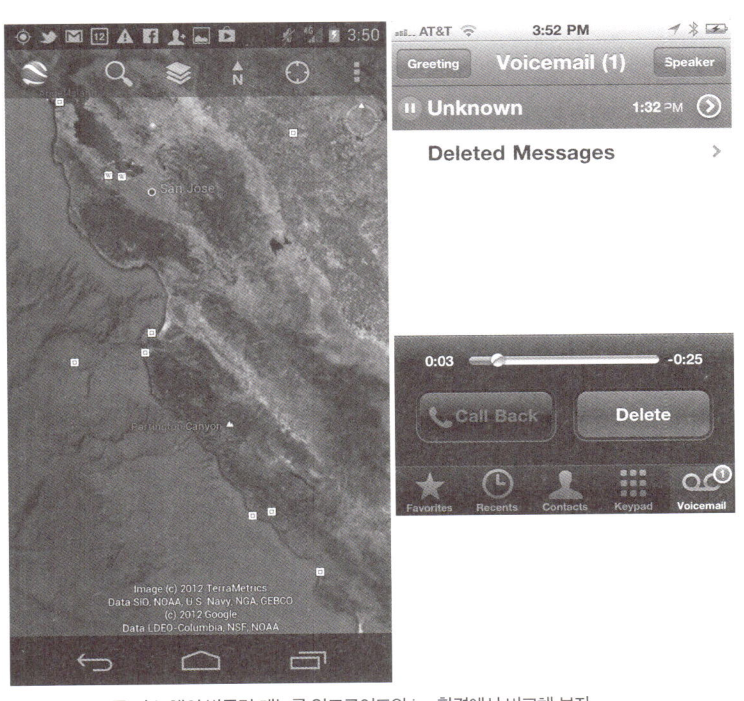

▶ 그림 2.2: 구글 어스 앱의 반투명 메뉴를 안드로이드와 iOS 환경에서 비교해 보자.

전체 안드로이드 화면은 그레이스케일로 개발하며, 툴바를 좀 더 어둡게 표현하기에 적합할 정도의 색상만 사용하고, 콘텐츠 영역은 대부분 밝게 표현한다. 샷상은 윈도우 모던 UI 같은 다른 모바일 OS가 안드로이드 아이스크림 샌드위치 OS과 큰 대조를 이루는 영역 중 하나다.

두 디자인 모두 평평한 디자인 원칙을 고수하지만 윈도우 모던 UI에서는 다양한 색상과 상호 작용을 사용하며, 홈 화면은 각 요소가 화면 전환과 대조되는 색상 조합을 통해 진동, 플립, 슬라이드될 때 말 그대로 '눈에 띈다.' 그에 반해 전형적인 안드로이드 화면은 마치 와이어프레임처럼 촘촘하고, 심각하며, 사무적이고, 필요한 내용만 제공한다. 더 재미있는 것은 이와 같은 '평평한 세계' 시나리오가 버튼과 탭 타깃에도 그대로 적용된다는 점이다. 안드로이드에서는 '버튼'에도 그라디언트가 없다. 다음 절에서 다룰 주제도 바로 이것이다.

아무 곳이나 탭하기

메임프레임 워크스테이션을 사용하던 초창기(즉 아주 오래 전)에 필자는 '계속하려면 아무 키나 누르세요'라는 메시지를 본 기억이 있다. 프로그래밍은 매우 정확한 원칙을 기반으로 하는 만큼 필자는 '아무 키'나 눌러도 된다는 게 잘 이해가 되지 않았다. 아무 키나 눌러도 된다지만 '어떤 키가 가장 좋은 키일까?' 물론 이런 혼란은 금세 지나갔고 필자는 심각하게 고민하지 않고 머지 않아 키보드 아무 곳이나 누르는 즐거움을 만끽했다. 물론 대부분의 경우 엄지 손가락으로 스페이스바를 눌렀다.

안드로이드에서는 버튼을 이와 같은 방식으로 보여준다. iOS에서 3차원 베벨이 적용된 버튼을 통해 탭 할 만한 요소를 알려주는 데 반해 안드로이드에서는 화면에 있는 모든 요소가 탭 타깃이라고 가정하고, 대부분의 경우 추가적인 힌트를 전혀 제공하지 않는다. 예를 들어 그림 2.3에 나와 있는 두 개의 메시지 행을 비교해보자. iOS 구현체에서는 베벨이 적용된 원 안에 오른쪽 꺾쇠 기호가 들어 있는 버튼을 제공하는 데 반해 안드로이드에서는 이와 대조적으로 아무것도 표시하지 않는다.

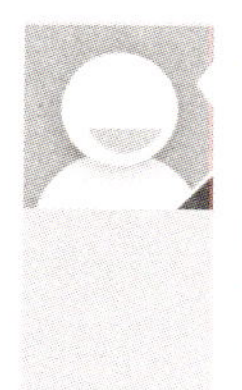

▶ 그림 2.3: 안드로이드 4.0과 iOS의 테이블 행 비교

안드로이드 4.0에서 사용자는 요소를 아무 데나 탭해(즉, 행 내 모든 곳) 정보를 얻을 수 있음을 알아내야 한다. 물론 처음에 이런 동작을 제대로 인지하지 못할 가능성은 꽤 높다.[3] 특히 사용자가 기존에 iOS를 사용했거나 과거 안드로이드 버전을 사용한 경우 그렇다. 하지만 대부분

의 사용자는 새로운 시각적 스키마를 빠르게 이해한다. 사용자가 뭔가에 대해 추가 정보를 더 알고 싶으면 사용자는 대개 항목을 탭(시각적으로 탭할 수 있다는 표시가 없더라도)한다. 안드로이드에서는 사용자가 '계속하려면 아무 키나 탭'하게끔 사용자를 훈련시킨다.

'아무 곳이나 탭하기'의 시각적 디자인 원칙은 전형적인 안드로이드 버튼에서 가장 잘 드러난다. 안드로이드 버튼은 '탭 할만한 영역(모바일 디자인 전문가이자 저자인 조시 클라크의 유명한 캐치 프레이즈를 빌리자면, http://globalmoxie.com)'으로 구현돼 있다. 그림 2.4를 보면 iOS에서는 베벨과 안쪽 드롭 새도우, 그라디언트를 통해 버튼이 탭 할 수 있게끔 보이게 하는 데 시간을 들인 것을 볼 수 있다.

▶ 그림 2.4: 안드로이드의 탭 할 만한 영역과 iOS 베벨 버튼의 비교

그에 반해 안드로이드에서는 '아무 데나 탭하기' 방식을 충실히 따르며, 수직 구분선 힌트만을 사용해 버튼 대신 영역을 사용한다. 이는 탭 타깃의 엄격한 시각 보다 영역을 정의하지 않고, 터치 타깃을 여백으로 감싸지 않는 안드로이드 테마의 근간을 이룬다. 이 테마는 터치 화면에 있는 모든 것이 터치 타깃이라는 의미이므로 매우 심오한 뜻을 내포한다.

디자이너에게는 이게 어려움이자 기회가 될 수 있다. 어려움이 되는 이유는 주된 탭 타깃이나 보조 탭 타깃이 없으면 사용자는 '아무 버튼이나 탭' 시나리오에 대해 헷갈릴 수 있기 때문이다. 즉, "아무 데나 탭해도 된다면 어디가 가장 좋은 위치일까?"하는 의문이 생기게 된다. '아무 곳이나 탭' 시나리오는 디자이너와 개발자 모두에게 어려운 과제를 안겨주기도 한다. 사용자가 터치하려는 모든 대상이 반응해야 하고, 직관적인 작업을 수행해야 하기 때문이다. 이 책의 10장 '데이터 입력'과 11장 '폼'에서는 고객의 주된 목표(및 개발 여산)를 놓치지 않으면서 이런 디자인 원칙을 고수하는 법을 살펴본다.

'아무 곳이나 탭' 원칙은 가속도계 제스처, 멀티터치 제스처, '콘텐츠 우선' 디자인을 선전하고 디지털 사용자 경험을 장려하는 '숨은' 메뉴를 도입하기에도 매우 적합하다. 이와 같은 수많은 다양한 가능성은 13장 '내비게이션'에서 다룬다.

모든 기기에 적합한 크기

안드로이드 초창기 시절부터 애플의 메뉴 모델을 모든 기기로 단순 포팅하면 결과가 좋지 않다는 사실은 너무도 분명했다. 그 이유 중 하나는 안드로이드를 구동하는 수많은 기기가 그만큼 다양하기 때문이다. 크기가 작은 HTC 히어로부터 7인치, 10인치 태블릿, 안드로이드 스키 고글, 스마트 홈, 자동차 내 터치 컨트롤 패널에 이르기까지 안드로이드 인터페이스는 사용자가 활용할 수 있는 다양한 공간 제약을 제공한다. 1장 '안드로이드용 디자인: 사례 연구'에서 AutoTrader 앱에 대한 사례 연구를 떠올려보면 안드로이드가 2.3 이전 버전에서 한 것처럼 모든 내비게이션 기능을 화면 하단의 내비게이션 바 메뉴 속에 숨기는 것도 해결책이 아님을 알 수 있다. 이렇게 하면 실제로 이런 기능을 보여줄 수 있는 공간이 충분한 기기에서도 기능을 숨기게 될 뿐더러 3개 이상의 현재 페이지 관련 컨텍스트 메뉴를 사용하는 게 어려워지기 때문이다(그림 2.5 참고).

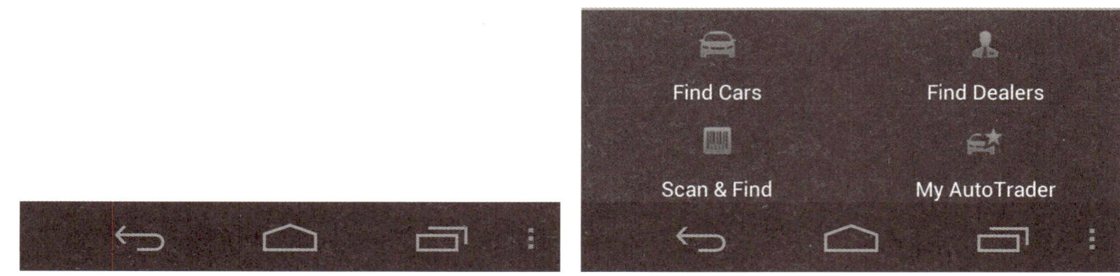

▶ 그림 2.5: AutoTrader 앱의 예는 안드로이드 2.3 이하 버전에서 하드웨어 메뉴가 핵심 기능을 어떻게 숨겼는지 보여준다.

이 문제를 해결하기 위해 안드로이드 4.0 디자이너들은 진정한 모바일 솔루션인 오버플로우 메뉴를 사용했다. 안드로이드 4.0과 4.1에서 디자인을 어떻게 적용하는지 이해하려면 이 메뉴가 어떻게 동작하는지 이해해야 한다. 기능은 액션 바라고 부르는 하나 이상의 메뉴로 분산한다. 인터페이스에서 한 개보다 많은 액션 바를 따라 기능을 분산할 경우 두 번째 액션 바는 분할 액션 바라고 부른다. 두 개의 액션 바가 들어 있는 앱은 그림 2.6에서 볼 수 있다.

바의 개수(보통 한 개 또는 두 개. 상단에 있는 액션 바와 하단의 분할 액션 바)와 상관없이 메뉴는 아코디언처럼 동작하며, 사용할 수 있는 화면 영역에 따라 확장하고 수축한다. 작은 화면에서는 몇 개의 핵심 기능만 표시된다. 태블릿처럼 큰 화면에서는 전체 메뉴가 모두 표시되며, 가능한 한 한 개의 액션 바만을 표시한다. 액션 바에 집어넣을 수 없는 추가 기능은 오버플로우 메뉴 안으로 들어간다. 오버플로우 메뉴는 제한된 화면 공간 문제를 모바일 환경에 맞게 해결해주는 유연한 해결책이다. 그림 2.7에서는 태블릿(상단)과 폰(하단)에서의 메뉴를 비교한 화면이 나와 있다.

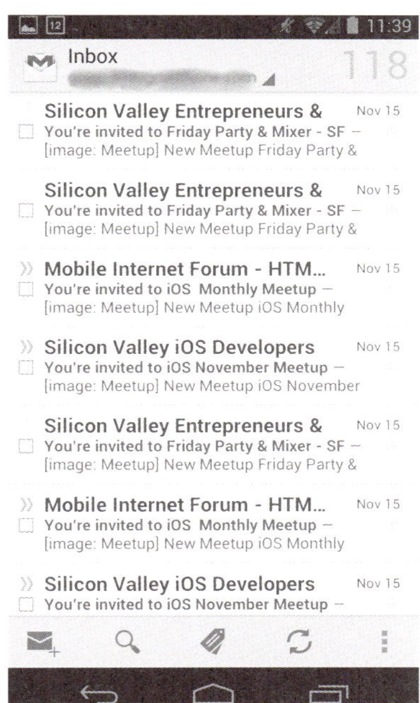

▶ 그림 2.6: 지메일 앱 상단에 액션 바가 있고 하단에 분할 액션 바가 있다.

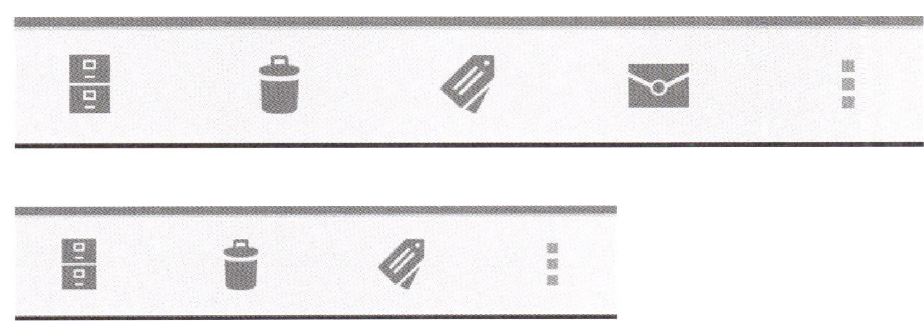

▶ 그림 2.7: 작은 화면에서 본 지메일 앱. 기타 기능이 오버플로우 메뉴 안으로 들어갔다.

iOS 및 기존 안드로이드 메뉴와 달리 액션 바는 원칙적으로 아이콘단 사용한다. 그에 반해 오버플로우 메뉴는 텍스트만 사용한다. 안드로이드 4.0에서도 여전히 아이콘과 단어를 함께 사용한다. 예를 들어 취소/확인 버튼이나 그림 2.8에 나온 구글 플러스의 서랍 메뉴 등이 이에 해당한다.

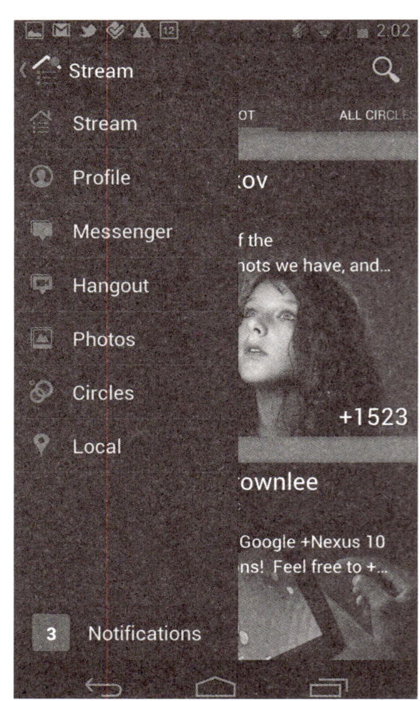

▶ 그림 2.8: 구글 플러스 앱은 서랍 메뉴에서 아이콘과 텍스트를 사용한다.

오버플로우 메뉴와 결합한 액션 바를 사용하면 대부분의 화면 크기와 기기 방향에서 비교적 잘 동작하는 메뉴를 보여줄 수 있다. 하지만 그렇다고 모든 UI에서 만족할 만한 결과가 나오는 것은 아니다.

특정 기기 제약에 대해서는 다음 장에서 다룬다. 13장에서는 '숨김' 메뉴와 스위스 군용 칼 내비게이션 같은 패턴을 활용하는 법을 다루고, 8장 '정렬 및 필터링'에서는 검색 같은 핵심 기능에 각기 다른 메뉴를 사용하는 방법을 보여준다. 또, 7인치와 10인치 태블릿 UI에 맞게 효과적으로 디자인하는 법은 14장 '태블릿 패턴'에서 살펴본다.

경계 없는 모바일 공간

'아무 곳이나 탭' 원칙과 '모든 기기에 적합한 크기' 원칙에 따라 자연스럽게 안드로이드에서는 모든 유형의 컨테이너 인터페이스가 없어져야 한다. 이는 그림 2.9에 나온 것처럼 둥근 모서리를 사용한 여러 컨테이너를 보여주는 iOS와는 큰 대조를 이룬다.

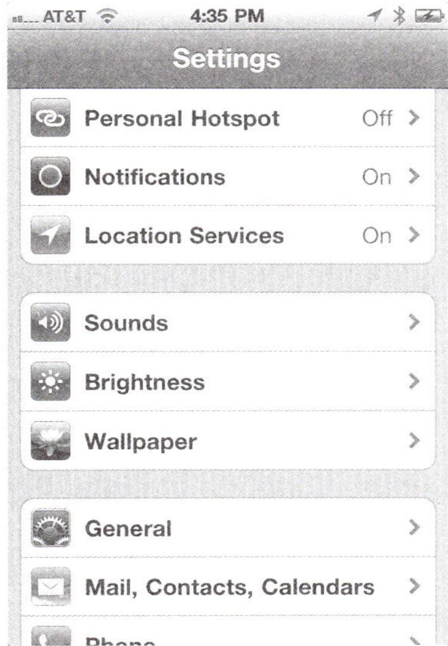

▶ 그림 2.9: iOS 설정 앱은 UI 컨테이너를 통해 iOS 항목을 강조한다.

많은 디자이너들은 타일이라고 부르는 다양한 색상을 사용한 직사각형 컨테이너와 통일된 배경, 파노라마 컨트롤에 있는 넓은 헤더를(자세한 내용은 13장 참고) 윈도우 모던 UI(그림 2.10)를 정의하는 기능이라고 꼽는다.

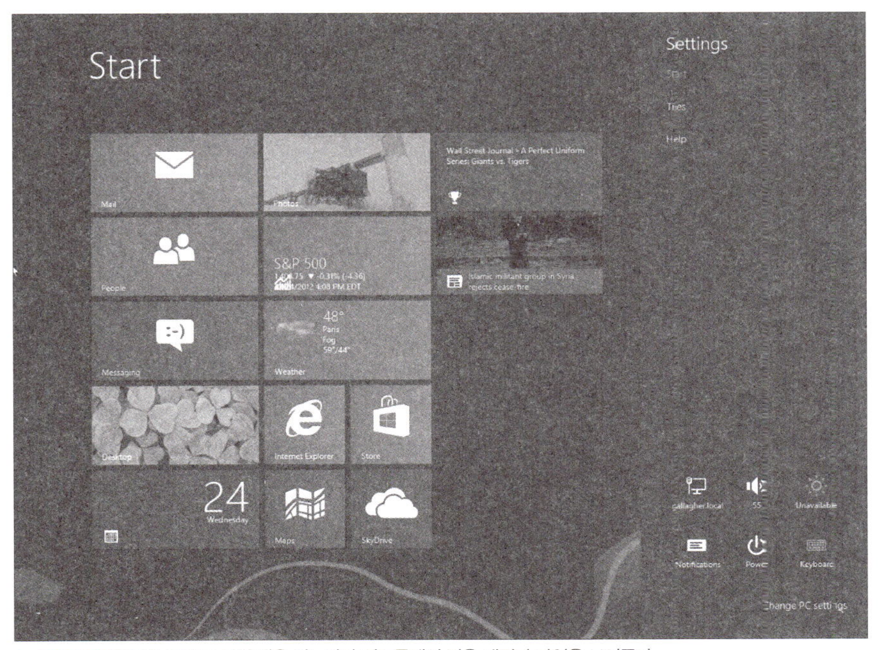

▶ 그림 2.10: 윈도우 모던 UI 설정 앱은 파노라마 컨트롤에서 넓은 배경과 타일을 보여준다.

iOS 및 윈도우 모던 UI와 달리 안드로이드 4.0의 핵심적인 특징 중 하나는 컨테이너가 전혀 필요 없는 단순한 헤더다. 안드로이드 4.0 에서는 UI 요소를 구분할 때 컨테이너 대신 그림 2.11과 같이 대문자 Roboto 폰트를 사용해 대조되는 색상 헤더를 사용하고, 가로 구분선으로 밑줄을 긋는다.

이와 같이 컨테이너를 없애면 좀 더 폼의 흐름에 집중하고, 모든 픽셀을 최대한 활용해 콘텐츠를 강조할 수 있다. 또, 없으므로 화면 너비나 높이와 상관없이 다양한 기기에서 UI를 제대로 보여줄 수 있다.

컨테이너는 화면 크기보다 작을 때 가장 효과적이다. 다시 말해, 화면에서 한 개보다 많은 컨테이너를 보여줄 때만 컨테이너가 필요하다. 이런 이유로 인해 iOS의 컨테이너는 기기를 가로 방향으로 볼 때 종종 어색해 보인다. 앞에서 말한 것처럼 '모든 기기에 적합한 크기'라는 말은 화면이 얼마나 작든, 어떤 비율을 하고 있든 상관없이 인터페이스가 모든 화면에서 제대로 보여야 한다는 뜻이므로 이 점은 안드로이드에서 중요한 고려 사항이다. 따라서 컨테이너는 모든 상황에 맞게 동적으로 조절할 수 없으므로 인터페이스 원칙으로 사용하기에는 부적합하다. 대신 콘텐츠는 자유로운 흐름으로 경계 없이 배치하고, 화면 크기에 따라 적절히 조절한다.

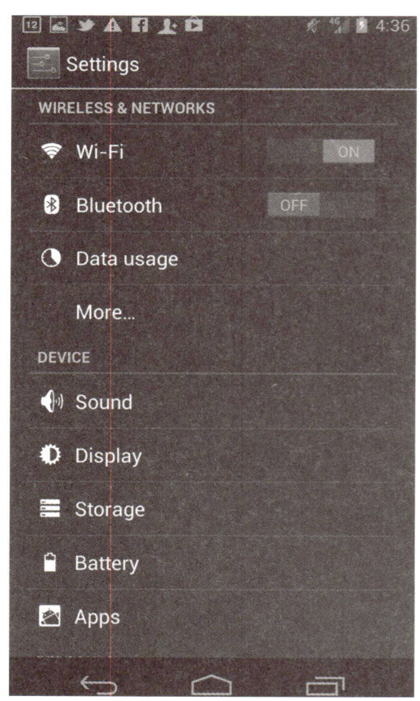

▶ 그림 2.11: 안드로이드 4.0 설정 화면은 페이지 흐름을 개선하기 위해 컨테이너 대신 간단한 헤더를 사용한다.

아쉽지만 모바일 플랫폼에서 대가 없이 얻을 수 없는 것은 없다. 컨테이너를 없애는 경우도 마찬가지다. 컨테이너가 없으면 폼 흐름을 개선할 수 있지만, 폼 필드를 서로 구분하는 데 도움되는 세로 간격을 처리하는 게 어려워진다.[4] 특히 화면이 작은 기기에서는 사용자의 현재 위치와 상관없이 무한정 계속 이어지는 것처럼 폼이 보이는 결과가 생길 수 있다. 또 다른 이슈는 최소한의 색상 처리로 인한 문제다. 설정 화면에서 헤더는 옅은 회색인데, 이 색상은 링크의 색상과 유사하다. 캘린더 같은 다른 네이티브 앱에서는 헤더가 활성 필드의 색과 같으며, 둘 다 옅은 파란색이다. 두 가지 색상 모두 어떤 게 탭할 수 있는 활성 필드고 어떤 게 헤더인지 분명하지 않다는 점에서 혼란을 초래할 수 있다. 보통, 활성 링크 및 활성 필드와 시각적으로 구분되는 헤더 색상을 사용하는 게 이런 혼란을 줄이는 데 도움도 는 사용성 원칙이다.

전역으로 생각하고 지역적으로 행동하기

새로운 안드로이드 4.0/4.1 디자인 스키마에서 가장 흥미롭고 과감한 디자인 원칙 중 하나는 '지역 행동 우선' 원칙이다. 기존 안드로이드 OS 버전을 비롯해 마켓에 나와 있는 거의 모든 OS에서는 앱 전체에서 전역 내비게이션을 사용할 수 있게 특별히 고려한다. 예를 들어, 애플 iOS에서는 그림 2.12에 나온 것처럼 탭 바를 통해 전역 내비게이션을 항상 사용할 수 있게 한다.

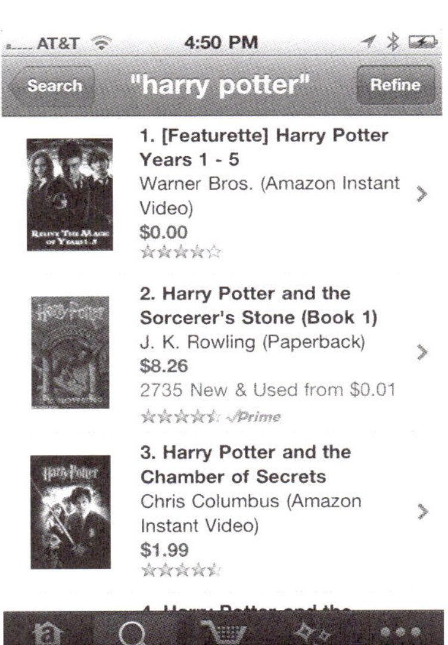

▶ 그림 2.12: 아마존 앱은 iOS 탭 바를 사용해 앱 어디서나 전역 내비게이션을 사용할 수 있게 한다.

[옮긴이의 말] 4 대개 폼 필드 사이에 충분한 여백을 둠으로써 특정 폼 필드가 어떤 카테고리에 속하는지 표시하는데, 이런 세로 여백을 조절하기가 어렵다는 뜻이다.

아이스크림 샌드위치 이전의 안드로이드 앱에도 한 때 같은 원칙이 적용됐다. 예컨대 그림 2.13에는 안드로이드 4.0 이전의 아마존 앱 디자인이 나와 있다.

이와 대조적으로 안드로이드 4.0에서는 사용자에게 보여주는 액션이 항상 현재 작업과 가장 관련 있는 액션만 보여주는 과감하고 새로운 접근 방식을 제공한다.

예를 들어 그림 2.14에 나온 메일 앱에서 앱의 요약 패널에 있는 액션 바에 있는 핵심 액션은 검색, 새 메시지 등이며, 추가로 설정, 도움말, 피드백 전송 같은 좀 더 일반적인 액션은 오버 플로우 메뉴에 가려져 있다.

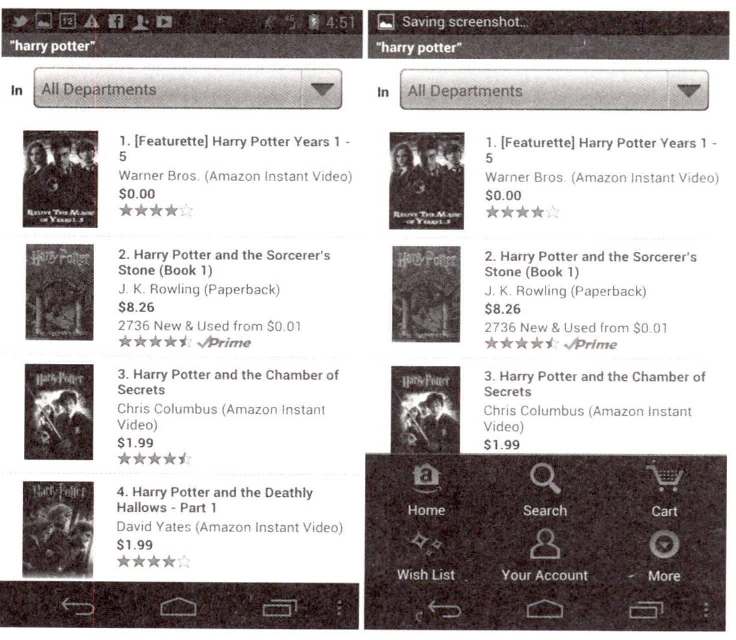

▶그림 2.13: 기존 안드로이드 앱은 전역 내비게이션 바에 전역 메뉴가 들어 있다.

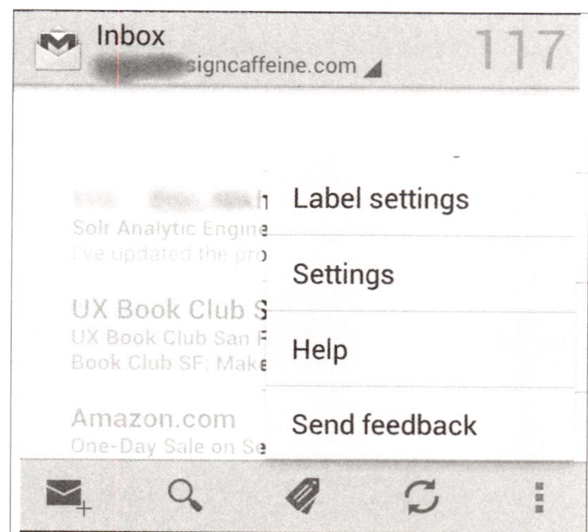

▶그림 2.14: 지메일 앱의 리스트 뷰에서는 전역 액션을 보여준다.

하지만 특정 이메일로 드릴다운하면 사용할 수 있는 액션이 크게 달라진다. 그림 2.15에서는 검색이나 새 메시지 같은 상단 메뉴 항목 대신 즐겨찾기나 응답하기 같은 컨텍스트 액션 메뉴 (상단 바의 시작 및 화살표 아이콘)과 자주 사용하는 아카이브, 휴지통, 태그(하단 바의 파일 캐비넷, 휴지통, 태그 아이콘)을 볼 수 있다.

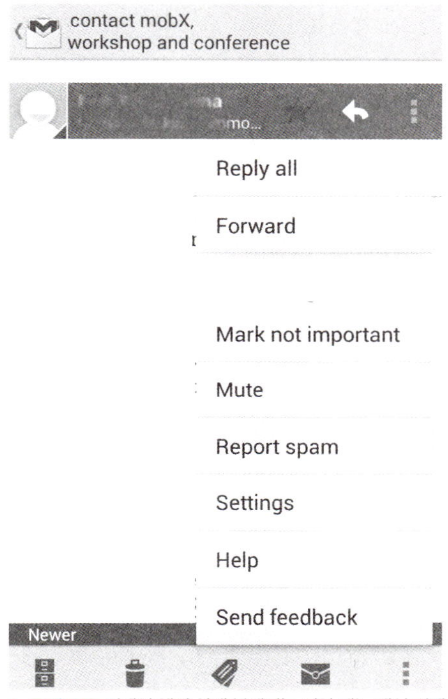

▶ 그림 2.15: 지메일 앱의 상세 뷰에서는 전역 메뉴 대신 컨텍스트 액션을 보여준다.

설정, 도움말, 피드백 전송 같은 좀 더 일반적인 액션은 하단에 있는 오버플로우 메뉴를 통해 여전히 접근할 수 있지만, 리스트 뷰에서 사용할 수 있었던 전역 기능은 이제 완전히 사라졌다. 이는 매우 중요하다. '지역적으로 행동한다'는 원칙으로 인해 이메일 상세 화면에서는 예컨대 검색과 새 메시지에 접근하는 게 불가능하기 때문이다. '지역적으로 행동한다'는 원칙은 오버플로우 메뉴로까지 확대 적용된다. 상단 오버플로우 메뉴는 단순히 메시지 기능을 확장하는 대신 '모두 답장'(Reply all)과 '전달'(Forward)처럼 덜 사용하는 기능을 통해 답장 옵션을 개선한다.

안드로이드 4.0 화면의 라벨도 이런 디자인 원칙을 잘 반영한다. 예를 들어 iOS에서는 화면 라벨을 통해 사용자가 현재 어디에 있는지 알려주고, 뒤로 가기 버튼을 통해 사용자가 어느 화면으로 돌아갈 수 있는지 알려준다. 그림 2.16의 메일 앱 그림처럼 iOS의 메일 앱은 화면 제목으로 14 of 69를 사용하고, 뒤로 가기 버튼에서는 All Mail (41)을 보여준다.

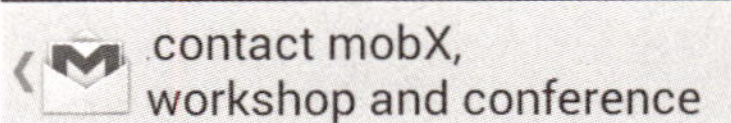

▶ 그림 2.16: 왼쪽에 있는 안드로이드 제목 헤더를 오른쪽에 있는 iOS의 화면 제목과 비교해보자.

안드로이드 4.0에서는 사용자가 뒤로 가기 버튼을 누를 때 어디로 이동하는지 표시하지 않는다. 대신 전체 바를 이메일 제목을 보여주는 화면 라벨(즉, 현재 사용자가 어디에 있는지 표시)에 할애한다. 이런 방식은 특히 안드로이드 디자인 패턴을 처음 접하는 iOS 사용자에게서 혼란을 초래한다. 이런 사람들에게는 '〈 + 로고 + 라벨'은 곧 '이 버튼을 누르면 라벨에 보이는 위치로 돌아간다'는 뜻이기 때문이다. 하지만 이와 달리 안드로이드에서는 이런 시각적인 표시를 '현재 사용자가 라벨 위치에 있으며 뒤로 가기 버튼을 탭하면 한 단계 위로 올라간다'는 의미로 사용한다. 아쉽지만 현재로서는 사용자가 익숙해지는 것 외에 이와 같은 화면 전환 모델을 명확히 설명할 수 있는 좋은 해결책은 없다.

이와 같은 지역 중심 화면 라벨 적용 방식을 그림 2.17에 나온 것과 같은 과거 안드로이드 OS 버전과 비교하면 얼마나 큰 변화가 있었는지 알 수 있다. 안드로이드 4.0에서는 지역 컨텍스트 이외의 모든 것은 그냥 무시한다.

각 화면에서 지역 중심 기능만을 사용한다는 것은 과거 모바일 기술 버전으로부터 새롭게 출발함을 뜻한다. 즉, 안드로이드 4.0에서는 사용자에게 항상 접근할 수 있는 전역 탭 내비게이션을 항상 보여주지 않아도 사용자가 더 이상 길을 잃어버리지 않는다고 가정한다. 대신 안드로이드 4.0에서는 '전역으로 생각하고, 지역적으로 행동하는' 원칙을 사용한다. 지역 중심 행동과 화면 라벨은 고객 앞에 항상 보여주는 전역 내비게이션을 없애준다. 동시에 안드로이드 4.0 사용자는 모든 전역 내비게이션에 접근하려면 뒤로 가기 버튼을 한 번 이상 눌러야 한다는 사실을 마음 속 깊이 이해해야 한다.

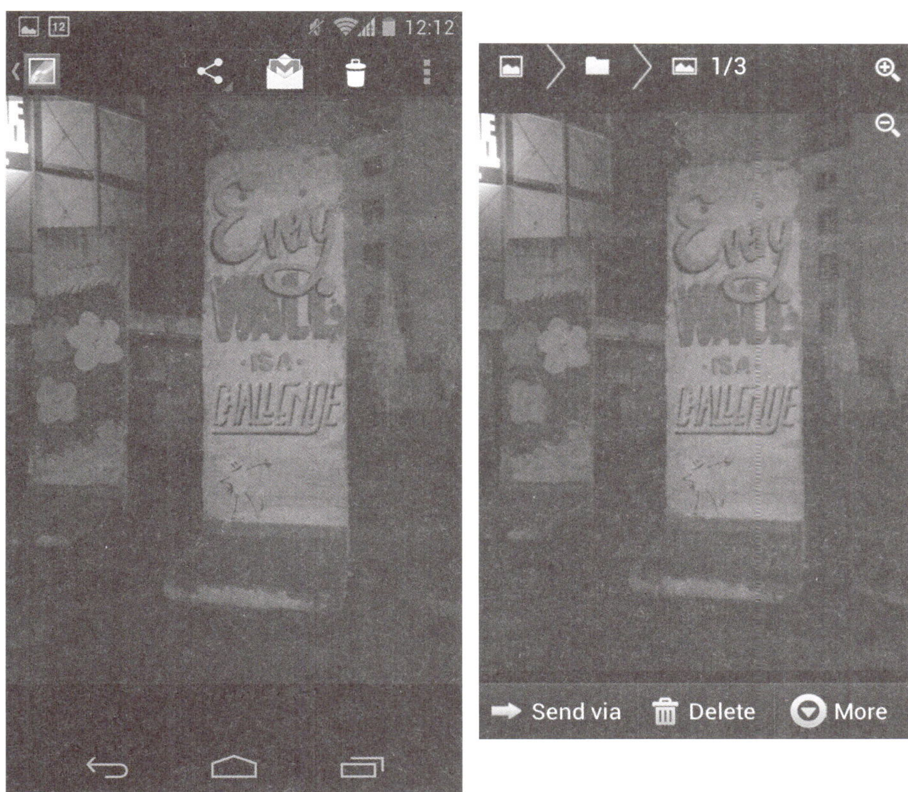

▶ 그림 2.17: 사진 갤러리 앱의 안드로이드 4.0 액션 바를 오른쪽에 있는 안드로이드 2.3의 브레드크럼[5]과 비교해보자.

흥미롭게도 이와 같은 지역 중심 컨텍스트는 많은 앱의 가장 좋은 사용 사례에 정확히 부합되지 않는다. 예를 들어 페이스북은 좌측 상단 스위스 군용 칼 내비게이션을 사용해 전역 액션을 항상 사용할 수 있게 해주는 대표적인 예외 사례다. 전역 내비게이션과 지역 내비게이션 사이의 균형을 다루는 실전 디자인 패턴은 13장에서 살펴본다.

이제 안드로이드 4.0의 독특한 디자인 원칙에 대해 개략적으로 이해했으니 안드로이드를 지원하는 다양한 기기에서 이런 원칙을 어떻게 구현해야 할지 자세히 알아보자.

안드로이드 파편화

볼 베어링 공장의 파편과 마찬가지로 안드로이드 파편화도 엄청난 규모를 자랑한다. 여기서는 중요한 요소를 골라내고 다양한 기기에 맞는 앱 사용자 경험(UX) 디자인 전략을 구축하는 법을 살펴본다.

파편화란?

4월에 열린 오픈시그널(OpenSignal) 기준으로 3,997개의 각기 다른 안드로이드 기기 유형(681,900 기기 이상을 토대로한 연구(http://opensignal.com/reports/fragmentation.php)에 따른 결과)이 있다. 가장 큰 브랜드는 삼성(Samsung)으로, 40%의 시장을 점유하고 있으며, HTC, SEMS, 모토롤라의 시장 점유율을 모두 합치면 30%가 된다. 전체 기기 중 약 9%는 삼성의 GT-i9100(갤럭시 S2)이지만, 이를 제외하면 콘코드 탭(헝가리의 10.1인치 기기), 레몬 P1(듀얼 SIM 인도 폰), 에너지 태블릿 i724(홈 엔터테인먼트를 겨냥한 스페인 태블릿) 등 1회성 기기를 비롯해 트렌드를 거의 종잡을 수 없다. 가격에 대한 부담이 없는 소비자를 겨냥해 유명한 스위스 시계 제조사인 태그 호이어는 The Racer를 출시했다. 이 제품은 3,600달러짜리 안드로이드 스마트폰으로 카본 파이버와 티타늄, 충격 흡수 고무 섀시를 사용해 '비교할 수 없을 만큼 강한 비틀림 강도'를 제공한다(독자들에 대해서는 잘 모르겠지만 필자는 이 제품이 조금 끌리는 편이다 http://www.afterdawn.com/news/article.cfm/2012/03/13/tag_heuer_launches_carbon_fiber_android_phone_with_huge_price_tag).

이와 같은 다양성은 기기와 브랜드에서 그치는 게 아니다. 연구에 따르면 안드로이드 OS 버전도 기기만큼이나 다양하며, 고객의 약 9%만이 안드로이드 4.0 이상을 사용하고, 약 76%의 사용자는 안드로이드 2.2나 2.3을 사용 중이다. 아울러 대부분의 제조사는 시장 차별화를 위하 안드로이드 OS 버전을 커스터마이징한다.

화면 해상도도 그만큼 다양하다. 화면은 1,920×1,200과 2,040×1,152부터 거의 사용할 수 없을 정도의 크기인 240×180에 이르기까지 그 크기가 다양하다. 이런 파편화는 앞으로 TV나 스마트 냉장고, 안드로이드 스키 고글, 3D 화면, 프로젝터 같은 다양한 기기와 화면이 나올 때마다 더 심화될 전망이다.

그럼 디자이너는 이런 복잡한 문제를 어떻게 처리해야 할까?

모든 것은 시간 안에 있고 이내 사라진다

불교의 진리 중 하나는 새로 나타난 모든 것이 결국 죽는다는 것이다. 안드로이드 개발에 있어서도 마찬가지다. 1년 전만 해도 HTC는 EVO 라인업을 통해 안드로이드 기기 브랜드를 주도하고 있었다는 사실을 기억하자. 하지만 2012년 11월 기준으로 가장 인기 있는 브랜드는 갤럭시 S3다. 또, 안드로이드 4.0 이상(젤리빈인 4.1 포함)이 빠르게 늘어나고 있다. 물론 아직까지는 삼성이 대표적인 브랜드이지만 아수스에서 제조한 구글 넥서스 계열의 폰과 태블릿도 강력한 경쟁자이며, LG의 제품들도 크게 뒤지지 않는다(적어도 미국 기준으로). 독일에서는 크기가 작고 값이 저렴한 소니 폰이 인기를 끌고 있다. 이 책을 쓰고 있는 시점 기준으로 소니 폰은 미국에서는 거의 무명이다.

요점은 여러분의 앱이 현재 가장 인기 있는 상위 두세 개의 폰이나 태블릿 모델에서 제대로 동작한다면 대개 큰 문제가 없다는 뜻이다. 6개월 전에 나온 제품이나 앞으로 출시되지도 않은 제품에 대해서는 걱정하지 않아도 된다. 핵심은 작은 것에 힘을 쏟지 않는 것이다. 다시 말해 현재 1위 자리를 차지하는 대부분의 폰 모델, 버전, 제조사는 앞으로 6개월이 지난 후 그 자리를 빼앗기게 된다. 한때 엄청난 모바일 브랜드였던 업체들이 오늘날은 기억에서 거의 사라졌다는 사실을 기억하자.

- 팜과 웹 OS
- 모토롤라. 구글에 인수된 후 하드웨어 리더십을 빠르게 잃었다.
- 노키아. 마이크로소프트에 인수된 후 지구에서 사라졌다.
- 블랙베리 OS. 현재 미미한 시장 점유율을 근근이 유지하고 있다.

디자인에서 중요한 것은 최신 기기가 아니다. 대신 기본적인 터치 화면 기술과 상호작용하는 인간에 대한 인체공학을 토대로 하는 안드로이드 기기의 터치 기술 트렌드다. 이런 트렌드는 기기만큼 빠르게 변하지 않는다. 이런 기기 트렌드는 시간이 지나더라도 느리게 변화하는 모바일 및 태블릿 디자인 패턴의 기본 DNA를 형성한다.

안드로이드 기기 트렌드

물론 터치 패널과 다른 재미있는 미래 기술이 결합된 휘어지는 화면이 인기를 끌면 여기서 설명한 기기 트렌드도 바뀔 것이다. 하지만 지금은 기기의 두께 및 무게, 구성 요소의 비용, 화면 크기, 손과, 손가락의 크기 및 유연성, 현대 옷의 주머니 크기가 모바일 기기와 그 상호작용의 기본적인 범위를 결정한다. 시간이 지나면서 안드로이드 기기의 터치 화면의 다양성도 다섯 가지 기본 크기를 중심으로 점차 표준화됐다. 바로 컴팩트 폰, 풀사이즈 모바일 폰, 하이브리드 태블릿 폰, 소형 태블릿, 대형 태블릿이다. 이어지는 절에서 설명하겠지만 이와 같은 기기군은 앱 상호작용 디자인에 있어서 다양한 화면 해상도보다 훨씬 더 닮은 특정 디자인 결정과 인체공학적 요구 조건을 제시한다.

컴팩트 폰

주로 작고 값이 저렴한 안드로이드 기기다. 이 책을 쓰고 있는 시점 기준으로 교세라 밀라노 (Kyocera Milano) 같은 폰이 대표적인 예다. 이 기기는 화면 해상도가 240×320픽셀에 불과하다. 이런 이유로 전체 기기 영역은 그림 3.1의 오른쪽 '핫 존(사용자가 가장 일반적인 그립 방식[1]을 사용할 때 가장 접근하기 쉬운 영역)'에 나온 것처럼 한 손의 엄지만 사용해 쉽게 사용할 수 있다. 아쉽지만 화면이 작다는 얘기는 기기를 쥐고 있는 손이 하단 화면 영역의 대부분을 가린다는 뜻이 되고, 고객이 기기를 단순히 쥐고 있더라도 분할 액션 바 내비게이션에 문제가 생기기 쉽다는 뜻이 된다.

▶ 그림 3.1: 폰을 오른손으로 쥐고 있을 때 터치 화면의 핫 존을 보여주기 위해 컴팩트 폰인 교세라 밀라노를 사용했다.

버튼 크기가 커야 한다는 점과 가로 화면 너비 안에 집어넣을 수 있는 버튼이 3~4개밖에 없다는 점에 주의하자. 이는 화면 텍스트와 아이콘뿐 아니라 적당히 큰 터치 타깃[2]을 동시에 보여줘야 하는 소형 기기의 문제점이다. 실제로 화면에 내비게이션 바를 두 개 집어넣기만 해도 전체 화면 영역의 30% 이상을 차지하게 된다!

화면 상단에는 한 개의 액션 바만 들어갈 수 있는 공간이 있다. 상단 액션 바는 두세 개의 기능을 정확히 보여줄 수 있다(화면 제목을 사용한다면 한 개의 기능만 가능). 제한된 화면 크기로 인해 (전체 화면을 콘텐츠에 할애하게끔) 반투명한 스위스 군용 칼 내비게이션을 사용하는 사용자 인터페이스를 사용하는 게 적합하다. 이 주제에 대한 자세한 설명은 13장 '내비게이션'에서 볼 수 있다. 피커 휠과 같은 대부분의 2차 선택 컨트롤과 마찬가지로 메뉴를 열면 전체 화면을 거의 다 차지한다는 점을 기억하자.

화면 키보드는 거의 쓸모가 없으므로 이런 소형 기기는 주로 작고, 저렴하며, 접을 수 있는 하드웨어 키보드를 함께 제공하는 게 보통이다(이런 키보드를 사용한다고 해도 입력 정확도는

[옮긴이의 말] 1 말 그대로 가장 일반적이고, 대다수의 사람들이 주로 사용하는 그립(쥐는) 방식을 말한다. 좀 더 구체적으로, 대부분의 사람들이 오른손잡이이므로, 오른손 하나만 사용해 폰을 쥐는 경우를 말한다.
2 터치 타깃은 터치할 대상(주로 버튼, 메뉴 항목 등)을 말한다.

거의 개선되지 않는다). 하드웨어 키보드는 화면 키보드와 크게 다르지 않다. 주된 차이점은 화면 키보드에는 하드웨어 키보드가 활성화될 때 '익스트랙트' 모드가 없다는 것이다('10.7 패턴:자유 형식 텍스트 인풋 및 익스트랙트' 절 참고). 대신 화면 방향이 수직에서 수평으로 단순히 바뀌므로 폼이 좀 더 넓어진다. 그럼 하드웨어 키보드를 사용해 입력을 수행하고, 터치 화면을 사용해 폼을 스크롤해 폼 내비게이션을 수행할 수 있다. 그 외 하드웨어와 소프트웨어 키보드 모드의 차이점은 거의 없다.

풀사이즈 모바일 폰

시장에서 가장 인기 있는 기기 크기다. 이 책을 쓰고 있는 시점을 기준으로 가장 대표적인 예는 삼성 갤럭시 S3로, 이 기기는 5.4×2.8인치 크기와 대각선 길이 4.8인치의 크기를 갖고 있다. 여기서는 일부러 해상도는 언급하지 않았다. 사실 모바일 UX를 연구할 때 기기 사용 방식은 해상도와는 거의 관련이 없으며, 크기, 면적, 기기의 무게와 좀 더 관련 있다.

화면에서 필요한 터치 아이콘을 보여주기에 해상도가 지나치게 낮다면 문제가 달라질 수 있다. 하지만 대부분의 현대 기기에서는 해상도가 이미 충분하다. 물론, 픽셀 수가 늘어나면 사진 품질을 개선할 수 있고 사람들이 새 기기를 사게끔 마케팅 홍보 수단으로 이를 활용할 수 있다. 하지만 기기 구매 후 사용자가 기기를 사용하는 방식에는 거의 영향을 주지 않는다. 모바일 폰의 두드러진 특징 중 하나는 한 손으로 사용할 수 있을 정도로 가볍고 작은 경향이 있다는 것이다. 오른손으로 쥐었을 때 풀사이즈 폰의 핫 존은 그림 3.2에서 볼 수 있다.

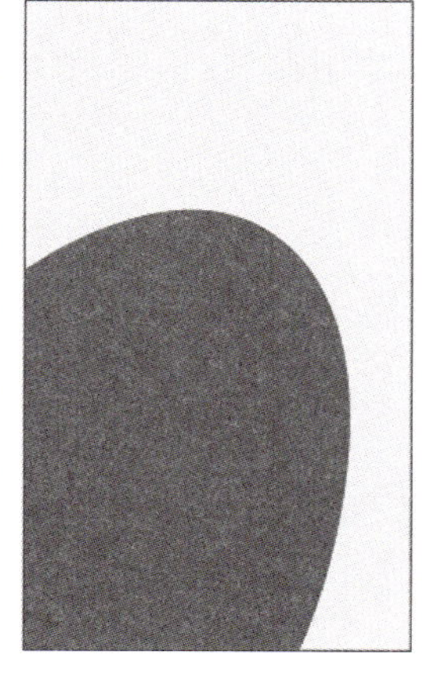

▶ 그림 3.2: 풀사이즈 모바일 폰인 삼성 갤럭시 S3를 오른손으로 쥐었을 때의 핫 존이다.

그림 3.2의 오른손 핫 존에서 볼 수 있듯 하단 액션 바는 쉽게 접근할 수 있다. 하지만 상단 액션 바 접근에 대한 인체 공학적 설계는 제대로 이뤄지지 않았다. 대부분의 사용자는 왼쪽 손을 사용해 기기 상단에 있는 컨트롤을 탭하거나 기기 위치를 바꿔서 손가락을 어색하게 뻗어야 한다. 특히 여성이나 10대 사용자, 손이 작은 사용자에게서 이런 현상이 두드러진다. 화면 상단에 있는 기능의 또 다른 단점은 이 기능을 사용하려면 화면을 손으로 덮어야 한다는 점이다. 상단 액션 바는 안드로이드 가이드라인에서 대부분의 주요 기능을 배치하라고 권장하는 곳이다. 실제로 현재 대부분의 구글 안드로이드 앱에서는 이 위치에 주요 기능을 배치한다.

미국에서는 안드로이드 폰이 말 그대로 주머니가 터질 정도로 점차 큰 크기로 출시되는 추세다. 이는 어느 정도 현재 애플 iOS 아이폰의 시장 점유율로 인한 결과다. 이런 시장 점유율로 인해 안드로이드 기기들은 눈으로 보기에 더 큰 화면을 제시함으로써 마케팅 차별점을 마련하게 됐고, 따라서 풀사이즈 안드로이드 모바일 폰은 아이폰의 3.5인치 화면보다 훨씬 더 커지는 추세다. 물론 이런 추세가 강하기는 하지만 항상 화면이 더 크지만은 않다. 앞서 말한 것처럼 유럽에서는 소니에서 제조한 작고 저렴한 안드로이드 폰의 크기가 아이폰 4의 크기와 비슷하다. 아이폰 4의 크기보다 작은 기기는 모두 컴팩트 폰으로 분류해 적절히 처리하면 된다.

3.5인치 화면을 갖고 있는 이런 작은 안드로이드 폰에서는 상단 액션 바에 접근하는 게 훨씬 쉽다(여전히 어색한 손동작이 필요하기는 하지만). 연구 결과를 보면 구글 플러스나 페이스북 앱의 서랍 내비게이션 같은 기능은 실제로는 사용하기 어려운 것으로 드러났다. 1장 '안드로이드용 디자인:사례 연구'에서 설명한 것처럼 이를 해결할 수 있는 한 가지 방법은 왼쪽에서 오른쪽 스와이프 제스처를 사용해 화면 왼쪽에 있는 베벨을 통해 암시한 내비게이션 서랍을 여는 것이다. 13장에서는 상단 구석보다 훨씬 접근하기 쉬운 스위스 군대 나이프 내비게이션에 적합한 하단 구석을 사용하는 법을 다룬다. 앱을 디자인할 때는 이 점을 염두에 두자. 아울러 14장 '태블릿 패턴'에서 설명하는 C-스와이프 같은 제스처 사용도 고려해야 한다. 이 책을 집필하는 시점 기준으로 이런 제스처는 안드로이드 4.0 가이드라인에는 들어 있지 않지만 실제 세계에서는 잘 활용된다.

많은 안드로이드 폰의 차별점은 밀어서 여는 하드웨어 키보드였다. 이런 키보드는 화면 키보드 입력의 사용성에 의심을 품는 잠재적 아이폰 사용자나 하드웨어 키보드를 포기하고 싶지 않은 현재 블랙베리 사용자를 겨냥한 것이다. 하지만 현재 기기 라인업에서는 모토롤라 같은 제조사의 일부 모델을 제외하면 키보드가 거의 사라졌다. 이런 추세는 시장에서 소프트웨어 키보드를 대부분 수용했다는 사실을 반영함과 동시에 화면 크기가 커지면서 손가락이 두껍더라도 소프트웨어 키보드를 사용한 입력 정확도가 개선되고, Swype, ShapeWriter, SlideIT 같은 소프트웨어 키보드 주도의 텍스트 예측 프로그램으로 인한 개선 기능을 반영한다. 이와 관련한 자세한 정보는 http://androidforums.com/android-applicat.ons/50081-swype-vs-slideit-vs-shapewriter.html에 있는 안드로이드 포럼에서 볼 수 있다.

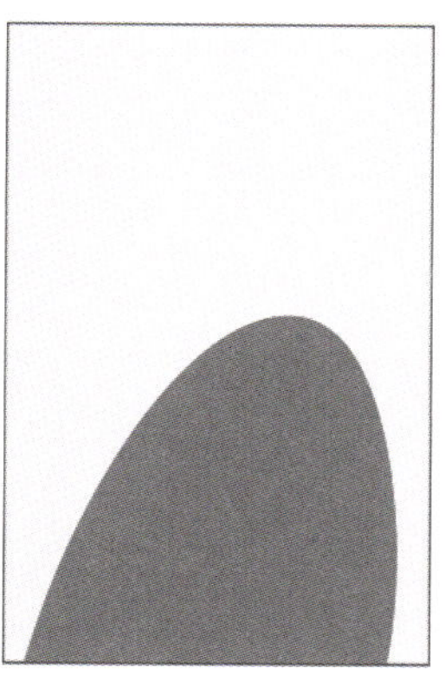

▶ 그림 3.3: 삼성 갤럭시 노트의 제한된 한 손 핫 존으로 인해 사용자는 양손을 모두 사용해야 한다.

하이브리드 태블릿-폰

갤럭시 노트 같은 하이브리드 태블릿-폰은 수수께끼 같은 존재다. 이런 기기에서는 대부분의 앱에서 화면 해상도가 거의 늘어나지 않았으므로 이런 기기의 사용자는 풀사이즈 모바일 폰 사용자와 동일한 화면 경험을 한다. 하지만 이런 대형 하이브리드 폰(풀사이즈 모바일 폰보다 약 1인치 이상 길고 0.5인치 이상 넓은)을 귀에 가져다 대고 전화를 하는 것은 어색하기 짝이 없다. 하지만 갤럭시 노트의 성공이 증명하듯 사람들은 사실 이런 기기에 꽤 관심이 있다. 이런 기기가 어필한 이유 중 하나는 화면 크기가 커짐으로 인해 이북을 읽거나 모바일 웹 서핑을 하는 게 더 쉬워진 데 있다.

하이브리드 폰 사용자는 대부분의 작업을 할 때 기기를 두 손으로 사용한다. 물론 갤럭시 노트를 한 손으로 쥘 수도 있지만 여러분이 니콜로 파가니니[3]처럼 손가락이 길더라도, 기기를 쥔 손으로 상단 액션 바 기능에 바로 접근해 사용하는 것은 불가능하다. 그림 3.3의 핫 존에서 볼 수 있듯 한 손으로 모든 기능을 사용하는 것은 불가능하여, 한 손으로 기기를 쥐고, 다른 손으로 탭을 할 수밖에 없다.

이런 기기에 설치된 대부분의 앱은 큰 화면 크기를 최대한 활용하게끔 커스터마이징되지 않았다. 물론 캘린더를 비롯한 일부 앱에서는 슬라이드 아웃 탭(slide-out tab) 같은 추가 기능을

[옮긴이의 말]3 이탈리아이의 작곡가이자 바이올린 연주가로, 손가락이 길기로 유명했다.

제공하지만, 이 기능은 재미있는 인터페이스 접근 방식이기는 해도 사용하기에 다소 어색하다. 이런 기기와 관련해 필자는 앱 사용자 중 상당수가 이런 하이브리드 기기 사용자이거나 이런 기기군에 꼭 맞는 네이티브 앱을 디자인하는 게 아니라면 네이티브 앱 사용자 경험을 커스터마이징하지 말 것을 권장한다.

슬라이드 아웃이나 앞서 언급한 C-스와이프 같은 제스처 기반의 메뉴 상호작용은 실제로 한 손 사용을 가능하게 해준다. 이들 하이브리드 기기는 한 손으로 쥘 수 있을 정도로 가볍고 크기가 작기 때문이다. 이는 기기의 무게 중심이 한 손으로 사용하기에 불편하지 않게끔 설계된 덕분이다. 한 손 사용과 관련한 대부분의 이슈는 내비게이션 요소 접근과 관련 있으며, 실제 태블릿의 경우처럼 기기 크기나 무게 중심으로 인한 것이 아니다.

소형 태블릿

7인치 삼성 갤럭시 탭 2 같은 소형 태블릿은 독특한 사용 사례와 과제를 제공한다. 앞에서 살펴본 모든 기기는 주로 세로 방향으로 사용하는 데 반해 태블릿은 자주 방향을 바꿔 사용하므로 인터페이스가 두 배로 늘어난다(그림 3.4 참고).

▶ 그림 3.4: 7인치 삼성 갤럭시 탭 2는 소형 태블릿 기기의 예다.

그림 3.5의 핫 존에서 볼 수 있듯 세로 방향에서는 대부분의 소형 태블릿을 한 손으로 쥐고, 두 번째 손으로는 컨트롤을 탭한다. 그에 반해 가로 방향에서는 거의 대부분 기기를 양 손으로 쥔다.

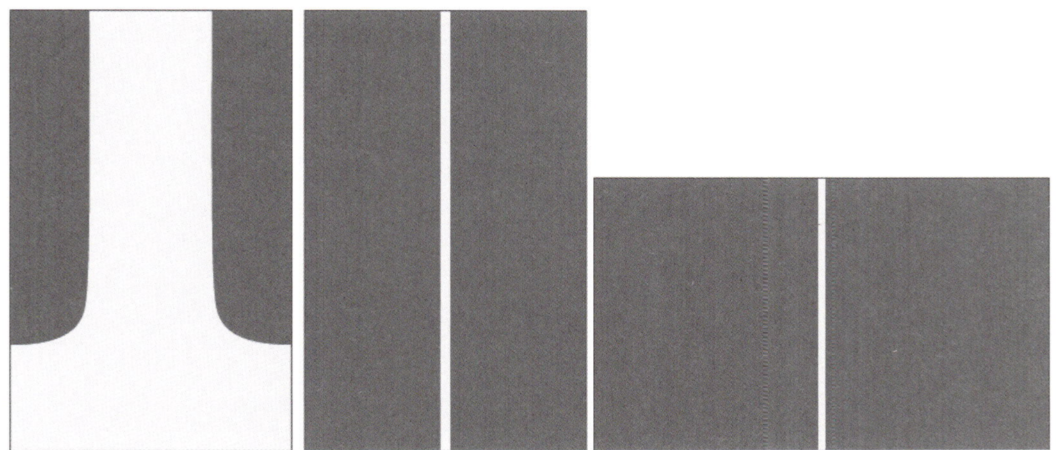

그럼 왜 이런 차이가 생길까? 한 손으로 기기를 가로 방향으로 들고 있는 것은 같은 기기를 한 손으로 세로 방향으로 들고 있는 것보다 더 어렵다(정말이다. 한번 히보자!). 그 이유는 기기의 무게 중심과 손가락 및 손목을 기준으로 무게 중심의 위치와 관련 있다. 이는 간단한 생리적 현실이므로 시간이 지나더라도 이 사실은 크게 바뀌지 않는다. 이런 사실이 바뀌려면 기기 무게, 면적, 재료 같은 기본 요소가 먼저 바뀌어야 한다.

그럼 인터페이스 디자인 관점에서 이를 어떻게 이해해야 할까? 소형 태블릿 기기에는 하나 이상의 액션 바를 편안하게 보여줄 수 있는 공간이 충분하다. 그림 3.5의 핫 존을 살펴보면 소형 태블릿을 세로 방향으로 사용할 때는 전체 상단 및 하단 액션 바에 쉽게 접근할 수 있으며, 상단 바에 접근하는 게 좀 더 쉽다. 따라서 안드로이드 가이드라인은 그대로 따르면 되고, 편리한 내비게이션을 위한 별도의 수단은 필요 없다. 스위스 군용 칼 내비게이션 같은 방식은 핵심 기능을 숨기고 사용자가 핵심 기능이 어디에 있는지 배우게끔 하므로 태블릿에서는 인지적 저항을 일으켜 더 나쁜 사용자 경험을 초래할 수 있다. 물론 이 가이드라인은 독서나 게임처럼 전통적으로 소등(lights-out) 내비게이션을 사용하는, 몰입을 필요로 하는 작업에는 적용되지 않으며, 쇼핑처럼 내비게이션이 중심이 되는 작업에 좀 더 적합하다.

물론 한 가지 크기로는 모든 기기에 적합하지 않다. 일반적으로 태블릿에서는 인지적 저항을 줄이도록 노력하는 게 좋으며, 가장 좋은 인터페이스는 고객이 자연스러운 흐름에서 직관적으로 기능을 사용하게 하고, 큰 터치 화면에 자연스럽게 어울리는 제스처(스와이프를 통한 페이지 넘김)를 제공하는 것이다. C-스와이프 제스처는 기기를 쥐고 있는 손이나 탭을 하는 손에 적합하게 사용할 수 있지만, 한 손으로 모바일 폰을 쥘 때와 달리 하단이 아니라 기기 중간이나 상단 영역 부근에서 이뤄져야 한다.

또, 양손을 모두 사용해야 하는 가로 방향에서도 상황이 달라진다. 이때는 대부분의 내비게이션 기능을 엄지 손가락을 사용해 접근하고, 나머지 손가락은 기기 뒤를 받친다. 다행히 대부분의 화면 영역(안드로이드 뒤로 가기 버튼 포함)은 양손으로 소형 태블릿을 쥐고 있을 때 평균적인 엄지 손가락을 사용해 쉽게 접근할 수 있다. 따라서 이때도 안드로이드 가이드라인을 그대로 사용하면 된다. 실제로, 이런 가이드라인은 소형 태블릿을 위해 특별히 개발된 것으로 보인다.

그럼 어떤 방향을 우선시해야 할까? 이 질문은 대답하기 어려우며, 특정 작업을 예로 들더라도 명확한 답을 내리는 게 거의 어렵다. 연구 조사와 장시간의 관찰 결과를 보면 사람들은 인터페이스가 단일 컬럼을 형성할 때 대부분의 기기를 세로 방향에서 사용하는 편이다. 그에 반해 세로 방향에서는 키보드를 사용하는 게 좋은 사용자 경험을 전달하지 못한다. 대부분의 사람들은 폼 작성처럼 키보드가 중심이 되는 작업을 할 때는 가로 방향으로 회전하는 편이다. 하지만 아쉽게도 화면에 소프트웨어 키보드가 보일 때는 7인치 태블릿에서 폼이 많이 가려진다. 따라서 7인치 태블릿에서 전체 폼 상호작용은 세로 방향에서 스크롤하다가 입력을 위해 가로 방향으로 전환하는 과정을 반복하는 형태로 진행된다. 이는 이상적인 상황과는 거리가 멀다. 이 문제와 이에 대한 창의적인 해결책은 10장 '데이터 입력'과 11장 '폼'에서 자세히 다룬다.

소형 태블릿의 또 다른 특징은 한 손으로 쥐고 조작할 수 있을 정도로 작고 가볍다는 점이다(물론 사용상의 제약은 있지만). 이런 사용 사례를 볼 수 있는 경우는 독서할 때 처럼 사용자가 오랜 시간 동안 몰입해서 사용하는 경우다. 이때 사용자는 한 손으로 소형 태블릿을 쥐고 다른 손을 사용하지 않은 채 페이지를 넘길 수 있다. 이런 방식은 태블릿 중간 부분을 오른손으로 쥐고 있는 경우, 특히 태블릿이 사용자의 무릎이나 탁자, 의자 팔걸이에 부분적으로 받쳐져 있는 경우에 적합하다. 아쉽지만 왼손으로 쥐고 있을 때는 여기에 해당하지 않는다. 대부분의 책 앱은 사용자가 화면 왼쪽을 탭할 때 뒷 페이지로 이동한다. 이 문제를 해결하려면 화면 왼쪽이나 오른쪽에 컨트롤을 배치하거나 14장에서 설명하는 것처럼 C-스와이프 제스처를 사용해 아무 데서나 메뉴를 호출하게 하는 것이다.

실제 사용자를 관찰한 결과를 보면 애플 아이패드 미니의 경우 한 손으로 쥐고 사용하는 방식은 가장 견고한 사용 사례는 아니다. 이 경우 편하기 쥐기에는 화면 주변의 마진이 지나치게 작기 때문이다.

끝으로 어떤 기준으로 태블릿이 '소형'으로 분류되는지 알아보자. 그 기준은 바로 타깃 고객이 기기 양 끝을 놓지 않고 전체 화면에 편안하게 접근할 수 있는지 여부와 한 손으로 세로 방향으로 집고 사용할 수 있는지 여부다. 화면 일부 공간에 접근할 수 없거나 태블릿을 한 손으로 집고 사용할 수 없다면 이 태블릿은 대형 태블릿으로 분류해야 한다.

대형 태블릿

독자들 중에는 10인치 삼성 갤럭시 탭 2(그림 3.6 참고) 같은 대형 태블릿이 이들 기기에서 제시하는 고유의 인터페이스 과제에 사람들이 익숙할 정도로 나온 지 충분히 오래됐다고 생각하는 사람도 있을 것이다. 하지만 안드로이드 4.0에서 대부분의 인터페이스 가이드라인은 대형 태블릿에 잘 맞춰져 있지 않다. 대신, 대형 태블릿도 소형 태블릿과 거의 똑같이 취급한다. 하지만 UX 관점에서 보면 물론 많은 유사점이 있기는 하지만, 여기서 지적하는 것처럼 둘 사이에는 중요하고 두드러진 차이점도 존재한다.

▶ 그림 3.6: 삼성 갤럭시 탭 2 같은 10인치 대형 태블릿은 특유의 디자인 과제를 제시한다.

먼저 소프트웨어 키보드가 두 방향 모두 적합하다. 이 사실은 특히 대형 태블릿에서 세로 방향으로 키보드를 사용할 때와 소형 태블릿에서 세로 방향으로 키보드를 사용할 때를 비교해보면 두드러진다. 대형 태블릿에서는 세로 방향에서 키보드를 사용하는 게 소형 태블릿보다 훨씬 편리하다. 아울러 10인치 기기에서는 가로 방향에서 키보드를 사용할 때 세로 공간 제약이 훨씬 적으므로 데이터 입력이 필요한 앱, 웹 브라우저, 기타 여러 애플리케이션에서 가로 방향이 편리하게 활용된다. 관측 결과에 따르면 독서를 할 때 사람들은 50:50으로 가로 방향과 세로 방향으로 나뉘는 편이다.

소형 태블릿과 달리 대형 태블릿에서는 한 손으로 기기를 쥐고 사용할 수 없다. 대형 태블릿을 한 손으로 편하게 쥐는 것은 불가능하다. 대신, 대형 태블릿은 기기를 안정적으로 쥘 수 있게끔 두 손으로 쥐어야 한다. 그림 3.7에서는 양 손으로 세로, 가로 방향으로 대형 태블릿을 쥐었을 때의 핫 존을 보여준다.

대형 태블릿에서는 기기를 어느 방향으로 쥐든 기기 하단은 상단만큼 접근하는 게 쉽지 않다. 이는 태블릿의 하단이 사용자의 무릎이나 탁자 같은 다른 표면 위에 기대는 경우가 많기 때문이다. 따라서 화면 하단에 있는 컨트롤(뒤로 가기 버튼 포함)에 접근하려면 어색한 동작을 해야 한다. 마찬가지로 상단 액션 바 가운데에 있는 컨트롤도 접근하는 게 어렵다. 이 위치를 탭하려면 사용자는 기기에서 손을 떼야 하는데, 이 경우 피츠의 법칙이 적용된다. 즉, 타깃 영역으로 빠르게 움직이는 데 필요한 시간은 타깃과의 거리 및 타깃의 크기의 함수[4]다. 타깃이 작다면 상단 액션 바에 있는 버튼이나 아이콘을 탭하는 데 그만큼 오랜 시간이 걸린다. 특히 이 동작을 반복해야 한다면 큰 불편을 초래할 수 있다. 모바일 디자이너인 조시 클라크는 이런 현상을 '아이패드 팔꿈치(또는 이 용어를 바꿔서 '대형 태블릿 팔꿈치'라고 불러도 되겠다)'라고 부르고 있다. 대형 태블릿 팔꿈치 현상[5]은 가로 방향에서 반복하는 작업에서 특히 중요하다. 이때는 탭 액션 바 가운데에 접근하거나 하단 액션 바의 영역에 접근하는 게 매우 어색하다.

그럼 사용자 인터페이스 관점에서 이 말은 무슨 뜻일까? 14장에서 자세히 설명하지만 이를 해결할 수 있는 한 가지 방법은 수직 액션 바에서 작은 영역만 사용하고 하단 바는 사용하지 않는 것이다. 좀 더 과감한 시도를 하고 싶다면 상단과 하단에 수평으로 배치하는 대신 왼쪽과 오른쪽 모서리를 따라 수직으로 배치된 내비게이션과 기능 컨트롤도 시도해볼 만하다. 또 다른 아이디어는 C-스와이프를 활용해 화면 내 아무 곳에서나 메뉴를 호출하는 것이다. 이 접근 방식도 14장에서 자세히 다룬다. 두 접근 방식은 모두 일반적인 안드로이드 가이드라인에

[옮긴이의 말] 4 　타깃과의 거리 및 타깃 크기의 함수라는 말은, 타깃과의 거리와 타깃의 크기에 따라 타깃을 탭하는 데 걸리는 시간이 결정된다는 뜻이다. 좀 더 구체적으로, 타깃과의 거리가 가까울수록, 타깃의 크기가 클수록 타깃을 탭하는 데 걸리는 시간은 줄어든다.
5 　누구나 팔꿈치를 사용해 뭔가를 집거나 누르려고 하면 어색하기 짝이 없다(특히 손을 사용할 때와 비교해). 조시 클라크는 이런 대목을 지적해, 태블릿에서 뭔가를 탭하는 게 팔꿈치를 사용하는 것만큼이나 어색하다고 비유하고 있다.

는 부합하지 않으며, 정면으로 배치된다. 하지만 모험을 즐기는 제품 팀에게 네이티브 태블릿 앱은 실험과 창의적인 차별화를 위한 최고의 기회의 장이 될 수 있다.

파편화를 경축하자

파편화는 안드로이드 앱 개발에서 항상 어려운 과제가 될 것이다. 하지만 오픈시그널 기사에서 지적하고 있듯 경축할 만한 사실도 많다. 안드로이드는 한 사람이 평생 다 밟아보지도 못할 만큼 많은 195개국 이상에 진출했다. 더 인상적인 사실은 안드로이드를 가장 많이 사용하는 상위 다섯 국가가 미국, 브라질, 중국, 러시아, 멕시코로, 적어도 안드로이드 모바일 컴퓨팅에 있어서는 유럽을 리드하고 있는 국가라는 점이다. 안드로이드 기반 하드웨어의 가격이 날로 떨어지고 있으며 여러분의 앱은 인도에 있는 시골 농부나 뉴욕 증권 브로커나 할 것 없이 다운로드할 수 있다. 또, 다른 관점에서 보자면 여러분의 앱은 전세계 수십억 명의 사람들에게 알릴 수 있으며, 그들의 삶을 크게 바꿔놓을 수 있다.

모바일 디자인은 항상 컨텍스트와 관련 있다. 여러분의 앱이 올바른 사용자에게서 제대로 된 문제를 해결해주려면 타깃 고객을 대상으로 가능한 한 빨리 앱을 테스트해야 한다. 다음 장에서는 포스트잇 프로토타입 기법을 활용해 값싸고 효과적으로 테스트를 하는 법을 살펴본다.

모바일 디자인 프로세스

효과적인 모바일 디자인 프로세스란 어떤 것일까? 이 장의 끝에서는 이 책 전반에서 사용한 포스트잇 모바일 디자인 방법론을 보여주는 모바일 디자인 프로세스를 처음부터 끝까지 살펴본다. 하지만 그 내용으로 들어가기 전에 모바일 시대의 디자인 과제와 새 매체에 맞게끔 전통적인 사용자 중심 디자인(UCD) 기법을 채택한 접근 방식을 살펴봄으로써 그런 전통적인 접근 방식이 여전히 효과적이고 중요하다는 사실을 강조하려고 한다.

현실에서 인간–모바일 상호작용을 관찰해야 한다

과거에는 소프트웨어를 디자인할 때 컨텍스트[1]가 고려 사항에 포함되기도 했지만 종종 다른 분석 기법에 의해 우선순위가 밀렸다. 왜 그랬을까? 그 이유는 모바일 기기를 사용하기 전에는 컨텍스트가 사용자의 컴퓨터(사용자 앞에 있는)였기 때문이다(컴퓨터화된 커피 메이커를 디자인하는 게 아니라면). 따라서 상호작용하는 그 순간 사용자는 기본적으로 컴퓨터 화면 앞 의자에 앉아 있고 키보드와 마우스를 사용하고 있었다.

이와 대조적으로 모바일 디자인에서는 컨텍스트가 왕이다. 아울러 여러분과 여러분의 팀은 가장 먼저 이런 컨텍스트를 관찰해야 한다. 이제 더 이상 어떻게 상호작용이 진행될지(사용자가 컴퓨터 앞에 앉아 있고 마우스를 쥔다 등) 안정적으로 상상하고 모델링하는 게 불가능하다. 왜냐하면 사용자의 행동과 기기와의 상호작용이 컨텍스트에 크게 의존하기 때문이다. 기기 방향과 그립 방향 같은 핵심적인 디자인 요소도 사용자가 붐비는 길거리 한 구석에 서서 지도를 보는지, 배우자와 소파에 앉아서 아이들의 사진을 함께 보는지, 자동차를 운전하면서 한 손으로 상사와 전화를 하는지, 시내 버스에서 독서를 하는지 등에 따라 크게 달라진다. 실제로 어떤 일이 일어나고 있는지 이해하려면 여러분과 여러분의 팀에서는 밖에 나가서 사람들의 이러한 상호작용을 직접 관찰해야 한다. 아울러 이 작업을 하는 동안 단순히 질문하는 것만으로는 정확한 데이터를 얻을 수 없다. 올바른 디자인 결정을 하려면 실제 앱의 프로토타입을 통해 사용자의 행동을 관찰함으로써 이와 같은 행동 반응을 이끌어내야 한다.

프로토타입에서는 폼 팩터의 다양성을 고려해야 한다

수년 간 맥과 PC 사이의 주도권 경쟁 이후 브라우저 전쟁이 기술 지형을 지배했다. 사용자 경험(UX) 디자인 관점에서 보면 PC는 맥과 다소 다르지만, 고객 관점에서 보면 둘은 크게 다르지 않다. 두 운영체제 모두 마우스, 키보드, 대형 화면을 사용하기 때문이다. 또, 대부분의 소프트웨어가 인터넷 브라우저용으로 개발된 만큼 사용 경험 또한 대개 컴퓨터의 종류와는 상관없었다. 예컨대 야후와 페이스북은 윈도우의 인터넷 익스플로러나 맥 OS X의 사파리에서 거의 똑같은 형태로 보인다.

그에 반해 모바일 터치 컴퓨팅 시대가 도래하면서 플랫폼과 기기 폼 팩터가 크게 다양해졌다. 오늘날은 소형 폰, 대형 폰, 소형 태블릿, 중간 태블릿, 대형 태블릿이 폭넓게 판매되며, 모두 인체공학, 폼 팩터, 일반 사용 패턴(대형 태블릿을 함께 사용하는 등)으로 인해 소프트웨어 디

[옮긴이의 말]1 사용 맥락, 사용 환경, 사용 당시 사용자가 처한 상황 등을 가리킨다.

자인에 각기 다른 접근 방식을 필요로 한다. 이와 같은 차이점은 3장 '안드로이드 파편화'에서 다룬 바 있으며 이 책을 통해 계속해서 살펴본다.

아울러 걱정해야 할 플랫폼이 폰과 태블릿만 있는 것도 아니다. 향후에는 안드로이드 OS가 스키 고글부터 냉장고, 자동차에 이르기까지 설치될 예정이며, 이는 시간 문제다. 이런 설치 환경에서는 기기의 특정 환경에 부합하는 사용자 인터페이스를 갖추기 위해 상당한 변화가 필요하다. 이 말은 과거의 와이어프레이밍 모델이 현재와 같이 풍부하고 다양한 현실을 더 이상 제대로 반영하지 못한다는 뜻이다. 이와 같은 환경에서의 디자인 제약을 제대로 이해하려면 기기의 물리적인 폼 팩터를 포함하게끔 디자인 접근 방식을 수정하고, 애니메이션과 화면 전환 같은 요소도 고려해야 한다.

사용자 테스트에서는 사용자가 모션의 자연스러운 범위, 음성, 멀티터치를 경험할 수 있게 해야 한다

모바일 디자인과 테스트를 할 때는 컴퓨터와의 상호작용에 대해 알고 있는 기존 지식은 모두 잊어버려야 한다. 마우스와 키보드를 사용해 컴퓨터와 대화하는 통일된 상호작용 모델은 모바일 기기에는 적용되지 않는다. 모바일 시대에는 대부분의 상호작용이 인체의 자연스러운 모션을 활용하는 것과 관련 있다. 긁기를 통한 안으로 들어가기, 흔들기를 통한 아니오 응답, 폰을 귀로 가져가 말하기 등이 이에 해당한다. 음성 인식 디지털 비서부터 몸의 움직임 동작과 GPS 내장 센서를 활용해 속도와 하루 동안의 활동 수준을 판단하는 만보계에 이르기까지 오늘날의 모바일 기기는 전례가 없이 다양한 모션, 음성, 멀티터치 제스처를 활용해 고객으로부터 갈수록 복잡한 입력 정보를 얻고 있다. 효과적인 인터페이스를 디자인하려면 프로토타입과 고객 사용자 경험 테스트 기법에서 이와 같이 다양한 기기의 상호작용 모드를 모두 고려해야 한다.

터치 인터페이스는 단순함과 정교함을 구체화해야 한다

대형 화면에서 실행되는 브라우저 및 OS 기반 소프트웨어는 복잡성에 대한 비교적 높은 관용 수준, 꽤 큰 화면과 컴퓨터를 사용하기 위해 의자 앞에 앉아야 하는 특징으로 인해 사용자의 소프트웨어에 대한 집중력이 높아져 잘못 구상된 광고 모듈을 갖고도 사용자를 끌어오는 데 성공할 수 있다.

하지만 모바일 시대에는 모든 게 이동과 관련 있다. 이 말은 고객의 관심이 과거 어느 때(5년

전 그 누구도 상상할 수 없을 정도로)보다 훨씬 더 분산돼 있다는 뜻이다.

이 말은 인터페이스 또한 단순해야 한다는 뜻이다. 그렇다고 해서 '지나치게 단순한 (simplistic)' 것을 말하는 건 아니다. 에드워드 터프트의 유명한 말처럼 단순함(simplicity)과 단순한 마인드(simple-minded) 사이에는 수많은 차이[2]가 있다. 대신 소프트웨어는 소비자가 수용할 수 있을 만큼의 복잡함을 지녀야 한다.

필자의 말을 오해하지 말자. 사람들은 웹에서 할 수 있는 것보다 스마트폰과 태블릿에서 실제로 더 많은 일을 하고 싶어 한다. 다만 모바일에서는 복잡함이라는 개념을 수용할 수 없을 뿐이다. 따라서 터치 인터페이스에서는 복잡하지 않으면서 매우 정교한 고유의 사용자 인터페이스를 갖춰야 한다. 이 말은 기기의 터치 인터페이스가 여러모로 데스크톱 웹 인터페이스보다 프로토타입을 만들기 쉽다는 뜻이다(특히 정확도가 떨어지는 종이 프로토타입을 만들 때). 적어도 중재자가 인터페이스의 잘 만져지지 않는 부분을 조사하기 위해 노력한다면 말이다.

재미는 필수다

재미, 오락, 게임은 과거 PC와 맥 시스템에서도 줄곧 존재했다. 하지만 대부분의 '오락'은 컴퓨터 게임 같은 특정 활동에 국한됐다. 새로운 모바일 플랫폼은 게임을 토대로 성장했다. 모바일 플랫폼의 피와 DNA 속에는 게임이 자리하고 있다. 따라서 아무리 지루하고 따분한 작업이라 하더라도 디자이너는 소프트웨어가 가능한 한 사용하기 즐겁게끔 해야 한다. 이 '즐거움'이 사용자가 작업을 빨리 끝내게 하는 데 도움되더라도 말이다.

늘어난 게임화 요소는 새로운 플랫폼의 자연스러운 결과였으며, 존 페레라가 그의 책 Playful Design(Rosenfeld Media, 2012)에서 지적하듯 다른 할 일에 대한 부차적인 생각에서가 아니라 놀이의 경험은 독립적인 행동으로서 즐거워야 한다. 이 말은 가장 좋은 모바일 사용자 경험은 마치 게임과 같아야 한다는 뜻이다. 작은 화면 크기에서는 재미 요소(화면 전환 같은)가 경험에서 큰 역할을 한다. 그와 반대로 과거 브라우저 모델에서는 화면 전환이 거의 없다. 이 말은 앱의 디자인 프로토타입을 만들 때는 화면 전환, 재미, 게임화 같은 요소를 살펴보는 데 시간을 할애해야 한다는 뜻이다.

완전한 이야기 들려주기? 크로스 채널 경험을 위한 디자인

[옮긴이의 말]2　좀 더 구체적으로 말하자면, 복잡한 기능을 사용자가 사용하기 편리하게끔 단순화한 것이 단순함(simplicity)이라면, 단순한 마인드(simple-minded)는 말 그대로 복잡한 기능 등을 배제하고 단순한 기능만 포함시키는 행동 등을 말한다.

PC나 맥을 사용하는 일은 거의 항상 일이다. 컴퓨터를 화장실까지 가져가고 가능한 한 오프라인에서 시간을 보내지 않으려고 샤워도 하지 않는 컴퓨터광들을 제외하면 대부분의 사람들은 '온라인' 또는 '컴퓨터' 시간을 디지털 작업을 수행하는 데 사용한다. 그에 반해 많은 '일반' 사람들이 항상 모바일 기기를 갖고 다닌다. 잠잘 때, 먹을 때, 심지어 화장실에 갈 때도 디지털 기기를 지니는 사람은 점점 더 늘어나고 있다. 다양한 내장 센서(마이크, GPS, 광센서, 카메라, NFC, 터치, 모션 등) 덕분에 모바일 사용자 경험은 오프라인(현실 세계)과 디지털 사이를 전에 없이 새로운 방식으로 연결해주고 있다. 이는 마치 페이스북에 연결하고, QR 코드와 NFC 칩을 읽고, 지도 같은 상호 연결된 디지털 정보에 접근하고, 정보가 필요할 때마다 리뷰를 볼 수 있는 새로운 디지털 신체 기관이 우리 몸에 새로 생긴 것과 같다. 우리와 항상 함께하는 새로운 '디지털 기관'은 정보를 쉽고 빠르게 접근하고 소화할 수 있는 전혀 새로운 방식이다.

오늘날은 '모바일 기관'이 놀이공원 즐기기, 쇼핑, 숲 속에서의 하이킹처럼 전통적인 오프라인 경험을 개선하는 데도 사용된다. 디자이너로서 여러분은 모바일 기기가 다른 채널과 상호작용하는 데 사용되는 상호작용 사이의 공간에 각별히 주의해야 한다. 예를 들어 어떤 사용자는 모바일 기기에서 작업을 시작하고, 데스크톱이나 소셜 네트워크에서 지속 이어서 작업한 후, 실제 상점에서 작업을 마칠 수 있다. 이처럼 생각날 때 바로 끝낼 수 있는 작업이나 다른 일을 기다리는 동안 할 수 있는 작업이 여러분의 주된 모바일 사용 사례가 될 수도 있다.

이제 우리가 직면하는 과제들에 대해 배웠으니 이어지는 절에서는 지금까지 다룬 정보를 모두 종합해 모바일에 적합한 사용자 중심 디자인(UCD) 프로세스를 구현하는 법을 알아보자.

모바일 디자인 사례 연구

여기서는 가벼운 애자일 모바일 디자인 프로세스를 사용했다. 바로 얼마 후 안드로이드 마켓에도 출시될 ThirstyPocket 아이폰 앱의 '60초 항목 등록' 모바일 흐름이다. 이 프로젝트는 UCD를 모바일 디자인에 적용하는 방법을 잘 보여주는 사례 연구다. 이 사례 연구는 경량 프로토타이핑처럼 앞 절에서 설명한 개념을 전달하기 위해서 참고용으로 사용했다. 독자들은 자신의 상황에 따라 디자인 접근 방식과 프로세스를 조절해야 한다. 핵심은 그객에 대한 집중을 잃지 않으면서 유연한 태도를 유지하는 것이다.

1단계: 범위, 콘셉트, 기획

디자인 솔루션을 제안하기 전에 누가, 어디에서, 어떻게, 얼마나 많은 자금이 필요한지 같은 질문에 대한 답을 찾을 수 있도록 킥오프 미팅부터 갖는 게 좋다. 이런 질문에는 컨텍스트, 퍼소나, 비전, 예산이 포함된다. 프로젝트에 따라 이 과정은 문장 한 줄을 쓰는 것처럼 단순하게 끝날 수도 있다. 이때 전체 팀이 네 가지 포인트에 대해 동의하는 게 매우 중요하며, 리서치를 통해 답을 찾을 수 있게 아무 질문이나 서슴없이 할 수 있어야 한다.

컨텍스트: 어디에서 제품을 사용하는가?

앞에서 말한 것처럼 컨텍스트는 멋진 모바일 디자인을 만드는 열쇠다. 여러분은 잠재 고객이 어디에 있고, 어떤 장비를 사용하고, 앱을 조작할 때 어떤 행동을 추가로 하고 있고, 고객들이 이 프로세스에 대해 어떤 감정 상태와 고민을 갖고 있는지 알아야 한다. 이들 요소는 디자인을 기획하는 데 모두 도움을 주며, 최종적인 디자인 접근 방식을 선택하고, 제품에서 갖춰야 할 기능 및 시스템 동작을 결정한다. 기획 및 범위 결정 단계에서는 고객 리서치에 대한 시작점을 마련하기 위해 팀의 현재 생각을 글로 적어야 한다. ThirstyPocket 앱에서 컨텍스트는 '도심에서의 차고 세일'(Garage Sale)이었다.

퍼소나(Persona)[3]: 누가 타깃 고객인가?

먼저 타깃 고객부터 알아야 한다. 타깃 고객에 대한 생각은 내부 토의나 필드 조사를 통해 계속 발전시킬 수도 있다. 타깃 고객에 대한 혜안을 어떻게 결정하든 상관없이 가정이 잘못되더라도 솔루션이 어떤 사용자를 타깃으로 하는지 동의하는 게 매우 중요하다. 팀이 타깃 고객에 대해 일치하지 않으면 이(더 많은 리서치가 필요한 영역에 대한 불일치점)를 문서화하자. 물론 할 수 있다면 좋기는 하지만 모바일 디자인 프로젝트에 복잡하고 정교한 퍼소나를 개발하느라 많은 시간을 쓸 필요는 없다. 때로는 '돈이나 시간이 많지 않은 젊은 대학생'처럼 간단한 퍼소나 스케치(우리가 ThirstyPocket을 기획할 때 동의한)만으로도 바로 테스트하기에 충분하다. 퍼소나의 가장 중요한 기능은 팀 화합이며 타깃 고객이 겪는 문제에 대한 감정 이입이다. 많은 정보가 없는 퍼소나 스케치에 대해 이상한 느낌이 든다면 가상의 퍼소나를 갖는 게 퍼소나가 없는 것보다 낫다는 점을 기억하자. 적어도 여러분의 팀은 팀의 가정에 대해 문서화했으므로 퍼소나가 올바른지 여부를 빠르게 찾을 수 있고 필드 리서치를 할 때 필요에 따라 바로 업데이트할 수도 있다.

컨텍스트와 퍼소나 스케치를 끝내고 나면 테스트로 들어가자. ThirstyPocket의 경우 우리는

[옮긴이의 말]3　퍼소나(persona)는 고대 그리스어에서 온 용어로, 사용자를 추상화한 가상의 인격체를 가리킨다. 예를 들어, 20∼25세 대학생이 주요 사용자층이라면 이런 사용자층을 아우를 수 있는 공통 요소들(생활 패턴 등)을 추출해 가상의 인격체로 만든 게 퍼소나다. 퍼소나는 실제 사용자를 대상으로 테스트를 진행하기 전 사용자를 가장 잘 나타내는 모델이다.

여러 창고 물품 판매지를 방문해 기존 판매 시스템의 문제와 작업 흐름, 사람들이 이 과정에 느끼는 고충을 더 잘 이해하기 위해 타깃 프로필에 적합한 사람들을 인터뷰해 팔고 있는 물건에 대해 물었다. 리서치를 하는 동안에는 다른 팀 멤버와 함께 필드 조사에 참여하고 리서치가 끝난 후 바로 새로 찾아낸 것들에 대해 토의하고 브레인스토밍해야 한다. 이 과정은 리서치 이후 커피나 점심, 저녁을 함께 하면서 진행하면 특히 좋다. 이때 문서화는 크게 필요 없다. 간단한 종이 스케치와 아이디어를 전체 팀과 공유하는 게 때로는 멋진 아이디어, 개선점, 제품 비전을 내놓는 가장 좋은 방법이다. 이때 필요에 따라 기존 가정을 테스트하고 퍼소나 스체치와 컨텍스트를 수정해야 한다는 사실을 잊지 말자.

비전: 이 제품을 어떻게 사용할 것인가?

제품이 어떻게 사용되기를 원하는가? 제품을 오랫동안 사용해야 하는가 아니면 이동 중에 간단히 정보를 확인하기 위한 용도인가? 고객이 제품을 얼마나 자주 사용하는가? 또, 어떤 상황에서 제품을 사용하게 되는가? 고객이 앱과 상호작용할 때 보여줄 서비스 창은 무엇인가? 상호작용이 여러 터치 점에 걸쳐 있고 고객이 나중에 다시 돌아와야 하는가? 앱을 사용하는 데 별도 준비나 교육이 필요한가? 고객 사이에서의 프론트 스테이지에서는 어떤 일이 일어나는가? 소프트웨어나 서비스의 백 스테이지에서는 어떤 일이 일어나는가? 결국 여러분이 할 일은 디자인 프로세스 도중 전체 비전을 이해하고 정교하게 다듬는 것이다. ThirstyPocket 앱의 경우 우리는 '판매할 물건을 60초 안에 올리세요'라는 멋진 슬로건을 내놓았다. 제품이 사용되는 방식에 대한 여러분의 비전은 타깃 컨텍스트에서 타깃 고객을 팀이 직접 관찰한 결과를 토대로 하는 게 가장 이상적이다. 이렇게 하면 다음 절인 '2단계, 디자인 워크숍'으로 넘어가는 게 매우 쉽다.

예산: 디자인 및 개발에 사용할 시간과 예산에 대한 결정

UX 디자인은 제품 개발 전체 과정에서 아주 작은 부분일 뿐이다. 팀의 기술적인 능력을 최대한 활용하기 위해 디자인이 전체 개발 계획과 작업량에 디자인이 부합하는지 시간을 들여 생각하자. 일반적인 디자인 프로세스는 3개월에서 6개월이 걸린다. ThirstyPocket 앱의 경우 예산은 3개월이었다.

컨텍스트, 퍼소나, 비전, 예산에 대한 결정을 내리고 나면 다음 절에서 설명하는 디자인 워크숍 단계로 진행할 수 있다.

2단계: 디자인 워크숍

워크숍을 시작할 때는 디자인 솔루션을 제안하기 전에 네 가지 핵심 정보 요소에 집중하도록 못을 박아야 한다. 바로 퍼소나, 컨텍스트, 시나리오, 비전이다. 이와 같이 전체 팀원이 똑같이 이해한 내용을 바탕으로 사용 사례 시나리오를 개발하고 구체적인 비전 선언문을 추가하면 1단계에서 개발한 프레임워크에서 부족한 부분을 메우는 데 도움이 된다. ThirstyPocket 앱의 경우 사용 사례 시나리오와 비전을 다음과 같이 업데이트했다.

- **시나리오**: 5마일 반경 내 이웃에서 자동차를 판매한다.
  문자/전화를 사용해 콘서트 현장에서 개표 직전 티켓을 판매한다.
- **개선된 비전**: 로컬, 소셜, 전자 상거래. 차고 세일과 마찬가지로 직접 물건을 판매하고, 현금으로 결제. 배송은 없음. 한 개의 그림만 사용. 등록/로그인 절차 없이 쉽고, 자연스럽고, 간단한 판매 과정.

네 가지 핵심 정보를 정리한 후(또는 정리 도중)에는 함께 팀으로 협력해 아디이어를 내놓는다. 디자인 프로세스에 접근할 때는 브레인스토밍 과정에 엄격한 규칙을 적용해 항상 여러 방향을 염두에 두는 게 좋다. 특정 접근 방식에 대해 지나치게 흥분하기 보다는 이를 빠르게 문서화하고 이 아이디어를 제쳐둔 채 다음과 같은 질문을 한다.

- "이를 디자인하는 다른 방법이 있나?"
- "Y 대신 X로 시작하면 어떨까?"
- "좀 더 X처럼 만들 수 있을까?"
- "새로운 작업 흐름이 기존 고객의 동작에 적합하게 만들 수 있을까?"

스토리보드는 컨텍스트 내 다양한 디자인 아이디어를 문서화하고 시간에 따라 정리하는 뛰어난 기법이다. 핵심은 실제 인터페이스 디자인 영역을 최소한으로 유지하는 대신 앱이 모바일 컨텍스트에서 어떻게 사용될지 기술한다. 그림 4.1에 보이는 ThirstyPocket 앱에서의 접근 방식은 두 시나리오에 모두 적합하며 보다 큰 제품 비전을 충족했다.

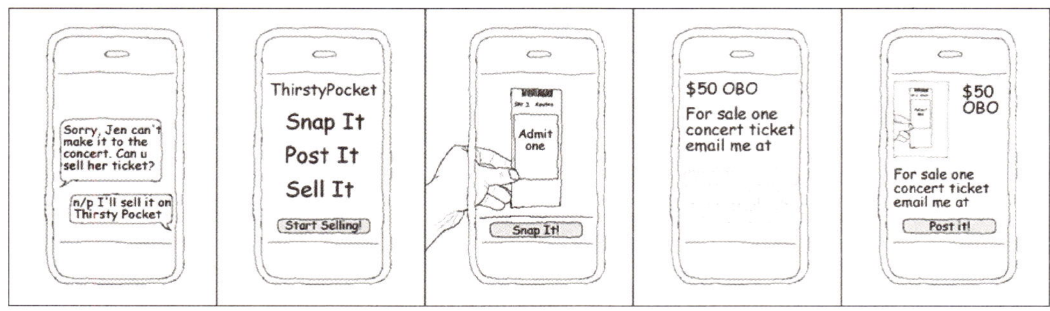

▶ 그림 4.1: ThirstyPocket 앱의 판매 과정에 대한 **스토리보드**

예를 들어 스토리보드에 다음 시나리오를 문서화한다: 진(Gene)이라는 젊은 청년이 친구 여럿을 태운 차를 타고 콘서트로 향하고 있다. 진은 갑자기 젠이타는 친구에게서 "나 오늘 못 가"라는 문자를 받는다. 젠은 친구의 티켓을 팔 수 있을까? "당연하지" 진은 대답한다. "ThirstyPocket 앱을 사용해 팔면 되지." 이와 같은 오프닝 스토리브드는 상호작용 컨텍스트를 보여주므로 매우 중요하다. 이런 스토리보드에서는 시나리오를 전달할 뿐만 아니라 시나리오가 일어나는 장소도 설정하는 기능이 있다.

진은 ThirstyPocket 앱을 실행하고 판매 시작 버튼을 탭한다. 이렇게 하면 내장 카메라가 실행되고 진은 찍기 버튼을 탭해 팔려고 하는 티켓의 사진을 찍는다. 진은 미리 보기 화면에서 간단한 설명을 채우고 게시 버튼을 탭한다. 그럼 모든 과정이 끝난다 복잡한 인터페이스 상세 정보 없이 간단하고, 빠르며, 주변 지역을 대상으로 하는 판매 흐름이 다.

워크숍 동안에는 화이트보드나 작은 직사각형 포스트잇 메모를 사용해 다양한 디자인 시나리오 스토리보드를 빠르게 살펴봄으로써 속도에 집중해야 한다. 이때 방대한 문서화보다는 상호 이해와 강력한 비전을 구축하는 데 더 노력해야 한다. 스토리보드 기법에 대한 자세한 설명은 이 책의 범위를 벗어난다. 하지만 스콧 맥클라우드가 저술한 Making Comics(Harper, 2006)를 읽어볼 것을 권장하고, 모바일 스토리보드와 사용 사례에 대한 추가 설명은 http://androiddesignbook.com을 확인해보기를 바란다.

워크숍 동안에는 팀 내 모든 사람이 드로잉을 하고 워크숍에 참여하게 해야 한다. 이때 고품질의 제품 스토리보드는 필요 없다. 화이트보드에 지저분한 글씨와 막대기로 그린 사람으로도 특정 모바일 시나리오를 이해하는 데 충분하다면 이걸로 족하다. 주요 사용 사례 시나리오에 대한 스토리보드를 갖춘 후에는 '3단계:와이어프레임과 포스트잇을 활용한 RITE 연구'를 할 차례다.

3단계: 와이어프레임과 포스트잇을 활용한 RITE 연구

앞서 말한 것처럼 모바일에서의 디자인 제약으로 인해 컴퓨터에서 생성한 와이어프레임을 생성하고 고품질 프로토타입을 개발하는 일반 UCD 프로세스는 모바일 디자인 작업에는 적합하지 않다.

고품질의 와이어프레임을 개발하는 데 많은 시간과 노력을 쏟는 대신 저렴하고 효과적인 RITE(Rapid Iterative Testing and Evaluation)을 디자인 프로세스의 핵심으로 설정한다. RITE 연구는 디자인 프로세스에서 가능한 한 빨리 수행하는 게 좋다. 그럼 좀 더 재미있고, 사용하기 좋으며, 성공적인 모바일 제품을 상상했던 것보다 훨씬 빨리 만들 수 있는 혜택을 누릴 수 있다.

필자가 주로 권장하는 RITE 연구(원한다면 'RITE 테스트'라고 불러도 되지만 필자는 디자인 변경을 강조하기 위해 '연구'라는 용어를 더 선호한다) 3~4회(매 회 3명씩) 동안 9~12명이 참가해 수행한다. RITE 연구의 핵심 요소는 이전 회에서의 테스트 결과 찾아낸 문제점을 해결하기 위해 프로토타입을 업데이트할 수 있는 시간을 각 회 사이에 두는 것이다. 기본적으로 RITE 연구는 디자인/테스트 쌍의 연속으로 이뤄지며 이 과정을 통해 고객, 엔지니어, 관리팀에게서 받은 피드백을 토대로 필요에 따라 프로토타입을 빠르게 수정한다.

RITE 연구는 수 년 간 UCD 툴박스의 일부로 사용됐다. 필자가 내놓은 간단한 수정 버전은 모바일 디자인 프로세스의 핵심과 잘 어울리게끔 포스트잇으로 만든 프로토타입을 활용하는 것이다.

모바일 포스트잇 프로토타입은 여러 가지 장점이 있다. 먼저, 대형 포스트잇 팩(필자는 3×5인치 크기를 선호한다) 크기는 일반적인 휴대폰의 크기와 거의 같다. 이 말은 모바일 기기와 닮은 외부 상자 등을 만들 필요가 전혀 없다는 뜻이다. 포스트잇 팩으로도 완벽한 솔루션이 되는 것이다.

포스트잇 프로토타입은 저렴하고, 만들기 쉬우며, 매우 강력하다. 포스트잇 프로토타입은 어떤 위치에서 떨어뜨려도 분해되지 않으며, 설령 떨어지더라도 개별 페이지가 떨어져 나갈 뿐이다. 또 포스트잇 팩은 거리나 커피숍에서 낯선 사람에게 주고 앱에 대해 질문을 하기에도 전혀 문제가 없다(대부분의 사람들은 낯선 사람에게 최신 모바일 폰을 건네는 것을 꺼려 한다). 리서치 참여자가 실수로 포스트잇 '폰'을 떨어뜨리더라도 폰은 파손되지 않으며, 참여자가 포스트잇을 가지고 달아나더라도 한푼도 손해볼 일이 없다.

그림 4.2에서 볼 수 있듯 포스트잇 팩은 모바일 기기의 폼 팩터와 매우 닮아 있다. 따라서 단순하지만 정교한 프로토타입은 자연스러운 인체공학, 멀티터치, 가속도계 모션을 테스트할 수 있게 해준다. 이는 전통적인 와이어프레임으로는 구현할 수 없는 것이다.

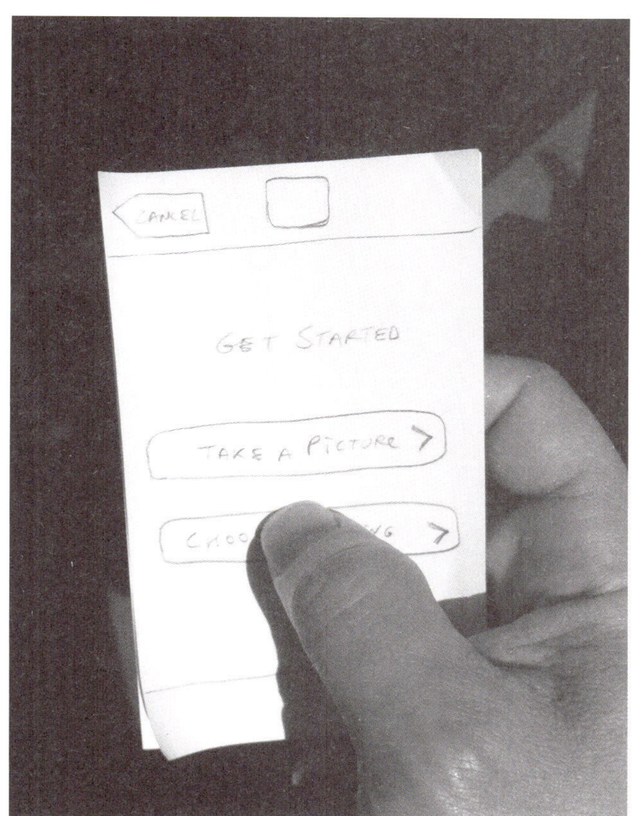

▶ 그림 4.2: 포스트잇 팩을 사용해 폰을 시뮬레이션하는 방식은 효과적이고 가벼운 프로토타이핑 기법이다.

포스트잇 프로토타입은 고치기도 쉽다. 디자인에서 문제점을 찾아나면 포스트잇 안에서 바로 지우개와 연필을 사용해 인터페이스를 수정할 수 있고, 아니면 새 포스트잇에서 다시 그릴 수도 있다. 마찬가지로 또 다른 작업 흐름을 테스트하고 싶다면 단 몇 분 만에 새 화면 디자인을 그리고 성능을 기존 아이디어와 바로 비교해, 다음 평가자에게 건넬 수 있다. 이와 같은 손쉬운 기법을 활용하면 디자인을 빠르게 발전시킬 수 있다. 특히 전체 팀이 이런 테스트 세션에 모두 참여할 경우 더욱 그렇다.

그림 4.3에서는 필자가 ThirstyPocket 앱에 대해 테스트한 '물건을 60초 안에 판매하세요' 초기 작업 흐름을 와이어프레임하기 위해 사용한 포스트잇 방식이 나와 있다.

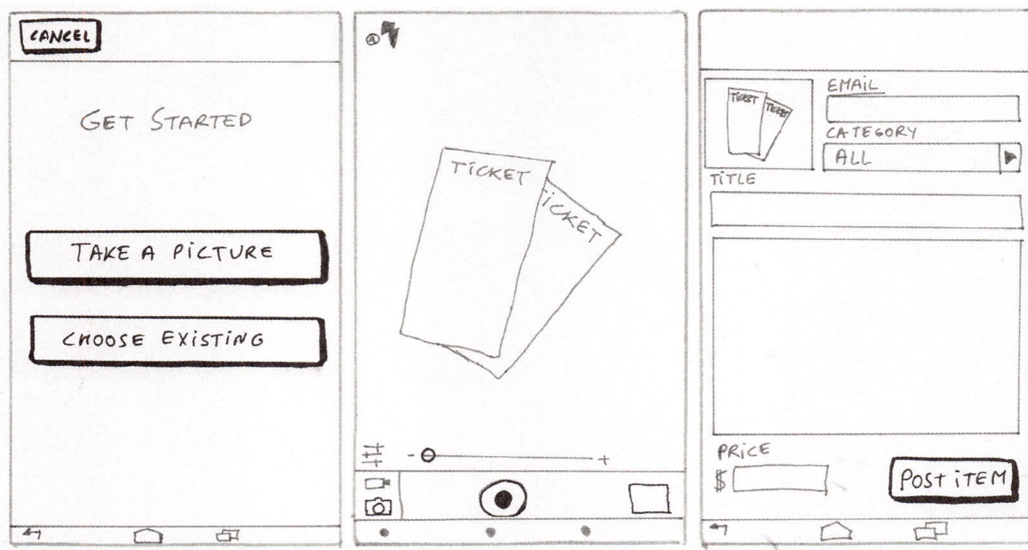

▶ 그림 4.3: 필자가 포스트잇을 사용해 초기 테스트를 위해 만든 모바일 디자인 프로토타입이다.

필자는 개인적으로 포스트잇 프로토타입 접근 방식을 통해 훌륭한 결과를 얻었으므로 이 방식이 여러분의 디자인에도 도움이 될 거라 확신한다. 필자는 이 책에서 사용하는 대부분의 디자인 패턴을 위해 3×5인치 포스트잇 와이어프레임을 만들었다. 이 프로토타이핑 기법에서 유념할 점은 다음과 같다.

- 화면을 나타내기 위해 포스트잇을 사용할 때는 모바일 기기를 모방하기 위해 포스트잇 위에 추가 박스를 그리지 않아도 된다. 시간을 줄이고 드로잉을 좀 더 이해하기 쉽게 하기 위해 전체 포스트잇 표면이 모바일 폰의 화면이라고 가정하자. 안드로이드 폰에서는 필요에 따라 기기의 하드웨어 버튼(뒤로 가기, 홈 등)을 추가해야 한다.

- 이 책의 모든 드로잉은 Archival Ink를 사용한 피그마 마이크론 펜을 사용해 검은색과 흰색으로 그렸다. 이는 가독성을 위해서다. 실제 프로토타이핑을 할 때 필자는 화면 요소를 바로 지우고 수정할 수 있게 샤프 펜슬을 사용한다. 독자들은 검은색이나 색상 펜, 또는 연필을 사용해도 된다.

- 필자는 와이어프레임을 드로잉할 때 줄자를 자유롭게 활용한다. 이렇게 하는 이유는 직선을 그리는 게(특히 필드에서 빠르게 수정할 때는) 어렵기 때문이다. 줄자를 사용하든 안 하든 프로토타입에서는 연구 참여자가 헷갈리지 않게 일관된 방식을 사용하는 게 좋다. 드로잉을 도와주는 템플릿과 도구들은 여러 개가 나와 있다. 하지만 필자는 투명한 삼각형 자를 제외하면 다른 도구들은 별로 좋아하지 않는다. 핵심은 잘 그리는 게 아니라 콘셉트를 테스트할 수 있는 가장 빠르고 효과적인 방법이라는 사실을 기억하자. 가장 손쉬운 드로잉 방식이 가장 좋은 방식이다. 자신에게 적합하고 디자인을 가장 효과적으로 전달하는 방식을 사용하자.

- 포스트잇 프로토타입은 쉽게 가지치기할 수 있다. 이 과정은 포스트잇 팩의 상단에 있는 첫 '화면'만 평가자에게 건네 수행할 수 있다. 평가자가 버튼을 탭하거나 화면에서 다른 기능을 수행하면 평가자가 보지 못하는, 내 손에 쥐고 있는 화면 팩 가운데 적절한 다음 화면을 선택한다. 이렇게 하면 테스트를 매우 현실적으로 수행할 수 있다. 다음 평가자가

다른 컨트롤을 탭하면 그 평가자는 다른 화면을 받게 되므로 가지치기 및 작업 흐름 진행 방식을 테스트하고 실제 행동을 테스트할 수 있다. 프로토타입의 이와 같은 기능은 풍부하고 강력한 행동 데이터를 양산한다.

- 약간의 연습을 겸하면 포스트잇 프로토타입은 화면 전환을 테스트하는 데도 활용할 수 있다. 화면 전환이 상호작용에서 중요하다면 "다음 페이지가 아래에서부터 이렇게 올라온다고 가정하자. 느낌이 어떨 것 같아?"라고 말하면서 다음 화면이 슬라이드되게 한다. 특정 참여자가 "괜찮아요"처럼 무미 건조한 다답을 한다면 다른 화면 전환 방식을 더 선호하는지, 또는 이런 움직임이 어떤 의미가 있는지 묻는다. 제대로 전환 방식을 보여주려면 복잡한 전환을 여러 번 해야 한다. 또, 별도 포스트잇에서 개별 화면 전환 상태를 드로잉해야 할 수도 있다(2011년 1월 5일 http://www.designcaffeine.com/articles/storyboarding-ipad-mobile-transitions/의 'Storyboarding iPad Transitions' 참고).

- 키보드는 연구 참여자가 쥐고 있는 포스트잇 팩 위에 올릴 수 있는 또 다른 작은 포스트잇을 통해 쉽게 모방할 수 있다. 이렇게 하면 어떤 화면도 테스트 과정 내 아무 때나 동적으로 '키보드 사용 화면'으로 전환할 수 있다. 이 기법을 활용하면 복잡한 키보드 디자인 요소를 매번 그려야 하는 번거로움도 없을 뿐더러 프로토타입도 유연해지는 장점이 있다.

- 스토리보드는 자주 검토해야 한다. 와이어프레임의 작업 흐름은 제품 비전을 따라야 한다. 예를 들어 그림 4.1을 그림 4.3과 비교해보자. 그럼 와이어프레임이 초기 비전을 자연스럽게 상속하고, 세부 요소와 인터페이스 요소만 추가한 것을 볼 수 있다. 예를 들어 테스트를 시작한 후 얼마 되지 않아 사람들이 여러 장의 사진을 먼저 찍은 후 물건을 나중에 팔고 싶어 하는 경우도 있다는 것을 알게 됐다. 이에 따라 필자는 고객이 선택(사진을 찍거나 항목을 선택)할 수 있는 화면을 추가했다(그림 4.3 참고). 이와 같은 유형의 디자인 변경은 흔히 있는 일이다 바로 이런 점 때문에 먼저 종이에서 아이디어를 테스트해야 하는 것이다. 수정 사항이 크다면 RITE 연구 과정에서 새로운 혜안을 얻은 후, 이에 따라 비전 스토리보드를 먼저 업데이트해야 한다. 필자의 경우 추가된 페이지는 기본 스토리보드 시나리오만으로도 충분했으므로 초기 비전 스토리보드는 수정하지 않아도 됐다(그림 4.1 참고).

포스트잇 프로토타입을 사용하면 빠르고 저렴하게 다양한 디자인 방식을 실험할 수 있고, 정교한 카메라나 다른 장비가 전혀 필요 없다. 포스트잇 프로토타입은 여러분과 여러분의 팀 모두 사무실이라는 제한된 공간을 벗어나 모바일 상호작용이 실제로 일어나는 곳이라면 어디든(커피숍, 분주한 거리 주변, 택시, 지하철 등) 과감하게 갈 수 있게 해준다. 종이 프로토타입을 디자인이 실제 제품을 사용하는 그 위치, 그 상황에서 잠재 고객의 손에 쥐어주는 것은 엄청난 가치가 있다.

동시에 연구 참여자는 프로토타입의 모습이 완성돼 있지 않으므로 소중한 아디이어를 좀 더 자유롭게 브레인스토밍할 수 있다. 이를 통해 고객이 실제 여러분의 제품을 사용하는 컨텍스트에 직접 참여할 수 있게 됨으로써 강력한 협력적 디자인 세션이 생긴다. 이런 디자인 세션은 여러분이 생각했던 것보다 훨씬 빠르게 디자인에 직접 반영할 수 있는 소중한 혜안을 준다. 필자가 이 책의 거의 모든 디자인 패턴에서 손으로 그린 포스트잇 와이어프레임을 포함시킨 것도 바로 이 때문이다. 이런 와이어프레임이 여러분에게도 자신만의 포스트잇 프로토타입을 만들 수 있는 영감을 주고, 타깃 고객과 직접 프로토타입을 컨텍스트상에서 테스트할 수 있게 되기를 바란다. 도움이 필요하다면 필자가 포스트잇 프로토타입, 모바일 사용 사례 스토리보드, 이 기법을 최대한 활용하기 위해 설계된 다른 리소스를 사용한 실전 RITE 사례 연구 동영상을 호스팅한 웹사이트(http://androiddesignbook.com)를 방문하자.

4단계: 시각 디자인

RITE 연구는 최종 상품이 아니다. 단지 디자인 프로세스에의 핵심 절차일 뿐이다. 디자인 프로세스에 대해 생각하는 가장 좋은 방법은 프로토타입의 상태가 제품 완성도의 전체적인 상태를 반영해야 한다는 것이다. 디자인 프로세스 초기에 가벼운 디자인 프로세스를 활용해 고객에게 적합한 대략적인 흐름과 화면 레이아웃을 디자인하는 데 집중한 것도 이 때문이다. 대략적인 흐름에 대한 설계를 끝내고 테스트를 마치면 이제 최종 단계인 시각 디자인으로 넘어갈 차례다.

시각 디자이너와 콘텐츠 관리자를 활용해 최종 프로젝트에서 멋진 효과를 입히는 게 관례다. 시각 디자인은 이 책의 주제는 아니지만 1장과 2장에는 이 주제에 대한 핵심 사항들이 들어 있다.

보통 시각 디자인 단계에서는 시각 디자인은 상호작용의 디자인 의도를 개선할 수도, 악화시킬 수도 있다는 점을 기억하자. 때로는 시각 디자인이 큰 차이를 준다. 따라서 디자인 변화 과정에도 불구하고 최종 버전이 원래의 비전 스토리보드의 단순함과 우아함을 그대로 유지하는지 몇 차례 테스트하는 게 좋다. 스타일링은 감정적인 연결점을 만들거나 없애는 열쇠가 될 수 있는 만큼 이 점 또한 테스트하는 게 좋다.

최종 테스트를 수행하려면 의견을 묻고자 하는 사람(예컨대 커피숍에서 줄 서서 자기 차례를 기다리는 사람)에게 테스트 기기(이때는 주의해야 한다)를 건넨다. 예를 들어 "이 앱에 대한 의견을 말씀해주시면 제가 아침 커피를 사드리겠습니다."라고 말한다. 5명에서 8명에 대해 수행하는 이와 같은 최종 테스트는 한 시간이 채 걸리지 않는다. 이는 훌륭한 테스트다. 최종 앱의 흐름은 사용자가 분주한 아침 시간에 주문한 커피를 기다리는 시간보다 더 오래 걸리지 않는 게 좋고, 인터페이스는 사용자가 디카페인 상태에서도 조작할 수 있을 만큼 사용자의 참여를 유도할 수 있고 명쾌해야 한다.

안드로이드 디자인 패턴과 안티패턴

웰컴 사용자 경험

고객이 여러분의 앱을 내려받고 열었을 때 처음 보는 화면은 바로 여러쿤이 사용자를 위해 준비한 환영 매트다. 아쉽게도 이런 환영 매트에는 진행이나 사용자의 침여를 방해하는 요소들이 자주 사용된다. 최종 사용자 라이선스 동의서, 권리 포기 각서, 가입 돔 등이 그 예다. 변호사와 세관 대행자를 교배한 좀비와 마찬가지로 이런 안티패턴은 여러 폼을 채워야 하는 또 다른 불편함을 주며, 시간과 플래시 메모리 저장 공간을 내주면서 여러분의 업을 내려받느라 수고한 사용자가 앱을 즐길 수 없게 한다. 이 장에서는 이와 같은 안티패턴의 주범들을 살펴보고 이를 개선할 수 있는 좀 더 사용자 친화적인 웰컴 전략을 제안한다.

⊘ 5.1 안티패턴: 최종 사용자 라이선스 동의서

고객이 모바일 웹사이트를 열면 대개 바로 사이트를 사용할 수 있다. 하지만 아이러니컬하게도 앱을 통해 정보에 접근할 때는 최종 사용자 라이선스 동의서(EULA)에 동의하는 절차가 필요하며, 종종 일부러 사용자를 방해하는 듯한 전략을 취하기도 한다. 최종 사용자 라이선스 동의서는 안티패턴이다.

언제, 어디에서 나타나나

EULA는 보통 애플리케이션을 처음 실행하거나 사용자가 앱을 사용하기 전에 나타난다. 아쉽게도 최종 사용자 라이선스 동의서가 표시될 때 이 동의서는 사용자의 사용을 지연시키도록 설계된 다양한 인터페이스 요소를 동반한다. 일부 EULA에서는 실제 사용자가 동의하기 전에 변호사들이나 알아들 수 있는 애매한 내용으로 가득 찬 20페이지나 되는 문서 끝까지 스크롤을 내리거나 페이지를 이동해야 한다. 또, 탭을 추가로 해야 하는 확인 화면도 사용자의 사용을 느리게 하는 요소다. 이를 보고 있으면 중세 시대의 끔찍한 고문이 현대에 와서 어떻게 발전했는지 보는 듯하다.

📊 예시

거대 금융 기업인 Chase는 EULA의 예를 잘 보여준다. 그림 5.1에 나온 것처럼 사용자가 Chase 앱을 처음 내려받으면 사용자는 로그인도 하기 전에 최종 사용자 라이선스 동의서에 동의해야 한다.

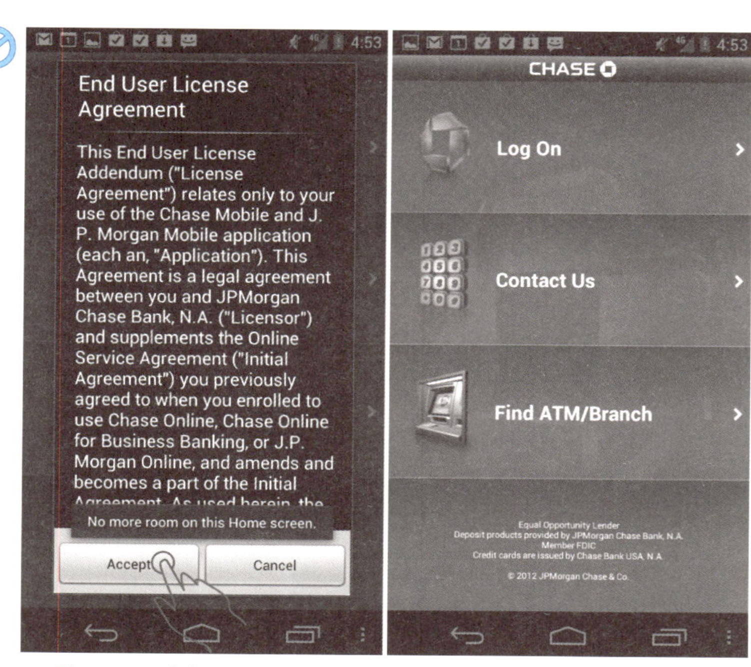

▶ 그림 5.1: Chase 앱에는 EULA 안티패턴이 들어 있다.

이 사례가 재미있는 이유는 모바일 폰에서 EULA에 먼저 동의하지 않고도 같은 정보에 접근할 수 있기 때문이다. 그림 5.2처럼 모바일 웹 브라우저를 사용하면 이 정보를 볼 수 있다.

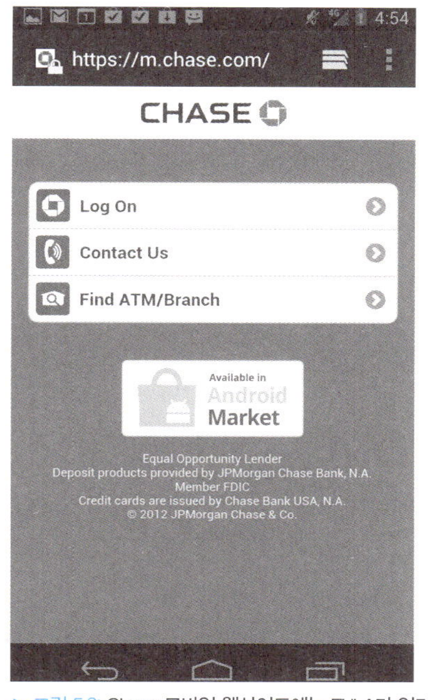

▶ 그림 5.2: Chase 모바일 웹사이트에는 EULA가 없다.

삼가야 하는 이유

여기서 주의할 점은 최종 사용자 라이선스 동의서가 필요 없다는 게 아니다. 물론 변호사들도 먹고 살아야 하므로 EULA는 요즘처럼 소송이 빈번한 사회에서 중요한 요소다. '뉴 노멀' 시대에 이런 세계적인 은행과 거래를 하려면 꼭 어느 시점에 법률적인 계약에 서명을 해야 하기 마련이다. 문제는 EULA 자체에 있는 게 아니다. EULA가 등장하는 시점이 아무 생각 없이 정해진 데 있는 것이다.

이 앱에서는 여러분이 모바일 접근을 활성화했는지, 비밀번호를 제대로 설정했는지 등에 대해서는 전혀 모른다(대부분의 사람들은 이런 문제를 한두 번 겪기 마련이다). 따라서 이 앱에서는 이 기기에서 사용자에게 서비스를 제공할 수 있는지 여부에 대해 전혀 모른다. 하지만 그럼에도 이 은행 앱에서는 모바일 기기에서 거래를 하는 것은 위험할 수 있으니, 이 점을 알고도 계속할 생각이라면 향후 고객의 돈에 대한 책임을 전혀 지지 않겠다고 경고한다. 이는 성숙한 기업과의 거래를 시작하는 좋은 방법과는 거리가 멀다.

그럼 어떻게 해야 할까? 모바일 웹사이트에서 힌트를 볼 수 있다. 먼저 이 사이트에서는 사용자가 로그인하지 않고 할 수 있는 일들(예를 들어 지역 지점이나 ATM 찾기)이 뭔지 보여준다. 그런 다음 모바일 사이트에서는 사용자가 로그인할 수 있게 해준다. 이후 시스템은 EULA 동의 상태를 판단한다. 고객이 이미 과거에 길고 긴 EULA 동의서에 동의했다면 이 과정을 반복할 필요가 없다. 과거에 EULA에 동의한 적이 없다면 이제 동의할 시점이다. 마찬가지로 예컨대 고객이 지로 납부 기능을 활성화하지 않았다면 지로 납부 EULA에 동의할 필요도 없다.

요점은 고객이 앱을 처음 실행할 때 보는 첫 페이지는 앱의 환영 매트와도 같다는 것이다. 실제로 고객에게 '환영합니다'라고 말하는 페이지를 만들자.

추가 고려 사항

'얼마나 많은 관계(원만하게 끝나는)가 EULA로 시작하지?'라는 질문을 해본 적이 있는지 궁금하다. 만일 인터넷을 사용하려고 하는데 사이트 내용을 보기 전에 방문하는 사이트마다 먼저 EULA에 동의하라고 하면 어떨까? 생각만 해도 끔찍할 것이다. 웹사이트를 방문하면 사용자를 환영하는 콘텐츠가 바로 보이는 게 보통이다(그렇지 않다면 바로 사이트에서 나올 것이다). 뭔가를 구매하려고 사이트를 사용할 때도 EULA 동의서 바로 옆에 있는 '동의하고 계속하기' 버튼을 간단히 클릭해 구매를 계속한다(아무도 이 동의서를 읽는 사람은 없다).

모바일 및 데스크톱에서 웹을 자유롭게 서핑하면서 아무 생각 없이 EULA에 동의하는데, 왜 세계에서 가장 빠르게 성장하는 플랫폼에서 생각 없이 사용자를 방해하는 환영 매트를 참고 견뎌야 할까?

관련 패턴

5.2 안티패턴: 연락처 방해물

⊘ 5.2 안티패턴: 연락처 방해물

뭔가가 잘못되면 고객은 연락처 지원 기능을 사용해야 한다. 탭할 수 없는 전화번호부터 미리 정해진 설정값이 없는 긴 연락처 폼에 이르기까지 이때도 사용자 경험을 방해하는 안티패턴이 있다.

언제, 어디에서 나타나나

고객 지원 연락처 매커니즘을 모바일에 맞게 구현하려면 시간과 노력이 드는 만큼 아쉽게도 이 안티패턴은 매우 자주 볼 수 있다. 또 종종 데스크톱 웹 애플리케이션을 모바일 앱으로 변환하면서 이런 안티패턴이 그대로 남기도 한다.

📊 예시

그림 5.3에 나온 US Bank 앱에서는 초기 등록 과정에서 문제가 생겼다. 이런 경우 고객은 완전히 난감해진다. 이때는 스스로 문제를 해결할 수 있는 방법이 없으므로 고객 지원 센터에 전화를 해야 한다. 따라서 이 앱에서는 팝업 경고창을 통해 오류를 고객에게 알리고 보이는 번호로 전화하라고 말한다. 하지만 아쉽게도 이 번호는 탭할 수 없다. 또, 번호를 복사하는 것도 불가능하다. 다시 말해 고객은 전화할 번호를 기억하거나 종이를 꺼내서 전화번호를 적어야한다. 여러분의 고객이 들고 있는 기기가 전화기 기능도 한다는 사실을 잊지 말자. 고객이 이미 휴대폰을 들고 있는데도 전화할 번호를 적게끔 하는 것은 잘못된 서비스의 전형이다. 이는 마치 돌 피라미드에 번호를 새기거나 식물 색소를 사용해 동굴 벽에 글씨를 쓰라고 하는 것과 비슷하다.

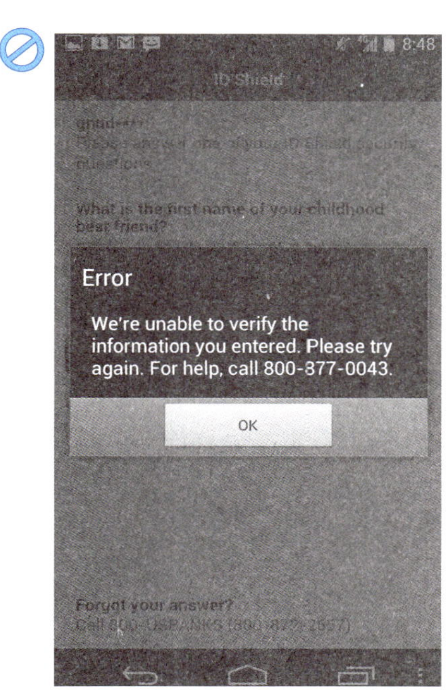

▶ 그림 5.3: US Bank 앱에서 등록 과정에서 문제가 생기면 고객은 연락처 방해물 안티패턴을 경험하게 된다.

단순히 전화번호를 받아 적어야 하는 불편은 다음 잘못과 비교하면 오히려 별 문제가 아닐 수도 있다. 바로 아무 기본 설정값이 없는 연락처 폼이다. 그림 5.4에 나온 화면은 코닥의 예다. 물론 문의한 내용에 대한 정보를 받아보는 것은 좋다. 하지만 사양하고 싶다. 나라면 일반적인 모바일 사용자가 1주일 동안 작성하는 것보다 더 많은 항목이 들어 있는 폼은 채우고 싶지 않다.

▶ 5.4: 연락처 방해물 안티패턴이 코닥 앱에서는 긴 폼으로 표현돼 있다.

삼가야 하는 이유

이 시점에서 사용자는 기술 지원을 필요로 하며, 이미 복구할 수 없을 정도로 문제에 처했다. 이 말은 이미 사용자가 앱, 여러분의 회사, 여러분의 브랜드에 대해 짜증이 나 있다는 뜻이다. 이런 상황에서 사람들에게 연락할 수 없게 방해물이나 장벽을 두는 것은 이치에 맞지 않다. 이는 안티패턴이다.

추가 고려 사항

필자는 고객이 기술 지원팀에 전화로 연락하게 하면 관리 비용이 지나치게 많이 든다는 얘기를 컨설팅 클라이언트에게서 자주 듣는다. 한편으로 이런 기업들은 사용자가 온라인 지원을 통해 도움을 받지 못하는 경우 연락할 수 있게 전화번호나 이메일 주소를 공개해야 한다. 따라서 이런 기업들은 전화번호는 제공하기는 하지만, 폰에서 탭 한 번으로 바로 전화하기 어렵게 하는 절충안을 마련한다. 다시 말해, 기업에서 고의로 연락처 방해물을 만드는 것이다. 이는 잘못된 경제 논리다. 스마트폰은 전화기이자 이메일 클라이언트라는 점을 잊지 말자. 고객이 곤란한 상황에서 간편하게 전화를 걸어 도움을 받을 수 없다면 여러분의 브랜드는 심각한 타격을 받고, 고객은 전화번호를 받아적은 후 전화를 걸었을 때 훨씬 더 다루기 까다로운 고객이 될 것이다. 고객이 전화하는 것을 원하지 않는다면 전화번호를 아예 제공하지 말아야 한다.

관련 패턴
9.2 안티패턴: 인터페이스 효율성의 부족

🚫 5.3 안티패턴: 가입/로그인

지금쯤이면 대략적인 흐름을 이해할 수 있을 것이다. 고객이 앱을 내려받은 후 고객의 작업을 느리게 하거나 방해하는 것은 나쁜 행동이다. 여기에는 잠재 고객이 앱이 실제로 사용할 가치가 있는지 판단하기도 전에 보여주는 가입/로그인 폼도 포함된다.

언제, 어디에서 나타나나

이 안티패턴은 기업들이 다음과 같은 간단한 공식을 알아냄에 따라 점점 더 사라지는 것으로 보인다.

앱 사용하기 전 긴 가입폼 = 앱 삭제

하지만 여전히 상당수의 앱이 고객이 앱을 사용하기 전에 가입하고, 로그인하거나 쓸데없는 행동을 하게 한다.

📊 예시

SitOrSquat 앱은 사람들이 이동 중에 화장실을 찾을 수 있게 해주는 멋진 소셜 엔지니어링 소프트웨어다. 이 경우 당연히 기본 사용 사례에서 어느 정도의 긴급성을 내포한다. 하지만 이런 긴급성은 두루마리 휴지 브랜드인 차민(Charmin)을 마케팅할 목적으로 이 앱을 인수한 회사인 P&G에서는 느끼지 못하는 것 같다(물론 조금 다른 얘기이긴 하지만 이 둘은 환상적인 궁합이다).

단순히 차민을 마케팅에 활용하는 데 만족하지 못한 P&G 경영진은 무슨 이유에선지 사람들이 여러 가지 방식으로 앱에 로그인하게끔 강요했다. 먼저, 그림 5.5에서 볼 수 있듯 이 앱은 사용자(급하게 볼일을 해결할 곳을 찾고 있는 사실을 잊지 말자)가 이상한 피커 컨트롤을 사용해 생일을 선택하게끔 한다. 이런 강제 기능은 평상시에도 고문과 같지만 정말 볼일이 급할 때는 짜증이 극에 달하게 한다.

그런데 이 회사는 여기에서 그치지 않는다. 고객이 피커를 사용해 생일 연도와 월을 선택하고 나면(그런데 이 앱에서는 사용자가 생일을 제대로 선택했는지 어떻게 알까?) 사용자는 최종 사용자 라이선스 동의서 화면을 보게 된다. 이 장에서 앞서 말한 것처럼 이는 그 자체로 안티패턴이다. 동의서 화면은 길고, 복잡하며, 글씨도 작아서 화장실을 가려다가 그 내용을 읽는 것은 올림픽처럼 4년에 한 번씩 해야 할 정도로 힘이 든다. 고객이 동의서 화면을 통과하고 나면 P&G에서는 페이스북을 사용해 로그인할 수 있는 또 다른 로그인 화면을 보여준다. 아마도 P&G 경영진에게 트위터의 '대변' 메시지가 사실은 장난이라는 걸 말해준 사람이 없었던 것 같다. P&G의 경영진은 사용자의 화장실 습관에 대한 소셜 엔지니어링 정보를 전달해 페이스북에서 대인 관계를 돈독히 할 수 있으리라고 생각했던 것 같다. 하지만 나는 이보다 더 바보 같은 소셜 네트워킹 실험은 본 적이 없다. 나로서는 어떤 사람도 '내 화장실 습관을 페이스북에서 공유하는 게 지금처럼 쉬웠던 적은 없었어'라고 말할 것이라고 생각하지 않는다.

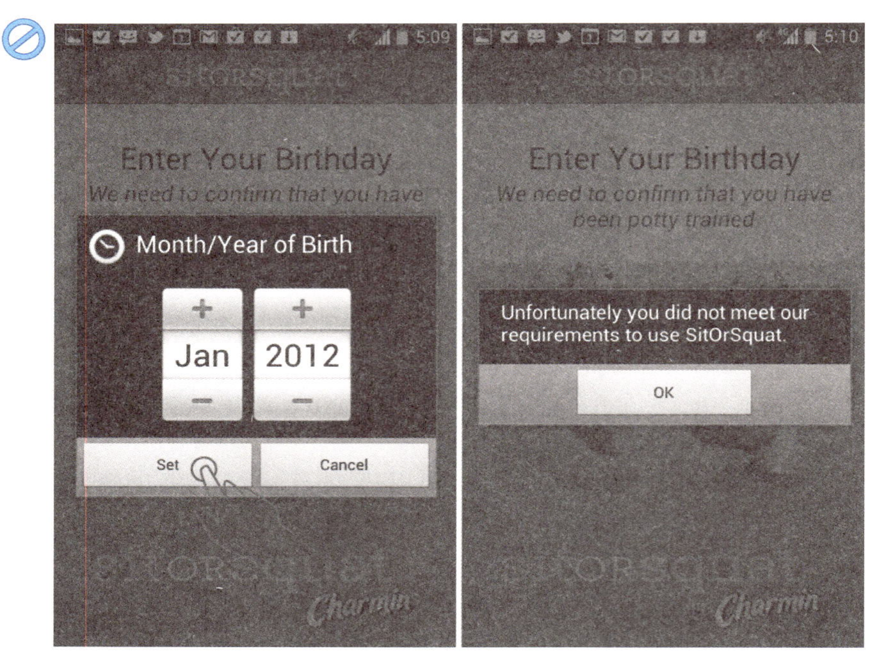

▶ 그림 5.5: SitOrSquat 앱의 등록 오류는 가입/로그인 안티패턴이다.

사용자가 본래 용도에 따라 용무를 해결할 화장실을 찾고 있는 정상적인 사용자라면(분뇨기호증이 있고 페이스북에서 과시하기를 좋아하는 사람이 아니라면) 사용자는 당연히 페이스북 로그인 화면을 닫고 다음 화면으로 넘어갈 것이다. 바로 튜토리얼 화면이다. 화장실 추가 기능까지 세더라도 등록 과정을 제외한 전체 앱 화면이 기본적으로 네 개라는 점을 주의하자. 그에 반해 가입 안티패턴 화면(그림 5.5에 나온 것처럼 필자의 초기 실패 화면 포함)을 모두 더하면 실제 콘텐츠(그림 5.6 참고)를 보기 전까지 7개의 쓰레기 같은 화면이 나온다. 또, 생일을 입력하는 데 필요한 탭 횟수만도 무려 50번이다.

필자가 가장 좋아하는 UX 전문가 중 한 명인 타마라 애들린(The Persona Lifecycle: Keeping

People in Mind During Product Design의 공저자, 2006, Morgan Kaufmann)는 이를 한 줄로 명확히 표현했다. "제발 그냥 볼일 좀 보게 하자." 필자가 생각하기에 이 표현이 이보다 적합한 적은 없었던 것 같다. 불필요한 소셜 미디어 '노출'과 끝없이 이어지는 가입 화면, 어려운 '법률 용어'로 인해 P&G 경영진은 이 앱에서 가장 중요한 요구 사항을 완전히 놓치고 있다. 바로 사용자들이 대소변(SitOrSquat)을 보게 하는 것이다.

▶ 그림 5.6: SitOrSquat 앱의 전체 가입/로그인 안티패턴을 볼 수 있다.

삼가야 하는 이유

긴 가입 화면은 이동 중에 빠르고, 간편하게 접근하는 핵심적인 모바일 기능 사용에 집중하지 못하게 한다. 바로 기능이다. 꼭 필요하지 않은데도 미리 가입/로그인 화면을 지나치게 많이 보여주면 결국 사용자가 앱을 지울 수도 있다.

추가 고려 사항

고객이 행동을 수행하게끔 하기 전에 다음 사항을 고려하자. 이 앱이 웹 앱이었다면 사용자가 이 행동을 하게끔 강요했을까? 인터넷에 연결돼 있다면 고객이 하는 일을 모두 저장하고, 간단한 세션 토큰과 손님 계정을 사용해 기기로 다시 연결할 수 있다. 또, 인터넷이 연결돼 있지 않더라도(지하철을 타고 있거나 비행기 모드를 사용하는 등) 현대 스마트폰에는 모바일 네트워크가 연결될 때 서버와 동기화하는 데 사용할 수 있는 충분한 데이터 저장 공간이 있다.

이 말은 폰의 데이터를 다른 기기와 공유하고 싶은 경우가 아니라면 별도로 가입을 강제할 이유가 전혀 없다는 뜻이다. 일반적으로 다운로드 시점이나 최초 사용할 때 가입을 강제하기보다는 고객이 가입하지 않더라도 폰에서 로컬로 정보를 저장할 수 있게 하는 게 훨씬 좋다. 사용자가 가입이 필요한 기능(다른 기기와의 정보 공유나 자신의 계정에 저장된 정보 접근 등)을 요청하기 전까지는 가만히 기다리는 게 좋다. 그리고 이 시점에 비로소 가입 절차를 끝내는 게 좋다.

예를 들어 아마존(Amazon.com)에서 쇼핑을 하는데 물건 하나를 보기도 전에 집 주소, 청구지, 신용카드를 먼저 묻는다면 얼마나 황당할지 생각해보자. 하지만 고객이 구매할 물건을 몇 개 고르고 계산을 하려고 할 때는 구매를 마치기 위해 집 주소(물건을 배송할 위치)와 신용카드(물건 결제 수단)을 묻는 게 이치에 맞다.

끝으로, 루크 로블르스키가 그의 책 웹 폼 디자인(로젠펠드 미디어, 2008년)에서 말한 것처럼 "폼은 구리다." 항상 다음 단계로 진행하는 데 꼭 필요한 것만 요청하고 불필요한 정보는 생략해야 한다(이 주제에 대해서는 10장부터 12장에서 좀 더 자세히 다룬다).

관련 패턴

없음

5.4 패턴: 웰컴 애니메이션

웰컴 애니메이션은 아이폰에서는 중요한 기능이다. 하지만 안드로이드 플랫폼에서는 거의 볼 수 없다. 하지만 애니메이션 영화 마다가스카르에서 릴투리얼(Reel 2 Real)이 노래하듯 이제 '움직일' 시간이다.

적용 방식

사용자가 앱을 처음 열면 사용자를 반기는 작은 애니메이션 클립이 재생되고 브랜드가 표시된다. 종종 이 과정에서 약간의 유머를 사용하기도 한다.

예시

안드로이드 부팅 애니메이션은 그림 5.7에 나온 갤럭시 넥서스 아이스크림 샌드위치 OS의 경우처럼 종종 풍성하고 스펙터클하다.

하지만 앱에서 사용하는 애니메이션은 안드로이드에서는 거의 없어서 필자는 적당한 예제를 제공하기 위해 아이폰을 살펴봐야 했다. 필자가 가장 좋아하는 구현 패턴 중 하나는 아이폰의 Priceline 앱이다(그림 5.8 참고). 캡앤 제임스 티베리어스 커크가 주먹으로 구멍을 뚫는 애니메이션보다 사용자의 관심을 끄는 애니메이션도 찾아보기 어렵다.

▶ 그림 5.7: 갤럭시 넥서스의 볼 거리가 많은 부팅 웰컴 애니메이션

▶ 그림 5.8: Priceline 아이폰 앱에는 창의적인 웰컴 애니메이션이 들어 있다.

언제, 어디에서 사용하나

시작 시간이 오래 걸리는 앱은 웰컴 애니메이션을 활용해 앱이 로드되는 동안 사용자가 기다리게 하는 데 도움을 줄 수 있다. 하지만 시작 시간이 짧아짐에 따라 이런 애니메이션 패턴은 브랜드 광고 목적으로 더 많이 활용되며, 앱이 설치된 시점에 한 번만 실행되는 게 보통이다.

사용하는 이유

스마트폰은 재미있게 놀고, 게임을 즐기고, 복잡한 업무를 수행하기 위해 사용한다(물론 스마트폰을 전화로도 쓴다). 웰컴 애니메이션은 게임뿐 아니라 중요한 앱에서도 재미있는 분위기를 형성하는 수단으로 사용할 수 있다. 또, 웰컴 애니메이션은 화면 전환이 느릴 때 시간을 때우는 용도로도 효과적이다.

다른 활용법

웰컴 애니메이션을 가장 잘 활용하는 방법 중 하나는 이야기를 들려주는 것이다. 최고의 앱들은 튜토리얼 속에 녹아 있는 이야기를 들려준다('튜토리얼' 절의 예시 참고).

반려동물 가게 애플리케이션

반려동물 가게 애플리케이션에 온 것을 환영한다! 이 절은 코니 웨이스와 그렉 머레이가 개발한 플랫폼인 자바 2 엔터프라이즈 에디션(J2EE)의 레퍼런스 애플리케이션인 자바 Pet Store 애플리케이션에 대한 오마주다. 수천 명의 사람들이(필자 포함) 자바 Pet Store의 코드 패턴을 통해 자바로 프로그래밍하는 법을 배웠다. 이 책에서 필자는 같은 형식을 따라 손으로 스케치한 포스트잇 와이어프레임을 사용해 다양한 안드로이드 패턴을 제공한다.

아이러니컬하게도 이 절에서는 와이어프레임이 없다. 왜 그럴까? 이유는 두 가지다. 우선, 행복한 강아지나 고양이가 화면을 뛰어다니는 만화 같은 웰컴 애니메이션은 쉽게 상상할 수 있으므로 별도로 와이어프레임을 그릴 필요가 없다. 두 번째로, 실제 상품에 사용할 웰컴 애니메이션을 그리는 일은 대다수 사람들(여러분을 비롯해)의 그림 실력으로는 버겁다.

멋진 웰컴 드로잉을 보여줌으로써 이 책을 읽고 있는 독자들이 아예 드로잉을 포기하게 하기보다는 필자는 드로잉 과정을 아예 생략했다. 이 책에서는 누구나 그릴 수 있는 간단한 와이어프레임을 고집한다. 사실, 여러분만의 와이어프레임을 그리고, 이 책에서 제시하는 패턴을 바탕으로 고객 테스트에 사용할 실제 포스트잇 프로토타입을 만드는 게 이 책의 핵심 요점이다.

하지만 그와 별개로 웰컴 애니메이션을 한번 드로잉하고 싶다면 4장에서 설명한 포스트잇 방식을 사용해 자유롭게 그려도 좋다(웰컴 애니메이션을 그린다면 http:// androiddesignbook. com에서 필자의 팀에게도 보내주기 바란다. 독자들이 보낸 애니메이션도 우리 튜토리얼과 함께 표시하고 싶다).

태블릿 앱

이 패턴은 소형 모바일 폰뿐 아니라 태블릿에서도 그대로 적용되지만, 화면 해상도에 대해서는 주의해야 한다. 애니메이션은 각 화면에서 멋지게 보여야 한다. 그렇지 않으면 아무런 의미가 없으며 아예 없애는 게 낫다.

⚠ 주의 사항

태블릿용으로 디자인할 때 화면 해상도를 염두에 두는 것 외에 주의할 사항이 두 가지가 있다.

1. 애니메이션을 지나치게 길게 만들지 않는다. 3~5초도 많다. 애니메이션이 10초 이상 재생 되면 지나치게 긴 느낌이 든다.
2. 애니메이션은 여러 번 재생하지 않는다. 애니메이션은 필요에 따라 앱이 실행될 때 한 번만 재생해야 한다. 멀티태스킹을 통해 앱을 전환할 때는 애니메이션을 실행하지 말아야 한다.

관련 패턴

5.5 패턴: 튜토리얼

5.5 패턴: 튜토리얼

워크숍에서 필자는 튜토리얼 디자인에 대한 질문을 종종 받는다. 대부분의 앱에는 튜토리얼이 필요 없지만, 이따끔 명확하지 않은 기능이 들어 있으면 사용자가 앱을 잘 활용할 수 있게 설명해주는 도움말이 필요하다.

적용 방식

처음 환영 인사를 받는 동안 고객은 앱 사용법에 대해 짧은 교육을 받는다.

📊 예시

튜토리얼을 활용하는 훌륭한 예시는 여러 개가 있다. 그 중 하나는 앱의 동작 방식을 설명하기 위해 별도 페이지를 사용한다. SitOrSquat 앱에도 이런 유형의 튜토리얼이 들어 있었다(이 장의 '5.3 안티패턴:가입/로그인' 절 참고). 이런 방식이 가장 구현하기 쉽고 비용도 적게 들지만, '추가 페이지' 튜토리얼은 가장 짜증나고 불필요한 튜토리얼 방식이기도 하다. 이 방식은 앱의 자연스러운 사용 흐름에 직접 개입하기 때문이다.

그에 반해 가장 훌륭한 튜토리얼은 앱 사용 방식에 직접 녹아 있는 튜토리얼이다. 필자가 가장 좋아하는 예시는 Gameloft에서 내놓은 N.O.V.A 시리즈 같은 게임에서 볼 수 있다. 이런 게임에서는 예술이라고 할 수 있을 정도로 튜토리얼이 스토리에 잘 녹아 있다. 그림 5.9에 나와 있는 'Skip' 버튼을 살펴보자.

사용자가 처음 게임을 시작하면 가상 비서인 옐레나가 나타나 '이동 방식'을 통해 고개를 돌리고 주변을 걷게끔 한다. 그런 다음 무기 시스템을 점검하게 하고, 게임의 풍부한 스토리라인을 그대로 유지하면서 도움되는 조언을 해준다.

다행히 앱에 연동된 튜토리얼을 구현하기 위해 수백만 달러를 지불하거나 스토리텔링에 대해 알아야 할 필요가 전혀 없다. 여러분에게 필요한 건 워터마크라고도 부르는 간단한 오버레이가 전부이며, 이 주제는 13장 '내비게이션'에서 다룬다. 오버레이를 튜토리얼로 사용한 예시는 플립보드 앱에서 볼 수 있다(그림 5.10 참고).이 앱에서는 리본 같은 창 메뉴를 가리키는 간단한 오버레이를 사용한다(13장에서 창 셰이드와 다른 스위스 군용 칼 내비게이션 구현체에 대한 내용을 읽어보자).

▶ 그림 5.9: N.O.V.A. 게임에 녹아 있는 훌륭한 튜토리얼 패턴

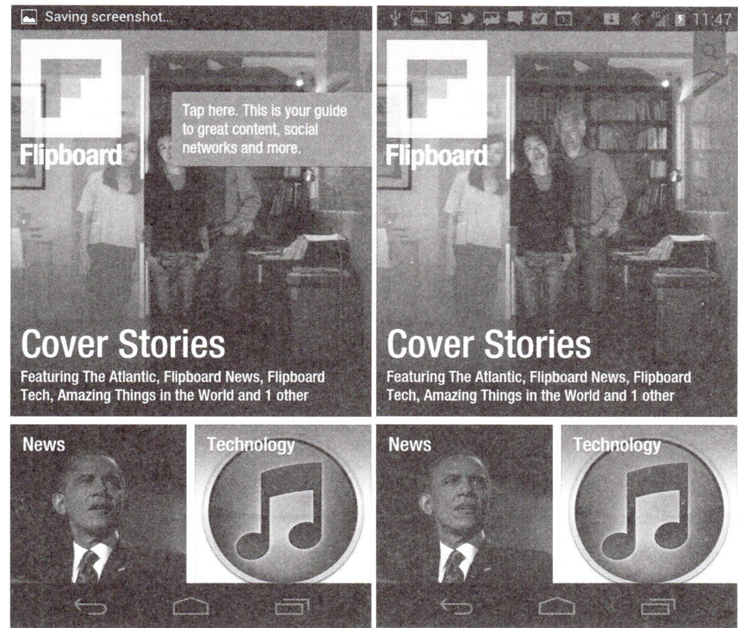

▶ 그림 5.10: 플립보드 앱이 워터마크를 사용해 튜토리얼을 구현하는 방식을 사용

페이지가 처음 로드되면 페이지를 바로 사용할 수 있으며 사용자는 아무런 추가 행동도 할 필요가 없다. 아울러 메뉴 리본을 가리키는 추가 워터마크도 이 화면에서 돌 수 있다. 사용자가 이 리본을 무시하면 사용자는 바로 콘텐츠를 사용하면 된다. 하지만 이 오버레이는 앱에서 제공하는 모든 콘텐츠를 어떻게 보는지에 대해 사용자를 방해하지 않으면서 잘 설명해주고 있다. 이것이 바로 앱에 녹아 있는 워터마크 튜토리얼이다.

언제, 어디에서 사용하나

튜토리얼의 사용 여부를 결정하는 것은 쉽다. 사용자 테스트 과정에서 평가자 중 한 명이라도 사용법을 혼동한다면 튜토리얼을 집어넣어야 한다. 튜토리얼은 큰 비용을 들이지 않고 만들 수 있고, 사용자가 느낄 수 있는 짜증을 쉽게 없애주며, 사람들이 처음부터 앱을 전문가처럼 사용할 수 있게 도와준다.

사용하는 이유

때로는 Myst 게임처럼 퍼즐을 푸는 게 사용자의 몫이다. 하지만 소셜 미디어 앱이나 전자 상거래 앱에서 대부분의 경우 인지적 저항을 줄이는 일은 디자이너의 책임이다. 이 점에서 튜토리얼이 도움이 된다. 튜토리얼을 활용하자.

다른 활용법

튜토리얼 패턴을 활용하는 또 다른 예로는 반복된 컨트롤을 사용할 때가 있다. 예를 들어 검색 결과에서 종종 사용자가 특정 행에서 할 수 있는 행동 중 명확하지 않은 기능이 있을 수 있다. 또, 사용자는 한 결과를 여러 번 탭할 수 있는지조차 알기 어렵다. 이 문제를 해결하는 한 가지 방법은 각 행에 여러 개의 행동 요청을 두는 것이다. 하지만 이 방식을 사용하면 인터페이스가 반복 컨트롤로 인해 지저분해진다는 문제가 있다. 처음에 기능을 배우고 나면 이런 컨트롤은 아무 쓸모가 없다. 이 경우 튜토리얼에서는 이 기능을 없애는 법을 사용자에게 가르쳐줄 수 있다. 사용자가 시스템 사용법을 익히고 나면 이런 지저분한 컨트롤은 앱을 사용하는 데 방해가 될 뿐이기 때문이다.

반려동물 가게 애플리케이션

'반려동물 애플리케이션'의 '5.4 패턴:웰컴 애니메이션' 절에서 설명한 것처럼 그림 5.11에서는 행 레벨의 연동 튜토리얼을 포스트잇 와이어프레임으로 만든 화면을 보여준다. 연동 튜토리얼의 상태를 주의해서 보고, 사용자가 스크롤을 아래로 내리거나 다른 페이지로 이동한 후 튜토리얼이 없는 '이후' 상태를 주의해서 보자.

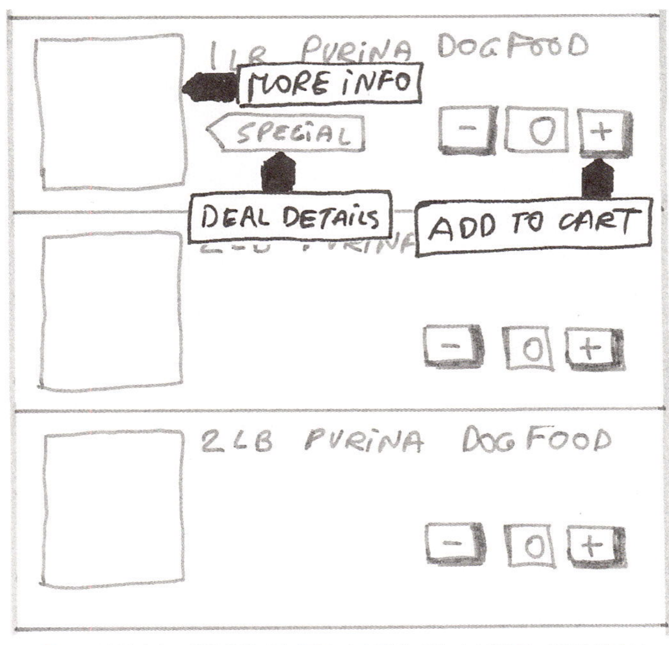

▶ 그림 5.11: 이 와이어 프레임에서는 반려동물 가게 앱의 검색 결과에서 행 레벨의 연동 튜토리얼을 보여준다.

태블릿 앱

이 패턴은 모바일 폰 앱과 같은 방식으로 태블릿 앱에 적용된다.

⚠ 주의점

과하게 사용하지 않는다. 모든 기능을 설명할 필요가 없다. 사용자가 앱을 사용할 수 있을 수준의 최소한의 튜토리얼이면 충분하다. 나머지는 사람들이 스스로 찾을 수 있게 하자.

관련 패턴

13.5 패턴: 워터마크
13.6 패턴: 스위스 군용 칼 내비게이션

홈 화면

A. "오늘 기차에서 재미있는 얘기를 들었어. 산타클라라에서 출발하는 기차에서 같이 탄 노년의 남자한테서 들은 얘기인데…"

B. "버섯이 바에 들어갔어. 바텐더가 이렇게 말했지. '여기서는 손님 같은 분은 받지 않습니다.' 그러자 버섯이 대답했어. "뭐가 문제죠? 나도 재미있는 사람인데!"

버섯은 알다시피 균류(fungus)다. fungus의 복수는 fungi인데, 버섯은 자신이 바로 이 fungi가 아니라 fun guy(재미있는 사람)이라고 생각했다(옮긴이).

물론 이 얘기가 그리 웃기지 않을 수도 있지만 여기서 한 가지 요점을 말하고 싶다. 두 문장 사이에는 큰 차이점이 있다. 문장 A에서는 대화 내용에 대해 얘기하지만, 문장 B는 실제 대화를 들려준다. 이게 바로 좋은 홈 화면과 위대한 홈 화면 패턴의 차이점이다. 훌륭한 홈 화면은 실제로 스토리를 들려준다.

6.1 패턴: 링크 목록

종종 허브앤스포크(Hub-and-Spoke)라고 부르는(UX 전문가인 제니퍼 티드웰이 2011년 오라일리에서 출간한 자신의 책 Designing Interface에서 처음 문서화함) 링크 목록은 플랫폼과 애플리케이션을 가릴 것 없이 모바일 세계에서 자주 사용되는 디자인 패턴 중 하나다. 아쉽지만 이 패턴은 대개 스토리 자체가 아니라 스토리에 대해 사람들에게 얘기해준다. 이런 링크 목록의 사용성을 개선하는 방법은 다음과 같다.

적용 방식

홈 화면이 여러 개의 링크나 주요 기능의 아이콘, 앱에서 볼 수 있는 주요 화면을 보여주는 허브 기능을 한다.

예시

이 패턴을 사용한 예시는 쉽게 찾을 수 있다. Travelocity(그림 6.1)은 이 패턴을 잘 보여주는 예로, 이 패턴의 주요 문제점도 안고 있다. 바로 고객에게 스토리 자체가 아니라 스토리에 대해 얘기하는 것이다.

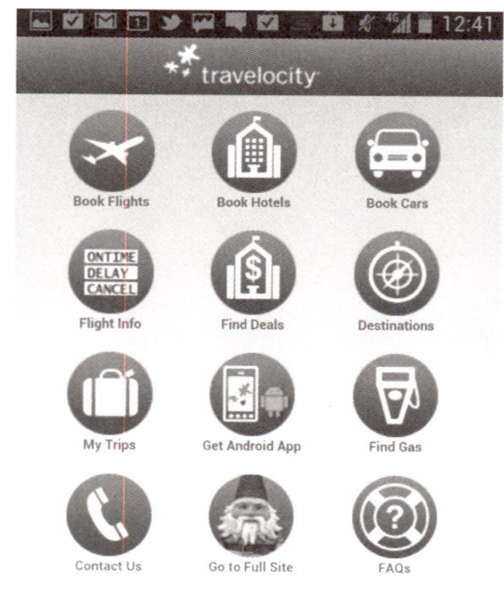

▶ 그림 6.1: Travelocity 앱은 전형적인 링크 목록 패턴을 사용한다.

이 화면에서는 앱에서 어떤 정보를 얻을 수 있고 어떤 기능을 사용할 수 있는지 잘 알려준다. 아이콘의 용도도 명확하다.

하지만 이런 명확한 화면과 상관없이 이 홈 화면을 보고 있으면 고객은 조금 우울해진다(또는 책에 인쇄된 흑백 캡처 화면을 보고 있으면 기분이 잠긴다). 여기에는 고객과 관련된 정보가 전혀 없다. 즉, 모든 사용자에게 똑같은 링크가 보인다. 그럼 이런 정적인 페이지에서 고객에게 스토리를 좀 더 들려주려면 어떻게 해야 할까?

한 가지 방법은 페이지 내 어디선가 알림 뱃지를 사용하거나 사용자와 관련한 아이콘이나 링크를 사용하는 것이다. 이를 사용한 예시 중 하나는 구글 플러스의 과거 버전(그림 6.2)에서 볼 수 있다. 이 앱에서는 화면 상단에서 알림(빨간 상자에 있는 3)을 보여준다.

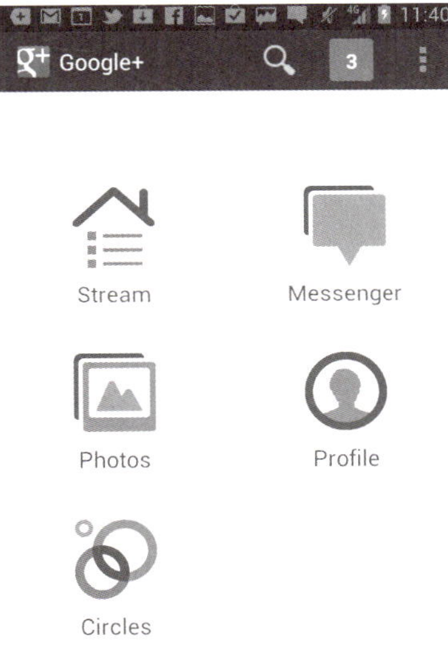

▶ 그림 6.2: 구글 플러스의 링크 목록은 스토리를 들려준다.

이를 약간 변형하면 개별 아이콘 위에 작은 뱃지로 알림을 표시할 수도 있다. 예를 들어 누군가 새 사진을 공유하면 ①을 Photos 아이콘에 표시하고, 여러분의 동호회에 두 사람이 추가됐다면 Circles 아이콘에 ②를 표시하는 식이다. 이와 같은 추가 알림을 활용하면 링크 목록을 통해 상세 내용을 좀 더 제공할 수 있다.

언제, 어디에서 사용하나

링크 목록은 다양한 앱 기능을 한데 모아서 보여주는 기능을 충실히 해주므로 홈 화면을 디자인할 때 대부분의 사람들이 고려하는 기본 패턴이다. 홈 화면에서 이 패턴을 사용하지 않더라도 앱이 링크 목록을 그려놓으면 앱의 정보 아키텍처(IA)를 조직화하고 가능한 사용 사례를 카탈로그화함으로써 경쟁 앱과 비교하는 데 도움이 된다.

이 장에서 소개하는 다른 패턴들은 특정 애플리케이션에서 더 적합하다. 그에 반해 링크 목록은 앱에서 다양한 기능을 제공할 때 기본적으로 고려해야 할 패턴이다. Travelocity 앱의 예시(그림 6.1 참고)에서 고객은 호텔, 항공편, 자동차를 예약할 수 있다. 또, 새로운 휴가지에 대한 정보를 읽거나 주유소를 찾을 수도 있다. 이들은 모바일 앱에 집어넣기에는 많은 기능을 갖고 있다.

사용하는 이유

링크 목록은 초보자가 사용하기 가장 쉽고 직관적인 패턴 중 하나다. 링크 목록은 디자인하고 개발(멋진 아이콘 디자이너가 있다면)하기 쉬우며, 서버를 호출해 폰에 없는 정보를 가져오는 게 아니므로 바로 실행된다. 구글 플러스 앱에서 보여준 것처럼 서버에서 뱃지 정보를 가져오더라도 이런 업데이트 정보는 단순 숫자로 돼 있으므로 다운로드 시간이 거의 필요 없다.

다른 활용법

기본 패턴을 응용한 인기 있는 방법 중 하나는 그림 6.3에 보이는 Southwest Airlines 앱의 그룹 링크 목록이다.

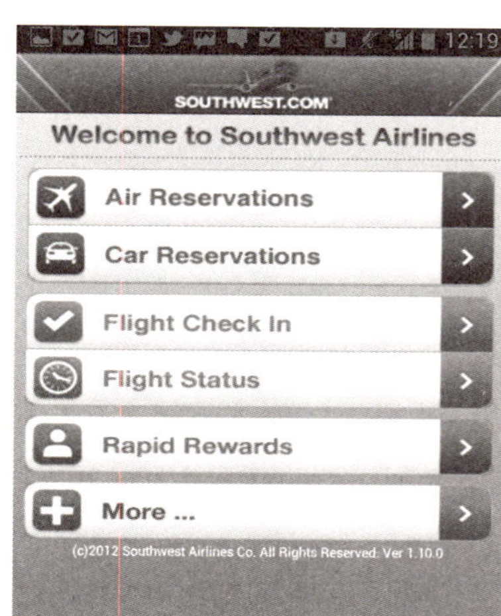

▶ 그림 6.3: Southwest Airlines 앱은 링크 목록 패턴을 그룹 링크 목록으로 응용해 사용한다.

이 방식은 링크가 많은 앱에서 링크를 논리적 그룹으로 나눠 고객의 인지적 부담을 덜어주므로 유용하게 활용할 수 있다.

반려동물 가게 애플리케이션

링크 목록을 사용하면 디자이너는 다양한 IA를 활용할 수 있다. 예를 들어 그림 6.4에서는 두 가지를 보여준다. 왼쪽에 있는 IA는 유형별(개, 고양이, 새, 물고기, 파충류 등)로 볼 수 있게 하고, 오른쪽에 있는 IA는 사용자가 할 수 있는 일(반려동물 찾기, 보살피기&먹이기, 지역 뉴스, 프로필)에 집중한다. 이쯤에서 잠시 반려동물 가게 테마에 적합한 다른 IA도 몇 개 상상해보자. 독자들이라면 어떤 IA를 택하겠는가? 왼쪽에 있는 IA는 전자 상거래 애플리케이션을 강조하고, 그에 반해 오른쪽에 있는 IA는 소셜 네트워킹 애플리케이션에 적합하다. 어떤 방식을 선택할지는 결국 앱의 설계 목적에 따라 달라진다.

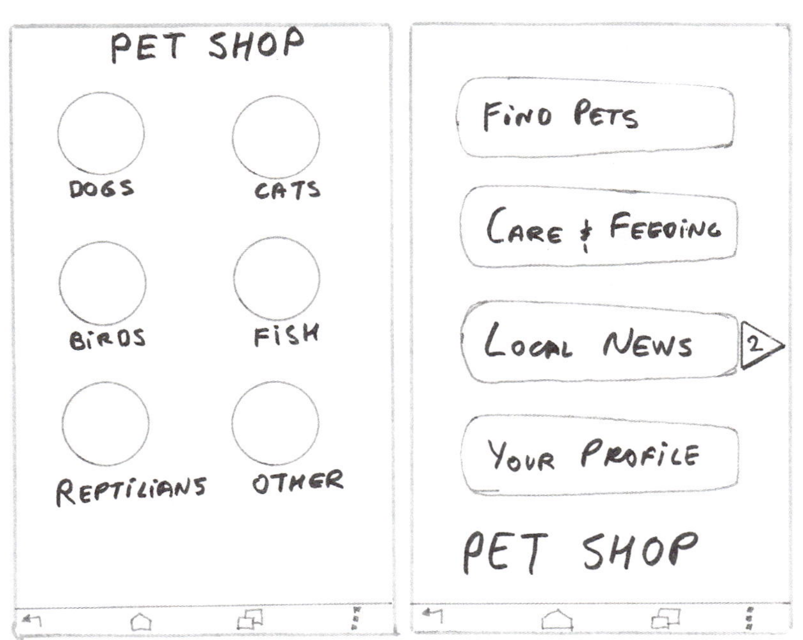

▶ 그림 6.4: 링크 목록은 다양한 IA를 지원한다.

앞서 언급한 뱃지 업데이트 메커니즘은 사용자가 마지막으로 특정 앱 영역을 본 시점 이후 새 업데이트 상황을 보여주기 위해 여기서도 사용하고 있다(예를 들어 오른쪽 디자인에서 Local News 부분).

태블릿 앱

이 패턴은 사용자가 볼 수 있는 화면 공간이 넓은 태블릿에서는 조금 무미건조해 보인다. 일반적으로 링크 목록은 태블릿에는 덜 적합하다. 꼭 링크 목록을 사용해야 한다면 이 장에서 설명하는 다른 패턴도 함께 사용해 분할 화면 뷰를 적용하는 것을 고려하자.

관련 패턴

6.4 패턴: 찾기

6.2 패턴: 대시보드

때로는 앱에서 현재 상태나 추이를 그래프나 표로 보여주는 경우가 있다. 이때는 대시보드 패턴을 활용해 이런 상황을 최대한 활용해야 한다.

적용 방식

고객이 앱을 열면 대시보드(예를 들어 그래프와 표)로 표현된 현재 상태가 표시된다.

📊 예시

모바일 대시보드의 멋진 예로는 Mint(그림 6.5 참고) 앱이 있다. 이 앱은 현재 재정 상태(유입, 유출, 예산, 현금 흐름)를 한눈에 보여주는 Overview 대시보드를 사용한다.

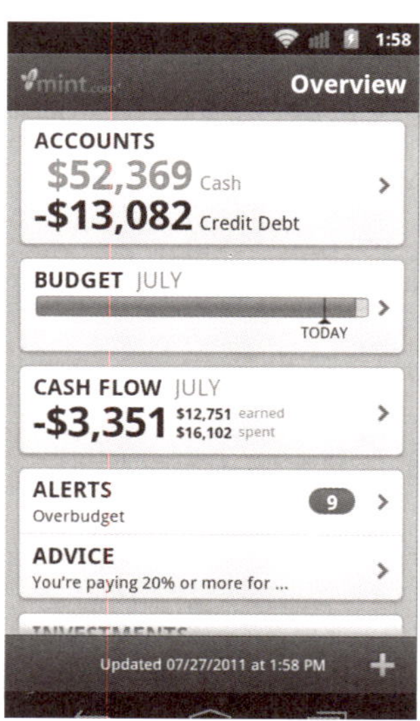

▶ 그림 6.5: Mint 앱은 대시보드 패턴의 훌륭한 예다.

여기서 그래프와 표를 간결하게 표시해 경고(ALERTS)와 충고(ADVICE) 섹션 공간을 남겨둔 점에 주의하자. 이들 영역은 중요하며 이 앱의 가치 제안에서 큰 부분을 차지한다.

언제, 어디에서 사용하나

앱을 사용하는 사용자에게 중요한 숫자 정보를 얻을 수 있을 때는 언제든 대시보드 패턴을 사용하자. 재정 및 은행 관련 앱은 당연히 여기에 속하지만, 이 패턴의 요소들은 거의 모든 곳에서 활용할 수 있다. 예를 들어 여행 앱에서는 최근에 조사한 여행지의 호텔과 비행기편 가격을 추적해 구매할 시점이 되면 알림 메시지를 내보낼 수 있다. 소셜 미디어 앱에서는 마지막으로 앱을 사용한 이래 새로 생긴 친구가 몇 명인지 보여주거나 여러분이 올린 사진이나 업데이트 횟수, 새로 얻은 뱃지 등을 보여줄 수 있다. '패턴 6.1:링크 목록'에서 본 것처럼 간단히 아이콘 뱃지와 알림을 사용하더라도 멋진 대시보드를 만들 수 있다.

사용하는 이유

우리는 디지털 정보의 홍수 속에 산다. 이 말은 아침, 점심, 저녁, 간식으로 디지털 숫자들을 소비한다는 뜻이다. 사용자가 숫자의 의미와 추이를 좀 더 쉽게 이해하게끔 취합된 정보를 제공하는 기능은 갈수록 모바일 기기에서 중요한 기능이 되고 있다. 모바일 기기에서는 화면 공간이 작으므로 정보를 취합해서 보여줄 수밖에 없다. 그 결과 대시보드 형태의 화면은 갈수록 보편화되고 있다. 끝으로 가장 훌륭한 대시보드는 고객이 전체 스토리를 한 눈에 볼 수 있게 하고, '왜 버섯은 자신이 재미있는 사람이라고 생각했는가?'라는 삶의 중요한 질문으로 들어갈 수 있게 해준다.

반려동물 가게 애플리케이션

이 앱에서는 대시보드를 유용하게 활용할 수 있는 시나리오가 몇 개 있다. 한 가지 아이디어는 애완동물의 건강과 상태를 추적하는 것이다. 그림 6.6에 있는 대시보드는 과거 및 향후 수의사 방문 시점, 산책한 거리, 반려동물의 몸무게를 추적해준다.

어떤 이유로 반려동물의 건강이 안 좋다면 동물의 건강이 회복되는 진행 상황을 그래프로 볼 수도 있다.

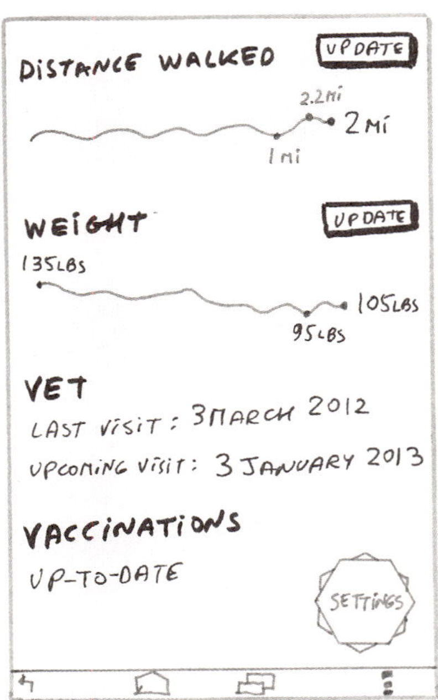

▶ 그림 6.6: 반려동물 앱에서 대시보드 패턴을 사용해 동물의 상태를 추적한다.

태블릿 앱

대시보드는 태블릿에 매우 적합하다. 태블릿에서는 화면 공간이 넓은 만큼 고객이 원하는 대로 다양하게(작은 그래프나 표 보여주기) 커스터마이징이 가능한 대시보드 요소들을 활용해 여러 영역으로 구분된 화면을 보여줄 수 있다. 태블릿은 대시보드를 보기에 더 없이 좋은 기기다. 특히 업무 회의나 공장에서 다른 사람과 함께 보기에 더할 나위 없이 좋다. 현재 태블릿 대시보드는 지나치게 덜 사용되고 있다. 이 기회를 그냥 지나치지 말자!

⚠ 주의점

대시보드를 만들 때는 지나치게 많은 데이터를 채우는 것을 삼가야 한다. 대시보드를 만들다 보면 지나치게 많은 정보를 집어넣기 쉽다. 디자인 화면에서 가장 중요한 요소들에만 집중하고 필요에 따라 사용자가 원하는 영역을 탭해 상세 정보를 볼 수 있게 고객 테스트를 수행하자.

한 개의 대시보드가 좋다면 여러 개의 대시보드는 더 좋을까? 때로는 좋은 것들을 지나치게 많이 배치하는 것은 좋지 않다. 고객이 스와이프 제스처를 통해 끝없이 이어지는 대시보드를 보지 않게끔 이런 디자인은 삼가야 한다. 더 많은 정보를 봐야 한다면 좌우 페이지 이동보다 스크롤이 훨씬 더 직관적이다. 한 화면에 다 집어넣을 수 없을 정도로 대시보드 정보가 많다면 좌우 페이지 이동보다는 스크롤을 사용하자. 스크롤은 작은 대시보드로 인해 생긴 불규칙적인 화면 공간을 사용하는 더 긴 페이지도 충분히 수용할 수 있다. 예를 들어 긴 페이지에서는 큰 그래프 한 개와 몇 개의 작은 대시 보드를 개별 대시보드 페이지에 완벽히 배치하는 대신, 필요에 따라 크고 작은 요소들을 번갈아 보여줄 수 있다. 꼭 여러 개의 대시보드를 사용해야 한다면 각 대시보드 페이지를 식별할 수 있게 탭 패턴(8장 '정렬 및 필터링)을 사용하거나 Mint 앱 사례에서 본 것 같은 간단한 드릴다운 방식(그림 6.5 참고)을 사용하자.

관련 패턴

6.1 패턴: 링크 목록

8.5 패턴: 탭

6.3 패턴: 업데이트

고객이 관심 있는 정보를 정기적으로 받는다면 홈 화면에서 업데이트 패턴을 사용하는 것을 고려해보자.

적용 방식

홈 화면에서 고객의 업데이트 스트림 중 한 개 이상의 포스트나 메시지를 보여준다.

예시

이 패턴을 사용하는 예는 Gmail 같은 이메일 앱부터 CNN 같은 뉴스 앱까지 다양하다. 하지만 이 패턴이 정말 제 값을 발휘하는 곳은 트위터나 링크드인 같은 소셜 미디어 앱이다. 아마도 이를 가장 잘 활용한 앱은 페이스북일 것이다(그림 6.7 참고).

페이스북 앱의 홈 화면에서는 다양한 유형의 업데이트 요약 정보를 최근 순서대로 보여준다. 이런 디자인은 이해하고 사용하는 게 쉽고, 어디에서든 가장 신선한 스토리를 바로 들려준다. 이 화면에서는 13장 '내비게이션'에서 자세히 다루는 슬라이드 사이드 메뉴도 주의해서 보자.

▶ 그림 6.7: 페이스북 앱의 업데이트 패턴은 매우 훌륭하다.

언제, 어디에서 사용하나

이 패턴을 사용하려면 고객이 관심 있는 정보가 정기적으로 업데이트된다는 가정이 있어야 한다. 따라서 이 패턴은 대게 이메일이나 소셜 미디어 앱처럼 소통이 중심이 되는 앱에서 사용하며, 전자 상거래, e-reader나 다른 콘텐츠 및 행동이 중심이 되는 애플리케이션에서는 잘 사용하지 않는다.

사용하는 이유

사용하는 이유는 간단하다. 업데이트는 '스토리를 들려주기' 때문이다. 앞서 그림 6.2에 나온 구글 플러스 앱에 대해 얘기한 내용을 기억하자. 구글 플러스 앱의 과거 디자인에서는 고객에게 세 개의 업데이트 정보가 있음을 알려줬다. 이 방식은 알림이 없는 것보다는 낫지만 여전히 내용을 알려주지는 않는다. 다만 업데이트 정보가 있다는 사실만 알려줄 뿐이며, 고객이 별도로 탭을 해야 상세 정보를 보여준다. 이와는 대조적으로 업데이트 패턴에서는 스토리를 디스플레이 중심에 둔다. 스토리가 중요한 대부분의 앱에서는 이 패턴을 통해 고객이 처음부터 스토리로 들어갈 수 있으므로 이 패턴이 효과적이다. 이 말은 내비게이션 이동이 그만큼 줄어들고, 앱에 참여하는 시간이 더 늘어난다는 뜻이기 때문이다. 그림 6.2에 나온 구글 플러스의 과거 디자인을 1장의 그림 1.7 '안드로이드용 디자인:사례 연구'에 나온 디자인과 비교해보자.

다른 활용법

소셜 미디어와 이메일 앱에서 개인화된 피드를 보여주는 것뿐 아니라 뉴스 내용도 업데이트 패턴을 활용하기에 적합하다. 이때 한 가지 선택을 할 수 있다. 일반적인 업데이트는 가장 최신 업데이트순으로 보여주는 데 반해 뉴스는 가장 인기 있는 순서 또는 긴급 뉴스, 오늘 가장 인기 있는 뉴스, 논평 등의 여러 섹션으로 보여줄 수 있다.

반려동물 가게 애플리케이션

그림 6.8에서는 두 섹션으로 화면을 디자인한 업데이트 패턴을 보여준다. 지역 애견 뉴스와 시장에 나온 새 강아지다. 두 섹션은 모두 여러분이 자신에 대한 정보(사는 곳과 구매하려는 반려동물의 유형)를 공개했다고 가정한다. 이때 레이아웃이 다르면 굳이 각 섹션에 라벨을 적용할 필요가 없다(물론 라벨을 사용하더라도 잘못될 건 없다). 이 디자인에서는 라벨이 없더라도 고객이 이 앱에서 자신이 관심 있는 항목들을 보여준다는 것을 분명히 알고 있으므로 판매하는 새 강아지에 라벨을 적용하지 않음으로써 화면 공간을 절약해준다. 또, 이와 같은 배치 방식을 사용하면 섹션 제목으로 제한하지 않고 각 고객에게 적합한 콘텐츠를 여러 개 조합해 보여줄 수 있다.

이런 유형의 정보는 이 앱의 타깃 고객이 되는 애견 애호가에게 적합하다. 지역 뉴스 섹션을 먼저 보여주는 이유는 지역의 애견 관련 뉴스가 많지 않으므로 이런 뉴스는 더 급하고 중요하기 때문이다. 이 섹션은 완전히 선택 사항이다. 예를 들어 새로운 지역 애견 뉴스가 없다면 이 섹션은 완전히 비어 있을 수도 있다. 시장의 필요를 이해하는 데 도움되는 사용자 리서치를 통해 여러분이 디자인에 적용한 가정을 검증하고 이에 따라 디자인하자.

두 번째 섹션은 고객이 마지막으로 수행한 검색이나 별도 페이지에서 설정한 내용을 토대로 할 수 있으며 특정 혈통의 새 강아지를 보여준다. 강아지 판매 재고는 빠르게 바뀌므로 이 섹션에는 업데이트 사항이 더 많은 게 보통이다. 따라서 이 섹션은 펼치기를 통해 더 늘어날 수 있다(펼치기 윗 부분은 스크롤 없이 볼 수 있는 화면 영역이다). 디자인에 따라 전체 페이지는 스크롤 할 수 있게 만들 수도 있어, 뉴스는 읽고 나면 화면에서 스크롤해 쉽게 없앨 수 있다. 이와 같은 콘텐츠 업데이트 조합은 페이스북에서 응용한 모델이다. 여기서 볼 수 있듯 이 방식은 여러 가지 다양한 상황에 적용할 수 있다.

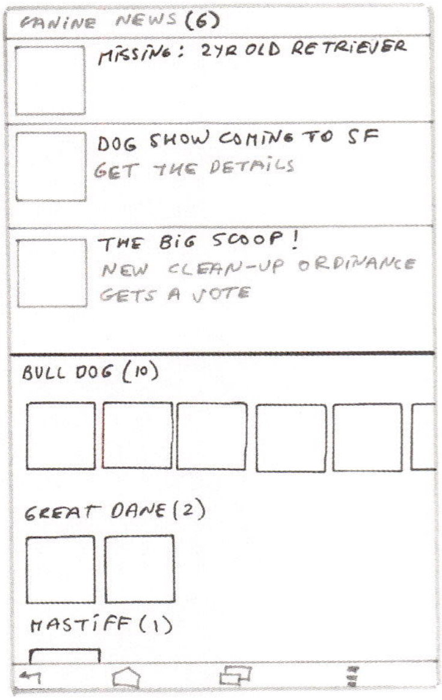

▶ 그림 6.8: 이 와이어프레임은 여러 미디어가 조합된 방식을 보여준다: 두 섹션으로 구분된 반려동물 가게 앱의 업데이트 패턴.

태블릿 앱

태블릿에서 업데이트는 매우 적합하며 가장 좋은 태블릿 홈 화면 패턴 중 하나다. 태블릿에서는 화면 크기 제약이 폰보다 훨씬 덜하므로 내비게이션을 숨기는 방식을 크게 고심하지 않고 더 많은 공간을 업데이트를 통한 스토리 전달에 할애할 수 있다. 보통 태블릿에는 업데이트와 더불어 내비게이션을 보여줄 공간이 충분하다.

태블릿 홈 화면으로 링크 목록, 대시보드, 그 외 다른 패턴을 사용하는 것과 상관없이 업데이트 섹션도 포함시키도록 노력하자. 그럼 사용자도 그만큼 좋아할 것이다.

⚠ 주의점

간단하게 만들어야 한다. 특히 태블릿에서는 이 사실이 중요하다. 업데이트 섹션은 보통 한두 개로도 많다. 대개는 여러 업데이트를 한데 보여주는(페이스북 모델처럼) 게 가장 좋다. 고객은 업데이트 정보를 볼 때 페이스북 모델을 염두에 둔다는 점을 기억하자. 따라서 항상 최근순으로 정보가 정렬돼 있다고 가정한다. 만일 다른 정렬 순서로 택했다면 그에 합당한 충분한 이유가 있어야 하며, 이를 고객에게 적절히 알려야 한다.

관련 패턴
6.1 패턴: 링크 목록

6.4 패턴: 찾기

때로는 가장 좋은 홈 화면이 고객이 항목을 찾거나 자신에게 중요한 정보를 찾는 화면이 될 수 있다. 물론 포고스틱 내비게이션을 피할 수 있을 정도로 충분한 정보를 제공한다는 가정이 전제돼야 한다.

적용 방식

홈 화면이 로드되면 고객이 관심 있는 실제 항목과 항목 카테고리가 표시된다.

예시

이 패턴을 잘 보여주는 예로 아마존 앱이 있다(그림 6.9 참고). 이 앱이 로드되면 홈 화면에서는 기존 검색 기록을 토대로 고객이 관심 있는 항목들을 보여주거나 X를 구매한 사용자는 Y도 구매했다[1]는 정합 알고리즘을 토대로 가져온 항목들을 보여준다.

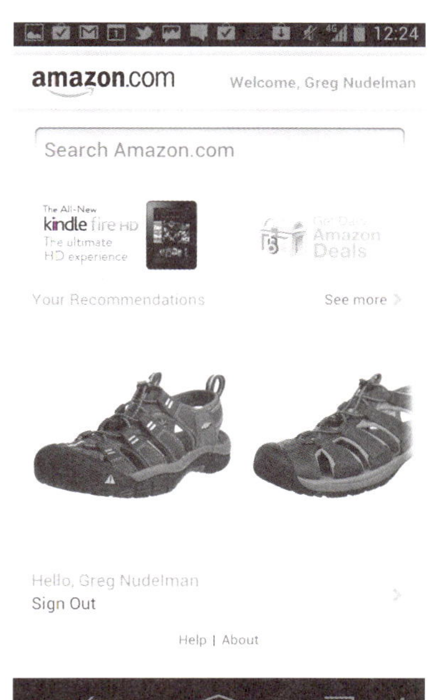

▶ 그림 6.9: 아마존 앱은 찾기 패턴을 잘 보여준다.

그런데 왜 이 예시가 가장 좋은 예시가 되지 못할까? 아마존 앱에는 훌륭한 찾기 섹션이 있지만 전체 화면 공간과 비교해 이 영역이 지나치게 작다. 또 골드 박스, 환영 인사, 내비게이션처럼 불필요한 요소들이 많다. 가장 중요한 점은 개별 항목 수준의 정보가 전혀 없다는 것이다. 사용자

[옮긴이의 말]1 좀 더 구체적으로 '이 상품을 구매한 사람들이 구매한 다른 상품들' 정보를 가리킨다.

는 왜 이 신발이 보이는지, 각 항목의 이름이 무엇인지, 또 항목의 가격과 관련한 할인 정보는 어떤지 전혀 알 수 없다(이 점이 가장 중요하다). 사용자에게 표시되는 건 그림뿐이다.

이 방식보다는 그림 6.10에서 볼 수 있는, 새로운 Newegg 앱의 디자인이 더 낫다.

▶ 그림 6.10: Newegg 앱에는 찾기 패턴이 좀 더 잘 구현돼 있다.

이 페이지의 대부분은 판매 중인 상품에 할애돼 있다. 각 상품은 적절한 크기의 썸네일과 설명으로 보여주고, 가격과 할인 정보가 중심을 차지한다. 이 홈 화면은 바로 행동을 수행할 수 있게끔 디자인돼 있으므로 사용자는 상세 페이지를 보지 않고도 바로 구매 결정을 할 수 있다. 판매 상품 밑으로 스크롤을 내리면 세일 중인 상품에 관심 없는 고객들이 카테고리별로 검색할 수 있는 검색 기능이 나온다.

앱에 따라 찾기 패턴 홈 화면을 디자인할 때 '이 상품과 유사한 상품' 패턴(Netflix나 Gowalla 같은)을 사용하는 게 더 좋을 수 있다. 이 패턴에 대한 자세한 정보는 14장 '태블릿 패턴'에서 볼 수 있다.

언제, 어디에서 사용하나

고객이 관심 있는 콘텐츠가 있다면 찾기 패턴을 유용하게 활용할 수 있다. 찾기 영역은 아마존 앱처럼 작게 만들 수도 있고 Netflix 앱처럼 전체 홈 화면을 차지하는 '이 상품과 유사한 상품' 패턴을 통해 구현할 수도 있다.

사용하는 이유

업데이트 패턴의 개별 업데이트와 마찬가지로 관심 있는 항목들은 스토리가 된다. 실제 항목들을 바로 보여준다면 사용자에게 원하는 정보를 알려주므로 사용자가 바로 참여할 수 있다.

다른 활용법

업데이트 패턴과 찾기 패턴이 비슷하다고 생각하는 독자들도 있을 것이다. 사실이다. 하지만 둘 사이에는 중요한 차이점이 있다. 업데이트는 사람들이 이미 관심이 있는 정보나 시스템에서 일어나는 실제 업데이트 정보만 보여준다. 찾기도 같은 아이디어에서 출발하지만 관련 상품, 구매 유도, 거래, 지역 재고 같은 정보를 보여주기에 적합하게끔 확장할 수 있다. 아마존을 비롯해 대부분의 성공적인 앱은 찾기 스트림에서 물품을 보여주는 실험을 함으로써 매번 홈 화면을 사용자가 볼 때마다 새로운 목록을 보여준다. 여러분도 이와 같이 해야 한다.

지역 정보 및 거래와 관련한 콘텐츠를 찾는 기능은 항상 인기가 있으며 내장 GPS를 활용해 사용자의 위치를 바로 알 수 있는 모바일 기기에서는 이를 포함시키는 게 좋다. 하지만 이때 고객이 관심 있는 콘텐츠인지 확인하고 스팸이나 노골적인 광고는 삼가야 한다.

반려동물 가게 애플리케이션

그림 6.11에서는 고객이 사는 곳에서 새로 분양받을 수 있는 반려동물 캐르셀(carousel)[2]를 찾기 패턴을 사용해 구현하였다.

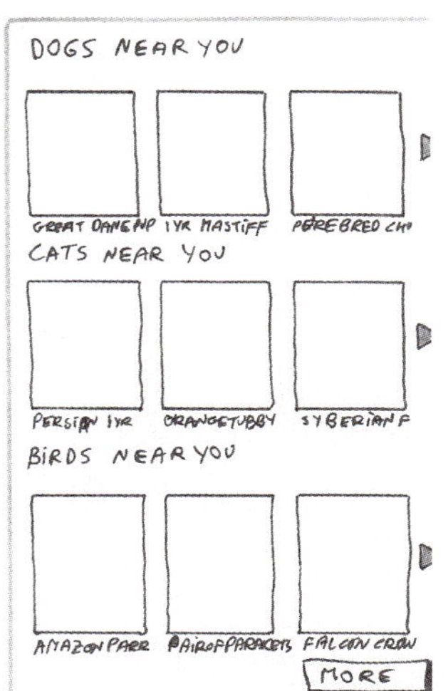

▶ 그림 6.11: 이 와이어프레임에서는 찾기 패턴을 활용해 반려동물 가게의 홈 화면에서 반려동물 캐로셀을 보여준다.

[옮긴이의 말] 2　캐로셀(carousel)은 회전목마라는 뜻으로, 사진처럼 시각적인 정보가 강조되는 내용을 스와이프 제스처 등을 통해 연속적으로 보여주는 패턴이다. 자세한 내용은 13.3 '캐로셀' 절을 참고하자.

이 접근 방식은 새로운 사용자가 앱에서 기대할 수 있는 기능을 바로 보여준다는 점에서 효과적이고 매력적이다. 찾기 패턴을 적용한 다른 예로는 14장의 2–D 더 보기 패턴에서 반려동물 가게 절을 참고하자.

태블릿 앱

찾기 패턴은 더 넓은 화면 공간과 자유로운 스와이프 제스처를 사용할 수 있는 태블릿에 매우 적합하다. 태블릿 인터페이스로 가져온 찾기 콘텐츠는 고객의 홈 화면 참여도를 높이며 앱의 매력도를 높인다.

⚠ 주의점

마케팅 부서의 압박에 굴복해 고객과 관련 없는 항목들을 포함시키거나 광고 역할만 하는 항목을 포함시킬 수 있다. 이렇게 해서는 안 된다. 이렇게 하면 고객 전환율이나 고객 충성도 모두 떨어질 것이다.

또 다른 주의점은 항목의 이미지만 보여주는 게 아니라 고객들이 상세 정보를 더 볼지(아울러 상품을 구매하거나 좀 더 참여할지) 결정할 수 있게 충분한 보조 정보를 함께 제공해야 한다는 점이다. 이때 고객이 여러 항목을 반복적으로 왔다갔다 하지 않게끔 내비게이션에 주의해야 한다. 이를 위해서는 필요한 상세 정보를 볼 수 있을 만큼 충분한 크기의 썸네일 이미지와 추가적인 텍스트 정보도 함께 제공해야 한다(앞서 살펴본 아마존과 Newegg 사례에 대한 설명을 참고하자).

관련 패턴

14.5 패턴: 2–D 더 보기

6.5 패턴: 지도

종종 모바일 정보는 매우 지역적 및 지리적 특성을 띤다. 지도 기반의 홈 화면은 이런 애플리케이션에서는 완벽한 패턴이다. 물론 이때는 적절한 줌(Zoom) 수준을 적용해야 한다.

적용 방식

홈 화면이 로드되면 고객이 사는 지역의 지도를 바로 보여주고 관심 있는 항목들을 보여준다.

이 패턴을 잘 활용한 예로는 구글 지도 앱(그림 6.12)이 있다. 지도에서는 사용자 주변 지역을
바로 로드하고, 빠른 내비게이션에 최적화된 화면과 주변 도로 및 고속도로를 보여준다.

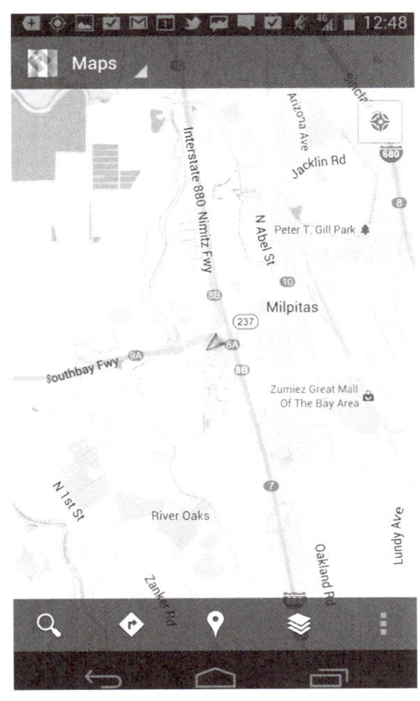

▶ 그림 6.12: **구글 지도 앱은 지도 패턴을 잘 활용한다.**

언제, 어디에서 사용하나

지도는 위치 정보가 중요하고, 정보를 지도에 보여줄 수 있을 때라면 언제든 활용할 수 있다.

사용하는 이유

지도는 우리가 어렸을 때부터 익숙한 정보다. 지도는 직관적이며 정보를 바로 알려준다. 아울
러 요즘은 내장 GPS 기술 덕분에 고객의 현재 위치 주변을 정확히 나타내는, 컨텍스트 중심의
지도를 바로 보여줄 수 있다는 장점이 있다.

다른 활용법

길 찾기는 시작에 불과하다. 지도 패턴은 관심 있는 위치 정보를 보여주는 데 얼마든지 활용할
수 있다. 예를 들어 SitOrSquat 앱에서는 주변 화장실을 보여주고, Trulia 앱에서는 주변 지
역에 매물로 나온 집을 보여준다(그림 6.13 참고).

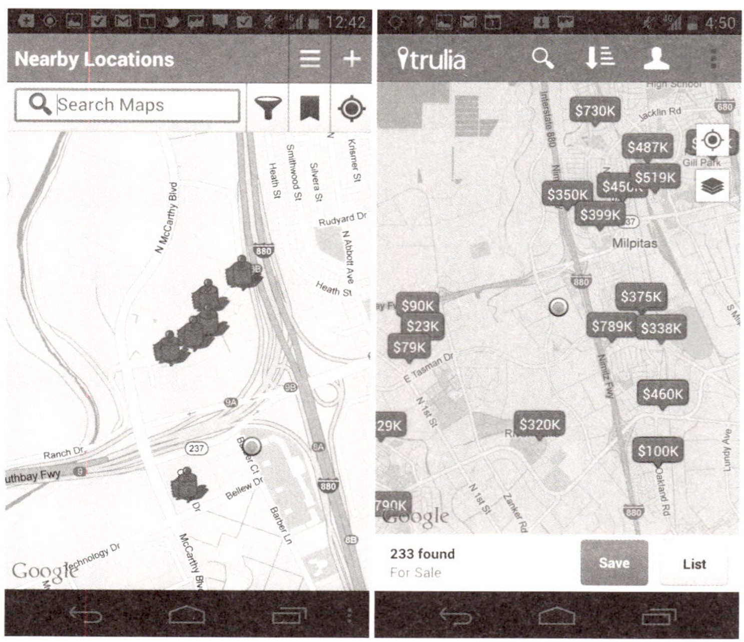

▶ 그림 6.13: SitOrSquat 앱(왼쪽)과 Trulia(오른쪽)에 구현된 지도 패턴을 비교해보자.

반려동물 가게 애플리케이션

주변 지역에서 분양 중인 반려동물을 보여주는 것은 쉽게 상상할 수 있다. 그림 6.14에서는 지도 패턴을 간단히 구현한 와이어프레임이 나와 있다.

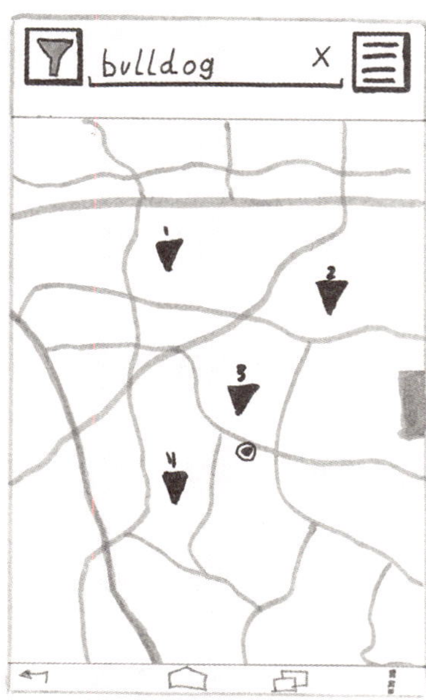

▶ 그림 6.14: 반려동물 앱의 홈 화면에 지도 패턴을 사용한 와이어프레임

태블릿 앱

모든 태블릿에서는 GPS 데이터에 각별히 주의해야 한다. 경우에 따라 와이파이 네트워크를 사용하는 태블릿에서는 GPS 정보를 사용할 수 없거나 정보가 정확하지 않기 때문이다. 아울러 태블릿은 작은 모바일 기기처럼 쉽게 가지고 다니지 않는다는 점도 염두에 두자. 따라서 지도 기반의 위치 정보는 대개 태블릿 사용자에게는 그리 중요하지 않다. 물론 이는 일반적으로 그렇다는 얘기다. 여러분 앱의 태블릿 사용자가 실제로 이런 기능을 어떻게 사용하는지는 리서치를 통해 직접 조사해야 한다.

태블릿에서 지도 패턴을 사용하지 않을 경우 로컬 지도 대신 기기에서 마지막으로 검색한 위치에 해당하는 지도를 대신 보여주는 게 한 가지 대안이 될 수 있다. 다른 지역의 정보를 보려면 고객은 검색 파라미터로 관심 있는 영역을 제공해야 한다. 이 경우 태블릿 앱에서는 GPS 데이터에만 의존해 위치를 찾지 않아도 되므로 와이파이 네트워크를 통해 성공적으로 작업을 수행할 수 있다.

⚠ 주의점

한 가지 주의할 점은 초기 줌 레벨이다. 예를 들어 앞서 살펴본 SitOrSquat 앱의 초기 줌 레벨은 주변 화장실을 충분히 보여줄 수 있는 수준의 지도 영역을 보여주지 않는다(적어도 실리콘밸리를 기준으로). 그림 6.15를 확인하자.

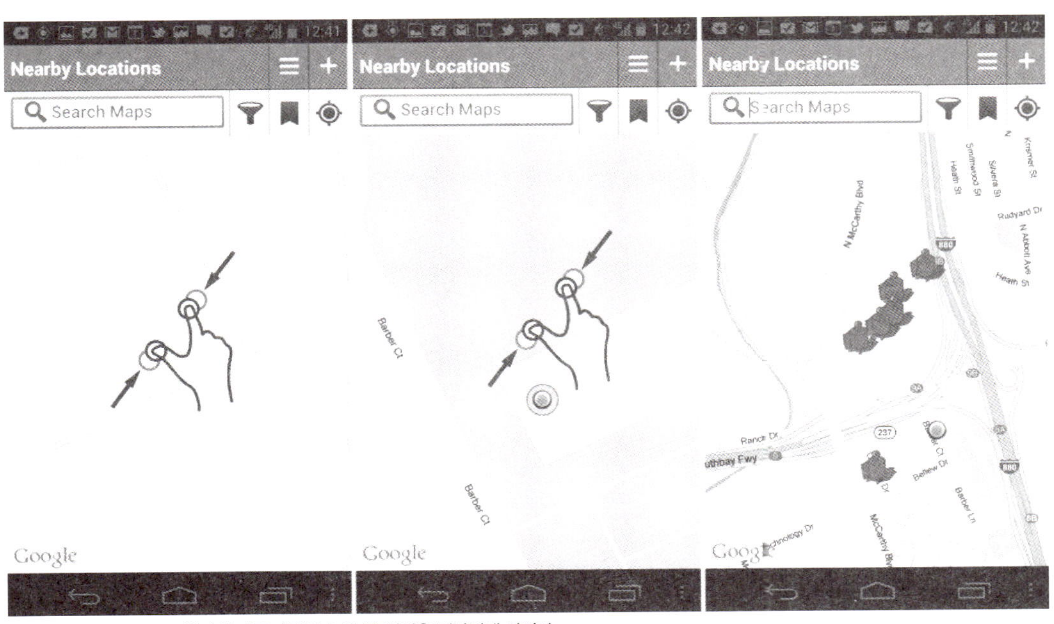

▶ 그림 6.15: SitOrSquat 앱에서 지도 패턴의 초기 줌 레벨은 지나치게 가깝다.

주변 화장실을 충분히 보려면 줌 아웃 기능을 몇 차례 사용해야 한다. 만일 이 앱을 사용하는 초보자라면 주변에 화장실이 전혀 없거나 이 앱이 오작동한다고 생각하기 쉽다. 초기 줌 레벨은 사용자가 관심 있는 정보를 두 개 이상 보여줄 수 있을 정도로 충분히 설정해야 한다. 일반적으로 줌 아웃보다는 특정 영역으로 줌 인 하는 게 더 쉽다. 줌 인은 더블탭을 사용해 한 손으로도 할 수 있는 데 반해 줌 아웃은 핀치 멀티터치 제스처를 사용해야 하므로 두 손이 모두 필요하다(한 손으로 기기를 잡고 다른 손으로 화면을 핀치해야 한다).

관련 패턴

8.4 패턴: 병렬적 아키텍처

8.5 패턴: 탭

9.6 패턴: 지역 결과

6.6 패턴: 히스토리

여러 세션에 걸쳐 앱을 사용한다면 고객이 이전에 검색한 주제를 상기시켜줌으로써 고객이 다시 이용하게 하는 게 좋다.

적용 방식

홈 화면에서 사용자가 과거에 조회한 링크 목록이나 항목들을 최근 조회 순서대로 보여준다.

예시

이 패턴을 가장 잘 보여주는 예는 전체 검색 기능(그림 6.16)이 있다. 여기서는 사용자가 최근에 검색한 앱, 웹 페이지, 연락처를 모두 보여준다. 사용자가 같은 '사람, 위치, 사물'을 찾으면 사용자는 다시 검색하지 않고도 정보를 바로 보고 필요한 행동을 할 수 있다. 이 페이지에서는 기기에서의 최근 활동에 대해서도 완전한 스토리를 들려준다(스토리에 대해 간접적으로 얘기하는 게 아니라).

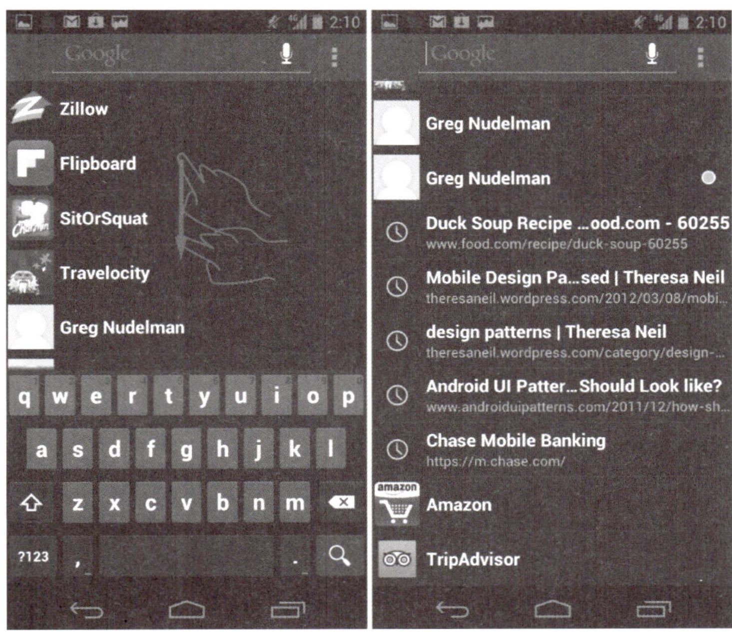

▶ 그림 6.16: 안드로이드의 전체 검색 기능에서는 훌륭한 히스토리 패턴 홈페이지를 보여준다.

언제, 어디에서 사용하나

사용자가 같은 정보를 여러 차례 찾거나 검색 절차를 반복해야 하는 경우, 또는 사용자에게 기존 검색 결과를 상기시키는 게 도움이 되는 경우 히스토리 패턴을 활용하는 게 좋다.

사용하는 이유

사용하지 않을 이유가 없기 때문이다. 검색 히스토리 기능은 쉽게 구현할 수 있고 매우 유용함에도 이 패턴을 활용하는 앱은 거의 없다. 예를 들어 그림 6.17에 보이는 Priceline 홈페이지에서는 그냥 검색 화면만 보여주고 주변 도시(캘리포니아주 프리몬트)나 다른 위치(Choose a City로 표시)를 검색할 수 있는 옵션만 제공한다.

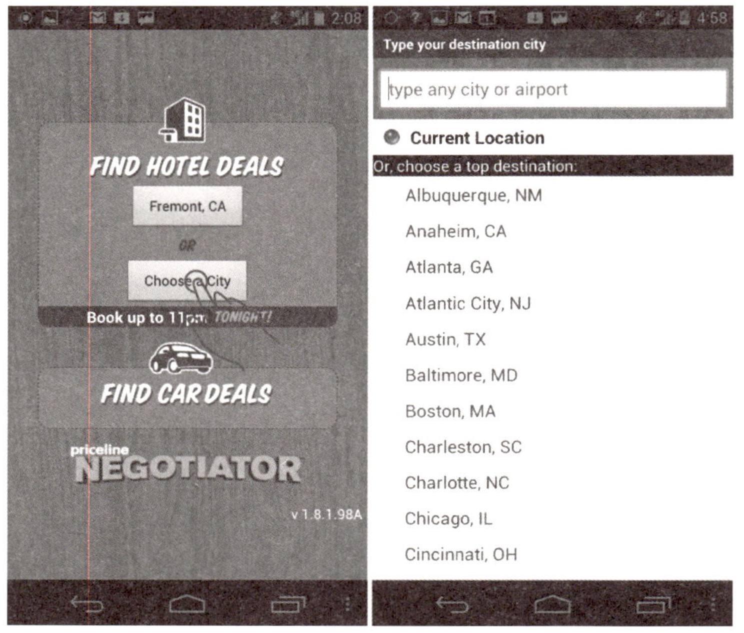

▶ 그림 6.17: 아쉽게도 Priceline 앱 홈페이지에서는 히스토리 패턴을 사용하지 않는다.

도시 선택 기능도 실망스럽기 그지없다. 이 기능에서는 인기 있는 도시를 알파벳순으로 그냥 보여줄 뿐이다. 이 페이지에 히스토리 기능을 적용한다면 페이지를 훨씬 더 개선할 수 있다. 이 앱에서 사용자가 최근에 검색한 도시를 4개에서 7개만 보여준다고 해도 사용자 경험은 훨씬 좋아질 것이다. 대개 호텔 예약은 여러 단계의 절차로 진행되므로 고객은 운전 중 길을 찾을 때, 친구에게 전화할 때, 문자할 때, 트위터나 페이스북 업데이트를 볼 때, 옐프(Yelp) 앱에서 식당을 찾을 때 등 다양한 상황에서 Priceline Negotiator 같은 앱을 다시 사용할 수 있다.

하지만 멀티태스킹은 이 앱이 갖고 있는 문제 중 빙산의 일각에 지나지 않는다. 필자는 로스앤젤레스 도심 한 가운데서 호텔을 찾아본 경험이 있다. 이곳은 알고 보니 여러 개의 작은 타운으로 이뤄져 있었다. 각 타운에는 자체 호텔 인벤토리가 있고, 각각 도시명으로 검색해야 했다. 베벌리 힐즈, 웨스트 할리우드, 산타 모니카를 검색하려고 이동하면서 세 도시가 교차하는 지점에서 적당한 가격의 호텔을 찾는 일은 매우 고됐다. 홈페이지에서 5개에서 10개의 최근 검색 히스토리 모듈만 갖춰져 있었다면 이런 작업이 훨씬 쉬웠을 것이다.

다른 활용법

검색 히스토리를 자동으로 지원하면 위시리스트 기능으로도 활용할 수 있다. 아쉽게도 이 패턴을 제대로 활용하는 앱은 거의 없다. 예를 들어 Trulia 앱에서는 사용자가 검색 결과를 저장하려면 저장 버튼을 눌러야 한다. 그리고 저장 버튼을 누르면 로그인을 해야 한다(그림 6.18 참고). 이는 HP 프린터에서 "더 이상 흑백으로 출력할 수 없습니다. 마젠타 잉크 카트리지가 비어 있습니다"라고 말하는 것과 같다. 하지만 이는 완전히 잘못된 것이다. 세 살 난 우리 아이도 흑백 그림을 그리는 데 마젠타색 크래용이 필요 없다는 것쯤은 알고 있다. 흑백 그림을 그리려면 검은색 크래용만 있으면 된다!

물론 로그인 자체는 대수가 아니지만 문제는 최근 검색 히스토리를 저장하는 데 로그인이 전혀 필요 없다는 점이다. 모든 네이티브 앱에는 히스토리를 저장할 때 사용할 수 있는 로컬 저장 공간이 있다(또는 서버에 최근 히스토리를 저장하고 싶다면 임시 손님 세션 토큰을 사용할 수도 있다). 저장 버튼을 눌러서 검색 결과를 저장하는 일은 번거로울뿐더러 불필요하다. 이와 같은 추가 탭 과정은 사용자가 할 일을 늘리고, 자연스러운 검색 흐름을 방해한다.

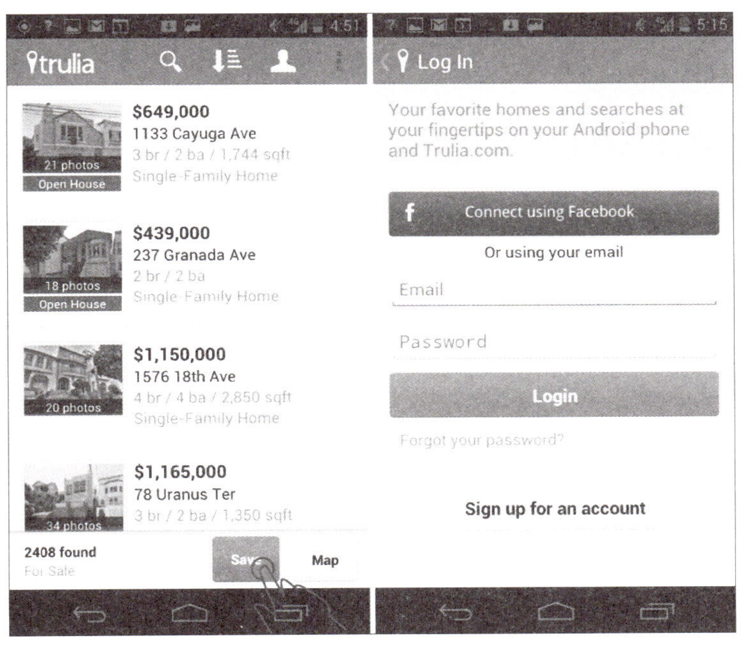

▶ 그림 6.18: Trulia 앱에서는앱 검색 히스토리를 저장하려면 저장 버튼을 누르고 로그인해야 한다.

이 방식보다는 자동으로 사용자가 수행한 최근 10~15개의 검색 결과를 기억하는 게 좋다. 홈 화면을 찾는 사람들은 대개 같은 쿼리를 반복하는 편이므로 자동으로 검색 결과를 기억하면 그만큼 도움이 된다. 그럼 사용자가 로그인 해야 하는 경우가 있을까? 로그인은 '이 검색 결과 공유'나 '이 속성 공유' 버튼을 누를 때만 필요하며, 따라서 저장 버튼 대신 다른 사람이나 기기 와의 정보 공유 버튼을 사용해야 한다. 이때의 로그인은 자연스럽고 충분히 예상할 수 있다.

반려동물 가게 애플리케이션

히스토리 패턴은 구매자가 주변 반려동물 가게에서 여러 품종의 반려동물을 자주 검색할 수 있는 만큼 반려동물 검색에 매우 적합하다. 예를 들어 사용자가 집 지키는 개를 찾고 있는 경우 히스토리 모듈을 유용하게 활용할 수 있다. 사용자는 'Dogue de Bordeaux', 'Bouvier des Flandres', 'Boerboel'를 매번 재입력하지 않아도 되기 때문이다(고객이 길고 어려운 검색어를 쉽게 입력하게끔 도와주는 방법은 7장 '검색'을 참고하자). 그림 6.19에서는 업데이트 패턴을 함께 사용한 히스토리 홈페이지를 보여준다. 이 페이지에서는 마지막으로 검색한 시점으로부터 주변 20마일의 새로운 애견 수를 보여준다.

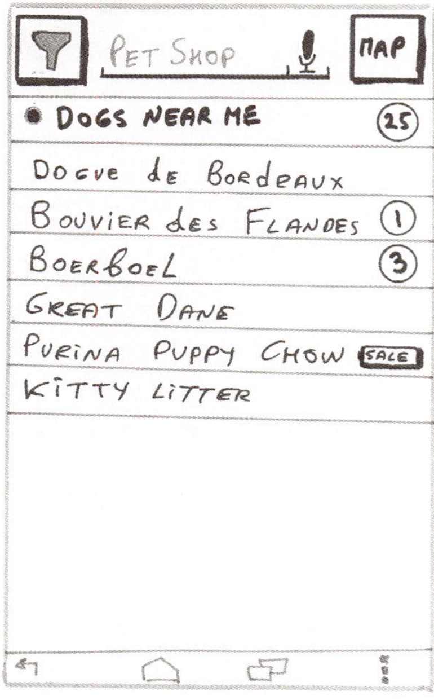

▶ 그림 6.19: 지역 업데이트 정보를 효과적으로 활용한 반려동물 가게 앱의 히스토리 패턴 홈 화면

반려동물 가게 앱의 사용자에게 이런 홈 화면은 '킬러 기능'이 될 수 있으며 전체 앱의 판매를 촉진하는 핵심 기능이 될 수 있다.

태블릿 앱

태블릿에서는 입력이 조금 더 편하고, 다른 기기와 비교해 연결 속도도 빠른 편이다. 하지만 그렇다고 해서 태블릿 사용자가 작은 모바일 기기 사용자보다 더 오래 생각하는 걸 좋아한다는 뜻은 아니다. 히스토리는 간단한 지도 앱부터 복잡한 쇼핑 서비스에 이르기까지 모든 곳에 포함시키기 적합한 모듈이다.

히스토리 모듈을 갖추는 것은 그렇지 않은 것보다 좋다. 하지만 이와 별개로 중요한 개인 정보 이슈가 될 수 있는 만큼 히스토리를 간단히 편집하거나 지울 수 있는 기능을 제공하는 것을 잊지 말아야 한다.

관련 패턴

5.3 안티패턴: 가입/로그인
6.3 패턴: 업데이트
7.2 패턴: 자동 완성 및 자동 추천
7.3 패턴: 탭 어헤드

검색

검색은 핵심적인 모바일 활동이다. 한번 생각해보자. 모바일은 뭔가를 생산(사진을 찍거나 가끔씩 트윗하는 걸 얘기하는 게 아니라면)하는 일이 별로 없다. 대신 모바일 기기는 주로 뭔가를 찾는 데 사용한다. 더글라스 아담스의 '은하수를 여행하는 히치하이커를 위한 안내서'와 마찬가지로 모바일 기기는 점심을 먹을 장소, 점심을 함께 먹을 사람, 레스토랑으로 가는 방법 등을 찾는 데 도움을 준다. 따라서 모바일에서는 그만큼 검색 패턴이 중요하다.

7.1 패턴: 음성 검색

키워드 검색 대신 내장 마이크를 통해 입력된 음성 검색어를 사용한다. 폰에서는 입력이 번거롭고 잘못 입력하기 쉽다. 이로 인해 음성 검색은 텍스트 검색의 훌륭한 대안이 될 수 있다.

적용 방식

보통, 검색을 하는 사용자는 마이크 아이콘을 탭해 기기가 리스닝 모드로 들어가게 한다. 그런 다음 내장 마이크로 검색할 내용을 말한다. 기기는 오디오 스트림이 중단되는지 판단해 사용자의 검색어가 끝났는지 여부를 인식한다. 이 시점에서 오디오 입력값을 가져와 이를 키워드 검색어로 변환하고, 검색에 활용한다. 그런 다음 변환된 키워드 검색어와 검색 결과를 사용자에게 보여준다.

예시

음성 검색 패턴을 가장 잘 활용한 예로는 구글의 네이티브 안드로이드 검색처럼 마이크 아이콘을 통해 텍스트를 입력하는 표준 입력 상자를 개선한 사례를 들 수 있다(그림 7.1 참고).

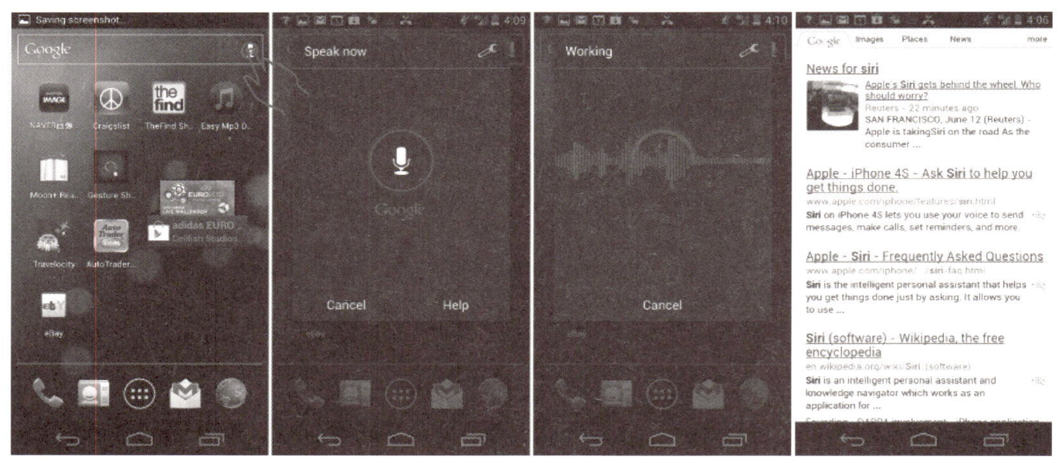

▶ 그림 7.1: 구글 네이티브 음성 검색은 매우 간편하다.

언제, 어디에서 사용하나

대부분의 앱에는 음성 검색 패턴을 활용할 수 있는 검색 상자가 들어 있다. 예를 들어 그림 7.2에서 왼쪽에 보이는 옐프 앱에는 현재 음성 검색 기능이 들어 있지 않지만, 그림 7.2의 오른쪽에 보이는 것처럼 마이크 아이콘을 사용해 쉽게 기능을 개선할 수 있다.

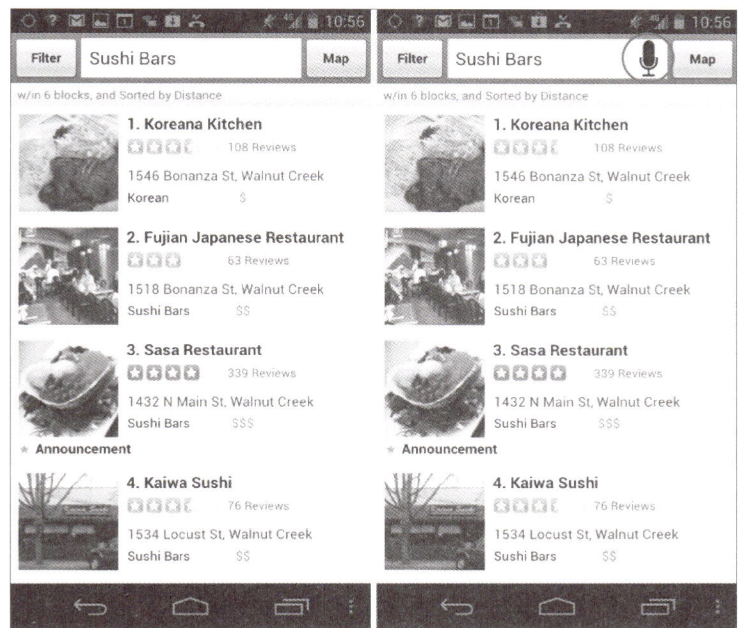

▶ 그림 7.2 옐프 앱에 음성 검색 패턴을 추가하는 법은 UI 관점에서 보면 매우 쉽다.

사람들은 종종 여러 명의 친구들과 함께 다음으로 이동할 장소에 대해 얘기하면서 옐프 앱을 사용할 수 있다. 이런 경우 간단한 음성 검색 기능이 매우 유용하게 활용될 수 있다. 검색 상자에 검색어를 말하면(이는 이미 친구들과 대화하고 있는 상황이므로 매우 자연스러운 행동이다) 친구들에게 폰을 보여줘 결과를 공유할 수 있다. 그런 다음 어디로 이동할지 결정하고 나면 Directions를 탭하고 지도를 사용해 그 위치로 가면 된다.

사용하는 이유

대부분의 모바일 검색은 이동 중에 이뤄진다. 일반적인 모바일 폰에서 글자를 입력하는 게 얼마나 번거로운지, 또 오타가 얼마나 자주 생기는지 감안하면 음성 검색을 훌륭한 대안이 될 수 있다. 음성 검색 사용을 고려할 만한 다른 중요한 상황으로는 운전 같은 멀티태스킹 작업이 있다. 운전 중에는 주변 환경이 매우 조용하므로(컨버터블을 운전하는 게 아니라면) 운전자는 다른 작업에 집중할 수 있다. 따라서 전통적인 텍스트 입력 방식은 '일반적으로 바람직하지 않다.'

다른 활용법

아이폰 4S에서 시리가 등장하면서 모든 명령을 음성으로 처리하는 가상 비서를 만들기 위한 오랜 경쟁이 촉발됐다. 시리 이전 구글은 구글 검색을 통해 이 분야를 선도하고 있었다.

이 앱에서는 폰의 앱, 연락처, 웹을 통한 검색 결과를 모두 보여줬다. Vlingo와 다른 많은 앱은 음성 검색 패턴을 한 단계 발전시켜 고객이 문자 메시지나 이메일을 보낼 수 있는 음성 인식 기능을 제공하고, 폰에 대고 말하는 행동을 통해 다른 작업을 수행할 수 있게 해줬다. 하지만 이들 앱 중 어떤 앱도 시리의 중요성이나 인기에는 미치지 못했다. 왜 그럴까? 이 배경에는 수많은 x 등급 및 회색 영역의 질문을 그림 7.3에 보이듯 일관된 자세와 유머로 처리하는 것을 비롯해 음성 주도의 질문–응답 상호작용을 가능하게 해주는 시리의 성숙한 상호 대화 기능이 자리하고 있다(다시 말해 시리는 인격을 갖고 있다). 또 다른 중요한 특징은 폰의 잠금을 해제하지 않고도 한 번의 터치 상호작용으로 가상 비서를 사용할 수 있는 전용 하드웨어 시리 버튼을 들 수 있다(아이폰 4S에서는 시리에게 말하려면 홈 버튼을 누르고 기다리면 된다).

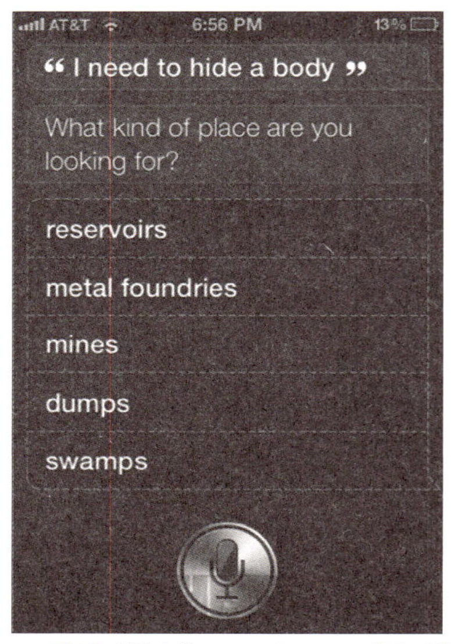

▶ 그림 7.3: 시리가 "I need to hide a body."라는 질문에 답한다.

아직까지는 추측에 불과하지만 구글의 음성 인식 기술을 활용한 애플리케이션도 하드웨어 버튼(홈 버튼이 적합할 것이다) 중 하나를 눌러 폰이나 태블릿에서 가상 비서를 불러오는 비슷한 유형이 될 수 있다. 음성 지문 인식 기능을 활용하면 보안 기능도 강화할 수 있다. 음성 인식 기술은 여러분의 음성 패턴을 시끄럽고 분주한 곳에서 다른 사람의 음성 패턴과 구별하는 데 도움을 주므로 기기의 개인화 기능을 개선하고, 꼭 필요한 기기를 만들 수 있다(물론 이게 가능하다면).

이런 일이 생긴다면 전용 앱 내 음성 검색(그림 7.2의 옐프 참고)이 구글의 가상 비서로 완전히 대체될 수 있다. 예를 들어 고객은 "옐프에서 xyz를 검색해줘"라고 말하면 비서 프로그램이 개인화된 고급 음성 인식 기술을 활용해 음성 검색어를 키워드로 변환하고, 옐프 앱을 열어서 검색 상자를 키워드 검색어로 채우고 검색을 수행할 것이다.

일부 구글 검색 앱에서는 폰을 귀로 가져가는 간단한 행동을 하면 내장 가속도계를 활용해 손의 특정 제스처를 인식해 앱을 듣기 모드로 전환한다. 아쉽지만 이 기능은 이 책을 쓰고 있는 시점 기준에서는 자동으로 활성화되지 않는다. 하지만 이 기능은 우리가 아무 생각 없이 이미 자연스럽게 하는 행동을 활용하고 있으므로 '행동에 녹아 있는 디자인'으로서, 음성 인식 기술에 꼭 필요한 훌륭한 기술 중 하나다.

음성 입력의 역할은 검색에 국한되지 않는다. 음성 입력은 데이터 입력이나 기본 작업에도 활용할 수 있다. 예를 들어 운전 도중 버튼을 누르고 "XYZ 문자를 제임스에게 전송"이라고 말하면 기기는 이 작업을 수행할 수 있다. 또, 구글이 음성 인식 기술을 제공하는 유일한 업체가 아니라는 점도 언급하고 싶다. 예를 들어 Dragon Naturally Speaking 제품의 제조사인 뉘앙스 커뮤니케이션스(Nuance communications)는 음성 인식 소프트웨어를 배포하는 가장 큰 업체 중 하나다. 현재 Target 앱은 음성 인식 기능에 뉘앙스 사와 라이선스를 맺은 기술을 사용하고 있다.

반려동물 가게 애플리케이션

앞서 옐프 앱에서도 본 것처럼 음성 인식 기능은 특정 반려동물을 검색할 때 활용할 수 있다. 사용자는 이 앱을 실행하고 폰을 귀로 가져간 후 '검은 고양이' 같은 검색어를 말하면 된다. 사용자가 검색어를 말하고 가만히 있다가 완료 버튼을 누르거나 폰을 아래로 내리면 검색이 수행되고 적절한 검색 결과가 표시된다.

태블릿 앱

음성 검색에 있어서 태블릿은 폰과는 많이 다르다. 약간의 논쟁이 있기는 하지만(아직 공식적인 연구는 수행되지 않았다) 관찰 결과에 따르면 태블릿에서는 폰에서처럼 입력하는 게 어렵지 않다. 따라서 태블릿에서는 음성 검색이 오히려 더 오류를 내기 쉽다. 태블릿을 사용할 때 사용자는 시끄러운 환경에서 여러 작업을 동시에 하거나 기기의 시각적인 인터페이스 밖의 환경(예를 들어 운전)에 집중해야 하는 하는 활동을 하고 있을 확률이 적다. 대부분의 경우 태블릿은 집이나 직장에서 사용한다. 그럼 태블릿에서는 음성 검색이 유용하지 않을까? 전혀 그렇지 않다. 여전히 태블릿에도 가상 비서 소프트웨어 프로그램과의 다양한 상호작용 기회가 존재한다. 애플이 1987년(미안하지만 구글은 이 당시에는 존재하지도 않았다)에 만든 The Knowledge Navigator라는 태블릿 기기에 대해 품었던 원래 비전은 기기와 이와 같은 음성 인식 상호작용을 하는 것이었다.

고품질의 개인화된 가상 비서를 구현하는 가장 좋은 방법은 인간을 닮은 하이브리드 소프트웨어를 만드는 것이다. 태블릿을 사용하는 사용자는 재미있는 시각적 및 음성 정보를 통해 일관된 고품질의 서비스를 받게 된다. 구글의 뛰어난 창의성을 감안하면 오비원, 자비스, HAL처럼 고품질의 그래픽과 음성 시뮬레이션을 갖춘 개인화된 가상 비서(또 수백만 명의 존 노먼 팬을 감안하면 플레이보이 모델, 애니메이션 캐릭터 등도 포함)가 머지 않아 안드로이드 태블릿에도 등장할 것으로 보인다. 어쩌면 이 책이 이를 위한 영감이 될 수도 있겠다.

⚠ 주의점

음성 인식은 비슷한 인터페이스 모양에도 불구하고 여러 가지 중요한 고려 사항과 이 패턴을 잘못 이해할 수 있는 가능성이 있다.

- **헤드셋을 까먹지 말자**: 이 기술을 사용하는 일부 사용자는 블루투스나 유선 헤드셋을 사용한다. 음성 검색은 폰을 터치하지 않고 헤드셋의 버튼을 사용해 활성화하는 게 가장 좋다. 예를 들어 애플 시리의 경우 "무선 마이크가 달린 헤드폰을 사용하는 경우 시리에게 말하려면 가운데 버튼을 누르고 있으면 된다. 블루투스 헤드셋을 사용할 때는 전화 버튼을 누르고 있으면 시리가 나온다(http://www.apple.com/iphone/ features/siri-faq.html 참고)." 이와 같은 편의 기능이 안드로이드 4.0 인터페이스에서는 대부분 빠져 있다. 이는 여러 제조사의 헤드셋에 일관된 하드웨어 설정이 부족하다는 단순한 이유 때문이다(다시 말해 '가운데 버튼'이 없다). 앞서 말한 것처럼 여기에는 변화가 필요하다. 편리성은 안드로이드 음성 검색의 핵심 경쟁 요소다.

- **항상 '완료 버튼'을 제공한다**: 구글의 네이티브 검색 기능(그림 7.1)에서는 음성 검색어를 받아들이기 전에 사용자가 말을 멈출 때까지 기다린다. 대부분의 경우 이 기능은 제대로 동작하지만 시끄러운 환경에서는 문제가 될 수 있다. 이때는 인터페이스가 사용자의 음성을 제대로 인식하지 못하고 거의 1분이 다 되도록 계속 듣는다. 항상 음성 입력을 완료할 수 있게 '완료' 버튼을 제공하자. 이 기능을 구현하는 가장 좋은 방법 중 하나는 마이크 아이콘을 완료 버튼으로 만드는 것이다. 물론 '탭할 수 있는' 느낌이 들게 아이콘을 표시해야 한다.

- **매우 시끄럽고 매우 개인화된 검색**: 다른 사람들이 떠드는 시끄러운 환경에서는 다른 대화 속에서 개인의 음성을 파싱하는 게 어렵다. 다행히 음성 지문은 손의 지문만큼이나 고유하며, '훈련'을 통해 사용자의 고유 음성 패턴을 시끄러운 주변 소음으로부터 파싱할 수 있다. 하지만 음성 지문은 여러 가지 개인 정보 이슈를 안고 있다.

- **완전한 오디오 경험**: 과거에 출시된 일부 안드로이드 폰에 들어 있는 운전 모드 패러다임은 안티패턴이다. 자바 코딩을 하거나 책을 쓸 때 아무도 vi 편집기를 사용하지 않는 데에는 그럴 만한 이유가 있다. 알랜 쿠퍼가 '퍼소나로 완성하는 인터랙션 디자인(2007년 와일리)'에서 지적한 것처럼 모드를 바꾸는 일은 지루하고, 오류가 생기기 쉬우며, 운전 중에 위험한 것은 말할 것도 없다. 비행기 모드가 문제 없이 사용되는 이유는 친절한 승무원들이 비행기 모드를 켤 시점을 알려주기 때문이다. 다른 애플리케이션의 경우 시스템에서는 사용자가 선택한 입력 모드에 부합하는 출력 모드를 제공하기 위해 노력해야 한다. 예를 들어 옐프에서 음성 입력을 통해 박물관으로 가는 길을 물으면 고객은 대부분 운전 중에 이 일을 할 가능성이 크다(이 앱에서는 내장 GPS를 활용해 자동으로 차의 속도를 판단해 사용자가 차로 이동 중인지 판단할 수도 있다). 이 말은 방향 또한 음성을 통해 제공해야 한다는 뜻이다. 예컨대 사용자가 "방향을 알려

줘"라고 말하면 옐프에서는 단계별 운전 방향을 음성으로 크게 알려주는 게 좋다. 이렇게 되면 완전한 음성 검색 경험을 제공할 수 있다. 예컨대 애플의 시리는 통합 음성 방향 안내 기능을 제공한다. 안드로이드 또한 음성 검색 세계에서 이런 기능과 경쟁해야 한다. 물론 이런 기능은 장애가 있는 사람에게도 매우 효과적이다.

■ 언캐니 밸리에 대한 주의: 언캐니 밸리(http://en.wikipedia.org/wiki/Uncanny_valley)는 口-사히로 코리가 외형상 인간과 거의 똑같은 로봇에 대해 사람들이 느끼는 강한 거부감을 표현하기 위해 만든 용어다. 언캐니 밸리로 인한 부작용 중 하나는 '더 사실적일수록 더 부정적인 반응이 생길 수 있다'는 것이다. 가상 비서의 기능이 개선될수록, 특히 음성뿐 아니라 시각적으로도 인간과 유사해질수록 순전히 디지털 존재인 이런 비서를 의도적으로 인간브다 열등하게 보이게 해야 한다. 언캐니 밸리는 고품질의 하이브리드 휴먼 소프트웨어 비서에서 특히 위험할 수 있다. Make It So(로젠펠드 미디어, 2012년)에서 나단 셰드로프와 크리스토퍼 노셀은 또 다른 이슈를 언급한다. 인간처럼 보이는 디지털 비서는 인간 수준의 능력에 대한 기대치를 높이므로, 비서가 작업을 제대로 못하거나 사람의 말을 정확히 이해하지 못하던 사람이 느끼는 짜증도 크게 증가한다. 저자들은 이 문제를 해결하는 방법은 디지털 비서를 말하는 동물처럼 노이게 하는 것이라고 제안한다. 대부분의 사람들은 자신이 기른 개가 똑똑하다고 생각하지만, 말하는 개는 사람들의 기대치를 낮추고 기대에 부응했을 때 만족감을 높이는 동시에 언캐니 밸리로 인한 부작용은 모두 없애준다. 필자가 권장하는 방식은 다음과 같다. 순수 또는 하이브리드 디지털 비서에는 중간 또는 낮은 수준의 애니메이션(실제 배우가 출연하는 영상이 아니라 Clone Wars 시리즈의 오비완 캐노비나 레고 스타워즈 게임의 애니메이션)이 기능상 적합하다.

13.5 패턴: 워터마크

7.2 패턴: 자동 완성 및 자동 추천

자동 완성과 이 패턴의 자매 패턴인 자동 추천은 키워드 입력에 도움을 주는 패턴의 큰 부류다. 둘 다 사용자가 입력해야 하는 글자 수를 줄여주고 입력 오류 횟수나 지나치게 많거나 적은 결과를 내놓는 검색어를 줄여준다.

적용 방식

사용자가 검색 필드에 하나 이상의 글자를 입력하면 시스템은 사용자가 입력한 내용과 관련 있는 키워드 조합이 한 개 이상 들어 있는 '추천 레이어'를 보여준다. 사용자는 계속해서 글자를 입력하거나 시스템에서 추천하는 내용 중 하나를 선택할 수 있다

엄밀히 말해 자동 완성에서는 사용자가 입력한 검색어 중 일부를 활용해 추천 검색어를 제공한다(따라서 추천 검색어에는 본래 키워드나 그 내용 중 일부가 들어 있다). 모바일에서는 단

몇 글자만 입력하더라도 오타가 나기 쉬운 만큼 이 방식은 모바일 기기에서는 항상 완벽하게 동작하지는 않는다. 이런 경우 자동 추천이 도움이 된다.

자동 추천은 자동 완성보다 더 많은 옵션을 제공하며, 다음을 비롯한 키워드와 검색어를 제공한다.

- 철자 교정
- 어휘 키워드 대체
- 본래 사용자가 입력한 내용의 동의어, 질의어 확장 등

추천 검색어는 자동 추천과 자동 완성을 똑똑하게 결합하고 시스템에서 여러 소스로부터 최상의 아이디어를 가져올 때 가장 효과적이다.

예시

구글 안드로이드 검색은 두 패턴을 조합한 훌륭한 예시를 보여준다. 구글 검색에서는 추천 레이어가 두 부분으로 나뉘어 있다. 윗 부분에서는 세 개의 자동 완성 아이디어를 보여주고, 이어서 폰에서 찾을 수 있는 자동 추천 연락처와 앱을 보여준다(그림 7.4 참고).

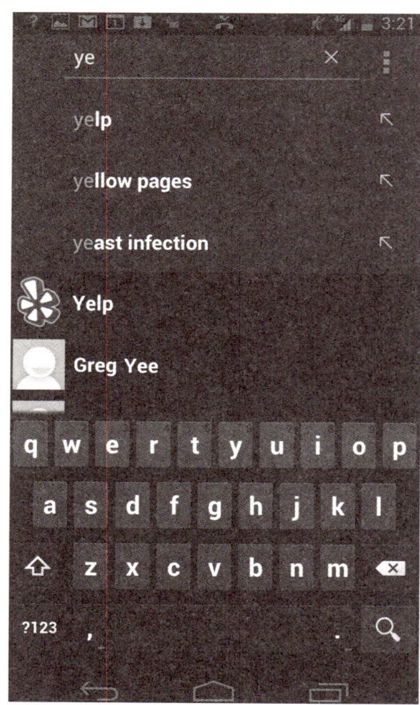

▶ 그림 7.4: 안드로이드 4.0 네이티브 검색 기능에 들어 있는 자동 완성 및 자동 추천 패턴

언제, 어디에서 사용하나

검색어 입력 상자가 있는 곳이라면 자동 추천과 자동 완성 패턴은 둘 다 구현하기 적합한 패턴이다. 검색 전문가 마티 하스트가 자신의 책인 Search User Interfaces(캠브리지 대학 출판사, 2009)에서 언급하듯 이들 인터페이스는 일반적으로 사용성을 크게 높이고 다른 사용자 인터페이스(UI) 패턴과도 잘 어울린다.

사용하는 이유

대부분의 사람들에게 입력은(특히 모바일 기기에서) 지루하고, 오류가 생기기 쉽다. 일반적으로 폰에서는 입력을 덜 할수록 좋다. 따라서 사용자가 정보를 입력하는 일을 덜어주는 UX 패턴은 항상 옳다.

자동 완성과 자동 추천은 오류를 줄이는 데 도움이 되고 여러모로 만족도를 높여준다.

- **철자 오류를 줄인다**: 입력해야 하는 전체 키를 줄임으로써 손가락이 두꺼운 사용자가 잘못된 키를 누르는 것과 관련한 오류를 줄일 수 있다.
- **검색어의 구체성을 높인다**: 추천 검색어에 사용자가 본래 입력하려던 것보다 더 많은 키워드가 들어 있는 경우 사용자는 대개 해당 검색어를 선택한다. 아울러 사용자는 '나이키' 대신 '나이키 신발'이 입력되는 결과를 통해 더 큰 만족감을 얻게 된다.
- **결과 없음 화면의 빈도를 줄인다**: 종종 검색어를 제대로 입력하더라도 부정확하거나 상충된 키워드로 인해 잘못된 결과가 나오거나 결과가 아예 나오지 않을 수 있다. 사용자가 전체 검색어 입력을 가치기 전에 적절한 추천 검색어를 제공하면 종종 결과가 없는 검색을 수행하기 전에 이를 방지할 수 있다. 예를 들어 사용자가 '해리'라고 입력했을 때 시스템에서 추천 검색어로 '해리포터와 죽음의 성물'을 보여주면 사용자가 굳이 '하리포터와 잠자는 성물'이라는 부정확한 검색어를 입력해 스스로 난감해 하는 일을 하지 않을 것이다.

다른 활용법

자동 완성과 자동 추천은 다른 여러 리소스에서 정보를 가져와 추천 정보의 품질을 개선할 수 있다.

- **지역**: 모바일 폰은 말 그대로 '이동 중'에 사용할 수 있는 만큼 사용 사례가 매우 고유하다. 따라서 자동 추천에서는 가능한 한 주변 지역 결과(내장 GPS나 무선 신호를 활용해 가져온)를 활용하는 게 좋다. 예를 들어 앱 및 사용 사례에 따라 '커피'라는 검색어를 입력할 때 자동 추천 검색어로 온라인에서 구매할 수 있는 '프랑스 로스트 커피'나 주변 커피숍을 보여줄 수 있다.
- **히스토리**: 자동 추천 패턴에서 매번 인터넷 연결을 활용할 필요는 없다. 가장 중요한 모바일 사용자 경험(UX) 패턴 중 하나는 재참여다. 이 말은 중간에 다른 일(전화, 문자, 길 찾기 등)이 있어서 잠시 중단했다 기존에 하던 일을 다시 하

는 것을 말한다. 따라서 자동 추천에서 가장 중요한 기능 중 하나는 내장 앱 데이터베이스를 활용해 기기에 로컬로 저장한 과거 검색어 히스토리를 불러오는 것이다(6장의 찾기 패턴 및 히스토리 패턴 참고).

- **음성 검색**: 보통 음성 검색에서는 자동 추천을 제공하지 않는다. 이는 음성 인식의 정확도가 손가락으로 글자를 입력하는 것보다 종종 더 떨어진다는 사실을 감안하면 매우 놀라운 결과다. 음성 검색 자동 추천 기능은 활용할 만한 재미있는 분야로, 특히 사용자에게 정보를 읽어주는 대신 화면에 추천 검색어를 보여주기만 하면 되는 비운전용 애플리케이션에서 적합하다.

- **다른 앱으로의 이동**: 자주 사용하는 사용 사례(특히 네트워크를 많이 활용하는 앱에서)로 특정 작업을 수행하기 위해 다른 앱을 여는 기능이 있다. 자동 추천은 작업을 상당히 빨리 끝내는 원터치 솔루션을 제공하는 데 도움된다. 일례로 옐프에서 '주유소'를 입력했다고 가정하자. 그럼 자동 추천 검색어로 '가장 가까운 주유소로 가는 방향'이 표시될 수 있다. 이는 기름이 막 떨어지려고 할 때 가장 도움이 되는 사용 사례다. 자동 추천 검색어를 입력하면 구글 지도 앱으로 바로 이동해 방향을 보여준다. 이와 같은 추천 기능은 방향을 읽어주는 시스템과 연동할 때 완전한 음성 상호작용을 제공할 수 있으므로 음성 검색에도 큰 도움될 수 있다. 또 다른 아이디어로 'Like a Rolling Stone' 같은 검색어를 입력하면 MP3 플레이어로 이동하거나 '전쟁과 평화'를 입력하면 북 리더로 이동하는 기능 등을 들 수 있다. 이때 자동 추천 검색어 행 내에 다른 앱의 아이콘을 포함시킴으로써 자동 추천 검색어를 누를 때 어떤 일이 일어날지 사용자가 이해할 수 있게 배려하는 게 도움된다.

반려동물 가게 애플리케이션

다양한 품종(아울러 철자를 제대로 입력하기도 까다로운)의 강아지가 있으므로 자동 추천과 자동 완성 레이어를 반려동물 가게 애플리케이션에서 그림 7.5에 나온 것처럼 유용하게 활용하는 것은 쉽게 상상할 수 있다.

이 예시에서 사용자는 Mas를 입력하고 추천 검색어 레이어에서는 검색어가 완성됨에 따라 Massive와 Mastiff 같은 자동 완성 옵션을 보여준다. 이를 통해 검색 결과가 없는 Mastif 같은 흔한 철자 오류를 사전에 방지한다. 같은 검색어 추천 레이어에서 자동 추천 기능을 통해 English Mastiff, Neapolitan Mastiff 같은 검색어를 보여주고, 사용자가 미처 생각지 못했을 만한 Mastiff 계통의 품종인 Bullmastiff도 함께 보여준다.

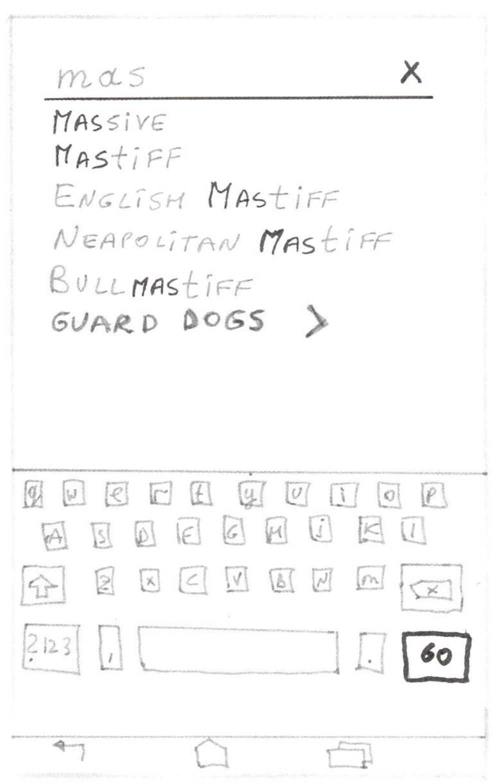

▶ 그림 7.5: 이 와이어프레임은 반려동물 가게 앱에서 자동 완성과 자동 추천을 효과적으로 조합한 화면이다.

또, Mastiff는 일반적으로 '대형 경비견'과 동의어로 사용되므로 자동 추천 검색어 레이어는 원래 입력한 검색어에 경비견 카테고리를 추가해 사용자가 기존에 생각했던 것보다 훨씬 더 다양한 도베르만, 로트와일러, 아메리칸 불독 등을 보여줄 수 있다. 자동 추천과 자동 완성 모두 미리 정해진 권장 검색어를 통해 앱에서 지원하는 일반적인 작업과 관련한 제한된 어휘를 활용한다.

태블릿 앱

태블릿에서의 자동 추천은 모바일 기기에서의 자동 추천과는 사용 사례가 다르다. 원칙적으로 대형 태블릿도 모바일 활동을 지원한다. 하지만 실제로는 일반적인 사용자가 대형 태블릿 기기를 이동 중에 사용하는 경우는 사용자 리서처인 Marijke Rijsberman가 필자의 첫 번째 책인 Desining Search(와일리 출판사, 2011년)에서 'A Fine Line: The iPad As a Portable Device'를 통해 언급하듯 냉장고와 소파 사이를 오가는 경우 등에 한정된다. 간단히 말해 대형 태블릿은 상체를 뒤로 젖힌 상태에서 편안하게 사용하는 경우가 더 닳다는 뜻이다.

대형 태블릿에서는 입력하는 게 더 쉽고 오류도 적으므로 데스크톱과 유사하며, 데스크톱 웹 애플리케이션과 동일한 자동 추천 데이터베이스를 활용할 수 있다. 아울러 추천 검색어를 한 번 탭해 다른 앱으로 직접 이동하는 기능은 대형 태블릿에서는 모바일 기기만큼 중요하지 않다. 태블릿을 사용하는 사람들은 주로 급한 일이 별로 없고, 자신이 원하는 대로 제대로 진행되기만 하면 몇 번 탭을 더 해야 한다고 해서 크게 개의치 않기 때문이다. 아울러, 주변 레스토랑에 대한 정보도 모바일 기기에서만큼 중요하지 않다. 하지만 이런 정보는 반드시 포함시키는 게 좋다.

이런 사실은 중간 크기인 7인치 태블릿이나 노트 태블릿 하이브리드 기기(3장 '안드로이드 파편화' 참고)에 항상 적용되지는 않는다는 점을 기억하자. 이런 소형 태블릿 기기는 좀 더 모바일에 가까우며, 대형 태블릿보다 입력하기가 어렵다. 이 패턴과 관련해 이런 소형 태블릿 기기는 모바일 폰으로 분류할 수 있으며, 이에 따라 적절히 디자인해야 한다.

또 다른 고려 사항으로 인터페이스 요소가 있다. 모바일 기기에서 자동 추천 레이어는 종종 전체 페이지를 차지하지만, 태블릿에서는 자동 추천을 화면 일부만을 덮는 팝오버 레이어로 보여주는 게 좋다(태블릿 디자인 패턴에 대한 자세한 설명은 14장 '태블릿 패턴' 참고).

⚠️ 주의점

커스텀 자동 추천 레이어를 제공한다면(이를 매우 권장한다) 기기의 자동 추천 기능을 끄는 것을 기억해야 한다.

모바일 폰은 전혀 다른 기기군이라는 사실을 기억하자. 모바일 폰에서는 전혀 다른 자동 추천 접근 방식이 필요하다(이와 같은 모바일 전용 접근 방식은 다음 패턴은 7.3 '탭 어헤드'에서 설명한다). 모바일에서의 자동 추천은 다양한 요구에 반응해야 하므로 우선순위가 크다. 모바일 기기는 모바일 기기에서만 활용할 수 있는 내장 센서를 토대로 한 자동 추천에 큰 비중을 둬야 한다. 예를 들어 지역 정보와 관련한 추천 검색어, 기존 모바일 검색 히스토리, 카테고리 검색(예를 들어 반려동물 가게 사례에서 설명한 경비견 등)은 일반적인 데스크톱 웹에서 자동 추천 옵션(이런 추천 검색어는 주로 어휘 대체 기능을 통해 제공된다)을 보여줄 때보다 상위에 있어야 한다.

사람들은 데스크톱이나 태블릿을 사용할 때, 크기가 작은 모바일 기기를 사용할 때 각기 다른 오탈자를 낸다. 모바일에서 오탈자는 주로 손가락이 두꺼워서 생기며, 일반적인 철자 오류 개념과는 거리가 멀다. 이 말은 모바일 키보드의 자연스러운 성격을 고려해 모바일에서의 자동 교정에는 별도의 데이터베이스를 사용하고 관리하는 게 도움이 될 수 있음을 뜻한다.

관련 패턴

7.3 패턴: 탭 어헤드
7.1 패턴: 음성 검색

7.3 패턴: 탭 어헤드

탭 어헤드(Tap-Ahead)는 한 번에 한 단어를 자동 추천하고 단계별 개선을 통해 키워드 검색 같은 기능을 구현한다.

적용 방식

데스크톱 처럼 사용자가 입력하려는 전체 검색어를 처음부터 추측하고 가장 적합한 대체어 한 개를 제공하는 대신 모바일 기기에서의 탭 어헤드는 한 번에 한 개의 문구나 키워드를 추측하는 과정을 통해 자동 추천 인터페이스를 가이드한다.

방식은 다음과 같다. 사용자가 글자 몇 개를 입력하면 자동 추천 기능에서 몇 개의 검색어를 추천한다. 이 시점에 사용자는 다음 두 가지 중 하나를 선택할 수 있다.

- 자신이 찾고 있는 기능과 딱 맞다면 추천 검색어를 탭한다.
- 화면 오른쪽에 있는 대각선 화살표를 탭해 검색 키워드가 들어 있는 검색 상자를 열고 자동 추천 기능을 다시 실행한다.

사용자가 검색어를 입력하는 대신 검색어를 구축할 수 있게 함으로써 이 인터페이스에서는 훨씬 더 자연스럽고, 유연하며, 강력한 자동 추천 방식을 제공한다. 아울러 이는 사람들이 모바일 기기에서 겪는 저대역폭 문제와 손가락 두께 문제를 해결하는 데 최적화돼 있다. 탭 어헤드 인터페이스를 활용하면 사용자는 단 몇 글자만 입력하더라도 빠르게 수천 개의 인기 검색어 조합에 접근할 수 있다.

예시

이 패턴을 활용한 좋은 사례는 안드로이드의 네이티브 검색 기능(그림 7.6 참고)을 들 수 있다. 다음 예시에서 볼 수 있듯이, 탭 어헤드 패턴은 여러 키워드로 된 긴 질의어를 훌륭하게 대체할 수 있다.

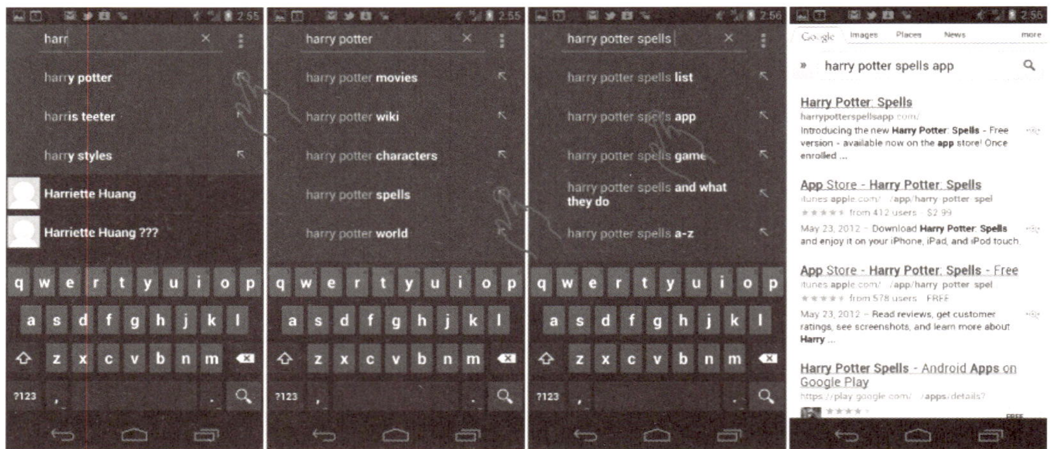

▶ 그림 7.6: 안드로이드 4.0의 네이티브 검색 기능에는 탭 어헤드 패턴이 들어 있다.

이 경우 대각선의 탭 어헤드 화살표를 탭해 사용자는 단 네 개의 글자(harr)만 입력하고 대각선 화살표를 두 번만 탭해 'Harry Potter spells app'이라는 복잡한 검색어를 입력할 수 있었다. 전통적인 일회성 자동 추천 인터페이스에서는 이처럼 잘 사용하지 않는 구문은 제공하기 어려우므로 사용자는 Harry Potter Spells app 중 거의 대부분을 직접 입력해야 한다.

언제, 어디에서 사용하나

탭 어헤드 패턴은 일회성으로 제한하는 어휘를 제외한 자동 추천을 사용하려는 경우, 또는 긴 키워드나 여러 단계에 걸쳐서 여러 키워드로 구성된 검색어가 도움이 되고 더 나은 결과를 제공하는 상황에서는 언제든 사용할 수 있다.

사용하는 이유

데스크톱 웹 검색과 달리 모바일 기기에서의 자동 추천은 두 가지 특이한 제약이 있다. 바로 모바일 기기에서는 입력하는 게 어렵다는 점과 신호 세기가 안정적이지 않다는 것이다. 탭 어헤드 기능은 두 문제를 우아하고, 미니멀리스트적이며, 모바일적인 방식으로 해결해준다. 탭 어헤드 기능에서는 모바일 자동 추천 인터페이스를 통해 흐름을 유지하고, 현재 전통적인 일회성 자동 추천 인터페이스로는 불가능할 정도로 빠른 속도와 반응성으로 작은 화면에서 사용자 입력에 반응한다.

그럼 이를 입증하는 증거가 있을까? 필자의 필드 조사에 따르면 모바일 환경에서 사람들은 종종 단 몇 글자를 입력하지 않으려고 필요하지 않은 추천 검색어를 선택한다(스매싱 매거진 2011년 4월 27일자의 기사 'Mobile Auto-Suggest on Steroids: Tap-Ahead Design

Pattern(http://www.smashingmagazine.com/2011/04/27/ tap-ahead-design-pattern-mobile-auto-suggest-on-steroids/)을 참고하자). 탭 어헤드 패턴은 이런 문제를 효과적으로 해결해준다.

다른 활용법

안드로이드 플랫폼이 출시된 후 지난 몇 년간 키워드 추천 기능은 구글의 웹 추천 방식과 똑같은 방식에서 출발해 현재와 같은 모바일에 특화된 방식으로 발전했다. 하지만 여러분의 앱에서는 간단한 트릭을 활용해 이보다 더 나은 기능을 제공할 수 있다. 즉, 한 번에 한 개의 탭 어헤드 키워드만 제공하는 것이다.

한 번에 한 개의 탭 어헤드 키워드를 제공하는 이 방식은 고객이 첫 번째 키워드를 선택하는 동안 10개의 자동 추천 검색어별로 개선된 키워드를 비동기적으로 로드하는 방식이다. 대부분의 검색어가 두세 단어 길이이고, 각 연속 자동 추천 레이어에서 10개의 추가 추천 키워드를 제공하면, 단계별 개선 기능을 갖춘 탭 어헤드 기능에서는 고객이 단 몇 개의 글자만 입력해 $100(10 \times 10)$개부터 $1,000(10 \times 10 \times 10)$개의 상위 키워드에 접근하게 할 수 있다.

탭 어헤드 기능이 편리하기는 하지만 이 기능을 제대로 활용해 글자 입력 오류나 지루한 입력 과정을 줄이는 사용자는 많지 않다. 한 번에 한 개씩 키워드를 제공하면 인터페이스가 탭 어헤드 패턴에 최적화되므로 이 기능을 인지할 확률도 늘어나고, 따라서 사용자의 만족도도 높아진다. 한 번에 한 개의 탭 어헤드 키워드를 제공하는 기능은 특히 전자 상거래 앱에서 훌륭하게 활용할 수 있다.

반려동물 가게 애플리케이션

탭 어헤드 기능은 복잡한 키워드를 입력하는 데 유용하리라고 쉽게 상상할 수 있다. 하지만 이 기능은 제한된 어휘를 형성하는 강아지 품종만큼 중요하지는 않다. Mas에서 Mastiff로, 다시 Neapolitan Mastiff로 확장되는 탭 어헤드 기능을 제공하더라도 Mastiff로 시작하는 질의어가 많지 않으므로 큰 도움이 되지 않는다. 대신 전통적인 일회성 제어 어휘를 활용한 자동 추천(Mas에서 바로 Neapolitan Mastiff를 추천)을 사용하는 게 좀 더 도움이 된다. 이 방식을 사용하면 English Mastiff와 Neapolitan Mastiff 같은 표준 키워드 검색어를 선택할 수 있을 뿐 아니라 Bullmastiff 같은 재미있는 키워드와 경비견(Guard Dogs) 같은 확장 카테고리도 선택할 수 있기 때문이다('7.2 패턴:자동 완성 및 자동 추천' 절 참고).

태블릿 앱

대형 태블릿 사용자는 긴 검색어를 입력하는 경우가 좀 더 많으며 이런 기기에서는 낮은 대역
폭이 문제가 되는 경우도 적다(대부분의 태블릿은 와이파이에서만 사용한다). 하지만 탭 어헤
드 기능은 태블릿에서도 유용하다. 태블릿에서도 가능한 한 적은 작업을 하는 게 좋고 추천 검
색어를 탭하는 게 터치 키보드에서 다음 글자를 탭하는 것만큼 쉽기 때문이다. 또 태블릿에서
의 검색어는 조금 더 길다는 보고가 있는 만큼 키워드 검색이 그만큼 편리해질 수 있다.

⚠ 주의점

모바일 기기에서 가장 좋은 자동 추천 기능은 웹의 자동 추천 데이터베이스와는 다른 데이터
베이스를 통해 구현할 수 있다. 특히 한 번에 한 키워드를 보여주는 탭 어헤드 기능을 구현할
때 그렇다. 하지만 이는 어디까지나 훌륭한 검색 경험을 전달하는 데 이 기능이 얼마나 중요한
지에 대한 얘기다.

현 시점에서 이 기능에 대한 특허를 누가 보유하고 있는지는 분명하지 않다. 구글은 일반 기기
검색과 아이폰용 구글 앱에서 이 기능을 처음 사용했다. 물론 현 시점 기준으로 단일 키워드
검색에는 이 기능을 사용하고 있지 않다. 마이크로소프트와 애플은 둘 다 열심히 관련 특허를
추진하고 있다.

관련 패턴

7.2 패턴: 자동 완성 및 자동 추천

7.4 패턴: 당겨서 새로고침

사용자가 결과를 아래로 당길 때마다 검색 결과가 새로고침된다. 세련되고 편리한 이 방식은
자주 업데이트되는 결과를 새로고침할 때 유용하게 활용할 수 있다.

적용 방식

고객에게 긴 업데이트 목록(주로 가장 최근 항목이 위에 오도록 정렬된)을 보여준다. 고객은
보통 위에서부터 업데이트 목록을 살펴보면서 가장 최근 메시지부터 읽는다. 사용자가 최신
업데이트를 로드하려면 결과 목록을 아래로 당기면 된다. 일반적으로 사용자가 리스트를 아래
로 당기고 손을 뗄 때는 사용자에게 정보가 업데이트됨을 알려주는 워터마크가 보인다. 시스

템에서는 업데이트 호출을 보내고, 시각적인 타이머를 통해 반영된 후, 업데이트된 결과를 통해 화면에 표시된다.

예시

이 패턴을 잘 활용한 예로는 트위터 모바일 앱이 인기를 끄는 데 큰 기여를 한 기존 트위터 애플리케이션이 있다(그림 7.7 참고).

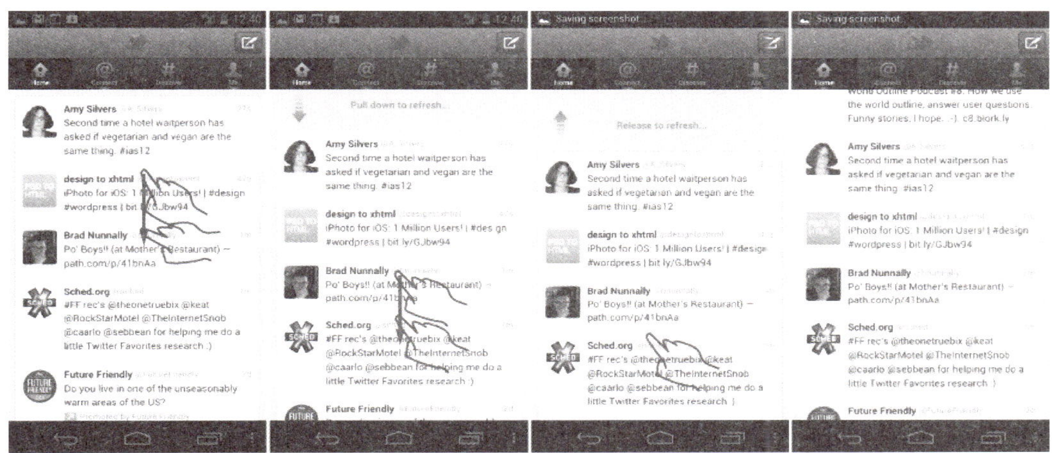

▶ 그림 7.7: 당겨서 새로고침 패턴은 트위터 앱에서 인기를 끌었다.

언제, 어디에서 사용하나

당겨서 새로고침 패턴은 가장 최근 순서로 정렬되는 긴 검색 결과나 업데이트 목록에서 사용하면 좋다. 이 패턴은 특히 소셜 업데이트 스트림, 메일 수신함, 그 외 자주 업데이트되는 다른 리스트에서 유용하다.

사용하는 이유

당겨서 새로고침 패턴은 버튼 대신 제스처를 사용한다. 이와 같은 제스처는 필요한 제스처를 분명하고 비강압적으로[1] 전달할 수 있을 때는 항상 권장한다. 당겨서 새로고침의 경우 필요한 제스처는 사용자가 결과를 위로 스크롤할 때 이미 사용하는 제스처이므로 행동이 자연스럽게 사용 방식에 녹아 있다.

사용자가 처음 결과를 로드하면 사용자는 보통 상단에 있는 가장 최신 업데이트를 보거나 검

---

[1] 비강압적(unobtrusive)인 방식은 사용자 경험에서 매우 중요하다. 경고창 등은 강압적인 방식의 대표적인 예이며, 시각적인 힌트를 통해 사용자의 행동을 방해하지 않으면서 정보를 제공하는 경우(새로고침 아이콘, 뱃지 업데이트 등)은 비강압적인 상호작용의 예다. 중요한 것은 현재 사용자의 행동을 가능한 한 방해하지 않아야 한다는 원칙이다.

색 결과를 먼저 보고 이어서 스크롤을 내리며 나머지 내용을 읽거나 찾는다. 사용자가 아래 내용을 충분히 읽은 후 최신 결과를 원하면 사용자는 자연스럽게 현재 로드된 결과의 상단이 나올 때까지 계속해서 위로 스크롤한다. 가장 위로 올라오면 최신 결과를 로드하려면 어떤 일을 해야 하는지 보여주는 워터마크가 표시된다. 이 과정은 사용자가 빠르게 결과를 스크롤하는 흐름 속에서 자연스럽게 일어난다.

이 패턴이 자연스럽게 느껴지는 요소가 한 가지 더 있다. 리스트를 당기는 동작은 서버에서 새 데이터를 '당겨오는' 과정과 유사하며, 고객의 멘탈 모델에 정확히 부합한다. 이 패턴은 모바일 및 태블릿 터치 기기의 독특한 기능을 활용해 데스크톱 웹 모델의 버튼과 링크를 대체하는 훌륭한 방식이다.

다른 활용법

이 패턴을 사용할 때는 대부분 가장 최근 항목 시간순으로 정렬된 검색 결과나 업데이트를 처리한다. 또 다른 응용 방법으로는 시간 대신 공간을 이동하는 방법이 있다. 예를 들어 사용자가 도시를 이동하면서 자신이 관심 있는 위치를 찾는 경우 도보로 이동할 수 있는 거리 내에 명소가 있는지 알고 싶어할 수 있다. 상호작용의 구체적인 목적에 따라 당겨서 새로고침 패턴은 거리순으로 가장 가까운 곳을 먼저 보여주는 형태로 정렬된 검색 결과를 보여줄 수도 있다. 이렇게 하면 사용자가 도시를 이동하면서 간단한 손가락 움직임만으로 주변에 관심 있는 명소들의 목록을 업데이트받을 수 있다.

반려동물 가게 애플리케이션

이 앱에서 당겨서 새로고침 기능을 활용할 만한 곳은 잃어버린 반려동물 목록을 업데이트하는 화면이다. 예를 들어 여러분이 반려동물을 잃어버렸다면 정기적으로 리스트를 아래로 당겨 주변 지역에서 새로 찾은 반려동물이 있는지 확인할 수 있다. 하지만 계속해서 이 리스트가 비어 있거나 내용이 바뀌지 않는데도 고객이 계속 이 작업을 하게 하는 것은 짜증을 유발할 수 있다. 리스트가 대부분 정적이라면 사용자에게 새로운 반려동물을 찾았다고 알려주는 푸시 알림(사용자가 직접 행동을 통해 실행하는 게 아니라 기기에서 자동으로 로드되는 경고창)을 사용하는 것을 고려하는 게 좋다. 물론 푸시 알림을 사용할 때도 폴링 기술을 자주 사용하지만 사용자 관점에서 보면 알림이 '푸시'되는 것이다.

태블릿 앱

당겨서 새로고침은 중형 및 대형 크기의 태블릿에서도 모바일 폰만큼 적합하다. 당겨서 새로고침하는 데 필요한 세로 공간은 기기의 크기와 결과를 스크롤하는 데 필요한 제스처의 범위에 비례해야 한다. 즉, 대형 태블릿에서는 더 오래 당기고, 당기는 제스처도 더 길게 해야 한다.

⚠️ 주의점

이 패턴이 멋지다는 이유로 무작정 사용하고 싶은 생각이 들 수 있지만 당겨서 새로고침 기능은 주로 정적인 콘텐츠를 처리하는 대부분의 검색 결과에 적합하지 않다. 리스트를 당겨서 놓았을 때도 같은 데이터가 나오는 것은 만족스럽지 않으며 리스트 상단에 있는 워터마크도 불필요한 방해 요소가 된다. 당겨서 새로고침이 적합하지 않은 또 다른 경우는 좋은 배우자감이나 가격처럼 빠르게 업데이트되지 않은 콘텐츠가 들어 있는 정렬된 리스트다.

주의할 점이 한 가지 더 있다. 당겨서 새로고침 패턴은 특허가 있다. 현재 트위터에서 이 디자인에 대한 특허를 갖고 있다. 물론 트위터에서 이 패턴을 사용하는 직접적인 경쟁자 외에 다른 사람을 고소할 일은 없겠지만 이 기능을 앱에서 사용할 생각이라면 이 점을 중요하게 고려해야 한다.

관련 패턴

없음

7.5 패턴: 메뉴에서의 검색

검색은 내비게이션 바 메뉴에서도 접근할 수 있는 옵션이다.

적용 방식

검색을 수행하려면 사용자가 폰의 내비게이션 바(뒤로 가기, 홈, 최근 버튼도 들어 있는)에 있는 메뉴 버튼을 탭해야 한다. 그런 다음 검색 옵션을 선택한다. 검색을 탭한 후에는 결과 페이지에서 저장된 검색, 검색 개선 옵션, 인기 검색, 주변 위치 중 한 가지 이상을 보여줄 수 있다.

📊 예시

아마존 앱(그림 7.8)에서 사용자는 내비게이션 바에 있는 메뉴에서 돋보기를 탭해 검색 기능에 접근한다.

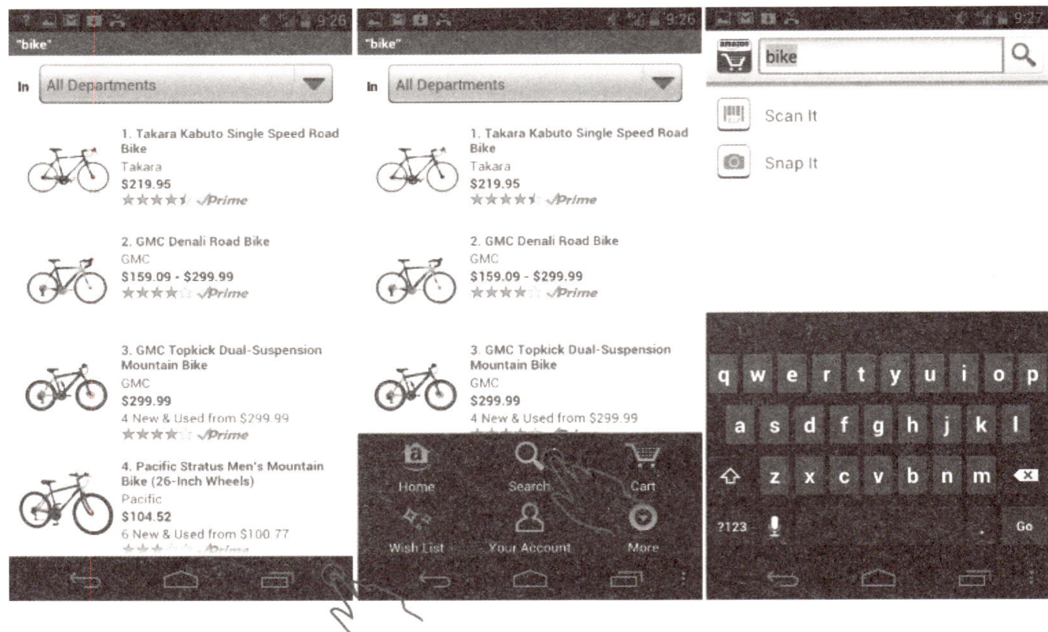

▶ 그림 7.8: 아마존 앱은 메뉴 패턴에서 검색을 사용한다.

검색 결과 페이지에서는 이전 검색어와 대체 검색어 목록을 보여주는데, 이 경우 고객이 내장 카메라로 스캔할 수 있는 사진이나 바코드다. 메뉴는 폰의 내비게이션 바에서 열리고, 이 메뉴는 앱의 메뉴 기능을 추가하기 위해 동적으로 수정된다.

언제, 어디에서 사용하나

오늘날 몇몇 앱에서 사용하고 있기는 하지만 이 패턴은 이제 더 이상 권장하지 않는다. 안드로이드 4.0에서 대부분의 네이티브 구글 앱은 앱의 액션 바나 오버플로우 메뉴에 검색 버튼을 갖고 있다(나중에 나올 '7.6 패턴: 액션 바에서의 검색' 절 참고). 메뉴에서의 검색은 과거 안드로이드 버전과 안드로이드 4.0 사이에서 앱을 이어주기 위해 아직까지도 잠깐 사용하는 과도기적 패턴이다(적어도 안드로이드 4.0 정책이 등장하기 전까지).

사용하는 이유

이 패턴은 과거 안드로이드 OS 구현체에서 유래한 인기 있는 패턴이다. 과거 OS에서는 앱의 메뉴 버튼을 기기의 내비게이션 바에 항상 두도록 권장했다. 이런 편리한 패턴은 디자이너들이 검색을 나머지 내비게이션 기능으로부터 숨길 수 있게 해줬으며, 그 덕분에 종종 추가적인 액션 바가 필요 없게 됐다. 이 방식은 단순한 인터페이스와 '더 큰' 세로 공간을 사용할 수 있으므로 제품이나 콘텐츠에 더 많은 화면 공간을 사용할 수 있다는 장점이 있다.

다른 활용법

일부 과거 안드로이드 구현체(특히 모토롤라와 LG 하드웨어)는 검색에 전용 하드웨어 버튼을 제공한다. 이 버튼을 탭하면 내비게이션 바에서 메뉴 버튼을 탭하고 메뉴에서 검색을 선택하는 것과 같다.

이런 전용 하드웨어 검색 버튼은 안드로이드 4.0에서 실행되도록 설계된 최신 하드웨어에서는 사라졌다. 장기적으로 이런 추세가 어떤 의미를 지닐지는 알 수 없지만 단기적으로는 메뉴에서의 검색과 액션 바 검색 디자인 패턴이 전용 하드웨어 버튼보다 우선시될 것으로 보인다.

반려동물 가게 애플리케이션

반려동물 가게 앱에서 이 패턴을 구현할 때는 검색 페이지에 집어넣을 옵션이 두 개 있다. 한 옵션은 대체 입력 방식(그림 7.8의 아마존 앱 참고)을 제공하는 것이고, 다른 옵션은 이전 검색어와 필터링 및 정렬 같은 검색 개선 기능이다. 그림 7.9에서는 이전 검색어를 보여준다.

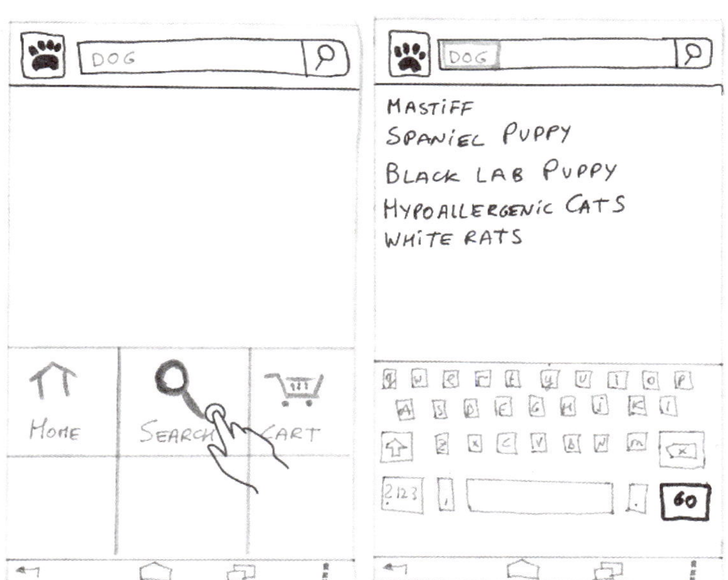

▶ 그림 7.9: 반려동물 가게 앱에서 메뉴 검색을 누르자 이전 검색어가 보인다.

바코드 스캔, 사진, 음성, NFC 같은 대체 검색 메커니즘을 보여줄 때는 최근 검색어를 그룹 버튼(최근 검색)으로 보여줄 수 있다. 물론 이 방식은 실제로 리스트에 이전 검색어를 보여주는 것보다는 효과가 떨어진다. 어떤 전략을 사용하든, 이 그림에 나온 것처럼 현재 검색어를 강조(선택)하고 검색을 다시 시작하기 쉽게 ⊠나 지우기 버튼을 제공해야 한다.

태블릿 앱

태블릿에서는 보통 이 패턴을 사용할 필요가 없다. 태블릿에는 전용 검색 상자를 둘 수 있는 공간이 충분하고, 액션 바 패턴을 사용해 검색을 수행할 수 있기 때문이다.

또 메뉴에서의 검색 패턴은 인체공학적으로 대부분의 다른 태블릿 검색 패턴에 못 미친다. 그 이유는 메뉴 버튼이 계속 움직이기 때문이다. 세로 모드에서는 태블릿의 내비게이션 바가 기기 하단에 있으므로 일반적으로 태블릿을 보는 위치에서 메뉴에 접근하는 게 어색하다(인체공학에 대해서는 3장 '안드로이드 파편화'를 읽어보자).

⚠ 주의점

이 패턴은 안드로이드 4.0에서 더 이상 권장하지 않을뿐더러 메뉴에서의 검색은 키워드 검색과 개선 기능을 분리하는 결과로 이어질 수 있다. '7.9 안티패턴: 검색과 개선 기능의 분리' 절을 참고하자.

관련 패턴

7.6 패턴: 액션 바에서의 검색
8.4 패턴: 병렬적 아키텍처
7.9 안티패턴: 검색과 개선 기능의 분리

7.6 패턴 : 액션 바에서의 검색

사용자가 앱의 액션 바에 있는 전용 버튼을 통해 검색에 접근한다.

적용 방식

검색 버튼(보통 돋보기 아이콘 스타일을 적용한)이 상단이나 하단 액션 바에 보인다. 사용자가 검색을 탭하면 결과 페이지에서 저장된 검색어, 검색 개선 옵션, 인기 검색어, 주변 위치 중 한 가지 이상을 보여준다.

📊 예시

구글 플러스는 이 패턴을 잘 보여주는 대표적인 사례다(그림 7.10 참고).

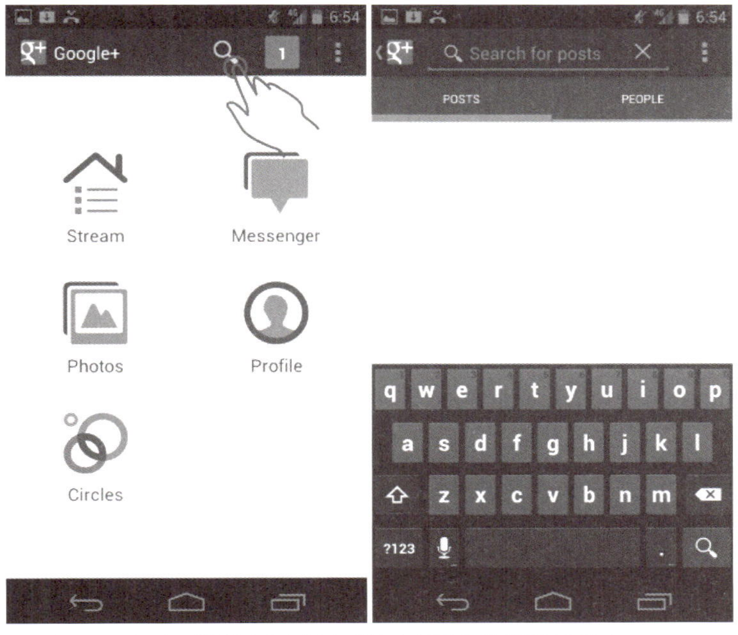

▶ 그림 7.10: 구글 플러스 앱은 앱의 상단에 있는 액션 바 패턴을 통해 검색을 사용한다.

구글 플러스는 상단 액션 바에서 전용 검색 버튼을 제공한다. 검색 버튼을 탭하면 사용자는 포스트와 사람이라는 두 개의 하위 영역이 탭으로 표시된 전용 탭 검색 페이지로 이동한다. 9장 '결과 없는 화면 및 원하지 않는 결과 피하기'에서 설명하겠지만 탭은 검색에서 자주 사용하는 패턴이다.

액션 바에서 전용 검색 버튼을 사용하는 또 다른 예로는 안드로이드 메시지 앱이 있다.

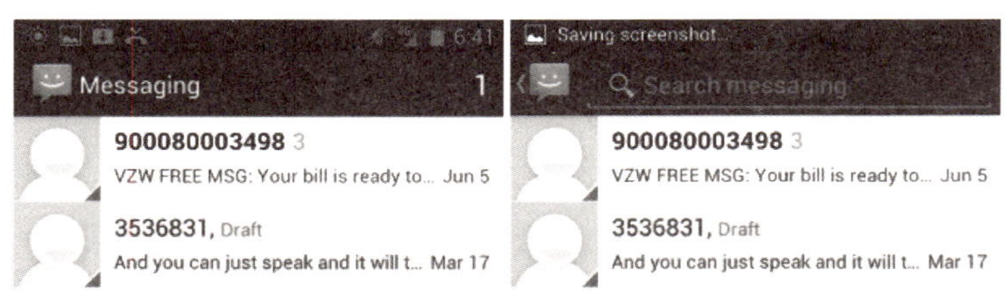

▶ 그림 7.11: 안드로이드 메시지 앱에서는 액션 바에서의 검색 패턴을 화면 하단의 분할 액션 바에서 사용한다.

메시지 앱에서 검색 버튼은 화면 하단에 있는 분할 액션 바 가운데에 있다. 물론 비일관적일 수도 있다. 하지만 화면상에서 컨트롤을 비교적 자유롭게 배치할 수 있는 특징은 안드로이드 DNA에서 큰 부분을 차지한다(2장 '안드로이드의 차별점' 참고).

언제, 어디에서 사용하나

앱에 공간을 차지하는 액션 바가 있고 검색이 고객에게 중요하다면 이 패턴이 훌륭한 선택이 될 수 있다. 인체공학적으로 검색 버튼은 분할 액션 바의 하단에 두는 게 한 손으로 기능에 접근하기에 좀 더 수월하다.

사용하는 이유

이 사안에 대한 공식적인 입장은 전혀 모르지만 필자가 보기에 구글 안드로이드 팀은 메뉴에서의 검색 패턴을 액션 바에서의 검색 패턴으로 바꾸기 위해 정말 많은 노력을 했다. 적어도 안드로이드 4.0의 네이티브 구글 앱에서는 그렇다. 이는 검색이 구글에게 그만큼 중요함을 강력히 시사한다. 마찬가지로 검색이 여러분에게 중요하다면 이 패턴은 훌륭한 선택이 될 수 있으며, 현재 다소 '공식적(안드로이드 내의 모든 것이 공식적으로 간주되는 한)'인 기능이다.

다른 활용법

실행하는 하드웨어의 크기로 인해 앱 화면의 실제 공간이 줄어들 때 1장 '안드로이드용 디자인:사례 연구'에서 설명한 것처럼 일부 액션 바는 오버플로우 메뉴 안으로 이동한다. 이 경우 액션 바에 보이는 검색 기능도 오버플로우 메뉴 안으로 들어갈 수 있다. 검색 기능에 접근하려면 고객은 오버플로우 메뉴를 탭하고 검색을 선택하면 된다.

반려동물 가게 애플리케이션

그림 7.12에 보이는 액션 바에서의 검색 패턴을 그림 7.9에 나온 메뉴에서의 검색 패턴과 서로 비교해보자.

▶ 그림 7.12: 반려동물 가게 앱의 액션 바에서의 검색 기능

두 패턴 모두 애플리케이션 내 어디에서나 검색 페이지에 접근할 수 있게 해주고 같은 검색 페이지 디자인을 사용한다. 하지만 액션 바에서의 검색 패턴은 앱 바에 있는 전용 버튼을 한 번 탭해 바로 수행할 수 있는 데 반해 메뉴에서의 검색 패턴에서는 탭을 두 번 해야 한다. 액션 바에서의 검색은 추가 탭을 줄여주고, 검색 기능을 고객에게 훨씬 더 확실히 심어준다. 하지만 단점도 있다. 이 패턴을 사용하려면 액션 바를 추가해야 하므로 콘텐츠나 제품을 볼 수 있는 소중한 세로 공간이 그만큼 줄어든다.

태블릿 앱

이 패턴은 태블릿 앱에서 사용하는 표준 검색 패턴이다. 하지만 검색 아이콘을 액션 바 중앙에 놓는 표준 상단 액션 바 레이아웃을 사용하면(그림 7.11의 메시지 앱 참고) 고객들은 이 버튼을 자주 사용할 경우 조시 클라크가 '태블릿 팔꿈치'라고 말한 상황을 겪게 된다(자세한 내용은 3장 참고). 이 버튼을 두기에 좀 더 적합한 위치는 기기의 모서리를 따라 수직으로 배치된 내비게이션 바 좌우측이다(태블릿 전용 패턴에 대해서는 14장을 참고).

주의점

메뉴에서의 검색과 마찬가지로 액션 바에서의 검색도 키워드 검색어를 검색어 개선 기능과 분리시킬 수 있다. '7.9 안티패턴:검색과 개선 기능의 분리' 절을 참고하자.

관련 패턴

7.5 패턴: 메뉴에서의 검색

8.5 패턴: 탭

7.9 안티패턴: 검색과 개선 기능의 분리

7.7 패턴: 전용 검색

검색 상자를 검색 결과 상단에 두며 스크롤되지 않는다.

적용 방식

검색 상자가 검색 결과 상단에 있다. 사용자는 키워드 검색어를 쉽게 수정하고 조절할 수 있다. 종종 검색 개선(필터) 버튼이 검색 상자 왼쪽이나 오른쪽에 표시된다.

예시

이 패턴을 잘 보여주는 예로는 그림 7.13에 나온 옐프 앱이 있다.

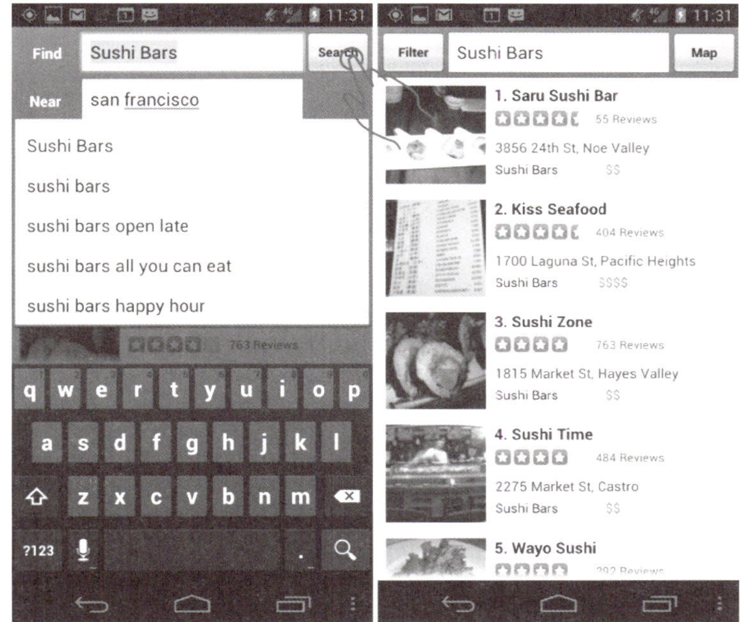

▶ 그림 7.13: 옐프 앱에는 전용 검색 패턴이 잘 나와 있다.

옐프 앱의 전용 검색 상자는 검색 결과 상단에 있고 검색 결과가 스크롤될 때 같이 스크롤되지 않는다. 아울러 필터, 지도 같은 검색 툴은 검색 상자와 같은 위치에 있다.

언제, 어디에서 사용하나

검색이 주요 기능일 때는 전용 검색 패턴이 훌륭한 선택이 될 수 있다. 전용 검색 패턴에서는 어떤 키워드 검색어가 어떤 결과를 보여주는지 분명히 알 수 있고 검색어를 바꾸고 다른 개선 기능에 접근할 수 있는 전용 툴을 제공한다.

사용하는 이유

피터 모빌과 제프 캘린더가 Search Patterns(오라일리 출판사, 2010년)에서 말한 것처럼 "우리가 찾아낸 것은 우리가 찾으려고 하는 것을 바꾼다." 이 말이 모바일 세계만큼 잘 들어맞는 곳도 없다. 모바일 세계에서는 입력하는 게 불편하므로 사람들은 한 번에 여러 가지 작업을 하지 못한다. 사람들은 일반적인 내용으로 시작해 빠르게 기능을 개선하고, 개선 기능을 통해 키워드 검색어를 바꾸고 싶어 한다. 전용 검색 패턴은 더할 나위 없는 단순함과 우아함으로 이런 필요를 채워준다. 사용자가 입력한 본래 키워드는 결과 상단에 항상 표시되고 손쉽게 수정할 수 있게 검색 상자에도 그대로 남아 있다.

다른 활용법

키워드 검색어와 함께 추가 필터와 정렬 옵션을 사용하면 전용 검색 패턴은 필터 및 개선된 검색어를 보여주는 필터 스트립 패턴(8장 '정렬 및 필터링' 참고)과도 잘 조합된다. 둘을 함께 활용하면 두 패턴은 복잡한 검색어의 전체 내용을 사용자에게 보여줄 수 있다.

반려동물 가게 애플리케이션

그림 7.14에서는 전용 검색 패턴의 구현체를 보여준다.

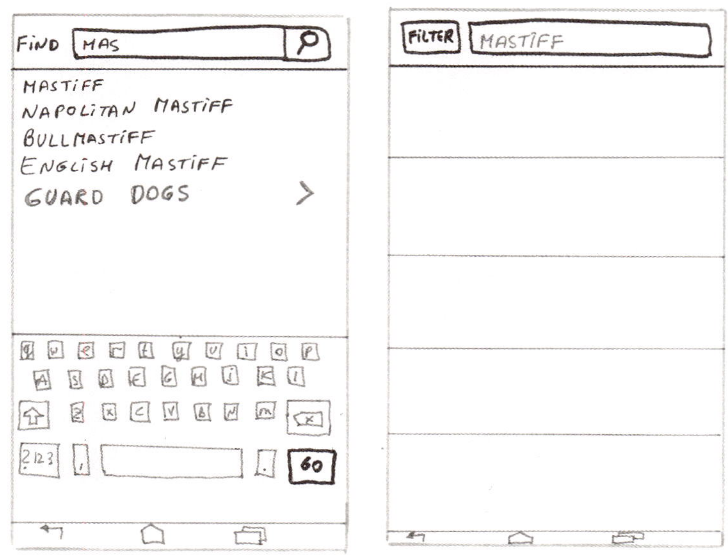

▶ 그림 7.14: 반려동물 가게 앱에서 전용 검색 패턴을 사용한 화면이다.

이 패턴은 사용자가 검색을 자주 사용하는 경우 반려동물 가게 앱에서 환상적인 패턴이 될 수 있다.

태블릿 앱

태블릿은 모바일 폰보다 화면 제약이 훨씬 덜하다. 검색을 사용하는 대부분의 앱에서는 전용 검색 상자를 두는 게 좋다. 전용 검색 상자를 앱의 모든 페이지 상단에 두는 것만으로 전용 검색 패턴을 멋지게 구현할 수 있다.

⚠ 주의점

페이지 상단에 전용 검색 상자를 둔다고 해서 사용자의 과거 검색 기록이나 자동 교정 기능을 포기해야 한다는 뜻은 아니다. 과거 검색 기록은 검색 상자 아래에서 레이어를 통해 쉽게 보여줄 수 있다는 점을 기억하자('7.2 패턴:자동 완성 및 자동 추천' 참고).

작은 기기에서는 이 패턴이 비교적 세로 공간을 많이 차지한다(전체 화면 공간의 20~30%). 아울러 고객에게 보여줄 수 있는 상품 개수나 콘텐츠도 크게 줄어든다. 전용 검색 패턴은 마치 책장에 섹션 제목을 알려주는 영역이 커서 책장에 보관할 수 있는 책이 줄어드는 것과 마찬가지다. 항상 나쁜 것은 아니지만, 이 점만은 염두에 둬야 한다.

관련 패턴

8.3 패턴: 필터 스트립
7.2 패턴: 자동 완성 및 자동 추천

7.8 패턴: 콘텐츠 페이지에서의 검색

검색 상자가 검색 결과 상단에 콘텐츠 페이지 일부로서 존재하며, 나머지 콘텐츠와 함께 스크롤된다. 이 패턴은 전용 검색 패턴을 대신할 수 있는 패턴이다.

적용 방식

이 패턴의 기본 전제는 검색 상자가 콘텐츠 페이지의 일부라는 것이다. 페이지가 처음 로드되면 검색 상자가 사용자에게 보인다. 사용자가 콘텐츠 페이지를 아래로 스크롤하면 검색 상자도 나머지 콘텐츠와 함께 스크롤해 사라진다. 검색을 하려면 사용자는 페이지 상단으로 이동해야 한다.

예시

트위터 앱은 iOS와 안드로이드에서 일관된 인터페이스를 만들기 위해 노력했고, 그 결과 콘텐츠 페이지에서의 검색 패턴을 잘 보여주고 있다(그림 7.15 참고).

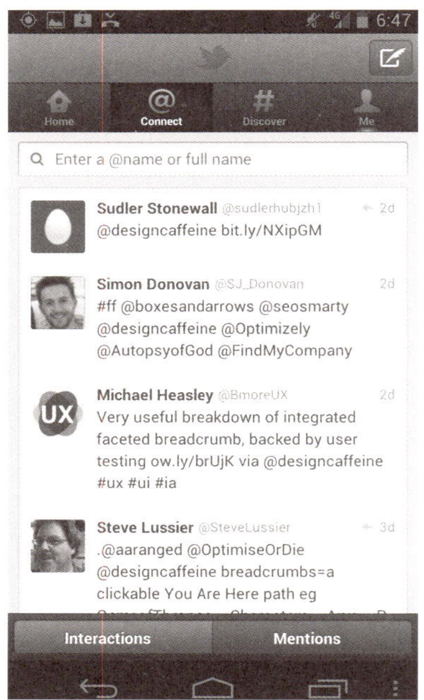

▶ 그림 7.15: 트위터 앱에서 콘텐츠 페이지 내 검색 패턴을 사용하는 방식

이 패턴은 앞서 설명한 당겨서 새로고침 패턴과도 잘 어울린다.

언제, 어디에서 사용하나

콘텐츠가 중심이 되는 화면이 있고 가끔씩 검색을 사용해야 하는 경우라면 콘텐츠 페이지 내 검색이 훌륭한 옵션이 될 수 있다. 하지만 이때는 사용자가 키워드 검색만 사용하고 싶어 하고, 정렬 순서가 명확하며 바뀔 필요가 없어야 한다. 또 이 패턴을 사용하면 검색 개선 기능이 어색해지는 만큼 사람들이 검색 개선 기능을 전혀 사용할 필요가 없는 경우가 가장 이상적이다.

사용하는 이유

이 패턴은 iOS에서는 인기가 있지만 현재 안드로이드에서는 거의 사용되지 않는다. 하지만 이 패턴은 특정 애플리케이션에서는 매우 이상적이므로 이런 현실은 다소 안타깝다. 특히 콘텐츠가 중심이 되는 이름 목록이나 업데이트 같은 활동 스트림(잘 찾거나 검색하지 않는)은 이 패턴을 사용하기에 매우 적합하다.

콘텐츠 페이지 내 검색 패턴에서는 검색을 쉽게 사용할 수 있게 해주면서 전용 검색 패턴처럼 계속해서 검색 기능이 화면 공간을 차지하지 않게 한다.

다른 활용법

iOS에서는 인기가 있지만 안드로이드에서는 거의 알려지지 않은 한 가지 응용 방법은 '스크롤 해서 검색하기'다. 콘텐츠 페이지가 로드되면 검색 상자가 페이지 상단에 숨어 있다. 페이지를 아래로 당기면 페이지의 콘텐츠 안에 들어 있던 검색 상자가 나타난다. 검색을 수행하면 결과 페이지가 검색 상자와 검색어를 보여준다.

반려동물 가게 애플리케이션

이 패턴은 검색 개선 기능을 사용하기에 부적합하므로 전자 상거래에는 적합하지 않다. 하지 만 이 패턴은 검색을 잘 하지 않고 키워드로만 검색하는 업데이트 스트림이나 동물 뉴스 섹션 에 사용할 수 있다(그림 7.16 참고).

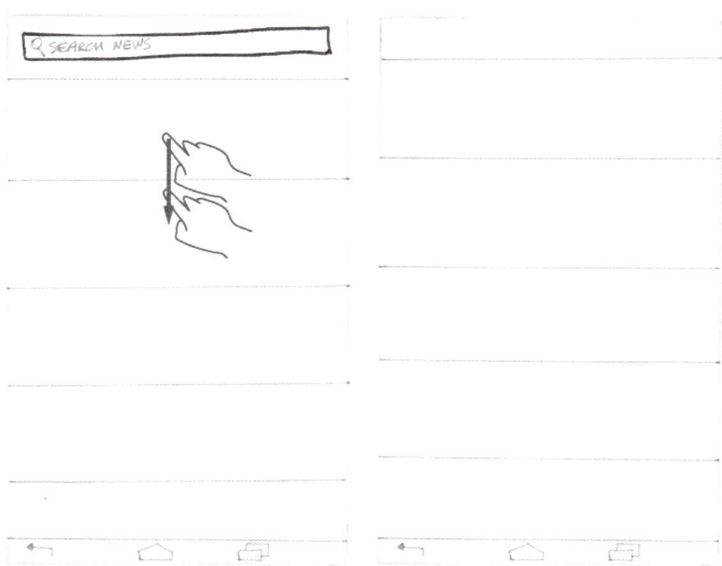

▶ 그림 7.16: 콘텐츠 페이지 내 검색 패턴을 반려동물 가게 앱의 동물 뉴스 섹션에 사용한 모습

태블릿 앱

이 패턴은 공간을 줄이는 게 가장 큰 목적이다. 하지만 태블릿에서는 공간이 충분하므로 이 패 턴이 더는 필요하지 않다. 그렇지만 이 패턴은 쉽게 구현할 수 있으므로 여전히 태블릿에서 활 용할 여지가 있다.

이 패턴은 현재 안드로이드 플랫폼에서 거의 사용되지 않지만 iOS에서는 매우 보편화됐다. 이렇게 된 이유는 분명하지 않다. 한 가지 가능성을 생각해보면 iOS에서는 상단 앱 바의 가운데를 한 번 탭해 페이지 상단으로 빠르게 이동(검색 상자로 점프)할 수 있다. 하지만 안드로이드 OS에서는 화면 상단이 주로 알림 스트립으로 채워져 있으므로 이처럼 페이지 상단으로 바로 이동하는 기능을 사용할 수 없다. 이런 문제는 안드로이드에서 콘텐츠 페이지 내 검색 기능을 사용하는 데 자주 문제를 일으킨다. 사용자가 검색 상자를 보려면 페이지 상단으로 힘들게 스크롤해야 하기 때문이다.

'다른 활용법' 절에서 설명한 이 패턴의 응용 방식인 '스크롤해서 검색'의 경우 그 이유는 훨씬 더 단순하지만 좀 더 내부 사정과 관련 있다. 현재 이 패턴의 사용 제약에 대해 필자는 아는 바가 없지만 아마도 애플이 이 패턴에 대한 특허를 보유하고 있을 가능성이 있다. 따라서 안드로이드 앱에서는 일반적으로 이 패턴을 사용할 수 없다(또는 대형 안드로이드 기기에는 해당되지 않지만 iOS에서는 단순히 화면 제약으로 인해 이 패턴이 더 인기가 있을 수도 있다). 의심이 든다면 '예시' 절에서 설명한 트위터에서 구현한 이 패턴의 단순 버전을 사용하자.

관련 패턴

7.7 패턴: 전용 검색
7.4 패턴: 당겨서 새로고침

⊘ 7.9 안티패턴: 검색과 개선 기능의 분리

검색 개선 결과를 두 세 번의 탭 했을 때 키워드 검색 상자가 지워진다면 이상한 사용자 경험이 초래된다.

언제, 어디에서 일어나나

키워드 검색어와 복잡한 검색 개선 옵션을 분리할 때는 항상 주의해야 한다. iOS에서는 이런 일을 자주 볼 수 있지만 이는 안티패턴이다. 특히 메뉴나 액션 바에서의 검색 결과로 전용 검색 페이지를 자주 보여주는 안드로이드에서는 큰 문제다.

◳ 예시

성공적인 앱을 맹목적으로 따라 하다가 조금 다른 패러다임을 적용하려고 하면 일을 그르치기가 쉽다. 예를 들어 아마존 앱에서는 페이지 내 위치한 간단한 필터 드롭다운을 나머지 콘텐츠와 함께 사용해 메뉴에서의 검색 기능과 별도 키워드 검색 페이지를 구현하고 있다(그림 7.8 참고).

이 아마존 앱의 검색과 필터 스키마를 그림 7.17에 보이는 TheFind앱과 비교해보자.

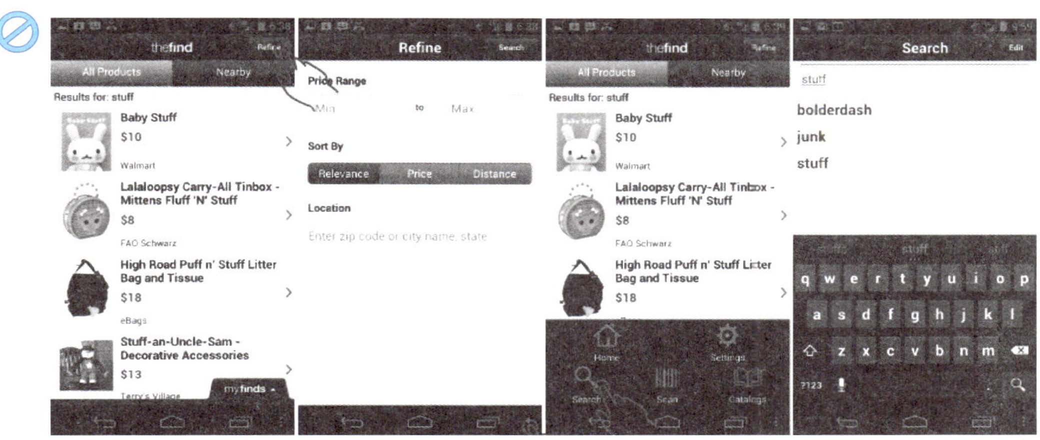

▶ 그림 7.17: TheFind 앱의 안티패턴에서는 키워드 검색 기능이 나머지 검색 개선 기능과 어색하게 분리돼 있다.

검색 개선 페이지는 여러 텍스트 필드가 들어 있는 전용 페이지다. 이 페이지에서는 한 가지가 빠져 있는 점이 눈에 띈다. 바로 키워드 검색 상자다. 검색어에서 키워드를 바꾸려면 사용자는 메뉴 버튼을 탭하고 검색을 탭해야 한다. 이와 같은 분리 방식은 매우 인위적이고 어색하므로 삼가야 한다.

삼가야 하는 이유

대부분의 사람들이 생각하기에 검색은 반복적인 과정이다(피터 모빌의 "우리가 찾아낸 것은 우리가 찾는 것을 바꾼다"는 말을 기억하자). 따라서 검색 기능을 사용하고 있는 사용자의 마음 속에는 키워드, 필터, 정렬 옵션에 대한 구분이 거의 없다. 이들 요소는 모두 우리가 원하는 것을 찾게 해주는 도구일 뿐이다. 검색과 개선 기능을 분리하는 것은 키워드 검색과 나머지를 모두 분리하므로 안티패턴이다. 이는 사용자가 원하는 것도 아니고 사용자에게 필요하지도 않다. 검색과 개선 기능의 분리는 각기 다른 검색어 사이의 연계성을 깨뜨리며 우리가 자연스러운 흐름 속에서 검색하는 것을 어렵게 한다.

8장에서 다루는 병렬적 아키텍처나 간단한 패시티브 검색 패턴은 좀 더 유용한 설정을 제공해준다.

추가 고려 사항

종종 인식하는 게 어렵기는 하지만 홈페이지와 검색 결과 페이지에서 검색을 다른 방식으로 보여줄 때 검색 및 결과 분리 안티패턴도 나타난다. 예를 들어 TheFind 앱에서는 그림 7.18에 나온 것처럼 홈페이지와는 다른 검색 결과를 제공한다.

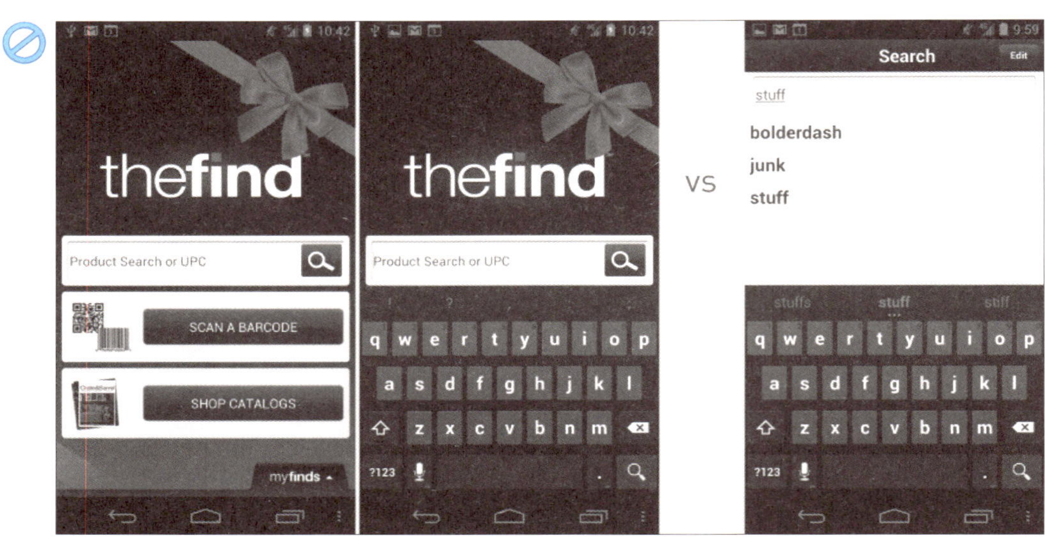

▶ 그림 7.18: 이 안티패턴에서는 TheFind 홈페이지와 전용 검색 페이지의 키워드 검색 위치가 약간 다르다.

얼핏 보기에는 비슷한 검색 기능을 갖춘 것 같지만(예를 들어 둘 다 검색 개선 기능이 없다) 홈페이지 검색에서는 전용 검색 페이지에는 있는 이전 검색 히스토리 위젯이 없다. 이와 같은 '별도 홈페이지 검색' 안티패턴은 검색 및 개선 기능을 분리하는 안티패턴의 자식이다. 이런 패턴은 쉽게 길을 잃는 사용자에게는 매우 바람직하지 않다.

아쉽지만 이런 상황은 꽤 자주 일어나며 인식하고 예방하는 게 훨씬 더 어렵다. 이 문제를 해결하는 두 가지 해결책은 홈 페이지를 기본 검색 페이지로 두는 병렬적 아키텍처 패턴과 일관된 검색 상자와 검색 결과 페이지를 보여주는 전용 검색 페이지 패턴이 있다.

일반적으로 같은 검색 기능을 모든 검색 상자에서 제공하는 게 바람직하다. 히스토리와 자동 추천 기능을 한 곳에서 제공했다면 기본 검색 상자를 사용하는 곳이라면 모두 이 기능을 사용해야 한다. 또, 다른 검색을 수행하는 위치를 여러 곳 두지도 말아야 한다. 이렇게 하면 사람들이 길을 쉽게 잃어버리고 검색 기능 자체를 포기하게 된다.

정렬 및 필터링

사용자에게 자신이 필요한 정보를 찾는 과정이 제대로 진행되고 있다는 확신을 심어준 다음에는 모바일 컨텍스트에 맞게 적당한 크기로 데이터를 줄일 수 있게 도와줘야 한다. 이때는 이 장에서 소개하는 정렬 및 필터링 디자인 패턴이 큰 도움이 된다. 히스토그램 슬라이더(10장 '데이터 입력')와 필터 가속기(11장 '폼') 같은 실험적인 패턴도 대부분 정렬 및 필터링에 활용할 수 있으므로 해당 장에서 관련 절을 확인하자.

⊘ 8.1 안티패턴: 무능력한 개선 기능

개선 패턴에 대해 얘기하기 전에 한 가지를 명확히 하고 싶다. 바로 모바일 웹은 데스크톱 웹만큼 좋거나 혹은 더 좋아야 한다는 점이다. 무능력한 개선 기능은 어떤 대가를 치르더라도 꼭 피해야 할 UX 안티패턴이다.

언제, 어디에서 나타나나

모바일이나 태블릿 검색 결과를 필터링하거나 정렬하는 옵션이 있을 때면 한두 개의 개선 옵션만 들어 있는 최소한의 인터페이스를 제공하려는 유혹에 빠지기 쉽다. 이와 같이 검색 개선 기능을 한 단계로 제한하는 모바일 인터페이스는 여러 번의 연속적인 개선 단계를 통해 진행되는 검색 경험의 흐름을 근본적으로 방해한다.

예시

아마존은 전반적으로 굉장히 큰 성공을 거뒀고 수익성도 좋기는 하지만, 지나치게 단순화된 필터링 프로세스의 전형을 보여준다.

모바일 앱에서 사용할 수 있는 유일한 개선 옵션인 Department(그림 8.1 참고)와 데스크톱 브라우저에서 'Harry Potter'를 검색했을 때 사용할 수 있는 다양한 필터 및 정렬 옵션(그림 8.2 참고)을 비교해보자.

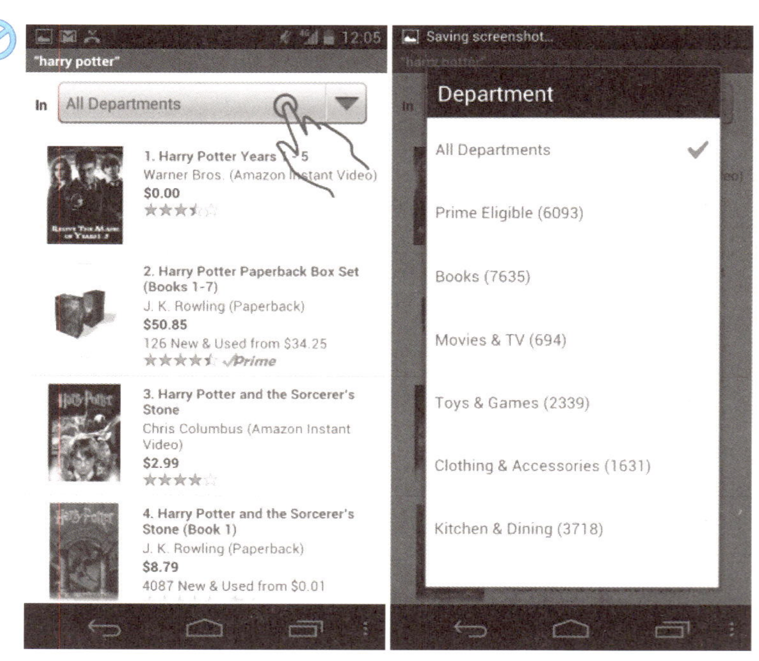

▶ 그림 8.1: 아마존 앱에는 무능력한 개선 기능 안티패턴의 예시가 들어 있다.

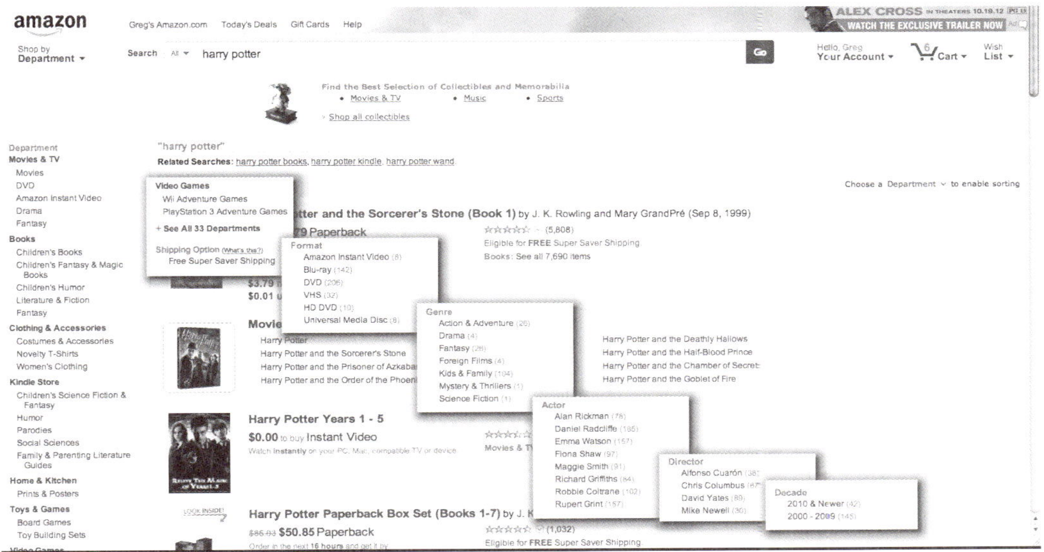

▶ 그림 8.2: 아마존 웹사이트에서는 다양한 필터 및 정렬 옵션을 사용할 수 있다.

이 그림만 봐도 모바일 앱에서 기능이 심각하게 결여돼 있는 것을 알 수 있다. 하지만 실제 UX 문제는 훨씬 더 심각하다. 일반적인 검색 흐름은 여러 번의 개선 및 변경 과정으로 이뤄지고, 각 단계에서는 사용자가 다음으로 할 일을 직접적으로 알려줘야 한다. 아마존 모바일 앱에서 개선 기능은 1단계 작업으로 설계돼 있으므로 인터페이스에서 최초 키워드를 전혀 변경할 수 없다. 실제로 검색어를 변경하면 전체 검색이 초기화된다(그림 8.3 참고).

그림 8.3에 그림으로 나온 검색 과정에서 사용자는 Harry Potter를 검색해 광범위한 검색을 시작했다. 자신의 조카가 DVD를 갖고 싶다는 것을 기억한 사용자는 Movies & TV 카테고리를 선택한다. 검색 결과에 있는 항목들을 보면서 사용자는 첫 번째 영화인 Harry Potter and the Sorcerer's Stone(해리포터와 마법사의 돌)과 관련한 모든 구매 옵션을 보고 싶다는 사실을 깨달았고, Menu 버튼을 탭하고 Search를 한 번 더 선택해 전체 이름이 모두 들어가도록 검색어를 Harry Potter and the Sorcerer's Stone으로 수정한다. 하지만 이렇게 하면 사용자는 예상과 달리 카테고리가 All Departments로 초기화되는 것을 보게 된다. 즉, 자신이 필터링한 내용은 모두 사라지고, 검색 흐름도 끊기게 되는 것이다.

가장 좋은 모바일 인터페이스는 여러 단계의 검색 개선 기능을 지원하며 고객이 데스크톱 인터페이스 수준의 작업을 할 수 있게 해준다.

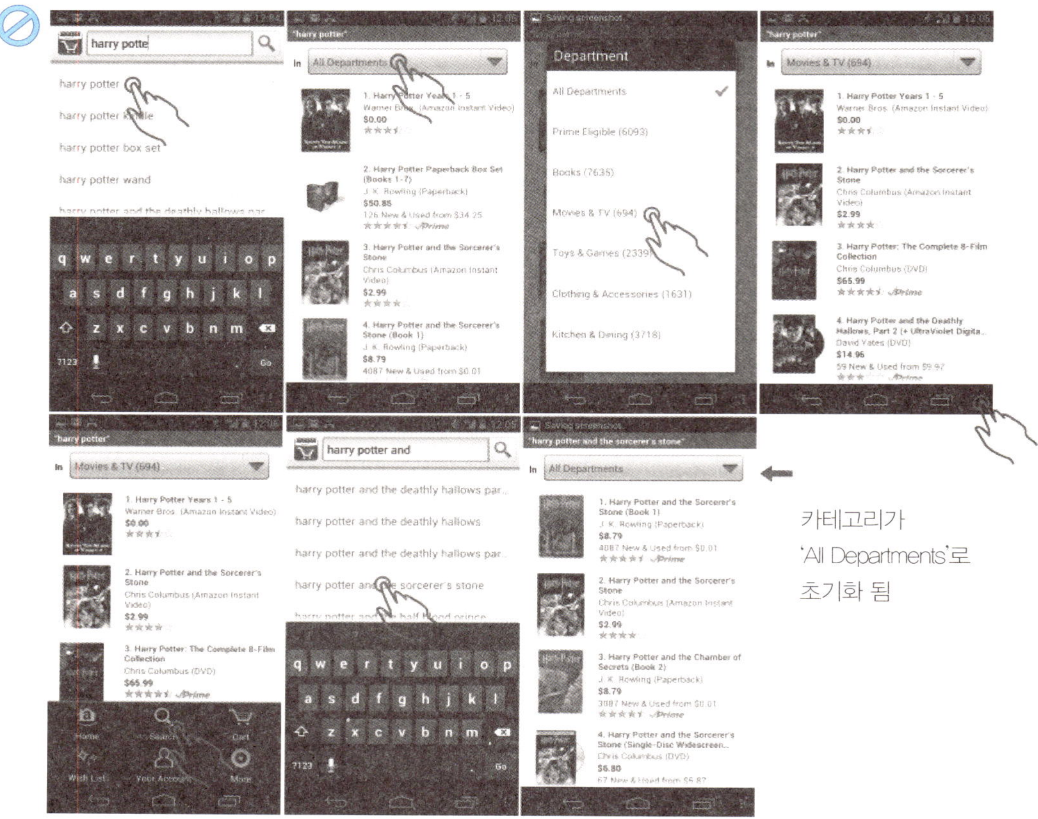

▶ 그림 8.3: 아마존 모바일 앱은 여러 단계 개선 기능을 지원하지 않는다.

삼가야 하는 이유

에드워드 터프트(데이터의 '다빈치'라고 부르는)는 "명료성(clarity)과 단순성(simplicity)은 소박함(simple-mindedness)과는 정반대다"라는 유명한 말을 했다. 모바일과 태블릿 디자인만큼 이 말이 적합한 곳도 드물다. 모바일과 태블릿 앱은 데스크톱 웹 필터를(전부는 아닐지언정) 대부분 지원해야 하며 다단계 개선 검색 흐름을 지원해야 한다.

모바일 사용자가 처리하기에는 지나치게 많다는 생각 때문에 기능을 줄이려고 한다면 다시 생각하자. 페이스북의 초기 버전에서 보듯 제한된 기능의 앱을 사용해본 사용자들에 따르면 사용자들은 모바일 앱에서 더 많은 기능을 사용하고 싶어한다는 게 명확히 드러났다. 기능을 축소하기보다는 내장 센서와 기기의 제약 사항을 잘 활용한 필터 및 정렬 기능을 제공하는 방법을 생각해야 한다.

멋진 모바일 디자인의 핵심은 고객이 더 많은 일을 하게 하는 게 아니라 더 많은 것을 누릴 수 있게 하는 데 있다. 즉, 더 많은 능력과 경험을 통한 더 많은 가치를 전달하는 것이다. 잘 디자인된 모바일 인터페이스의 센서 데이터를 활용해 고객의 컨텍스트로부터 더 많은 정보를 유추할 수 있으므로 사람들이 더 적은 작업을 하게끔 한다. 사람들은 모바일 기기에서 더 많은 것을 원하고 기대한다. 이 말은 사람들이 모바일 기기에서 더 적은 일을 하고 싶어 한다는 뜻이다. 핵심은 컨텍스트와 실제 사용자들의 필요이지, 어떤 추상적인 원칙에 따라 더 많거나 적은 일을 하는 게 아니다. 이 장의 나머지 부분에 나와 있는 패턴들을 가이드로 삼아 가능한 한 빨리 테스트를 수행하고, 종종 타깃 고객을 대상으로 테스트를 하자.

관련 패턴

이 장의 모든 패턴

8.2 패턴: 개선 페이지

검색 결과에서는 별도 페이지나 라이트박스를 통해 정렬 및 필터 옵션을 저공한다.

적용 방식

사용자가 검색어를 개선하려고 하면 필터 및 정렬 옵션과 더불어 현재 검색을 다시 시작할 수 있는 '이동' 버튼이 들어 있는 전용 페이지나 라이트박스를 활용할 수 있다. 선택적으로 검색에 적용된 개선 결과는 필터 스트립 디자인 패턴을 사용해 고객에게 보여줄 수도 있다(필터 스트립은 8.3절에서 다룬다).

📊 예시

완전한 모바일 검색 개선 기능을 보여주는 예로는 이베이 앱이 있다(그림 8.4 참고).

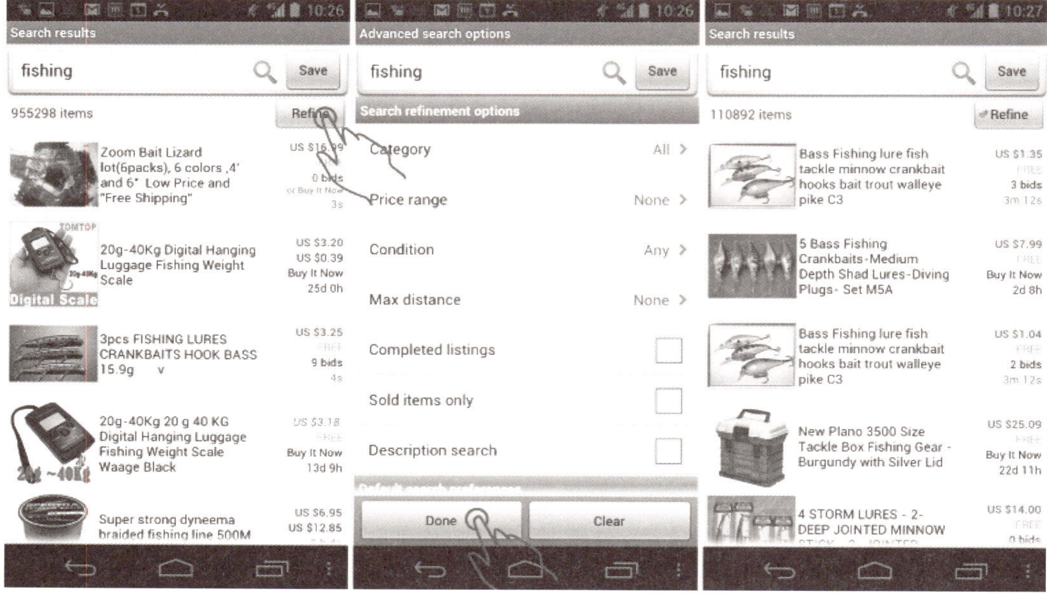

▶ 그림 8.4: 이베이 앱은 개선 페이지 패턴의 훌륭한 예다.

복잡함에도 불구하고 이 앱은 가장 활용도가 높으면서 많은 수익을 거두는 앱 중 하나로, 이 책을 쓰고 있는 시점 기준으로 수십 억의 모바일 전자 상거래 매출을 기록하고 있다. 이 앱이 성공한 이유 중 하나는 디자이너들이 사용자 경험을 축소하기를 거부했고 대신 복잡한 기능을 훌륭하게 관리했기 때문이다. 이 앱은 작은 모바일 기기에서도 이베이의 전체 검색 기능을 모두 제공한다.

이 앱은 다음과 같이 유용하고 흔히 볼 수 없는 검색 개선 기능을 제공한다는 점에서 훌륭한 표본으로 삼을 만하다.

- 그림 8.5와 같은 여러 개의 체크박스(Free Shipping, US—only)
- 추가 하위 카테고리를 제공하는 다단계 드릴다운 개선(Refine 〉 Category 〉 Sporting Goods) 기능(그림 8.6 참고).
- 그림 8.7에서 볼 수 있듯 검색 화면과 같은 화면에서의 정렬 기능(Best Match 등).

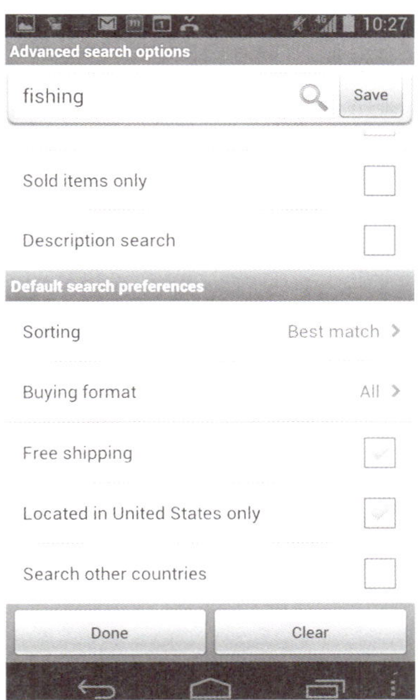

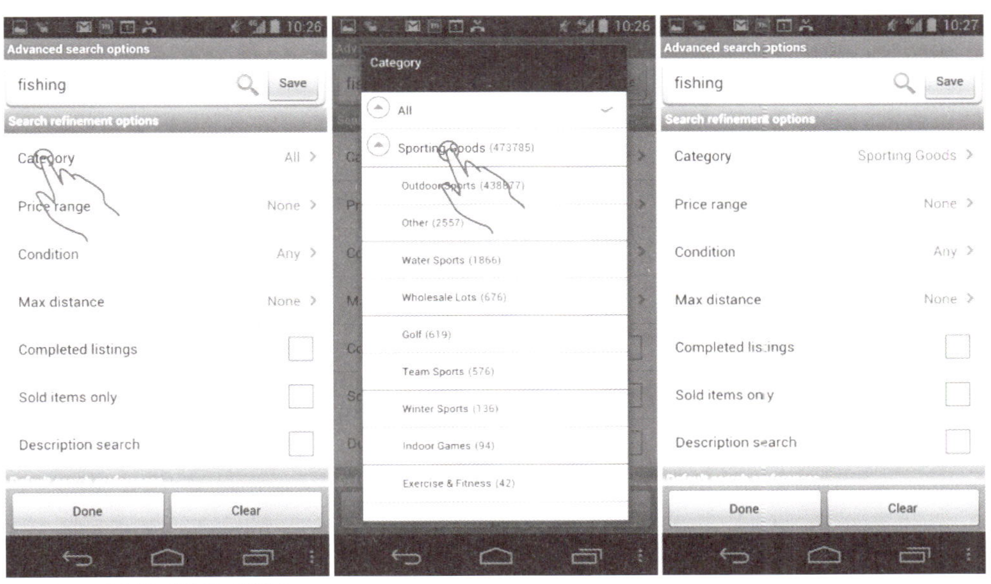

▶ 그림 8.5: 이베이 앱의 뛰어난 개선 기능 중 하나는 여러 개의 선택 체크 박스를 사용한 것이다.

▶ 그림 8.6: 드릴다운 개선 기능의 예다.

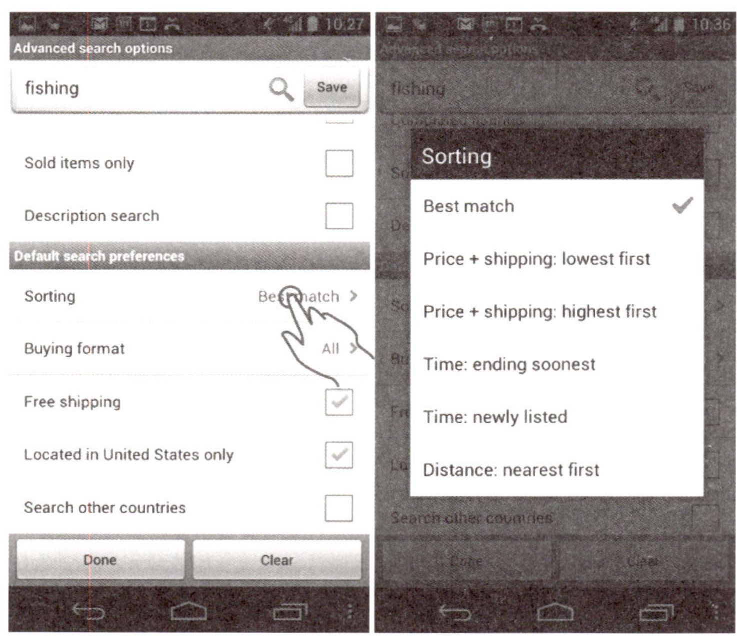

▶ 그림 8.7: 이베이 앱에서는 검색 개선 및 정렬을 같은 페이지에서 제공한다.

그런데 이베이 앱은 완전한 검색 개선 기능을 제공할 뿐 아니라 데스크톱 버전보다 더 편리한 기능을 제공해준다. 예를 들어 우편번호를 입력하지 않아도 현재 위치를 기준으로 거리를 통한 개선 기능을 제공한다(그림 8.8 참고).

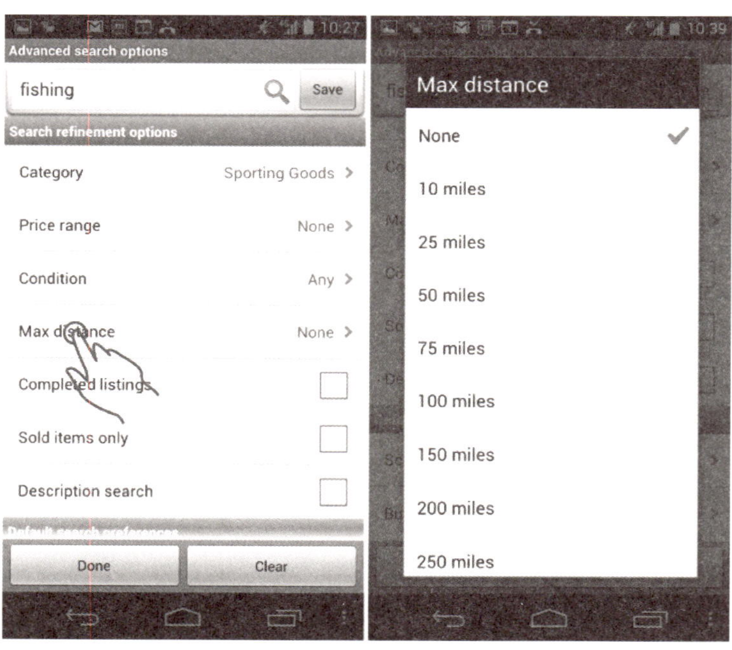

▶ 그림 8.8: 이베이의 개선 페이지 패턴은 거리 기반 개선 기능도 제공한다.

언제, 어디에서 사용하나

별도 검색 기능이 있거나 정렬 순서를 바꿔야 하는 경우에 개선 페이지 패턴을 유용하게 활용할 수 있다.

사용하는 이유

개선 기능은 검색에서 매우 핵심적인 부분이다. 특히 사용자 입력을 줄일 수 있게 도와주는 모바일 기기에서는 대개 더 짧고 일반적인 검색어가 등장하는 만큼 검색 개선 기능이 중요해진다. 이와 같은 일반적인 검색어는 사용자 편의를 위해 빠르고 효과적으로 개선해야 한다.

다른 활용법

개선 페이지 패턴을 가장 잘 구현한 일부 사례에서는 페이지를 아예 사용하지 않는다. 이들 앱은 개선 페이지 라이트박스(또는 그냥 팝업이라고도 부르는)을 사용한다. 초창기 안드로이드 폰에는 두꺼운 손가락으로 조작할 수 있을 정도의 개선 라이트박스를 구현할 공간이 충분하지 않았으며, 현재 아이폰의 작은 화면 크기도 이런 라이트박스에 적합하지 않다. 하지만 최신 안드로이드 기기는 화면 크기가 충분하다. 따라서 그림 8.9에 나온 것처럼 다양한 개선 옵션을 사용할 수 있다. 여기서는 옐프 앱의 개선 기능을 예로 보여주고 있다.

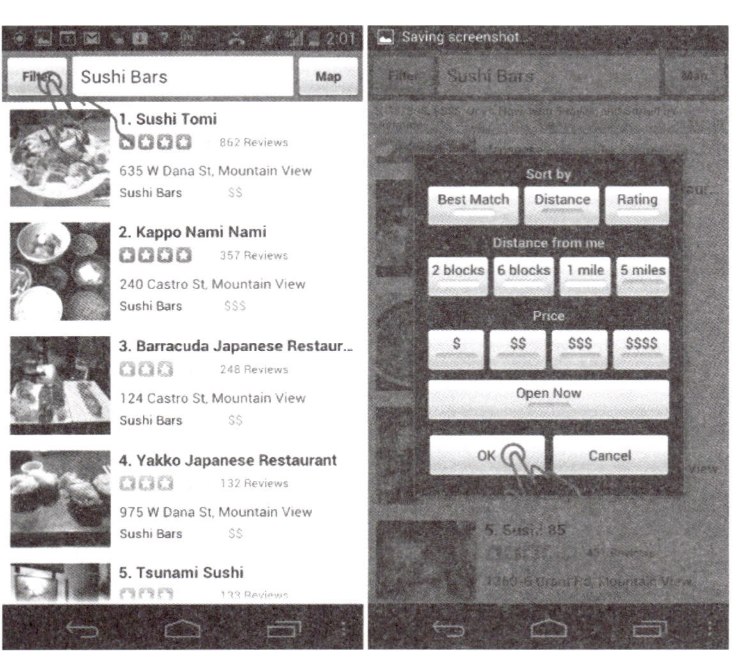

▶ 그림 8.9: 옐프 앱의 개선 페이지 라이트박스는 이 패턴의 좋은 예다.

그럼 왜 라이트박스와 전용 페이지를 구분해야 할까? 그 이유는 현재 작업 흐름의 유지와 관련이 있다. 13장 '내비게이션'에서 자세히 설명하겠지만 사용자가 몰입하게 하는 UI(이런 UI의 예로는 개선 페이지 라이트박스가 있다)는 사용자가 현재 하고 있던 작업과 같은 페이지에 머문다는 느낌을 심어주는 데 반해, 별도 페이지는 콘텐츠와 상호작용하는 도중 개선 기능으로 전환하는 느낌을 준다. 별도 페이지는 검색 결과로부터 사용자를 데려와 다른 환경에 둔다. 기능상 손해를 보지 않으면서 라이트박스를 사용해 개선 기능을 구현할 수 있다면 더 좋은 사용자 경험을 거의 매번 전달할 수 있다.

반려동물 가게 애플리케이션

전용 개선 페이지나 라이트박스 모두 반려동물 가게 앱의 개선 및 정렬 기능에 사용할 수 있다. 개선 기능의 디자인을 더 좋게 만들려면 필터 스트립 패턴을 추가하면 된다. 다음 절에서는 애자일 포스트잇 방식을 사용해 전체 패키지를 와이어프레임으로 만든다.

태블릿 앱

검색 개선 기능은 태블릿에서도 중요하다. 태블릿은 화면 공간이 더 넓으므로 고객에게 더 넓은 목록을 보여주고, 이로 인해 사용자는 좀 더 빨리 검색 결과를 개선할 수 있다. 아울러 태블릿 사용자는 모바일 사용자보다 흐름에 대해 좀 더 신경 쓰며, 태블릿 검색 작업은 평균적으로 비슷한 모바일 작업을 할 때보다 더 오래 걸린다. 이들 두 요소로 인해 결국 태블릿에서의 검색 기능은 웹에서의 검색 기능처럼 완전한 기능을 갖춰야 하며, 아울러 터치 기기에서만 사용할 수 있는 개선 기능(GPS를 활용한 거리 필터 등)을 제공해야 한다.

태블릿에는 화면 공간이 더 많으므로 대부분의 검색 개선 기능은 전용 페이지가 아니라 라이트박스로 이뤄져야 한다. 라이트박스는 세로와 가로 방향 모두에서 컨트롤을 쉽게 조작할 수 있는 위치에 정확해 배치해야 한다는 점을 기억하자. 구체적인 사용 정보가 없을 때 가장 좋은 위치는 보통 화면 우측 상단 구석이다. 이 위치는 사용자가 기기에서 손을 떼지 않고도 오른손 엄지로 쉽게 조작하고, 태블릿의 하단을 사용자의 무릎이나 탁자에 지지한 채 두 손으로 사용할 때 쉽게 조작할 수 있는 위치다(3장 '안드로이드 파편화' 참고).

⚠ 주의점

화면 크기의 증가로 인해 Kayak을 비롯한 많은 앱에서 별도 필터링 및 검색 컨트롤(화면 하단에 있는 큰 버튼)을 두는 추세가 강하게 나타나고 있다(그림 8.10 참고).

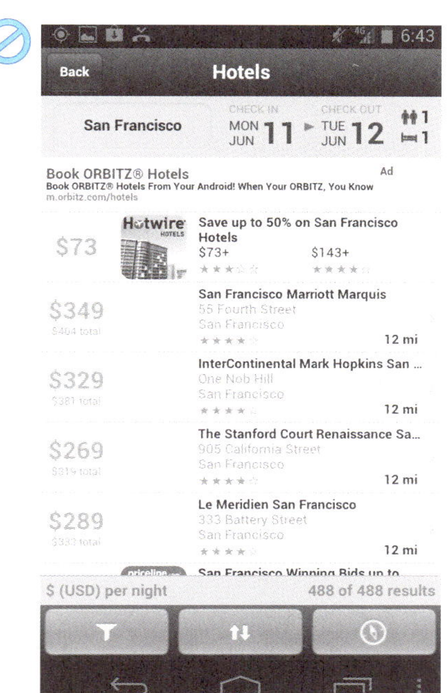

▶ 그림 8.10: Kayak 앱에서는 별도 정렬 및 필터 컨트롤이 있다.

하지만 이는 실수다. Designing Search: UX Strategies for Ecommerce Success(와일리 출판사, 2011년)에서 설명한 대로 필자의 연구에 따르면 대부분의 사람들은 정렬과 필터링을 잘 구분하지 못한다. 아울러 이런 구분은 대다수 디자이너나 엔지니어들이 생각하는 것만큼 중요하지도 않다. 대개 사람들은 일반적인 결과 목록에서(특히 모바일 기기에서) 처음 100~300개의 항목만 본다는 점을 감안하자. 다시 말해 사람들은 수천 개의 결과 중 일부만 보고 싶어한다. 이로 인해 정렬에 따른 필터링 효과가 생긴다. 많은 사람들은 가격이 낮은순으로 상품을 정렬할 때 마음 속으로 고가의 상품들을 필터링한다. 사용자들이 목록 하단에 있는 고가의 제품들을 모두 볼 일은 실제로 없기 때문이다. 따라서 정렬 행동 자체가 수많은 항목들을 필터링하는 효과를 지닌다.

화면 크기가 제한된 모바일 기기에서는 필터링과 정렬 옵션을 종종 같은 개선 페이지나 라이트박스에 둔다(옐프 앱과 이베이 앱 모두 이렇게 한다). 이 방식은 이들 컨트롤에 대한 사용자의 맨탈 모델(사용자들은 이들 컨트롤을 '개선' 기능으로 본다)과도 잘 부합되므로 권장할 만하다. 아울러 필자가 첫 번째 책에서 설명한 것처럼 정렬 컨트롤을 먼저 보여주고 강조하는 게 좋다. 그 이유는 정렬 컨트롤은 0개의 결과를 낳는 일이 전혀 없고, 결과를 예상할 수 있으며, 기능을 망칠 일이 없기 때문이다. 따라서 필터링 및 정렬 기능은 가능한 한 같은 개선 영역에 함께 둬야 한다(그렇게 하면 안 되는 타당한 이유가 있지 않은 한). 즉, 개선 기능을 전체 검색 기능의 핵심 요소로 만들어야 한다.

끝으로 패시트(facet)나 필터를 적용한 후 남게 될 항목 개수를 사용자에게 알려주지 않는다면 패시티드 필터링(faceted filtering)을 고려해서는 안 된다. 검색 개선에 따른 결과 항목 개수는 사용자에게 앞으로 어떤 검색 결과가 나올지 알려준다. 아쉽지만 이베이나 옐프 앱처럼 체크박스를 여러 개 사용해 한 곳에서 검색을 개선할 때는 항목 개수를 아는 게 특히 어려워진다. 기본적으로 이 경우 데스크톱 웹 브라우저를 사용할 때보다 더 나쁜 사용자 경험을 초래하게 된다. 여러분의 앱에서는 가능한 한 필터를 적용한 후 몇 개의 항목이 남는지를 비롯해 사용자의 검색 개선 결과를 최대한 알려줌으로써 결과 없는 화면이 나오지 않게끔 해야 한다.

관련 패턴

8.3 패턴: 필터 스트립
13.5 패턴: 워터마크
8.4 패턴: 병렬적 아키텍처

8.3 패턴: 필터 스트립

화면에서 작은 수평 영역을 통해 키워드 검색어 및 적용된 필터를 보여준다.

적용 방식

검색을 실행하면 얇은 필터 스트립을 통해 전체 검색어를 사용자에게 보여준다. 검색어가 달라지면(적용된 필터, 정렬 순서 등) 바뀐 내용이 필터 스트립에도 계속해서 반영된다. 필터 스트립은 사용자의 검색 결과에 영향을 준 상세 검색 정보를 보여주는 역할을 한다.

예시

옐프 앱에서는 이 패턴을 잘 보여준다. 옐프 앱에서는 전용 검색 패턴(7장 '검색' 참고)을 사용하므로 키워드 검색어는 다시 보여줄 필요가 없다. 대신 검색에 추가 개선 기능(필터나 정렬 순서)을 적용할 경우 필터 스트립(그림 8.11 참고)이 표시된다.

필터 스트립에서 텍스트는 작아야 한다는 점과 적용된 개선 기능의 개수에 따라 여러 줄로 표시될 수 있다는 점에 주의하자.

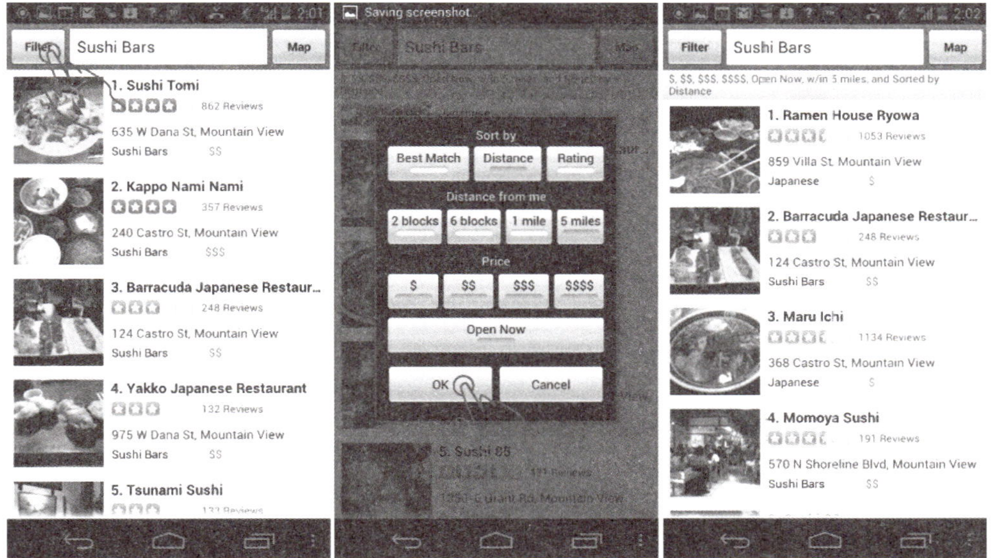

▶ 그림 8.11: 옐프 앱은 검색을 개선할 때 필터 스트립 패턴을 사용한다.

언제, 어디에서 사용하나

검색어에 필터나 정렬 개선을 적용할 때는 검색 상자가 전용 검색 상자(옐프 앱에서처럼)이든, 7장에서 설명한 다른 방식에 따라 검색을 시작하든 상관없이 필터 스트립 패턴을 사용하는 것을 고려하자.

사용하는 이유

모바일 세계에서는 작은 화면과 지속적인 방해로 인해 '현재 내가 있는 위치'를 아는 게 참 어렵다. 모든 검색 파라미터를 안정적으로 사용자에게 알려주면 사용자는 원하는 검색 결과가 나올 때까지 검색 파라미터, 정렬 순서, 개선 조건을 마음대로 조절할 수 있다. 필터 스트립 패턴은 디자이너들이 화면의 작은 영역만 차지해 사용자를 방해하지 않으면서 이 기능을 효과적으로 구현할 수 있게 해준다.

다른 활용법

가장 훌륭한 필터 스트립 구현체는 그림 8.12의 iOS 환경에서 동작하는 옐프 앱에서 보듯 반투명 형태다.

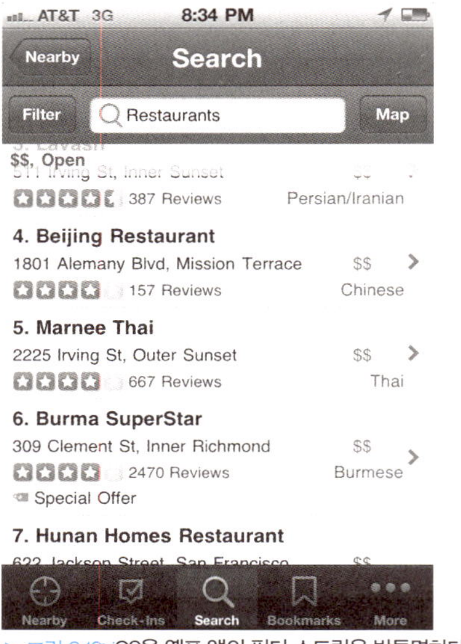

▶ 그림 8.12: iOS용 옐프 앱의 필터 스트립은 반투명하다.

이와 대조적으로 안드로이드에서는 필터 스트립을 대부분 불투명하게 사용하는데, 이는 실수다. 필터 스트립을 반투명하게 만들면 사용자는 검색어를 명확히 보면서 검색 결과를 확인할 수 있다(특히 페이지를 스크롤할 때). 필터 스트립이 반투명하면 포커스가 검색 및 개선 과정이 아니라 검색 결과 콘텐츠(검색 사용자에게 가장 중요한)로 바뀐다. 아울러 화면 공간도 효과적으로 사용할 수 있다. 13장에서 얘기하겠지만 이는 사용자 몰입을 위해 중요하다. 앵그리버드 같은 성공적인 게임에서도 반투명 컨트롤을 자주 사용하고 있어, 지금은 일단 앱의 검색 경험을 개선하려면 게임으로부터 이런 교훈을 배워야 한다는 사실만 알아두자. 추가로 이때 가독성과 인지성 잡음이라는 서로 경쟁 관계에 있는 UX 요소 사이에서 사용자 몰입을 위한 균형을 맞추는 게 중요하다.

반려동물 가게 애플리케이션

필터 스트립은 반려동물 가게 애플리케이션의 검색에는 더할 나위 없이 큰 도움이 된다. 이 앱에는 여러 개의 검색 개선 기능을 적용할 수 있기 때문이다. 전체 검색 개선 및 필터 스트립 패키지의 예시(이 장에서 앞서 개선 페이지 패턴을 다루면서 처음 소개한)는 그림 8.13에서 볼 수 있다. 이 그림에는 개선 기능을 적용한 후 나타나는 반투명 필터 스트립도 들어 있다.

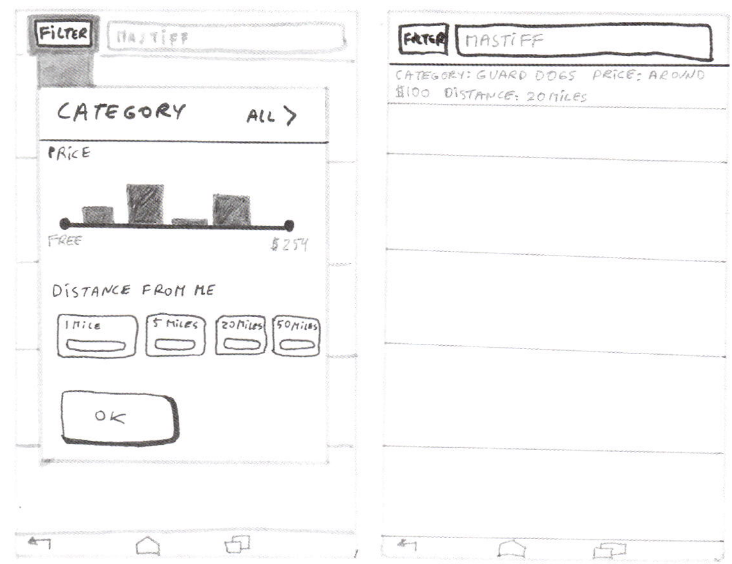

▶ 그림 8.13: 필터 스트립과 개선 라이트박스는 반려동물 가게 앱에서 잘 연동된다.

여기서는 가격별로 필터링하기 위해 히스토그램을 갖춘 듀얼 슬라이더처럼 잘 사용하지 않는 개선 기능도 사용하고 있다. 이 슬라이더 실험 디자인 패턴에 더 알고 싶다면 10.1절을 참고하자. 아울러 라이트박스는 필터(Filter) 버튼을 누를 때 나오고 필터버튼과 연결돼 있다는 점에 주의하자. 이렇게 하면 직관적인 시각 수단을 통해 앱의 정보 아키텍처를 사용자가 인식하게 할 수 있다. 이런 연결 관계를 유지하면 '이 라이트박스는 확장된 필터의 내용이다'라는 의미를 명확히 전달할 수 있다. 또 라이트박스가 유래된 요소와 라이트박스를 연결해두면 옐프 앱의 라이트박스에처처럼 별도로 Go(이동)와 Cancel(취소) 버튼을 둘 필요도 없어진다. 대신 라이트박스에서 나가려면 사용자는 필터 버튼을 한 번 더 탭해 라이트박스를 닫으면 된다. 이런 디자인은 손가락이 두꺼운 사용자가 실수로 취소 버튼을 누르는 일을 막아주고, 오작동을 방지해 사용자 만족도를 높여준다. 라이트박스를 열 때 커스텀 확장 및 축소 애니메이션 효과(라이트박스가 필터 버튼에서 실제로 커지는)를 사용하면 이와 같은 위치를 좀 더 잘 인식할 수 있게 되고 추가로 시각적인 멋을 더할 수 있다.

끝으로 필터 스트립에서 가격이 'around $100(100달러 정도)'로 적용된 것에 주의하자. 이는 의도한 것이다. 컴퓨터에게는 정확한 수치가 중요하지만 사람에게는 거의 의미가 없다. 따라서 숫자 필터 설정은 '100달러 정도'처럼 사용자에게 적합한 범위로 징하는 게 좋다. 특히 모바일 기기와 태블릿에서는 더더욱 그렇다. 이와 관련한 자세한 내용은 필자의 책인 Designing Search: UX Strategies for Ecommerce Success(와일리 출판사, 2011)에서 8장을 참고하자.

태블릿 앱

필터 스트립은 태블릿에서도 중요하다. 태블릿에서는 공간이 좀 더 넓고 눈에서 멀리 떨어져 있더라도 편안하게 볼 수 있어야 하므로 스마트폰에서만큼 작은 폰트를 사용할 필요가 없다. 또, 필터 스트립의 투명 여부도 문제가 덜 된다. 하지만 반투명 필터 스트립은 여전히 권장한다. 특히 검색 결과가 시각적인 내용(예를 들어 큰 사진)이라면 더욱 그렇다. 가능한 한 사용자가 콘텐츠에 집중하지 못하게 방해하는 것은 줄이는 게 좋은데, 반투명 필터 스트립은 필터 스트립이 안 보이게 하는 데 도움이 되며, 콘텐츠와의 자연스러운 상호작용을 촉진한다.

⚠ 주의점

가능한 한 작은 텍스트를 사용하되 가독성을 잃어서는 안 된다. 이를 위해서는 필터 스트립이 화면의 최상단이나 최하단에 있지 않은 한 클릭 가능한 객체나 버튼을 필터 스트립으로 사용하려는 유혹을 뿌리쳐야 한다. 대부분의 경우 필터 스트립의 주된 목적은 사용자를 방해하지 않으면서 정보를 제공하는 것이지, 클릭 기능을 수행하는 게 아니다.

관련 패턴

7.7 패턴: 전용 검색
13.6 패턴: 스위스 군용 칼 내비게이션
13.5 패턴: 워터마크

8.4 패턴: 병렬적 아키텍처

'기본' 및 '고급' 검색 화면이 결과를 검색할 수 있는 두 개의 병렬 트랙을 형성한다.

적용 방식

결과는 두 가지 방식으로 접근할 수 있다. 단순 검색과 고급 '추가 옵션' 검색이다. 뒤로 가기 버튼을 탭하면 초기 검색 시작 화면으로 이동해 모드를 전환할 수 있다. 검색 결과 화면에는 사용자가 고급 모드에 들어갈 수 있게 해주는 별도의 버튼이 있을 수도 있다.

📊 예시

옐프 앱에서는 이 패턴의 예를 잘 보여준다. 사용자가 단순히 커피를 마실 곳을 찾고 있다면 홈 화면에서 'Coffee'를 입력해 가장 가까운 카페를 찾을 수 있다. 하지만 가장 좋은 카페만을 고집하는 사용자라면 검색 상자에 'Peet's Coffee'를 입력해 찾고자 하는 카페를 좀 더 제한할 수 있다(그림 8.14 참고).

언제, 어디에서 사용하나

병렬 구조 패턴은 최소한의 검색어 입력이나 찾기를 통한 검색 조건을 제공할 수 있는 동시에, 고급 검색에 대한 사용 사례도 존재하는 경우에 사용할 수 있다.

사용하는 이유

이 패턴을 사용하는 사례는 주로 지역 검색이다. 앱 기능상 지역 요소의 성격이 강하다면 병렬 구조처럼 강력하고 직관적인 '모바일 우선' 패턴을 사용하는 것을 고려하자. 이 패턴을 사용하면 앱 사용법 등에 대한 지식이 거의 필요 없고, 바로 콘텐츠에 참여할 수 있다. 또 좀 더 구체적인 정보를 원하는 사용자를 위해서는 검색어를 개선하고 커스터마이징할 수 있는 강력한 툴도 제공할 수 있다.

다른 활용법

기본 또는 고급 검색을 사용하는 사례가 지역 검색만 있는 것은 아니다. 페이스북과 트위터 같은 앱도 최근에 업데이트되면서 이런 패턴을 따르고 있다. 이제 입력하지 않고도 검색할 수 있고 업데이트 정보를 검색할 수 있는 기능도 함께 제공된다. 하지만 이 패턴을 사용하려면 거의 같은 방식으로 기본 검색 결과와 고급 검색 결과를 보여줘야 한다. 그렇지 않을 경우 그냥 별도의 검색 기능이 된다.

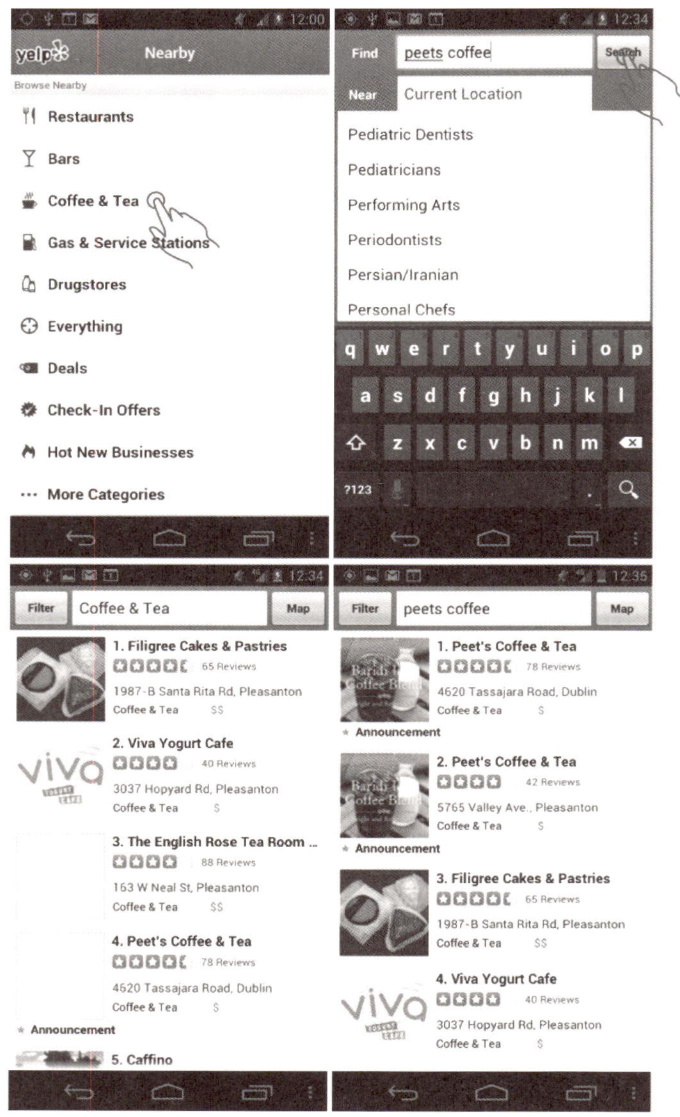

▶ 그림 8.14: 옐프 앱은 병렬적 아키텍처를 잘 보여준다.

반려동물 가게 애플리케이션

기본 검색을 시작하는 방법이 단순 찾기(browse)만 있는 것은 아니다. 아이폰에서 동작하는 ThirstyPocket Labs 앱을 모델로 사용하면 반려동물 가게 애플리케이션에서 여러 단계에 걸친 참여 기능을 제공하는 게 얼마나 쉬운지 알 수 있다. 그림 8.15에 나온 와이어프레임에서는 홈 화면과 고급 검색이라는 두 개의 화면을 보여준다. 여기서는 두 번째 화면의 이름을 'More Search Options'로 수정했다.

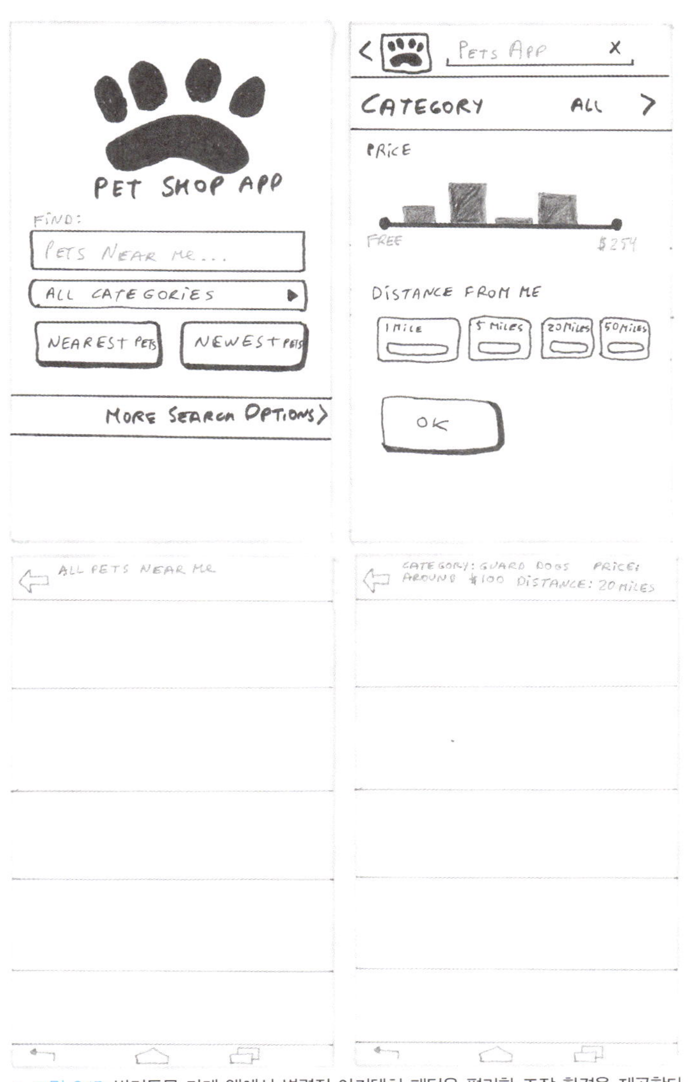

▶ 그림 8.15: 반려동물 가게 앱에서 병렬적 아키텍처 패턴은 편리한 조작 환경을 제공한다.

홈 화면에서 사용자는 몇 가지 옵션을 사용할 수 있다.

- Nearest Pets 버튼을 탭해 주변 지역에서 판매 중인 반려동물을 검색(가장 가까운 위치순으로 정렬)할 수 있다.
- Newest Pets 버튼을 사용해 자동차로 이동 가능한 거리인 50마일 이내에서 새로 분양 중인 반려동물을 검색(새로운 반려동물 순으로 정렬)할 수 있다.
- 카테고리별로 반려동물을 검색(어떤 검색 버튼을 탭하느냐에 따라 거리순, 신규 등록순으로 정렬)할 수 있다.
- 카테고리와 키워드 검색을 병행(어떤 검색 버튼을 탭하느냐에 따라 거리순, 신규 등록순으로 정렬)할 수 있다.

또, More Search Options를 탭하면 사용자는 가격과 거리처럼 다양한 필터를 사용할 수 있는 전용 페이지에서 검색을 수행할 수 있다. 이런 옵션은 자신의 집 이외의 위치(예를 들어 직장)

에서 반려동물을 검색하려는 사용자나 '기본' 홈 화면 검색에는 들어 있지 않은 특별한 요구 조건 및 예산 제약이 있는 모바일 사용자를 위한 옵션이다.

그림 8.15에 나온 디자인에서 주의해서 볼 사항은 탭할 수 있는 반투명 액션 바를 검색 바에 뒀다는 점이다. 액션 바에는 필터 스트립 기능이 들어 있으며, 한 가지 기능만 하는 뒤로 가기 버튼도 함께 제공한다. 이 액션 바는 반투명하므로 검색 결과에서 화면 공간을 전혀 뺏지 않으며, 검색 결과가 화면을 100% 차지한다. 게임 및 사용자 몰입 경험을 제공하는 다른 앱에서의 화면 공간 사용에 대한 자세한 설명은 13장에서 다룬다.

태블릿 앱

태블릿에서 지역 검색은 스마트폰만큼 크게 중요하지 않지만, 사용자가 아무것도 입력하지 않아도 바로 콘텐츠를 볼 수 있는 단순 '찾기' 기능은 모바일보다는 태블릿에서 훨씬 더 중요하다. 이 말은 태블릿에서 병렬 구조 패턴이 그만큼 훌륭한 옵션이 된다는 뜻이다. 뉴스를 읽는 간단한 경우만 생각해보자. '기본' 뷰에서 사용자는 최근 뉴스나 주제별 뉴스를 찾을 수 있다. '고급' 뷰에서 사용자는 키워드, 카테고리, 발행 기관, 날짜 범위를 지정해 관심 있는 특정 주제를 찾을 수 있다.

⚠️ 주의점

병렬적 아키텍처 패턴이 단순하고 다양한 용도로 활용될 수 있지만 이 패턴을 망칠 가능성은 수없이 많다. 병렬적 아키텍처를 오용하는 대표적인 사례 중 하나는 이미 기본 검색과 고급 검색 기능을 갖춘 애플리케이션의 메뉴 검색 상자에서 또 다른 검색 기능을 추가해 같은 데이터를 보고 개선하는 전혀 다른 UI를 제공하는 것이다. 이와 같은 잘못된 활용으로 인한 안타까운 희생양의 예로는 TripAdvisor 앱이 있다. 이 앱은 고객의 목적과 IA에 대해서 완전히 잘못 생각하는 것 같다.

그림 8.16에서 보듯이 앱에서는 기본적으로 같은 콘텐츠에 접근하고 검색 결과를 개선하는 데 여러 가지 방법을 제공하는데, 인근 호텔을 찾는 일이 마치 헤라클레스가 아우게이아스 왕의 외양간을 청소하는 것만큼 힘든 일이 되고 있다.

문제는 홈 화면에서부터 시작한다. 호텔 아이콘을 탭하면 사용자는 병렬적 아키텍처 패턴의 '기본' 검색 화면으로 보이는 화면으로 이동한다. 그런데 기본적으로(거의 모든 모바일 여행 앱에서 그렇게 하듯) 지역 검색 기능을 제공하는 대신 TripAdvisor 앱에서는 지역 검색 옵션을 작은 체크박스로 추가했다. 이 체크박스 컨트롤은 찾기도 어렵고 손가락으로 탭하기도 어렵다.

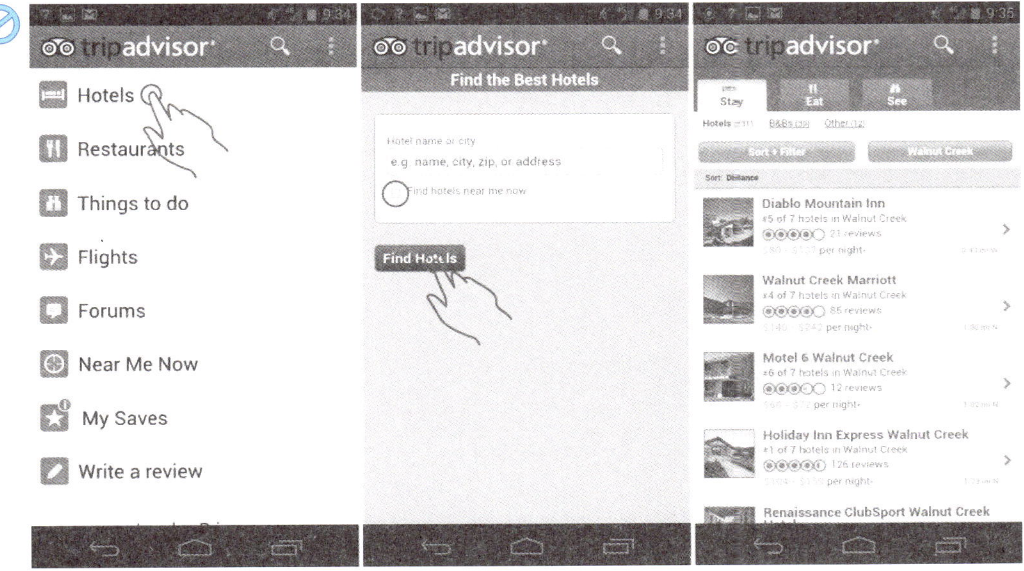

▶ 그림 8.16: TripAdvisor 앱의 홈 화면에서 로컬 검색에 접근하는 일은 불필요하게 복잡하다.

같은 콘텐츠에 접근하는 두 번째 방법은 액션 바의 검색 아이콘을 통한 검색이다(그림 8.17 참고). 이 검색 기능은 나중에 추가된 것으로 보이는데, 검색 상자에서 입력한 'Hotel' 같은 간단한 검색어를 완전히 쓸모없게 만든다. 필터 팝업은 아무런 도움도 되지 않게 디자인돼 있고 헷갈리는 옵션만 몇 개 제공할 뿐이다(집필 당시에는 이마저도 제대로 동작하지 않는다). 또 검색 결과 페이지에는 각 검색 결과 위에 있는 세 개의 탭도 빠져 있다. 대신 필터 팝업에서는 탭이 옵션으로 표시된다. 물론 탭 이름도 다르게('Restuarants' 대신 'Eat', 'Things to do' 대신 'See' 등) 지정됐으며, 다른 검색 결과에서의 아이콘과는 시각적으로 다른 아이콘을 보여준다. 또, 필터 팝업에서는 'Locations'라는 네 번째 아이콘도 추가해 사용자의 혼란을 부추긴다.

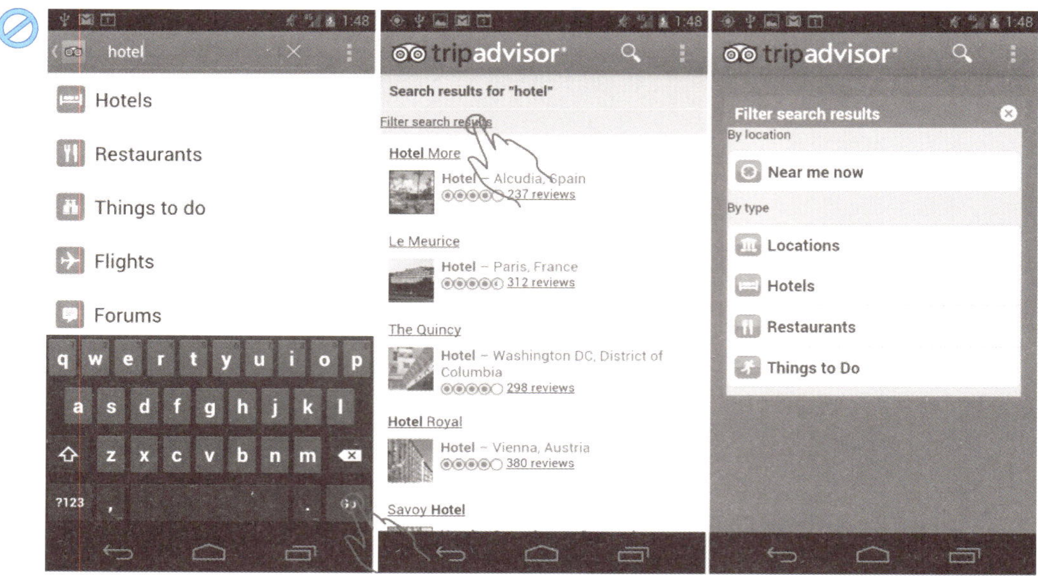

▶ 그림 8.17: TripAdvisor 앱의 앱 바에서 로컬 검색에 접근하면 각기 다른 인터페이스와 개선 옵션이 나타난다.

그런데 이게 끝이 아니다. 콘텐츠에 접근할 수 있는 방법이 하나 더 있다. 바로, 메뉴의 Near Me Now 옵션이다(그림 8.18 참고). 얼핏 보기에 이 검색 기능은 가장 유용한 기능처럼 보이지만 거의 찾는 게 불가능하다. 이 버튼을 탭하면 Near Me Now는 사용자를 'Eat'라는 제목의 두 번째 검색 결과로 데려간다(이전에 호텔을 검색하고 있었던 것과 상관없이).

TripAdvisor 앱의 디자이너도 이런 혼란을 바라지는 않았을 것이다. 아마도 지금과 같이 헷갈리는 IA는 '원하는 것을 찾을 수 없다'는 사람들의 불평에 반사적으로 반응해 같은 콘텐츠를 찾는 기능을 여러 개 추가한 결과로 인해 생겼을 것이다.

앱을 디자인할 때는 이 책에서 소개한 패턴을 지침으로 삼되 모든 사람을 만족시킬 수는 없다는 사실을 기억해야 한다. 어쩔 수 없이 사람들의 비평을 받게 된다면 더 많은 기능을 추가하기보다는 가장 중요한 사용 사례를 지원하기 위한 명확한 비전을 유지하는 동시에 필드 리서치를 통해 고객이 가장 난감해 하는 부분을 찾아내자. 이와 같은 실전 조사를 통해 찾아낸 사실은 여러분의 디자인 결정을 지켜내는 방어막이 되고 비전을 고수할 수 있는 확신을 줄 것이다.

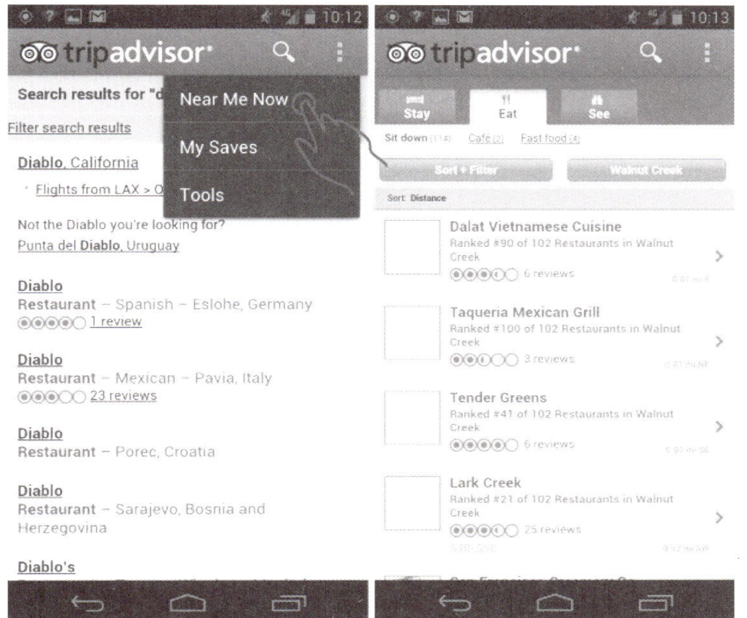

▶ 그림 8.18: TripAdvisor 앱의 메뉴에서 지역 검색에 접근하면 사용자는 'Eat' 탭으로 이동한다.

관련 패턴

8.3 패턴: 필터 스트립

8.2 패턴: 개선 페이지

7.5 패턴: 메뉴로부터의 검색

8.5 패턴: 탭

페이지 상단의 탭은 사용자가 여러 뷰를 전환하거나 인기 있는 정렬 및 필터 옵션을 적용할 수 있게 해준다.

적용 방식

검색 결과를 사용자에게 보여줄 때 페이지 상단의 탭을 통해 둘 이상의 뷰로 좀 더 세분화할 수 있다. 이때 첫 번째 탭은 보통 기본 뷰다. 다른 탭 중 하나를 탭하면 사용자는 같은 데이터를 다른 화면으로 볼 수 있다. 예를 들어 같은 결과를 리스트, 갤러리, 지도로 볼 수 있게 하기 위해 탭을 활용할 수 있다.

🏢 예시

Wikitude는 탭 디자인 패턴을 사용해 뷰를 전환하는 앱이다. Wikitude는 안드로이드 4.0에 맞게 앱 디자인을 변경했다(그림 8.19 참고).

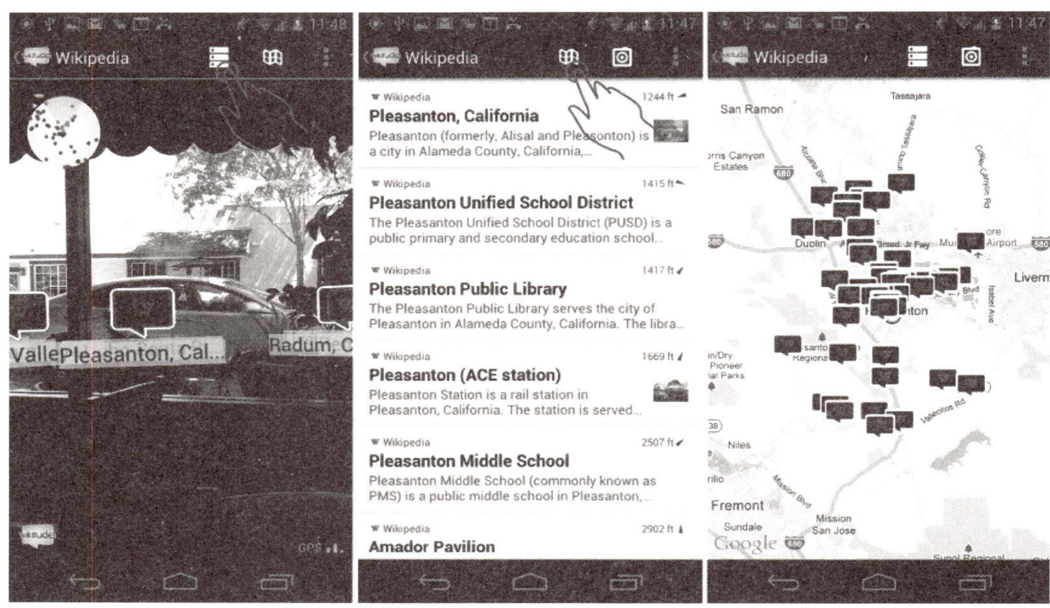

▶ 그림 8.19: 안드로이드 4.0 Wikitude 앱에서 사용하는 탭 패턴

탭은 작은 아이콘으로 표시한다. 이 탭은 과거 버전(그림 8.20 참고)보다 훨씬 더 정교하고 시각적으로 다듬어져 있으며 화면 공간을 거의 차지하지 않는다. 기본 설정에서는 검색 결과를 AR(증강 현실) 또는 '카메라' 뷰로 보여준다. 하지만 이는 특히 작아진 아이콘과 연계해 위험한 선택이었다. 일반 사용자는 다른 아이콘을 보지 못하거나 그 의미를 이해하지 못할 수 있기 때문이다. 이 그림에서 볼 수 있듯 AR 사용자 경험을 그리 만족스럽지도 유용하지도 않다(라벨이 서로 겹치고 거의 읽을 수 없는 수준이다). 따라서 사용자는 한 번 앱을 사용한 후 유용한 리스트 뷰나 지도 뷰가 있다는 사실도 모른 채 앱을 지워버릴 수 있다.

또 다른 중요한 특징은 카메라 탭이 활성화됐다는 사실이 사용자에게 보이지 않으므로 다른 탭을 찾는 게 더 어렵다는 점이다. 활성 탭을 표시하지 않으면 각기 다른 뷰 사이의 관계를 이해하는 것도 그만큼 어려워진다.

흥미롭게도 Wikitude 앱의 구버전에서는 매우 다른 모양의 탭을 사용했다. 그림 8.20에서는 Wikitude의 새 버전과 과거 버전 사이의 차이점을 볼 수 있다.

독자들 중에는 Wikitude 앱의 새로운 시각 디자인이 더 멋진 그래픽을 보여준다는 점에서 과거 버전보다 개선됐다고 생각하는 사람도 있을 것이다. 구버전에서 사용된 의 탭에서는 투박한 아이콘을 사용하고 비영어 텍스트를 사용했으며, 화면 공간을 상당 부분 차지했다. 하지만 학습 관점이나 사용성 측면에서는 과거 버전이 훨씬 더 우수하다. 구버전에서는 기본 탭이 리스트였고, 이어서 지도, 끝으로 카메라 또는 AR 탭이 나타났다. 이 패턴은 탭의 전형적인 사용 패턴과도 일치하며 큰 장점이 된다. 아울러 활성 탭이 강조된 것 또한 큰 장점이다. 이를 통해 앱의 IA를 사용자가 자연스럽게 이해할 수 있었기 때문이다.

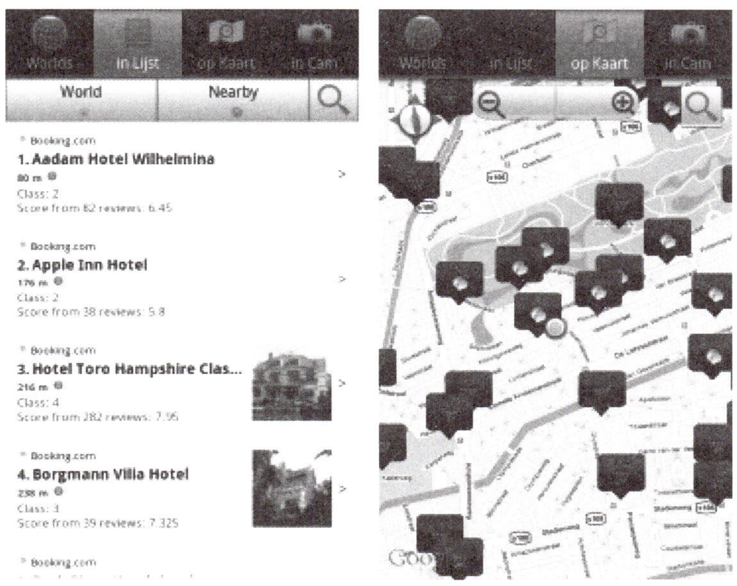

▶ 그림 8.20: Wikitude 앱의 과거 버전에서 사용한 탭 패턴

세 개의 소형 아이콘을 사용한 만큼 공간이 많이 남으므로 디자이너는 그림 8.21의 와이어프레임에서 제안하는 것처럼 충분히 안드로이드의 밑줄 처리를 활용하 다른 두 탭 옆에 있는 활성 탭을 강조할 수 있었다.

독자들도 리스트 뷰를 제일 먼저 보여주고 '현재 사용자가 보는 탭'을 강조하기 위해 파란색 밑줄을 긋는 게 앱을 훨씬 더 편리하게 사용한다는 데 동의할 것이다.

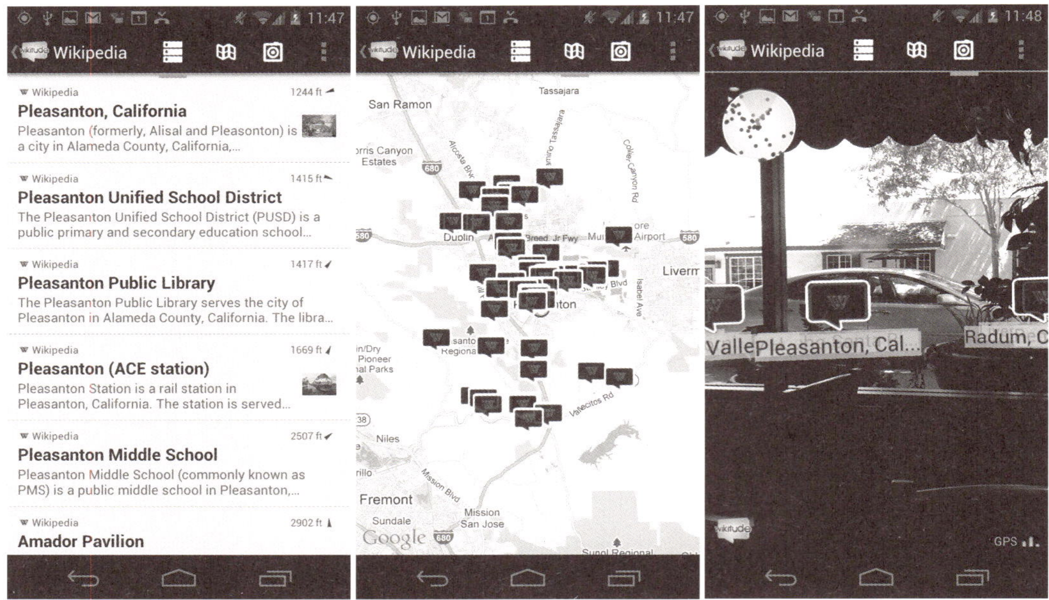

▶ 그림 8.21: Wikitude 앱의 탭을 개선하기 위한 와이어프레임 제안

언제, 어디에서 사용하나

탭은 같은 데이터를 다른 방식(주로 리스트나 지도)으로 볼 수 있을 때 적합하다. 또, 사용자가 각기 다른 뷰를 빠르게 전환해야 할 때도 적합하다.

탭은 다양한 정렬 및 필터 옵션을 통해 화면 공간을 나눌 수 있을 때도 적합하다.

사용하는 이유

탭은 찾기 쉬우며 직관적으로 사용할 수 있다. 탭은 현실 세계의 은유(metaphor)를 그대로 반영하며, 사용자가 컬렉션 콘텐츠나 사용 가능한 뷰 옵션을 자연스럽게 이해할 수 있게 해준다.

다른 활용법

탭 뷰가 항상 데이터를 다른 기능으로 보여주는 방식을 가리키지는 않는다. 탭 뷰는 복잡한 필터링 및 정렬 파라미터 조합을 같은 데이터셋에 적용하거나, 쉽게 검색할 수 없는 방대하고 복잡한 항목 컬렉션을 편리하게 볼 수 있게 하는 데도 활용할 수 있다. 이와 같은 방식으로 탭을 잘 활용한 예로는 구글 플레이 앱이 있다(그림 8.22 참고)

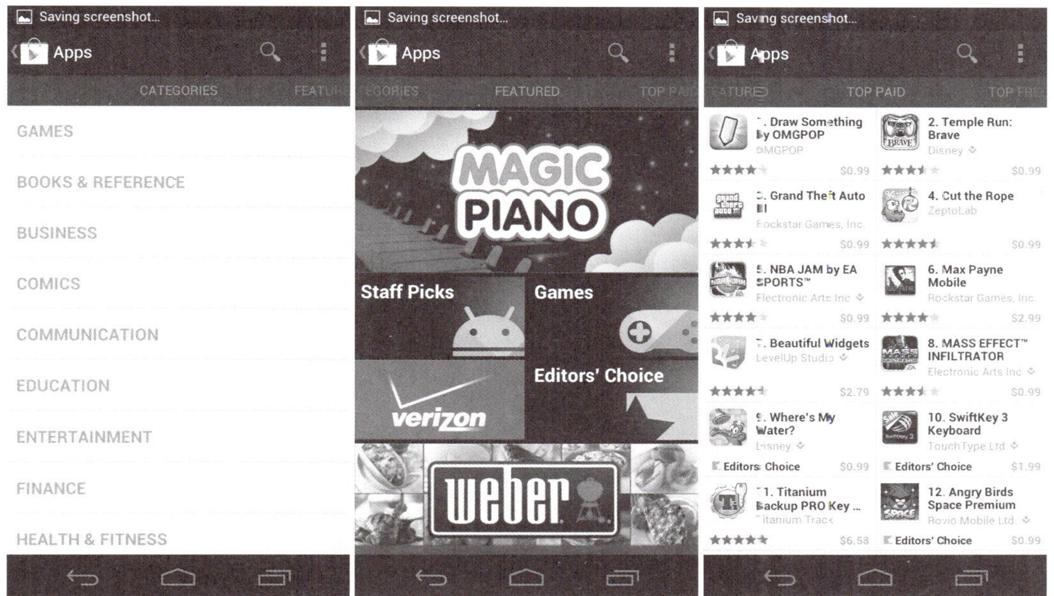

▶ 그림 8.22: 구글 플레이 앱에서는 탭 패턴을 효과적으로 활용하고 있다.

이 앱에서 사용자는 탭을 사용해 카테고리, 추천 앱, 유료 앱, 무료 앱 등을 전환할 수 있다. 플레이 스토어에서 탭은 복잡하고 방대한 앱 컬렉션을 재미있고 쉽게 관리할 수 있는 세 개의 최상위 결과 카테고리로 축소해 방대한 앱 목록을 한눈에 볼 수 있는 편리한 기능을 제공한다. 이들 세 리스트는 매우 자주 업데이트되며, 안드로이드 플랫폼에서 가장 큰 인기를 누린다. 구글 플레이 앱에서는 탭 스크롤 기능도 제공한다. 사용자는 부분적으로 가려진 탭을 탭하거나 가로 스와이프를 통해 한 번에 하나씩 화면에서 세 개 이상의 많은 탭을 볼 수 있다. 물론 이 방식을 사용하면 한 화면에서 볼 수 있는 것보다 더 많은 내용을 보여줄 수 있지만 이런 디스플레이 방식도 8개에서 10개의 탭에만 적당하다. 탭 개수가 이보다 많을 경우 스와이프 제스처를 하는 게 힘들어질 수 있으며 다양한 탭 옵션을 모두 보는 게 어려워진다.

반려동물 가게 애플리케이션

탭은 활용 범위가 다양하다. 반려동물 가게 앱에서는 탭을 사용해 각기 다른 검색 결과 뷰를 보여줄 수 있다. 예를 들어 리스트, 갤러리, 지도 뷰 등이다(그림 8.23 참고).

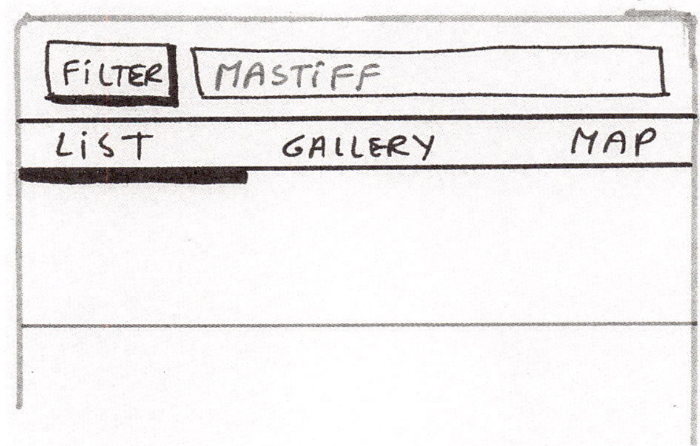

▶ 그림 8.23: 탭은 반려동물 가게 앱에서 다양한 뷰를 보여주는 데 사용할 수 있다.

아울러 탭은 결과를 정렬하는 방식을 보여줄 때도 사용할 수 있다. 여기서는 사용자가 위치한 곳에서 가장 가까운 상품, 가장 최신 상품, 가장 저렴한 상품(그림 8.24 참고)으로 결과를 정렬할 때 탭을 사용한다.

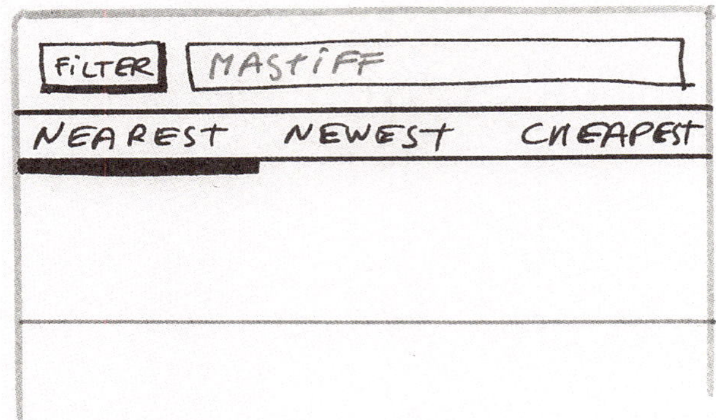

▶ 그림 8.24: 여기서는 탭을 사용해 반려동물 가게 앱에서 다양한 정렬 순서를 보여준다.

그림 둘 중 어떤 것을 사용해야 할까? 다른 디자인 패턴과 마찬가지로 이 질문에 대한 답은 '상황에 따라 다르다.' 즉, 사용자가 이 앱에서 하려고 하는 작업에 가장 잘 부합하는 방식과 가장 사업에 도움이 되는 방식에 따라 자신에게 맞는 것을 선택하면 된다.

태블릿 앱

탭은 태블릿에는 더할 나위 없이 유용하지만 많이 사용되지 않고 있다. 태블릿에는 공간이 충분하므로 화면에서 세 개의 탭 제약은 적용되지 않는다. 또, 스와이프를 통해 활성 탭에서 다른 뷰로 이동하는 것도 적합하지 않다. 대신 데스크톱 웹 모델에서처럼 8개에서 10개의 탭을 모두 한 번에 사용자에게 자유롭게 보여줄 수 있다.

또 효과적인 반응형 디자인 탭도 고려해 볼만하다. 즉, 대형 태블릿에서는 사용자에게 8개나 10개의 탭을 모두 보여주고, 중형 태블릿에서는 4~5개의 탭만 보여준 후, 콘텐츠와 상관없이 자유롭게 좌우로 스크롤할 수 있게 하는 것이다. 끝으로 화면 크기가 가장 작은 모바일 폰에서는 세 개의 탭만 보여준다(즉, 활성화된 탭은 완전히 보여주고, 다른 두 탭은 뷰에서 부분적으로 페이드 처리한다. 구글 플레이 앱에서 사용한 그림 8.22의 탭 참고).

⚠ 주의점

작은 모바일 기기에서는 탭이 소중한 화면 공간을 차지하므로 주의해서 사용해야 한다. 탭에는 무거운 시각적 요소를 적용할 필요는 없지만 텍스트를 아이콘으로 줄이면 사용자가 탭을 제대로 찾는 게 어려워진다(이 장에서 앞서 본 Wikitude의 예를 기억하자). 일반적으로 탭은 라벨 텍스트나 작은 아이콘을 집어넣을 수 있고, 정확히 탭할 수 있을 정도의 크기로 만드는 게 좋다. 아울러 탭을 아무리 작게 만들고 싶더라도 탭은 여전히 탭하는 데 무리가 없을 정도로 커야 한다. 이 말은 대형 모바일 폰에서조차 한 행에 집어넣을 수 있는 탭의 최대 개수가 4~5개 정도라는 뜻이다.

커스텀 탭을 사용하기로 한 경우 타깃 사용자를 대상으로 사용성을 반드시 테스트해야 한다. 가장 큰 문제는 사람들이 어떤 탭이 '활성화된' 탭인지 잘 이해하지 못한다는 점이다(이 문제는 탭이 두 개일 때는 자주 생기지만 탭이 세 개 이상일 때는 좀처럼 문제가 되지 않는다).

탭이 두 개뿐이거나 사용자가 탭을 자주 전환하지 않는다면 다른 뷰로 전환할 수 있는 전용 버튼을 두는 게 좋은 대안이 될 수 있다. 이 패턴을 잘 보여주는 예로는 그림 8.25에 나온 옐프 앱이 있다.

Wikitude 같은 탭 뷰 대신 지도 버튼을 제공함으로써 옐프 앱에서는 탭 바를 제공할 필요가 없어졌고, 전체 화면을 맵 뷰로 활용함에 따라 맵 뷰의 기능을 크게 개선하고 사용자가 좀 더 몰입할 수 있게 했다(사용자가 몰입하게 하는 UX는 13장에서 자세히 다룬다).

여러분의 사용자가 실제로 모든 뷰를 동일한 IA 레벨에서 보고 싶어할까? 그럴 수도 있고 아닐 수도 있다. 옐프와 Wikitude를 비교해보자. 옐프에는 증강 현실 기능(Yelp Monocle이라고 부르는)이 있고 옐프 앱은 이 기능을 소개한 최초의 앱이지만 Yelp Monocle AR 뷰는 의도적으로 리스트 뷰 및 맵 뷰와는 구분돼 있다(그림 8.26 참고).

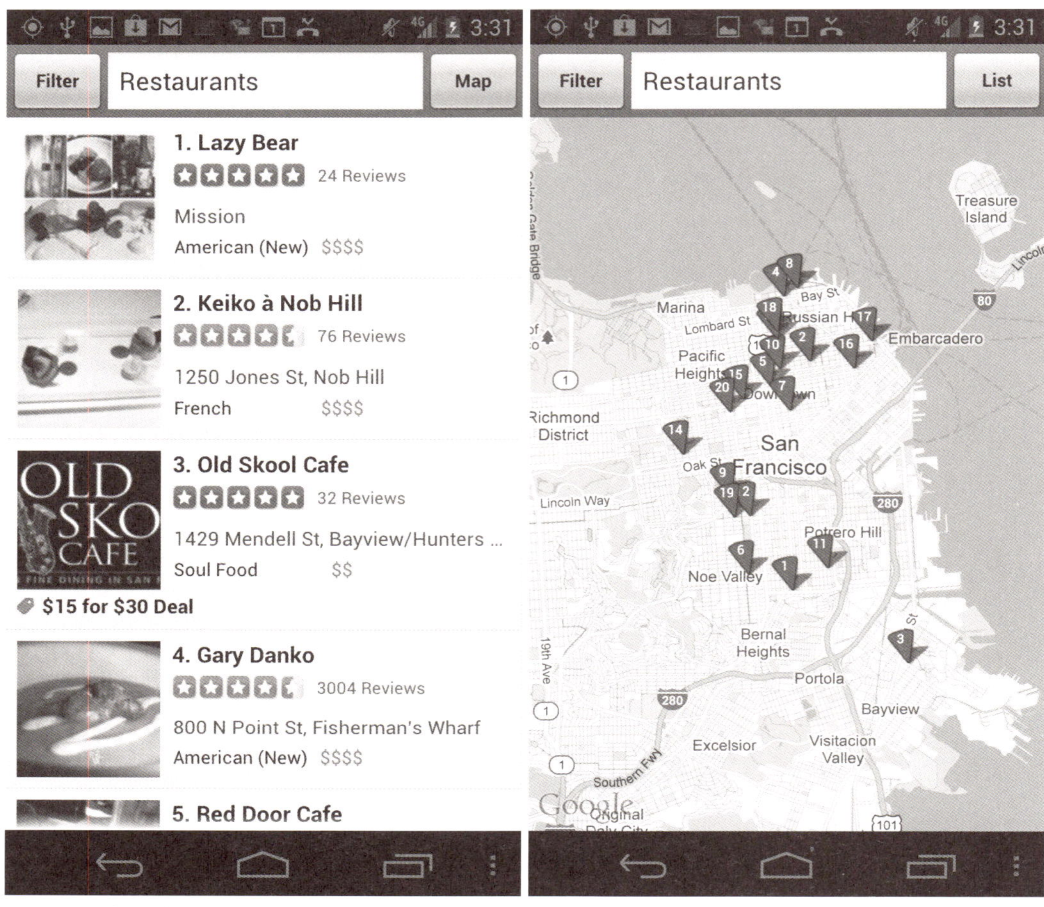

▶ 그림 8.25: 옐프 앱에는 뷰 전환을 위한 전용 지도/리스트 버튼이 있다.

이 점은 옐프의 디자이너들이 Monocle을 리스트나 지도 뷰와 같은 IA 레벨에 두지 않음을 명확히 나타낸다. 대신 사용자들이 실험 또는 재미삼아 증강 현실에 참여하게끔 유도한다. 다시 말해 증강 현실은 실제 기능인 리스트나 맵 뷰와는 동떨어진 자체 그룹으로 구분돼 있다. 사용자가 첫 번째 탭을 통해 강제로 증강 현실에 참여하게 하는 현재 Wikitude 디자인에서 제공하는 것보다 옐프에서는 훨씬 덜 복잡해서 유용하고 더 현실적인 구현체를 제공한다.

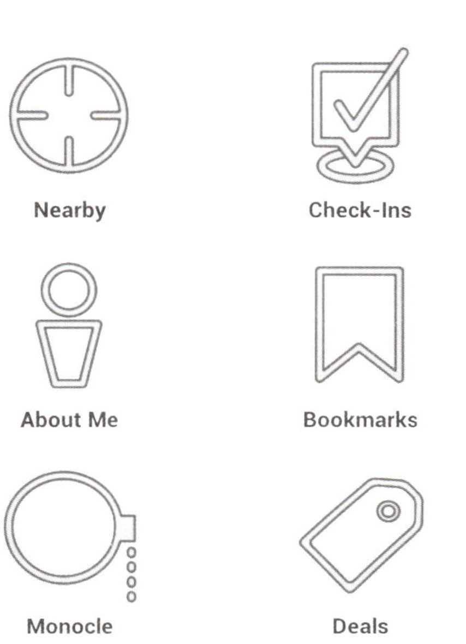

▶ 그림 8.26: 옐프의 AR 뷰는 리스트 및 맵 뷰와 구분돼 있다.

관련 패턴

8.2 패턴: 개선 페이지

결과 없는 화면 및 원하지 않는 결과 피하기

사용자들이 한 손만 사용해 두꺼운 엄지 손가락으로 작은 모바일 기기 화면에서 작업하거나 붐비는 전철에서 샌드위치를 먹으면서 모바일 기기를 사용하다 보면 실수가 생기기 마련이다. 하지만 이런 실수는 에러가 아니라는 점을 잘 인지해야 한다. 이런 실수는 빠른 속도로 여러 작업을 해야 하는 모바일 컴퓨팅의 특성상 자연스러운 결과다. 이로 인해 모바일 기기에서는 결과가 없는 화면이나 잘못된 결과를 보여주지 않는 게 그만큼 중요해졌다. 앱에서 사용자가 하려는 일을 판단해 결과가 없는 조건이나 보기 좋지 않은 결과 조건을 얼다만큼 걸러내느냐에 따라 사용자의 앱 만족도, 브랜드 충성도, 다른 친구에 대한 추천 여부가 조·지우지된다.

이처럼 결과 없는 화면이나 잘못된 결과가 생겼을 때 이를 복구할 수 있는 복구 기능은 다음과 같은 세 가지 핵심 요소로 요약할 수 있다.

- 시스템에서 사용자의 의도를 이해하지 못했음을 알려준다.
- 대안을 제시하는 데 집중한다.
- 모바일 사용 컨텍스트에서 사용할 수 있는 센서 및 히스토리 정보를 최대한 활용한다.

이렇게 정리하고 나면 단순한 전략처럼 보일 수 있다. 하지만 이 장에서 곧 보겠지만 대부분의 앱은 아쉽게도 비교적 간단한 문제조차도 적절히 대응하지 못하고 있다.

⊘ 9.1 안티패턴: 시스템 상태의 가시성 무시

사용자의 입력 오류가 자주 생기는 소형 모바일 기기에서는 사용자에게 문제를 알리지 않고 바로 해결 동작을 취하려는 유혹에 빠지기 쉽다. 하지만 이보다는 '이해하지 못했습니다'라고 고객에게 솔직히 말해주는 게 더 좋다. 따라서 이와 같이 솔직하게 알려주지 않는 것은 첫 번째 안티 패턴이다.

언제, 어디에서 일어나나

다행히 이 안티패턴은 흔하지 않다. 하지만 시스템이 사용자에게 미리 알려주지 않고 심각한 행동을 취할 때면 이 안티패턴은 그 추한 고개를 든다.

예시

여기서는 옐프 앱을 예로 든다. 이 앱은 다른 점에서는 훌륭하지만 사용자가 입력하려는 내용을 시스템이 마음대로 예상하려고 하는 문제가 있다. 예를 들어 그림 9.1의 이미지에서 사용자는 캘리포니아 실리콘 밸리의 심장인 쿠퍼티노 근처에 있는 초밥집을 찾고 있다. 하지만 아쉽게도 사용자는 Cupertino를 Coppertine으로 잘못 입력했다.

그 결과 웨스트 조던에 위치한 초밥집이 검색됐다. 이런 검색 결과가 당황스러운 것은 말할 필요도 없을 것이다. 이때 사용자는 도시 표시를 제대로 보지 않고 바로 레스토랑에 전화를 걸어 예약을 하거나 레스토랑으로 직접 차를 몰고 갈 수도 있다. 이렇게 될 경우 사용자가 얼마나 당황할지 생각해보자. 시스템에서 아무 말도 없이 가장 비슷한 결과를 예측하는 대신 검색어를 제대로 이해하지 못했다고 사용자에게 알려주기만 했더라면 이런 착오는 쉽게 피할 수 있었다.

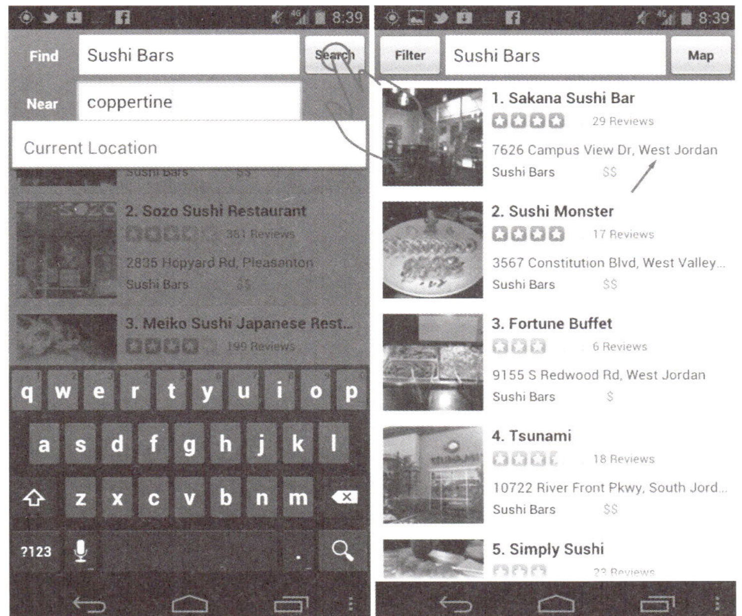

▶ 그림 9.1: 옐프 앱에는 시스템 상태의 가시성 무시 안티패턴의 예가 들어 있다.

삼가야 하는 이유

결과 없는 화면이 생겼을 때 시스템을 복구하는 복구 패턴의 첫 번째 전략은 시스템이 사용자를 제대로 이해하지 못했음을 사용자에게 알려주는 것이다. 이런 기본 전략을 무시하면 사용자 입장에서는 전체 시스템의 신뢰도가 떨어지게 된다. 사용자가 앱에서 자신의 말을 이해하지 못했다는 사실을 모른다면 사용자는 앱이 오작동하거나, 논리와 이성의 기본 원칙을 어기고 있다고 생각할 수 있다. 이해하지 못했다고 말하지 않는 행동은 사람들이 복잡한 작업을 수행할 때 기본적으로 전제하는 암묵적 합의에도 어긋나므로 사람들은 갈피를 잃게 된다. 이 말은 사용자들이 짜증을 내거나 심한 경우 경쟁사의 사이트나 앱으로 옮긴 후 다시 돌아오지 않을 수도 있다는 뜻이다.

추가 고려 사항

사실 사용자들이 입력하려고 하는 내용을 예측하는 것 자체는 좋은 생각이다. 이 장의 많은 패턴도 실제로 이 작업을 하고 있다('9.4 패턴: 이것을 찾으셨나요?' 절). 하지만 추측하려고 할 때는 사용자가 어떤 일이 일어나고 있는지 먼저 인식할 수 있게 해야 한다.

9.4 패턴: 이것을 찾으셨나요?

⊘ 9.2 안티패턴: 인터페이스 효율성의 부족

검색 결과가 없을 때마다 '에러' 상태를 보여주려는 유혹을 뿌리쳐야 한다. 특히 이 상태에서 빠져나오기 위해 추가로 탭을 해야 하는 화면은 삼가야 한다. 결과가 없는 화면이나 원하지 않는 결과 화면은 에러가 아니므로 인터페이스 효율성의 부족 또한 안티패턴이다.

언제, 어디에서 일어나나

이 안티패턴은 결과 없음 화면으로부터 빠져나오는 메커니즘을 디자인하는 데 많은 시간을 들이는 대신 공식적인 안드로이드 에러를 보여줌으로써 사용자를 비난하는(아울러 추가로 버튼 등을 탭해야 화면에서 벗어날 수 있는) 앱에서 흔히 볼 수 있다.

예시

그림 9.2에서는 타깃(Target) 앱의 예를 보여준다. 시스템에서 키워드를 인식하지 못하면 앱은 '요청한 검색어와 일치하는 결과가 없습니다'라는 팝업 경고창을 보여준다.

이런 경고창은 다음 두 가지 주요 측면에서 사용자의 불편을 초래한다.

- 결과가 없다는 사실을 인정하기 위해 추가로 탭을 해야 한다.
- 탭을 하고 나면 시스템은 검색 결과 탭에서 쇼핑 바구니 탭으로 이동한다.

이 경우 사용자는 대부분 찾고자 하는 항목을 잘못 입력해서 상품 탭으로 돌아오고 싶어하므로 두 가지 행동은 예상에서 벗어난 행동이며 사용자의 불편을 초래한다. 사용자가 상품 탭으로 이동하려면 추가로 탭을 해야 하기 때문이다. 따라서 단순히 두꺼운 손가락으로 자판을 입력하다 생긴 입력 오류로부터 빠져나오기 위해 이 시스템에서는 두 번의 추가 탭이 필요하다. 이는 안티패턴이다.

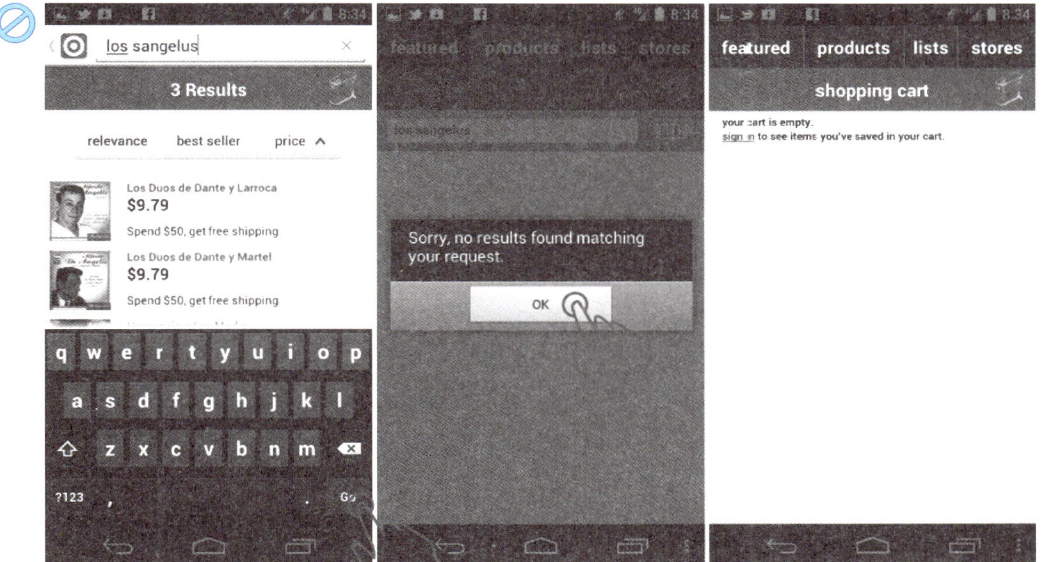

▶ 그림 9.2: 타깃 앱에서는 인터페이스 효율성의 부족 안티패턴을 쉽게 볼 수 있다.

에러 대화상자와 이 대화상자에서 빠져나오는 데 필요한 추가 탭은 사용자들이 뭔가를 잘못했고 죄(어쩌면 용서받을 수 없는)를 지었다는 인식을 심어준다. 결과 없는 화면이나 원하지 않는 결과 모두 작은 화면을 사용하는 모바일 환경에서는 논리적이고 자연스러운 결과임을 감안하면 이와 같은 추가 탭이 불난 데 부채질 하는 격임을 알 수 있다. 즉, 여러분은 은유적인 회초리로 사용자의 종아리를 때리고 있는 것이다.

추가 고려 사항

결과 없는 화면이나 원하지 않는 결과 화면에서 검색 전 화면으로 돌아가는 두 번째 전략이 이 화면에서 벗어날 수 있는 길을 제시하는 데 집중하는 전략이라는 점을 기억하자. 이를 수행하는 가장 좋은 방법은 불친절한 대화상자를 통해 소통을 차단하지 않으면서 효과적이고 단순한 인터페이스를 제공하는 것이다. 대화상자와 추가 클릭은 사용자의 자연스러운 사용을 방해하고, 검색 절차를 완전히 방해한다.

검색에서는 흐름이 중요하며(자세한 내용은 이 장에서 나중에 다룬다) 이런 흐름은 어떤 비용을 지불하더라도 유지해야 한다. 추가로 탭을 해야 하는 불편을 초라 하고, 사용자를 현재 하고 있는 작업으로부터 다른 곳으로 이동시키는(상품 탭이 아니라 바구니 탭으로 사용자를 데리고 가는 타깃 앱처럼) 앱은 이런 흐름을 끊는다. 앨런 쿠퍼가 그의 책 '퍼소나로 완성하는 인터랙션 디자인(2007, 와일리 출판사)'에서 강조하듯 대화상자는 "진행을 방해한다." 따라서 여러분은 사용자의 의도를 제대로 이해하지 못했음을 분명히 알리되, 검색 흐름을 깨뜨리지 않는 방식을 사용해야 한다. 이렇게 해야 사용자가 하던 일을 계속 하게 하고 검색 작업에 계속 참여하게 할 수 있다.

없음

🚫 9.3 안티패턴: 쓸모없는 컨트롤

검색된 결과가 없는 화면의 인터페이스가 검색 결과가 있는 화면에서 제공하는 인터페이스와 동일한 경우가 많다. 이는 안티패턴이다.

언제, 어디에서 일어나나

쓸모없는 컨트롤 안티패턴은 결과 없음 페이지를 결과가 있는 페이지와 똑같이 처리하는 경우에서 찾아볼 수 있다.

📊 예시

안타깝게도 이 안티패턴은 매우 흔하다. 그림 9.3은 TripAdvisor 앱의 예를 보여준다. 이 앱에서 사용자는 실수로(sausalito를 입력하려다) saucelito를 입력했다. 그러자 시스템에서는 '죄송합니다. 검색어와 일치하는 결과가 없습니다'라는 문구를 보여준다. 여기까지는 괜찮다. 이 앱은 안티패턴 9.1 '시스템 상태의 가시성 무시'를 피하고 있으니 말이다. 하지만 아쉽게도 이 화면에는 검색 결과 필터 링크가 여전히 표시된다.

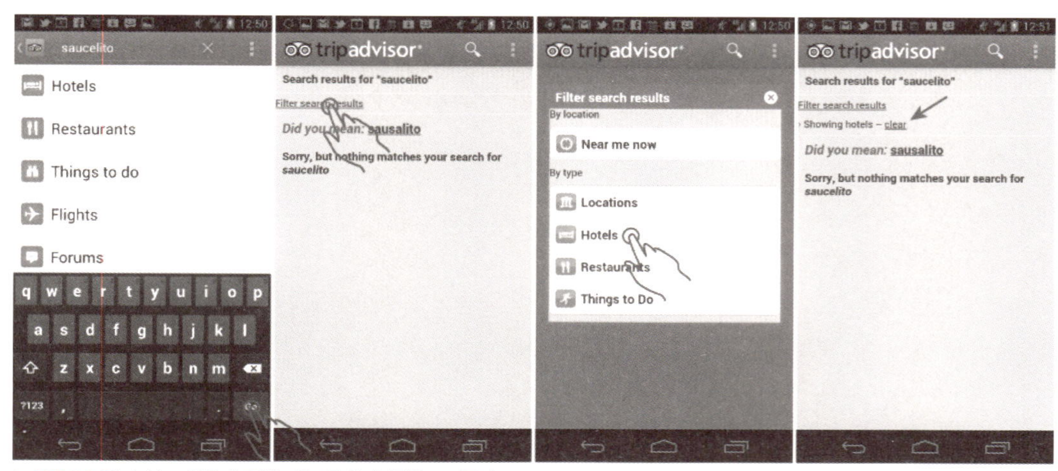

▶ 그림 9.3: TripAdvisor 앱은 쓸모없는 컨트롤 안티패턴을 보여준다.

검색 결과 필터(Filter Search Results) 링크를 탭하면 사용자가 목적지, 호텔 등으로 결과를 걸러낼 수 있는 필터 대화상자가 나타난다. 고객이 호텔 버튼을 탭하면 사용자는 똑같은 결과 없음 화면으로 돌아가지만, 이번에는 호텔 필터가 적용돼 있다. 물론 0개의 결과를 호텔로 필터링하더라도 결과는 여전히 0개다.

삼가야 하는 이유

초등학교 산수 시간에 배운 것처럼 0을 숫자로 나누면 항상 결과는 0이 된다. 0개의 결과 조건에서는 필터링 컨트롤이 아무 짝에도 쓸모없다. 사실 이 컨트롤은 쓸모없는 것 이상으로 나쁘다. 이 필터링 상호작용으로 인해 사용자는 실제로 존재하지도 않는 0개 항목의 컬렉션을 필터링하는 행동을 취함으로써 0개의 결과를 검색하는 수렁에 빠지기 때문이다. 쓸모없는 컨트롤이 사용자의 경험에 미치는 혼란과 충격을 과소평가하지 말아야 한다. 쓸모없는 컨트롤은 명백한 안티패턴이다. 검색 결과가 0개인 상황에서 제공하는 모든 컨트롤은 상황 복구 및 좀 더 유용한 페이지로 이동할 수 있도록 해야 한다.

관련 패턴

9.4 패턴: 이것을 찾으셨나요?

9.4 패턴: 이것을 찾으셨나요?

검색 결과가 없을 때 가장 단순하면서도 강력한 복구 패턴은 '이것을 찾으셨나요?' 패턴이다. 이 패턴은 같은 이름의 구글 검색 기능에서 유래했다.

적용 방식

시스템이 이해하지 못하는 키워드를 입력할 때 시스템은 최초 검색어를 토대로 제한된 어휘 내에서 대체 단어를 추천한다. 결과 키워드 목록에는 구글에서 사용하는 '이것을 찾으셨나요?' 제목이 들어갈 수도 있고 아닐 수도 있으며, 대체 검색어는 한 개보다 많아도 된다. 모바일 플랫폼에서 생길 수 있는 다양한 오탈자 가능성을 고려하면 대체 검색어의 개수 또한 상당히 많을 수 있다.

예시

이것을 찾으셨나요? 패턴을 잘 구현한 예로 Booking.com 앱(그림 9.4)이 있다.

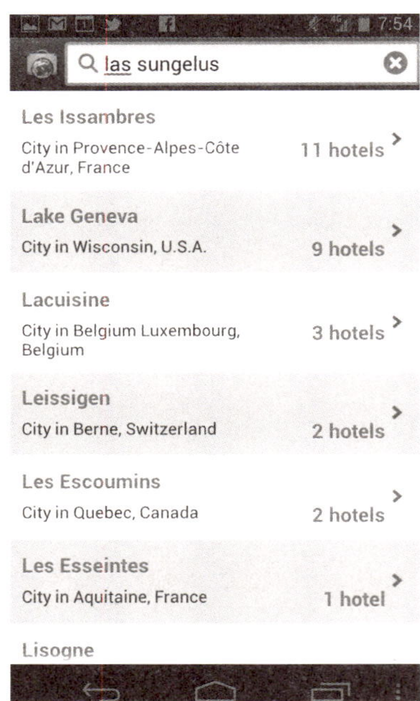

▶ 그림 9.4: Booking.com 앱에서는 '이것을 찾으셨나요?' 패턴이 잘 구현돼 있다.

Booking.com에서는 조회 결과가 없을 때 사용자가 검색어를 잘못 입력했다고 처음부터 가정함으로써 전체적인 검색 공식을 뒤집는다. 이 경우 결과 화면에서는 모든 키워드 항목별로 한 개 이상의 제한된 어휘 대체어를 자동으로 보여주는 강력한 인터페이스를 제공한다. Booking.com에서는 전 세계가 점점 좁아지고 있음을 인지하고 사용자들이 해외로 여행할 수 있다는 점을 감안해 쿼리 사전검열의 일환으로 전세계의 다양한 철자 대체어를 제공한다. 이는 사용자 인터페이스를 통해 기업의 브랜드 가치를 높이는 훌륭한 예에 해당한다.

추가로 Booking.com에서는 한 가지 상세 정보를 추가했다(예를 들어 미국, 로스 엔젤레스 시와 같이). 이로 인해 처음부터 사용자가 모든 철자를 제대로 입력하더라도 '이것을 찾으셨나요?' 복구 기능을 위한 쿼리 사전검열 프로세스가 제 가치를 발휘하게 되고, 사용자는 자연스럽게 이 패턴에서 제공하는 정보를 클릭하게 된다. 도시와 국가를 확인한 후에는 추가된 국가 메타데이터를 통해 사용자가 찾는 호텔과 명소를 안정적으로 찾을 수 있다.

언제, 어디에서 사용하나

키워드 오탈자가 의심될 경우 최소 한 개의 '이것을 찾으셨나요?' 추천 검색어를 의무적으로 사용하는 게 좋다. 때로는 오탈자를 인지하는 게 어려울 수 있다. 이때는 모바일 환경에서 자주 생기는 오탈자(7.3 패턴: 탭 어헤드 절에서 다룬 것 같은)에 최적화된 제한된 어휘를 사용하면 매우 큰 도움이 된다. 끝으로 도움될 만한 '이것을 찾으셨나요?' 대체어를 찾을 수 없다면 아무것도 제안하지 않고 대신 0개의 결과를 보여준 후, 이 장에서 소개하는 다른 패턴 중 하나를 사용하는 게 좋다.

사용하는 이유

두꺼운 손가락으로 모바일 기기의 작은 터치 키보드를 누르다 보면 오탈자가 생기기 일쑤다. 하지만 키워드 검색은 여전히 가장 많이 사용하는 검색 방식이다. 이로 인해 결과 없음 화면이나 원하지 않는 결과가 나오는 것을 방지하려면 키워드 검색어를 교정하는 기능을 구현하는 기능을 가장 먼저 고려해야 한다.

다른 활용법

'이것을 찾으셨나요?' 패턴은 기본적으로 검색이 일어난 후 구현하는 자동 추천 패턴(7장 '검색' 참고)이다. 대부분의 모바일 기기의 제한된 대역폭으로 인해 현재 '이것을 찾으셨나요?' 패턴은 두 패턴 중 좀 더 자주 사용되고 있다. 하지만 검색 쿼리를 실행한 후 할 수 있는 거의 대부분의 작업은 쿼리를 실행하기 전 프론트엔드에서 Ajax를 사용해 구현할 수도 있다는 점을 기억하자. 때로는 자동 추천이 '이것을 찾으셨나요?'보다 훨씬 나은 경우가 있다. 특히 비행기를 예약할 때처럼 다중 필드로 구성된 검색어를 입력할 때가 그렇다. 공항의 이름은 기억하거나 추측하기가 상당히 어려우므로 도시명이나 공항 코드를 토대로 한 자동 추천 기능이 매우 중요하다. 네트워크 속도가 더 빨라진다면 자동 추천 단어 조회(출발 및 도착 공항)와 '이것을 찾으셨나요?' 기능(다른 출발 시간을 제안)을 부드럽게 사용할 수 있을 것이다. 다시 말해 자동 추천과 '이것을 찾으셨나요?' 패턴 사이의 구분이 더욱 모호해지고, 결과를 보면서 검색어를 입력함에 따라 실시간으로 피드백을 받을 수 있게 될 것이라는 뜻이다(현재 구글이 웹에서 하듯이). 이렇게 되면 두 패턴 사이의 구분은 완전히 사라질 것이다. 쿱 어헤드 같은 패턴(7장 참고)은 향후 이와 같이 편리한 사용성을 제공하는 데 도움이 될 수 있다.

이와 관련한 접근 방식으로 유료 번역 앱에서 하듯 모바일 기기 자체에 제한된 어휘 대체어를 캐싱하는 방법이 있다. 현재 모바일 기기는 실제로 완전한 기능을 갖춘 컴퓨터다. 특수 용어(반려동물이나 공항)의 경우 10만 개 이상의 '이것을 찾으셨나요?' 대체어를 로컬어 캐싱한 후 서버로 뭔가를 전송하는 대신 모바일 기기 자체에서 정교한 정규식 일치 알고리즘을 활용해 대체어를 제시할 수 있다. 이 접근 방식을 사용하기로 결정했다면 '이것을 찾으셨나요?' 기능을 트리거하는 쿼리를 기기에 로컬 로그로 저장한 후 정기적으로 이 로그를 서버로 업로드해 분석하고 향후에 더 나은 추천 검색어를 제공하는 데 활용하는 것을 고려해 볼 만하다.

반려동물 가게 애플리케이션

다양한 반려동물 품종의 복잡한 이름을 감안하면 반려동물 가게 애플리케이션에서도 '이것을 찾으셨나요?' 패턴이 유용하리라는 것을 쉽게 짐작할 수 있다. 하지만 '이것을 찾으셨나요?' 기능을 다른 개선 기능과 접목하기는 까다롭다. 원하지 않는 결과가 나오는 화면에 대처하는 다양한 전략을 종합적으로 활용하는 방법은 이 장에서 나중에 다룰 '9.6 패턴: 지역 결과'를 참고하자.

태블릿 앱

이 패턴은 태블릿에서도 소형 모바일 폰에서 똑같이 적용된다.

⚠ 주의점

'이것을 찾으셨나요?'는 종종 제한된 어휘 대체 기능이라고도 부른다. 말 그대로 이것을 찾으셨나요? 패턴에서 제공하는 대체 키워드를 제한된 '좋은 키워드'나 '허용된 키워드'가 들어 있는 데이터베이스에서 가져온다는 뜻이다. 대체어의 품질은 제한된 어휘의 품질에 크게 의존하며, 탭 어헤드에서 살펴봤듯이(7장 참고) 이런 어휘는 모바일과 웹에서 크게 다를 수 있다. 아울러 단순히 키워드가 다를 뿐 아니라 모바일 키보드 사용에 따른 오탈자도 크게 다르다. 재미있는 것은 관찰 결과에 따르면 이런 오탈자가 대부분 특정 기기의 키보드 인체공학에 크게 의존한다는 점이다. 따라서 아이폰, 터치 키보드를 사용하는 안드로이드 모바일 폰, 물리적 키보드를 사용하는 안드로이드 기기, 안드로이드 태블릿, 블랙베리 폰 각각이 특정 기기의 키보드 인체공학에 따라 각기 다른 오탈자를 일으킬 수 있다.

이 문제를 해결할 수 있는 한 가지 방법은 모바일 전용 오탈자 및 대체어 전용 데이터베이스를 관리하는 것이다. 이렇게 하면 (다른 오탈자가 주로 생기는) 오탈자 & 대체어 데이터베이스를 쓸모없는 데이터로 채우지 않으면서 모바일 사용자의 사용자 경험을 개선할 수 있다. 두 개의 별도 데이터베이스를 사용할지, 한 개의 통합 데이터베이스를 사용할지에 대한 결정은 특정 사용 사례에 전적으로 달려 있다.

관련 패턴

7.2 패턴: 자동 완성 및 자동 추천
7.3 패턴: 탭 어헤드

9.5 패턴: 부분 일치

결과 없음 화면에서 사용할 수 있는 두 번째로 중요한 복구 패턴은 부분 일치 기능이다. 부분 일치 패턴은 검색어에서 일부 검색어를 제거함으로써 결과가 전혀 없는 화면이 나오지 않게 해준다.

적용 방식

여러 개의 키워드가 사용된 검색에서 0개의 결과가 나올 경우 어떤 키워드 때문에 결과가 전혀 나오지 않았는지 명확하게 알 수 없다. 이런 경우 부분 일치 패턴을 활용할 수 있다. 부분 일치 패턴은 사용자가 입력한 키워드 중 일부 키워드만을 사용해 검색을 재실행한다. 이 말은 시스템이 한두 개의 키워드를 제거한다는 뜻이다.

예시

이 패턴을 보여주는 가장 좋은 예로는 아마존의 모바일 웹사이트(그림 9.5)가 있다. 이 사이트는 중요한 부분에서 데스크톱 사이트를 모방한다.

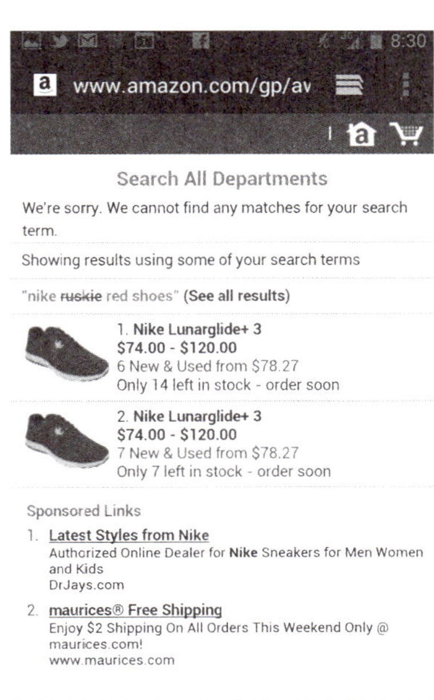

▶ 그림 9.5: 아마존 의 모바일 웹사이트에서는 부분 일치 패턴의 훌륭한 예를 볼 수 있다.

'Nike Ruskie Red'를 입력하면 결과가 0개가 나온다. 이 웹사이트에서는 이와 같은 결과 없음 메세지를 분명히 알려준다. 다시 검색할 수 있도록 모바일 웹사이트에서는 문제가 되는 키워드인 'Ruskie'를 없애고 검색할 수 있게 도와준다. 이 과정에서 '미리 보기' 화면을 보여줌으로써 '문제가 되는 이 키워드를 제거하면 이런 항목들을 볼 수 있습니다'라고 알려준다. 취소선과 함께 문제가 되는 키워드인 'Ruskie'에 대비되는 폰트 색상을 사용해 부분 일치가 어떤 식으로 동작하는지도 사용자에게 효과적으로 알려준다.

아쉽지만 아마존 앱에 대해서는 이런 칭찬을 해줄 수 없다. 모바일 웹사이트는 멋지지만 이 앱에서는 부분 일치 복구 기능을 전혀 제공하지 않는다. 다만 그림 9.6처럼 0개의 결과를 찾았다고만 알려준다.

이를 보면 결과 없음 화면에서 부분 일치 패턴이 얼마나 중요한지 잘 알 수 있다.

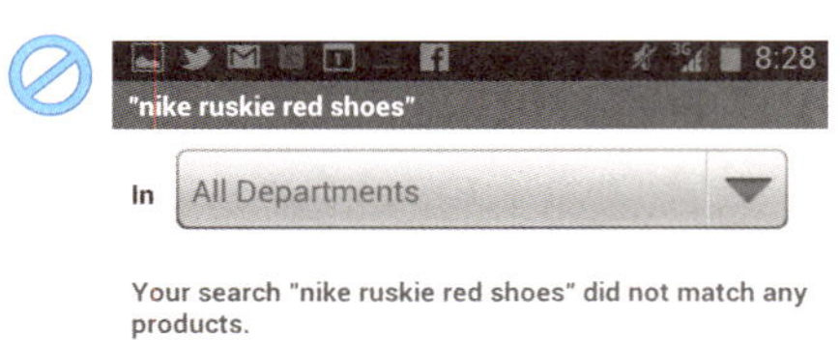

▶ 그림 9.6: 아마존 앱에서는 부분 일치 패턴이 빠져 있다.

언제, 어디에서 사용하나

모바일 환경에서 부분 일치는 데스크톱 웹만큼 중요하지는 않다. 이는 모바일에서는 입력하는 게 어렵고, 이로 인해 평균적으로 검색하는 단어의 수도 그만큼 적기 때문이다. 하지만 전자 상거래, 비즈니스 앱 같은 일부 앱의 경우 모바일에서 입력하는 키워드의 개수가 데스크톱과 거의 비슷하다. 여러 키워드가 들어 있는 긴 단어를 입력해야 하는 이런 애플리케이션에서는 부분 일치 패턴이 앞 절에서 살펴본 '이것을 찾으셨나요?' 패턴 다음으로 중요한 복구 패턴이 된다.

사용하는 이유

사람은 닻내림 효과(anchoring effect)라고 하는 심리적 효과의 영향을 받는다. 닻내림 효과는 정보의 한 조각에 지나치게 의존하는 태도를 가리키는 인지적 편견을 의미한다. 여기서는 한 개의 키워드가 이와 같은 정보 조각에 해당한다. 필자의 책 Designing Search: UX Strategies for Ecommerce Success에서는 한 테스트 참가자가 자신이 찾고 있는 책의 제목이 Harry Potter and The Sleepy Hollows(해리 포터와 슬리피 할로우)라고 확신한 나머지 검색 결과가 계속 0개가 나옴에도 검색어에 점점 더 많은 정보(저자의 이름을 'JK Rolins'로 잘못 입력한 것 포함)를 추가했던 일화를 언급하고 있다. 이 사람은 Sleepy'라는 잘못된 단어에서 닻내림 효과를 경험했으며, 계속해서 검색 결과가 나오지 않음에도 불구하고 여기서 헤어나오지 못했다. 결국 그녀는 이 단어에 지나치게 집착한 나머지 테스트를 마칠 때는 "이 상점에서는 해리 포터 책을 아예 취급하지 않는 게 틀림없어요"라고 결론 내렸다.

그녀의 검색 행동은 피터 모빌과 제프리 캘린더가 자신들의 책 Search Patterns에서 설명하는 대로 처닝(churning)이라고 부를 수 있다. 이 행동은 결과가 없는 화면이나 이상한 결과가 계속 나옴에도 불구하고 유사한 검색어를 계속 실행하는 행동을 일컫는다. 부분 일치 패턴은 문제가 된 키워드를 보여줌으로써 이와 같은 처닝 및 닻내림 행동을 멈추게 해준다. 훌륭한 부분 일치 패턴에서는 문제가 되는 키워드를 제거했을 때의 예상 검색 결과 미리보기(또는 전체 검색 결과) 화면을 보여준다. 이와 같은 구현 패턴을 활용하면 닻내림 효과를 대부분 효과적으로 차단할 수 있다.

다른 활용법

때로는 어떤 키워드가 문제가 되는지 아는 게 어려울 수도 있다. 이런 경우 부분 일치 패턴에서는 한두 개의 키워드를 제거하고 여러 개의 키워드 조합을 제공할 수 있다. 아울러 각 키워드를 제거함에 따른 샘플 결과 몇 개를 함께 보여줄 수 있다. 보통 이런 결과 그룹은 검색어에서 가져온 결과 개수가 많은 순으로 정렬해서 보여준다.

모바일 기기에서 부분 일치는 '9.6 패턴: 지역 결과'의 '반려동물 가게 애플리케이션' 절에서 다루는 것처럼 지역 결과 패턴과 효과적으로 연동할 수도 있다.

반려동물 가게 애플리케이션

지역 결과 패턴까지 활용한 전체 구현체는 '9.6 패턴: 지역 결과'의 '반려동물 가게 애플리케이션' 절에서 다루고 있다.

태블릿 앱

부분 일치는 태블릿 앱에서도 모바일 앱과 동일하게 적용된다. 태블릿은 키보드가 커서 검색 시 입력하는 키워드의 개수도 데스크톱 웹 애플리케이션의 키워드 개수와 거의 유사하다. 따라서 복구 메커니즘으로서의 부분 일치 패턴의 중요성도 훨씬 크다. 아마존 앱에서처럼 결과 없음 메시지를 보여주는 것(그림 9.6 참고)은 큰 도움이 못 된다. 아울러 결과 없음이라는 단어도 크기가 큰 태블릿 화면에서는 지나치게 내용이 없어 보인다. 태블릿에서는 이 장에서 소개하는 하나 이상의 복구 전략을 활용해 결과 없음 화면을 보완하는 게 좋다.

관련 패턴

9.6 패턴: 지역 결과

7.3 패턴: 탭 어헤드

9.6 패턴: 지역 결과

모바일에서 결과 없음 화면으로부터 되돌아올 때 내장 GPS를 활용해 조회할 수 있는 기능을 활용한다.

적용 방식

원하는 검색 결과가 없을 때 시스템이 부분 일치 쿼리를 토대로 지역 결과를 제공하거나 특화된 지역 검색 결과를 제공한다.

예시

타깃(Target) 앱은 간단한 지역 결과 패턴의 예를 잘 보여준다. 이 앱이 로드되면 앱에서는 내장 GPS를 활용해 사용자의 위치를 고려한다. 이 위치는 사용자가 아무 내용도 입력하지 않아도 사용자 주변에 위치한 인근 상점 위치를 보여주는 데 사용된다. 이는 90% 이상의 사용 사례에서 주변 상점을 검색한다는 점을 감안하면 매우 논리적인 구현이라고 볼 수 있다. 아울러 이 앱에서는 키워드 검색(아마도 도시명을 기반으로) 기능도 함께 제공하고 있다.

사용자가 앱에서 입력한 검색어와 일치하는 도시명을 찾을 수 없으면 확인 버튼을 눌러야 사라지는 팝업 경고창을 보여준다. 이 팝업창은 안티패턴('9.2 안티패턴: 인터페이스 효율성의

부족' 참고)에 해당한다. 하지만 경고창이 사라지고 나면 다시 검색 실행 전 화면으로 돌아온
다. 사용자는 앞 단계에서 로드한 지역 상점 결과를 볼 수 있게 되는 것이다(그림 9.7 참고).

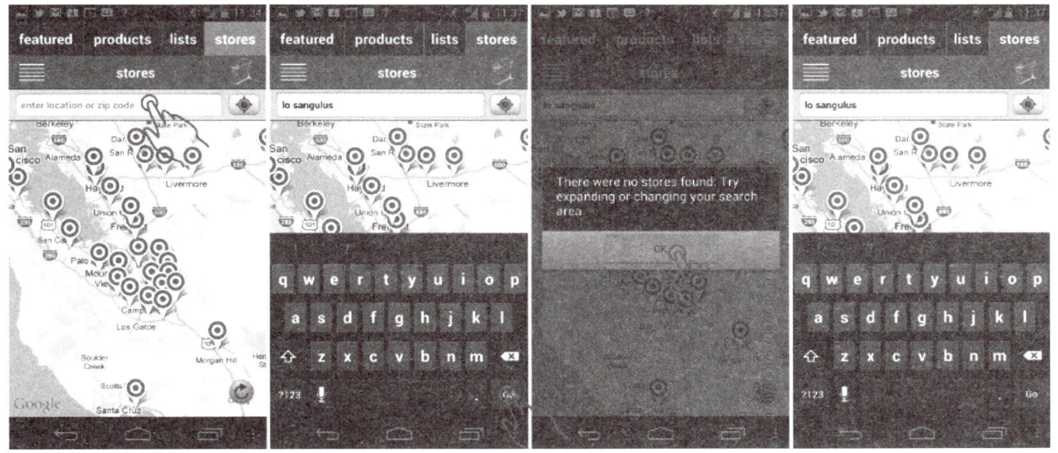

▶ 그림 9.7: Target 앱에서는 기본 지역 패턴을 통해 결과 없음 화면을 보완한다.

언제, 어디에서 사용하나

모바일 검색은 주변 지역을 대상으로 하는 경우가 많다. 물론 이게 유일한 사용 사례는 아니지
만, 흔한 사용 사례이기는 하다. 시스템에서 검색할 레코드가 없거나 부분 일치 패턴('9.5 패
턴: 부분 일치' 참고)을 수행하는 경우 지역 결과가 훌륭한 자료가 될 수 있다.

사용하는 이유

결과 없음 화면을 구현할 때는 안티패턴을 사용하지 않는 것만으로는 충분하지 않다. 최고의 모
바일 경험을 디자인하려면 0에서부터 디자인해야 한다. 이 말은 결과 없음 화면을 방지하고 이
화면으로부터 복구하는 게 검색 기능을 구현하는 핵심이라는 뜻이다. GPS를 통해 파악한 사용
자의 위치를 토대로 결과 없음 화면으로부터 빠져나오는 기능은 데스크톱에서는 사용할 수 없는
모바일만의 기능이다. 따라서 이는 모바일만의 장점을 최대한 활용하는 전략에 해당한다.

다른 활용법

지역 결과는 병렬적 아키텍처 패턴(8장의 '정렬 및 필터링 참고)의 '기본 뷰'를 구성하며 대부
분의 여행, 리뷰, 지역 쇼핑 앱에서 기본 검색 화면으로 쓰인다. Booking.com(그림 9.8 참고)
에서 볼 수 있듯 훌륭한 여행 앱에서는 지역 결과를 기본 검색 탭으로 제공한다. 이 앱의 경우
지역 결과 탭의 이름이 Around Me다.

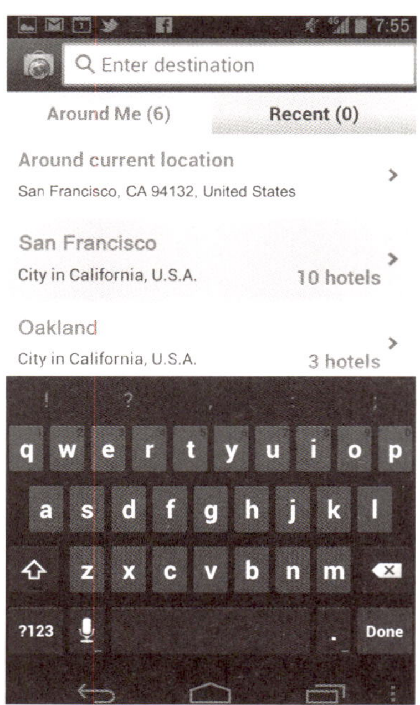

▶ 그림 9.8: Booking.com 앱에서는 Around Me 탭에서 지역 결과 패턴을 사용한다.

반려동물 가게 애플리케이션

오랫동안 기다렸다. 그림 9.9에서는 'Russian Mastiff'를 검색했을 때 결과 없음 및 원하지 않는 결과 화면에서 복구하는 패턴(이것을 찾으셨나요? 패턴, 부분 일치 패턴, 지역 결과 패턴)이 모두 나와 있다.

먼저 페이지에서는 0개의 결과를 찾았음을 명확히 알려준다. 다음으로 사이트에서 사용할 수 있는 인기 키워드를 토대로 몇 개의 이것을 찾으셨나요? 대체어를 제안한다. 끝으로 한 개의 키워드('Mastiff')가 정확하고 인식 가능했으므로 시스템에서는 문제가 되는 키워드('Russian')을 제외한 채 부분 일치를 수행하고, 지역 정보를 활용해 검색을 재실행한다. 이와 같은 가정은 안전하고, 유용하며, 사용자에게 큰 도움이 된다. 결국 대부분의 사람들은 주변 지역에서 반려동물을 사려고 하기 때문이다.

다시 수행한 검색 결과에서는 7개의 지역 'Mastiff' 결과가 있으며, 실제 강아지의 생김새를 볼 수 있는 작은 샘플 화면도 표시된다. 고객은 슬라이드 화면을 사용해 결과를 볼 수도 있으며, 7 Matches Near You For 링크를 클릭해 'Mastiff' 키워드를 사용해 검색을 재실행하고, 모바일 기기의 현재 GPS 좌표를 기준으로 검색 위치를 적당한 반경으로 설정할 수도 있다. 여기서는 세 가지 전략을 함께 활용함에 따라 아마존 모바일 사이트에 견줄 만한 훌륭한 검색 결과 복구 화면을 만들 수 있었다. 이와 같은 화면이 앱을 구매하는 사용자에게 얼마나 중요한지 생각하고, 모든 고객이 만족할 수 있게끔 시간과 노력을 들이자.

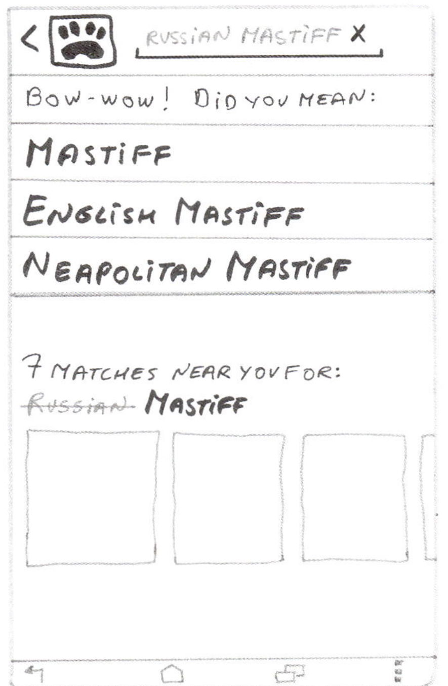

▶ 그림 9.9: 반려동물 가게 앱에서 이것을 찾으셨나요?, 부분 일치, 지역 결과 패턴을 함께 활용하는 모습

끝으로 여기서는 결과 없음 화면을 표시할 때 약간의 유머를 사용했다. 이는 대부분의 앱(금융 앱은 제외. 12장 참고)에서 권장한다. 하지만 항상 같은 유머를 반복해서 사용하는 대신 잘 선택한 재치 있는 문구를 매번 임의로 선택해 보여주는 게 좋다.

이와 같은 재치 있는 문구에 있어서는 애플의 시리가 탁월하다. 아쉽지만 안드로이드에서는 유머 감각이 조금 부족하다. 대부분의 안드로이드 앱은 결과 없음 화면을 여전히 에러로 처리한다. 하지만 이 장에서 앞서 설명한 대로 이와 같은 결과 없음 화면은 모바일 기기를 사용하는 과정에서 생기는 자연스러운 결과다. 유머는 인간과 모바일 기기간 의사 소통이 잠시 단절된 상태에서도 검색 대화를 계속 이어가는 훌륭한 도구가 될 수 있다. 이는 매우 중요한 부분이다!

태블릿 앱

G3 및 G4 태블릿 모두 정확한 위치를 가져오지만 많은 태블릿이 와이파이 전용이며 무선 기능이 탑재돼 있지 않다. 따라서 대부분의 태블릿 기기에서는 정확한 위치를 알아올 수 없다. 아울러 태블릿(특히 대형 태블릿)은 주변 지역을 대상으로 사용하는 경우(예를 들어 지역

Target 상점으로 이동 중 사용하는 경우)가 덜하다. 이 점을 염두에 두고 태블릿에서는 '이것을 찾으셨나요?'나 부분 일치처럼 이 장에서 설명한 다른 복구 메커니즘을 활용하는 게 좋다.

 주의점

이 패턴의 '태블릿 앱' 절을 참고하자.

관련 패턴

8.4 패턴: 병렬적 아키텍처

데이터 입력

모바일 기기에서 데이터를 입력하는 일은 두꺼운 손가락과 작은 기기 호면으로 인해 무척 까다롭다. 현재 사용 중인 데이터 입력 패턴은 수백 개가 있으며 이 주제만을 다루는 별도의 책을 집필할 수 있을 정도다. 실제로 필자의 친구이자 멘토인 루크 로블르스키는 웹 폼 디자인: 고객을 끌어당기는 폼 디자인의 원리(2009, 인사이트)라는 훌륭한 책을 집필한 바 있다. 이 장에서는 현재 사용 중인 수많은 데이터 입력 방식을 모두 다루는 대신 대부분의 사람들이 오해하고 있는 안드로이드 폼의 입력 측면을 다루는 데 집중한다.

10.1 패턴: 슬라이더

수년 간 웹 페이지 개발자들은 슬라이더를 대중화하고 이를 표준 HTML 개발 툴킷에 포함시키기 위해 노력했다. 많은 사람들은 안드로이드 데이터 입력 위젯에 슬라이더가 표준 툴로 포함됐을 때 이를 반겼다. 솔직히 슬라이더는 멋지다. 하지만 아쉽게도 슬라이더와 함께 다양한 이슈가 생겨났다. 이 중에는 정확히 딱 꼬집어 말하기 어려운 이슈도 일부 숨어 있다.

적용 방식

슬라이더는 두 가지 유형으로 사용한다. 단독 슬라이더와 이중 슬라이더다. 아울러 각 슬라이더 유형별로 연속 조절이 가능한 경우와 미리 정한 위치에서 사용자가 선택하는 경우가 있다.

예시

두 종류의 슬라이더가 어떻게 사용되는지 보려면 Trulia와 Zillow라는 두 개의 앱을 서로 비교하는 게 빠르다. Trulia(그림 10.1)는 이중 슬라이더를 사용해 가격 데이터를 입력받는다.

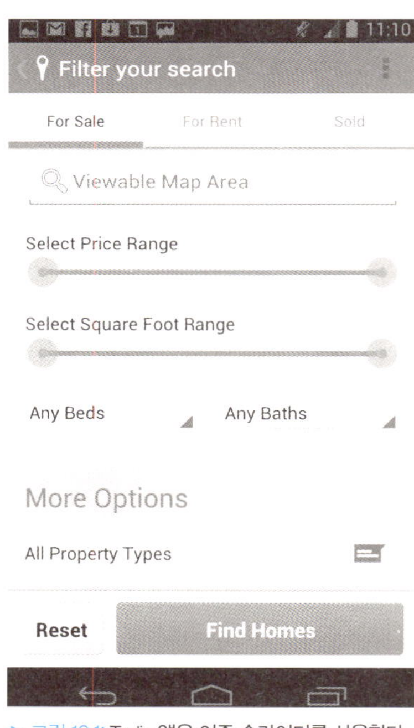

▶ 그림 10.1: Trulia 앱은 이중 슬라이더를 사용한다.

그에 반해 Zillow는 똑같은 가격 정보를 입력받지만 두 개의 단독 슬라이더를 사용한다(그림 10.2 참고).

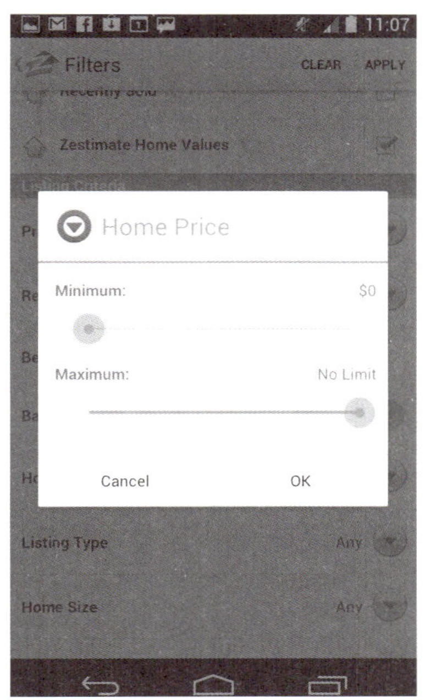

▶ 그림 10.2: Zello 앱은 두개의 단독 슬라이더를 사용한다.

Trulia 슬라이더는 슬러이더를 움직이기 전까지 가격의 최소 및 최대 범위를 보여주지 않는다. 엄밀히 말해 Zillow에서도 이 정보를 보여주지 않는다. 대신 사용자에게 아무런 도움도 안 되는 $0과 No Maximum 텍스트만 보여줄 뿐이다.

언제, 어디에서 사용하나

단독 슬라이더는 개별 값을 입력하는 데 직관적이다. 이중 슬라이더는 검색 필터 및 범위가 포함된 폼 값처럼 값 범위를 지정하는 데 탁월하다.

사용하는 이유

슬라이더는 직관적이다. 슬라이더는 '행동 유도성'이라고 부르는 속성에 부합한다. 행동 유도성이란 특정 작업에 적합한 컨트롤의 품질을 의미한다. 다시 말해 슬라이더는 범위에서 값을 지정하는 작업을 하기에 안성 맞춤인 느낌을 준다. 슬라이더는 물리적인 세계를 터치 화면으로 잘 옮겨주며, 시각적인 외형이나 전달하는 느낌이 훌륭하고, 많은 공간을 차지하지 않으면서 조작하기도 쉽다. 슬라이더를 비슷한 기능을 제공하는 또 다른 컨트롤인 두 개의 손잡이와 비교해보자. 슬라이더와 달리 손잡이는 터치 화면으로 잘 이식되지 않으며, 돌리기 어렵고, 대개 슬라이더보다 더 많은 화면 공간을 차지한다. 특히 이중 슬라이더는 특정 범위 내 경계 값을 지정하는 데 효과적이다.

다른 활용법

특정 값이 들어 있는 단독 슬라이더는 이 장의 다음 절에서 다루는 스테퍼(Stepper) 컨트롤로 대체할 수 있다. 히스토그램 슬라이더와 재고 개수 기반의 슬라이더는 표준 슬라이더를 토대로 한 멋진 실험 패턴이지만, 아쉽게도 자주 볼 수는 없다. 이들 패턴은 반려동물 가게 애플리케이션 절에서 다룬다.

반려동물 가게 애플리케이션

반려동물 가게 앱의 이중 슬라이더(슬라이더를 히스토그램과 함께 사용하는) 예제는 8장 '정렬 및 필터링'의 8.3절 '패턴:필터 스트립'에서 볼 수 있다. 이 예제를 그대로 사용하면서(즉, 검색 필터 화면에서 가격 범위에 슬라이더를 사용하면서) 이 패턴의 '주의점' 절에서 언급한 문제를 일으키지 않고 가격 범위를 입력할 수 있을까? 이를 구현할 수 있는 한 가지 방법은 재고에 따라 조절된 명확한 값을 지닌 슬라이더를 사용하는 것이다. 이를 설명하면 다음과 같다.

일반적인 가격 슬라이더는 선형적 패턴에 따라 값이 조절된다. 이 말은 슬라이더 축에서 같은 거리마다 값이 똑같은 절대적인 양만큼 차이가 있다는 뜻이다. 예를 들어 위치가 다섯 개인 슬라이더에서 가격이 0달러부터 100달러 사이라면 그림 10.3처럼(회색으로 표시한 숫자는 선택 항목이다) 각 위치마다 가격이 20달러씩 증가하게 된다.

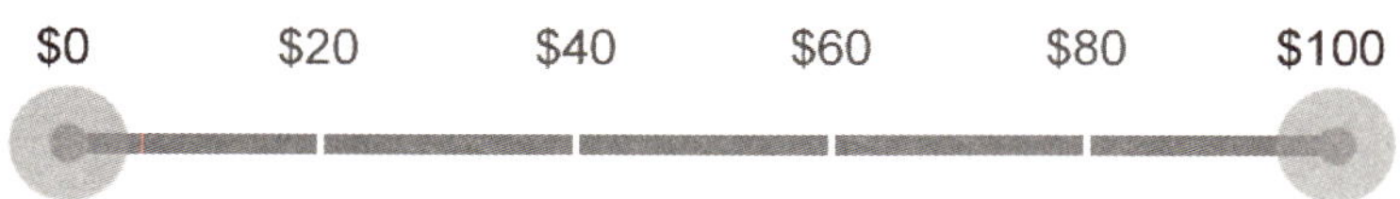

▶ 그림 10.3: 선형적인 가격 슬라이더에서는 각 축의 위치가 동일한 절대적 변경값을 나타낸다.

이는 직관적이기는 하지만 고객들이 낭패를 보기 쉽다. 특히 가격 범위가 넓고 재고가 균등하게 분산돼 있지 않을 경우에 그렇다. 예를 들어 '주의점' 절에서 설명하는 것처럼 고객은 62~65달러 범위에 수많은 강아지들이 있다는 사실을 까맣게 모른 채 재고가 전혀 없는 40달러에서 60달러 구간의 가격 범위를 선택할 수 있다. 바로 이런 경우에 히스토그램을 활용한 슬라이더(그림 10.4 참고)가 도움이 된다. 이 실험적 패턴의 기본 개념은 간단하다. 고정 위치 슬라이더에서 50에서 100픽셀 위에는 선형 가격 범위의 특정 영역에 속한 재고를 보여주는 히스토그램이 나와 있다. 강아지가 많은 범위는 큰 바를 보여주고, 강아지가 작은 범위는 이에 비례해 작은 바를 보여준다.

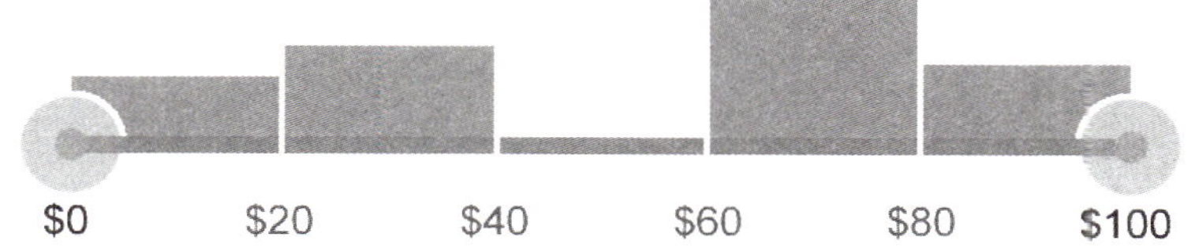

▶ 그림 10.4: 히스토그램을 갖춘 선형 가격 슬라이더는 좀 더 많은 정보를 제공한다.

히스토그램과 함께 슬라이더를 사용할 때도 물론 재고가 적은 범위로 드래그할 수 있다. 하지만 히스토그램을 통해 재고 개수를 명확히 볼 수 있는 만큼 실수로 이렇게 할 확률이 크게 줄어든다. 히스토그램을 갖춘 슬라이더 패턴은 좀 더 만족스러운 사용자 경험을 전달하기 위한 대가로 약간의 세로 공간을 희생해 표준 슬라이더 패턴 대신 사용할 수 있다.

히스토그램에 의존하지 않는 슬라이더 패턴을 구현하는 또 다른 방법은 재고 개수를 토대로 슬라이더 간격을 조절하는 것이다. 이를 구현하기 위해 전체 재고(예를 들어 100마리의 강아지)를 다섯 개의 구간으로 나누면, 각 구간별로 20마리의 강아지가 생긴다. 이제 약 20마리의 강아지 재고를 갖고 있는 가격을 찾기 위해 가격 범위를 찾는다. 예를 들어 처음 19마리의 강아지 가격이 0에서 60달러 사이라고(여기서는 40에서 60달러 구간에는 재고가 없다고 가정함을 기억하자) 가정하자. 그럼 21번째 강아지는 61에서 65달러 범위 등에 속한다. 그림 10.5는 이와 같은 슬라이더의 형태를 보여주는 예다(이 그림을 그림 10.3과 비교해보자).

▶ 그림 10.5: 재고 개수를 토대로 한 또 다른 가격 슬라이더

이 중 어떤 구현체를 선택해야 할까? 이에 대한 결정은 앱에서 수행하는 작업에 따라 다르다. 대부분의 사람들은 예산을 초과해 몇 달러 정도 지불하는 것은 개의치 않지만, 검색된 결과가 없다는 화면이 나오는 것은 무척 싫어한다. 특정 가격 구간에서 남아있는 탄력동물이 20마리 미만이라면 이는 대부분의 작업에서 만족스러운 결과가 아니므로 더 나은 사용자 경험을 위해 이 절에서 소개한 다른 접근 방식 중 하나를 사용해야 한다. 히스토그램 슬라이더와 재고 개수 기반 슬라이더 패턴 모두 전통적인 슬라이더 패턴보다 훨씬 우수하다. 구간을 가격으로 나누

는 방식은 결과 없음 조건이 생기지 않게 하면서 가격 배포를 명확히 보여줄 수 있으므로 매우 유연한 방식이다. 고객의 가격 범위가 20마리 강아지 구간보다 더 크다면 사용자는 그냥 이중 슬라이더를 사용해 더 넓은 구간을 선택하면 된다(이런 실험 슬라이더용 코드를 찾고 있는 독자라면 http://androiddesignbook.com에서 예제 앱과 소스 코드를 내려받을 수 있다).

태블릿 앱

슬라이더는 태블릿 앱에서 훌륭한 기능을 소화한다. 태블릿에서는 '주의점' 절에서 언급한 내용에 각별히 주의하자. 특히 정확도를 위해 연속 슬라이더 대신 특정 값을 사용하는 슬라이더를 사용해야 한다. 대형 기기에서는 연속 슬라이더를 사용해 값을 정확히 조절하는 게 더 어렵기 때문이다. 기기의 인체공학에 주의하고, 슬라이더를 화면 가운데에 두는 것을 삼가야 한다. 대신 슬라이더를 화면 상단, 오른쪽이나 왼쪽 마진 옆에 둔다. 이 위치는 손가락으로 태블릿의 뒷면을 지지한 채 엄지로 작업하기에 최적화된 위치다.

앱의 디자인이나 용도에 따라 왼손과 오른손으로 각각 조절할 수 있게 화면 왼쪽과 오른쪽 두 종류의 슬라이더를 두는 것을 실험해보자. 이 방식은 특히 음악 신디사이저 같은 앱에 적합하다. 끝으로 왼쪽에서 오른쪽으로 가는 수평 대신 태블릿의 모서리를 따라 수직으로 슬라이더를 두는 것을 실험해보자. 이렇게 하면 가장 쉽고 정확하게 슬라이더 위치를 조절할 수 있다.

⚠ 주의점

슬라이더 패턴을 사용할 때는 다음 고려 사항을 염두에 두자.

- **합리적인 값은 쉽게 입력할 수 있게 한다**: Kayak 앱은 호텔 숙박비 필터링에 연속 듀얼 슬라이더를 사용한 예를 잘 보여준다. 로스엔젤레스에서 적당한 가격의 호텔을 구하려면 조정 핸들을 다른 핸들 위에 올려야 한다(그림 10.6 참고). 이와 같은 조정 방식은 정확성과는 거리가 멀다. 큰 범위를 지정할 때는 '반려동물 가게 애플리케이션' 절에서 설명한 대로 재고 개수를 토대로 한 슬라이더를 사용하는 것을 고려해야 한다.

- **범위를 보여준다**: 범위 얘기가 나온 김에 얘기하자면 0달러와 최고개(그림 10.1과 10.2) 같은 임의의 숫자를 사용하는 대신 그림 10.6의 Kayak 앱처럼 전체 컬렉션에서 사용할 수 있는 실제 가격 범위(16달러에서 750달러)를 보여주는 게 좋다. Zillow나 Trulia 앱 모두 지역 주택 재고와 관련한 최대 및 최고가를 보여주지 않는다. 애초부터 가격 범위가 476,000달러에서 3,234,700달러 사이라고 알려줬다면 이 슬라이더가 얼마나 유용해졌을지 상상해보자. 범위를 보여주면 결과가 없는 476,000달러 미만의 집을 샌프란시스코에서 검색하는 '데드 존'을 피하는 데도 도움이 된다. 이때 필터링이 재고에 미치는 영향에 주의하자. 이 경우 필터를 적용하지 않은 전체 컬렉션 범위를 활용하는 게 가장 좋다.

- **숫자를 가리지 않는다**: 사용자가 슬라이더를 조절하는 동안 조절 막대 위에 숫자가 손가락에 가리지 않고 보여야 한다. 숫자를 슬라이더 아래나 측면에 두는 것은 바람직하지 않다. Kayak 슬라이더(그림 10.6 참고)는 이 점에서 훌륭하

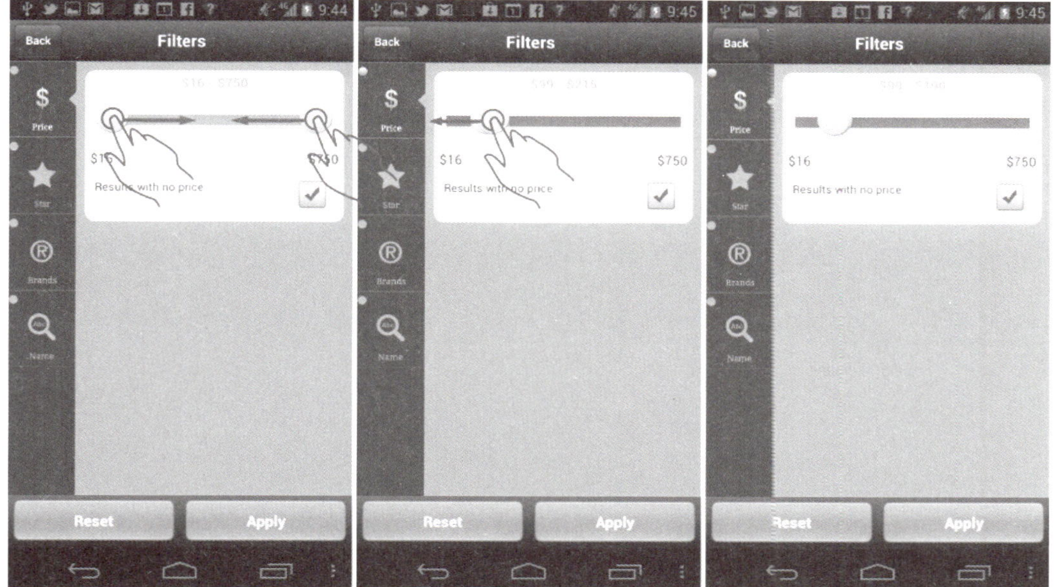

▶ 그림 10.6: Kayak 앱에서 로스 엔젤레스 내 적당한 가격의 호텔을 찾을 때 연속 가격 슬라이더가 제 기능을 못한다.

다. 이 앱에서는 슬라이더를 조절하는 동안 범위는 가려지지만 실제 필터 값은 가려지지 않는다. 모바일 기기에서는 이 정도가 우리가 할 수 있는 최선이다.

- **위치가 지정된 슬라이더를 선택한다**: 연속 슬라이더는 정확한 숫자를 지정하고 원하는 재고를 얻는다는 기본 개념에서는 매력적이다. 하지만 현실적으로 이런 슬라이더는 정확히 조절하는 게 어렵다(현실 세계와 터치 기기 모두에서). 오디오 볼륨을 조정할 때 슬라이더를 거의 볼 수 없는 것도 이 때문이다. 아이러니컬하게도 기기가 클수록 슬라이더를 정확히 조절하는 건 더 어려워진다. 이는 피츠의 법칙으로 인한 결과다. 즉, 행동을 수행하는 데 필요한 시간은 타깃의 거리 및 크기에 의존한다. 다시 말해, 대형 태블릿 가운데에 있는 1/32인치 크기의 슬라이더 핸들을 조정하는 것은 그만큼 어렵다는 뜻이다.

화면 크기와 상관없이 덜컹거리는 지하철이나 택시 안에서 연속 슬라이더를 정확히 조절하는 것은 여전히 어렵다(원한다면 이를 누들면의 법칙이라고 불러도 된다).

연속 이중 슬라이더는 범위를 지나치게 제한하기 쉽다. 반려동물 가게 애플리케이션을 예로 들면 고객이 $45.50에서 $46.10 사이로 가격을 제한할 수 있는 연속 슬라이더를 만들면 0개의 결과가 나오므로 고객에게 도움이 되지 못 한다. 그에 반해 위치(성지점) 지정 슬라이더는 조절하기가 훨씬 쉽다. 또, 지나치게 작은 범위를 지정할 확률도 훨씬 적다.

아울러 히스토그램 슬라이더와 재고 수 기반 슬라이더 패턴도 고려하는 것을 잊지 말아야 한다. '반려동물 가게 애플리케이션' 절에서 언급한 것처럼 이들 실험 슬라이더 패턴은 슬라이더와 관련한 대부분의 취약점을 피할 수 있는, 좀 더 도움되는 사용자 인터페이스(고객이 효과적으로 행동하고 좀 더 기능을 편리하게 사용하는)를 제공한다.

10.2 패턴: 스테퍼

8.3 패턴: 필터 스트립

10.2 패턴: 스테퍼

작업상 0부터 5처럼 작은 정수를 입력해야 한다면 스테퍼 컨트롤을 사용한다.

적용 방식

스테퍼는 좁은 텍스트 필드와 빼기, 더하기 버튼으로 구성된 네이티브 안드로이드 컨트롤이다.

예시

스테퍼를 잘 활용한 예로 그림 10.7에 나온 것처럼 Kayak 앱의 검색 페이지에서 방 개수와 여행 인원수를 지정하는 화면이 있다. 이때 합리적인 기본값을 잘 활용한다는 점에 주의하자. 이 앱을 사용하는 대다수 사람들은 혼자 여행하는 비즈니스 여행자이므로 한 개의 방만 필요하다. 따라서 스테퍼 컨트롤은 모두 기본값이 1로 설정돼 있다.

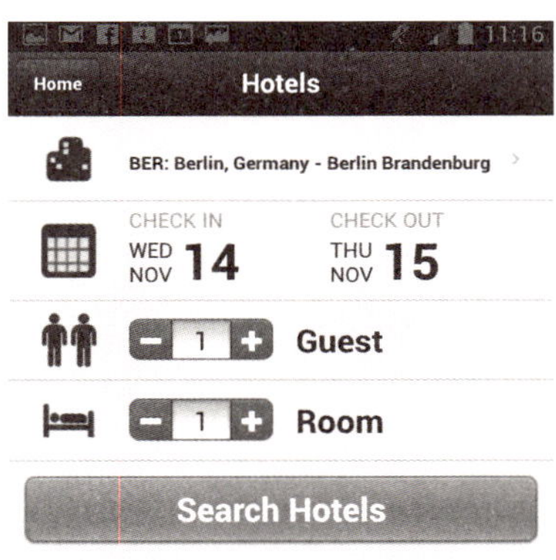

▶ 그림 10.7: Kayak 앱은 스테퍼 패턴을 잘 활용한다.

언제, 어디에서 사용하나

사용자가 0과 5 사이의 숫자를 빠르게 입력해야 하고 화면 공간은 제한돼 있을 때 스테퍼 패턴이 적합하다. 스테퍼는 주로 구매 시 항목 개수를 조절할 때 사용한다. 일반적으로 스테퍼 값은 별도 전송 버튼을 통해 전송한다.

사용하는 이유

스테퍼는 공간을 거의 차지하지 않는다. 이 장에서 앞서 다룬 슬라이더 패턴과 마찬가지로 스테퍼도 키보드를 열거나 추가 레이어, 키보드, 대화상자 없이 화면에서 직접 조작할 수 있다. 스테퍼 패턴은 설명이 필요 없으며 사용하기도 쉽다.

다른 활용법

스테퍼 패턴을 활용한 패턴 중 흥미로운 점은 항목을 카트에 직접 추가하기 위해 행별 반복 UI 컨트롤로 사용하는 것이다. Peapod 앱에서는 커스터마이징된 스테퍼 컨트롤을 이런 식으로 사용한다(그림 10.8 참고). 첫 번째 행동은 구매(Buy) 버튼이다. 사용자가 구매 버튼을 탭한 후에는 항목이 카트에 추가되고 버튼이 스테퍼로 바뀐다.

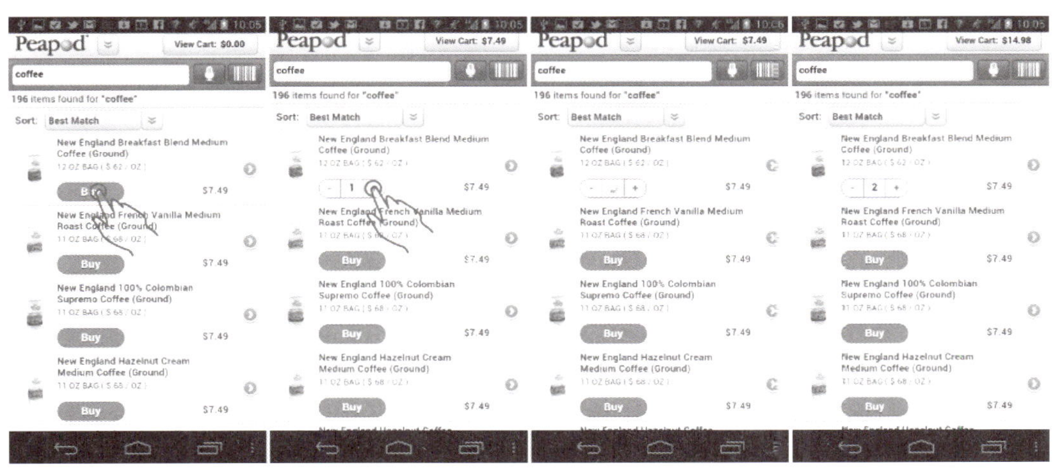

▶ 그림 10.8: Peapod 앱은 스테퍼를 행별 자동 전송 컨트롤로 사용한다.

사용자가 ➕ 나 ➖ 버튼을 누를 때마다 스테퍼 컨트롤은 쇼핑 바구니에 있는 새 항목 개수를 서버로 전송한다. 이렇게 하면 분명히 속도가 조금은 느려진다. 하지만 대부분의 항목을 한 개, 두 개, 세 개만 주문하므로 이 방식은 식료품처럼 한 번에 구매하는 제품의 전체 개수는 많지만 개별 항목의 개수는 적은 경우 매우 적합하다.

스테퍼 패턴의 변형 구현체로 Peapod 앱에서 사용하는 편집 가능 중앙 텍스트 필드가 있다. 고객이 중앙 텍스트 필드를 탭하면 고객이 직접 필드를 편집할 수 있게 라이트박스 컨트롤이 나타난다(그림 10.9 참고). 따라서 고객이 99병의 맥주를 구매하고 싶다면 라이트박스 키보드를 사용해 손쉽게 99를 입력할 수 있다.

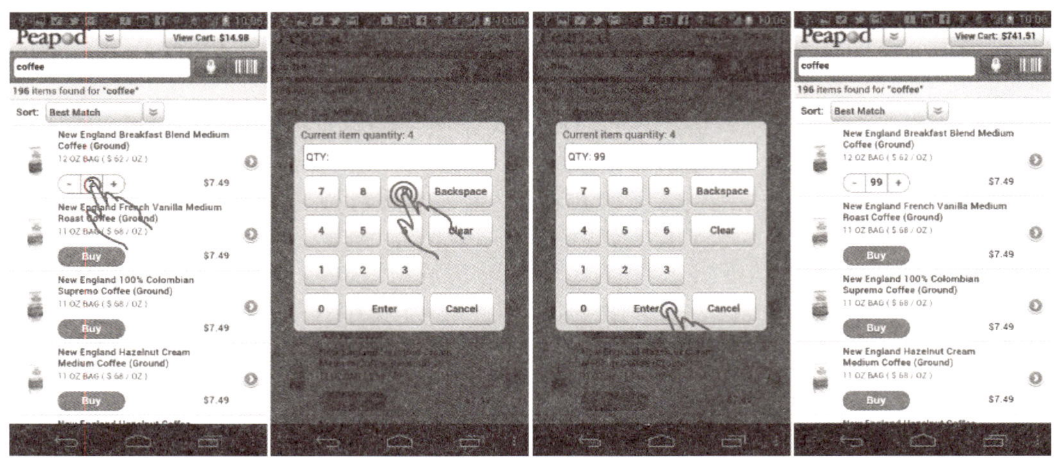

▶ 그림 10.9: 사용자가 Peapod 앱에서 커스텀 스테퍼 패턴 구현체의 가운데를 탭하면 숫자 키보드 라이트박스가 열린다.

이와 같이 커스터마이징하지 않고 일반 스테퍼 컨트롤을 사용하면 고객은 ＋버튼을 98번 눌러 새로운 맥주 개수를 서버로 98번 전송해야 할 것이다. 이 작업은 유명한 노래처럼 지루하기 짝이 없다(이 노래의 전체 가사를 모른다면 http://99-bottles-of-beer.net/을 참고하자. 이 사이트에서는 노래를 렌더링하는 각기 다른 프로그래밍 언어의 1,500가지 코드를 제공한다). 아쉽지만 이런 커스텀 기능은 쉽게 찾아내기가 어렵다. 이 구현체의 더 나은 버전은 반려동물 가게 앱에서 볼 수 있다.

스테퍼에서 큰 숫자를 입력할 수 있게 해주는 편리한 기능으로 '누르고 있기' 기능이 있다. 이 행동은 카운트를 증가시키는 데 사용하며 버튼을 오래 누를수록 증가 속도를 높인다. 이 패턴은 터치를 사용하는 기기에서 매우 오랫동안 사용한 패턴이다. 물론 이 방식은 매번 탭 할 때마다 서버로 값을 전송하는 행별 스테퍼에는 적합하지 않다.

반려동물 가게 애플리케이션

앞에서 말한 것처럼 Peapod의 커스텀 스테퍼 구현체가 매우 효과적이기는 하지만 편집 가능한 텍스트 필드의 발견 가능성(discoverability)은 매우 낮다. 그 이유는 Peadpod 커스텀 스테퍼가 표준 안드로이드 스테퍼와 모양이 비슷하고, 표준 안드로이드 스테퍼에는 아쉽게도 직접 데이터를 입력하는 기능이 없기 때문이다.

그림 10.10에는 빼기, 더하기 버튼을 텍스트 필드로부터 조금 더 움직이고 사각형 대신 원형으로 만든 후, 텍스트 필드를 조금 더 크게 만들어 이 문제를 해결한 손 그림 와이어프레임이 나와 있다. 결과 컨트롤은 커스터마이징된 형태이지만, 여전히 스테퍼로서의 행동 유도성을 지니고 있다. 다시 말해, 사용자가 ⊖와 ⊕를 탭해 가운데에 표시된 숫자 값을 늘리거나 줄일 수 있다는 사실을 명확히 전달한다.

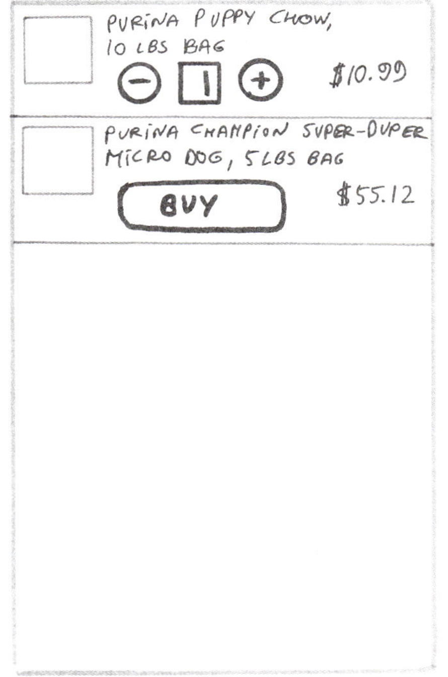

▶ 그림 10.10: 이 와이어프레임은 커스텀 스테퍼 패턴 구현체를 반려동물 가게 앱의 행별, 자동 전송 컨트롤르 사용하는 것을 보여준다.

동시에 이 커스텀 스테퍼는 사용자가 가운데 있는 텍스트 필드를 직접 탭해 숫자 입력 라이트박스를 열 수 있다는 점도 보여준다. 여기서는 Peapod에서 사용하는 입력 라이트박스도 단순화했다. 그림 10.11을 그림 10.9와 비교해보자. 텍스트 상자의 숫자가 직접 편집 시에는 하이라이트된 상태로 시작한다는 점에 주의하자.

그림 10.10에서는 행별 화살표도 제거했다. 대신 상세 정보를 보려면 그림이나 제목을 사용자가 탭하면 된다. 이는 2장 '안드로이드의 차별점'에서 설명한 아무 곳이나 탭하는 안드로이드 디자인 원칙을 반영한 것이다.

태블릿 앱

스테퍼는 태블릿 구현체에서도 모바일 폰과 동일하게 동작한다. 태블릿은 작은 모바일 기기보다 더 많은 행을 보여줄 수 있으므로 행별로 반복되는 스테퍼 컨트롤이 있다면 ⊖/⊕ 버튼을 탭할 수 있을 정도로 공간이 충분하고, 사용자가 나머지 손가락으로 기기를 받친 채 엄지로 컨트롤을 탭할 수 있게 기기의 왼쪽이나 오른쪽 마진에 스테퍼 컨트롤을 두도록 주의해야 한다.

⚠ 주의점

표준 스테퍼 패턴 구현체는 5 이상의 숫자를 자주 입력하는 데에는 사용하지 말아야 한다. 큰 숫자를 입력해야 한다면 '반려동물 가게 애플리케이션' 절에서 설명한 커스텀 버전을 사용해야 한다. 하지만 커스텀 컨트롤조차도 추가로 수정하지 않는 한 99보다 큰 숫자를 받아들일 수 없다. 스테퍼는 큰 숫자를 입력하기 위한 용도가 아니다. 큰 숫자를 입력할 때는 이 장의 '10.8

패턴: 입력 마스크를 활용한 텍스트 상자'에서 나중에 다루는 입력 마스크 패턴을 갖춘 텍스트 상자를 사용해야 한다.

단독 슬라이더와 스테퍼 모두 0과 5 사이의 숫자를 입력하는 데 사용할 수 있다. 둘 중 어떤 것을 사용할지는 앱의 성격에 달려 있다. 스테퍼는 좀 더 유연하며 증종 5보다 큰 숫자를 입력하는 데 사용할 수 있는 반면 슬라이더는 값의 경계 범위를 암시한다.

끝으로 스테퍼에 적절한 기본값을 사용하는 게 좋다. 이상적인 모바일 컨트롤은 고객이 이미 원하는 값을 갖고 있어서 고객이 굳이 값을 수정하지 않아도 되는 컨트롤이다.

관련 패턴

10.1 패턴: 슬라이더

10.3 패턴: 스크롤 캘린더

날짜를 입력해야 할 때 대부분의 앱은 한두 달을 페이지로 이동하는 캘린더를 사용한다. 이는 전통적인 방식이지만 지루하다. 이를 대신할 수 있는 훨씬 멋진 패턴으로 스크롤 캘린더 패턴이 있다.

적용 방식

캘린더 컨트롤은 고정 컬럼인 주의 요일순으로 나열된 스크롤 날짜 리본이며, 각 달은 두꺼운 선으로 구분한다.

📊 예시

이 패턴은 앨런 쿠퍼가 디자인했으며 그의 책 '퍼소나로 완성하는 인터랙션 디자인'에서 처음 설명했다. 하지만 누군가가 용기를 내어 주요 애플리케이션에서 이를 시드해보겠다는 비전을 품기까지는 15년 이상이 걸렸다. 이 회사는 바로 Kayak으로, 이 업체는 현재 이 패턴을 가장 잘 구현한 구현체를 자랑한다(그림 10.12 참고).

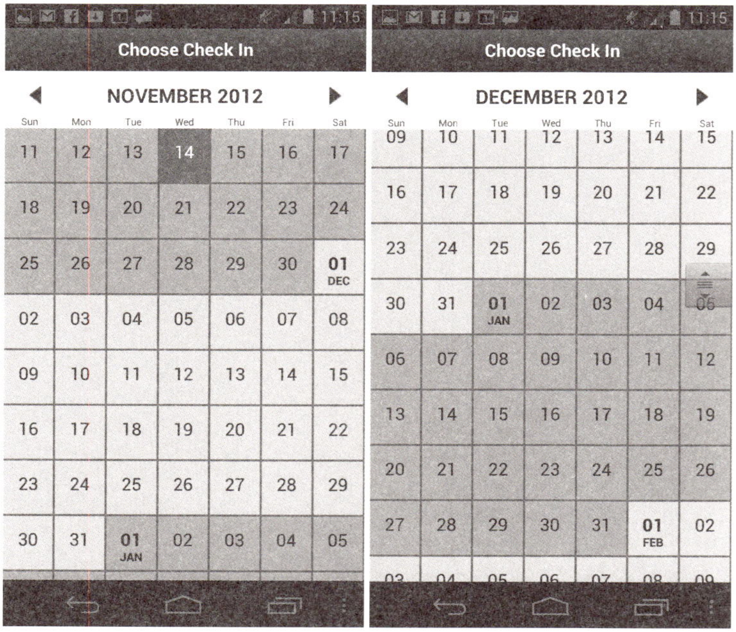

▶ 그림 10.12: Kayak 앱에는 멋진 스크롤 캘린더 구현체가 들어 있다.

이 캘린더 디자인은 달의 일자 수가 달마다(윤년의 경우 연도마다) 다르기는 하지만 주의 요일은 계속해서 월요일부터 일요일까지 문제 없이 반복된다는 사실을 활용한다. 따라서 스크롤 캘린더는 월요일, 화요일, 수요일과 같은 주의 반복되는 요일을 나타내는 7개의 컬럼을 통해 스크롤되는 리본으로 구성된다. 따라서 각 월을 구분짓는 선이 들쭉날쭉하기는 하지만 주의 요일을 통한 날짜의 흐름은 연속 숫자로 이어진다.

페이지 상단에 있는 월 이름 추가 기능도 주의해서 보자. 스크롤을 통해 달을 이동하면 다음 달의 이름이 부분적으로 표시된다. 고객은 측면 화살표를 사용해 좀 더 전통적인 방식으로 페이지를 이동할 수도 있다.

언제, 어디에서 사용하나

1~2주에서 몇 개월에 걸친 날짜를 입력해야 할 때 스크롤 캘린더는 훌륭한 패턴이 될 수 있다.

사용하는 이유

달력의 페이지 넘기기 기능은 그레고리력만큼이나 오래된 패러다임으로, 약 430년이 흘렀다. 기본적으로 여기에는 우리가 벽에 걸어놓고 매월 장을 넘기는 벽걸이 달력에 대한 멘탈 모델도 포함된다. 물론 이런 달력은 현대적인 구현 방식과는 조금 거리가 있다. 앨런 쿠퍼가 그의 저서 '퍼소나로 완성하는 인터랙션 디자인'에서 강조하는 것처럼 이제 현대적이고 사용자 친화적인 디자인을 내놓을 시기가 됐다. 필자는 Kayak의 모바일 앱이 데스크톱 웹사이트보다도 훨씬 사용하기 좋다고 생각한다. 이 앱은 실로 인상적인 결과를 보여준다!

다른 활용법

필자는 미국 주요 소매상 클라이언트를 위해 개발한 앱에서 한 가지 요소를 변형해 캘린더 패턴을 적용한 적이 있다. 이 앱의 스크롤 캘린더 상단에서는 현재 표시 중인 달(Kayak 앱의 경우처럼) 대신 현재 선택된 달을 보여준다. 기본적으로는 오늘 날짜를 보여준다. 사용자가 다른 날짜를 선택하면 휠의 스크롤 상태와 상관없이 그 날짜의 달을 상단에 표시한다.

스크롤 휠에서 현재 표시 중인 달을 알고 싶은 경우 사용자는 달의 첫 날짜를 나타내는 셀의 숫자 1 아래 표시된 세 글자를 확인해야 한다. 이 방식을 사용하고 싶다면 이 클라이언트의 경우 선택할 수 있는 날짜의 범위가 약 2개월뿐이었다는 점을 염두에 두자. 이로 인해 스크롤은 편리하게 사용할 수 있지만 다소 제한적이었다. 달력에서 보여줘야 할 날짜 범위가 더 크다면 캘린더를 아래로 스크롤함에 따라 월을 동적으로 보여주는 Kayak 구현체를 그대로 따르는 게 더 좋다.

스크롤 캘린더 패턴을 날짜를 보여주는 데만 사용할 수 있는 것은 아니다. 월, 연, 하루의 시간처럼 연속적인 타임라인을 보여줄 때는 언제든 두 지점 간의 범우를 강조하는 스크롤 형식을 활용할 수 있다.

반려동물 가게 애플리케이션

반려동물 가게 앱의 와이어프레임은 Kayak 앱과 다르지 않으므로 여기서는 반복하지 않는다. 하지만 원하는 독자라면 이 패턴을 직접 드로잉해 연습해보는 것도 좋겠다.

태블릿 앱

태블릿 기기에서는 대부분 스크롤 캘린더를 팝업으로 구현한다. 이때 팝업의 위치는 페이지 상단 근처이어야 하고, 기기에서 손을 떼지 않고도 쉽게 조작할 수 있게끔 기기의 왼쪽이나 오른쪽에 가까운 곳이 좋다. 대다수 사람들에게 가장 편리한 위치는 우측 상단 구석이다. 아울러 태블릿의 가로, 세로 방향도 고려해 두 방향 모두에서 팝오버의 위치와 크기를 적절히 조절해야 한다.

Kayak 앱에서는 현재 가로 방향에서 이런 처리를 제대로 하지 못하고 있다(그림 10.13 참고). 캘린더가 들어 있는 라이트박스는 화면 중앙에 보이므로 캘린더를 스크롤하려면 7인치 기기에서조차 태블릿 모서리를 쥐고 있던 손을 떼야 한다. 이런 상호작용 방식은 특히 대형 태블릿에서 더욱 불편하다.

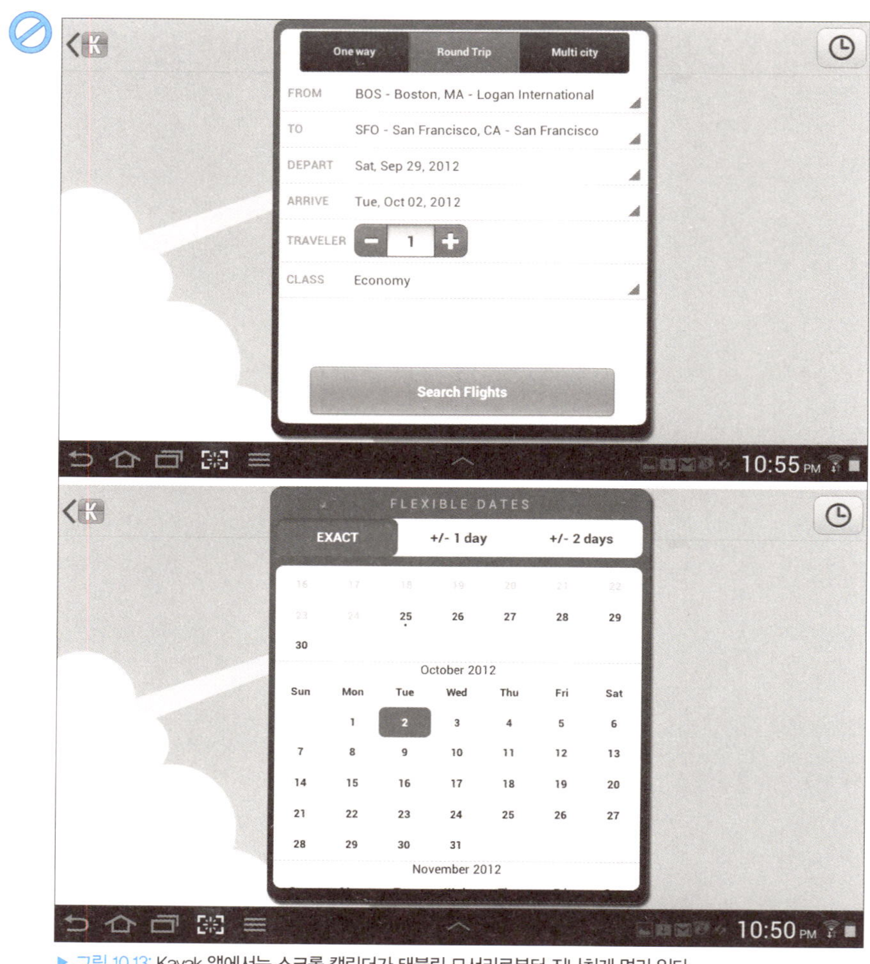

▶ 그림 10.13: Kayak 앱에서는 스크롤 캘린더가 태블릿 모서리로부터 지나치게 멀리 있다.

현재와 같은 방식보다는 오른손의 엄지 손가락이 쉽게 닿을 수 있게끔 메인 폼의 오른쪽에 스크롤 캘린더를 표시하는 게 더 좋다.

⚠ 주의점

선택할 수 없는 날짜는 회색으로 표시하도록 주의한다. 애플리케이션에서 중요하다면 달력 셀에서 오늘을 가리키는 날짜 밑에 '오늘'이라는 회색 텍스트를 표시하는 것도 좋다. 끝으로, 이 패턴을 사용하면 체류 기간처럼 다음 달로 넘어갈 수 있는 날짜 범위를 우아하게 표현할 수 있다는 점을 잊지 말자. 이를 통해 서버로 화면의 내용을 보내기 전에 선택한 범위에 속한 날짜 셀들을 강조할 수 있다.

사용자가 허용되지 않는 날짜를 입력하려고 하는 경우에는 사용자에게 선택할 수 있는 첫 번째 날짜로 날짜를 재설정했다고 알려주고, 사용자가 계속 스크롤 칼린더 화면에 머물게끔 해야 한다. Kayak 앱에서는 현재 이런 처리를 하고 있지 않으므로 사용 방식이 혼란스럽다. 이 앱에서 현재 처리하는 방식은 다음과 같다. 예를 들어 현재 출발 일자가 11월 14일로 설정돼 있고 돌아오는 날짜가 11월 18일로 설정돼 있다고 가정하자. 사용자는 출발일을 11월 13일로 앞당기려고 하다가 실수로 돌아오는 날짜를 수정해버렸다. 물론 우리는 아이작 아시모프의 시간 여행 소설을 읽고 있는 게 아니라 Kayak 앱에서 날짜를 설정 중이므로 돌아오는 날짜가 출발하는 날짜보다 빠를 수는 없다. 하지만 사용자에게 이런 문제를 적절히 알려주는 대신 Kayak 앱에서는 아무 말도 없이 돌아오는 날짜를 출발일보다 하루 뒤(이 경우 11월 15일)로 설정한다(그림 10.14 참고).

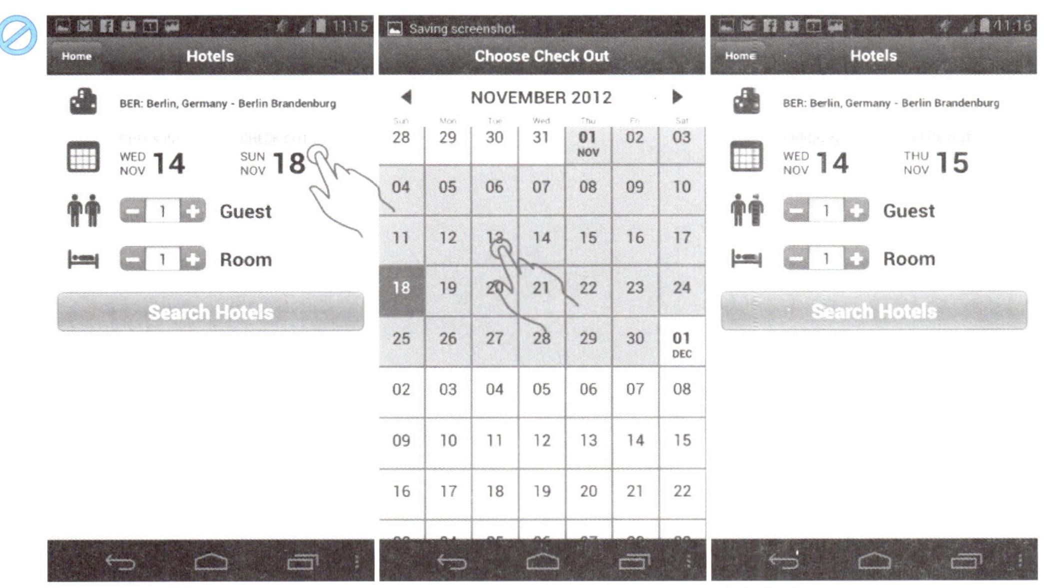

▶ 그림 10.14: 이 방식은 안티패턴이다. Kayak 앱에서는 잘못 설정된 복귀일을 아무 말도 없이 재설정한다.

이와 같은 에러 조건에서 올바른 메시지를 보여주는 것은 성공적인 사용자 경험을 위한 열쇠와 같다. 대다수 사람들은 날짜를 입력하는 것을 헷갈려 하고, 사용자 테스트 결과를 보더라도 여러 사용성 이슈가 생기기 때문이다. 필자의 저서 Designing Search (2011년, 와일리 출판사) 중 16장 '날짜 필터'에서는 날짜 입력 및 기능 표시와 관련한 내용을 자세히 다루고 있다.

10.4패턴: 날짜 및 시간 휠

10. 4 패턴: 날짜 및 시간 휠

과거나 미래의 날짜와 시간을 입력할 때 원하는 대로 시간 범위를 지정할 수 있게 하려면 날짜 및 시간 휠 패턴을 사용하는 게 좋다.

적용 방식

날짜를 선택해야 하는 경우 사용자는 날짜나 시간 필드를 탭한다. 그럼 세로 피커 형태로 모든 날짜 요소가 담긴 라이트박스가 열린다.

예시

구글 캘린더에서는 이 패턴의 레퍼런스 구현체를 볼 수 있다(그림 10.15 참고). 여기서는 날짜와 시간이 한 줄에 모두 표시된다. 이는 편리하고, 유연하며, 공간 절약적인 배치 방식이다. 날짜 및 시간 휠 컨트롤을 사용할 수 있다는 사실은 안드로이드 특유의 접힌 구석 삼각형을 통해 사용자에게 알려준다. 날짜 컨트롤을 탭하면 날짜 피커 라이트박스가 열린다.

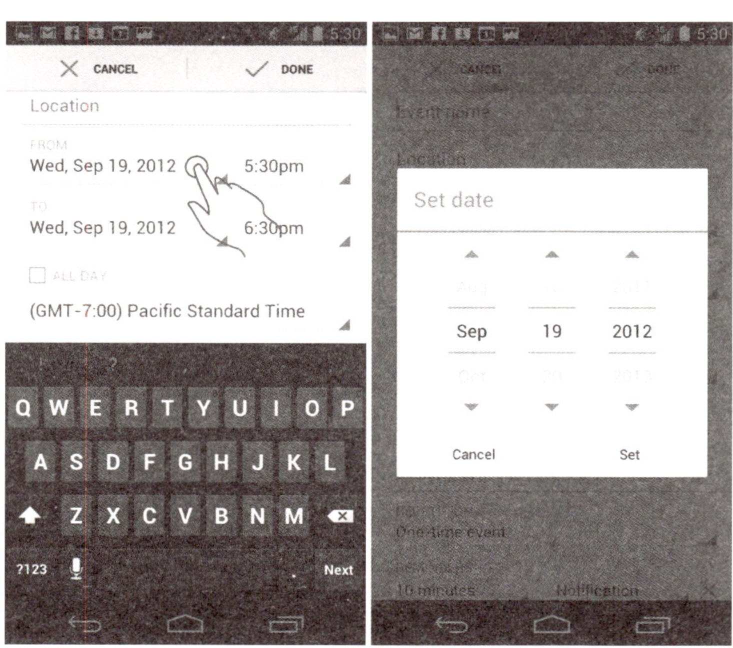

▶ 그림 10.15: 날짜 및 시간 휠 패턴을 사용한 구글 캘린더 앱의 날짜 피커 레퍼런스 구현체다.

사용자가 시간을 탭하면 시간 피커 라이트박스가 열린다(그림 10.16 참고).

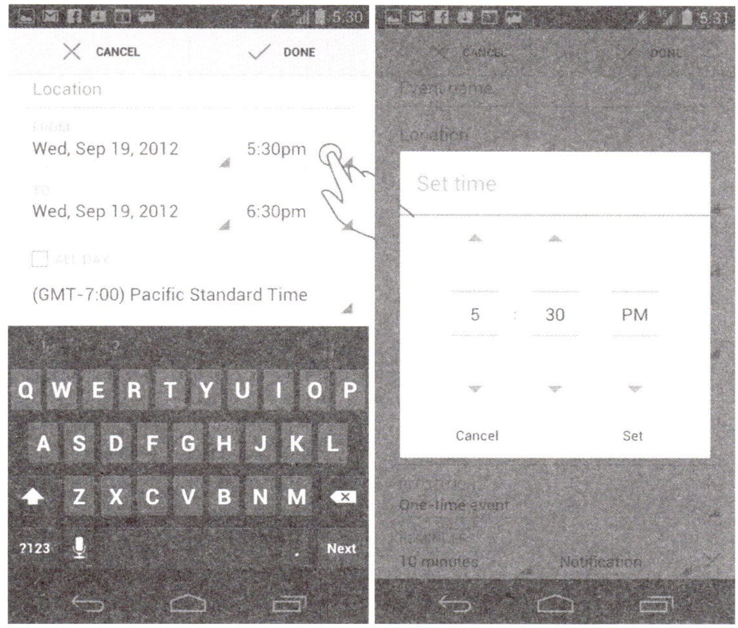

▶ 그림 10.16: 구글 캘린더 앱의 날짜 및 시간 휠 중 시간 피커 라이트박스를 볼 수 있다.

안드로이드 2.3 이하 버전에서는 컨트롤에 있는 ⊞/⊟ 버튼을 탭해 휠 컨트롤을 조절하거나 가운데 있는 텍스트 상자를 탭한 후 키보드를 통해 직접 값을 수정했다(그림 10.17 참고). 이때 는 휠을 돌릴 수 있는 멀티터치 기능이 없었으므로 사용자가 값을 빠르게 바꾸려면 ⊞나 ⊟ 버튼을 계속 누르고 있어야 했다.

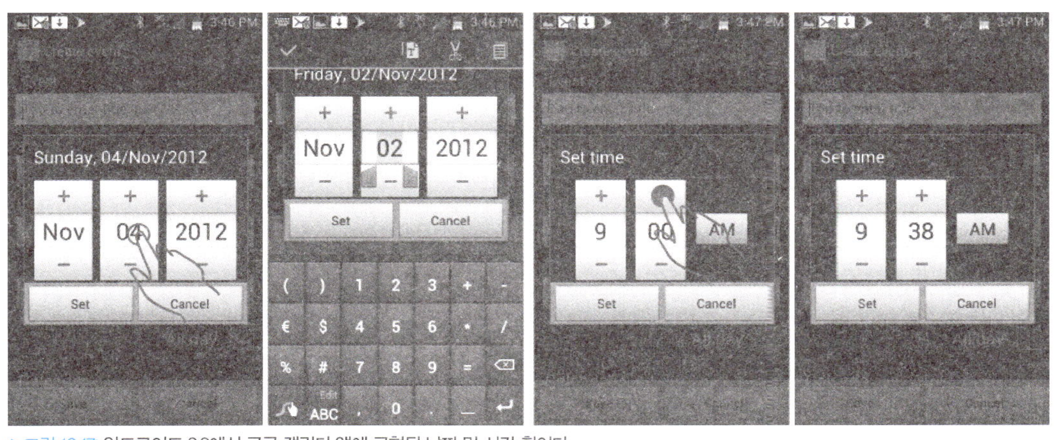

▶ 그림 10.17: 안드로이드 2.3에서 구글 캘린더 앱에 구현된 날짜 및 시간 휠이다.

특허 문제를 빗겨가기 위한 방편이었는지, 아니면 애플의 iOS 멀티터치 피커 컨트롤이 그냥 멋져 보였기 때문인지 몰라도 안드로이드 개발자 커뮤니티에서는 안드로이드 피커 위젯(http://code.google.com/p/android-wheel/)이라는 유사한 애프터 마켓 컨트롤을 개발했다. 이 컨트롤은 그림 10.18에서 볼 수 있다.

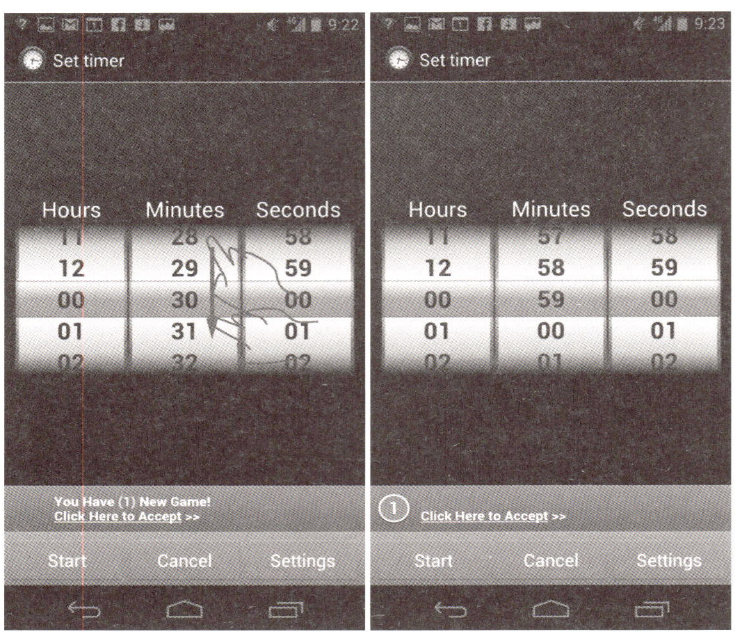

▶ 그림 10.18: Alarm Clock Xtreme 앱은 안드로이드 피커 위젯을 사용한다.

안드로이드 OS 아이스크림 샌드위치 버전(4.0)부터는 그림 10.19처럼 표준 +/- 휠 위젯에 스와이프 제스처를 통해 휠을 직접 움직일 수 있는 iOS 피커 기능이 포함됐다. 이와 같은 스와이프 멀티터치 조작 모드를 필자는 휠리(wheelie) 모드라고 부른다(사실상 이보다 더 나은 이름이 생각나지 않는다).

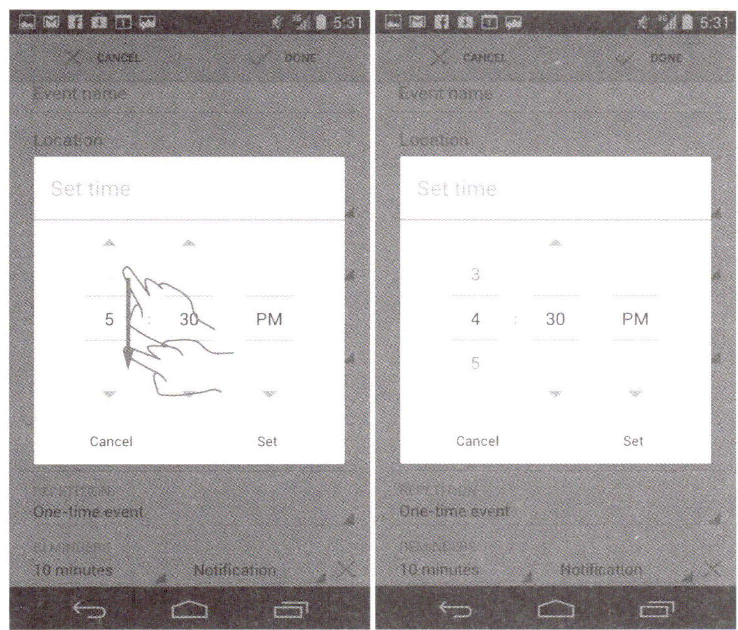

▶ 그림 10.19: 안드로이드 4.0에서는 구글 캘린더 앱에서 보듯 날짜 및 시간 피커 라이트박스에서 휠리 모드를 제공한다.

언제, 어디에서 사용하나

날짜나 시간을 자유롭게 입력해야 하는 경우에는 이 패턴이 표준 패턴이다. 하지만 스크롤 캘린더 패턴과 달리 이 패턴에서는 범위를 보여주지 않는다는 점에 주의하자. 이 패턴은 선택할 수 없는 상태를 제거하는 데도 취약하다(이 패턴의 '주의점' 절 참고). 따라서 날짜의 선택 범위 기능이 앱에서 중요하다면 날짜 및 시간 범위 모두 스크롤 캘린더나 듀얼 콤보 휠('반려동물 가게 애플리케이션' 절 참고)과 같은 대안을 사용하는 것을 고려하는 게 좋다.

휠을 활용할 수 있는 다른 사례로는 1부터 약 20 글자 사이의 연속 범위를 지정하는 경우가 있다. 이 경우 휠을 사용하려면 값이 당연히 연속적(숫자 순서, 초, 월. 주의 요일 등)이어야 하고 값을 한 줄로 표현할 수 있어야 한다.

사용하는 이유

날짜 및 시간 휠 패턴은 안드로이드에서 권장하는 표준 패턴으로, 완벽한 유연성을 제공한다.

다른 활용법

날짜와 시간을 입력하는 데 탭 제스처를 여러 번 해야한다는 점을 눈치챈 독자가 있을지 궁금하다. 혹시 눈치채지 못했다면 그림 10.15와 10.16을 다시 살펴보자. 이런 식으로 날짜와 시간을 입력하는 것은 마치 로빈슨 크루소가 무인도에서 종려나무 잎과 식물 섬유로 신발을 만들어야 하는 상황과 비슷하다. 물론 무인도에 혼자 산다면 매일 사무실로 출근해 직장 상사가 시키는 일을 하지 않아도 된다. 하지만 발 치수에 맞는 이탈리아산 가죽으로 만든 구두를 살 수 없고, 직접 땔감으로 쓸 나무도 베어야 한다는 불편도 따른다. 대다수 사람들에게 있어서 지나치게 많은 컨트롤은 부족한 컨트롤만큼이다 불편하다. 여러 번 탭을 해가며 날짜를 입력하는 작업은 지나칠 정도로 번거로우며, 많은 사람들이 모바일 기기에서 날짜를 입력하기를 귀찮아 하는 것도 이 때문이다.

그럼 디자이너는 무슨 일을 해야 할까? 조사 결과에 따르면 사람들은 다음 해의 일정을 입력하는 일이 거의 없다. 대부분의 사람들은 1월 2일까지 기다린 후 비로소 새해 계획을 세운다(충격일 수도 있겠지만). 이런 점을 감안해 별도 날짜 휠과 시간 휠 컨트롤이 주는 유연성을 일부 포기하고, 이 패턴을 단순한 형태로 수정하면 과도한 탭 문제를 해결할 수 있다. 그림 10.20에서는 Pocket Informant 앱의 날짜 입력 화면을 보여준다. 이 앱에서 사용하는 복합 휠 컨트롤은 주의 요일에 해당하는 날짜, 시간, 분의 세 요소로 구성된다.

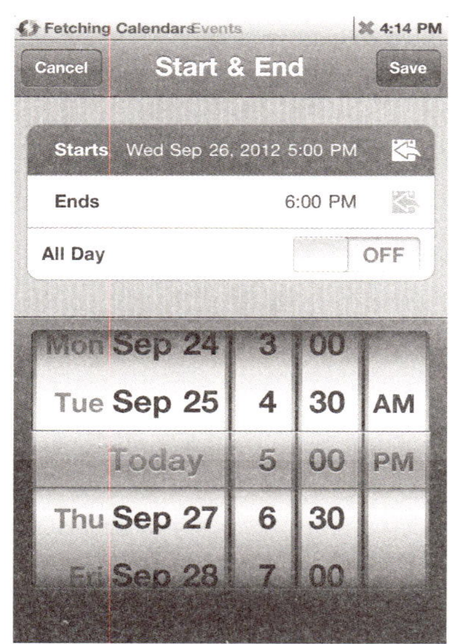

▶ 그림 10.20: Pocket Informant 아이폰 앱의 복합 휠 컨트롤

여기서는 한 휠에 모든 컨트롤을 집어넣었으므로 먼저 날짜 휠을 열고, 시간 휠을 여는 것과 같은 여러 번의 탭 문제를 해결해주는 동시에 상당한 유연성도 함께 제공한다. 다만 이 경우 10년 후의 날짜를 쉽게 선택할 수 없다는 불편은 있다. 이 컨트롤에서 가장 중요한 특징은 이전 디자인에서는 볼 수 없었던 날짜 정보인 요일 정보를 볼 수 있다는 점이다. 이와 같은 날짜

및 시간 휠 패턴 구현체는 무인도에서 맥북 프로를 가지고 마르가리타 주스를 마시며 나이키 신발을 주문하는 로빈슨 크루소 정도로 생각할 수 있다.

반려동물 가게 애플리케이션

수정된 날짜 및 시간 피커를 사용해 수의사 진료 예약을 한다고 가정하자. 그림 10.21에서는 안드로이드에서 이를 구현한 모습을 간단한 와이어프레임으로 보여준다.

복합 컨트롤을 사용하면 사용자는 날짜와 시간을 입력하면서 요일도 볼 수 있다. 이런 기능은 특히 특정 요일에 일과가 있는 사용자에게 도움이 된다.

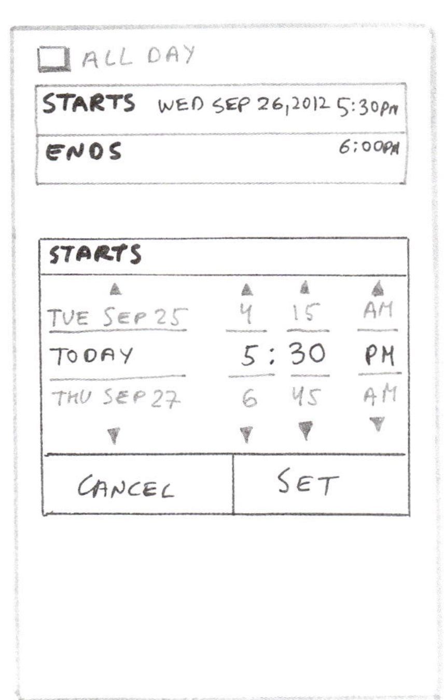

▶ 그림 10.21: 이 와이어프레임에서는 반려동물 가게 앱의 날짜 및 시간 복합 휠 피커를 볼 수 있다.

또는 그림 10.22처럼 시작 일자와 종료 일자를 같은 화면에서 선택할 수 있는 실험적인 휠 패턴도 멋진 솔루션이 될 수 있다.

이 실험 패턴의 경우 소형 태블릿에서 두 날짜를 입력하는 게 무척 쉬우며, 두 날짜에 대해 요일 같은 핵심 정보를 빠짐없이 잘 보여준다. 이 패턴은 대형 모바일 기기에서 여행 일자와 미팅 일정을 설정하는 데 특히 도움이 되며, 탭 횟수는 줄이고 작업의 명확성은 높인다. 이때 사용자 편의를 위해 일정 기간을 계산하는 계산 기능도 추가할 수 있다.

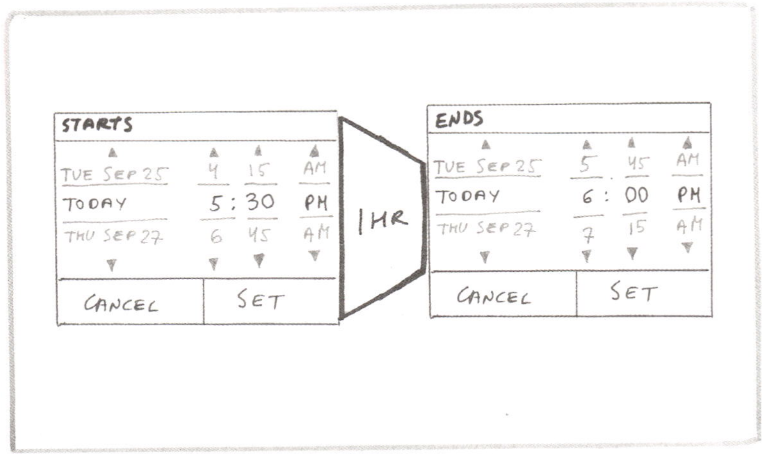

태블릿 앱

날짜 및 시간 휠이 표준 안드로이드 위젯이기는 하지만 태블릿에서 사실 사용하기는 어렵다. 그 이유는 컨트롤의 크기가 지나치게 작아서 일반 성인 남성의 엄지 손가락을 사용해 스와이프하기가 어렵기 때문이다. 그래서 대형 기기에서는 안드로이드 컨트롤의 휠리 모드를 사용하는 게 어렵다('10.1 패턴:슬라이더' 절에서 언급한 피츠의 법칙이 태블릿에 다시 한 번 적용되는 것을 볼 수 있다). 그에 반해 개별 위/아래 화살표는 태블릿에서도 쉽게 사용할 수 있다. 따라서 안드로이드의 권장 구현체에서는 멀티터치 스와이프 컨트롤을 비활성화한 과거 안드로이드 2.3의 상호작용 모드를 그대로 유지하고 있다. 이 휠을 조작하려면 사용자는 +/− 버튼(이 경우 위/아래 화살표)를 탭하면 되고, 휠을 더 빠르게 움직이려면 버튼을 누르고 있으면 된다(그림 10.23 참고).

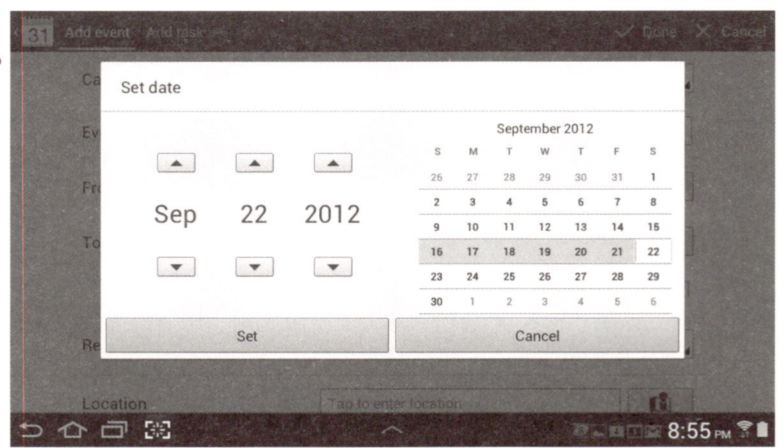

이때 컨트롤 오른쪽에 스크롤 캘린더가 멋지게 추가된 것을 볼 수 있다. 하지만 이로 인해 오른손으로 컨트롤을 조작하기 어려워졌다. 결국 사용자는 휠을 왼손으로 조작하거나 기기를 쥐고 있던 오른손에서 기기를 놓아야 한다. 이런 배치 방식보다는 사용자 인체공학을 고려해 캘린더와 휠의 위치를 바꾸는 게 더 좋을 것이다.

과거 안드로이드 2.3의 휠 구현체와 마찬가지로 이 컨트롤도 날짜를 탭한 후 키보드를 사용해 값을 직접 입력할 수 있다(그림 10.24 참고).

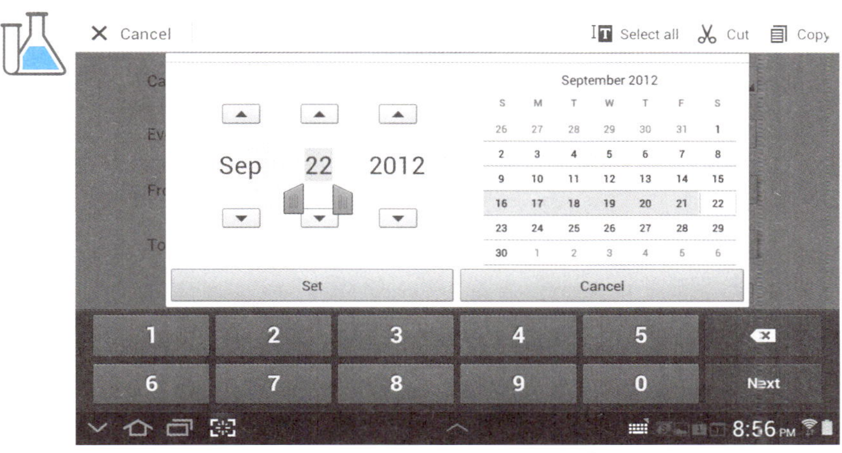

▶ 그림 10.24: 7인치 갤럭시 탭 2에서는 캘린더 앱에서 날짜를 직접 입력할 수 있다.

이 방식은 현재 태블릿 및 4.0 이전 안드로이드 기기에서만 사용할 수 있다. 휠에 직접 값을 입력하는 방식은 안드로이드 4.0 모바일 폰의 날짜 피커 구현체에서는 사용할 수 없다.

⚠ 주의점

휠리 모드에서 전반적으로 스와이프 제스처를 사용하는 게 어렵다는 점은 앞서 언급한 바 있다. 이는 컨트롤 자체의 특성이므로 우리가 어찌 할 수 있는 방도가 딱히 없지만 이런 문제가 있다는 점만은 잘 인식하고 향후 버전에서 이를 해결할 수 있는 방법을 찾으려고 노력해야 한다. 예컨대 컨트롤의 높이를 늘리면 스와이프 제스처를 사용하는 게 더 쉬워질 수 있다.

다른 한편으로 우리가 제어할 수 있는 이슈도 있다. 다음 사항에 각별히 주의하자.

- **완전한 360도 지원**: 각 휠이 완전히 360도 회전할 수 있게 한다. 예를 들어 사용자가 40분을 선택하려는 경우 00부터 시작해 01 방향으로 40까지 이동하거나 반대 방향으로 59부터 40 방향으로 갈 수 있어야 한다. 이렇게 하면 59처럼 큰 숫자가 선택된 경우 컨트롤을 재설정하기 위해 휠을 끝까지 스크롤하지 않아도 된다. 이 원칙은 AM/PM 같은 ON/OFF 스위치에도 적용된다. 현재의 캘린더 구현체에서는 AM/PM에 대한 360도 회전 기능은 제공하지 않는다(그림 10.16과 10.21을 비교해보자).

- 메시지 입력 오류 및 복구 기능: 비즈니스 로직상 사용자가 특정 날짜를 입력할 수 없는 경우 휠 컨트롤에서는 메인 화면으로 가지 않고 날짜 휠 라이트박스 자체에서 바로 잘못된 선택값에 대해 메시지로 알려줘야 한다. 현재 안드로이드 4.0의 구글 캘린더 앱에서는 이와 관련해 안티패턴을 보여준다. 즉, 이 앱에서는 종료일을 시작일인 9월 26일보다 빠른 9월 19일로 설정한 경우 사용자에게 뭐가 잘못됐는지 알리지 않고 그냥 종료일을 9월 26일로 설정한다.

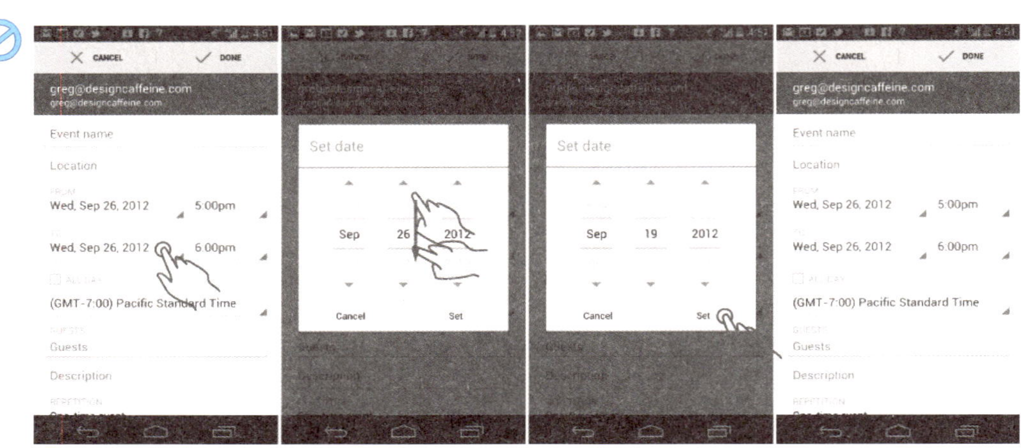

▶ 그림 10.25: 이 방식은 안티패턴이다. 구글 캘린더 앱에서는 데이터 입력 에러를 그냥 삼키고 있다.

날짜 입력은 까다롭다는 점을 기억하자. 미국에서 많은 사람들은 정오 시간에 걸쳐 있는 약속을 입력할 때 AM/PM을 잘못 지정해 실수로 24시간 이상 지속되는 일정을 만들곤 한다. 사용자가 실수를 할 때 해서는 안 되는 일 중 가장 중요한 일은 '에러를 그냥 삼키는 것'이다. 9장 '결과 없는 화면 및 원하지 않는 결과 피하기'에서 설명한 것처럼 이때는 사용자에게 현재의 시스템 상태를 알려주고, 가능한 한 빨리 오류를 복구할 수 있게 도와줘야 한다. 물론 이 말은 아무 데서나 에러 화면을 보여주라는 뜻이 아니다. 예컨대 날짜와 시간을 입력할 때 복합 휠(그림 10.20과 10.21 참고)을 사용한다면 사용자가 시간이나 AM/PM 휠을 조작할 때 부드러운 화면 전환을 사용해 다음 날짜로 날짜 다이얼을 느리게 회전시키면 된다. 대다수 사람들은 날짜 휠이 느리게 돌아가는 것을 쉽게 인식할 수 있으므로 이 정도 처리만으로 사용자 스스로 문제를 깨닫게 하는 데 충분한 효과가 있다. 바로 오류를 알려주고 그 자리에서 문제를 고쳐주는 또 다른 패턴으로 그림 10.22에 나온 실험적인 듀얼 콤보 휠 패턴이 있다. 이 패턴의 경우 종료일이 시작일보다 커지지 않게 하는 것은 물론 휴일이나 주말 같은 날짜를 선택 일자에서 제외하는 것과 같은 복잡한 비즈니스 로직도 포함시킬 수 있다.

관련 패턴

10.2 패턴: 스테퍼

10.5 패턴: 드롭다운

10.5 패턴: 드롭다운

사용할 수 있는 값 목록 중 임의의 값을 선택해야 할 때는 드롭다운(또는 스피너라고도 부름)이 자연스러운 패턴이다.

적용 방식

사용자가 컨트롤의 값을 누르면 선택할 수 있는 전체 값이 들어 있는 팝오버 상자가 열린다. 목록에서 값 하나를 선택하면 기본값이 새 값으로 바뀐다. 팝오버 바깥 영역을 탭하면 선택 행동이 취소된다.

예시

Trulia 앱(그림 10.26 참고)에서는 드롭다운 패턴의 전형을 볼 수 있다. 이 앱에서 사용자는 드롭다운을 사용해 검색할 침실 및 욕실 개수를 선택한다.

안드로이드 4.0에 레퍼런스 구현체가 있기는 하지만 경쟁 앱인 Zillow 앱에서는 조금 다른 버전의 드롭다운 컨트롤을 보여준다. Zillow 앱의 드롭다운 패턴(그림 10.27 참고)은 모양이 조금 다르지만 수행하는 기능은 동일하다.

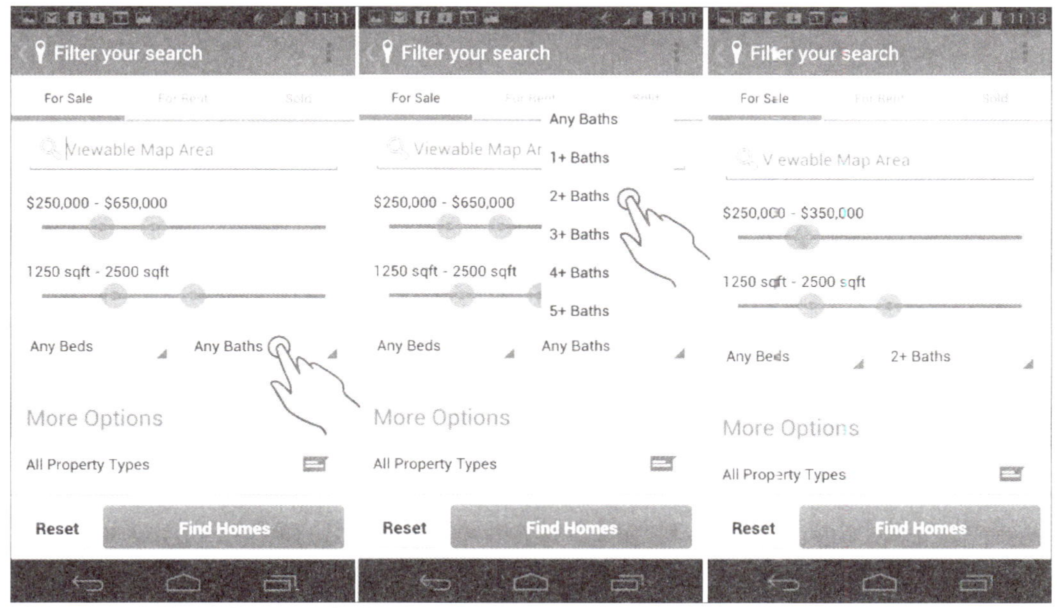

▶ 그림 10.26: Trulia 앱에는 전형적인 드롭다운 구현체가 들어 있다.

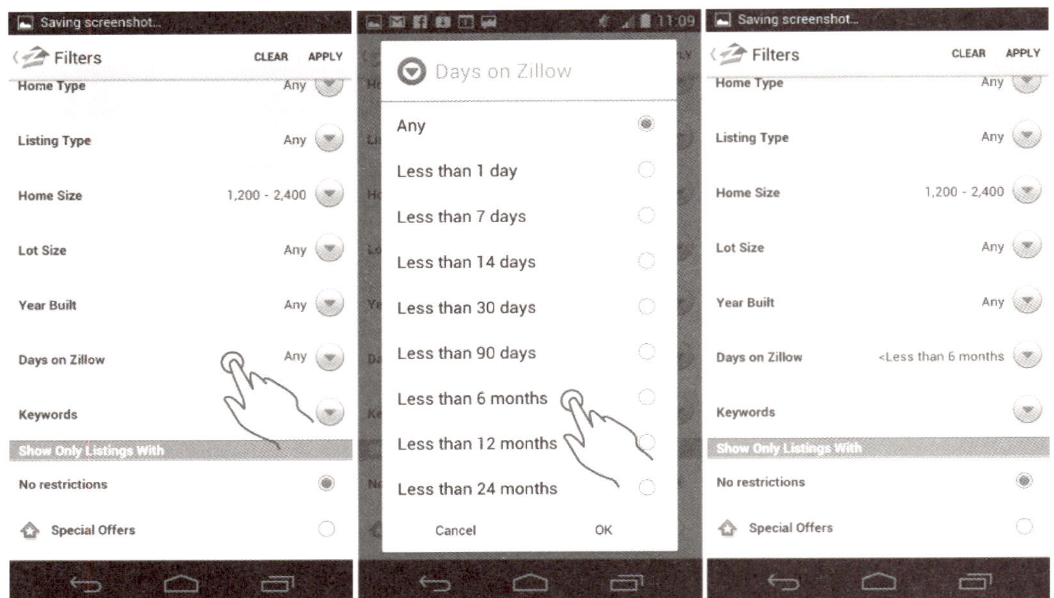

▶ 그림 10.27: Zillow 앱은 드롭다운 패턴을 조금 다른 식으로 구현한다.

언제, 어디에서 사용하나

드롭다운 컨트롤은 특정 순서를 따르지 않아도 되는 2~20개의 항목 중 하나를 선택해야 하는 경우 언제든 사용할 수 있다. 드롭다운 컨트롤은 항목 텍스트의 길이가 길 때도 도움이 된다. 드롭다운 패턴은 라디오 버튼 대신 사용할 수 있다.

사용하는 이유

드롭다운 패턴은 변수의 값을 미리 정한 값 세트로 바인딩한다. 드롭다운 패턴은 사용하고 조작하기 쉬우며 직관적이다.

다른 활용법

드롭다운 패턴을 가장 잘 활용한 예 중 하나로 자동 추천 패턴이 있다. 예를 들어 캘린더 앱에서는 수정된 드롭다운 콤보 컨트롤을 통해 사용자의 이름을 몇 글자 입력하면 연락처 필드를 채울 수 있는 자동 추천 연락처 목록이 표시된다. 이는 드롭다운 패턴을 효과적으로 변형한 것이다. 사용자가 선택할 연락처의 기준(처음 몇 글자)을 제공하면 드롭다운 컨트롤에서는 연락처에 있는 사람 얼굴의 썸네일을 보여줌으로써 추가하려는 사용자를 좀 더 쉽게 인식할 수 있게 해준다. 사용자의 사진이 등록돼 있지 않은 경우 앱에서는 일반 썸네일로 사진을 대체한다(그림 10.28 참고).

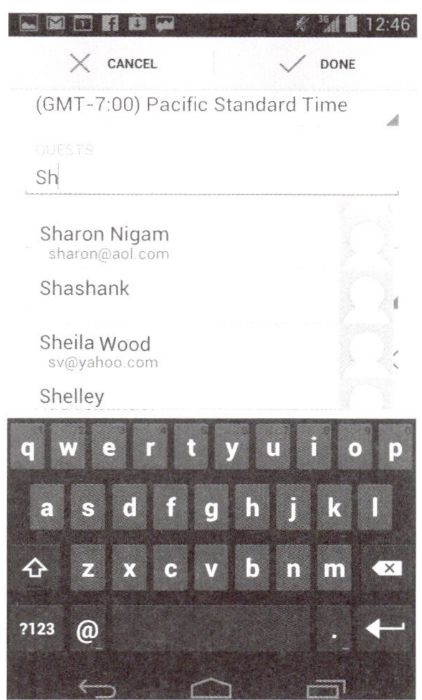

 캘린더 앱에는 사진과 텍스트 값을 함께 보여주는 드롭다운 콤보 컨트롤이 들어 있다.

이 패턴과 관련한 자세한 내용은 '10.9 패턴: 원자적 엔티티를 갖춘 텍스트 상자' 절을 참고하자.

반려동물 가게 애플리케이션

반려동물 가게 앱에서 필자는 사용자가 검색하려는 반려동물의 유형을 사진 콘텐츠로 보여주게끔 선택 상자를 조금 수정했다(그림 10.29 참고).

▶ 그림 10.29: 사진과 텍스트 값이 들어 있는 반려동물 가게 앱의 드롭다운 컨트롤

예를 들어 사용자는 고양이, 개, 파충류 등을 선택할 수 있고, 각 유형의 반려동물은 간단한 썸네일과 함께 드롭다운되어 표시된다. 여기서는 와이어프레임이므로 썸네일은 그리지 않았다. 하지만 이 패턴을 드로잉하는 연습을 하고 싶고, 꼭 아이콘을 넣고 싶다면 반려동물의 각 유형별로 예쁜 아이콘을 그려넣어도 된다.

태블릿 앱

태블릿에서 이 컨트롤은 모바일 기기와 똑같이 사용된다. 항상 그렇듯 사용자들이 컨트롤을 자주 사용한다고 예상되면 컨트롤을 엄지 손가락이 쉽게 닿을 수 있는 왼쪽 모서리나 오른쪽 모서리에 두워야 한다.

주의점

이 컨트롤은 20개 이상의 항목에 대해서는 사용하지 말아야 한다. 20개 이상의 항목을 스크롤해야 하면 사용자가 힘들다. 20개보다 선택 항목이 많을 때는 전용 선택 페이지 패턴이나 검색 기능을 갖춘 콤보 선택 컨트롤(그림 10.28 참고)이 좋은 대안이 될 수 있다.

드롭다운 패턴을 다용도로 쓸 수는 있지만 스타일에 제약이 있다는 점도 염두에 두자. 예를 들어 하늘색 배경 위에 사진, 텍스트, 달러 기호를 보여주고 싶다면 컨트롤을 커스터마이징해야 한다. 커스터마이징 하기로 한 경우에는 경쟁 패턴인 전용 선택 페이지(12장 '모바일 뱅킹')도 참고하자. 이 패턴에서는 드롭다운과 전용 페이지 패턴의 차이점에 대해 자세히 다룬다.

일부 커스텀 드롭다운 컨트롤에는 라벨을 컨트롤 위에 둘 수 있다. 원하는 기능에 따라서는 이렇게 하는 게 좋을 수도 있다(꼭 필요하지는 않지만). 하지만 라이트박스 창으로 팝업되는 긴 목록의 표준 드롭다운에서는 배경이나 페이지가 어두워지고 사용자가 현재 무엇을 선택하고 있는지 쉽게 잊어버릴 수 있는 만큼 사용자가 현재 선택 중인 항목을 알려주는 헤더를 구현하는 게 좋을 수 있다. 둘 중 어떤 게 좋을지는 스스로 판단해야 한다. 이와 관련한 주제는 11장 '폼'에서 좀 더 자세히 다룬다.

컨트롤에 적합한 기본값을 설정해야 한다. 이렇게 하면 사용자가 불필요하게 추가 선택을 하지 않아도 된다. 드롭다운에서는 값을 한 번 선택하려면 최소 두 번의 탭 제스처가 필요하다는 점을 기억하자. 한 번은 라이트박스를 여는 데 필요하고, 한 번은 항목을 선택하는 데 필요하다.

선택 항목의 개수가 작고(5개 이하) 값이 숫자(투숙인이나 방 개수 같은)라면 10.2절에서 설명한 스테퍼 컨트롤을 대신 사용하는 것을 고려해 볼 만하다. 스테퍼는 훨씬 더 우아하며, 이와 같은 선택 컨텍스트에 좀 더 부합한다. 다시 말해 스테퍼를 사용하면 사용자에게 선택값을 투명하게 전달할 수 있고, 사용자는 라이트박스를 열지 않고도 페이지 내에서 선택값을 바꿀 수 있다.

12.2 패턴: 전용 선택 페이지
10.4 패턴: 날짜 및 시간 휠
10.2 패턴: 스테퍼

10.6 패턴: 다중 선택

단일 선택 드롭다운으로는 리스트에서 여러 값을 선택하는 작업을 제대로 수행할 수 없다. 이 때는 다중 선택 패턴이 적합하다.

적용 방식

- **드롭다운 버전**: 사용자가 컨트롤을 탭하면 여러 값을 선택할 수 있는 체크박스들이 있는 팝오버 상자가 열린다. 선택을 마치고 나면 사용자는 완료 버튼을 탭해 선택을 적용하거나 취소 버튼을 탭해 변경 사항을 반영하지 않고 팝오버 창을 닫을 수 있다.

- **갤러리 버전**: 사용자는 항목 중 하나를 탭한 후 계속 누르는 동작을 통해 갤러리나 리스트에서 한 개 이상의 항목을 선택할 수 있다. 이 제스처를 사용하면 갤러리는 다중 선택 모드로 전환되며, 사용자는 한 개 이상의 항목을 고르고 선택한 항목을 대상으로 특정 행동을 수행할 수 있다.

예시

다중 선택 컨트롤의 예로는 연락처 앱에서 그룹을 연락처에 추가하는 경우(그림 10.30 참고)가 있다. 다중 선택 컨트롤에서는 사용자가 리스트에서 한 개 이상의 그룹을 선택하고 새 연락처를 추가할 수 있게 해준다.

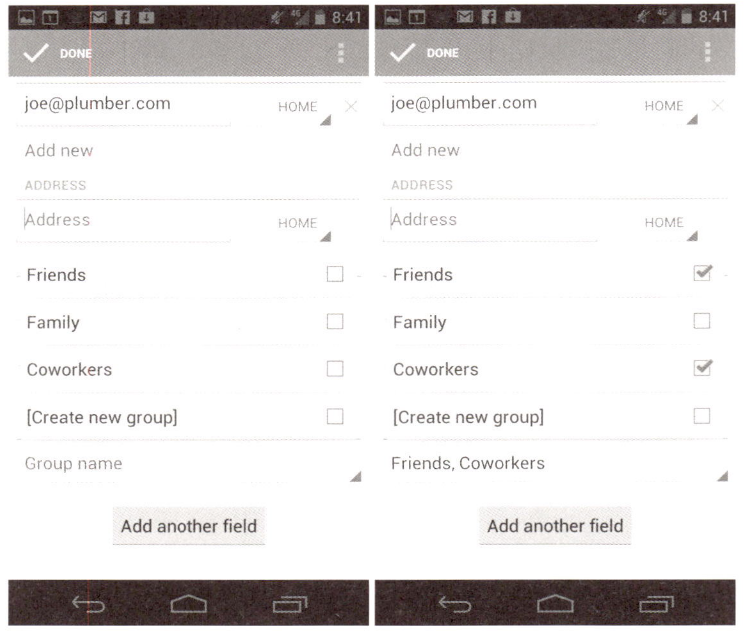

▶ 그림 10.30: 연락처 앱에서 다중 선택 패턴이 적용된 드롭다운 구현체

언제, 어디에서 사용하나

긴 목록에서 한 개 이상의 항목을 선택해야 할 때는 다중 선택 패턴이 답이다.

사용하는 이유

한 번에 한 항목만 선택하면 선택 과정이 느릴 수밖에 없다. 다중 선택 패턴에서는 유연성을 제공한다. Gmail 앱에서 여러 개의 스팸 메일을 선택하는 것처럼 많은 항목을 대상으로 한 작업에서는 다중 선택 패턴이 한 번에 한 항목씩 삭제하는 방식보다 훨씬 간편하고 편리하다.

다른 활용법

이 패턴을 응용한 예로 안드로이드 사진 갤러리 앱처럼 갤러리에서 여러 항목을 선택하는 패턴이 있따. 갤러리에서 다중 선택 항목에 대해 할 수 있는 작업으로는 공유, 삭제, 선택한 사진 회전 등이 있다(그림 10.31 참고).

다중 선택 모드로 들어가려면 사용자는 갤러리에서 항목 중 하나를 탭한 후 누르고 있어야 한다. 이렇게 하고 나면 이후에는 탭만으로 다중 항목을 계속 추가할 수 있다.

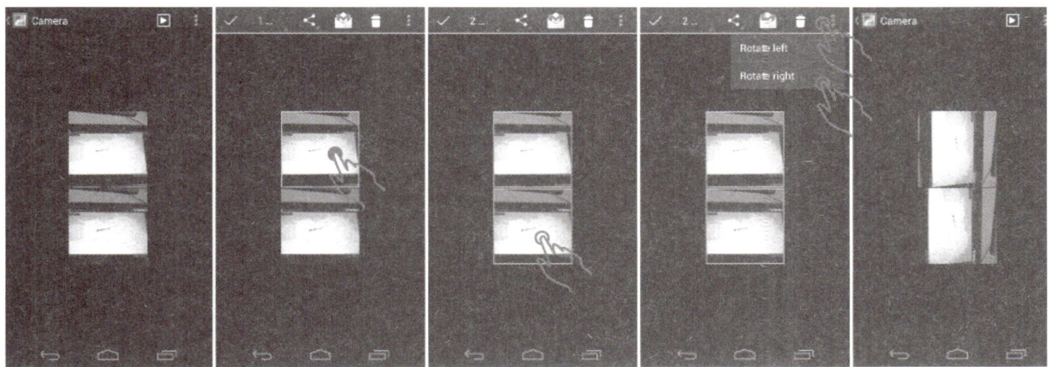

▶ 그림 10.31: 다중 선택 패턴의 갤러리 버전은 사진 갤러리 앱에서 사용된다.

다중 선택 패턴의 드롭다운 버전에서 재미있는 기능으로는 새 항목을 추가하는 기능이 있다. 그림 10.32에서는 연락처 앱을 볼 수 있는데, 이번에는 사용자가 새 그룹 추가 버튼을 탭해 새 그룹의 이름을 입력할 수 있는 별도 팝업이 나타난다.

반려동물 가게 애플리케이션

반려동물 가게 앱에서 다중 선택 패턴을 적용할 만한 곳으로 나중에 분양하고 싶은 반려동물을 분양 희망 목록에 추가하는 기능을 들 수 있다. 실제로 이 기능은 그림 10.33에서 볼 수 있듯 와이어프레임에서 매우 단순하게 표현할 수 있다.

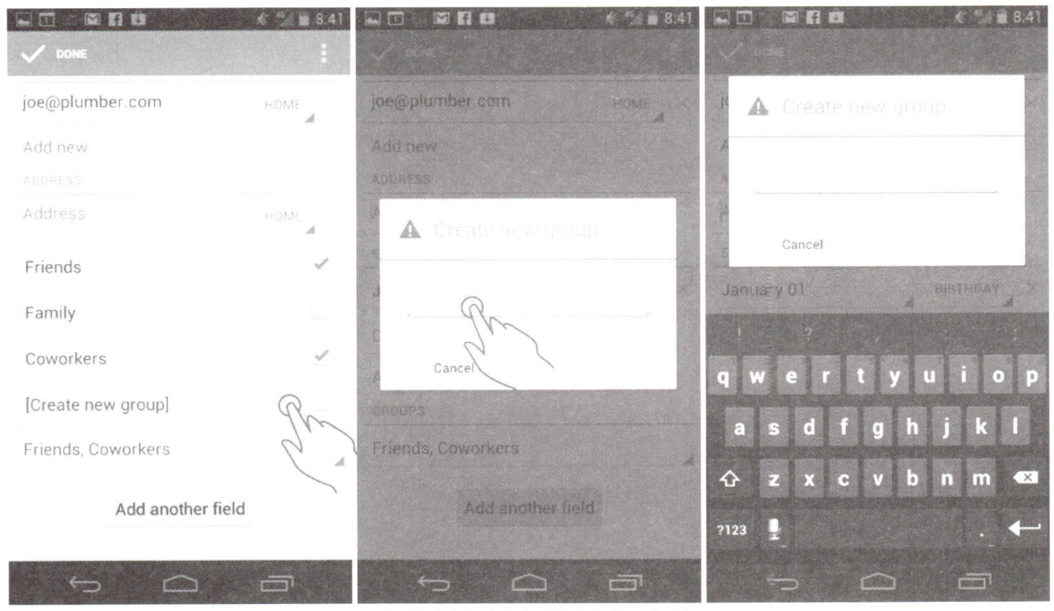

▶ 그림 10.32: 다중 선택 드롭 다운 패턴의 또 다른 기능은 연락처 앱에 새 값을 추가하는 것이다.

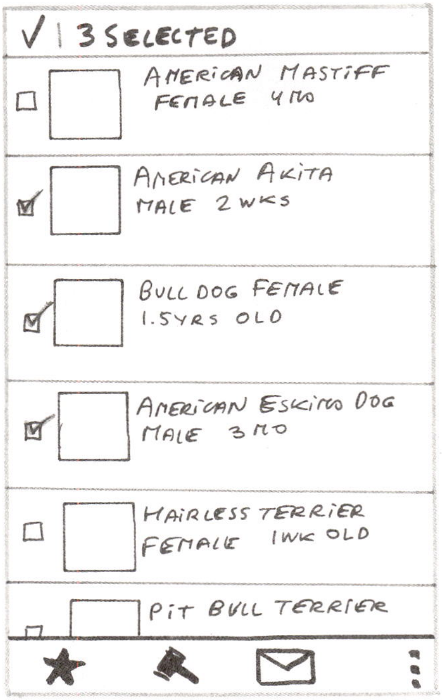

▶ 그림 10.33: 반려동물 가게 앱에서 갤러리 다중 선택 컨트롤을 사용하는 모습

반려동물 가게 애플리케이션의 다중 선택 기능은 Gmail 앱의 다중 선택 기능과 방식이 유사하다. 사진 갤러리 앱과 달리 여기서는 체크박스가 항상 표시되고, 항목을 선택하는 순간 하단에서 컨텍스트 메뉴가 나타나 선택 항목에 대해 수행할 수 있는 행동(이 경우 '소원 목록에 추가', '가격 제안', '판매자에게 연락하기')을 보여준다. 페이지 상단에 있는 체크박스를 탭하면 다중 선택 모드가 종료되고, 모든 선택이 해제되며 하단 액션 바도 사라진다.

태블릿 앱

태블릿을 사용하는 사람들은 대개 관리 작업을 수행하는 데 더 많은 시간을 사용한다. 따라서 모바일 사용자보다 다중 선택 컨트롤에 더 많이 사용할 수 있다. 태블릿에서 다중 선택 기능을 제공하는 경우는 흔하며 갤러리를 정리하거나 그룹 정보를 추가하려는 욕구를 충족시키는 데 큰 도움이 된다.

⚠ 주의점

이 옵션은 찾기가 좀 어려운 편이다. 다시 말해, 사진 갤러리 같은 일부 앱에서는 다중 선택 모드로 들어가는 방법을 알아내는 게 조금 어렵다. 이 기능이 앱에서 핵심 기능이라면 빠른 튜토리얼 오버레이를 제공해야 한다. 5장 '웰컴 사용자 경험'에서 아이디어를 얻어보자.

관련 패턴

10.5 패턴: 드롭다운

10.7 패턴: 자유 형식 텍스트 인풋 및 익스트랙트

사용자가 임의의 텍스트를 입력해야 하는 경우 기본 텍스트 인풋 패턴을 제공한다.

적용 방식

사용자가 텍스트 필드를 탭하면 소프트웨어 키보드가 페이지 하단에서 올라온다. 이때 포커스는 텍스트 필드상에 그대로 유지된다. 텍스트 필드가 폼 하단에 있다면 키보드 바로 위에서 텍스트 필드가 포커스를 유지하게끔 폼이 스크롤된다. 사용자는 키보드를 통해 원하는 값을 텍스트 필드에 입력한다.

예시

이 패턴을 잘 보여주는 예로 연락처 앱(그림 10.34 참고)이 있다. 연락처 앱은 사용자가 값을 바로 입력할 수 있게 소프트웨어 키보드가 열린 상태로 실행된다.

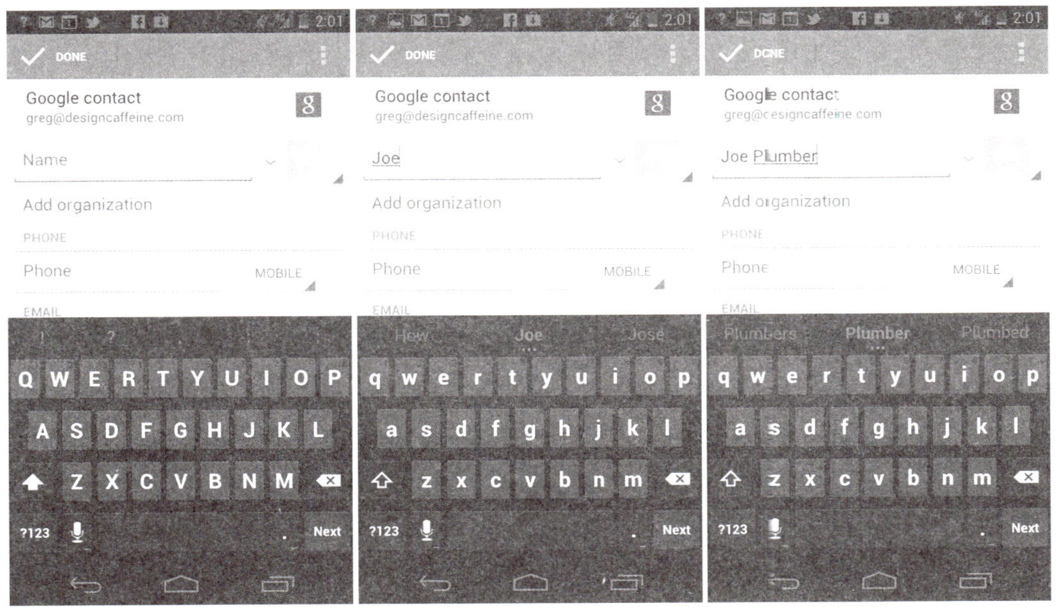

▶ 그림 10.34: 연락처 앱의 전형적인 텍스트 상자 구현체

모바일 기기를 가로로 회전하면 텍스트 상자에 포커스가 유지된 상태에서 이 패턴의 변형 패턴이 실행된다. 바로 익스트랙트 텍스트 인풋(그림 10.35 참고)이다.

▶ 그림 10.35: 익스트랙트 텍스트 인풋은 기기가 가로 방향일 때 표시된다.

언제, 어디에서 사용하나

이 패턴은 이름, 설명, 상태 업데이트 같은 자유 형태의 텍스트를 입력할 때면 아무 때나 사용할 수 있다. 이 패턴의 익스트랙트 버전은 이메일 메시지 본문처럼 긴 메시지를 입력할 때 특히 도움이 된다. 이때는 입력 필드가 커지므로 한 번에 두세 줄의 텍스트를 볼 수 있고, 소프트 키보드 또한 커져서 대다수 사람들이 좀 더 정확하게 입력할 수 있기 때문이다.

사용하는 이유

이 패턴은 안드로이드에서 키보드를 통해 텍스트를 입력하는 표준 컨트롤이다.

다른 활용법

안드로이드 4.0 OS의 넥서스 폰부터는 텍스트를 받아들이는 폼 필드에서 음성 입력도 받아들인다. 키보드에서 마이크 버튼을 탭하면(또는 일부 모델의 경우 키보드를 가로로 스와이프하면) 음성 입력 모드가 활성화된다. 키보드 스와이프 방식은 알고 있는 사람이 적으므로 기능을 알아내는 게 조금 더 어려운 편이다.

이런 음성 입력 기능은 상태 업데이트나 이메일 본문처럼 긴 필드를 입력하는 데 특히 편리하다. 아쉽지만 사용자는 여전히 '다음' 버튼을 눌러 업데이트를 전송하거나 다음 필드로 이동해

야 하므로 이 기능은 아직 불완전하다(표준 음성 입력과 시리 같은 디지털 비서의 편리성 간의
차이점은 7장에서 자세히 다루고 있다).

반려동물 애플리케이션

이 구현체는 단순하므로 여기서는 와이어프레임을 만들지 않았다. 하지만 독자들은 연습할 겸
한번 만들어 보는 것도 좋다.

이쯤에서 포스트잇 와이어프레임을 만들 때 앞서 권장한 방식을 언급하는 게 좋겠다. 바로 다
양한 키보드를 반려동물 가게 앱의 와이어프레임에서 그리지 않는다는 원칙이다. 키보드를 그
리는 일은 고되고, 많은 시간이 소요되며 사용자 테스트에서 이렇다 할 효과가 없다. 대신 다
양한 키보드를 인쇄한 후 잘라내 풀이나 테이프를 사용해 작은 포스트잇에 붙이는 방식을 사
용하는 게 좋다. 이렇게 키보드를 한 번 만들어 놓으면 이 포스트잇 키보드는 하단에서 올라오
는 키보드를 시뮬레이션하기 위해 아무 와이어프레임 화면에서나 사용할 수 있다. 그런 다음
종이 키보드는 페이지에서 필드를 채우는 과정을 테스트 참여자가 실제로 체감할 수 있게 필
요에 따라 아래로 사라지게 할 수 있다. 이런 포스트잇 키보드는 얼마든지 다른 화면이나 프로
젝트에서 재사용할 수 있다.

태블릿 앱

태블릿 기기에서는 폼에 사용할 수 있는 공간이 훨씬 크므로 폼이 '익스트랙트' 모드로 들어가
는 일이 없다. 태블릿에서는 보통 방향과 상관없이 키보드 바로 위에 타깃 필드가 나타나게끔
폼이 스크롤된다(그림 10.36 참고).

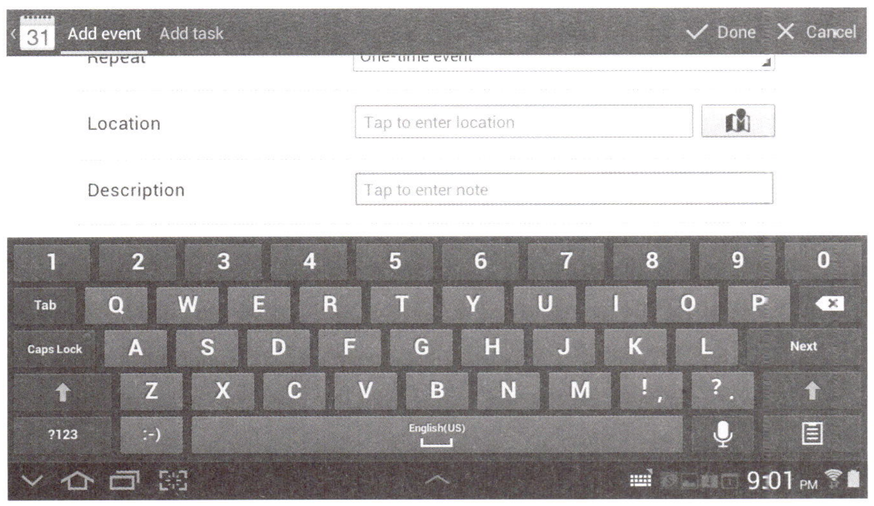

▶ 그림 10.36: 안드로이드 4.0이 설치된 7인치 갤럭시 탭의 캘린더 앱에서 텍스트 상자가 구현된 모습.

아쉽지만 태블릿을 세로에서 가로 방향으로 회전했다가 다시 회전하면 종종 키보드가 닫힌다. 이것은 분명 버그다. 키보드는 사용자가 완료 버튼을 누르거나 다음 필드로 이동하기 전까지는 계속 열려 있는 게 맞다. 키보드와 관련한 주의 사항은 다음 절의 '주의점' 절을 참고하자.

⚠ 주의점

안드로이드 툴킷에서 폼의 텍스트 필드를 이동하는 데 제공하는 버튼은 '다음' 버튼뿐이다. 이 버튼은 마지막 텍스트 필드에서는 '완료' 버튼으로 바뀐다(그림 10.37 참고). 이런 동작은 폼 필드가 한 줄일 때는 괜찮다.

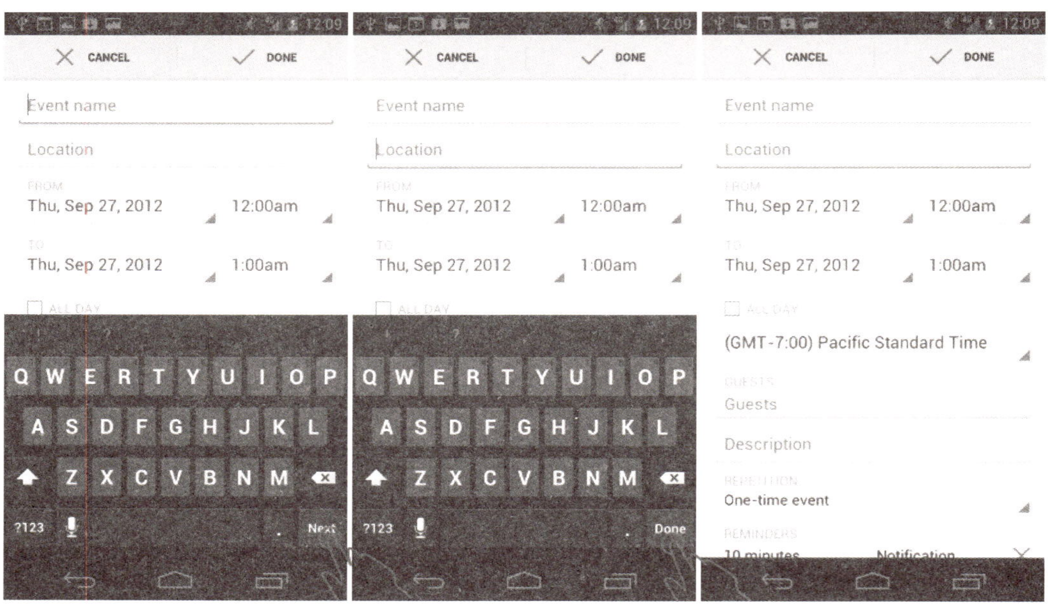

▶ 그림 10.37: 캘린더 앱에서 다음 버튼과 완료 버튼이 텍스트 상자에 표시된다.

아쉽게도 긴 설명처럼 여러 줄로 구성된 텍스트 필드가 들어 있는 폼에서는 엔터 키로 인해 '다음'이나 '완료' 버튼이 표시되지 않는다. 여러 줄 필드를 입력하는 경우 키보드는 폼을 전송하기 전까지 화면에 그대로 남아 있게 된다. 따라서 폼의 나머지 부분을 입력할 때 사용자는 키보드 위에 보이는 작은 영역에서 스크롤을 위아래로 움직이는 불편을 감수하며 다음 필드를 찾아야 하고, 이때 포커스는 여전히 여러 줄 필드에 그대로 남아 있게 된다. 이는 그림 10.38에서 볼 수 있듯 안티패턴이다.

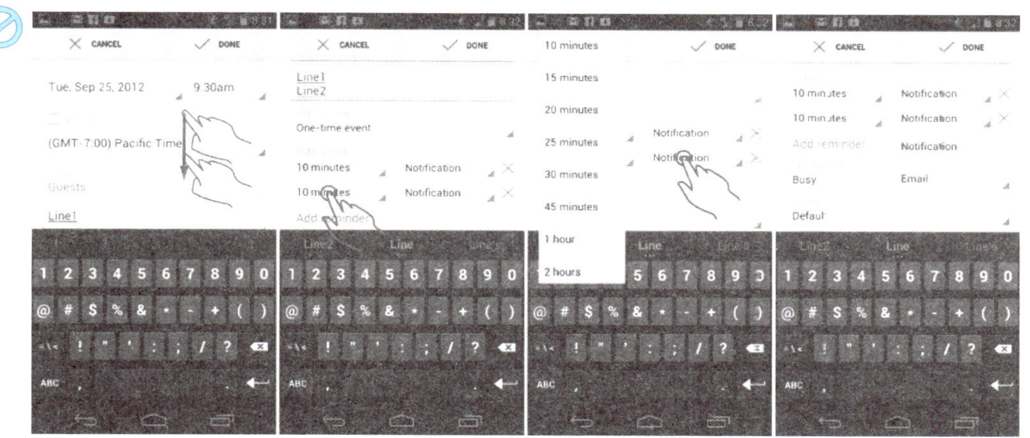

▶ 그림 10.38: 구글 캘린더에서 포커스가 다른 컨트롤로 이동했는데도 설명 필드용 키보드가 화면에 그대로 남아 있다.

독자들 중에는 여러 줄 입력 필드에서는 기기에 있는 뒤로 가기 버튼을 눌러서 키보드를 사라지게 하는 게 표준 동작이라고 주장하는 사람도 있을 것이다. 이 말도 맞다. 이 기능도 사용할 수 있다. 하지만 기기에 있는 뒤로 가기 버튼을 사용해 키보드를 제거하는 기능은 찾아내는 게 그만큼 어렵다. 아울러 여러 줄 입력 필드는 '다음/완료' 버튼을 제외하면 한 줄 필드와 똑같이 보이므로 이 기능은 비직관적이다. 아울러 동일한 여러 줄 텍스트 필드를 가로 모드에서 보면 명시적인 '완료' 버튼이 표시된다(그림 10.39)는 문제점도 있다. 재미있는 것은 가로 모드에서의 완료 버튼은 다음 필드로 이동하는 데 반해, 세로 모드에서의 완료 버튼은 폼을 실제로 전송한다는 것이다!

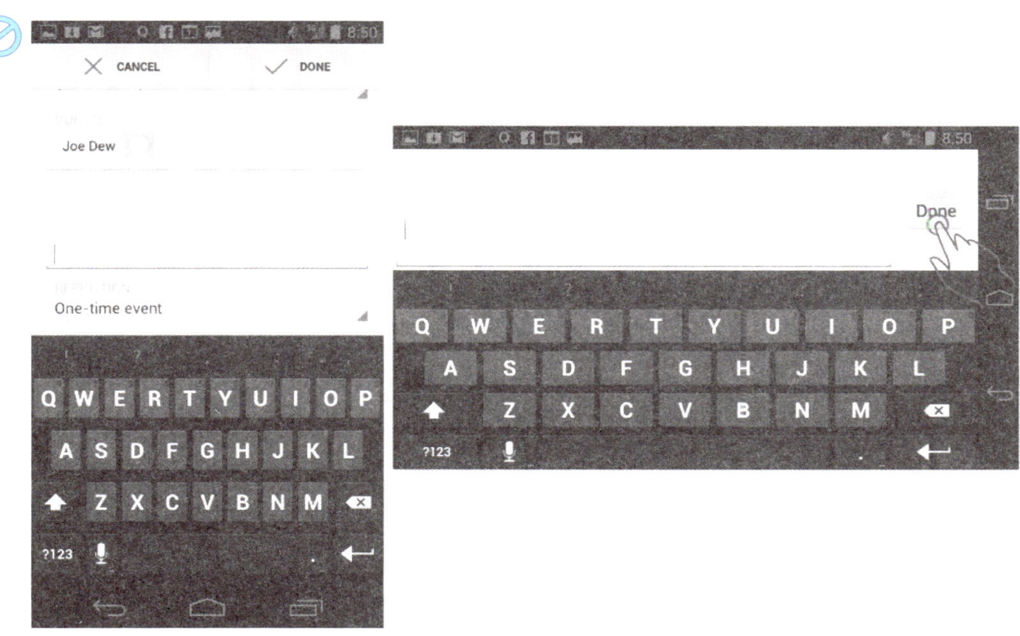

▶ 그림 10.39: 구글 캘린더 앱에서 가로 모드의 완료 버튼과 세로 모드의 완료 버튼은 전혀 상반된 기능을 수행한다.

긴 필드에서 벗어날 수 있는 명시적인 방법(다음/완료 버튼)이 없다는 말은 그만큼 키보드 동작에 대해 주의해야 한다는 뜻이다(특히 키보드가 화면 대부분을 가리는 소형 모바일 기기의 가로 모드에서). 이런 이유로 이해 키보드는 유형과 상관없이 사용자가 다른 폼 필드를 탭하자마자 닫아야 한다.

또 키보드의 '완료' 버튼을 폼을 서버로 전송하는 '폼 전송' 버튼으로 사용하는 것도 삼가야 한다. 현재 키보드에서 '완료' 버튼의 주 용도는 키보드를 사라지게 하는 것이다. 이 키보드 버튼을 폼 전송에 사용한다면 적어도 버튼에 '이동' 같은 별도 라벨을 적용하고, 폼이 마지막 필드에서만 폼을 전송하게 해야 한다. 또, 공간이 충분하다면 전송 기능을 수행할 전용 전송 버튼을 제공하는 게 가장 좋다.

마지막으로 한 가지 주의할 점은 텍스트 필드 한 개만 들어 있는 폼이나 라이트박스를 열 때는 사용자가 추가 탭을 하지 않아도 되게끔 키보드가 열린 채로 폼을 실행하는 게 좋다는 것이다. 예를 들어 연락처 앱에서는 새 그룹을 만들 때 단일 입력 필드가 들어 있는 라이트박스가 키보드 없이 표시된다. 키보드를 열려면 사용자는 별도로 필드를 탭해야 한다. 사용자가 라이트박스에서 OK 버튼을 누르면 또 한 가지 이상한 동작이 일어난다. 포커스가 주소 필드로 이동하는 것이다(그림 10.40 참고).

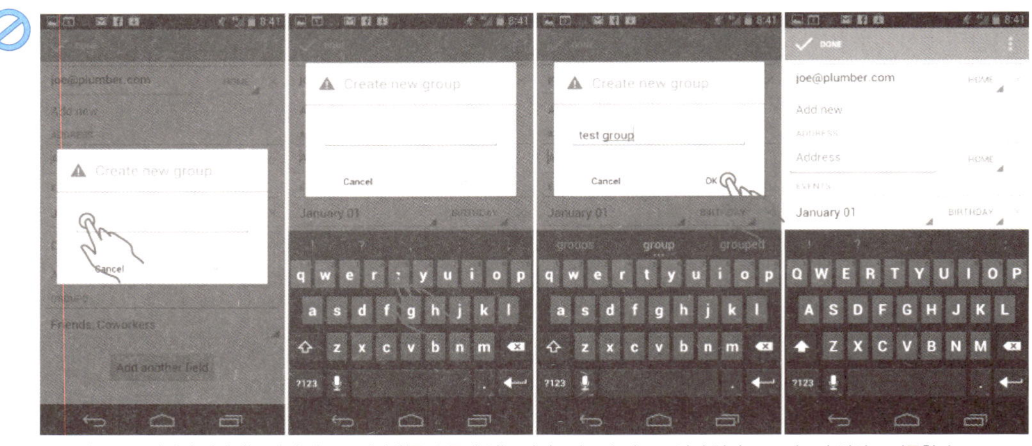

▶ 그림 10.40: 연락처 앱에서는 단일 텍스트 입력 항목이 들어 있는 라이트박스가 키보드 없이 열리고, 포커스가 임의로 이동한다.

이보다는 키보드가 이미 열린 채로 라이트박스를 실행하고(그림 10.40에서 왼쪽에서 두 번째 그림 참고), 새 그룹을 선택한 후에는 포커스를 그룹의 다중 선택 필드로 옮기는 게 좋다.

관련 패턴

10.8 패턴: 입력 마스크를 활용한 텍스트 상자

10.8 패턴: 입력 마스크를 활용한 텍스트 상자

때로는 텍스트 필드의 구체적인 내용에 대해 잘 알고 있는 경우가 있다. 여를 들어 텍스트 필드에 이메일이 들어가는 경우가 이에 해당한다. 이런 경우에는 입력 마스크를 활용한 텍스트 상자 패턴을 사용하는 게 좋다.

적용 방식

필드에서 이메일, 전화번호, 주민등록번호, 우편 번호 같은 구체적인 데이터를 받는 경우, 시스템에서는 데이터 입력을 도와줄 올바른 키보드 유형을 제공할 수 있다. 아울러 필드 라벨의 위치에 따라 필드 내에서 선택적으로 입력 마스크를 보여줄 수도 있다.

예시

새 연락처를 추가할 때 이름 필드에서는 입력 필드 내에 옅은 회색 폰트를 사용해 '이름'이라는 필드 힌트를 보여준다(그림 10.41 참고). 이 힌트 정보는 사용자가 입력을 시작할 때까지 계속 표시된다.

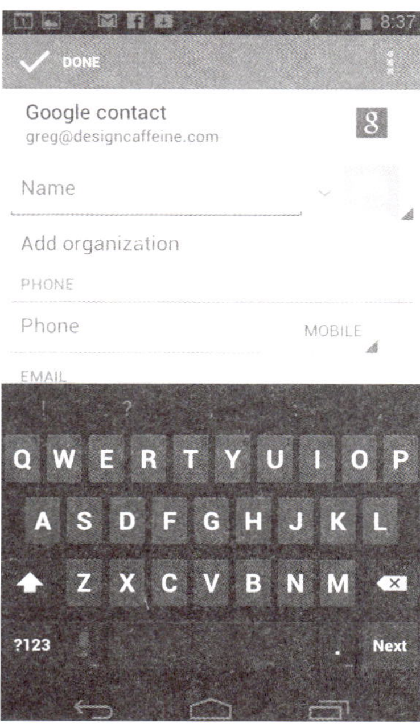

▶ 그림 10.41: 이름 필드 라벨이 일종의 입력 마스크 역할을 하고 있다.

이런 이름 라벨은 일종의 입력 마스크로 생각할 수 있다. 물론 어떤 사람들은 이에 동의하지 않을 수도 있다. 이 사람들은 엄밀히 말해 이름은 입력 마스크가 아니라 필드 라벨이라고 주장한다. 이런 주장도 일리가 있다. 하지만 사용할 수 있는 화면 공간이 적은 모바일 기기에서는 입력 마스크와 라벨의 기능상의 차이가 모호한 것도 사실이다.

모든 유형의 문자를 입력할 수 있지만 이름 필드에는 필드 길이(이름을 적절한 길이로 제한. 예를 들어 100글자나 255글자)와 '엔터(또는 줄바꿈 문자)' 문자 제한 같은 제약도 있다. 이런 제약으로 인해 이름 필드는 메모 필드와는 차이가 있다. 메모 필드에서는 텍스트 데이터를 1MB까지 받을 수 있으며, 엔터 키를 사용해 텍스트에 새 줄을 추가할 수도 있기 때문이다. 이와 같이 필드에 쓸 수 있는 내용은 해당 필드에 대한 고객의 기대에 부합하는 동시에 해당 필드에 사용할 수 있는 값만을 입력 마스크로 지정해야 한다.

그럼 입력 마스크 패턴이 어디에 도움이 될까? 우선 올바른 키보드 유형을 보여줌으로써 데이터의 정확한 입력을 도와준다는 장점이 있다. 예를 들어 그림 10.42에서는 이름, 주소, 전화번호, 이메일 필드를 입력할 때마다 소프트웨어 키보드가 바뀌는 것을 볼 수 있다. 이는 암시적으로 입력 마스크가 사용되는 사례를 잘 보여준다.

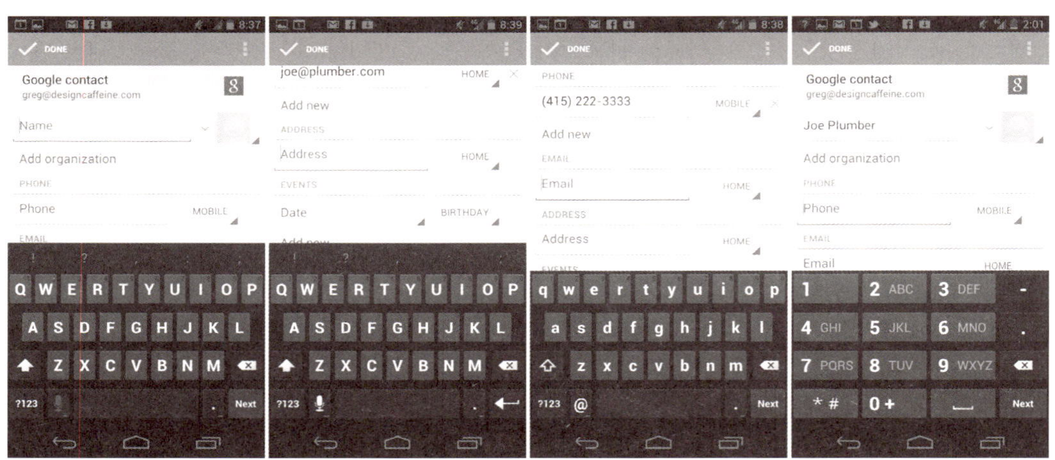

▶ 그림 10.42: 암시적 입력 마스크에서 다양한 유형의 모바일 소프트 키보드를 실행한다.

이름과 주소에서는 둘 다 음성 입력 기능을 제공한다. 그에 반해 이메일에서는 편리한 @ 기호 (표준 키보드에서는 찾기 어려운)를 제공한다. 대부분의 안드로이드 4.0 스타일의 미니멀리즘을 표방한 네이티브 폼 필드는 이와 같은 유형의 암시적인 입력 마스크만 사용한다. 다시 말해 라벨을 통해 입력 마스크를 논리적으로 암시한다.

명시적인 라벨을 사용하는 필드(라벨과 함께 별도 입력 마스크를 제공하는)에서는 더 나은 사용자 경험을 전달할 수 있다. 예를 들어 그림 10.43에 보이는 Kayak의 등록 폼에서는 필드 왼쪽에 Email 라벨을 둠으로써 you@example.com 마스크를 통해 예상 필드 값을 보여줄 수 있게 됐으며, Password 필드에 대해서는 required 마스크를 보여주고 있다.

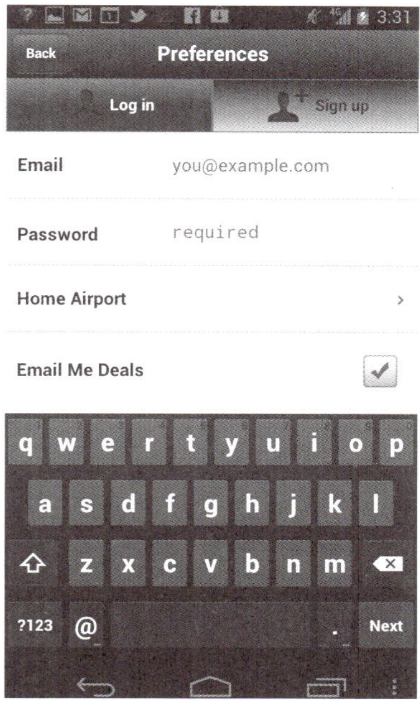

▶ 그림 10.43: Kayak 앱은 명시적인 입력 마스크를 사용한다.

이런 명시적인 입력 마스크는 미리 필드 형식을 보여줌으로써 입력 오류를 줄여주고, 데이터를 입력하는 동안 라벨을 계속 볼 수 있게 해준다. 물론 세상에 공짜는 없다. 이 경우 특히 모바일 기기에서 라벨 길이만큼 폼의 화면 공간을 뺏긴다는 단점이 있다. 또, 일부 미니멀리스트들은 이와 같은 형식이 '소음'을 늘린다고 비판할 것이다. 하지만 필자는 이에 동의하지 않는다. Kayak 앱이 안드로이드의 네이티브 폼 디자인과 비교해 조금 분주해 보이기는 하지만 의미를 명확히 한다는 점을 감안하면 이 정도 비용은 충분히 지불할 수 있다고 생각한다.

언제, 어디에서 사용하나

사용자가 구조적인 형태로 데이터를 입력해야 하는 경우 필드 내에 원하는 형식의 필드를 입력 마스크 패턴으로 보여주고 적절한 소프트웨어 키보드를 실행하는 게 좋다.

사용하는 이유

모바일 기기는 키보드 입력을 받는 데 특히 취약하다. 두꺼운 손가락, 멀티태스킹, 흔들리는 버스나 지하철 환경 같은 모든 요소가 여기에 영향을 미친다. 입력 마스크는 데이터 입력 오류를 줄여주므로, 더 나은 사용자 경험을 위해 가능한 한 사용하는 게 좋다.

다른 활용법

앞에서 설명한 것처럼 다양한 범위의 값을 받을 수 있는 필드에서는 전화 번호 같은 암시적인 입력 마스크로도 충분하다. 하지만 앱에서 특정 형식을 강제해야 한다면 그림 10.44의 고해상도 와이어프레임에 나와 있는 효과적인 실험 패턴을 사용해볼 만하다.

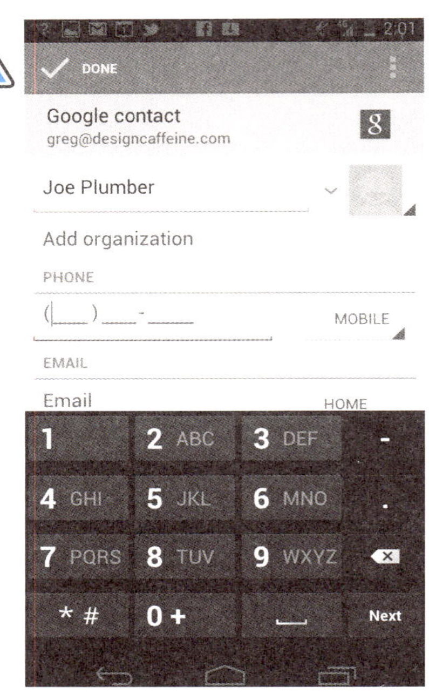

▶ 그림 10.44: 이 실험 패턴에서는 안드로이드 4.0 스타일의 전화번호 필드에 정적인 입력 마스크를 집어넣었다.

이 와이어프레임을 그림 10.42와 비교해보자. 흥미롭게도 이 형식을 사용하면 입력 필드에서 같은 라벨(Phone)을 두 번(한 번은 필드 내에서, 한 번은 필드 위에서) 사용하지 않아도 되므로 화면이 덜 지저분해진다. 루크 로블르스키는 2010년 시카고에서 열린 Design4Mobile에서 이 아이디어를 처음 제안했다(http://static.lukew.com/MobileInput_LukeW.pdf). 이 방식은 예상된 입력 형식을 미리 보여주므로 갑자기 이상한 구분 문자가 등장해 사용자를 당황하게 하지 않는다는 점에서 입력 마스크를 활용한 텍스트 입력을 구현하는 훌륭한 접근 방식이다(잠시 후 '주의점' 절 참고). 아쉽지만 현재까지 이 패턴은 실험 패턴이며, 폭넓게 도입되지 않은 상태다.

반려동물 가게 애플리케이션

반려동물 가게 앱에서는 반려동물 등록 폼의 전화번호 필드에 조금 다른 전략을 사용할 수 있다. 이 앱에서는 미국뿐 아니라 국제 전화번호 형식을 받아들일 수 있으므로 여기서는 입력 마스크를 간단히 111–111–1111로 설정하면 된다(그림 10.45 참고). 이렇게 하면 국가 코드가 포함된 전화번호나 지역번호가 포함된 전화번호를 모두 받아들일 수 있다.

그에 반해 두 번째 필드는 반려동물 주인의 사회 보장 번호다. 이 번호는 형식이 미리 정해진 9자리 번호다. 이 필드에는 필드 내에 정적인 입력 마스크를 사용하는 루크 로블르스키의 아이디어를 채택한다.

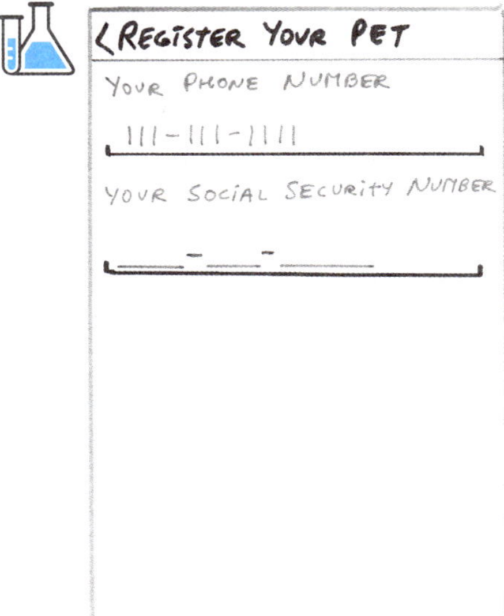

▶ 그림 10.44: 이 실험 패턴에서는 안드로이드 4.0 스타일의 전화번호 필드에 정적인 입력 마스크를 집어놓었다.

태블릿 앱

태블릿에서는 별도 라벨과 정적인 입력 마스크를 보여줄 화면 공간이 충분하므로 입력 마스크 패턴이 더 잘 적용된다. 아쉽지만 대부분의 네이티브 레퍼런스 폼 구현체(캘린더 등)에서는 화면 공간을 제대로 활용하지 못하고 있으며, 공간이 충분한데도 추가적인 입력 힌트를 제공하지 않는다. 대신 안드로이드 4.0이 탑재된 7인치 갤럭시 탭의 연락처 앱에서는 느슨한 동적인 입력 마스크를 사용해 폼을 조금씩 수정해 보여준다. 그림 10.46에서 볼 수 있듯 시스템에서는 사용자가 초기에 입력한 415–222에서 아무 문제가 없는 '–' 문자를 제거하고 (415) 222–33을 보여줌으로써 필드에 새로운 문자를 추가해 사용자를 당황하게 한다. 그에 반해 오른쪽 그림에서 볼 수 있듯 갤럭시 탭 7인치 태블릿에서 무의미한 사용자 포매팅을 사용할 때는 오히려 네이티브 동적 입력 마스크가 비활성화되는 것으로 보인다.

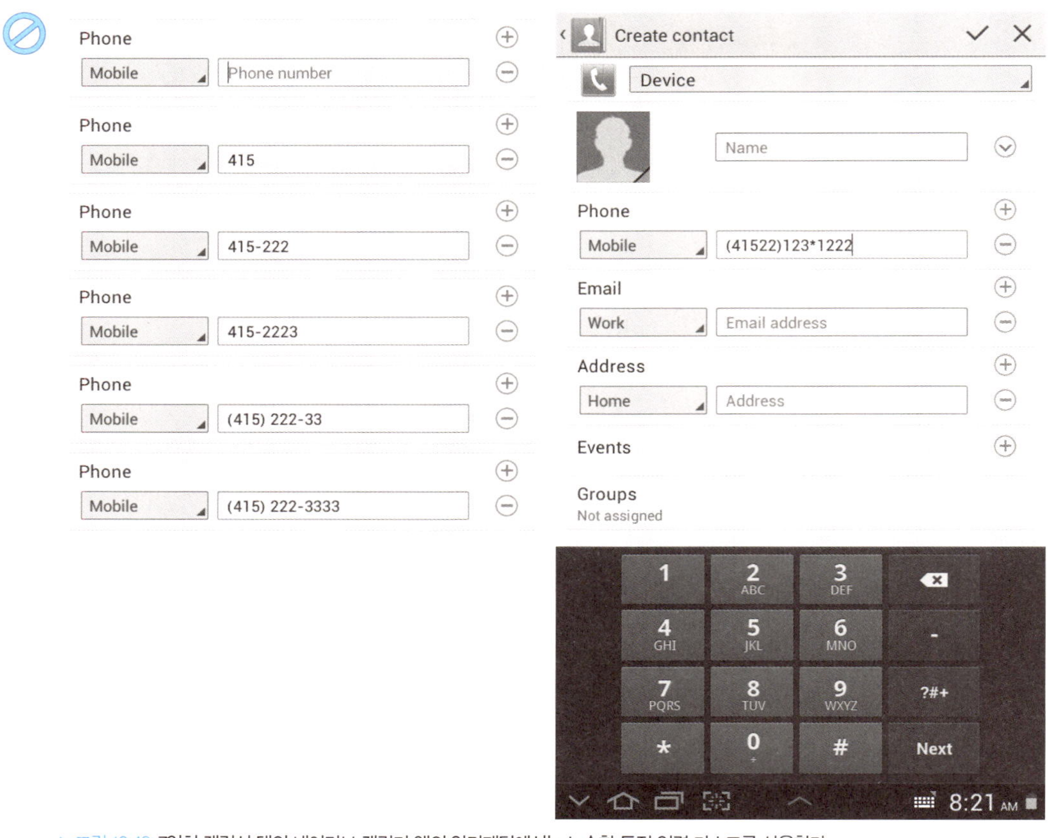

▶ 그림 10.46: 7인치 갤럭시 탭의 네이티브 캘린더 앱의 안티패턴에서는 느슨한 동적 입력 마스크를 사용한다.

이와 같이 어떤 경우에는 시스템에서 사용자가 입력하는 형식을 바꾸고, 어떤 경우에는 바꾸지 않는다면 사용자 혼란이 가중될 수밖에 없다. 이와 같은 구현체는 권장하지 않는다. 가능하다면 항상 미리 포매팅 정보를 보여주는 게 가장 좋다.

⚠ 주의점

다행히 이제는 거의 드문 사례가 됐지만 종종 일부 앱에서는 입력 도중 엄격한 자동 형식을 적용한다. 이 말은 시스템에서 부적절해 보이는 글자를 바로 제거하는 경우(해당 글자가 마스크의 일부인 경우에도)를 뜻한다.

루크 로블르스키가 그의 글 '입력 마스크 디자인(http://www.lukew.com/ff/entry.asp?756, 2008년 12월 13일)에서 누누히 강조하듯 이와 같은 엄격한 동적 입력 마스크는 사실 안티패턴이다. 그 이유는 마스크의 일부에 속하는 필드 내 문자를 처리할 따 혼란을 초래하기 때문이다.

예를 들어 그림 10.47에 나온 것처럼 엄격한 동적 입력 마스크 필드에 $6C,000,000을 입력하면 시스템에서는 입력 후 $ 문자를 제거하고 소수점과 전혀 다른 위치에 콤마를 집어넣어 전체적인 혼란을 부추긴다.

 **US Dollar:**

$

Number: $#,###.00

US Dollar:

Number: $#,###.00

US Dollar:

$6

Number: $#,###.00

US Dollar:

$600

Number: $#,###.00

US Dollar:

$6,000

Number: $#,###.00

US Dollar:

$60,000

Number: $#,###.00

▶ 그림 10.47: 엄격한 동적 마스크에서 입력 시점에 문자를 제거하는 방식은 안티패턴이다.

또 다른 주의 사항은 키보드의 입력을 지나치게 제한하지 말아야 한다는 점이다. 예를 들어 그림 10.48에 나온 Pocket Informant 안드로이드 앱의 특수한 시간 입력 키보드에서는 첫 번째 숫자를 0과 1로 제한하고, 두 번째 숫자를 첫 번째로 입력한 숫자에 따라 0과 9로 제한한다. 아마도 이런 기능은 사용자가 91시간 같은 의미 없는 시간을 입력하지 않게 도와주기 위한 의도일 것이다. 하지만 아쉽게도 결과적으로 사용자는 큰 혼란을 느끼게 된다. 사용자가 8:00 AM처럼 간단한 시간을 입력하려고 할 때도 아무 이유 없이 키보드에서 키가 켜지고 꺼지기 때문이다. 이로 인해 사용자는 정적 중요한 작업을 제대로 할 수 없게 된다.

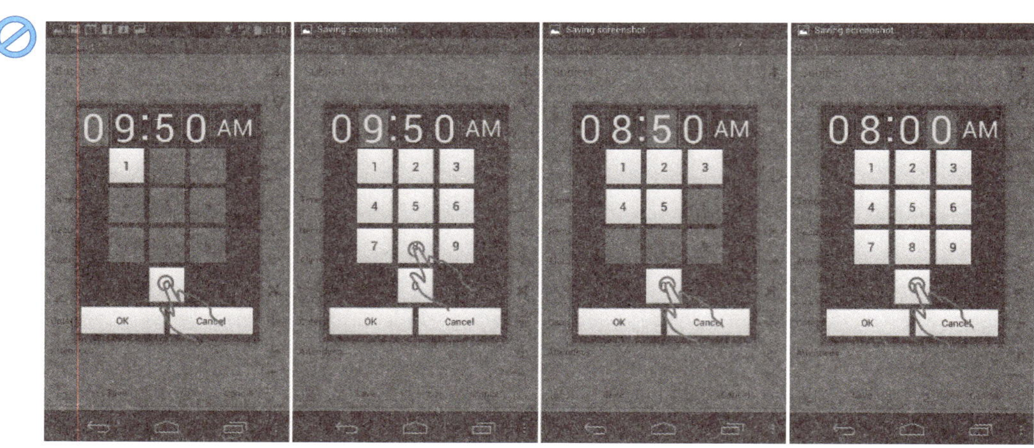

▶ 그림 10.48: 키보드 키를 비활성화하는 것은 안티패턴이다.

키보드의 특정 키를 비활성화하는 것은 지나치며(다행히 거의 드문 경우다) 안티패턴이므로 삼가야 한다.

끝으로, 필드를 여러 구성 요소로 나누는 일은 무슨 일이 있어도 피해야 한다. 예를 들어 미국 세 자리 지역 코드를 전화번호 앞 별도 필드로 만들어서는 안 된다. 이는 안티패턴이며 혼란을 초래한다. 다행히 최근에는 이런 안티패턴이 거의 사라졌다.

관련 패턴

10.9 패턴: 원자적 엔티티를 갖춘 텍스트 상자
10.7 패턴: 자유 형식 텍스트 인풋 및 익스트랙트

10.9 패턴: 원자적 엔티티를 갖춘 텍스트 상자

어떤 텍스트 상자는 분할할 수 없는 시스템 객체(원자적 엔티티라고도 부른다)를 찾고 입력하는 검색 상자로 사용된다.

적용 방식

사용자는 원자적 엔티티를 찾기 위한 단어 몇 개를 입력하고 시스템에서는 동적인 조회를 통해 텍스트 상자 아래에 드롭다운 형태로 자동 추천 단어를 반환한다. 사용자가 자동 추천 단어 중 하나를 탭하거나 입력된 단어가 그 자체로 단일 엔티티에 해당하는 경우 해당 엔티티가 텍스트 상자에 추가된다. 같은 검색 상자에서 여러 개의 원자적 엔티티를 입력할 수 있는 경우 포커스는 텍스트 상자에 그대로 머물고, 같은 방식으로 다음 텍스트 항목을 입력할 수 있게 한다.

예시

이 패턴을 잘 보여주는 예로 네이티브 안드로이드 캘린더 앱의 참석자 필드가 있다(그림 10.49 참고). 사용자는 연락처 데이터베이스에서 동적으로 가져와 한 명 이상의 사용자를 이곳에 입력할 수 있다.

연락처를 식별할 수 없는 경우(예를 들어 Joe Plumber) 시스템에서는 인식하지 못한 연락처 주변에 빨간색 상자를 표시한다. 이 경우 사용자는 이름을 수정하거나 키보드의 삭제 버튼을 탭해 해당 엔티티 전체를 삭제할 수 있다.

언제, 어디에서 사용하나

이 패턴은 긴 컬렉션(50개 이상의 객체)에서 한 개 이상의 서로 다른 엔티티를 입력할 때 사용할 수 있다. 주로 사용하는 경우는 연락처, 소셜 미디어 연결, 국가, 공항 등이 있다.

사용하는 이유

세계의 정보가 점차 풍요로워지고 많아짐에 따라 사람들이 드롭다운/선택 컨트롤을 통해 많은 데이터를 입력하는 것도 점차 어려워지고 있다. 원자적 엔티티를 갖춘 텍스트 상자 패턴은 이런 문제를 해결할 수 있는 강력한 솔루션이다. 이 패턴은 서버를 검색하거나 클라이언트 사이드의 모바일 기기에 완전히 캐싱한 로컬 데이터베이스를 조회하는 데 활용할 수 있다.

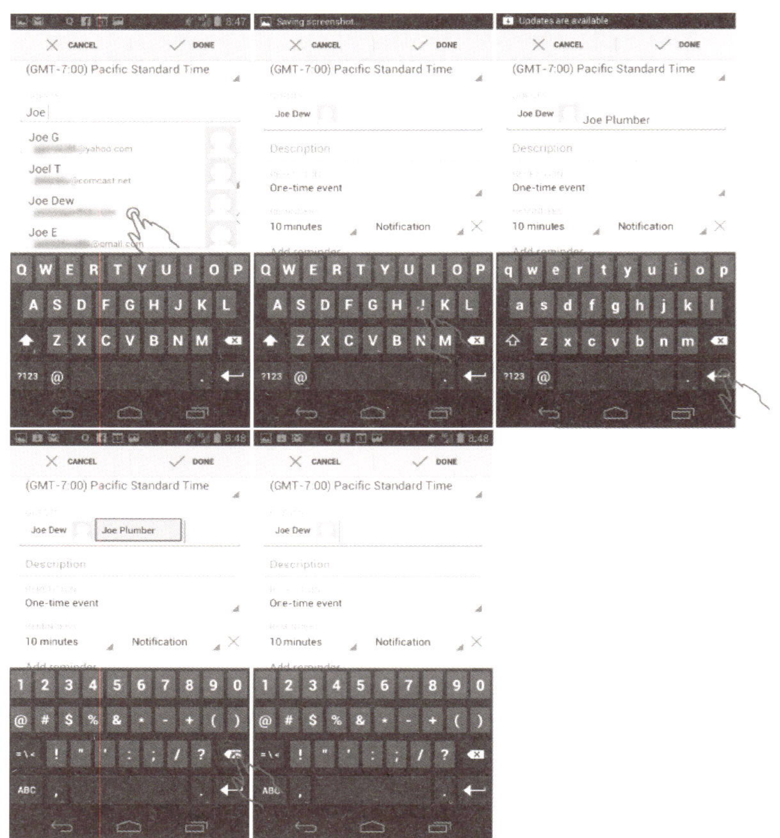

▶ 그림 10.49: 원자적 엔티티를 갖춘 텍스트 상자 패턴은 캘린더 참석자에 연락처를 추가하는 데 탁월한 기능을 수행한다.

다른 활용법

스매싱 매거진(Smashing Magazine)에서는 긴 드롭다운 대신 오늘날 249개국 중 한 국가를 입력하는 데 사용할 수 있는 원자적 엔티티 기능을 갖춘 컨트롤을 소개하는 기사를 내보낸 바 있다('국가 선택 콤보박스의 재디자인', 크리스찬 홀스트, 2011년 11월 10일, http://uxdesign .smashingmagazine.com/2011/11/10/redesigning-the-country-selector/). 놀랍게도 아직 아무도 모바일 앱에서 이와 같은 국가 선택 컨트롤을 구현하지 않았다. 크리스찬이 개발한 텍스트 필드 자동 추천 검색 컨트롤은 강력하고 직관적이며, 좀 더 자주 선택하는 항목(미국)을 사용 빈도가 떨어지는 항목(아랍 에미레이트)보다 상위에 보여준다. 이 컨트롤에 9장 '결과 없는 화면 및 원하지 않는 결과 피하기'에서 소개한 어휘 대체 기법(Holland를 Netherlands로 등)을 적용하면 현대 산업 분야를 대표할 만큼 강력한 모바일 사용자 경험을 구현할 수 있다. 이 패턴에서는 앱의 목적에 따라 동적으로 새 항목을 입력하는 기능도 제공한다. 예를 들어 캘린더 앱에서는 연락처 데이터베이스에 있는 기존 항목을 선택하는 것 외에 올바른 형태의 이메일을 직접 입력할 수 있는 기능도 제공한다.

반려동물 가게 애플리케이션

위키피디아의 현재 버전에 따르면 현재 400에서 600개의 각기 다른 애견 품종이 있다고 한다. 반려동물 가게 앱의 데이터베이스에 애견을 등록할 때는 이와 같은 품종 목록을 활용해 사용자가 선택할 수 있는 제한된 어휘의 품종 목록을 구성할 수 있다. 여기서는 이와 관련한 간단한 와이어프레임을 볼 수 있다(그림 10.50 참고).

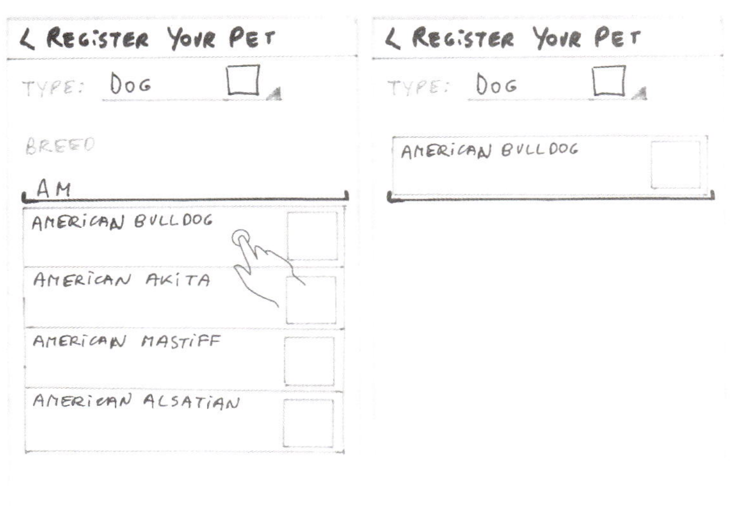

▶ 그림 10.50: 원자적 엔티티 패턴을 갖춘 텍스트 상자를 사용해 애견 품종을 추가하는 기능은 빠르고 직관적이다.

사용자가 처음 몇 글자만 입력하면 입력한 단어와 일치하는 애견 품종이 리스트에 표시된다. 사용자는 계속해서 입력(애견 품종의 전체 이름까지)하거나 자동 추천 단어 목록에서 원하는 품종을 선택할 수 있다. 반려동물의 품종은 자주 변하지 않으므로 이 정보는 모바일 기기의 작은 데이터베이스에 캐싱해둠으로써 부드럽고 빠른 사용자 경험을 전달할 수 있다.

태블릿 앱

이 패턴은 태블릿에서도 모바일과 동일하게 동작하지만 태블릿에서는 더 많은 자동 추천 단어를 보여줄 수 있다. 그런데 기기 방향에 따라 자동 추천 레이어가 필드 아래(세로 태블릿 방향)이나 필드 오른쪽(가로 방향)에 보일 수 있다는 점을 기억하자. 또, 태블릿에서는 모바일 구현체를 그대로 따라 하느라 발목 잡혀서는 안 된다.

 **주의점**

경계 조건을 테스트하는 것을 기억하도록 한다. 일정 참석자가 한 줄에 집어넣을 수 있는 사람 수보다 많으면 어떤 일이 일어날까?

관련 패턴

10.7 패턴: 자유 형식 텍스트 인풋 및 익스트랙트

폼

작은 기기에서 데이터를 입력할 수 있다는 사실 자체는 멋지지만 궁극적인 사용자 상호작용을 위해서는 폼에 사용자 입력 컨트롤을 여러 개 결합해야 한다. 루크 로블르스키는 웹 폼 디자인: 고객을 끌어당기는 폼 디자인의 원리에서 '폼은 짜증난다'고 언급한 바 있다. 실제로 이게 현실이다. 이 장에서는 안드로이드 기기에서 폼이 덜 짜증나게 하는(때로는 안드로이드 폼을 작성하는 게 재미있어지게 하는) 방법을 주로 다룬다.

11.1 패턴: 인라인 에러 메시지

폼 작성 중 에러가 생길 때 인라인 에러 메시지 패턴에서는 고객이 문제를 해결할 수 있게 도와주는 표준 방식을 제공한다.

적용 방식

입력 에러가 생기면 시스템은 어떤 필드를 수정해야 하는지 고객에게 알려준다. 일반적으로 인라인 에러 메시지의 두 요소 (주로 화면 상단에 있는 필드 레벨 에러 표시와 일반 에러 메시지)를 인식할 수 있다.

예시

시각적인 에러 표시는 앱마다 크게 다르다. 필자가 가장 좋아하는 유형은 캘린더 앱의 등록 과정에서 볼 수 있는 레퍼런스 구현체와 같이 전통적인 빨간 색상과 함께 아이콘을 사용한 시각적인 표시다(그림 11.1 참고). 여기서는 사용자가 이메일 필드를 지나치고 넘어가려고 하는 경우 텍스트 상자 오른쪽에 빨간색 느낌표 (!) 아이콘을 보여준다.

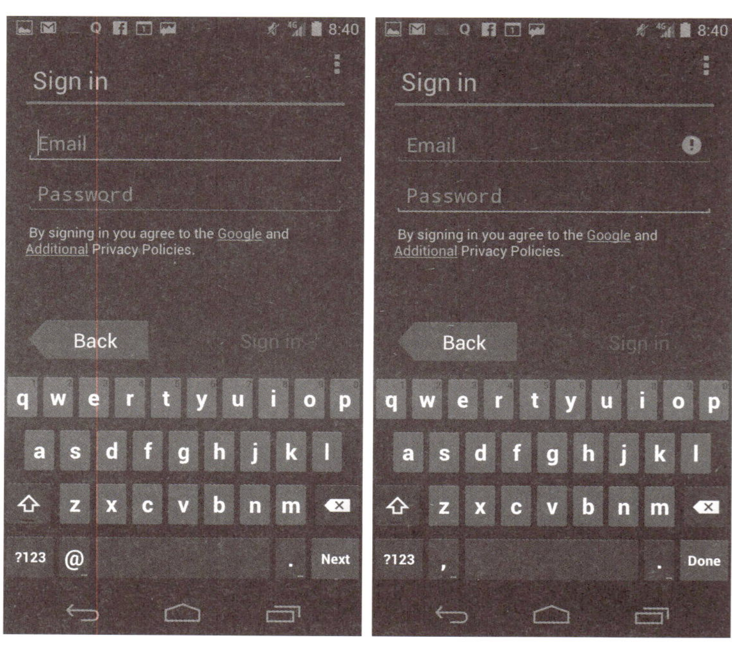

▶ 그림 11.1: 캘린더 앱의 인라인 에러 메시지 패턴 구현체

캘린더 앱에서는 필드에서 빠진 값을 표시하는 것 외에 메시지를 보여주지 않는다. 물론 때로는 메시지를 보여주고 어떤 필드에 문제가 있는지 알려주는 게 좋지만, 특히 짧은 폼의 경우

문제가 되는 필드를 바로 알 수 있는 경우도 많다.

이 패턴 대신 사용할 수 있는 패턴은 이베이 앱의 등록 폼에서 볼 수 있다. 그림 11.2에서는 각 필드 주변에 빨간색 상자를 두고 빨간색 폰트로 폼 상단에 에러 메시지를 보여줌으로써 필드 레벨의 에러 메시지를 표시하는 것을 볼 수 있다.

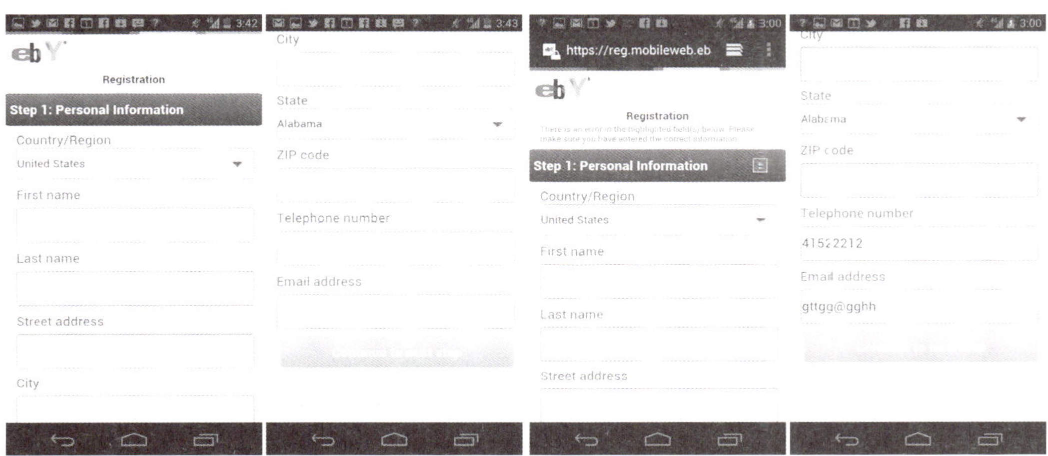

▶ 그림 11.2: 이베이 앱에서 사용하는 인라인 에러 메시지 패턴에서는 두 가지 방식을 통해 사용자에게 문제를 알려준다.

이베이 앱에서 볼 수 있는 이 패턴 구현체에서는 문제가 있는 모든 필드에 빨간색 외곽선이 표시된다. 이는 이 패턴을 구현하는 올바른 방식이다.

캘린더와 이베이 폼 모두 다음/계속 버튼을 비활성화함으로써 뭔가가 잘못됐고 폼이 전송할 준비가 안 됐음을 추가적으로 알려준다. 이와 관련한 내용은 '11.5 패턴: 취소/확인' 절에서 자세히 다룬다.

언제, 어디에서 사용하나

사용자 폼에 에러가 있음을 사용자에게 알려줘야 할 때는 기본적으로 이 패턴을 사용한다.

사용하는 이유

이 패턴은 오랜 세월의 테스트를 통과했고, 폼 에러를 보여주는 가장 효과적인 방식으로 입증된 패턴이다.

다른 활용법

이베이 등록 폼처럼 긴 폼에서는 에러 메시지를 토스트 경고창 형태로 보여주도록 수정할 수 있다(다음 절인 '11.2 패턴: 토스트 경고창' 참고). 이 방식을 사용하면 메시지 아래로 사용자가 스크롤을 내렸을 때도 에러 메시지가 보인다는 장점이 있다. 그림 11.3에 보이는 토스트 경고창 와이어프레임을 그림 11.2에 보이는 페이지 상단 메시지와 비교해보자.

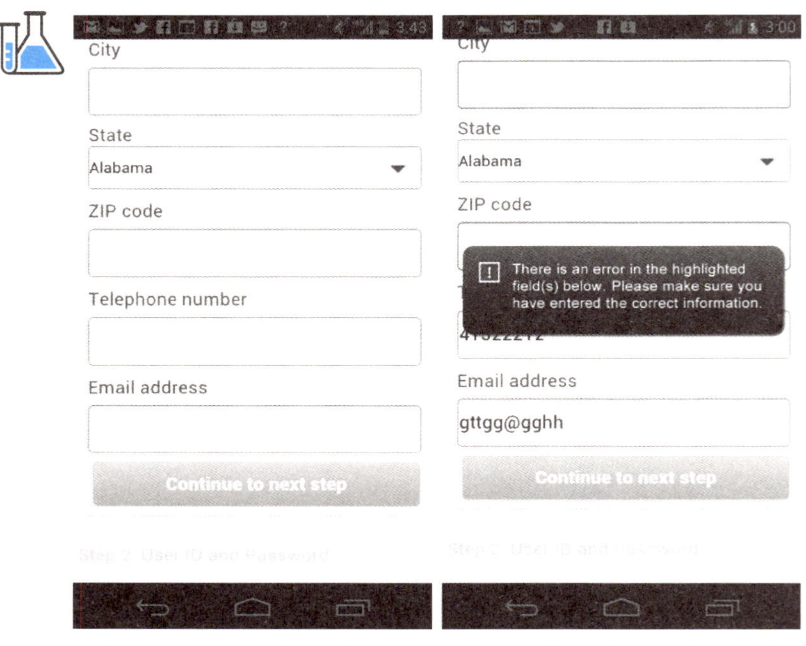

▶ 그림 11.3: 이 와이어프레임은 이베이 앱의 인라인 에러 메시지 대신 사용할 수 있는 토스트 경고창을 보여준다.

토스트 경고창 패턴을 사용할 때 한 가지 단점은 전체 에러 메시지가 항상 표시되지 않는다는 점이다. 다시 말해 경고 메시지가 몇 초 후 사라지는데, 만일 메시지의 내용이 길고 에러 메시지에 문제를 해결할 수 있는 상세 정보가 담긴 경우 사용자의 혼란을 초래할 수 있다. 예를 들어 비밀번호 에러 메시지가 '비밀번호는 8글자 길이어야 하고, 3개의 특수 문자, 3개의 숫자, 2개의 대문자 및 소문자를 담고 있어야 하며, 기존 비밀번호 10개와 동일할 수 없고 C3PO, Darth Vader, Han Solo, Leah Buns 같은 영화 캐릭터 이름을 포함할 수 없습니다' 같은 경우 토스트 경고창 메시지로는 부적합하다(아울러 사용자가 좀 더 읽기 쉽게 메시지를 바꿀 필요가 있다. 자세한 내용은 '11.2 패턴:토스트 경고창'를 참고하자).

반려동물 가게 애플리케이션

필자는 짧은 등록 폼과 페이지 상단에 에러 메시지를 두는 것을 좋아하므로 이 예제에서는 반려동물 가게 앱의 등록 화면에서 간단한 인라인 에러와 함께 상단 에러 메시지를 스케치하는 법을 보여준다(그림 11.4 참고).

이 포험에서는 모바일 기기에 이미 등록된 이메일 주소를 활용해 이메일 주소 필드를 미리 채우지만, 사용자가 필요에 따라 이메일 주소를 바꿀 수 있게 한다. 엽에서는 폰 기기의 소유자의 정보를 이중 인증 패턴(자세한 내용은 12장 '모바일 뱅킹' 참고)으로 사용하고, 로그인 가속 패턴(12장에서 '12.1 패턴: 빠른 로그인' 절 참고)을 사용해 네 자리 숫자로 계정을 보호한다.

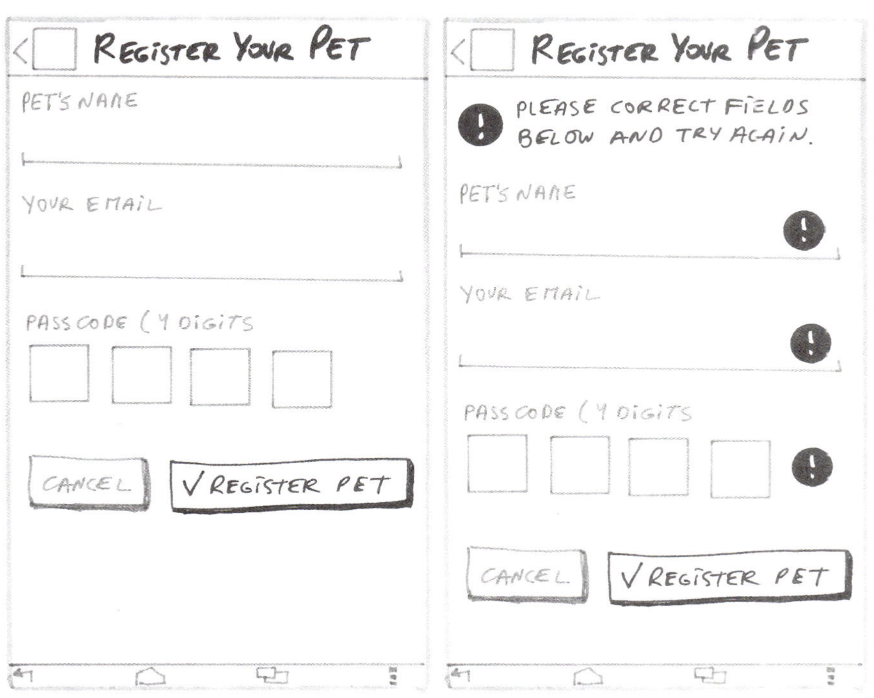

▶ 그림 11.4: 인라인 에러 메시지 패턴을 보여주는 이 와이어프레임은 반려동물 가게 앱의 등록 폼에 사용된다.

왼쪽 와이어프레임은 사용자가 폼 작성을 막 시작했을 때의 화면이다. 오른쪽 와이어프레임에서는 사용자가 반려동물의 이름, 이메일 주소, 네 자리 비밀번호(모두 필수 필드에 해당)를 입력하지 않아 인라인 에러가 발생한 폼을 보여준다. 여기서는 필드 레벨 에러를 표시하는 데 상위 레벨 메시지에 사용된 빨간색 아이콘을 그대로 사용하고 있다. 이는 의도한 것으로, 두 아이콘의 모양과 색상을 동일하게 해 폼 상단 메시지뿐 아니라 아래에 있는 에러 필드로도 사용자의 시선을 끌기 위한 것이다.

태블릿 앱

태블릿 앱에서는 가로, 세로 방향으로 더 넓은 공간이 있다. 이로 인해 페이지 상단에 있는 메시지를 더 쉽게 찾을 수 있고(그림 11.5 참고), 대부분 이 메시지가 보이는 만큼 앞서 언급한 토스트 경고창 방식이 불필요해진다.

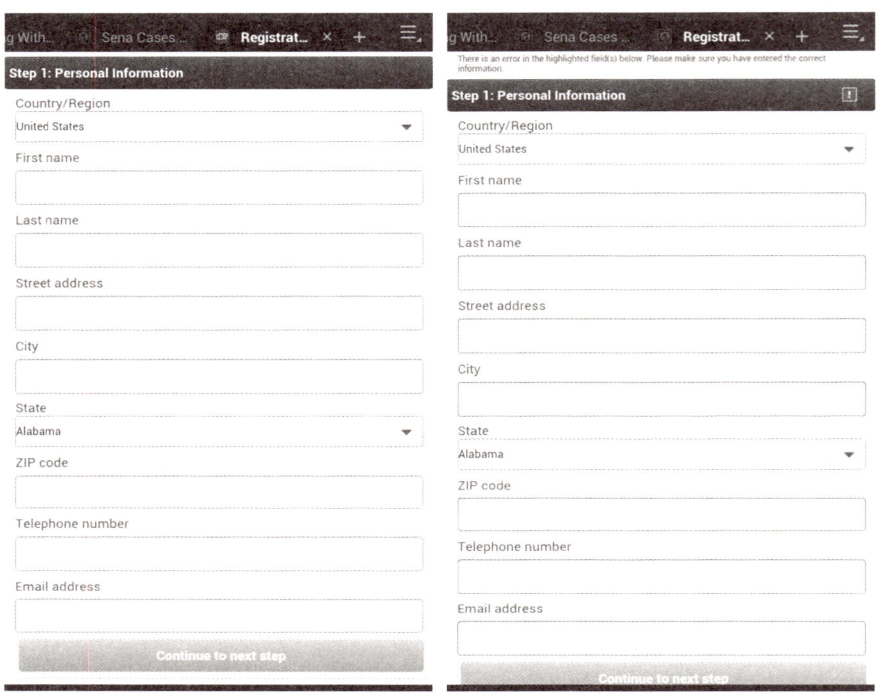

▶ 그림 11.5: 인라인 에러 메시지 패턴이 들어 있는 이베이 앱의 등록 폼은 안드로이드 4.0이 탑재된 7인치 갤럭시 탭에서 더 효과적이다.

태블릿에서는 이처럼 공간이 늘어남에 따라 필드 옆에 좀 더 상세한 설명을 보여줄 수 있다는 특징이 있다. 기기 방향과 폼 디자인에 따라 이런 설명은 라벨 오른쪽이나 라벨 바로 아래에 보여줄 수 있다. 그림 11.6에서는 세로(상단) 및 가로(하단) 태블릿 방향에서 이런 상세 설명을 보여주는 와이어프레임이 나와 있다. 아쉽지만 아직까지 이 패턴은 실험적인 패턴으로 남아 있다.

▶ 그림 11.6: 이베이 앱의 등록 폼의 인라인 에러 메시지 패턴과 관련해 새롭게 제안한 이 패턴은 필드 레벨 오류와 관련한 추가 정보를 제공한다.

이베이 앱에서 하는 것처럼 색상 그라디언트만 사용해 문제 필드를 표시하는 것은 주의해야
한다. 색맹인 사용자(성, 지역, 기타 요소에 따라 전체 인구의 3~5%)는 빨간색 상자가 그려진
필드를 찾아내는 데 애를 먹을 수 있다. 이런 사례를 테스트할 수 있는 방법으로는 흑백으로
에러 상태와 정상 상태를 출력해 상태 대비가 충분한지 확인하는 방법이 있다. 앞서 예로 든
이베이 폼에서는 에러 상태와 정상 상태의 대비가 충분하지만(그림 11.2 참고) 간신히 구분할
수 있을 정도다. 색맹 사용자가 이를 제대로 구분할 수 있을지 의심이 든다면 그림 11.1이나 반
려동물 가게 앱의 그림 11.4에 있는 와이어프레임처럼 필드 안이나 옆에 아이콘 같은 2차 에러
표시를 사용하는 게 가장 좋다.

관련 패턴

11.2 패턴: 토스트 경고창

11.2 패턴: 토스트 경고창

토스트 경고창은 안드로이드의 기본 구현체에서 경고창 레이어가 마치 토스트 기기에서 튀어
나오는 빵처럼 화면 하단에서 팝업된다는 점에서 그 이름이 유래됐다. 물론 실제 경고창이 팝
업되는 과정은 토스트 기기에서 빵이 튀어나오는 속도보다 훨씬 느리다. 현재 안드로이드 4.0
의 토스트 경고창 구현체에는 화면에 단순히 나타나는 것을 비롯해 다양한 모션 기능이 있다.
오늘날 '토스트 경고창'이라는 이름은 주로 버튼이 없고 짧은 시간이 지난 후 스스로 사라지는
일반 메시지를 버튼이 있고, 사용자가 사라지게 하기 전까지 화면에 남아 있는(못생긴 이복 자
매격인) 팝업 경고창(다음 패턴 참고)과 구분하기 위한 용도로 주로 사용한다.

적용 방식

토스트 경고창을 일으키는 조건이 생기면 화면에서는 특정 메시지, 아이콘, 또는 둘 모두를 갖
춘 작은 오버레이 창을 표시한다. 일정 시간(주로 몇 초)이 지나면 경고창은 자동으로 사라진
다. 경고창은 경고창이나 화면 내 다른 영역을 탭해 일정 시간이 지나기 전에 사라지게 할 수
도 있다. 경고창이 나타나고 사라질 때는 배경 애플리케이션 창을 어둡게 하는 등 애니메이션
화면 전환을 수행할 수 있다.

이 패턴을 잘 보여주는 예로 Trulia 앱에서 네트워크 신호를 잃어버릴 때 나타나는 흰색 토스트 경고창이 있다(그림 11.7의 왼쪽 참고). 이 앱의 경쟁 앱인 Kayak 앱에서는 검은색 토스트 경고창을 보여준다(그림 11.7의 오른쪽 참고).

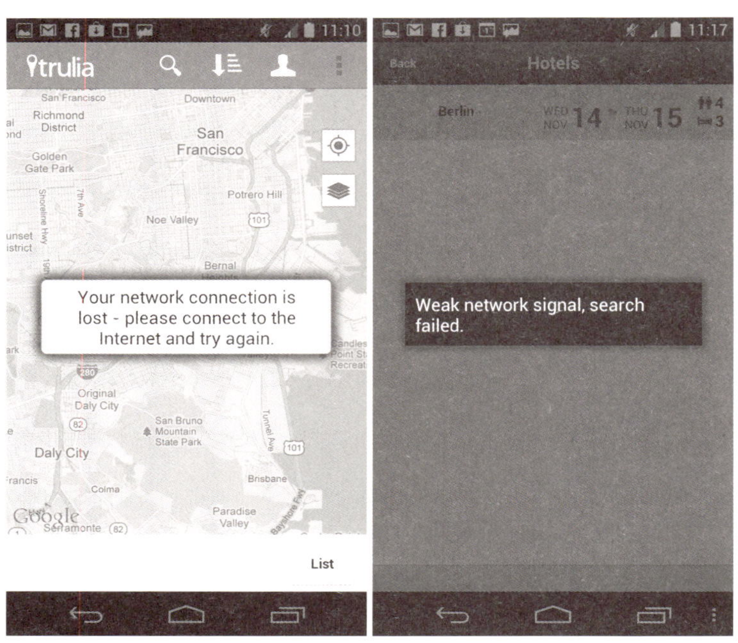

▶ 그림 11.7: Trulia (왼쪽)와 Kayak (오른쪽) 앱은 토스트 경고창을 사용해 네트워크 신호가 약하다는 사실을 알려준다.

토스트 경고창을 사용하는 좀 더 전통적인 구현 패턴은 링크드인 앱에서 볼 수 있다. 이 앱에서는 사용자에게 메시지가 있거나 연결 초대를 수락할 때 등에 경고창이 표시된다. 두 경우 모두 경고창은 하단에서부터 올라오며 결과를 가린다(그림 11.8 참고).

토스트 경고창 패턴은 네트워크 호출을 필요로 하는 동적인 시스템 호출 결과를 확인하는 용도로 매우 적합하다.

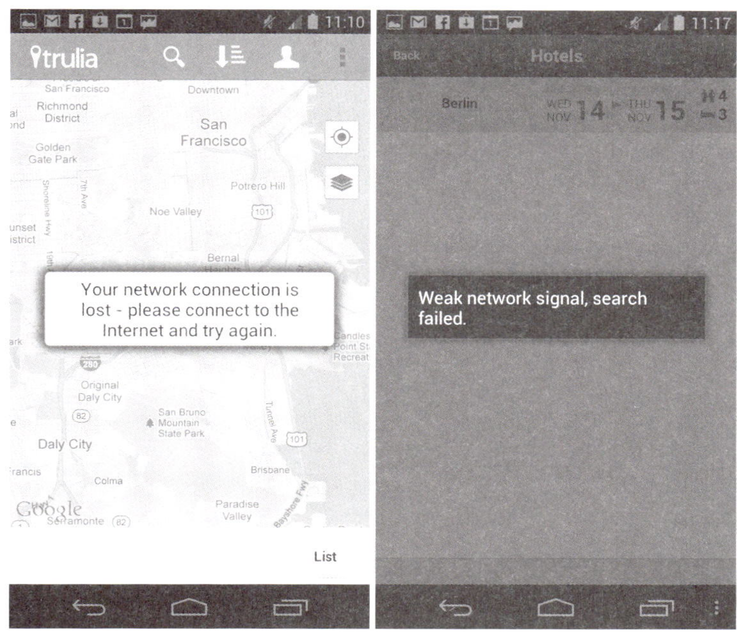

▶ 그림 11.8: '전통적인' 토스트 경고창이 링크드인 앱의 페이지 하단에서부터 올라온다.

이 패턴의 또 다른 구현체는 아마존 프레시 앱(그림 11.9)에서 사용자가 카트에 항목을 추가할 때 볼 수 있다. 이때는 토스트 경고창이 페이지 상단에서부터 나온다는 점에 주의하자. 비유하자면 여기서는 토스트기에서 토스트가 떨어지고 있다.

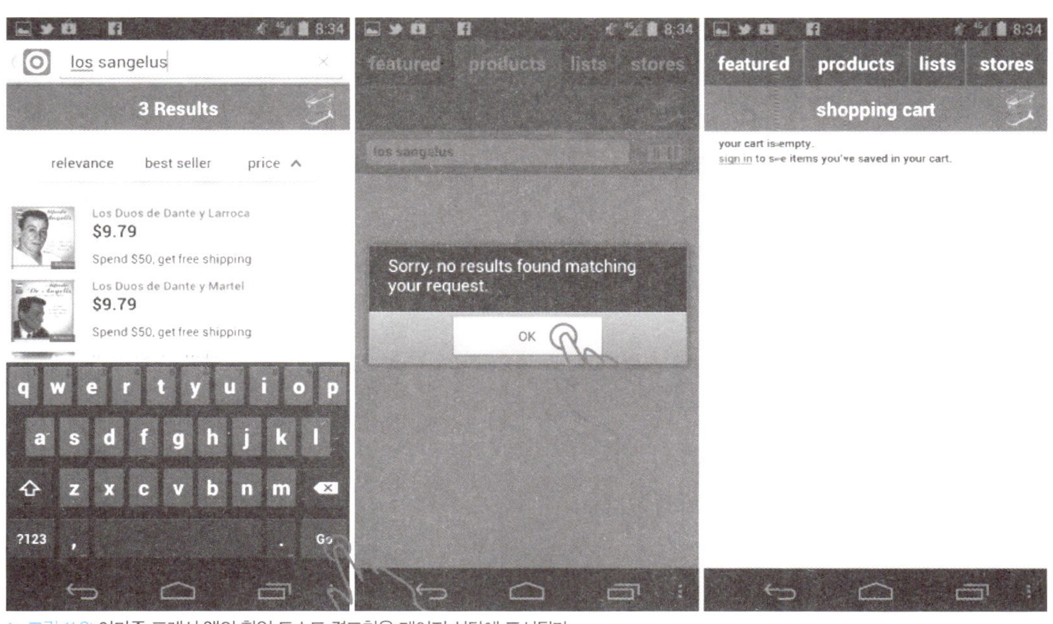

▶ 그림 11.9: 아마존 프레시 앱의 확인 토스트 경고창은 페이지 상단에 표시된다.

토스트 경고창이 페이지 상단에 있고(이 그림으로는 분간하기 어렵지만) 경고창에 대비가 강한 빨간색 색상을 사용하고 있으므로 링크드인 앱에서처럼 손가락이 경고창을 가릴 일이 없다. 이로 인해 아마존 프레시 앱에서는 경고창을 작게 만들 수 있고, 이로 인해 아무 결과도 가려지지 않으며, 사용자는 방해를 받지 않고 계속 쇼핑을 즐길 수 있다. 이 경고창은 쇼핑 카트 아이콘과 매우 가까이에 붙어 있으며, 쇼핑 카트의 뱃지 값은 경고창이 나타날 때마다 증가하므로 사용자는 경고창과 쇼핑 카트의 항목 개수 사이의 긴밀한 관계를 확실히 알 수 있게 된다. 하지만 이 구현 방식에는 한 가지 안 좋은 점이 있다. 즉, 화면에서 결과가 계속 위아래로 움직이는 것이다. 사용자가 손가락을 지나치게 빨리 움직일 경우 다음 번 카트에 추가 버튼을 누르지 못하거나 실수로 잘못된 항목을 추가할 수 있다.

언제, 어디에서 사용하나

사용자에게 알려줘야 하는 변경 조건이 있지만 사용자의 확인이나 기타 행동이 필요하지 않은 경우 토스트 경고창 패턴을 사용한다. 토스트 경고창은 특히 확인 용도에 적합하다.

사용하는 이유

토스트 경고창 패턴은 팝업 경고창과는 큰 대조를 이룬다. 팝업 경고창과 달리 토스트 경고창에서는 명시적으로 사라지게 하는 기능이 필요 없다. 토스트 경고창은 자동으로 사라지며, 이는 특히 소형 모바일 기기에서 편리한 기능이다.

다른 활용법

'11.4 패턴: 콜백 검증' 부분을 참고하도록 한다.

반려동물 가게 애플리케이션

그림 11.10에서는 이 그림에 보이는 인터페이스를 사용해 쇼핑 카트에 항목을 추가했을 때 표시되는 토스트 경고창을 보여준다. 토스트 경고창은 페이지 상단에서부터 내려오지만(그림 11.9의 아마존 프레시 참고), 이번에는 경고창이 검색 결과의 상단에 보이고 결과 페이지의 상단 일부를 가린다(아마존 프레시에서처럼 결과를 아래로 이동시키는 대신).

따라서 쇼핑 카트 아이콘 주변에 경고창을 보여주는 동시에 기기를 쥐고 있는 손에 의해 경고창이 가려지지 않는 장점을 그대로 누린다. 또, 이 패턴에서는 재고 검색 결과가 위아래로 이동함에 따라 버튼을 잘못 누르는 문제도 해결해준다. 이 경우 유일한 옥의 티는 상단 검색 결과의 일부가 가려진다는 점이다. 하지만 토스트 경고창의 자연스러운 특성상 이 경고창은 화면 아무 데나 탭해 쉽게 사라지게 할 수 있으므로 사용자가 첫 번째 결과를 보고 싶다면 화면을 아무 데(경고창 포함)나 탭하거나 1초만 기다리면 경고창이 사라지므로 전체 결과를 다시 볼 수 있다. 아울러 메시지가 지루하지 않도록 매번 메시지에 조금씩 변화를 줄 수도 있다.

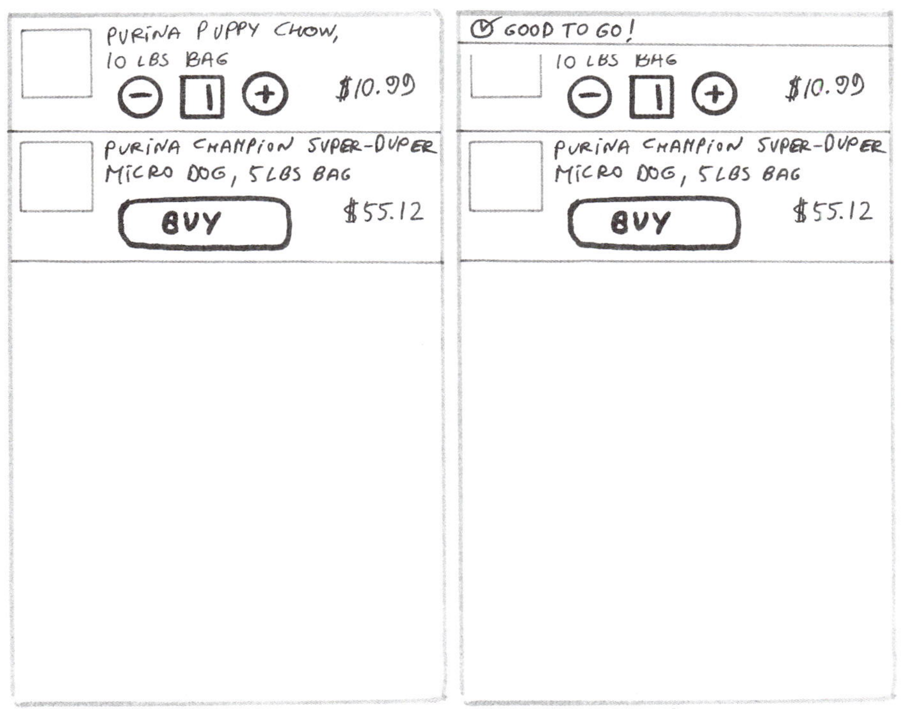

▶ 그림 11.10: 반려동물 가게 앱의 검색 결과 상단에 적용한 확인 토스트 경고창

태블릿 앱

태블릿에서는 모바일 기기보다 손가락이 경고창을 덮는 문제를 조금 더 신경 써야 한다. 아울러 태블릿에서는 해결해야 할 문제가 한 가지 더 있다. 태블릿에서는 화면이 큰 만큼 사용자의 관심이 다른 곳에 있을 수 있고, 그에 따라 경고창을 보지 못할 수 있다. 보통 화면의 상단 가운데에서 아래로 내려오는 경고창은 방향과 상관없이 안전한 편이며, 특히 대비되는 색상과 짧고 부드러운 애니메이션 전환을 사용할 때 효과가 크다. 그림 11.11에서는 태블릿용 N.O.V.A 게임에 적용된 토스트 경고창을 보여준다.

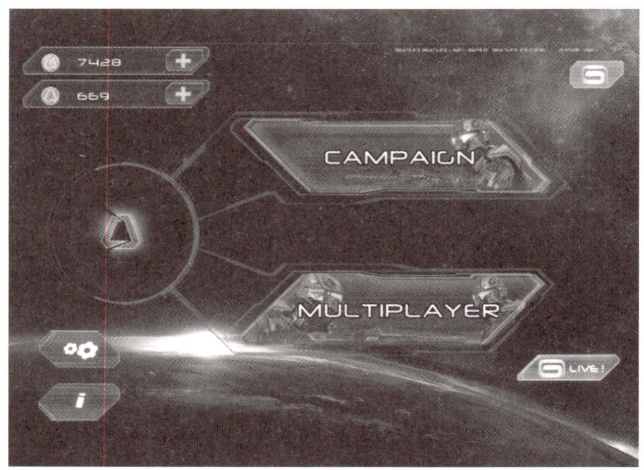

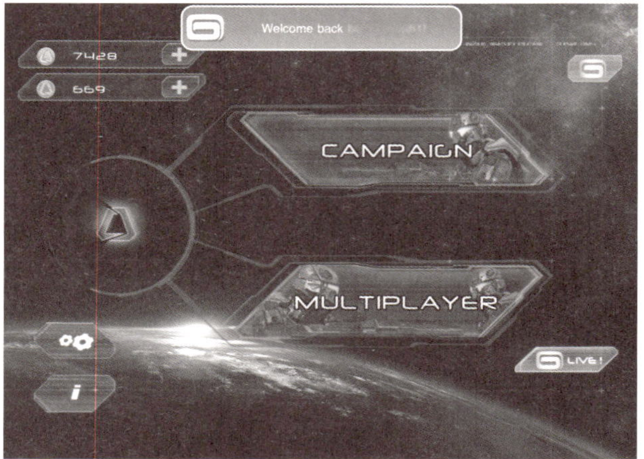

▶ 그림 11.11: 태블릿용 N.O.V.A. 게임 앱의 페이지 상단에는 사용자를 환영하는 토스트 경고창

⚠ 주의점

이 패턴을 사용할 때 주의할 점으로는 Peadpod 앱(그림 11.12 참고)에서처럼 주문 수량이 지나치게 많이 고객 센터로 전화해야 하는 등의 추가 행동이 필요하다는 사실을 알려주는 데에는 토스트 경고창이 적합하지 않다는 점이다. 이와 같은 토스트 경고창 사용 방식은 경고 문구가 복잡하고, 토스트 경고창의 성격상 메시지를 제대로 읽기도 전에 경고창이 사라진다는 점에서 안티패턴이다. 아울러 토스트 경고창은 전통적으로 경고창을 탭하거나 다른 어두운 영역을 탭할 때 경고창이 바로 사라지므로 사용자가 고객 센터에 연락하려면 어떤 행동을 해야 할지 전혀 갈피를 못 잡게 된다는 점에서 추가적인 행동을 권장하는 용도로는 매우 부적합하다.

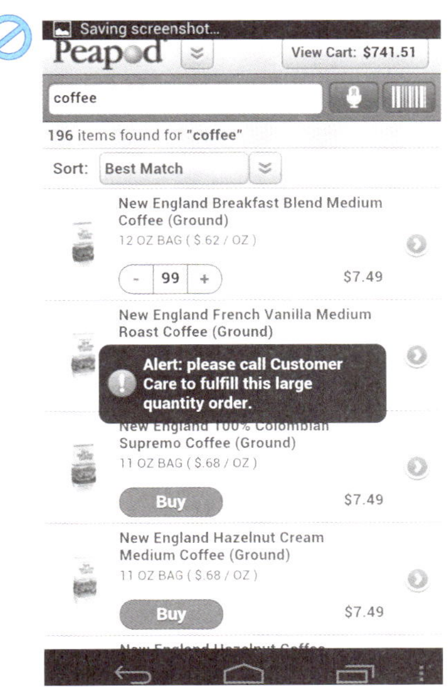

▶ 그림 11.12: 사용자의 추가 행동을 요구하는 길고 복잡한 Peadpod 앱의 토스트 경고창은 안티패턴이다.

사용자가 특정 행동을 수행할 수 있게 선택권을 주려면 다음 절에서 설명하는 팝업 경고창이 훨씬 더 적합하다.

관련 패턴

11.3 패턴: 팝업 경고창

11.3 패턴: 팝업 경고창

이 장에서는 앞서 이 패턴을 모바일 경고창 세계의 '못생긴 이복 자매'라고 부른 바 있다. 이렇게 부른 이유는 계모를 비롯해 누구나 팝업 경고창을 억지로 공주처럼 만들려고 하기 때문이다. 하지만 제대로 사용하기만 하면 팝업 경고창은 애플리케이션의 흐름을 제한하는 본연의 역할을 충실히 할 수 있다.

적용 방식

경고 조건에 해당하면 시스템에서는 라이트박스를 팝업으로 보여주고, 현재 작업 화면의 배경을 어둡게 한다. 팝업 화면에서 사용자는 팝업 창 하단에 있는 최대 세 개의 버튼 중 하나를 선택해야 한다.

🏢 예시

3버튼 팝업 경고창을 구현한 예는 그림 11.13에서 볼 수 있다.

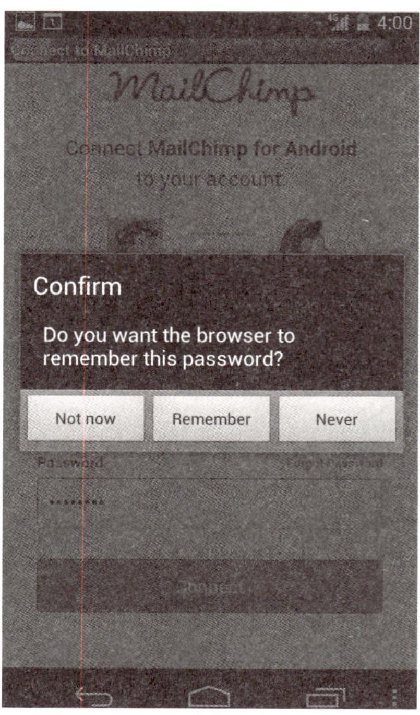

▶ 그림 11.13: Mailchimp 앱에는 3개의 버튼이 들어 있는 전형적인 팝업 경고창이 들어 있다.

이때 경고창은 작업의 진행을 중단하며, 사용자가 팝업에서 보여주는 세 행동 중 하나를 택하게 한다는 점에 주의하자.

팝업 경고창을 사용하는 또 다른 방법으로는 시스템 상태에 대한 경고창이 있다. 그림 11.14에서는 현재 배터리가 얼마 남지 않았음을 경고하고 있다.

이 경우 메시지의 중요성을 알리고 사용자가 충전기를 연결하는 등 외부 행동을 하도록 현재 사용자가 하던 작업을 중단한다.

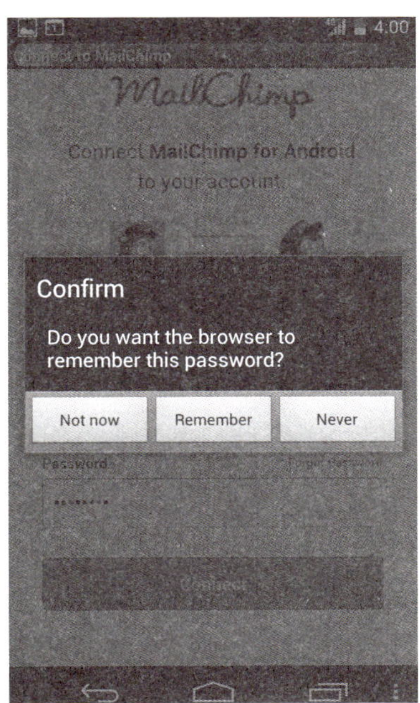

▶ 그림 11.14: 시스템 팝업 경고창에서 배터리 잔량이 부족함을 경고한다.

언제, 어디에서 사용하나

이 패턴은 사용자 행동을 필요로 하는 (급한) 행동으로 인해 경고창을 통해 현재 작업 흐름을 중단해야 할 때 사용한다. 팝업 경고창은 경고창 세계의 원자 폭탄과 같다. 다시 말해 그만큼 주의해서 사용해야 한다.

사용하는 이유

때로는 뭔가가 잘못될 때 "작업을 중단하세요!"라고 외쳐야 한다. 팝업 경고창은 이 작업을 수행해주며, 사용자가 특정 행동을 하기 전까지 기기의 다른 작업을 모두 중단한다.

다른 활용법

팝업 경고창에서 자주 간과하는 활용법 중 하나는 그림 11.15와 같은 네이티브 지도 앱의 웰컴 튜토리얼 용도다.

팝업 경고창을 활용하는 또 다른 방법은 그림 11.16의 구글 플러스 앱에 나온 것처럼 법률적인 계약 조건을 표시하는 용도로 활용하는 것이다.

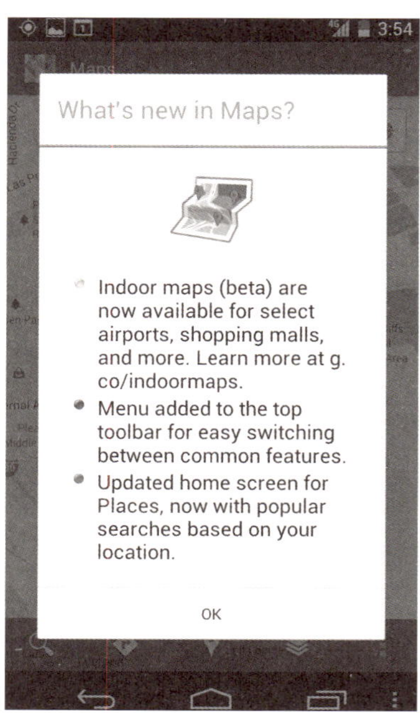

▶ 그림 11.15: 팝업 경고창은 맵 앱에서처럼 웰컴 튜토리얼로 활용할 수 있다.

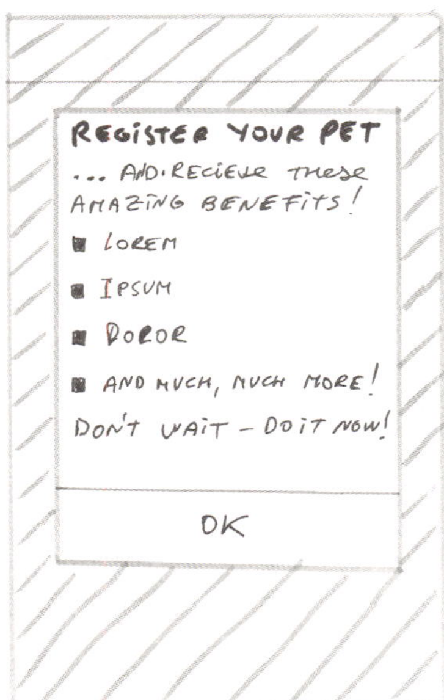

▶ 그림 11.16: 구글 플러스 앱에서는 계약 조건을 표시하는 데 팝업 경고창을 사용한다.

법률적인 계약 조건 및 웰컴 튜토리얼에 대한 자세한 정보는 5장 '웰컴 사용자 경험'을 참고하자.

반려동물 가게 애플리케이션

반려동물 가게 앱에서는 팝업 경고창을 사용해 반려동물을 등록할 때 주어지는 혜택을 사용자
에게 알릴 수 있다(그림 11.17 참고).

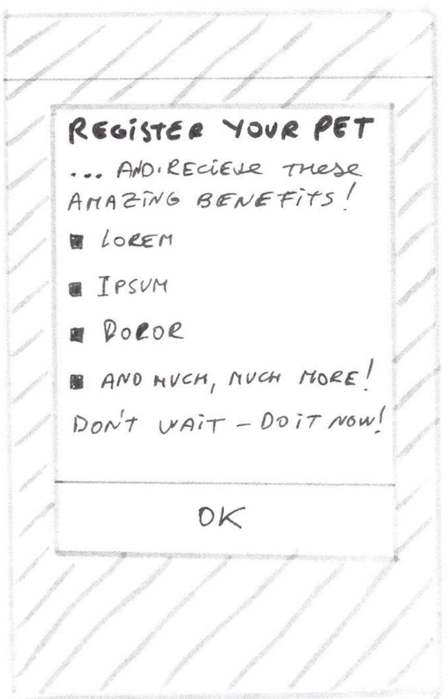

▶ 그림 11.17: 반려동물 가게 앱에서 팝업 경고창을 사용자 혜택을 상기시켜주는 데 사용한다.

태블릿 앱

팝업 경고창은 전체 태블릿 영역을 모두 차지할 수 있는 만큼 태블릿 앱 디자이너들은 팝업 경
고창을 사용할 때 각별히 주의해야 한다(그림 11.18 참고).

하단에 있는 버튼은 탭하기도 어렵고, 찾기도 어렵다. 이 패턴을 꼭 사용해야 한다면 기존 콘텐
츠 배경 위에 보이게끔 모달 창을 작게 만들고 팝업 모서리 주변에 여백을 두는 것을 고려하자.

▶ 그림 11.18: 이베이 앱의 사용 조건이 7인치 갤럭시 탭에서 팝업 경고창으로 표시된 모습

⚠ 주의점

앨런 쿠퍼는 팝업 경고창 패턴을 "바보처럼 진행을 중단시킨다"고 언급한 바 있다. 물론 이는 팝업 경고창을 잘못 쓸 때를 두고 한 말이며, 이처럼 팝업 경고창을 오용하는 사례는 수없이 많이 있다. 이에 여기서는 '주의점' 절을 통해 이런 사례들을 특별히 살펴보기로 한다.

이와 같은 안티패턴 중 하나는 9장 '결과 없는 화면 및 원하지 않는 결과 피하기'에서 언급한 바 있다. 이 안티패턴에서는 그림 11.19에 나오는 Booking.com 앱처럼 팝업 경고창을 사용해 결과 없음 화면을 보여준다.

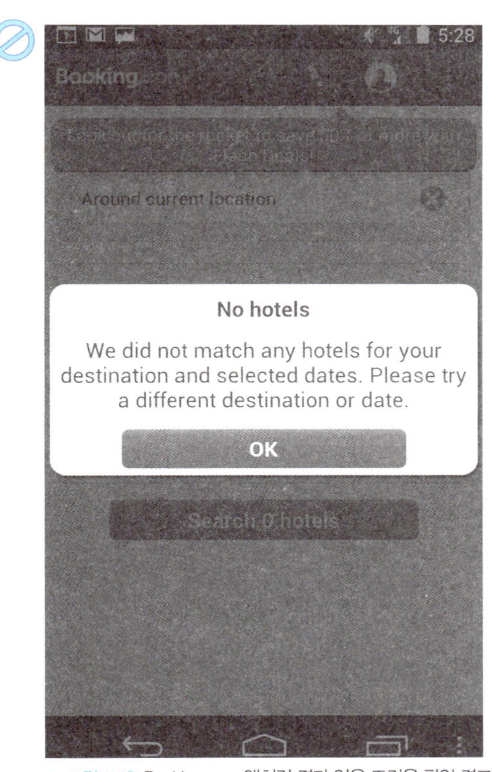

▶ 그림 11.19: Booking.com 앱처럼 결과 없음 조건을 팝업 경고창으로 보여주는 것은 안티패턴이다.

팝업 경고창을 잘못 사용하는 또 다른 사례로는 그림 11.20처럼 휠 컨트롤을 통해 잘못된 데이터를 입력했다는 사실을 팝업 경고창을 통해 알려주는 경우다. 날짜 및 시간 휠 입력 오류를 보여주는 올바른 방법은 10장 '데이터 입력'을 참고하자.

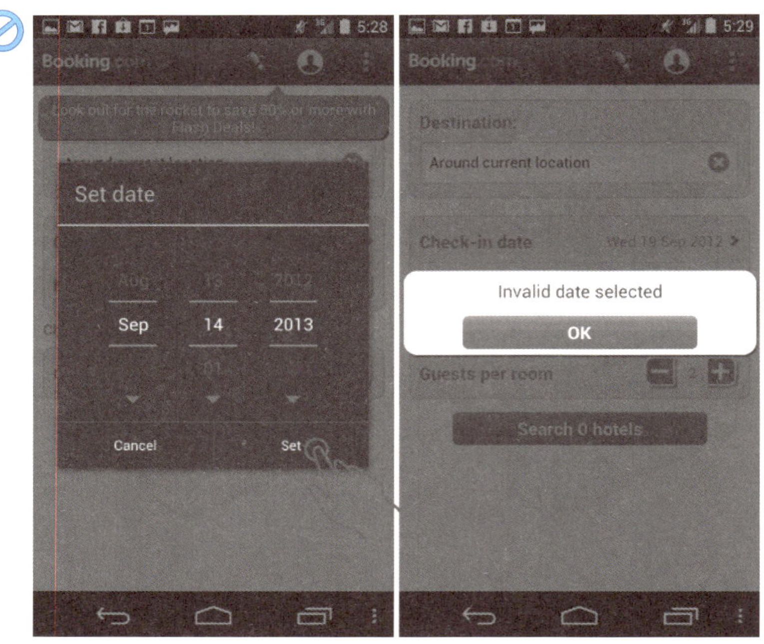

▶ 그림 11.20: 이 팝업 경고창 안티패턴에서는 Booking.com 앱의 날짜 및 시간 휠 입력 에러를 보여준다.

하지만 팝업 경고창을 가장 잘못 사용하고 있는 사례는 옐프 앱의 가입 폼에서 찾아볼 수 있다. 이 앱에서는 팝업창을 사용해 한 번에 한 개씩 폼 에러를 보여준다. 이 앱은 바보 같은 페이스북 로그인 팝업 경고창을 통해 앱 사용 흐름을 중단한 후 이어서 계속해서 다른 팝업 에러창을 보여준다. 이 앱의 팝업 경고창 안티패턴은 그림 11.21에서 볼 수 있다.

이는 마치 한 번 실수 할 때마다 사용자의 종아리를 회초리로 때리는 격이다. 이 안티패턴은 사용자를 화나게 할뿐더러 사용자가 폼 작성을 마칠 확률을 크게 떨어뜨린다. 아쉽게도 이와 같은 팝업 경고창은 꽤 흔한 편이다. 이런 방식보다는 이 장에서 앞서 살펴본 인라인 에러 메시지 패턴을 사용하는 게 훨씬 더 좋은 대안이 될 수 있다. 이렇게 하면 사용자의 종아리를 회초리로 때리지 않아도 되고(팝업 경고창의 확인을 누름으로써 사용자가 스스로 바보임을 인정하지 않아도 되고) 빠진 필드나 오류 필드를 모두 보여줄 수 있으므로 사용자가 오류를 한 번에 수정한 후 폼을 재전송할 수 있다.

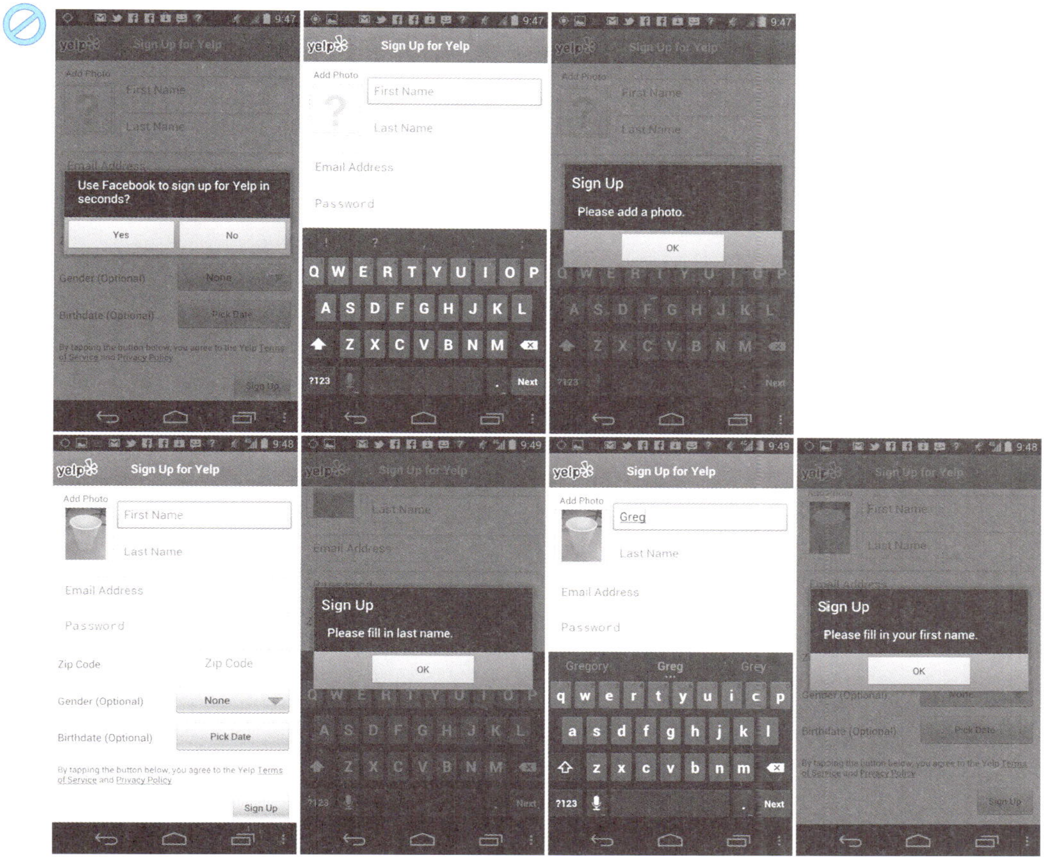

▶ 그림 10.48: 키보드 키를 비활성화하는 것은 안티패턴이다.

11.1 패턴: 인라인 에러 메시지

11.4 패턴: 콜백 검증

때로는 클라이언트사이드 코드만으로 그 자리에서 폼 입력값을 검증하는 게 불가능할 때가 있다. 콜백 검증 패턴은 모바일에서 Ajax 호출을 통해 비동기적으로 서버에 요청하는 좀 더 정교하고 동적인 데이터베이스 주도 유효성 검증 방식이다.

적용 방식

서버에서 사용자가 입력한 여러 데이터를 검증해야 할 때 시스템에서는 입력이 완료됐는지 확

인하고 데이터를 검증하기 위해 비동기적인 서버 호출을 내보내고 결과로 승인 또는 거부라는 두 상태를 받는다. 거부 상태에서는 종종 사용자가 에러 조건을 해결하는 데 도움이 되는 동적인 힌트를 제공하기도 한다.

예시

콜백 검증 패턴을 잘 보여주는 예로는 트위터 앱의 등록 폼이 있다.

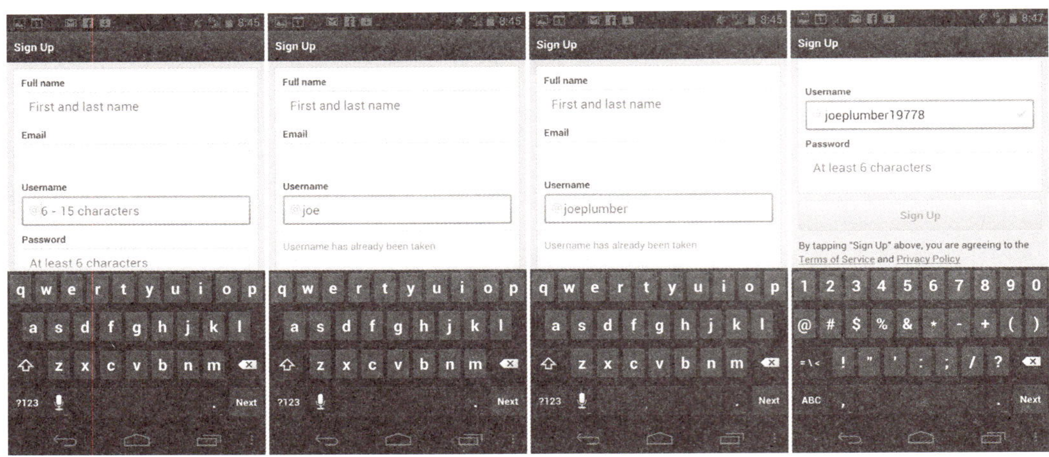

▶ 그림 11.22: **트위터 앱에는 콜백 검증 패턴이 잘 구현돼 있다.**

트위터 앱에서는 @username을 입력할 때 약 ½에서 ¾초(500~750 밀리초) 동안 기다린 후 서버사이드 호출을 통해 사용자명이 유효한지 판단한다. 이때 사용자가 아직 전체 사용자명 입력을 마치지 않아 '부정 오류'도 많이 생기는 것을 감안하더라도 이와 같이 입력 지연 시간을 토대로 호출을 내보내는 게 다음 버튼이나 OnBlur 이벤트를 기다린 후 호출하는 것보다 훨씬 더 강력하며 사용자에게 만족감을 준다.

언제, 어디에서 사용하나

클라이언트사이드 유효성 검증만으로 충분하지 않거나 서버사이드 검증이 필요한 경우 콜백 검증 패턴을 유효성 검증 방식으로 활용할 수 있다.

사용하는 이유

모바일 네트워크의 속도와 가용성이 점점 개선됨에 따라 사용자들도 이제는 즉각적으로 피드백을 받고 싶어한다. 콜백 검증 패턴은 전체 폼을 전송하기까지 기다리지 않고 사용자 입력이 지연되는 시점을 기다려 거의 실시간으로 시스템 응답을 가져온다는 점에서 사용자들의 이런 욕구를 충족시켜줄 수 있다.

다른 활용법

콜백 검증 패턴은 사용자명에만 사용할 수 있는 게 아니다. 이 패턴은 서버사이드 호출을 사용해 검증할 수 있는 데이터 유형에는 어디든 사용할 수 있다. 예를 들어 공항 이름, 호텔, 비행편, 자동차 대여 가능일 등이 이에 해당한다. 또, 원자적 엔티티 갖춘 텍스트 상자(10장에서 설명)의 서버사이드 변형을 통해 동적으로 입력할 수 있는 엔티티에도 활용할 수 있다.

반려동물 가게 애플리케이션

전세계 70억 명의 인구를 감안하면 모든 사용자가 고유한 사용자명을 고르는 게 점점 더 어려워지고 있음을 알 수 있다. 사실 고유 사용자명을 고르는 일은 그림 11.23의 핸드드로잉 예시에서 보듯 전용 페이지와 자동 추천 단어를 보여줘야 할 정도로 중요한 작업이다.

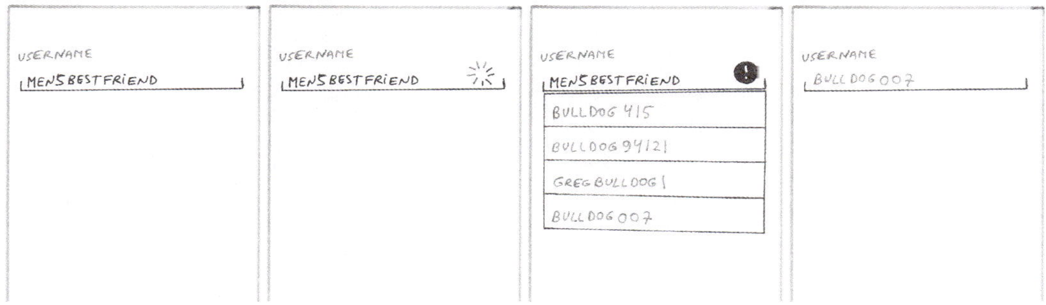

▶ 그림 11.23: 반려동물 가게 앱에서는 자동 추천에 콜백 검증을 사용한다.

트위터 앱에서 입력 지연 시점을 감지하듯 반려동물 가게 앱에서도 같은 방식을 사용한다. 하지만 여기서는 사용자명이 이미 사용 중이라고 설명하는 것 외에 이전 화면(여기서는 보이지 않음)에서 입력한 사용자 정보를 토대로 적절한 추천 사용자명을 제안한다. 지역 코드 중 일부, 거리 주소, 우편 번호, 반려동물의 종류(강아지, 고양이, 등) 모드 사용자가 적절한 사용자명을 제안하는 데 도움이 될 수 있다.

태블릿 앱

앱에서 동적 검증을 통한 자동 추천 단어를 보여줘야 한다면 그림 11.23처럼 전용 페이지를 두는 게 도움이 된다. 하지만 태블릿 같은 대형 기기에서는 별도 페이지가 필요 없다. 머지않아 태블릿에서는 이런 콜백 검증 패턴을 더 많이 사용하게 될 것이다. 이 패턴은 특히 강한 와이파이 신호상에서 주로 사용하는 태블릿 기기에 적합하다. 태블릿에서는 데스크톱 웹 앱과 같은 수준으로 Ajax를 활용한 응답을 처리할 수 있는 만큼 콜백 검증 패턴을 활용하기가 그만큼 수월하다.

서버사이드 호출이 필요한 다른 모바일 패턴과 마찬가지로 신호가 전달되지 않을 수 있다는 점에 주의하자. 따라서 폼이 완성된 후 서버사이드 호출을 사용해 검증하는 견고한 백업 전략을 마련해야 한다. 이때 비동기적 서버 호출이 성공하지 못했더라도 비동기적 호출을 내보낼 때와 동일한 UI를 보여줄 수도 있다.

트위터에서 사용하는 콜백 검증 패턴에서는 에러 복구 전략으로 '첨부' 방식을 사용한다. 다시 말해 사용자는 그림 11.22에서 보듯 사용자명에 글자를 첨부해 유효한 사용자명을 만들 수 있다. 이런 방식이 자신의 앱에서 적합하다면 이 콜백 검증 패턴 버전을 그대로 사용하면 된다. 또는 반려동물 가게 애플리케이션 절에서 보듯 사용자명을 사용할 수 없다는 문구와 함께 사용자명을 자동 추천하는 방법도 있다.

관련 패턴

10.9 패턴: 원자적 엔티티를 갖춘 텍스트 상자

11.5 패턴: 취소/확인

폼을 디자인하다 보면 어느 순간 클라이언트는 "버튼을 확인/취소로 배치하는 게 좋나요, 취소/확인으로 배치하는 게 좋나요?"하고 묻기 마련이다. 이 패턴에서는 이와 같은 액션 버튼을 배치하는 법을 설명한다(아울러 이 문제를 두고 3시간 동안이나 회의해야 하는 여러분의 수고를 덜여주려고 한다).

적용 방식

액션 버튼은 폼 상단이나 하단에 취소/확인 순으로 배치한다. 주 버튼은 오른쪽에 두며 종종 더 크게 만들거나 채도가 강한 색상 및/또는 아이콘을 사용한다. 때로는 텍스트 필드에 유효한 값을 입력하기 전까지 주 액션 버튼을 비활성화하기도 한다(이 방식은 권장하지 않는다. '주의점' 절 참고).

📊 **예시**

그림 11.24에 나온 것처럼 안드로이드 캘린더의 폼 상단에 있는 액션 버튼을 보여준다. 이들 버튼은 폼이 위아래로 스크롤되더라도 화면에 그대로 남아 있다.

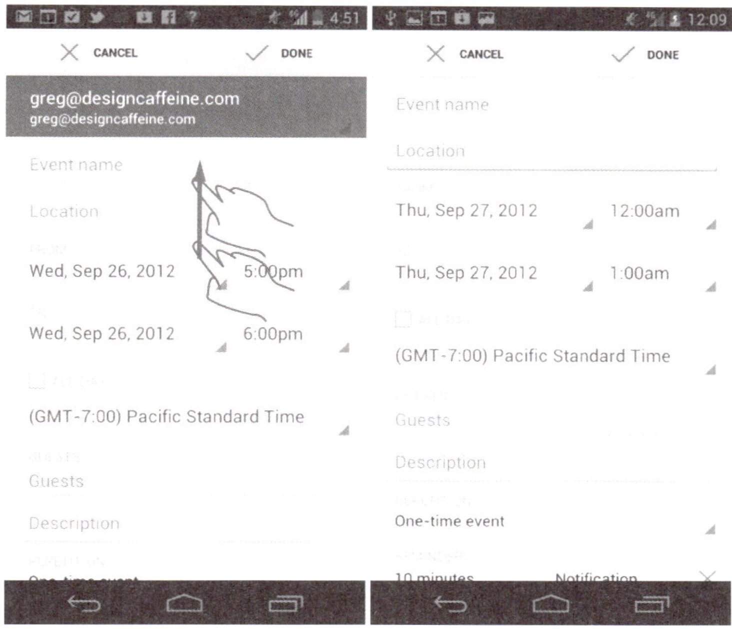

▶ 그림 11.24: 캘린더 앱에 들어 있는 취소/확인 패턴의 레퍼런스 구현체

두 버튼 모두 같은 회색 색상을 사용하면 확인(완료) 버튼에서는 체크 표시를 사용하고 취소 버튼에서는 X를 사용함으로써 각기 다른 아이콘을 보여준다.

그림 11.25에 나온 캘린더 앱과 연락처 앱의 라이트박스의 레퍼런스 구현체에서도 취소/확인 패턴을 따르고 있다.

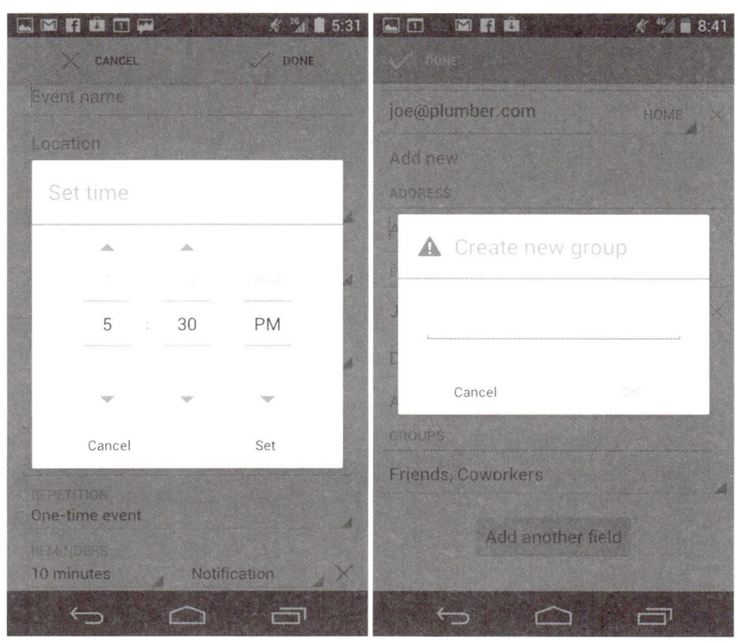

▶ 그림 11.25: 캘린더(왼쪽)와 연락처(오른쪽) 앱에서 가져온 취소/확인 패턴의 두 번째 레퍼런스 구현체

연락처 앱의 라이트박스에서는 폼 필드에 아직 유효한 값이 들어 있지 않아 확인 버튼이 비활성화돼 있다. 이런 패턴은 단순 폼이나 콜백 검증 패턴을 구현하는 폼에서 흔히 볼 수 있는 요소이지만 액션 버튼을 비활성화할 때는 주의해야 한다(이 패턴의 '주의점' 절 참고).

화면 하단에 버튼을 배치하는 또 다른 구현 방식은 그림 11.26에 나온 Trulia 앱의 검색 폼에서 볼 수 있다.

여기서는 비록 흑백 사진이지만 주 액션 버튼(Find Homes)이 훨씬 더 크고 색상 채도가(실제로는 어두운 오랜지색) 보조 버튼보다 훨씬 강한 것을 알 수 있다. 아울러 Trulia 앱에서는 일반 검색, 확인이라는 이름 대신 버튼의 용도를 설명하는 이름을 사용하고 있다.

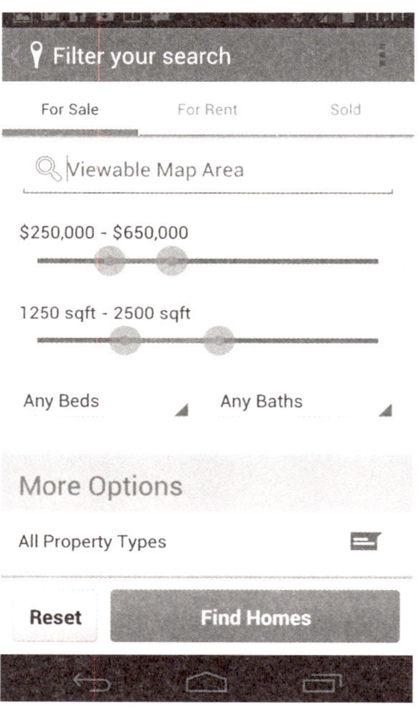

▶ 그림 11.26: Trulia 앱의 이 폼(버튼이 하단에 있는)은 취소/확인 구현체를 잘 보여주는 또 다른 대안이다.

언제, 어디에서 사용하나

이 패턴은 애플리케이션의 모든 폼에서 사용하는 표준 패턴이다.

사용하는 이유

왜 액션 버튼을 확인/취소가 아니라 취소/확인 순으로 구현할까? 이 질문은 쓸데없는 질문이 아니다. 인체공학적으로 보면(기기 인체공학에 대해서는 3장 '안드로이드 파편화'에서 자세히 다룬다) 왼쪽에 있는 버튼이 모바일 기기를 한 손으로 조작할 때 탭하기가 더 쉽다. 그럼 왜 이런 자연스러운 관례를 거스르고 버튼의 위치를 바꿀까? 모바일에서 취소/확인 관례는 초기 모바일 폰 앱 디자인으로부터 유래한다. 이 디자인은 왼쪽에서 오른쪽 순서로 읽는 서양의 관례로부터 왔다. 이 관례에 따르면 왼쪽에 있는 버튼(취소)은 상단 메뉴나 홈으로 사용자를 데리고 가는 데 반해, 오른쪽에 있는 버튼(확인)은 현재 찾고 있는 기능과 관련해 좀 더 안쪽에 있는 정보 아키텍처(IA)로 사용자를 데리고 간다. 이와 같이 취소/확인 관례는 일부 앱에서 아직까지 이를 따르고 있지는 않지만 스마트폰 디자인에서 견고한 뿌리를 두고 있다.

다른 활용법

버튼이 한 개뿐일 때는 어떻게 해야 할까? 같은 관례(오른쪽이 IA 속으로 더 깊이 들어간다는)를 따르면 이 버튼은 화면 오른쪽에 두어야 한다. 하지만 버튼이 한 개인 경우 그림 11.27에 나온 연락처 앱의 폼처럼 인체공학적 고려 사항을 우선시한다. 따라서 이 경우 버튼은 왼쪽 상단에 둔다.

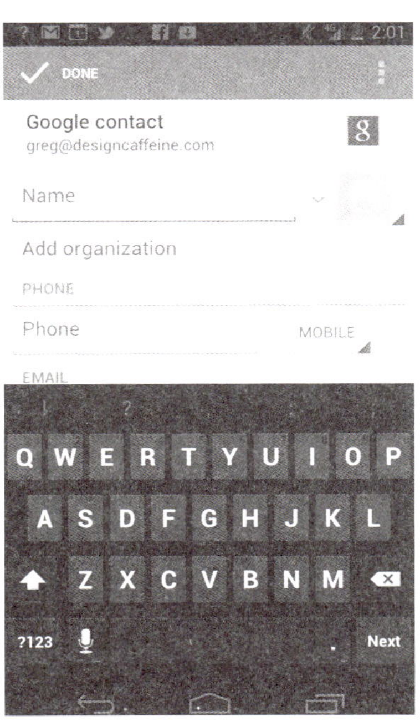

▶ 그림 11.27: 연락처 앱에서는 단일 완료 버튼이 화면 왼쪽 상단에 있다.

안드로이드 OS에서 메뉴는 전통적으로 화면 오른쪽에 배치한다. 따라서 단일 액션 버튼과 경쟁할 때 메뉴 버튼이 대개 오른쪽을 차지한다(그럼 액션 버튼은 왼쪽으로 간다).

단일 액션 버튼의 위치를 결정할 때 사용할 수 있는 또 다른 방안으로 그림 11.28의 Kayak 검색 폼에서처럼 전체 화면 너비를 차지하게끔 버튼을 크게 만드는 방법도 있다.

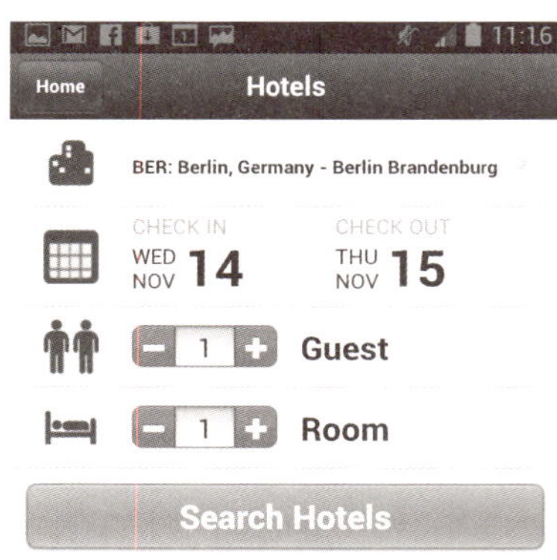

▶ 그림 11.28: 검색 버튼 한 개가 Kayak 검색 폼의 전체 너비를 차지한다.

물론 기능상으로는 문제가 없지만 이와 같이 기기 너비 전체를 차지하는 큰 버튼은 갤럭시 노트 같은 대형 기기에서는 조금 구식으로 보인다. 만화 같은 모양의 큰 버튼이 마음에 들지 않는다면 연락처 앱에서처럼 버튼을 작게 만들고 가운데 정렬하는 방법도 있다(그림 11.29 참고).

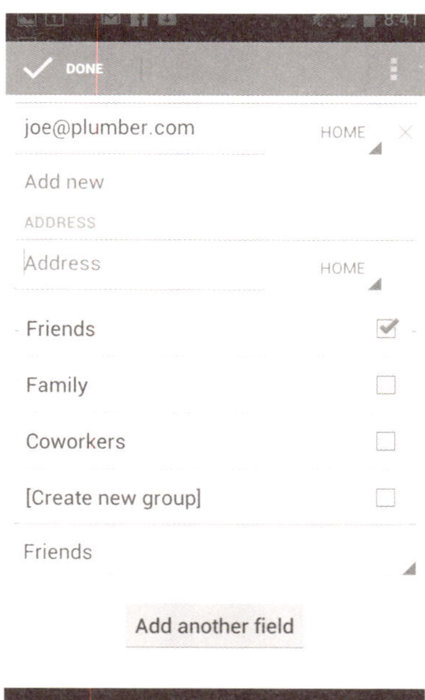

▶ 그림 11.29: 연락처 앱에서는 화면 가운데에 크기가 작은 필드 추가 버튼을 사용한다.

이 액션 버튼의 크기는 화면의 30~50%이며, 가운데 위치는 보기에도 좋고 인체공학적으로도 적합하다. 이런 점을 감안하면 그림 11.29에 나온 디자인은 훌륭한 선택이라고 볼 수 있다.

반려동물 가게 애플리케이션

반려동물 가게 앱에서는 Trulia 앱의 모델을 따라 주 액션 버튼인 Register Pet 버튼을 크기, 색상, 체크 표시 아이콘 면에서 강조한다. 핸드드로잉 와이어프레임에서의 모습을 보고 싶다면 그림 11.4를 참고하자.

태블릿 앱

이 패턴을 태블릿에 적용할 때는 태블릿의 손 위치를 바꾸지 않고도 버튼을 쉽게 사용할 수 있게끔 전체 버튼 그룹을 기기 오른쪽 모서리를 따라 배치해야 한다는 점을 주의해야 한다. 그림 11.30에서 볼 수 있는 캘린더 앱은 버튼 위치가 바뀌기는 했지만(취소/확인 대신 확인/취소) 권장 구현체를 잘 보여준다.

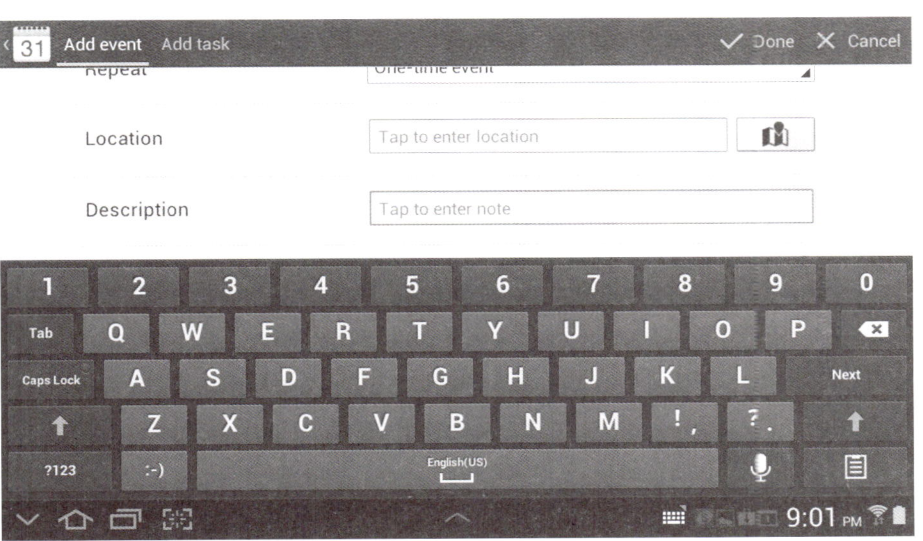

▶ 그림 11.30: 캘린더 앱의 취소/확인 버튼 그룹은 (버튼 위치가 바뀌기는 했지만) 삼성 7인치 태블릿의 오른쪽 모서리에 배치돼 있다.

액션 버튼이 화면 모서리 주변에 있는 경우 인체공학상 상단 위치가 폼 하단 위치보다 버튼을 두기에 더 적절하다. 상단 위치 버튼은 찾기가 쉽고, 폼 하단으로 스크롤하지 않아도 되므로 선택 폼 필드를 무시할 수 있다는 장점이 있다. '주의점' 절에 나와 있는 사항은 태블릿에는 해당되지 않는다. 작은 모바일 기기와 달리 태블릿은 두 손으로 쥘 수 있는 만큼 액션 버튼을 탭하느라 손동작이 부자연스러워지는 일이 없다.

아쉽게도 태블릿 앱에서는 종종 인체공학과 관례를 무시하고 그림 11.31처럼 액션 버튼을 위험한 방식으로 배치하는데, 이는 안티패턴이다.

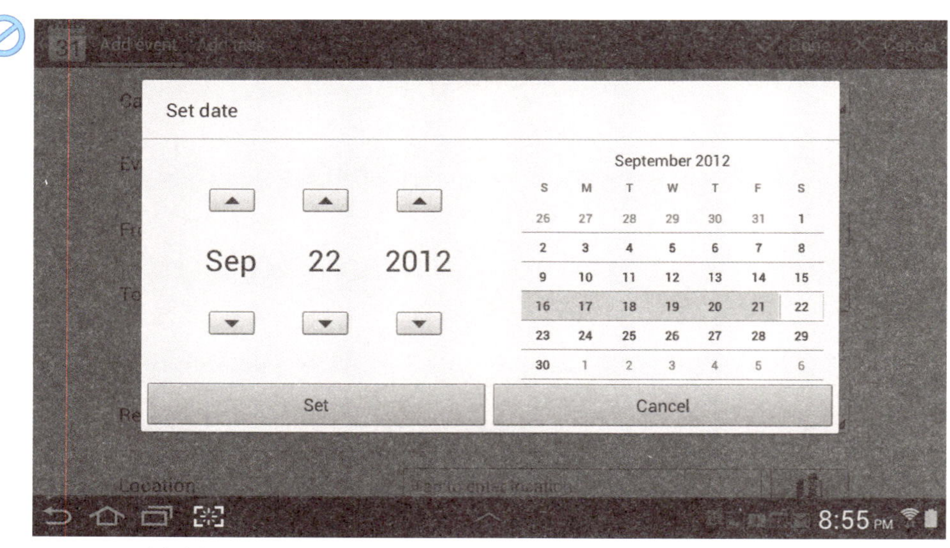

▶ 그림 11.31: 7인치 삼성 갤럭시 탭의 액션 버튼 배치는 안티패턴이다.

이 라이트박스 자체는 문제가 없지만 액션 버튼의 순서가 잘못됐다. 확인 버튼은 오른쪽(대다수 사람들이 오른손잡이임을 감안하자) 손가락으로부터 지나치게 멀리 있으며 두 버튼 모두 같은 크기와 시각적인 형태로 표시된다. Set이라는 단어는 Cancel이라는 라벨보다 글자 수면에서 적은데, 이 말은 주 액션 버튼이 그만큼 덜 강조된다는 뜻이다(아울러 'Set'이라는 라벨도 예상 밖이다. 이 액션에 적합한 표준 라벨은 'OK(확인)'이다)! 끝으로 취소 버튼이 스크롤 캘린더와 지나치게 가까운 것도 문제다. 이로 인해 스와이프 과정에서 이 버튼을 실수로 누를 수 있는 문제가 있다. 전반적으로 이 안티패턴에서는 사용자들이 실수로 설정 버튼 대신 취소 버튼을 누를 가능성이 크고, 이로 인해 약속을 정할 때마다 짜증을 느낄 확률이 높다.

⚠ 주의점

액션 버튼을 상단에 두어야 할까, 하단에 두어야 할까? 이에 대한 답은 상황에 따라 다르다. 상단에 있는 액션 버튼은 찾기가 쉽다. 이는 캘린더 앱의 새 일정 같은 폼에서 매우 중요한 요소다(그림 11.24 참고). 이 폼의 경우 대부분의 필드가 선택 필드이고, 열에 아홉은 사용자가 화면 하단까지 스크롤하는 일이 없기 때문이다.

하지만 화면 상단 위치는 인체공학적 접근성 측면에서 취약점이 있다. 상단에 있는 버튼은 한 손으로 탭하기가 어렵기 때문이다. 이는 장점이 되는 반면 단점이 되기도 한다. 상단 위치는 대부분의 사람들이 기기를 한 손으로 조작한다는 점을 감안하면 좋은 위치가 아니다. 하지만 같은 이유에서 상단 위치는 손이 쉽게 닿지 않는 위치에 있고 실수로 탭할 가능성이 낮다는 점에서 좋은 위치가 되기도 한다.

1회성 등록 폼의 경우 사용자가 주의해서 폼을 작성해야 하므로 상단 위치가 버튼 위치로 적합하다. 그에 반해 캘린더 앱의 새 일정 등록 폼의 경우 사람들이 일정을 수시로 입력하고, 한 손으로 편하게 작업해야 한다는 점에서 상단 위치는 좋은 위치가 아니다. 그럼 왜 버튼을 상단에 둔 것일까? 캘린더의 경우 선택 폼 필드가 많으므로 액션 버튼을 상단에 두는 게 적합하다. 액션 버튼을 폼 하단에 둘 경우 매번 폼을 완성할 때마다 스크롤을 여러 번 해야 하기 때문이다. 캘린더 앱의 새 일정 폼에서는 상단 액션 버튼을 누르는 불편함이 스크롤을 해야 하는 불편함보다 작은 것이다.

그럼 폼을 제대로 작성할 때까지 주 액션 버튼을 비활성화해야 할까? 그렇지 않다. 폼이 단순하거나 콜백 검증 패턴을 사용하는 경우가 아니라면 주 액션 버튼을 비활성화하는 기능은 권장하지 않는다. 긴 폼에서 액션 버튼이 비활성화된 경우 빠진 항목이 무엇인지 확실히 알기 어렵고, 사용자는 화면을 이리저리 둘러볼 수밖에 없다. 이 과정에서 사용자는 빠져 있거나 잘못된 항목이 무엇인지 끝내 못 찾을 가능성이 있고, 짜증 끝에 폼 작성을 아예 포기할 수도 있다. 예를 들어 그림 11.32에 보이는 옐프 앱에서 만일 액션 버튼을 비활성화한다면 사용자는 필수 사진 필드가 빠져 있다는 사실을 전혀 찾아내지 못할 수 있다(필수라는 말이 없으므로). 아울러 사진은 대개 폼에서 필수 항목이 아닌 경우가 많다.

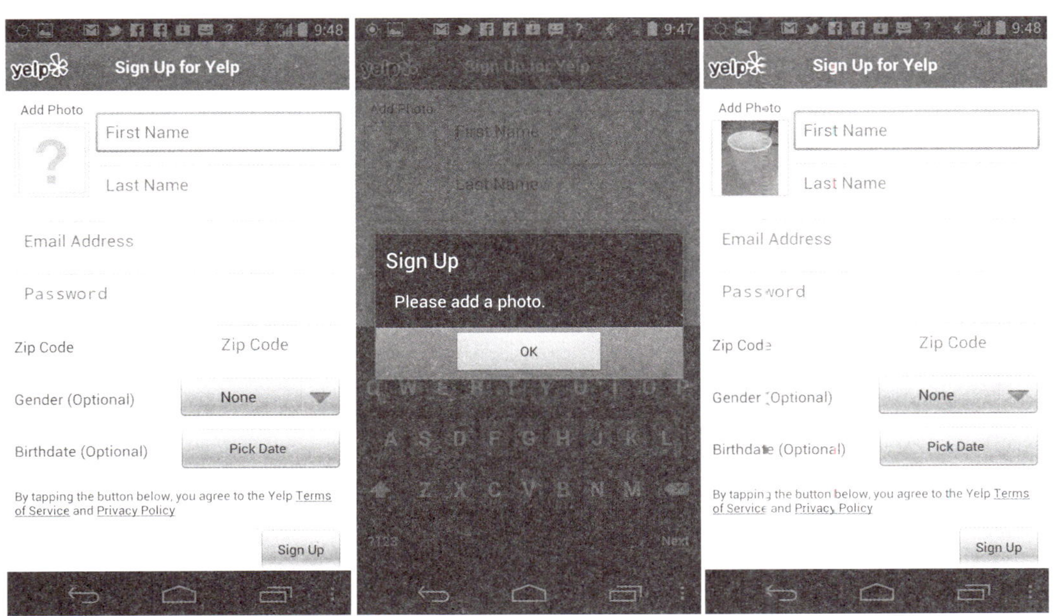

▶ 그림 11.32: 옐프 폼에서 Sign Up 버튼을 비활성화한다면 사용자는 사진 필드가 필수 필드라는 사실을 찾아내지 못할 수도 있다.

하지만 액션 버튼을 사용할 수 있고 액션 버튼이 활성화돼 있으므로 사용자는 폼 전송을 시도하고, 에러 결과를 받은 후 적절한 조치를 할 수 있다. 이런 결과는 액션 버튼 비활성화보다 훨씬 더 사용자 친화적이다. 이 경우 팝업 경고창을 보여주는 게 액션 버튼을 비활성화하고 아무 에러도 보고하지 않는 것보다 훨씬 더 낫다(물론 옐프 앱에서처럼 팝업 경고창 패턴을 사용하는 것은 삼가야 한다. 대신 인라인 에러 메시지를 사용하는 게 좋다. '11.3 패턴:팝업 경고창'의 '주의점' 절을 참고하자). 하지만 이런 경고를 무시하고 액션 버튼을 비활성화하는 방식을 굳이 폼에서 사용하기로 했다면 최소한 사용자를 대상으로 완성된 인터페이스의 테스트를 수행해야 한다.

주 액션 버튼은 보조 액션 버튼보다 강조해야 할까? 물론이다. 최근에는 그림 11.33에 보이는 Kayak 앱처럼 취소 버튼과 확인 버튼을 똑같이 보이게 하는 게 추세다. 하지만 이는 안티패턴이다.

▶ 그림 11.33: 안티패턴: 취소 버튼과 확인 버튼이 Kayak 앱 화면에서 똑같이 보인다.

사용자는 색상 채도, 크기, 텍스트, 위치 같은 작은 시각적 힌트에 의지해 어떤 버튼을 탭할지 결정하므로 이는 잘못된 선택이다. 가능하다면 어떤 버튼을 눌러야 하는지 강조함으로써 사용자가 쉽게 버튼을 누를 수 있게 도와줘야 한다. 스티브 크룩이 그의 저서 'Don't make me think(2005년, New Riders)'에서 "사용자가 생각할 필요가 없게 해야 한다." 라고 강조하듯 이 충고는 밝은 태양빛에서 버튼 텍스트를 읽기 어려운 소형 모바일 화면에 특히 새겨 들을 만하다.

11.1 패턴: 인라인 에러 메시지

11.6 패턴: 상단 정렬 라벨

라벨과 관련해서는 상단 정렬 라벨이 표준 구현체다.

적용 방식

폼을 사용자에게 보여줄 때 폼 라벨을 필드 위에 표시한다.

예시

이 패턴의 대표적인 사례는 이 장에서 이미 여러 차례 살펴본 캘린더 앱의 일정 추가 폼에서 볼 수 있다(그림 11.34 참고).

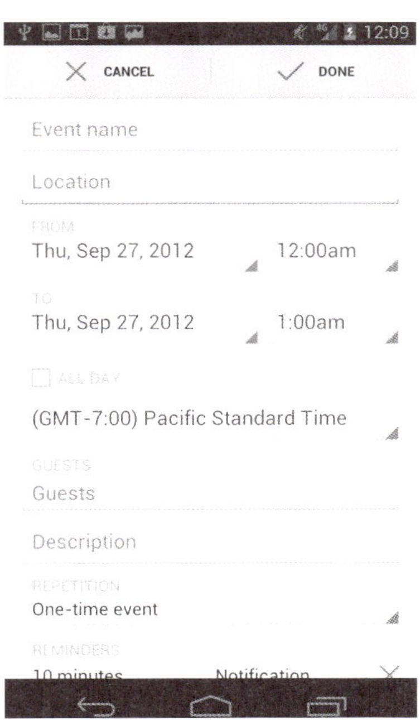

▶ 그림 11.34: 캘린더 앱에서는 상단 정렬 라벨 패턴을 구현한다.

캘린더 앱에서는 표준 안드로이드 4.0 아이스크림 샌드위치 OS 시긱 스키마를 사용한다. 따라서 라벨은 작은 대문자 폰트로 표시하고, 필드 내 입력 마스크는 조금 더 큰 폰트에 대소문자를 혼용한다. 이는 특히 화면 크기가 작은 모바일 기기에서 모든 게 뒤섞여 보일 수 있다는 측면에서 약간의 혼동을 초래할 수 있다.

좀 더 운영체제에 독립적인 라벨 프레젠테이션 방식은 그림 11.35에 나와 있는 이베이 앱의 등록 폼에서 볼 수 있다.

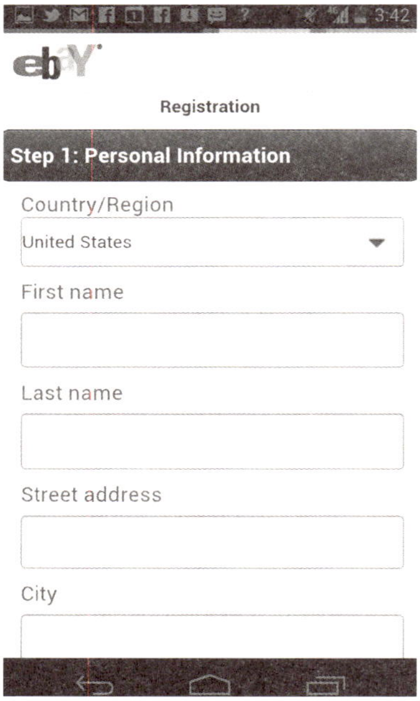

▶ 그림 11.35: 이베이 앱은 상단 정렬 라벨 패턴에 기기 독립적인 스타일을 사용한다.

이베이의 폼 필드는 실제 상자 형태이며, 이를 통해 필드 라벨이 더 눈에 잘 띄게 해주고 안드로이드 OS의 레퍼런스 구현체보다 전반적으로 더 산뜻한 사용자 인테페이스를 제공한다. 하지만 이는 순전히 필자 개인의 의견일 뿐이다. 연구 조사 결과에 따르면 대소문자를 혼용한 텍스트가 대문자만 사용한 텍스트보다 가독성이 뛰어나다고 한다. 이 사실은 폼 라벨에도 그대로 적용될 수 있는 만큼 이 점을 고려하는 게 좋겠다.

언제, 어디에서 사용하나

사용자에게 모바일 폼을 보여줄 때면 상단 정렬 라벨을 사용해야 한다.

사용하는 이유

루크 로블르스키가 2010년 시카고에서 열린 Design4Mobile에서 발표한 조사 결과(http://

www.lukew.com/presos/preso.asp?23)에 따르면(이 조사 결과는 필자의 사용자 리서치 결과와도 일치한다) 상단 정렬 라벨은 모바일에서 가장 사용성이 좋으며 전천후로 활용하기에 가장 적합하다.

상단 정렬 라벨을 다른 라벨 유형과 비교한 결과는 다음과 같다.

- **왼쪽 정렬 라벨**: 상단 정렬 라벨과 비교해 왼쪽 정렬 라벨은 그림 11.36에 나와 있는 Southwest 앱의 폼에서 볼 수 있듯 필드에서 읽을 수 있는 영역의 크기를 줄인다. 보통 길이의 이메일 주소조차 이 필드 안에 다 들어가지 않는다는 점을 눈여겨 보자.

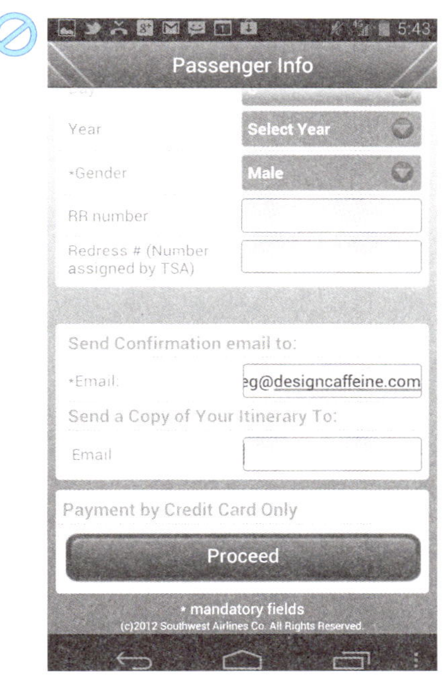

▶ 그림 11.36: Southwest 앱의 왼쪽 정렬 라벨은 필드의 가시 영역을 제한한다.

- **필드 내 라벨**: 필드 내 라벨은 상단 정렬 라벨 패턴 대신 자주 사용하는 인기 있는 패턴 중 하나다. 일반적으로 필드 내 라벨은 로그인 같은 짧은 폼에는 적합하지만, 긴 폼에서는 제 기능을 못 하는 경우가 많다.

문제는 사용자가 필드를 수정하는 순간 라벨이 사라진다는 점이다. 따라서 현재 사용자가 위치한 필드를 비롯해 사용자가 이전에 채운 필드 모두에서 라벨이 사라지게 된다. 이는 사용자가 자주 작업의 방해를 받고 주의를 빼앗기는 모바일 환경에서는 바람직한 결과가 아니다. 사용자가 이전에 작성 중이던 필드가 뭔지 기억하지 못할 확률이 그만큼 높고, 이로 인해 무슨 내용을 작성해야 할지 혼동스러워할 수 있기 때문이다(최악의 경우 폼 작성을 아예 포기할 수도 있다). 사용자가 필드 내 라벨이 들어 있는 텍스트 상자의 편집을 시작하면 이 텍스트 상자는 그림 11.37의 Paypal 앱의 가입 폼에서 보듯 일반 텍스트 상자가 된다. 여러분이라면 이 폼에서 과연 사용자가 현재 어떤 필드를 채우고 있는지 알 수 있을까?

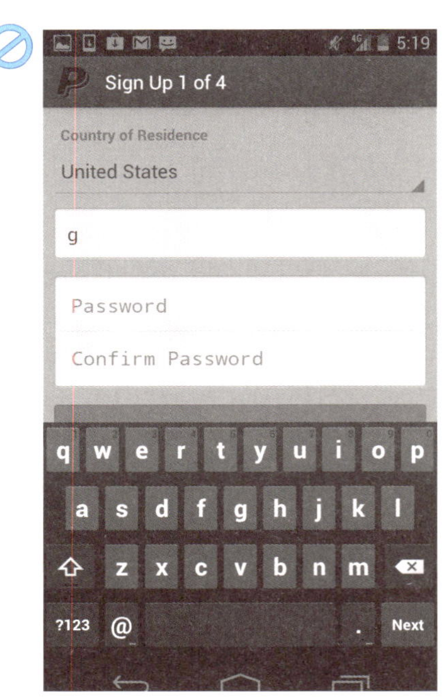

▶ 그림 11.37: PayPal 앱의 필드 내 라벨은 어떤 필드를 채우고 있는지 알기 어렵게 한다.

아울러 필드 내 라벨을 사용하면 입력 형식 마스크를 사용할 수도 없다. 따라서 포매팅이 필요한 복잡한 데이터를 입력하는 필드의 사용성을 크게 떨어뜨린다.

다른 라벨 유형과 달리 상단 정렬 라벨은 이와 같은 제약이 없다. 상단 정렬 라벨을 활용하면 폼 필드가 모바일 기기의 전체 너비를 사용할 수 있고, 어떤 유형의 입력 형식 마스크도 사용할 수 있으며, 폼을 작성하는 동안 라벨이 계속 남아 있다. 이와 같은 특징으로 인해 상단 정렬 라벨은 모바일 폼에서 가장 적합한 라벨이다.

다른 활용법

상단 정렬 라벨은 그림 11.38에 나온 연락처 앱의 구현체에서 보듯 관련 컨트롤의 전체 그룹을 표시하는 용도로도 활용할 수 있다. 이 경우 파란색 Events 그룹 라벨(아울러 파란색 밑줄)이 두 이벤트의 그룹을 구분한다.

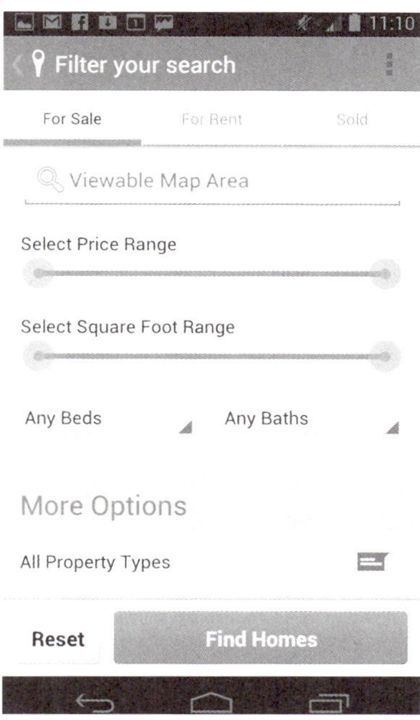

▶ 그림 11.38: 이 구현체에서는 연락처 앱의 Events 필드 그룹에 라벨을 지정하는 데 상단 정렬 라벨 패턴을 사용한다.

반려동물 가게 애플리케이션

이 책에서 반려동물 가게 앱의 디자인은 필드와 라벨 디자인에 있어서 아이스크림 샌드위치 OS 시각 디자인 가이드라인을 계속해서 따르고 있다. 와이어프레임의 모습이 궁금하다면 그림 11.4를 참고하자.

태블릿 앱

태블릿 앱에는 더 많은 공간이 있으므로 태블릿에서는 상단 정렬 라벨이 필수 사항은 아니다. 하지만 대개 폼에서는 모바일 디자인 관례를 그대로 따르는 게 더 쉬우므로 대부분의 태블릿 앱에서는 모바일과 똑같은 디자인을 사용하고 있다. 그러나 아쉽게도 태블릿을 가로 방향으로 볼 때는 세로 공간이 크게 줄어든다. 특히 소프트웨어 키보드가 열려 있는 상태에서는 더욱 그렇다(그림 11.39 참고).

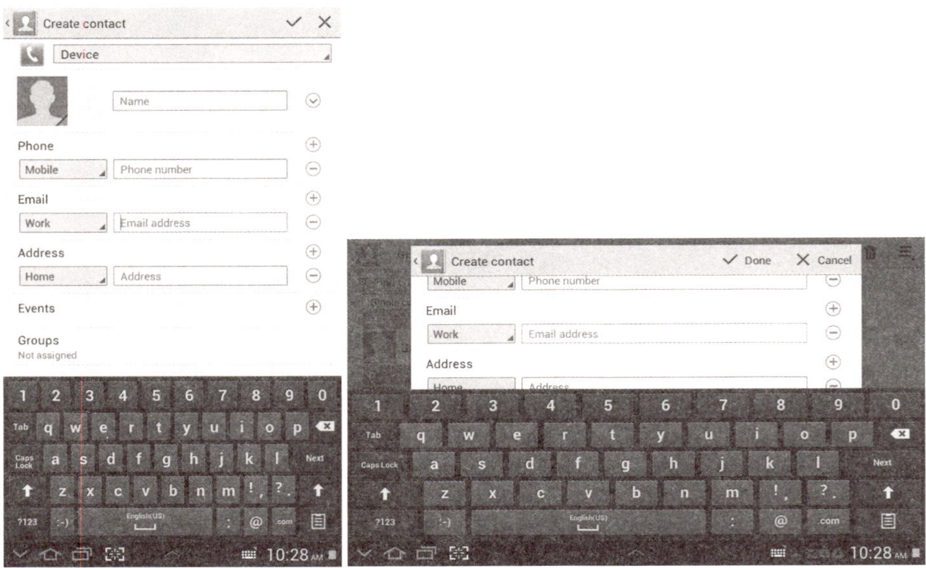

▶ 그림 11.39: 상단 정렬 라벨은 가로 방향에서 태블릿의 수직 공간을 제약한다.

이런 상황에서 사용할 수 있는 실험적인 패턴으로는 유연한 라벨 레이아웃을 활용하는 방법이 있다. 즉, 가로 방향에서는 라벨을 왼쪽 정렬하고, 세로 방향에서는 라벨을 상단 정렬하는 것이다. 그림 11.40에는 이와 같은 폼이 들어 있는 고해상도 와이어프레임이 나와 있다(이 그림을 그림 11.39와 비교해보자). 아직까지 필자는 이런 커스터마이징 방식을 본 적이 없으므로 이 패턴은 현재로서는 실험적인 패턴이다.

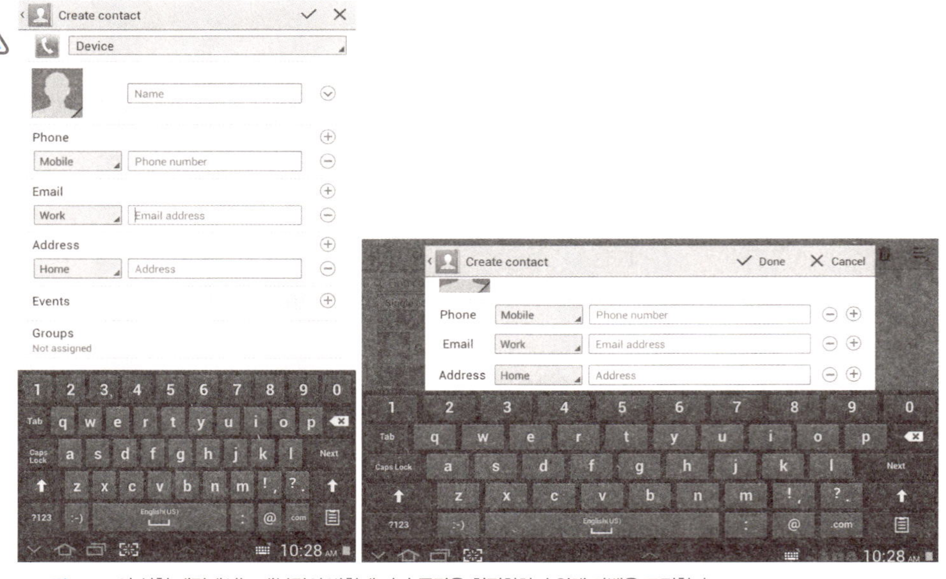

▶ 그림 11.40: 이 실험 패턴에서는 태블릿의 방향에 따라 공간을 최적화하기 위해 라벨을 조정한다.

⚠️ 주의점

상단 정렬 라벨 패턴을 사용할 때는 라벨이 차지하는 수직 공간에 주의해야 한다. 라벨은 추가로 수직 공간을 36픽셀만큼 차지하므로 이 사실은 '다른 활용법' 절에서 언급한 그룹 라벨과 관련해 특히 중요하다.

▶ 그림 11.41: 그룹 라벨은 수직 공간을 36픽셀만큼 차지한다.

36픽셀이 많아 보이지 않을 수도 있지만 폼이 길어지면 이 크기가 금세 늘어난다. 아울러 그룹 라벨은 세로 줄을 추가한다. 이는 거의 대부분 가로 줄로만 구성된 안드로이드 4.0의 새로운 시각 스키마와 관련해 혼란을 줄 수 있다. 따라서 단순한 폼에서는 그룹 라벨 사용을 삼가야 한다(연락처 앱에서 그룹 라벨 안티패턴을 사용한 예는 그림 11.42에서 볼 수 있다).

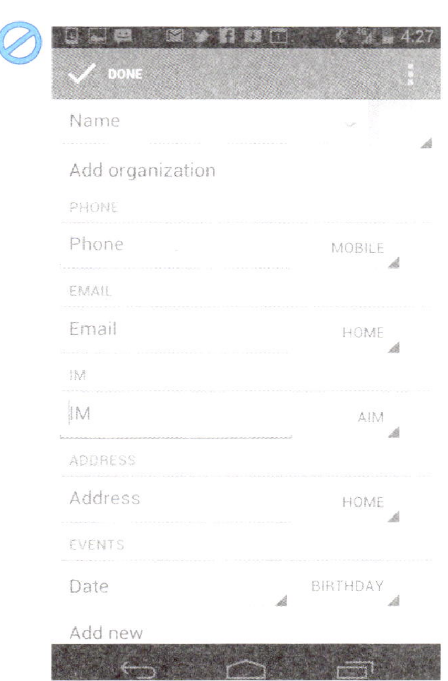

▶ 그림 11.42: 연락처 앱에서 비그룹 필드에 그룹 라벨을 사용하는 것은 안티패턴이다.

그림 11.42에 나온 전체 폼은 표준 단일 필드 라벨을 사용할 경우 수직 공간을 약 180픽셀(5개의 그룹 헤더 × 36픽셀 = 180픽셀)만큼 줄일 수 있고 훨씬 더 깔끔하게 만들 수 있다. 아울러 필요하다면 사용자가 폼을 작성함에 따라 단일 필드 라벨을 그룹 라벨로 얼마든지 동적으로 바꿀 수도 있다. 예컨대 사용자가 또 다른 전화번호를 추가하는 경우 단일 필드를 그룹 필드로 바꿀 수 있다.

없음

11.7 패턴: 환경으로부터 입력값 받기

데스크톱 폼은 키보드가 중심이 되며 환경으로부터 얻을 수 있는 정보가 거의 없다. 아울러 환경 정보가 그리 도움이 되지도 않는다. 대부분의 데스크톱 웹 폼은 사무실이나 가정에서 작성하므로 환경 정보가 정적이며, 그리 유용하지도 않다. 그에 반해 모바일 폼은 이동 중에 작성하는 경우가 많은 만큼 모바일 기기에서는 다양하고 유용한 환경 정보를 수집할 수 있다는 장점이 있다.

적용 방식

폼을 작성해야 할 때 모바일 기기에서 내장 센서(음성, 제스처, 가속도계, 위치, 이미지, 동영상, 주변광)를 읽어 폼 입력값으로 사용한다.

예시

7장 '검색'에서는 음성을 입력 메커니즘으로 사용하는 방법에 대해 자세하게 다룬 바 있다. 제스처는 앵그리 버드, 헝그리 샤크(Hungry Shark), 그라바트론(Grabatron), Fragger, Burn the City 같은 게임에서 종종 입력 방식으로 사용한다. 물론 게임 입력값을 폼이라고 볼 수는 없지만, 이들 게임에서는 분명 센서를 활용한 입력값을 받고 있다. 그림 11.43에는 앵그리버드에서 제스처를 활용해 게임을 진행하는 법을 보여주는 웰컴 애니메이션이 나와 있다.

▶ 그림 11.43: 앵그리버드에서는 제스처를 입력값으로 사용한다.

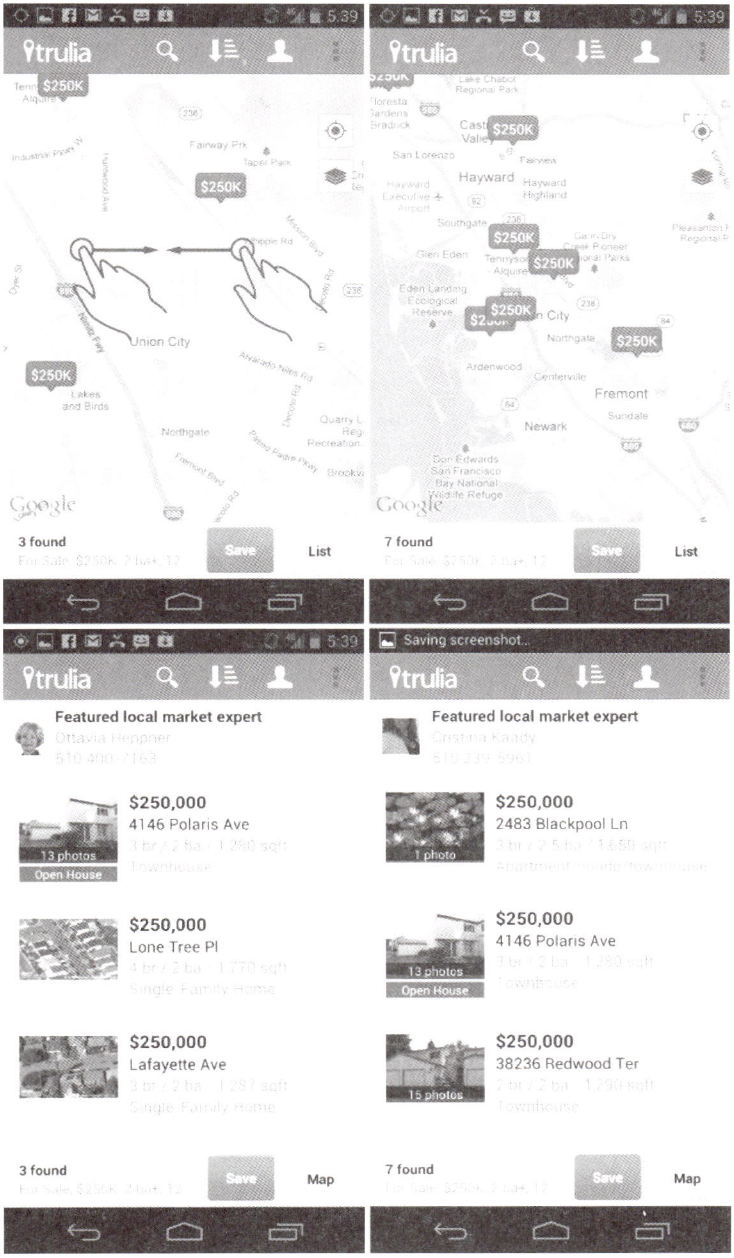

▶ 그림 11.44: Trulia 앱에서 사용하는 지도 제스처

이와 같은 제스처 입력값을 굳이 게임에서만 쓰라는 법은 없다. 그림 1.4의 Trulia 업에서 보듯 화면 지도 영역에서 핀치와 스트레치 제스처를 사용해 조회 결과를 제한하는 방식도 지도 기반의 애플리케이션에서 많이 사용한다. 이 앱에서는 지도를 줌 아웃하면 검색한 집 개수가 3채(왼쪽 화면)에서 7채(오른쪽 화면)로 늘어난다.

제스처 기반의 문자 입력은 팜 파일롯의 초기 버전에 들어 있던 낙서 앱을 시작으로 터치 기기에서 그 역사가 꽤나 길다. 가장 최근에는 구글 랩의 구글 검색 앱에서도 이와 같은 낙서 입력 방식을 사용하고 있다. 제스처 검색 앱에서는 전체 화면을 터치 패드로 삼고 손가락을 스타일러스 팬으로 삼아 글씨와 기호를 그림으로써 간단한 작업을 수행하게 해준다. 아울러 사용자가 가로 선을 그리면 글자를 지울 수 있는 기능도 제공한다(그림 11.45 참고).

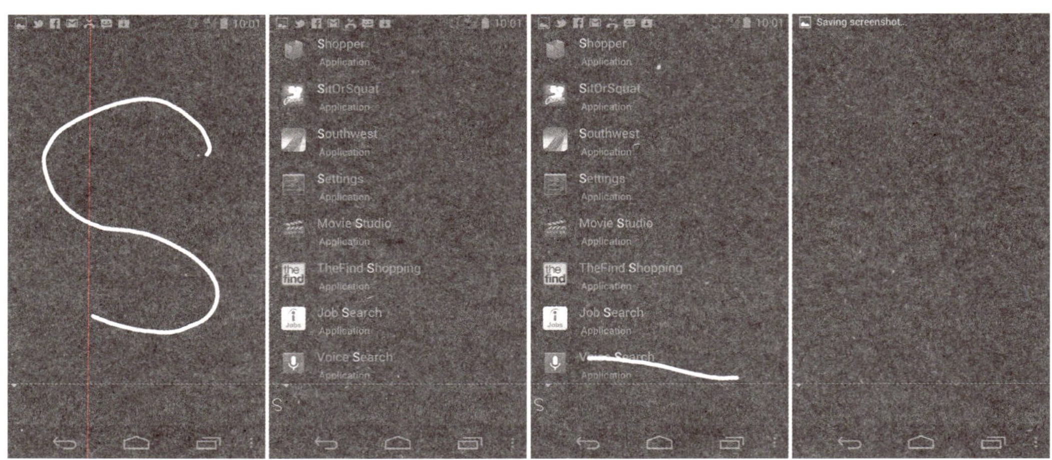

▶ 그림 11.45: 제스처 검색 앱은 복잡한 제스처를 입력값으로 받는다.

환경으로부터 입력값을 받는 데 사용할 수 있는 또 다른 옵션은 위치를 입력값으로 사용하는 것이다. 루크 로블르스키는 Design4Mobile 2010 워크숍에서 모바일 기기에서 위치를 가져올 수 있는 방법은 여러 가지가 있으며, 각 방식별로 속도, 정확도, 기기 배터리 수명에 미치는 효과가 다르다고 언급한 바 있다. 모바일 산업 분야에서는 전체 위치 서비스를 뭉뚱그려 'GPS(위성 항법 장치)'라고 부르지만, GPS는 폰에서 위치 정보를 가져올 수 있는 여러 방법 중 하나일 뿐이다. GPS는 가장 정확한 방식이다. GPS를 사용하면 모바일 기기의 위치를 약 33피트(10미터 정도)까지 추적할 수 있지만, 위치 정보를 가져오는 데 시간이 걸릴 수 있다. 아울러 GPS를 사용하면 배터리가 금세 소모된다.

위치 정보를 가져올 수 있는 또 다른 방법은 여러 휴대폰 기지국을 활용한 삼각측량 방식이다. 휴대폰 기지국 삼각측량 방식은 배터리에 거의 영향을 주지 않으며 기지국이 한 개인 경우 1,600에서 8,200피트 반경, 기지국이 여러 개인 경우 328피트에서 4,600피트 반경 내 오차로 위치를 가져올 수 있다.

대부분의 모바일 기기는 두 방식을 함께 사용해(아울러 사용할 수 있는 경우 와이파이 방식도 활용) 위치 정보를 가져온다. 위치 조회 기능을 처음 호출하면 대부분의 사람들은 휴대폰 기지국 삼각측량을 기반으로 한 큰 원을 폰에서 그리는 것을 볼 수 있다. GPS를 사용할 수 있는 경우 위치를 나타내는 원은 점차 작아지며, GPS가 완전히 연결되는 시점인 몇 분 후가 되면 위치가 훨씬 더 정확해진다. 위치는 옐프 앱에서처럼 주변 지역을 토대로 한 사용자 상호작용에 도움이 되므로 모바일 기기에서 입력값으로 자주 활용된다(그림 11.46 참고).

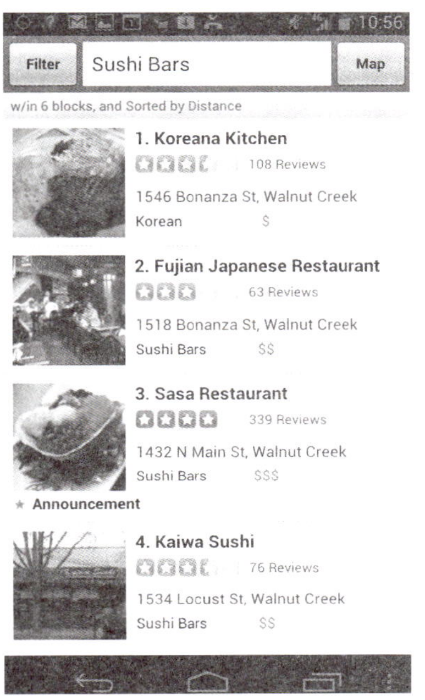

▶ 그림 11.46: Yelp 앱은 위치 기반의 폼 입력값을 잘 활용한다.

이미지 기반의 입력값도 점차 늘어나고 있다. 특히 QR 코드를 사진으로 활용하는 경우는 이제 매우 흔해졌다. QR 코드는 코드와 인코딩 수준에 따라 미국 헌법문 크기의 텍스트(총 4,296글자)부터 전화번호와 URL까지 다양한 정보를 담을 수 있으며, 이들 정보는 모두 간단한 폼 입력값으로 활용할 수 있다. QR 코드는 MeCARD처럼 완전한 구조의 정보를 담고 있는 특수 형식을 인코딩할 수도 있다. 이런 MeCARD의 데이터 정보를 해석하면 폼을 자동으로 완성할 수 있다. 현재 다양한 QR 코드 리더기가 나와 있지만 이 중 레드 레이저가 가장 사용하기 쉽고 기능도 다양하다(그림 11.47 참고).

▶ 그림 11.47: 레드 레이저 QR 코드 리더에서 URL 정보가 들어 있는 명함을 읽는 모습

QR 코드 UX 전략에 대한 추가 정보

이 책의 병행 웹사이트에서는 QR 코드의 사용법에 대한 자세한 내용을 볼 수 있다. 이 웹사이트에는 6개의 QR 코드 UX 전략과 관련한 기사와 2012년 4월 6일에 열린 'QR Codes That Convert: Mobile UX Strategies for Success'에 대한 세미나 정보를 볼 수 있다.

이 보너스 콘텐츠를 즐기고 싶다면 그림 11.47에 나와 있는 QR 코드를 스캔하거나 브라우저를 사용해 http://www.androiddesignbook.com/qrcode/로 가면 된다.

그런데 이미지를 폼 입력값으로 사용할 때 꼭 인코딩이 필요할까? 그렇지는 않다. 간단한 사진을 사용해 물리적인 공간과 가상의 공간을 연결한 훌륭한 예로는 아마존 모바일 앱의 Amazon Remembers 기능이 있다(그림 11.48 참고). Amazon Remembers에서는 광학 인식 기술과 Mechanical Turk 서비스를 활용해 아마존에서 구매할 수 있는 대다수 항목의 사진을 해석한다. 사용자가 할 일은 사진을 찍는 것뿐이다. 그럼 이 사진은 아마존으로 업로드되고, 단 몇 초 만에 해당 상품의 가격, 옵션, 설명은 물론 사용자들의 평가를 볼 수 있고, 물품을 바로 구매하거나 구매 희망 목록에 추가할 수 있다. 이런 서비스야 말로 물리적인 항목과 가상의 정보를 진정으로 연결해주는 서비스라고 할 수 있다.

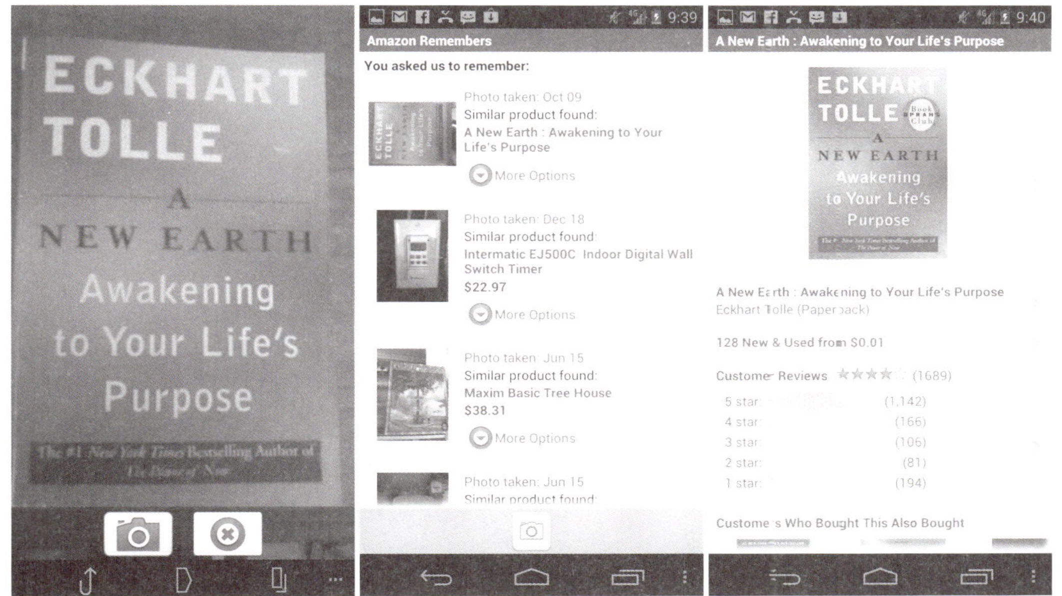

▶ 그림 11.48: Amazon Remembers는 간단한 사진을 폼 입력값으로 사용한다.

Amazon Remembers 같은 뛰어난 서비스는 브루스 스털링이 그의 저서 'Shaping Things(2005년, MIT 출판사)'에서 얘기한 사물 인터넷의 시대가 어떤 모습일지 잘 보여준다. 사물 인터넷이라는 용어는 케빈 애쉬튼이 1999년에 처음 언급했으며 고유 식별 가능한 객체 (사물)와 인터넷과 같은 구조(Internet-like structure)로서의 이 객체의 가상 표현을 가리킨다. 사물 인터넷은 표준 및 상호 통신 가능한 프로토콜을 기반으로 한 자기 설정 기능을 갖춘 동적인 지구적 네트워크 인프라스트럭처로서, 물리적 및 가상의 '사물들'은 정체성, 물리적 속성, 가상의 인격을 갖고 있다. 이들 사물은 지능형 인터페이스를 사용하며, 정보 네트워크와 부드럽게 통합된다(http://en.wikipedia.org/wiki/Internet_of_Things).

언제, 어디에서 사용하나

폼이 있다면 언제나 '이 중 어떤 입력값을 환경으로부터 받을 수 있을까?' 고민해야 한다. 또, 키보드와 네이티브 입력 컨트롤 대신 제스처, 위치, 사진을 사용할 수 있는지 생각해야 한다.

사용하는 이유

환경 입력값은 단순히 일반 입력값보다 재미있는 데서 그치지 않는다. 환경에서 가져올 수 있는 입력값은 제 기능을 다 할뿐더러 모바일 기기에 적합한 효율적이고 효과적인 입력 방식을 제공한다.

다른 활용법

시스템 환경에서 입력 정보를 가져올 때 한 번에 한 대체 기술만 사용할 필요는 없다. 여러 가지 방식을 함께 활용하는 것도 효과적일 수 있기 때문이다. 예를 들어 옐프 앱에서는 증강 현실 기능인 Monocle에서 가속도계, GPS, 동영상을 효과적으로 활용하고 있다(그림 11.49 참고).

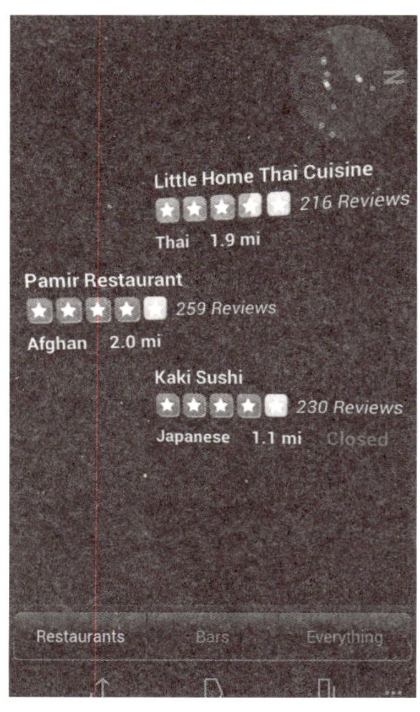

▶ 그림 11.49: 옐프 앱의 Monocle에서는 위치, 가속도계, 동영상을 잘 활용하고 있다.

마찬가지로 원격 가상 비서 서비스 같은 외부 리소스에 도움을 요청하는 것도 주저할 필요가 없다. YCard 같은 앱은 Mechanical Turk 원격 서비스를 활용해 명함 이미지를 해석한다. 사용자가 명함의 사진을 찍으면 원격 서비스에서는 광학 문자 인식(OCR) 기술과 인간의 눈을 모두 활용해 정보를 표준 데스크톱 폼으로 변형한다. 전체 프로세스는 꽤 빠르게 진행되며, 소요 시간은 30분 미만이다. 그림 11.50에서 볼 수 있듯 이 앱에서는 한자도 읽어서 영어로 해석할 수 있다. 이와 같은 방식은 7장에서 설명한 가상 비서 패턴을 이미지 해석에 사용하는 전형적인 사례라고 할 수 있다.

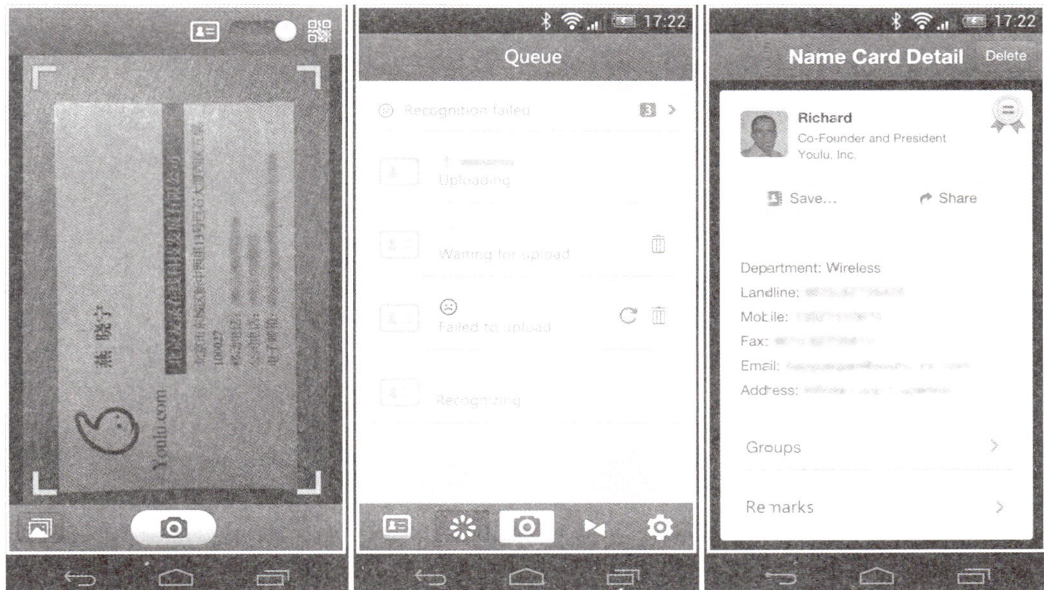

▶ 그림 11.50: YCard는 이미지 폼 입력값을 해석하는 데 Mechanical Turk 서비스를 사용한다.

그 외 OCR/Mechanical Turk 서비스는 금융 앱에서 수표 예금부터 비용 영수증 분류까지 다양한 작업에 활용된다.

반려동물 가게 애플리케이션

반려동물 가게 앱에서는 사용자가 반려동물의 사진을 찍으면 사진을 저장하는 것과 더불어 광학 인식 기술을 활용해 반려동물의 종류를 판단하려고 시도한다(그림 11.51 참고). 예를 들어 '간단한' 학습 프로그램만으로도 사용자의 사진이 개 사진인지 여부를 알 수 있으며, 좀 더 정교한 알고리즘을 활용하면 개의 품종과 대략적인 나이를 파악해 데이터 입력을 더 쉽게 할 수 있다.

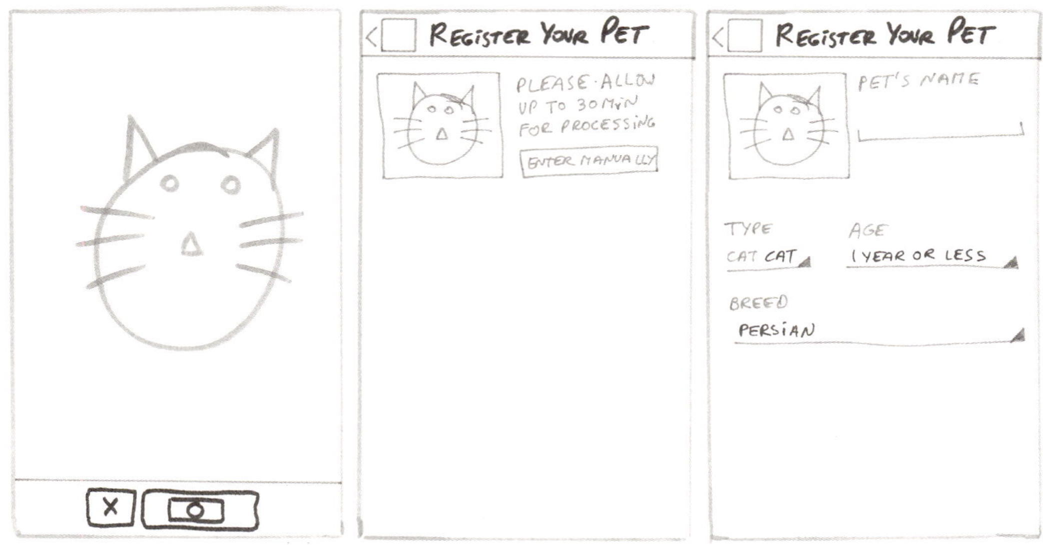

▶ 그림 11.51: 반려동물 등록 폼에서는 Mechanical Turk 서비스와 함께 이미지를 입력값으로 사용한다.

물론, 이런 서비스를 개발하기란 절대 쉽지 않다. 예컨대 래브라두들을 래브라도 및 푸들과 정확히 구분할 수 있는 알고리즘은 아마도 전세계에서 극소수의 사람만이 작성할 수 있을 것이다. 하지만 앱에서 원격 가상 비서가 사진을 검토하고 분류 및 데이터 입력 작업을 하는 시간을 충분히 기다릴 수 있다면 Mechanical Turk 모델은 꽤 쓸 만하다. 팀 페리스가 그의 저서 The 4-Hour Workweek(2009년, Harmony 출판사)에서 언급한 것처럼 Brickworks India 같은 기업에서는 모든 유형의 애플리케이션에서 사용할 수 있게 백엔드를 Mechanical Turk로 설정할 수 있는 비교적 저렴한 원격 가상 비서 서비스를 제공하고 있다.

여기서 좀 더 중요한 문제는 반려동물의 주인인 사용자가 데이터 정보 세 개를 입력하기 위해 30분이나 기다리게 할(아울러 반려동물의 품종을 잘못 추측해 사용자를 짜증나게 할 위험을 감수하면서) 가치가 있는지 여부다(최악의 경우 실제로는 고양인데 개라고 할 수도 있다). 물론 여기서는 예제가 다소 과장됐지만, 이런 상황은 이 패턴의 단점을 잘 보여준다. 하지만 많은 모바일 애플리케이션에서 복잡한 폼 데이터 입력을 Mechanical Turk 가상 비서 서비스로 아웃소싱할 경우 여러 가지 장점이 있다. 다만 이때는 폼 데이터 입력을 아웃소싱할 만한 가치가 있는지 충분히 생각해야 한다.

태블릿 앱

태블릿도 모바일 기기와 같은 방식으로 사용할 수 있다. Chase 아이패드 앱(태블릿 전용으로 거의 처음 출시된 금융 앱 중 하나)에서 사용자들이 가장 불만스러웠던 부분은 Chase 모바일 앱에서처럼 수표 사진을 찍어 원격으로 예금할 수 없다는 점이었다. 이처럼 태블릿에 대해서 사용자들은 모바일 앱보다 더 많은(더 적은 게 아니라) 일을 할 수 있을 것이라고 당연히 기대한다.

⚠ 주의점

앞에서 살펴본 앵그리 버드 앱에서는 중요한 점을 지적하고 있다. 바로 제스처를 사용할 때는 제스처를 수행하는 방법을 명확히 알려줘야 한다는 점이다. 이를 가장 효과적으로 알려주는 방법은 13장 '내비게이션'에서 소개하는 워터마크 패턴을 활용하는 것이다.

관련 패턴

7.1 패턴: 음성 검색
13.5 패턴: 워터마크
5.5 패턴: 튜토리얼

11.8 패턴: 입력 가속기

환경으로부터 입력값을 가져오는 법을 설명한 앞 절에서는 다양한 내장 센서를 활용해 데이터를 모바일 기기에서 가져오는 법을 살펴봤다. 이 절에서는 이전에 조업하던 데이터를 보존하고, 향후 재 실행 시 이 데이터를 보여줌으로써 사용자가 이전에 하던 작업을 계속 이어서 할 수 있게 하는 방법을 살펴본다.

적용 방식

사용자가 날짜와 주소처럼 복잡하고, 오랜 시간이 걸리는 데이터 입력 작업을 할 때 시스템에서 입력된 정보를 기억하고, 나중에 이어서 작업할 수 있게 보여준다.

📊 예시

지도 앱은 입력 가속기를 효과적으로 활용하고 있다. 처음 실행되면 지도 앱에서는 주변 지역의 지도를 보여준다. 검색 기능을 탭하면 이전 검색에서 요청한 키워드로 자동 추천 레이어가 미리 채워져 있는 검색 상자가 열린다(그림 11.52 참고).

주소는 입력하거나 기억하기 어려우며, 목적지로 가는 과정에서 전화, 문자, 음악 감상 등으로
인해 여러 차례 작업이 중단될 수 있으므로 이와 같은 기능은 매우 편리하다. 아울러 사용자가
방문하는 곳은 '커피'나 '스타벅스'처럼 자주 사용하는 단어에서 보듯 한 번 이상 방문하는 경우
가 많다. 끝으로 이 레이어에서는 탭 어헤드 패턴을 활용한다. 즉, 검색 상자에 검색어를 넣은
후 계속해서 검색어를 편집할 수 있다.

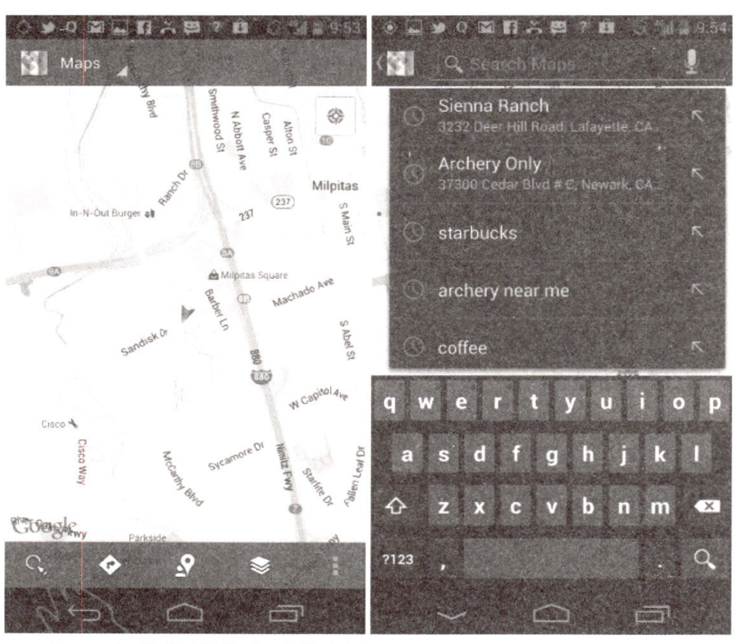

▶ 그림 11.52: **지도 앱에는 훌륭한 자동 추천 레이어 입력 가속기가 들어 있다.**

언제, 어디에서 사용하나

사용자가 복잡한 데이터 입력을 한 번 이상 해야 하는 경우 이 패턴을 사용하는 게 좋다. 특히
날짜, 주소, 도시명, 연락처, 제목, 설명, 기타 유사한 데이터 입력 필드가 주 대상이다.

사용하는 이유

모바일 기기에서는 입력 자체가 어렵다. 사용자가 같은 데이터를 기억하고 재입력하게 하는
것은 명백한 잘못이다. 이렇게 해서는 안 된다!

다른 활용법

이 패턴과 관련해 가장 중요한 가속기는 사용자에게 더 적은 정보를 묻는 것이다. 앞서 '11.3

'패턴:팝업 경고창'에서 살펴본 옐프 앱의 가입폼은 매우 잘못된 예를 보여준다. 이 앱에서는 사용자가 아래로 스크롤해 Gender (optional) 필드를 보기 전까지 어떤 필드가 필수 필드인지 분명히 알려주지 않는다. 아울러 이상하게도 옐프 앱의 가입폼에서는 사진을 요구하는데, 이는 표준과는 거리가 멀다. 폼에 아무리 많은 입력 가속기를 두더라도 불필요한 필드만큼 폼 완성률에 지대한 영향을 미치는 것도 없다. 불필요한 정보 요청을 없애고, 가능한 한 합리적인 기본값과 직접 조작 컨트롤을 사용하자.

반려동물 가게 애플리케이션

입력 가속기를 구현하는 방법이 자동 추천 레이어만 있는 것은 아니다. 때로는 사용자가 개별적으로 기존 필드 값을 기억할 수 있게 도와줄 필요가 있다. 흔히 여행 계획을 세우는 경우가 이에 해당한다. 보통 여행 계획을 세울 때는 여러 가지 사항을 검토해 가장 좋은 결정을 내리기 때문이다. 예를 들어, 사용자가 처음에는 목요일 오전에 출발해 일요일 저녁에 돌아오기로 계획했다. 그런데 일요일 저녁 비행기는 모두 예약돼 있으므로, 결국 출발일은 목요일로 그대로 두고 돌아오는 일정만 전 날인 토요일이나 다음 주 월요일로 바꾸기로 결정한다. 입력 가속기에서는 이와 같은 일정 검토를 쉽게 할 수 있도록 도와줄 수 있다. 이를 구현하는 한 가지 방법은 반려동물 여행 앱의 와이어프레임에서 볼 수 있다.

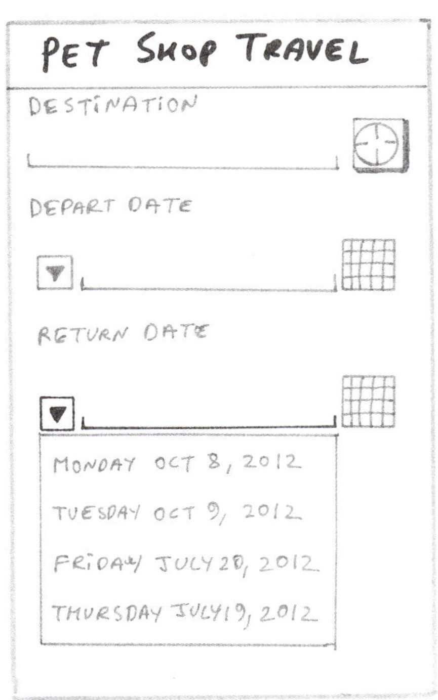

▶ 그림 11.53: 입력 가속기 패턴을 적용한 이 실험적인 폼에서는 반려동물 가게 앱의 여행 일자 입력에 드롭다운을 사용한다.

그림 11.53에 나온 와이어프레임에서는 필드 앞에 있는 아래 화살표 아래 숨겨져 있는 드롭다운을 통해 출발일과 도착일 필드 모두에 대한 입력 가속기를 구현한다. 사용자가 이전에 선택한 10개의 값 중 하나를 선택하려면 화살표를 탭해 이전 입력값을 보여주는 드롭다운 레이어를 열면 된다. 여기서는 필드 앞에 화살표를 둠으로써 이 화살표를 먼저 보게끔 유도하고, 입력 가속기를 캘린더 버튼으로부터 멀찌감치 떨어뜨린다. 이와 같은 방식을 사용하면 많은 날짜 조합을 빠르게 검토할 수 있으며 일정을 검토하느라 같은 날짜를 매번 반복해서 입력하지 않아도 된다.

태블릿 앱

태블릿 앱에서는 이전 값을 보여줄 수 있는 공간이 충분하다. 태블릿에서 이전 검색 결과를 입력 가속기로 보여주지 않는다면, 이는 변명의 여지가 없다.

이때 가급적 안드로이드 4.0 플랫폼의 지도 앱처럼 여러 기기 사이에서 캐싱된 데이터를 공유하는 게 좋다(그림 11.54 참고).

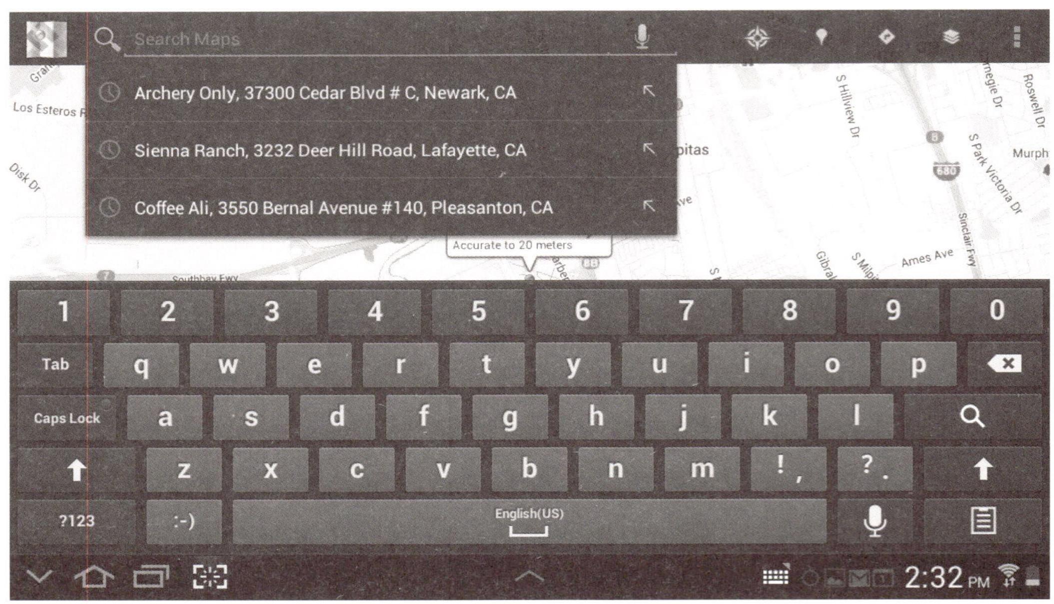

▶ 그림 11.54: 지도 앱은 입력 가속기 값을 기기 사이에서 공유한다.

아울러 기기의 방향을 고려해야 한다. 태블릿이 세로 방향일 때 지도 앱에는 공간이 많지만 값을 편안하게 읽기에는 자동 추천 레이어의 너비가 지나치게 작다(그림 11.55 참고).

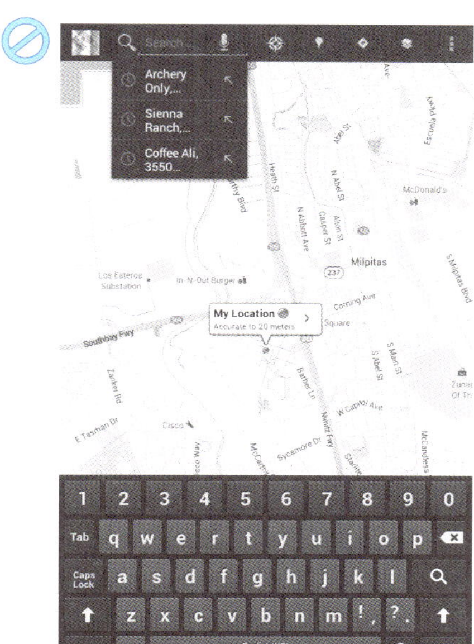

▶ 그림 11.55: 세로 방향에서는 값을 제대로 볼 수 없을 정도로 자동 추천 입력 가속기의 너비가 지나치게 작다.

⚠ 주의점

강력한 힘만큼 책임이 따르기 마련이다.[1] 앱에서 특별히 이와 같은 기능을 홍보한 경우가 아니라면 신용카드 번호 같은 민감한 정보는 캐싱하지 말아야 한다. 은행 계좌나 신용카드 번호 같은 정보를 기억할 때는 정보를 서버에 캐싱하고 데이터에 접근할 수 있는 이중 인증 방식('12.1 패턴: 로그인 가속기' 참고)을 제공하는 게 가장 좋다.

사용자가 개인 정보를 보호할 수 있게끔 기기에 캐싱한 기존 항목을 지울 수 있는 기능을 제공하는 것도 잊지 말아야 한다. 일례로 필자는 지도 앱에서 캐시 정보를 지우거나 기기 간 공유 기능을 설정하는 기능을 아직까지 찾지 못했다.

관련 패턴

6.6 패턴: 히스토리

[옮긴이의 말] 1 영화 스파이더맨의 유명한 대사다(With great power, comes great responsibility).

모바일 뱅킹

이 장은 책의 전반적인 진행 방식에서는 조금 벗어난다. 지금까지는 전자 상거래, 소셜 미디어, 라이프스타일, 생산성 애플리케이션, 게임을 주로 다뤘다. 이 장에서는 빠르게 성장하고 있는 모바일 개인 금융 및 모바일 뱅킹을 집중적으로 다룬다. 여기서는 반려동물 가거 테마를 그대로 유지하면서 반려동물을 위한 은행을 만들었다고 가정한다(강아지가 은퇴했을 때를 대비해). 이 장에서 소개하는 패턴은 모바일 뱅킹 컨텍스트에서 소개하지만 이들 퍼턴은 긴 폼이나 보안성 중요한 데이터를 처리해야 하는 복잡한 작업 흐름에도 얼마든지 적용할 수 있다.

12.1 패턴: 빠른 로그인

빠른 로그인 패턴은 수용할 수 있는 보안 수준을 제공하면서 짧은 코드, 얼굴 인식, 음성 지문을 활용해 빠르게 로그인할 수 있는 기능을 제공한다.

적용 방식

일부 은행에서는 브라우저 쿠키와 유사한 형태의 특수 코드를 기기에 설치함으로써 '승인된' 기기 목록에 기기를 추가할 수 있는 옵션을 제공한다. 사용자는 4자리에서 6자리 숫자 코드, 얼굴 사진, 음성 지문, 그 외 전형적인 사용자명/비밀번호 조합보다 글자를 적게 입력하는 방식을 통한 2중 인증을 설정할 수도 있다.

예시

빠른 로그인을 설정할 때 Chase(그림 12.1 참고) 같은 일부 앱에서는 사용자가 2중 인증을 설정하도록 한다. 인증의 첫 단계는 Chase 앱으로 사용자명과 비밀번호를 사용해 로그인하는 단계다. 두 번째 단계는 사용자에게 이미 등록된 이메일이나 전화를 통해 전송된 1회성 설정 토큰을 확인하는 것이다.

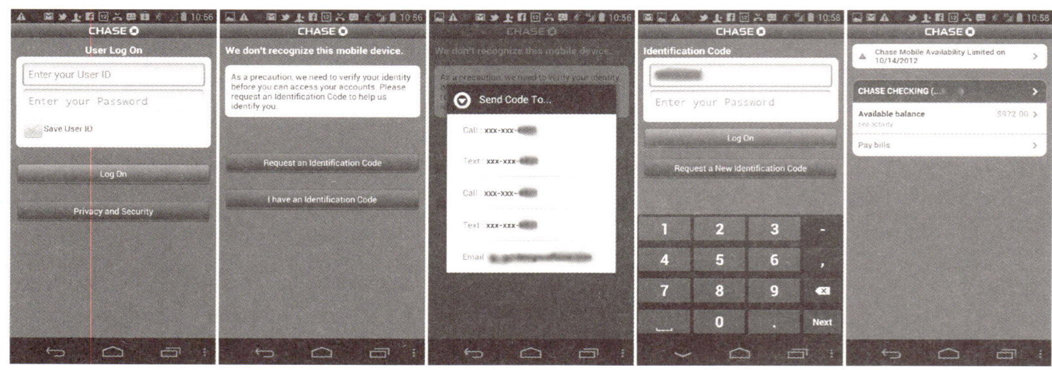

▶ 그림 12.1: Chase 모바일 뱅킹 앱은 2중 인증 방식을 사용한다.

코드를 기기에서 수신하고 확인하고 나면 2중 인증 과정이 끝나고, 모바일 폰 기기는 인증된 기기가 되며, 사용자는 이 앱을 모바일 뱅킹에 사용할 수 있게 된다. 빠른 로그인 기능을 사용할 수 있게 앱에서는 사용자가 매번 이름을 입력하지 않아도 되게끔 사용자명을 기억해준다. 그림 12.2처럼 사용자가 로그인 화면에서 Save User ID 체크박스를 탭하면 사용자명을 기억할 수 있다.

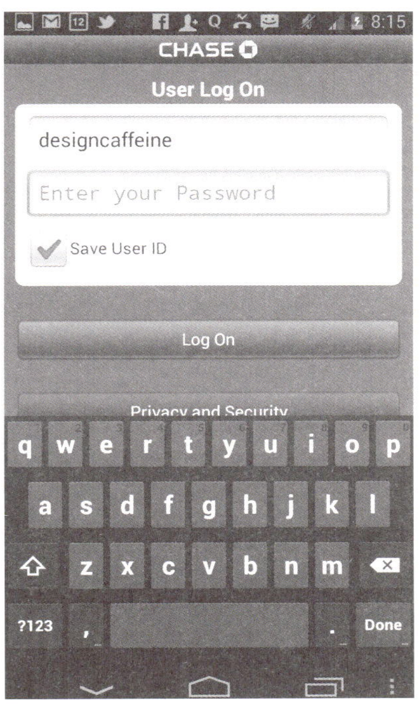

▶ 그림 12.2: Chase 앱의 빠른 로그인 패턴에서는 사용자 ID를 기억한다.

Chase와 달리 USAA 은행 앱에서는 이메일이나 문자 같은 외부 확인 절차 없이 사용자명, 비밀번호, 기존 암호를 활용해 빠른 로그인 기능을 설정할 수 있다. 초기 인증을 마치고 나면 사용자는 설정 화면으로 가서 네 자리 암호만 사용한 로그인을 활성화할 수 있다. 이때 이 옵션과 관련한 설명이 로그인 화면의 메탈 박스에 표시되는 것을 볼 수 있다(그림 12.3 참고).

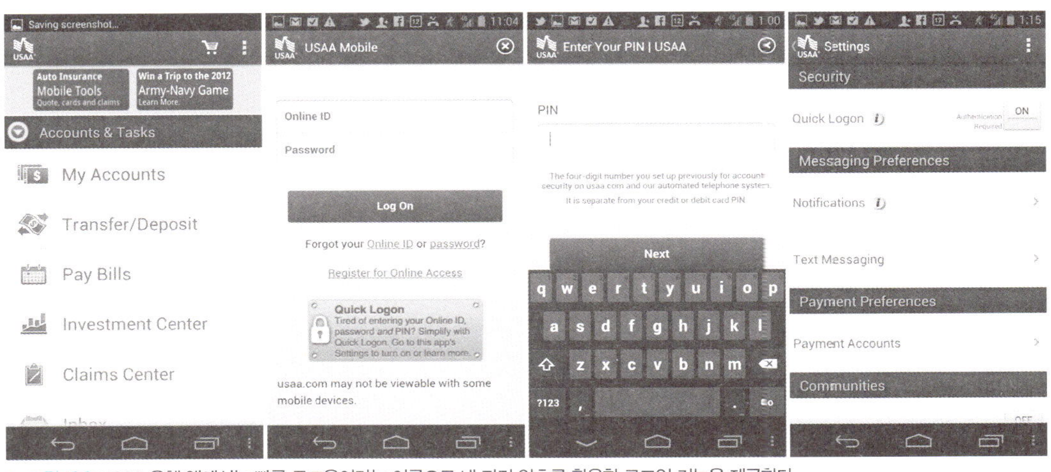

▶ 그림 12.3: USAA 은행 앱에서는 빠른 로그온이라는 이름으로 네 자리 암호를 활용한 로그인 기능을 제공한다.

이름에 걸맞게 빠른 로그온을 활성화하고 나면 사용자는 네 자리 암호만 입력해 빠르게 로그인할 수 있다(그림 12.4 참고).

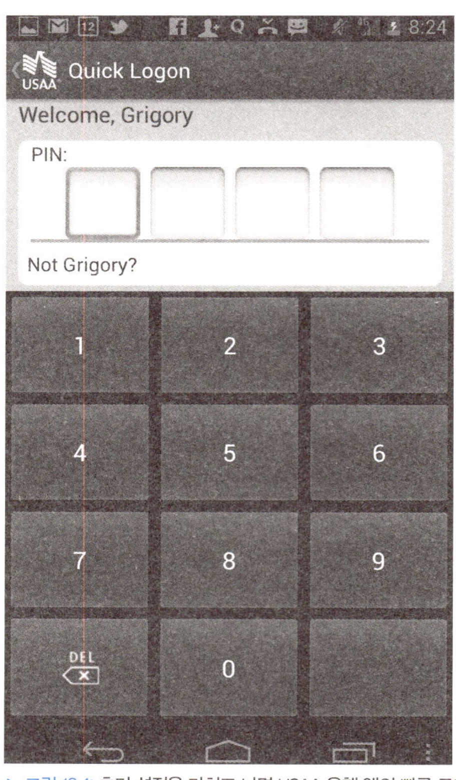

▶ 그림 12.4: 초기 설정을 마치고 나면 USAA 은행 앱의 빠른 로그인 패턴에서는 사용자가 빠르게 로그인할 수 있게 해준다.

앱의 잠금을 푸는 방법이 네 자리 코드만 있는 것은 아니다. 안드로이드 4.0 아이스크림 샌드위치 넥서스 폰에는 정확하고 인상적인 성능을 자랑하는 얼굴 인식 잠금 해제 메커니즘이 들어 있다.

다양한 조명 조건과 각도에서 자신의 얼굴 사진을 찍고 나면 얼굴 인식 기능을 활성화할 수 있다. 폰의 잠금을 해제할 때 사용자가 할 일은 폰을 켜는 것뿐이다. 파워 버튼은 좌측 상단 구석에 있으므로 폰을 켜려면 폰을 특정 위치로 들고 폰 방향이 자신을 향하게 해야 한다. 내장 정면 카메라는 사용자의 사진을 바로 촬영하기에 적합한 위치에 있다. 사용자를 인식하고 나면 폰의 잠금이 자동으로 풀리며, 사용자는 추가로 아무 일도 할 필요가 없다(그림 12.5 참고). 피터 모빌의 표현을 빌리자면 이 디자인은 "행동에 녹아 있다."

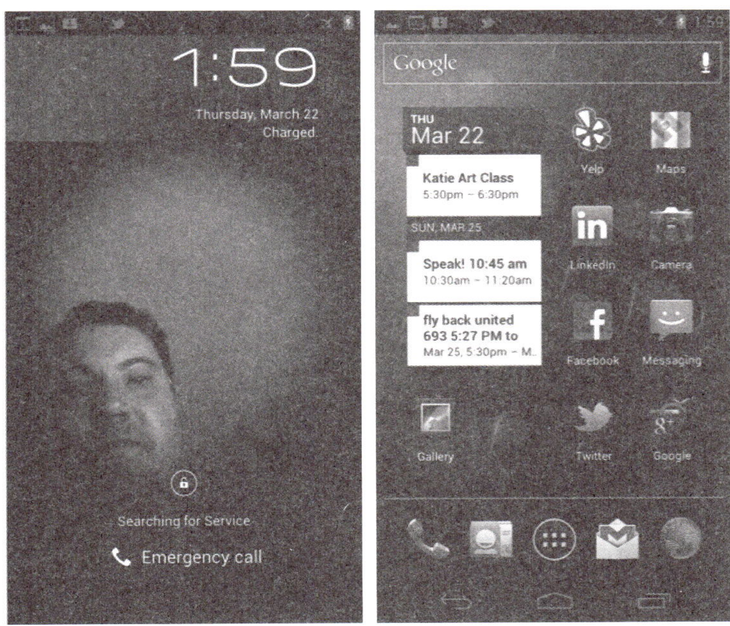

▶ 그림 12.5: 안드로이드 4.0 넥서스의 빠른 로그인 패턴에서는 얼굴 인식을 사용한다.

언제, 어디에서 사용하나

사용자명과 비밀번호를 사용해 로그인해야 하는 상황이라면 사용자가 데이터에 접근할 때 매번 이 정보를 입력해야 하는지 고민해보자. 가능하다면 소셜 네트워크, 라이프스타일, 개인 정보 관리 애플리케이션처럼 중간 수준의 보안이 필요한 애플리케이션에서는 사용자명과 비밀번호를 저장할 수 있는 옵션을 제공하자. 또, 전자 상거래 같은 앱어 서는 결제를 시작하기 전까지 가능한 한 인증을 늦추는 게 좋다.

모바일 개인 금융 애플리케이션처럼 자주 사용하는, 보안이 중요한 애플리케이션에서는 로그인을 쉽게 할 수 있는 빠른 로그인 스키마 중 하나를 사용할 것을 강력히 권장한다.

사용하는 이유

데스크톱 웹에서조차 로그인은 지루하다. 하지만 모바일에서는 작은 키보드와 두꺼운 손가락으로 긴 이메일 사용자명과 비밀번호를 제대로 입력하는 게 훨씬 더 어렵고, 로그인 과정이 10배는 더 짜증난다. 또 사용자명과 비밀번호에 특수 문자가 있는 경우 종종 키보드를 바꿔야 하는 일도 생긴다(앱 로그인 세션이 만료될 때마다). 간단히 말해, 로그인은 앱을 사용하기 어렵게 만든다. 또, Don't Make Me Think (2005, New Riders)에서 스티브 크룩의 말을 인용하자면 "사람들은 사용하기 어렵다고 생각하면 좀처럼 사용하지 않는다." 빠른 로그인 패턴은 빠르고 안전한 모바일 로그인 방식을 제공함으로써 이와 같은 로그인 장벽을 크게 낮춰준다.

아쉽게도 로그인 측면에서 가장 불편한 앱은 야후 메일 같은 순수 HTML5 앱이다. 최근까지도 야후 메일에서는 사용자명이나 비밀번호를 저장할 수 없었고, 사용자가 매번 이메일을 확인할 때(하루에 10~15번 정도) 마다 20~25 글자를 모두 입력하게 했다. 최근 업데이트된 야후 메일 앱에서는 사용자명을 자동으로 저장하는 네이티브 구현체를 사용하지만, 여전히 비밀번호를 저장하는 기능이나 다른 빠른 로그인 기능은 제공하지 않는다.

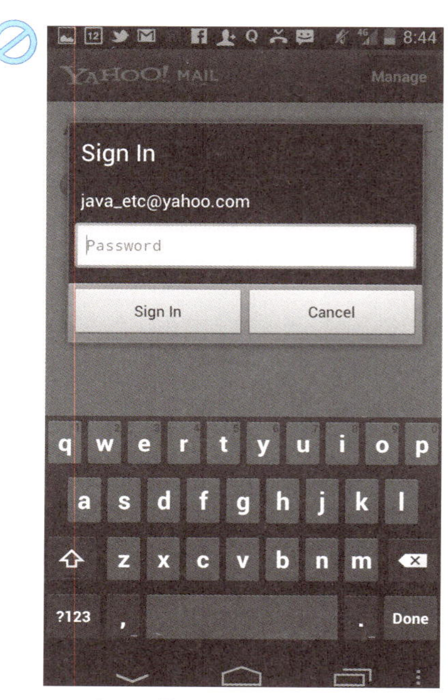

▶ 그림 12.6: 야후 메일에는 빠른 로그인 기능이 없어서 로그인이 번거롭고, 사용하기 어렵다.

아마도 이처럼 빠르게 로그인하는 기능이 없는 탓에 야후 메일 앱을 실제로 사용하는 횟수도 줄은 것 같다. 적어도 필자의 경우는 확실히 그랬다.

다른 활용법

최근에 등장한 재미있는 아이디어 중 하나는 NFC 칩을 갖춘 물리적 토큰을 빠른 로그인에 활용하는 것이다. 예를 들어 반지 같은 장신구에 NFC 칩을 집어넣어 그 자체로 폰의 잠금을 해제하거나 네 자리 코드나 음성 인식, 얼굴 인식 같은 다른 인증 방식을 함게 사용하는 방안을 고려할 수 있다. 이와 같은 '잠금 해제 반지'는 NFC 칩을 통해 동작하므로 사람들이 가상 개인 네트워크(VPN)에 로그인하기 위해 요즘 많이 사용하는 RSA 토큰보다 훨씬 더 사용자 친화적이다.

보안은 모바일 기기 근처에 반지가 존재하는지 여부에 따라 적용된다. 반지가 근처에 있다면 모바일 기기에서는 고유 NFC 신호를 감지해 접근을 허용한다. 기기가 반지로부터 멀어지면 (반지를 잃어버리거나 도난당한 경우) 모바일 기기에 접근하는 데 사용자명/비밀번호 인증 메커니즘이 필요하다. NFC 칩은 현재 온갖 소형 개인 장신구에 들어갈 수 있을 정도로 작으며, 피하에 이식할 수도 있다. 부유한 사용자나 이와 같은 영구적인 고수준의 보안이 필요한 사용자라면 NFC 칩을 피하에 이식하는 방식이 투자할 만한 가치가 있을 수도 있다.

반려동물 가게 애플리케이션

앞 장의 그림 11.4에 나온 등록 과정에서 이미 비밀번호 대신 네 자리 코드를 사용한 것을 기억할 것이다. 이번에는 음성 인식 잠금 해제 메커니즘을 적용해 이를 한 단계 더 발전시킨다. 등록 과정에서 '좋아하는 레스토랑이 어디입니까?' 같은 간단한 질문에 대한 음성 비밀번호를 사용자가 설정할 수 있다고 가정하자. 이때 사용자의 고유 음성을 나중에 확인하기 위해 녹음한다. 또, 앱에서는 백업 수단으로 네 자리 코드를 사용할 수 있게 설정한다.

앱이 실행되면 바로 음성 인식 잠금 해제 모드로 들어간다. 이는 오실로스코프 화면을 통해서 알 수 있다. 사용자가 비밀번호를 말하면 앱의 잠금이 해제된다(아무것도 누를 필요가 없다). 시끄러운 환경에서는 사용자가 취소 버튼을 탭하고 네 자리 백업 코드를 입력할 수도 있다(그림 12.7 참고).

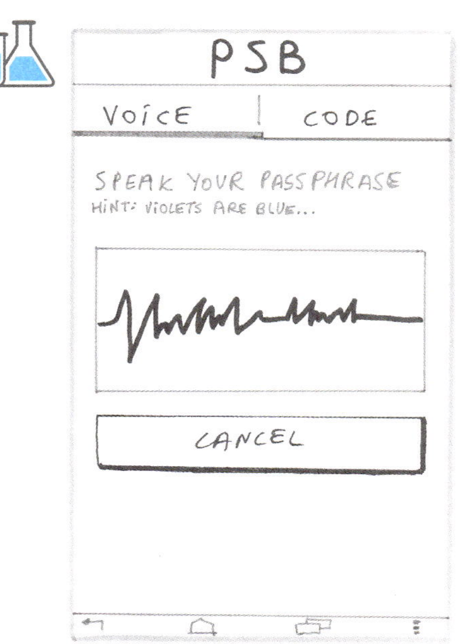

▶ 그림 12.7 반려동물 가게 은행 앱에서는 음성 비밀번호를 활용한 실험적인 형태의 빠른 로그인 패턴을 사용한다.

그런데 개인 앱에서 음성을 보안 인증 수준에서 사용하는 데서 그쳐야 할까? 7장 '검색'에서 설명한 것처럼 음성 주도의 명령은 디지털 비서(시리에 대응해 구글에서 내놓을)의 도움을 받아 앱을 여는 것과 같은 일상적인 작업에도 활용될 수 있다. 만일 앱의 이름을 비밀번호로 사용하고 폰에서 앱을 실행하라고 말하기만 하면 안드로이드 OS에서 음성 인식과 관련한 보안을 모두 처리해준다면 어떨까? 또는 앱의 별명을 사용해 "맥의 계정을 보여줘(맥은 개의 이름이다)"라고 말하면 음성을 인증하고 문구를 조합해 반려동물 가게 은행 앱을 실행할 수도 있을 것이다.

물론 이런 수준의 보안까지는 사실 필요 없다. 여기서는 다만 높은 보안 수준이 귀찮은 절차가 될 필요는 없다는 점을 강조하기 위해 이런 예를 들었을 뿐이다. 기술은 이미 우리 곁에 와 있으며, 이와 같은 미래형 디자인 패턴도 이미 사용 중이다. 다만 윌리엄 깁슨의 표현을 빌리자면 "널리 퍼지지 않았을 뿐이다('The Science in Science Fiction', NPR Talk of the Nation에서, 1999년 11월 30일)"

태블릿 앱

2중 인증은 태블릿 기기에서 유용하게 활용될 수 있다. Designing Search(Wiley 출판사, 2011년)의 17장에 나와 있는 리이케 리스버만의 연구 조사에 따르면 태블릿, 특히 대형 태블릿은 여전히 값이 비싸고 가족 구성원 별로 한 대씩 갖고 있는 경우가 드물다. 물론 향후에 대다수 사람이 태블릿을 갖게 된다면 이런 상황이 바뀔 수도 있지만 아직까지 대형 태블릿은 여러 사람이 함께 사용하는 알파 기기(shared alpha device)다. 이 말은 1950년대의 텔레비전이나 80~90년대의 가정용 PC처럼 사람들이 가족 구성원들이 돌아가면서 태블릿을 사용한다는 뜻이다. 아쉽게도 이 책을 쓰는 시점 기준으로 안드로이드 OS는 이와 같은 여러 사용자 사용 환경에 적합하지 않으며, 운영체제에서 여러 사용자로 로그인할 수 있는 기능도 제공하지 않는다. 따라서 로그인이나 프로필 시스템을 제공하는 것은 전적으로 개별 앱의 몫이다.

가족 친화적인 환경에서 프로필을 생성할 수 있는 기능을 제공하는 것은 어려울 수도 있지만 기회가 될 수도 있다. 이를 잘 구현한 모델 중 하나가 위(Wii)의 Mii다. Mii는 닌텐도에서 개발한 가족 친화적인 프로필 시스템이다. Mii는 개별 가족 구성원을 나타내는 스타일을 적용하고 각 구성원과 관련한 게임 통계와 다른 프로필 속성을 보관한다. Designing Search가 출간된 다 마이크로소프트 키넥트는 한 단계 더 나아가 키와 움직이는 방식을 통해 개별 가족 구성원을 식별하는 방식을 개발했고, 이를 통해 행동 자체에 녹아 있는 자동 로그인 시스템을 성공적으로 구현했다.

 가족들은 태블릿으로 자주 게임을 하므로 가장 좋은 프로필 식별 및 관리 시스템을 배우려면 게임 시스템을 살펴보는 게 좋다. 시간을 들여 여러분의 앱을 다양한 가족 구성원이 사용할지 고민해보자.

만일 그렇다면 얼굴 인식이나 음성 인식 기능을 제공해 간단히 이름만 말함으로써 프로필을 활성화하고 앱의 잠금을 풀어주는 것을 고려해 볼 만하다. 이 시스템은 4살짜리 아이도 사용할 수 있을 정도로 쉽고, 간단하다.

대형 태블릿 기기는 주로 집 안에서 사용하고(집에서는 자신의 이름을 크게 말하는 게 전혀 불편하지 않다) 건물 밖으로 가지고 가는 일이 거의 없으므로 여러 사람이 사용하는 대형 태블릿에서는 특히 이와 같은 개인 프로필 기능을 제공하는 게 도움이 된다.

⚠️ 주의점

얼굴 인식 기능은 평상복 차림으로 낮에 밖에 있을 때 잘 작동한다. 하지만 밤에, 배트맨 복장을 하고 폰을 사용해야 할 때는 어떨까(그림 12.8 참고).

▶ 그림 12.8: 또 다른 로그인 방식을 제공하는 것을 잊지 말아야 한다.

물론 사용자가 브루스 웨인 같은 수퍼히어로의 삶을 살지는 않을 수 있지만 빠른 로그인 기능을 사용할 수 없는 상황은 언제나 생기기 마련이다. 이처럼 사용자가 빠른 로그인을 사용할 수

없는 경우에는 일반적인 사용자명/비밀번호를 통해 언제든 앱에 로그인할 수 있는 기능을 제
공하는 것을 잊지 말아야 한다.

7.1 패턴: 음성 검색

12.2 패턴: 전용 선택 페이지

사용자가 리스트에서 항목을 선택해야 할 때는 10장 '데이터 입력'에서 살펴본 드롭다운 대신
전용 선택 페이지(또는 전체 화면 피커라고도 부름)를 사용하는 것도 고려해 볼 만하다.

적용 방식

사용자가 긴 리스트에서 값을 선택해야 할 때 사용자가 선택 컨트롤을 탭하면 전용 페이지가
열린다. 사용자가 전용 선택 페이지에서 값을 선택하면 페이지가 닫히고 시스템에서는 선택한
값을 적용해 폼을 다시 보여준다. 선택 과정에서는 종종 전용 선택 페이지로(왼쪽에서 오른쪽)
이동하는 슬라이드 모션과 다시 폼으로 돌아가는 애니메이션(오른쪽에서 왼쪽)을 사용하기도
한다. 이런 슬라이드 모션 화면 전환을 디자이너들은 '슬라이더(10장 서두에서 다룬 안드로이
드 슬라이더 패턴과 혼동하면 안된다)' 패턴이라 부른다.

예시

이와 같은 전용 페이지를 잘 보여주는 예로 Chase 모바일 뱅킹 앱이 있다. 예를 들어 이 앱에
서 지불 대상자를 선택하려면 사용자는 지불 대상자 목록이 나와 있는 전용 페이지로 이동해
야 한다(그림 12.9 참고).

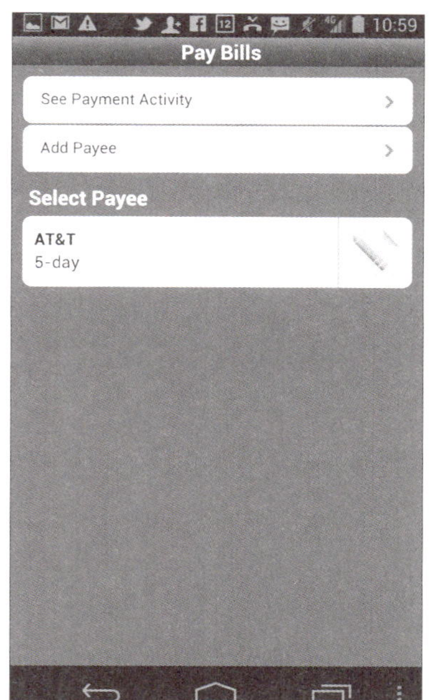

▶ 그림 12.9: Chase 모바일 뱅킹 앱에서는 지불 대상자를 선택할 때 전용 페이지로 이동한다.

사용자가 지불 대상자를 선택하고 나면 시스템에서는 다시 폼 페이지로 이동한다.

언제, 어디에서 사용하나

선택해야 할 목록이 길다면 전용 선택 페이지 패턴을 사용하는 것을 고려해 볼 만하다. 이 패턴은 특히 목록을 관리해야 하거나 적절한 선택값을 빠르게 설정하기 위해 슬라이더 같은 컨트롤을 사용할 때 편리하다. 전용 페이지를 사용을 고려할 만한 또 다른 사례로는 색상, 폰트, 스타일을 통해 전용 선택 페이지를 커스터마이징하고 싶은 경우다. 안드로이드의 드롭다운 컨트롤의 경우 룩앤필에서 커스터마이징할 수 있는 요소가 매우 제한적이다.

사용하는 이유

10장에서 살펴본 것처럼 긴 목록에서 값을 선택하는 일은 흔한 일이다. 디지털적인 삶의 영역이 점점 더 복잡해짐에 따라 선택 목록도 그만큼 길어지고 복잡해지고 있다. 전용 선택 페이지 패턴은 간단한 선택 메커니즘을 제공하고, 디자이너가 전체 화면을 통해 다양한 선택 툴과 내비게이션 탭을 마음대로 활용할 수 있게 해준다.

사용자가 자신의 당좌 계좌에서 저축 은행 계좌로 송금하는 경우('나에게 송금'이라고 부름)는 모바일 뱅킹 환경에서 전용 선택 페이지 패턴을 유용하게 활용할 수 있는 간단한 사례다. 나에게 송금하는 경우 전용 선택 페이지에서는 자바스크립트나 다른 클라이언트사이드 코딩 언어에 의존하지 않고 동적으로 계좌와 값을 쉽게 보여줄 수 있다. 예를 들어 당좌 계좌 A를 보내는 계좌로 선택했다면, 당좌 계좌 A는 받는 계좌 목록에서는 보이지 않아야 한다. 전용 선택 페이지 패턴에서는 리스트에서 값을 동적으로 쉽게 제거할 수 있으며, 전용 선택 페이지를 보여주기 전에 서버로 데이터를 조회해 복잡한 비즈니스 규칙에 따라 좀 더 복잡한 리스트 항목 제어를 처리할 수도 있다.

다른 활용법

이 패턴은 원자적 엔티티를 갖춘 텍스트 상자 패턴(10장 참고)으로 쉽게 확장할 수 있다. 예를 들어 전용 선택 페이지 상단에 간단한 검색 상자를 두면 전체 리스트를 보여주는 페이지를 검색할 수 있다. 이와 같이 전용 선택 페이지를 수정하면 연락처 앱과 마찬가지로 선택 항목을 스크롤을 통해 찾을 수도 있고, 검색을 통해 항목을 찾을 수도 있다.

Chase 앱(그림 12.9의 전용 선택 페이지 참고)에서는 리스트 관리 기능 및 표시 기능을 함께 제공한다. 리스트 상단에는 사용자가 목록에 없는 지불 대상자를 추가할 수 있는 추가 버튼이 들어 있다.

반려동물 가게 애플리케이션

그림 12.10에는 반려동물 가게 은행 앱에서 나에게 송금할 때 이 패턴을 어떻게 활용할 수 있는지 나와 있다. 그림에 나와 있는 이 디자인에서 사용자는 검색을 하거나 계좌 목록을 스크롤해 원하는 계좌를 선택할 수 있다.

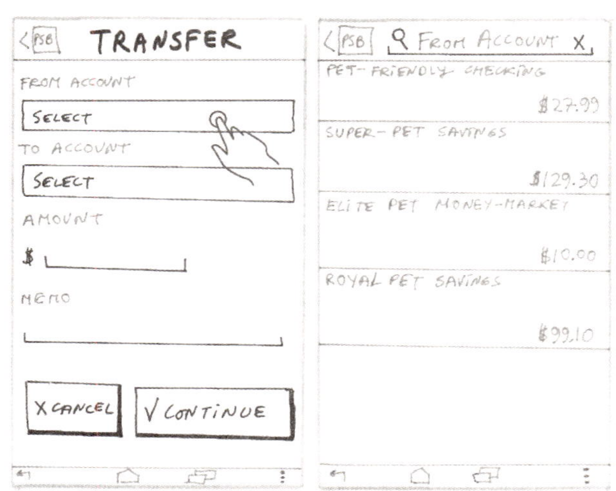

▶ 그림 12.10: 반려동물 가게 은행 앱에서는 '나에게 송금' 기능에 검색 상자를 갖춘 전용 선택 페이지를 사용한다.

또, 사용자는 페이지 상단에 있는 검색 상자에 계좌명 몇 글자만 입력해 리스트의 크기를 쉽게 줄일 수 있다. 검색 상자는 고정돼 있으며, 계정 리스트는 검색 상자 아래에서 스크롤된다. 키 보드는 검색 상자 안을 탭하기 전까지는 보이지 않는다.

태블릿 앱

전용 선택 페이지 패턴은 대부분의 태블릿 앱에서 불필요하다. 하지단 이 패턴의 멋진 기능은 라이트박스 팝업 등을 통해 활용할 수 있다. 아쉽게도 대다수 태블릿 앱이 이를 적용하고 있지 않다. 그 결과 폼 인터페이스는 특히 대형 태블릿에서 지나치게 길고 복잡해 보인다. 양방향 모두에서 리스트 선택 기능을 구현하는 방식과 관련한 자세한 팁은 14장 '태블릿 패턴'을 참고 하자.

⚠ 주의점

이 패턴을 지나치게 사용해서는 안 된다. 크기가 적절하고 항목이 동적으로 추가되지 않는 정 적인 리스트 굳이 전용 선택 페이지 패턴을 사용할 필요가 없다. 이런 경우는 전용 선택 페이 지처럼 현재 페이지의 흐름을 벗어나지 않고, 현재 페이지 컨텍스트에 그대로 머물면서 항목 을 선택할 수 있는 방식(라이트박스를 통해 선택 항목을 보여주는)이 더 효과적이다. 전용 선 택 페이지 패턴을 사용하기 전에 고려할 사항 중 하나는 페이지 공간의 80% 정도를 사용할 때 줄바꿈이 두 번 이상 일어나는지 여부다. 만일 줄바꿈을 해야 할 정도로 둔자열이 길고, 선택 항목을 별도로 처리해야 한다면 전용 선택 페이지 패턴을 사용해야 한다. 그렇지 않다면, 단순 한 드롭다운 컨트롤로이 훨씬 낫다.

예를 들어 Chase 앱에서는 이를 잘 볼 수 있다. Chase 앱에서는 지붙 대상을 선택하는 경우처 럼 복잡한 선택 과정에는 전용 선택 페이지를 사용(그림 12.9 참고)하고 보내는 계좌처럼 간단 한 선택을 할 때는 드롭다운 컨트롤(그림 12.11 참고)을 사용한다.

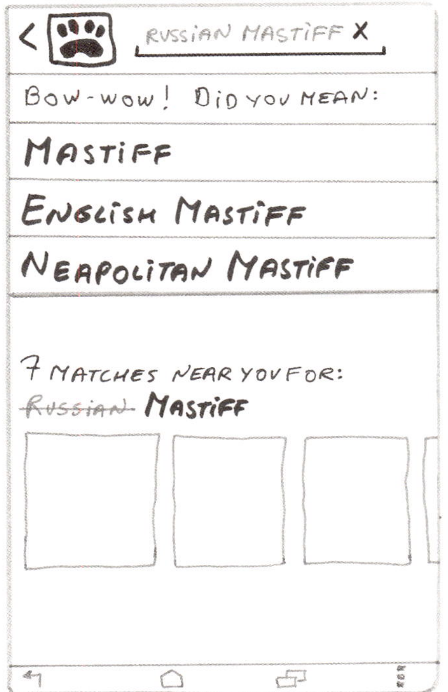

▶ 그림 12.11: Chase 앱에서는 보내는 계좌를 선택할 때 간단한 드롭다운을 사용한다.

관련 패턴

10.5 패턴: 드롭다운

12.3 패턴: 폼 우선

모바일 기기에서 긴 폼을 개발할 때 많은 디자이너들은 데스크톱 웹 폼을 그대로 베끼려고 한다. 물론 이는 가장 직관적이고 당연한 선택일 수도 있지만, 이렇게 할 경우 이 장에서 소개하는 다른 방식을 활용할 때보다 더 많은 페이지를 봐야 하고, 더 많이 탭해야 하는 번거로움이 뒤따른다.

적용 방식

사용자가 데이터를 입력해야 할 때 사용자에게 먼저 폼을 보여준다. 이후 복잡한 데이터 입력 화면에서는 다음 데이터 입력 화면으로 이동하기 전에 사용자에게 원래 폼 화면을 보여준다.

🏢 예시

이 패턴이 잘 나와 있는 예로 USAA 내부 이체(나에게 송금) 기능이 있다(그림 12.12 참고). 당좌 계좌에서 저축 계좌로 이체할 때 사용자는 먼저 값이 비어 있는 폼 화면을 보게 된다. 사용자가 전용 선택 페이지로 이동해(이 장에서 앞서 설명한 대로) 선택을 하고 나면 사용자는 폼 페이지로 다시 돌아온다. 하지만 이번에는 계좌 정보에 선택한 값이 채워져 있는 것을 볼 수 있다.

이와 같은 확인 페이지(이 장에서 나중에 설명)를 사용하면 전체 나에게 송금 과정은 그림에 나온 것처럼 8개의 화면으로 진행된다. 이 패턴이 일반적으로 모바일 기기에 잘 적용되기는 하지만, 지나치게 긴 측면이 있다. 사실 이 패턴은 이 장에서 다루는 패턴 중 처리 과정이 가장 길다.

언제, 어디에서 사용하나

전용 선택 페이지가 많지 않은 상태에서 사용자가 긴 폼을 작성해야 하는 경우 이 패턴을 사용하는 게 좋다. 하지만 전용 선택 페이지가 한 개 이상이라면 이 패턴은 사용하기가 조금 지루해진다.

사용하는 이유

디자이너들이 데스크톱 웹 폼의 구조를 그대로 가져오는 것은 어찌 보면 당연하다. 마찬가지로 이 패턴도 웹에서 비슷한 폼을 사용한 경험이 있는 대다수 사용자가 쉽게 사용하고 이해할 수 있다.

다른 활용법

'기본' 패턴인 이 패턴은 어떤 폼에도 적용할 수 있다. 이 장에서 소개하는 다른 폼 패턴들은 이와 같은 기본 디자인을 개선하기 위한 옵션으로 볼 수 있다.

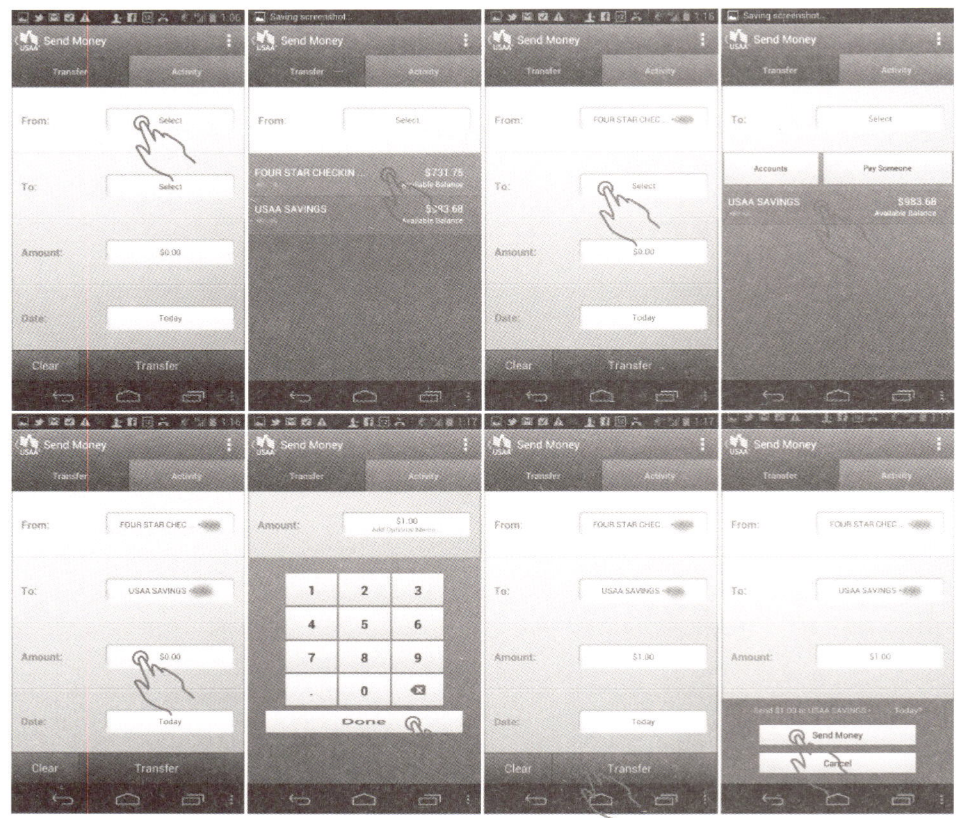

▶ 그림 12.12: USAA 모바일 뱅킹 앱에서는 나에게 송금 기능에 폼 우선 패턴을 사용한다.

반려동물 가게 애플리케이션

반려동물 가게 은행 앱에서도 이 패턴을 조금 변형해 활용해 볼 수 있다. 마찬가지로 이 앱에서도 총 8개의 페이지를 사용한다(그림 12.13 참고).

이 패턴의 기본 아이디어는 간단하다. 표준 데스크톱 웹 폼을 그대로 가져오되, 피커와 스피너 대신 전용 선택 페이지를 사용하겠다는 것이다. 이런 형태의 모바일 디자인 패턴을 사용하면 나에게 송금 과정은 다음과 같이 진행된다.

① 빈 폼

② 보내는 계좌를 선택할 수 있는 전용 선택 페이지

③ 폼으로 이동(보내는 계좌가 채워져 있다)

④ 받는 계좌를 선택할 수 있는 전용 선택 페이지

⑤ 폼으로 이동(보내는 계좌와 받는 계좌가 모두 채워져 있다)

⑥ 이체 금액과 다른 정보를 입력하고 계속(Continue)을 탭

⑦ 확인 페이지

이때 폼 우선 패턴에서 권장하는 확인 페이지 패턴을 주의해서 보자. 확인 방식으로 토스트 메커니즘을 사용하는 USAA 앱에서와 달리 반려동물 가게 앱에서는 전용 확인 페이지를 사용한다. 확인 디자인 패턴과 관련해서는 이 장에서 나중에 자세히 소개한다.

▶ **그림 12.13:** 반려동물 가게 은행 앱의 나에게 송금 기능에 적용된 폼 우선 패턴을 볼 수 있다.

태블릿 앱

폼 우선 패턴은 태블릿에서 사용해야 할 주요 패턴이다(전용 선택 페이지에 전체 화면을 사용하지 않는 한). 하지만 대부분의 앱은 전용 선택 페이지를 팝업이나 라이트박스로 개발하는 데 시간을 들이지 않고, 전체 화면이 슬라이드되는 긴 폼 작성 화면을 사용하고 있다. 그러나 이와 같이 큰 화면이 계속해서 전환되면 폼 작성이 그만큼 불편해진다.

필자는 대형 은행 클라이언트의 대형 태블릿용 앱에서 폼 우선 패턴을 적용했을 때 사용자들이 '불편하다', '유치하다', '작성에 오랜 시간이 걸린다'고 불평하는 사례를 자주 봤다. 이런 불평이 나온 이유는 주로 전용 선택 페이지로의 빈번한 화면 이동 때문이었다. 이와 같은 방식보다는 계좌 선택에는 표준 드롭다운 컨트롤(10장에서 설명)을 사용하거나 14장에서 설명하는 대로 전용 선택 페이지에 라이트박스를 사용하는 게 더 좋다.

폼 작성 흐름이 얼마나 길게 이어지는지 확인해야 한다. 화면을 6개 이상 사용한다면 이 장에서 소개하는 다른 패턴 중 하나를 사용하는 게 좋다.

관련 패턴

10.5 패턴: 드롭다운

12.4 패턴: 전용 페이지 마법사

12.5 패턴: 폼을 갖춘 마법사

12.6 패턴: 검토–확인

12.4 패턴: 전용 페이지 마법사

전용 페이지 마법사 패턴은 전적으로 작은 화면에 맞게끔 최적화돼 있으므로 '모바일 우선(루크 로블르스키가 만든 용어에 따라)' 패턴이라고 부를 수 있다.

적용 방식

사용자에게 전체 폼을 보여주지 않는다. 대신 적절한 데이터를 입력할 수 있는 일부 컨트롤을 통해 모바일에 최적화된 페이지를 한 화면씩 보여준다. 보통 전용 페이지 마법사 패턴의 끝에서는 사용자에게 검토 페이지나 확인 페이지를 보여준다.

🏢 예시

이 패턴이 적용돼 있지만 흔히 모르고 지나치는 경우로 안드로이드 기기를 가로 방향으로 회전할 때 자동으로 적용되는 필드 추출 화면이 있다(10장 '데이터 입력의 그림 10.35 참고). 즉, 이 경우 세로 방향에서 텍스트 필드로만 이뤄진 긴 폼이 화면 내 키보드와 함께 최적화된 개별 필드 연속 입력 화면(전용 페이지 마법사)으로 전환된다.

아쉽지만 이 패턴은 폼 중간에 선택 컨트롤이 있을 때 진행 흐름이 깨지게 된다. 그림 12.14에서는 마지막 버튼이 완료(Done) 버튼으로 바뀌고 다음 화면에서 가로 방향으로 폼을 보여주는 것을 볼 수 있다. 그런데 왜 이렇게 갑자기 폼 작성 흐름을 중단해야 할까? 전체 폼을 완성할 때까지 이 패턴을 계속 이어가는 게 더 이치에 맞지 않을까?

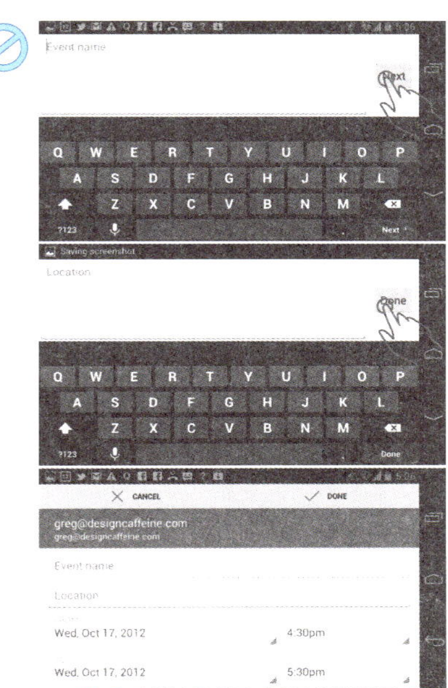

▶ 그림 12.14: 텍스트 필드 추출로 인해 전용 페이지가 표시됐다. 하지만 이 패턴은 캘린더 앱에서 선택 컨트롤을 만나게 되면 흐름이 중단된다.

애플 아이폰에서 사용할 수 있는 PayPal 앱에서는 이보다 더 복잡하지만, 더 나은 전용 페이지 마법사 흐름을 볼 수 있다(그림 12.15 참고).

여기서는 페이지 상단에서 이동 경로도 볼 수 있다. 이는 이 패턴을 한 단계 발전시킨 것으로, 이를 통해 사용자는 현재 자신이 있는 위치를 좀 더 잘 이해할 수 있다.

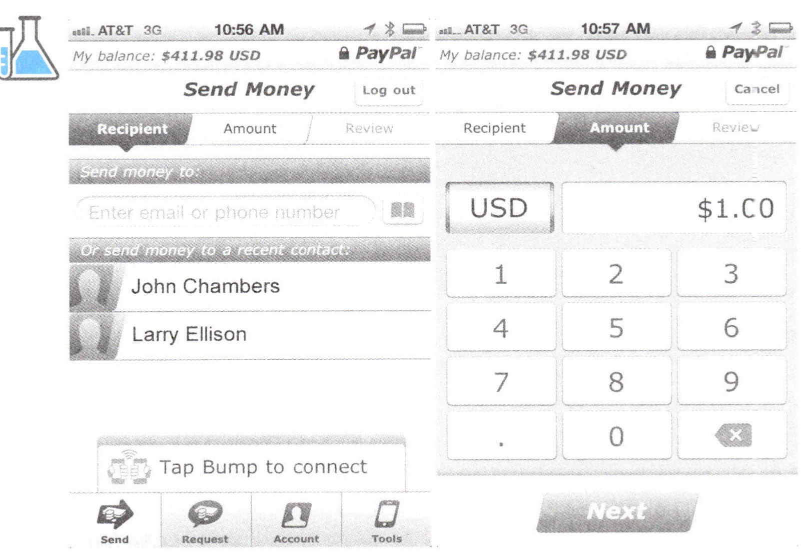

▶ 그림 12.15: 애플 아이폰의 PaayPal 앱에서는 송금에 전용 페이지 마법사 패턴을 사용한다.

언제, 어디에서 사용하나

이 패턴은 모든 필드가 필수 필드이고, 폼 길이가 짧으며, 필드에서 한 개 이상의 전용 선택 페이지를 비롯해 다양한 특수 컨트롤과 커스텀 키보드를 활용하는 경우에 적합하다.

사용하는 이유

전용 페이지 마법사 패턴은 모바일에 최적화돼 있다. 즉, 꼭 필요한 필드만 포함시킴으로써 데이터 입력 절차를 빠르게 하고, 사용자가 가장 효과적인 최단 선택 경로를 택하게 한다. 이 패턴은 폼을 구현하는 진정한 '모바일 우선' 전략이며, 사용자의 폼 작성 흐름을 그대로 유지하는 데 효과적이다(주의: 흐름에 대한 논의는 이 책의 범위에서 벗어난다. 이 주제와 관련해서는 미하이 칙센트미하이가 저술한 Flow: The Psychology of Optimal Experience를 참고하자).

다른 활용법

이 패턴은 모든 필드가 필수 항목인 간단한 폼이라면 어디든 활용할 수 있다. 물론 이 패턴은 선택 필드가 들어 있는 폼에서도 사용할 수 있지만, 이때는 건너뛰기(skip) 기능을 제공해야 한다.

어떤 마법사 흐름은 전용 마법사 흐름을 따르지 않는다. 페이지에 두 개 이상의 필드가 있고, 자동으로 키보드를 보여주지 않는 경우가 이에 해당한다. 예를 들어 그림 12.16에 나온 새 구글 ID 등록 흐름은 전용 마법사 패턴이 아니다.

이런 식으로 폼 작성 흐름을 깨는 게 도움이 된다는 증거도 거의 없지만, 해가 된다는 증거도 거의 없다(시카고에서 2010년에 열린 루크 로블르스키의 Mobile Input at Design4Mobile 워크숍을 참고하자. http://static.lukew.com/MobileInput_LukeW.pdf).

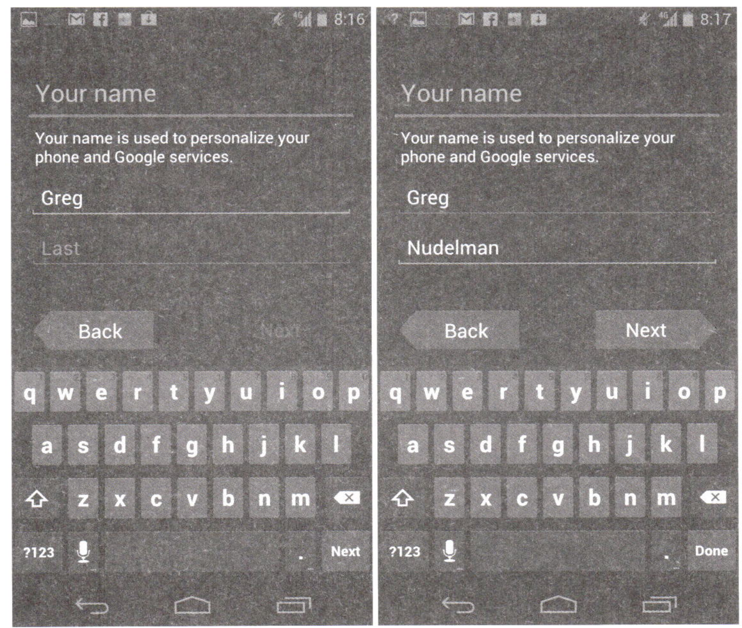

▶ 그림 12.16: 구글 ID 생성 폼은 일반적인(전용 마법사가 아닌) 마법사 흐름을 따른다.

반려동물 가게 애플리케이션

반려동물 가게 은행 앱에서는 나에게 송금 기능을 빠르게 수행할 때 이 패턴을 활용할 수 있다. 사용자는 보내는 계좌와 받는 계좌를 선택하고, 숫자 키보드가 있는 전용 화면에서 이체 금액을 입력할 수 있다(그림 12.17 참고).

사용자가 내용을 확인하고 나면 검토 페이지가 나타난다. 전체 흐름은 단 네 개의 화면으로 진행되며, 최소한의 탭과 키보드 입력만 있으면 된다. 이 패턴은 이 장에서 앞서 다룬 폼 우선 디자인 패턴의 8개 화면과 비교하면 급행 열차 패턴이라고 할 수 있다.

이 흐름에서는 검토 페이지 모바일 디자인 패턴(사용자가 최종적으로 이체 버튼을 누르기 전에 전체 내역을 확인할 수 있는)을 권장한다는 점을 기억하자. 또, 사용자의 현재 위치와 앞으로 남은 단계를 보여주는 브레드크럼(Breadcrumb) 모바일 디자인 패턴을 활용한다는 점도 유의하자. 브레드크럼 디자인 패턴은 전용 페이지 마법사 패턴을 크게 개선해준다.

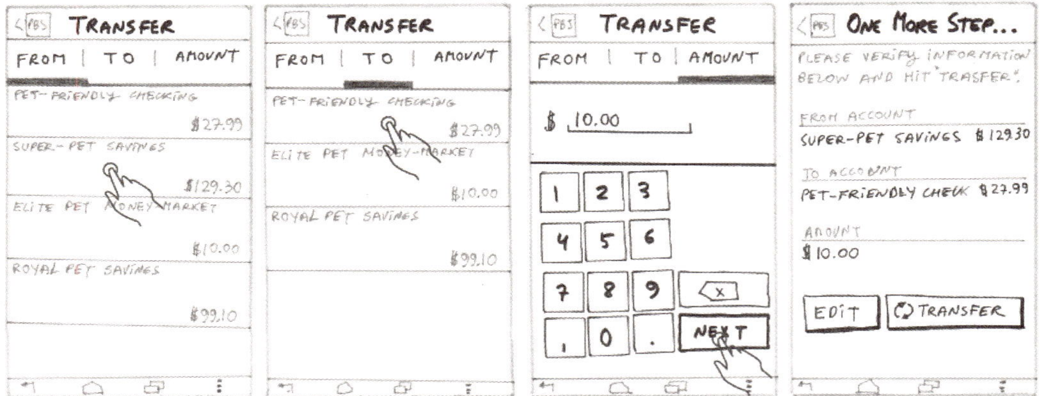

▶ 그림 12.17: 이 와이어프레임에서는 반려동물 가게 은행 앱의 나에게 송금 기능에 전용 페이지 마법사 패턴을 사용하는 것을 볼 수 있다.

태블릿 앱

이 패턴을 라이트박스에서 사용하는 게 아니라면 태블릿 앱에서는 이런 수준의 상세한 마법사 패턴은 필요 없다.

⚠ 주의점

얼핏 보면 전용 페이지 마법사 흐름은 인류가 그리스 조각상을 만들던 시대 이후로 줄곧 찾고자 했던 궁극적인 폼의 형태다. 그럼 모든 모바일 뱅킹 작업에 전용 페이지 마법사 패턴을 적용해야 할까? 그렇지는 않다.

모바일 기기에서는 무엇이든 공짜가 없다. 전용 페이지 마법사 패턴도 마찬가지다. 이 패턴은 긴 폼에 사용할 때는 금세 제 기능을 발휘하지 못한다. 이 패턴의 주된 아이디어는 각 폼 요소별로 전용 페이지를 보여주는 것이다. 폼 요소가 다섯 개 이상이라면 폼 작성 흐름 자체가 지나치게 길어지기 시작한다. 전용 페이지 마법서 패턴의 또 다른 문제점은 선택 항목(메모)와 필수 항목(이체 금액)을 구분하는 게 어렵다는 점이다. 이 패턴을 사용하면 각 항목은 적절한 키보드와 함께 별도 페이지에 표시되므로, '필수' 항목으로 인식될 여지가 크다. 사용자가 아무것도 입력할 필요가 없다는 사실을 이해하더라도, 최소한 각 폼 요소를 추가 페이지를 통해 한 번은 봐야 하고, '다음'을 눌러 다음 페이지로 이동해야 하는 불편이 따른다.

그럼 페이지에 5개 이상의 요소가 있고, 선택 필드가 여러 개일 때 사용할 수 있는 패턴이 있을까? 좋은 질문이다. 다양하게 활용할 수 있지만, 아직 많이 사용하지 않는 패턴 중 하나로 다음 절에서 다루는 '폼을 갖춘 마법사' 패턴이 있다. 아울러 이 패턴에서는 별도의 확인 페이지가 필요 없다는 장점도 있다.

12.3 패턴: 폼 우선

12.5 패턴: 폼을 갖춘 마법사

12.5 패턴: 폼을 갖춘 마법사

이 패턴은 전용 선택 페이지 패턴과 함께 사용할 수 있는 최적화된 모바일 디자인 패턴이다.

적용 방식

폼 작성 과정에서 한 개 이상의 전용 선택 페이지가 들어 있는 경우 이들 페이지를 먼저 마법사로 보여준다. 사용자가 전용 선택 페이지에서 필요한 항목을 선택하고 나면 나머지 작성 항목이 들어 있는 폼을 보여준다.

📊 예시

이 패턴이 잘 나와 있는 사례로 앞서 전용 선택 페이지 패턴 절에서 살펴본 Chase 앱의 지불 흐름을 들 수 있다. 이 시스템에서는 먼저 사용자에게 지불 대상을 선택할 수 있는 전용 선택 페이지를 보여준다. 전용 선택 페이지가 필요한 이유는 동적으로 지불 대상을 추가하는 등의 복잡한 기능이 필요하기 때문이다. 지불 대상을 선택하고 나면 시스템에서는 필수 항목(이체 금액, 보내는 계좌)과 선택 항목(메모)이 모두 들어 있는 폼을 보여준다(그림 12.18 참고).

그림 12.18에는 추가 확인 페이지도 들어 있다. 하지만 이 폼에서는 최종 폼 자체가 일종의 확인 페이지 역할을 하므로 엄밀히 말해 이 확인 페이지는 필요 없다.

언제, 어디에서 사용하나

폼 작성 흐름상 한 개 이상의 전용 선택 페이지가 필요하다면 폼 대신 전용 선택 페이지를 먼저 보여줌으로써 폼을 갖춘 마법사 패턴을 적용하는 게 좋다.

사용하는 이유

이 패턴을 사용하는 이유는 간단하다. 바로 전용 선택 페이지별로 폼 우선 패턴을 적용할 때와 비교해 한 번의 탭과 한 번의 페이지 뷰를 줄여주기 때문이다. 이 패턴은 모바일 폼을 완성하는 다양한 접근 방식 중 가장 유연한 방식이다.

이 디자인 패턴은 선택 필드와 다양한 입력 필드를 아우를 수 있는 웹 폼의 장점과 모바일에 최적화된 전용 선택 페이지의 사용성을 두루 겸비하고 있다.

이 패턴의 또 다른 장점은 확인 페이지가 전혀 필요 없다는 점이다. 폼을 갖춘 마법사 패턴을 사용하면 폼 페이지가 최종적으로 확인하고 수정할 수 있는 페이지가 되므로, 별도 페이지를 만들 필요가 없다. 물론, 꼭 필요하다면 폼 작성 완료 후 검토 페이지를 추가할 수도 있다(그림 12.18 참고).

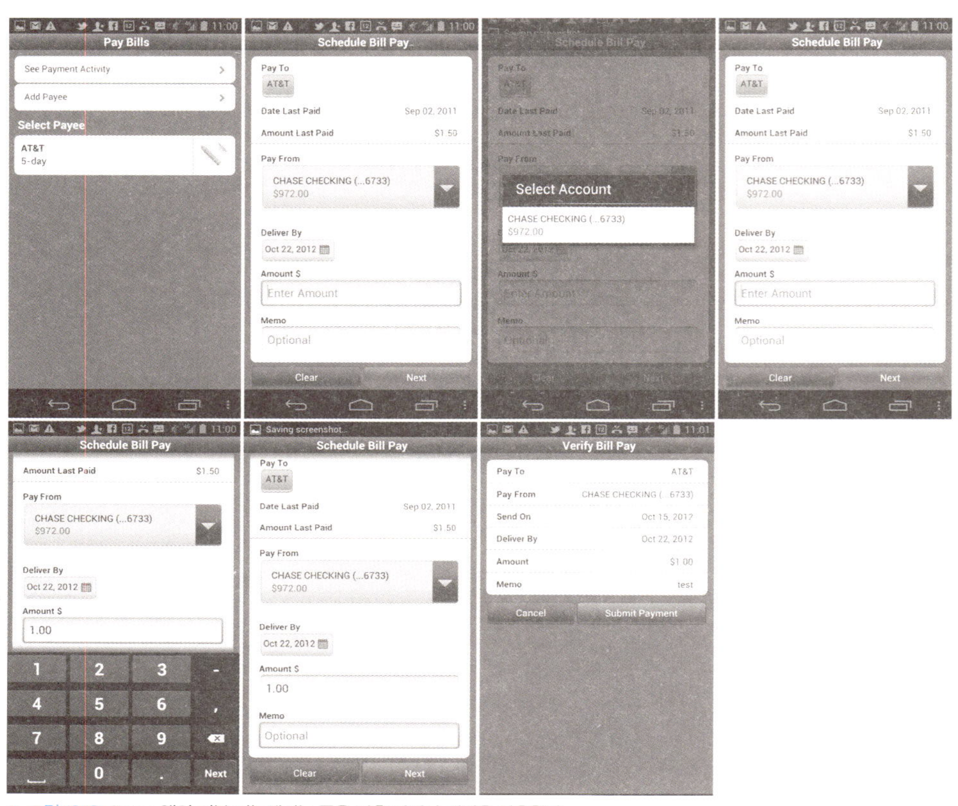

▶ 그림 12.18: Chase 앱의 지불 기능에서는 폼을 갖춘 마법사 패턴을 사용한다.

다른 활용법

폼을 갖춘 마법사 패턴을 사용하면 다른 폼보다 편집도 훨씬 쉬워진다. 뒤로 이동해 전체 흐름을 다시 반복하는 대신 사용자는 필요한 필드만 수정할 수 있다. 예를 들어 반려동물 가게 애플리케이션 절에서 받는 계좌를 수정하려면 폼에서 해당 필드를 탭하기만 하면 된다. 그럼 사용자는 받는 계좌를 선택할 수 있는 전용 페이지로 이동한다. 사용자가 새로운 이체 계좌를 선택하고 나면 시스템에서는 보내는 계좌, 받는 계좌, 이체 금액 흐름을 다시 반복하지 않고 다시 폼으로 돌아올 수 있게 해준다.

반려동물 가게 애플리케이션

반려동물 가게 은행 앱에서 나에게 송금 절차는 매우 간편(그림 12.19 참고)하며, 전용 페이지 마법사 흐름과 비교해 추가로 탭을 한 번만 더 하면 된다('12.4 패턴:전용 페이지 마법사' 절 참고).

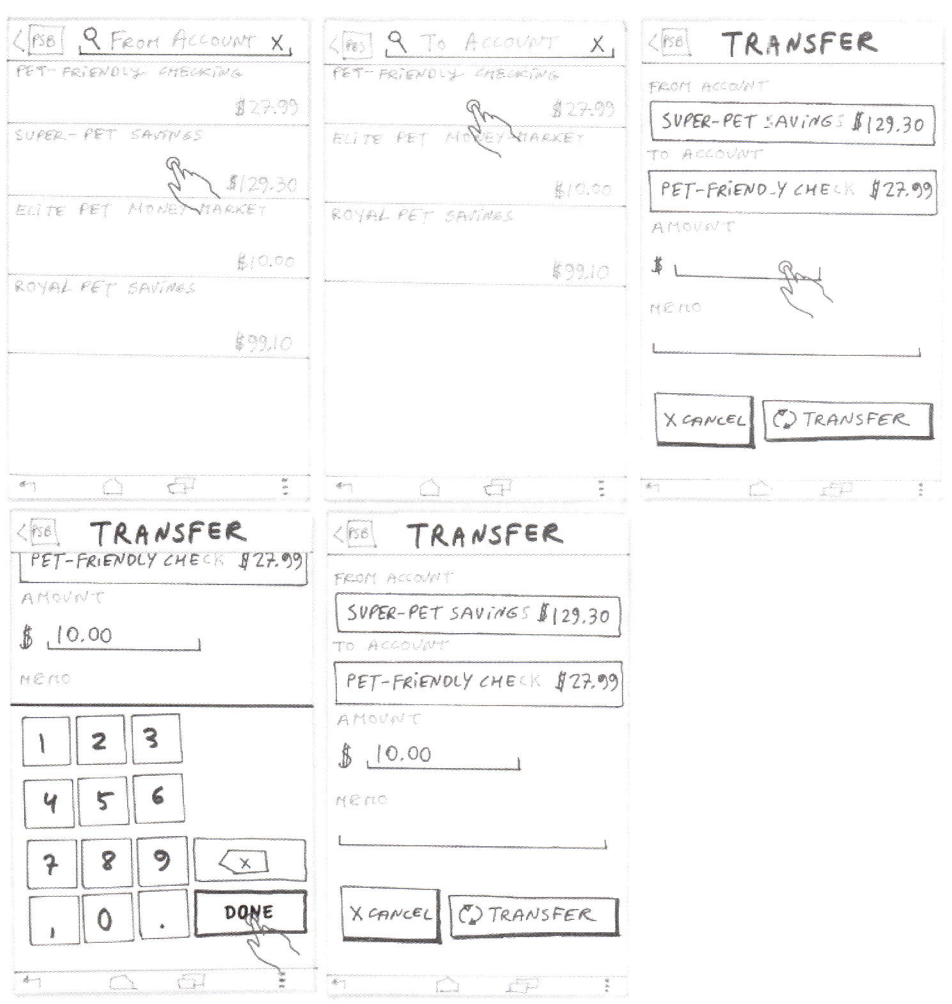

▶ 그림 12.19: 이 와이어프레임에서는 반려동물 가게 은행 앱에서 나에게 송금 기능에 폼을 갖춘 마법사 패턴을 사용하는 것을 볼 수 있다.

아울러 이 패턴을 사용하면 메모 같은 선택 필드도 보여줄 수 있다. 폼 우선 패턴과 비교하면 폼을 갖춘 마법사 패턴에서는 탭 횟수를 3번이나 줄여주고, 3개의 중간 뷰 화면을 없애준다. 또, 확인 페이지가 필요 없으므로 추가로 탭 한 번을 더 줄여준다.

이 폼은 화면에서 사라지지 않으므로 자체적으로 확인 화면 기능을 효과적으로 담당할 수 있으며, 대부분의 경우 별도의 확인 페이지가 필요 없다.

태블릿 앱

이 패턴은 특히 대형 태블릿에서 조금 과도한 측면이 있다. 이 패턴의 핵심은 전용 선택 페이지를 효과적으로 활용하는 것인데, 태블릿에서는 이와 같은 전용 페이지가 거의 필요 없다. 실제로 검색 기능이나 기타 복잡한 기능을 전용 선택 페이지에서 함께 사용하는 경우가 아니라면 대형 태블릿의 전체 화면을 전용 선택 리스트로 채우는 것은 보기에 좋지 않고, 불편하다. 따라서 대부분의 태블릿 폼에서는 모바일 패턴을 사용하는 대신 팝오버/라이트박스 선택 패턴을 활용해 선택 항목을 고를 수 있게 하는 게 좋다.

⚠ 주의점

전용 선택 화면이 꼭 필요한지 고려한다. 전용 선택 화면이 꼭 필요하다면 이 절에서 소개한 폼을 갖춘 마법사 패턴을 사용한다. 그렇지 않다면 간단한 드롭다운 컨트롤을 통해 항목을 선택할 수 있는 경우 폼 우선 패턴을 사용하는 것을 고려한다.

별도 확인 페이지를 건너뛰기로 한 경우 화면에 올라와 있는 키보드를 없애 주는 완료 버튼을 항상 제공하는 게 좋다. 이렇게 해야 사용자가 전송 버튼을 누르기 전에 키보드의 방해를 받지 않고 전체 폼을 확인할 수 있다. 실제로 모바일 폼에서 필수 필드가 아닌 다음 항목으로 이동하는 방식은 안티패턴이며, 위험 요소가 크고 주의를 분산시키는 요소를 최소한으로 줄여야 하는 모바일 뱅킹에서는 특히 지양해야 한다.

아쉽게도 Chase 앱에서는 이와 같은 실수를 저지르고 있다. 즉, 이체 금액 필드를 입력한 후 다음(Next) 키보드 버튼을 누르면 메모 필드(사용자들이 거의 채우지 않는)로 이동하는 것이다(그림 12.20 참고). 그런데 이와 같은 '다음' 키보드 버튼은 실제로 사용자들에게 마치 메모 필드가 필수 항목인 것 같은 인상을 준다. 엎친 데 덮친 격으로 이때 키보드에서는 줄 바꿈 문자를 보여주므로, 사용자가 화면에서 키보드를 없애는 법을 알기가 훨씬 더 어렵다(10장에서 설명). 또 다른 단점은 사용자가 화면 밖을 클릭해 소프트웨어 키보드를 사라지게 하고 나면 메모 필드가 두꺼운 오랜지 색으로 강조된다는 점이다. 이로 인해 사용자는 불필요한 정보에 시선을 빼앗기게 되고, 정작 중요한 다음(Next) 버튼은 놓치게 된다.

현재와 같은 방식보다는 그림 12.21의 고해상도 목업(mock-up)에 나와 있는 것처럼 이체 금액을 입력하는 키보드의 버튼을 완료 버튼으로 바꾸고 키보드를 닫아줌으로써 사용자가 전체 폼 화면을 볼 수 있게 하는 게 좋다.

그리고 난 후 만일 사용자가 메모 필드에 뭔가를 입력하고 싶다면 사용자는 메모 필드를 탭하고 키보드 화면을 다시 열면 된다. 아울러 하이라이트도 정말 강조해야 하는 항목인 다음(Next) 버튼 위에 표시한다.

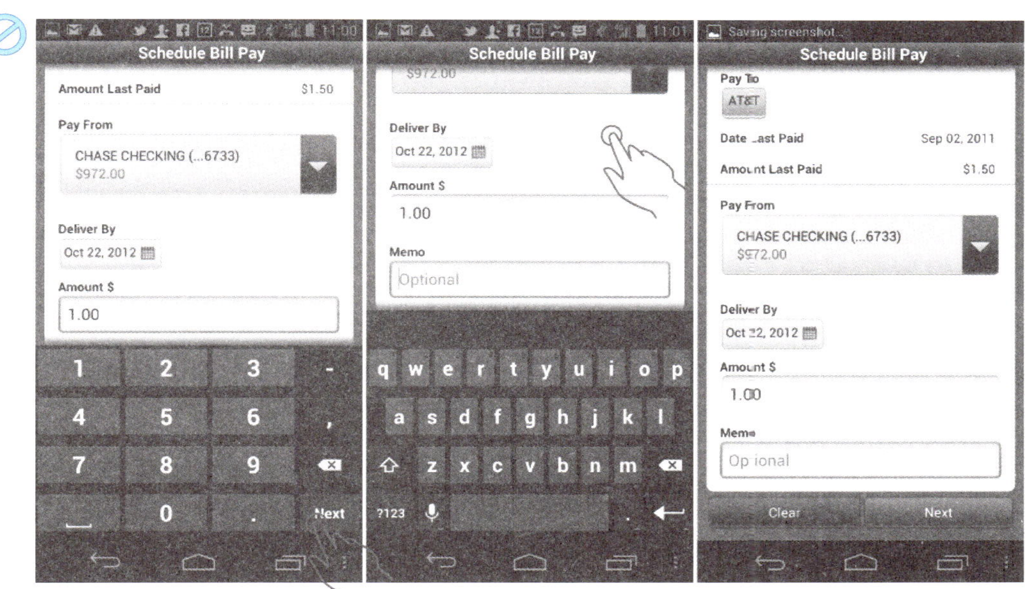

▶ 그림 12.20: 다음 키보드 버튼을 사용해 불필요한 메모 필드로 이동하는 것은 안티패턴이다.

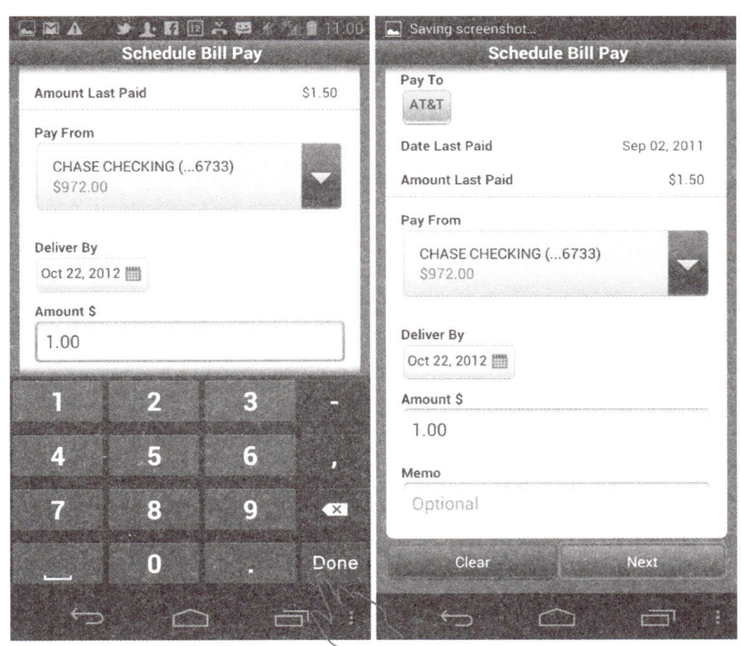

▶ 그림 12.21: 그림 12.20의 문제점을 수정한 이 그림에서는 완료(Done) 키보드 버튼을 누르면 키보드가 닫히고 Next 버튼에 하이라이트를 표시한다.

관련 패턴

12.6 패턴: 검토-확인

복잡하고, 감정을 담거나, 중요한 거래 정보를 전송하는 폼을 작성할 때는 사용자의 행동을 검토 및 확인할 필요가 있다. 이 패턴은 이와 같은 확인 기능을 가장 잘 구현하는 모범 기법이다.

적용 방식

폼을 완성한 후 전송할 준비가 되면 시스템에서는 사용자가 최종 전송 버튼을 누르기 전에 정보를 확인할 수 있는 화면을 보여준다. 사용자가 전송 버튼을 탭하면 시스템은 확인 페이지를 보여주고 전송된 폼의 상세 정보를 보여준다.

예시

검토-확인 패턴의 예는 검토 및 확인 페이지를 차례로 보여주는 Chase 앱의 지불 과정에서 볼 수 있다(그림 12.22 참고). 이때 특히 기업의 이익과 직결되는 경우 전체 흐름을 시작하는 초기 화면으로 돌아올 수 있는 다음 액션 버튼(이 경우 Pay Another Bill)을 보여주는 게 보통이다. 예를 들어 PayPal에서는 돈을 송금할 때마다 수수료 수입을 얻는다. 따라서 송금 과정을 마친 사용자가 검토/확인 페이지에서 다른 사람에게 추가로 송금할 수 있게 하는 것은 회사로서는 당연한 일이다(그림 12.23 참고). Paypal 앱의 확인 페이지에서는 이런 기능을 라이트박스로 구현하는 것을 볼 수 있다.

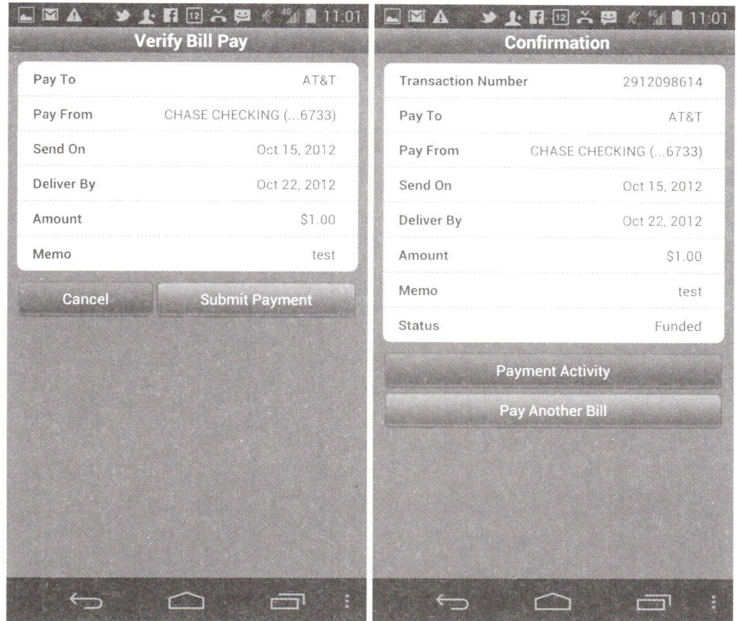

▶ 그림 12.22: Chase 앱의 지불 흐름에서 사용 중인 검토–확인 패턴

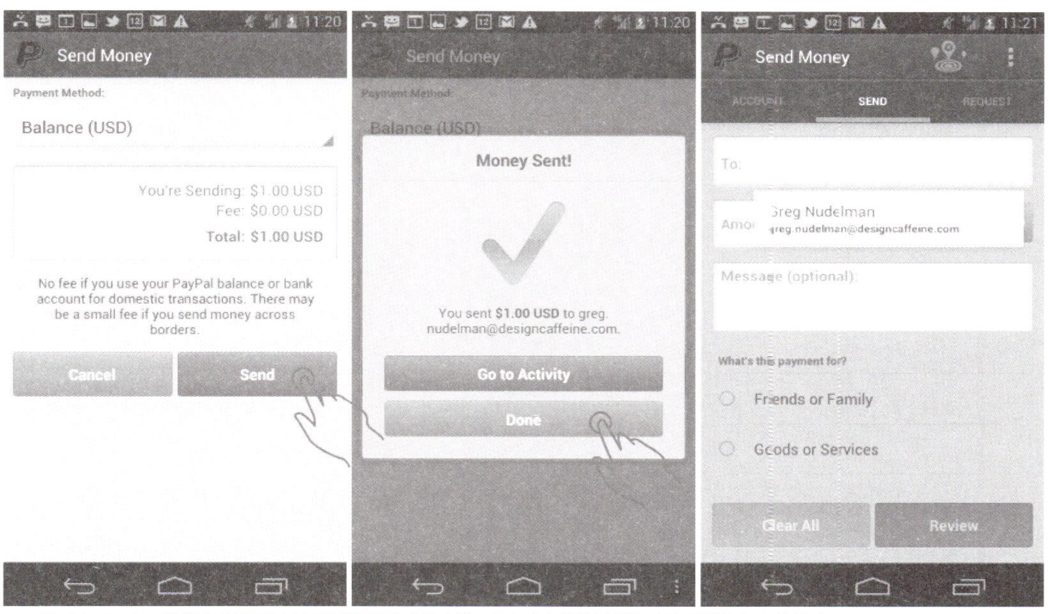

▶ 그림 12.23: PayPal 앱에서 라이트박스로 구현된 확인 패턴에서는 사용자가 전체 흐름을 다시 시작할 수 있게 한다.

언제, 어디에서 사용하나

은행 거래나 전자 상거래 결제처럼 돈과 관련한 흐름이 있는 경우, 사용자는 일종의 검토-확인 패턴을 기대한다.

사용하는 이유

이 패턴은 사용자가 뭔가를 놓치거나 두꺼운 손가락으로 모바일 앱에서 입력하는 동안 실수로 잘못 입력했는지 확인할 수 있게 해준다. 이 기능은 자주 다른 일로 방해를 받는 모바일 환경이나 데이터 입력 과정에서 적용되는 자동 교정 기능으로 인해 특히 중요하다. 별도의 확인 페이지는 시스템에서 데이터 입력을 제대로 이해했는지 시각적으로 확인할 수 있게 해준다.

다른 활용법

짧은 폼에서는 별도 확인 페이지를 종종 생략하기도 한다. 자세한 정보는 이 장의 '12.5 패턴: 폼을 갖춘 마법사' 절을 참고하자.

반려동물 가게 애플리케이션

이 장의 디자인 패턴에서는 거의 대부분 확인 페이지를 볼 수 있다. 이 페이지는 디자인이 간단하므로 여기서 따로 반복하지 않아도 될 것 같다.

태블릿 앱

태블릿에서는 별도 전용 화면을 통한 확인이 지나치게 과도해 보일 수 있다. 하지만 특히 대규모 금융 거래를 할 때는 확인 화면으로만 전체 화면을 사용하는 게 적합하다. 이렇게 하는 이유는 사용자의 주의를 깨워, 온전히 현재 진행 중인 작업에 집중하게 하기 위해서다.

태블릿에서 효과적인 확인 화면은 라이트박스(PayPal처럼)나 별도 페이지로 구현할 수 있다. 확인 화면은 검토 페이지보다는 중요성이 떨어진다. 확인 화면에서는 이미 행동이 완료된 이후이기 때문이다. 다음 행동의 횟수와 필요성에 따라 대부분 최종 확인 페이지의 구현 방식이 결정된다.

⚠ 주의점

이 패턴은 중요해 보이지 않을 수도 있지만 사실은 전혀 그렇지 않다. 우선 대다수 사람들은

'검토'와 '확인'을 구분하지 못한다. 그 결과, 거래가 아직 완료된 게 아니라고 디자인에서 분명히 강조하는 경우가 아니라면 사람들은 검토 페이지를 확인 페이지로 오해할 수 있다. 다시 말해 검토 페이지를 보는 순간 사람들은 작업이 끝났다고 생각하고 최종 전승 버튼(주문, 이체, 송금 같은)을 누르지 않고 전체 흐름에서 빠져나올 수 있다.

주요 인터넷 상점을 대상으로 한 방대한 사용성 테스트에서 25명의 참가자 중 거의 30%가 긴 결제 과정에서 이와 같은 실수를 했다. 검토 페이지에서는 사용자들에게 거래가 완료된 듯한 인상을 줬다. 이런 디자인은 위험하며, 심각한 사용성 문제를 일으킨다. 한번 생각해보자. 돈을 결제하기로 한 사용자는 이런 페이지로 인해 혼란을 느껴 작업을 멈추게 된다. 판매 기업 입장에서는 이보다 더 나쁜 일은 없다. 아울러 사용자들이 도착하지도 않는 물품을 몇 주 동안 기다리면서 느낄 짜증을 생각해보자.

아쉽게도 이 문제는 진단하기가 까다롭다. 쇼핑 바구니를 버리고 거래를 마치지 않는 사용자의 비율이 지나치게 높은지 한번 찾아보자. 필자의 클라이언트 중 하나인 대형 미국 은행에서는 거래 중단율이 20% 범위였다. 이 수치는 다른 사람에게 돈을 이체하는 비율로는 수용할 수 있는 수준이지만, 나에게 송금 비율로는 지나치게 높은 수치다. 이와 같이 중단 비율이 지나치게 높다면 사람들이 마음을 변심하게 하는 뭔가가 진행 중이라고 생각할 수 있다. 이런 의심이 든다면 시스템에 대해 양질의 사용성 테스트를 수행하는 게 좋다. 이때 고객 지원 게시판에 올라온 사용자의 문의 사항을 확인하는 것도 잊지 말아야 한다. 사람들이 "내가 주문한 물건이 지금 어디에 있죠?"라고 자주 묻는다면 검토 페이지가 잘못돼 있을 확률이 매우 크다는 증거다.

이 패턴에서 가장 많이 하는 실수 중 하나는 '최종 전송' 버튼을 아래에 두는 것이다. 최종 전송 버튼을 아래에 두고 페이지 상단 제목을 잘못 사용(이를 테면 '확인' 같은 제목)할 경우 사용자가 오해할 확률이 매우 크다. 이 문제를 해결하려면 최종 전송 버튼은 페이지 상단과 하단에 모두 두고, 페이지 제목은 '주문 내역 검토'처럼 주문이 진행 중임을 알리는 제목을 사용해야 한다. 아마존에서는 검토-확인 패턴을 효과적으로 구현하고 있다(그림 12.24 참고).

검토 페이지의 제목으로 '마지막으로 남은 단계'나 '확실합니까?'처럼 좀 더 '불완전한' 인상을 주는 제목을 지정할 수도 있다. 최종 전송 버튼은 대비되는 색상을 사용해 크고 밝게 만들어야 한다. 예를 들어 아마존의 최종 전송 버튼은 채도가 높은 노란색이다.

관련 패턴

이 장의 모든 패턴

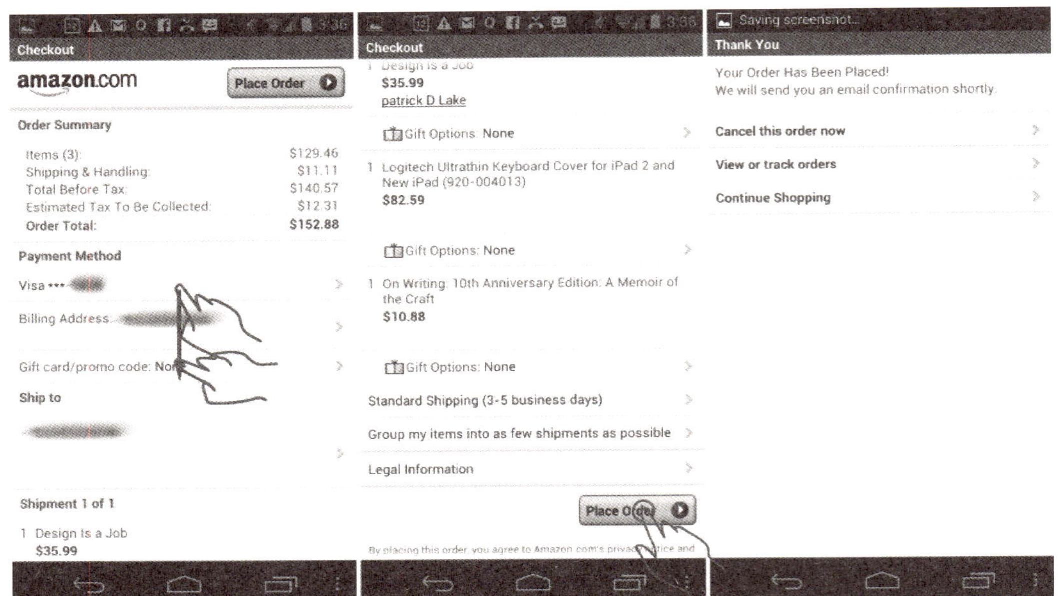

▶ 그림 12.24: 아마존 앱의 결제 프로세스는 검토–확인 패턴을 잘 보여준다.

12.7 패턴: 근거리 자기장 통신(NFC)

통신사와 모바일 폰 제조사들은 오랫동안 모바일 근거리 자기장 통신(NFC) 시장이 커질 것이라고 약속했다. 시장에서 최초로 선보인 NFC 내장 스마트폰은 갤럭시 넥서스 S를 시작으로 모바일 NFC는 새로운 현실이 됐다.

적용 방식

NFC는 단거리 통신 기술이다. NFC와 연결되면 주로 기기 내 특정 앱이나 다른 시스템이 실행된다. 두 대의 NFC 호환 기기를 서로 접촉시키거나 NFC 지원 기기를 NFC 태그에 가져다 대면 이와 같은 애플리케이션에 쉽게 접근할 수 있다.

예시

미국 시장에서 NFC를 잘 활용하고 있는 예로 구글 모바일 지갑이 있다. 결제할 때 사용자는 4자리 암호를 사용해 지급의 잠금을 풀고, 모바일 기기를 지불 단말기에 가져다 대면 된다. 그럼 단말기에서 지불 정보를 인식할 때까지 타이머가 실행된다(그림 12.25 참고).

- 지갑 앱의 보안
- 앱의 동작 방식에 대한 사용자의 이해
- 사용되는 카드를 사용자에게 보여주는 방식

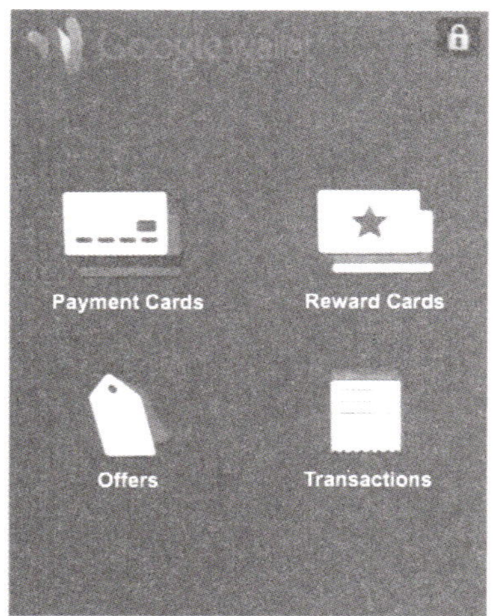

▶ 그림 12.25: 구글 모바일 지갑은 NFC 패턴을 사용한다.

지갑 앱의 보안

폰의 내부 정보에 접근하는 새 방식이 생긴 만큼 보안도 그만큼 중요해졌다. 그럼 NFC 칩에 대한 접근 권한은 어떤 식으로 관리될까? NFC를 지원하는 포스퀘어 체크인 지점에 앱을 사용한다면 아예 비밀번호가 필요 없을 것이다. 구글 지갑 앱의 경우 그림 12.23에 나온 것처럼 아이폰 스타일의 네 자리 비밀번호를 사용한다.

아마도 구글이 이런 비밀번호를 사용한 데에는 현금 지급기에서도 네 자리 비밀번호를 사용해 사용자가 한 번에 몇십 만 원을 인출할 수 있으므로, 폰 지갑에도 똑같은 수준의 보안을 적용해도 된다는 인식이 자리했을 것이다. 물론 그럴 수도 있다. 하지만 좀 더 깊이 들여다보면 여러 가지 중요한 의문이 생긴다.

▶ 그림 12.26: NFC 구글 모바일 지갑은 네자리 로그인 비밀번호를 통해 보안을 유지한다.

예를 들어 NFC 지원 앱을 실행할 때 앱이 얼마나 오랫동안 활성 상태에 머물까? 현금 지급기의 비밀번호는 거래가 일어나는 동안만 활성화된다. 사용자가 20~30초 동안 가만히 있으면 현금 지급기에서는 거래를 중단한다. 또, 현금 지급기에서는 사실상 여러분이 특정 위치(특정 현금 지급기 앞)에 있다는 사실을 보장할 수 있다. 아울러 현금 지급기를 사용할 때는 사용자가 주의를 빼앗기는 일도 없다. 이를테면 현금 지급기에서 돈을 꺼내는 동안에 페이스북 경고 창을 확인할 수는 없다는 뜻이다.

현금 지급기와 달리 스마트폰에서는 점점 더 복잡하고 다양한 모바일 환경을 처리해야 한다. 예를 들어 모바일 폰에서 사용자는 줄을 서서 차례를 기다리는 동안 결제 준비를 위해 앱을 실행할 수 있다. 이는 마치 자기 차례를 기다리는 동안 현금 지급기에 비밀번호를 입력하는 것과 마찬가지다. 과연 이런 행동을 허용해야 할까?

만일 이를 허용한다면 앱이 얼마나 오랫동안 활성 상태를 유지하게 해야 할까? 5분? 4분? 아니면 폰을 종료할 때까지? 또, 멀티태스킹은 어떨까? 사용자가 디지털 지갑이 열려 있는 동안 이메일을 확인할 수 있게 해야 할까?

또, 네 자리 비밀번호에 대해 생각해보자. 대다수 사용자는 디지털 지갑에 사용하는 비밀번호로 현금 인출기에서 돈을 꺼낼 때 사용하는 번호를 그대로 사용할 확률이 높다. 대다수의 보통 사람들에게는 이게 당연하다.

그럼 모바일 지갑과 현금 지급기에 사용하는 네 자리 비밀번호와 폰의 잠금을 풀 때 사용하는 비밀번호가 같다면 어떨까? 이 경우 폰의 비밀번호를 아는 사람이라면 누구나 디지털 지급이나 현금 지급기에서 돈을 인출할 수 있으므로 큰 문제가 생길 수 있다. 하지만 대다수 사람들은 여러 개의 비밀번호를 외우고, 언제 어떤 비밀번호를 사용해야 하는지 기억하는 게 번거로우므로 항상 같은 비밀번호를 사용하고 있다.

앱 동작에 대한 사용자의 이해

왜 가장 단순해야 하는 기술이 종종 가장 복잡해 보일까? 때로는 너무도 당연하다고 생각해서 사용자에게 동작 방식을 설명하는 단계를 생략하기 쉽다. 예를 들어 그림 12.25에 나온 구글 지갑 홈 화면을 살펴보자. 초보 사용자라면 '이걸 어떻게 사용하지?'라고 물을 수 있다. 물론 구글 엔지니어의 관점에서 보면 사용법은 아주 간단하다. 폰을 그냥 단말기에 가져다 대기만 하면 된다!

하지만 사용자 입장에서는 친구나 중요한 사람들 앞에서 최신 NFC 폰을 들고 있는 자신이 바보가 되는 것을 모두 꺼려하므로 사용을 주저하게 되고, 실제 돈을 지불하기 위해 지갑을 찾게 된다.

유튜브에서 구글 지갑을 검색해서 동영상을 몇 개 살펴보자. 그럼 사람들이 아직 어떻게 사용하는지 모른다는 것을 알 수 있다. NFC는 최신 기술이고, 사람들은 이 기술을 어떻게 사용해야 하는지 잘 모른다. 새 기술이 사람들의 의식 속으로 들어오기까지는 제라드 스풀(Jared Spool)이 사실적 정보를 거의 제공하지 않는 콘텐츠를 가리키기 위해 고안해낸 단어인 Inukshuk(Inuit User Experience)가 필요하다. Inukshuk 콘텐츠의 목적은 사용자를 최대한 보호하고 편안하게 느끼게끔 하는 것이다. Inukshuk는 디지털 세계에서 사람의 손길을 느낄 수 있게 해준다. "어떤 사람은 이런 식으로 행동했습니다. 그 사람들은 이걸 사용했어요. 이 기술은 사용해도 됩니다. 사용한다고 바보처럼 보이지는 않을 거에요. 돈을 잃어버리지도 않습니다. 괜찮습니다. 제가 방법을 알려드릴게요." 같은 식이다.

만일 구글이 간단한 Inukshuk만 첨부했더라도 새로운 사용자의 경험이 얼마나 더 좋아졌을까? 나중에 볼 '반려동물 가게 애플리케이션' 절에 나온 것처럼 버튼 하나(사용 방법)만 추가했더라도 상황은 크게 달라졌을 것이다.

사용 방법을 보여주는 화면은 사용자에게 보안, 타임아웃, 기타 유용한 정보를 알려주는 데도 유용하게 활용할 수 있다. 또, 납부, 개인 간 지급, 계좌 간 송금(나에게 송금) 같은 자금 거래 기능을 소개하는 데도 매우 적합하다. 이와 같은 Inukshuk 기능은 사용자가 몇 번의 거래를 제대로 마친 후 설정 화면에서 설정하거나 '다시 보지 않음' 스위치를 통해 언제든 끌 수 있다.

사용 중인 카드 보여주기

끝으로 기본 신원에 대한 중요한 질문이 남아 있다. 요즘 대다수 사람은 여러 개의 온라인 신원 정보를 갖고 있다. 필자의 경우 작은 기업을 운영하고 있다. 따라서 때로는 그렉 누들먼이라는 개인으로 행동하지만, 때로는 디자인카페인이라는 기업의 CEC이자 법인으로 행동한다.

사용자가 서로 다른 디지털 신원 정보와 각기 다른 디지털 지갑이 들어 있는 두 개의 NFC 폰을 가지고 다니는 게 아니라면 사용자는 빠르게 정확하게 기기에서 현재 어떤 신원 정보가 선택돼 있는지 확인할 수 있어야 한다(또 NFC 리더에 어떤 신용카드를 읽힐지).

아쉽게도 구글 지갑에서는 이 작업이 쉽지 않다. 그림 12.25에 나온 홈 화면에서 어떤 신용카드가 선택돼 있는지 알 수 있을까? 사실 홈 화면만 보면 정확히 알 수 없다. 이 정보를 보려면 그림 12.27에 나온 지급 카드 화면으로 들어가야 한다.

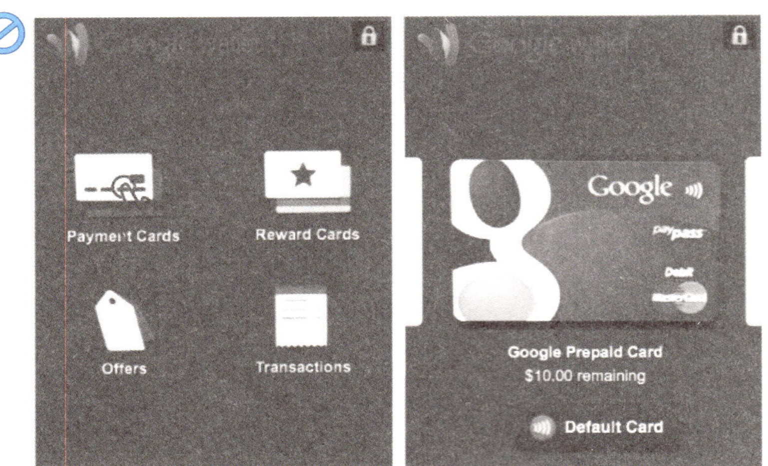

▶ 그림 12.27: 어떤 신용카드가 지불에 사용되는지 보려면 구글 지갑 사용자는 지불 카드 화면으로 들어가야 한다.

NFC에서는 잘못된 사람으로 메시지를 보낼 가능성이 매우 크다. 따라서 기본 신원 정보 설정, 사용자 ID, 신용카드 등을 보여주는 게 그만큼 중요하다. 다행히 그림 12.29에 나온 반려 동물 가게 앱의 와이어프레임에서는 신용카드를 쉽게 보고 바꿀 수 있다.

언제, 어디에서 사용하나

현재 NFC를 사용하는 대다수 앱은 아직 초창기 기술이므로 아직 시험 단계에 있다. NFC 기술은 물리적인 세계와 가상 세계를 연결해 도움이 될 수 있는 상황(소셜 미디어 체크인, 매장의 모바일 커머스, 다양한 유형의 사물에 대한 정보 및 메타데이터를 얻을 수 있는 환경)에서 사용을 고려해 볼 만하다.

사용하는 이유

NFC는 모바일 기기를 모든 제품 및 명소와 연결할 수 있는 강력한 힘을 지는 기술이다. 따라서 물리적인 세계와 가상의 세계를 완전히 연결해 브루스 스털링의 '사물 인터넷(Shaping Things, 2005년, MIT 출판사)'의 약속을 실현시켜줄 수 있는 기술이다. 즉, NFC는 우리가 살고 있는 환경의 모든 사물에 대한 메타데이터, 소셜 미디어 데이터, 만료일, 제조 과정, 그 외 수많은 데이터를 전달해줄 수 있다. NFC는 QR 코드, 은행 카드, ATM, 광고, 신분증, 현금 등을 완전히 대체할 수 있을 뿐 아니라 우리가 아직 생각하지도 못한 다양한 방식으로 얼마든지 활용될 수 있다.

다른 활용법

NFC를 활용하는 모든 기능은 '있으면 좋은 기능'으로 간주하고, NFC 태그를 사용하고 싶지만 아직 갤럭시 넥서스 S를 구매하지 못한 사용자들을 위해 다른 강력한 대체 수단을 구현하는 것을 잊지 말아야 한다. 새로운 사용자들이 좀 더 편리한 기능을 사용할 수 있게 배려하는 동시에 기존 사용자를 챙기는 것도 소홀히 해서는 안 된다.

예를 들어 앱에서 특정 위치에 체크인할 때 NFC를 사용한다고 가정하자. 아직까지 많은 사용자가 NFC 지원 폰을 갖고 있지 않다. 그럼 이 사람들을 대상으로도 체크인 서비스를 제공해야 할까? 적어도 6명 이상 체크인을 하는 것을 보고 싶다면 이에 대한 답은 당연히 '예'다.

QR 코드를 NFC 태그와 함께 사용하면 기존 사용자와 새 사용자를 동시에 만족시킬 수 있다. 사용자에게 태그를 사용할 수 있는 방법이 두 가지라는 것을 알려주기 위해 QR 코드 안에 표준 NFC 웨이브 아이콘을 집어넣자. 그럼 사용자는 두 가지 형태로 이 태그를 사용할 수 있다는 것을 알 수 있다. 그림 12.28을 참고하자.

이 태그 디자인은 NFC 지원 기기를 사용해 QR 코드를 건드리거나, NFC 칩이 없는 안드로이드 폰 사용자는 QR 코드 리더를 사용해 태그를 스캔하면 태그를 사용할 수 있다는 사실을 명확히 알려준다. 이와 같은 방식을 활용하면 사용자는 여러분의 서비스를 최대한으로 활용할 수 있다. 물론 이 접근 방식은 모바일 뱅킹에도 활용할 수 있다(지는 과정에서 화면에서 생성하는 일회성 QR 코드가 아니라면). 여기서는 다만 NFC 기술을 응용할 수 있는 여러 분야 중 하나를 예로 들었을 뿐이다.

반려동물 가게 애플리케이션

앞에서 설명한 대로 구글 지갑 디자인에 중요한 개선 사항 두 가지를 추가했다. 바로, 사용 방법을 보여주는 버튼과 기본 신용 카드를 쉽게 보고 선택할 수 있는 내비게이션 패턴이다. 반려동물 가게 은행 지갑 디자인의 결과 화면은 그림 12.29의 고해상도 와이어프레임에서 볼 수 있다.

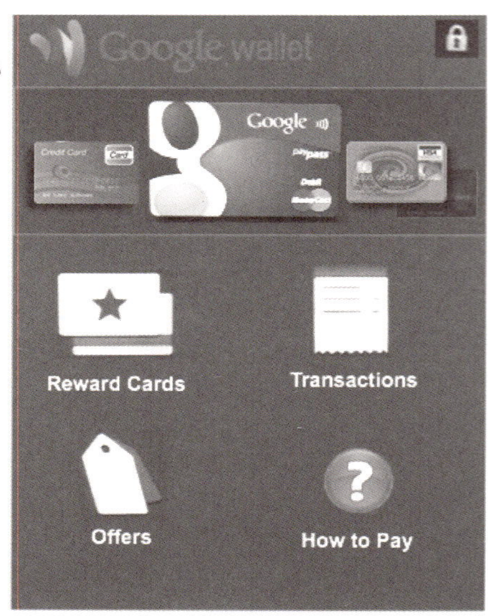

▶ 그림 12.29: 반려동물 가게 은행 앱의 모바일 지갑은 현재의 UX 이슈를 해결해준다.

이 버전에서는 상단에서 카드를 스와이프하면 지갑에 들어 있는 다음 카드로 결제 카드가 바뀐다. 또, 카드를 더블탭하면 썸네일로 전체 카드 목록이 표시된다. 아울러, 카드를 탭하고 가만히 있으면 사용자가 카드 목록을 보거나 새 카드를 추가할 수 있는 메뉴가 나타난다. 이와 같이 더블탭 및 탭 하고 기다리기 제스처를 구현하면 다음 카드로 바뀌는 메인 제스처를 방해하지 않으면서 이 화면에서 필요한 기능을 모두 제공할 수 있다. 이 화면의 내비게이션은 실제 지갑에 들어 있는 카드의 모습과도 유사하다. 물론, 사용자가 실제로 이 내비게이션을 문제 없이 사용하는지 확인하려면 필드 테스트가 필요하다.

독자들 중에는 구글 지갑의 아름답고 깨끗한 홈 화면을 지저분하게 만들었다고 생각하는 사람도 있을 것이다. 어쩌면 이런 생각이 맞을 수도 있다. 하지만 앞서 우리가 제시한 것과 같은 질문들이 해결되기 전까지는 사용자 경험과 관련해 NFC는 꽤나 지저분해 보일 수밖에 없는 것도 현실이다.

태블릿 앱

태블릿 앱(특히 소형)을 잊어버려서는 안 된다. 현재 시판 중인 태블릿 중 NFC 호환 태블릿은 전혀 없다. 하지만 머지 않아 NFC는 태블릿에서도 지원할 전망이다. 그러나 이와 별개로 7인치 태블릿과 모바일 기기에서 NFC 단말기와 상호작용하는 방식에 있어서는 거의 차이가 없을 것 같다. 즉, 앞서 설명한 고려 사항들은 태블릿에도 그래도 적용된다.

⚠ 주의점

모바일 기기의 NFC 기술은 아직 초기 단계다. NFC 지원 앱을 디자인할 때 고려할 주의점을 몇 가지 요약하면 다음과 같다.

악의적 사용자를 대상으로 한 디자인

사용자의 폰을 훔친 후 NFC 앱을 사용하려고 하는 악의적인 사용자를 고려해 앱을 신중하게 디자인하는 것을 잊지 말아야 한다. 비밀번호가 세 번 틀리면 앱을 잠궈야 할까? 아니면 10번? 아니면 아이폰처럼 점차적으로 잠금 기간을 더 늘려야 할까?

이들 질문은 간단하지 않으며 이에 대한 답도 '상황에 따라 다르다.' 앱을 출퇴근시 지하철에서 사용한다면 2분 타임아웃과 10회 오류 시 폰을 잠그는 게 적합할 것이다. 하지만 디지털 지갑 앱이라면 2분 타임아웃과 10회 오류 횟수는 지나치게 많다.

보안, 비밀번호, 타임아웃은 앱에서 NFC를 사용하는 환경에 맞게 디자인해야 한다. 아울러 이슈를 정확히 찾아내려면 필드 테스트가 꼭 필요하다.

NFC 활성화에 대한 고려 사항

NFC 기능은 기본적으로 항상 활성화돼 있다. 하지만 이 사실을 인지하는 사람은 거의 없다. 휴대전화 통신 신호와 마찬가지로 NFC도 계속해서 정보를 주고받는다(폰이 대기 상태일 때도). 이를 그대로 두어야 할까 아니면 사용자가 NFC를 어디에서 활성화할지 제어할 수 있게 해야 할까? NFC 태그에서 NFC 신호가 감지될 때 호출할 앱을 판단해야 할까 아니면 사용자가 어떤 앱이 실행될지 선택하게 해야 할까? 또 모바일 기기에서 앱을 실행하기 전에 사용자의 확인을 거쳐야 할까? 아니면 탭 한 번으로 베드 배스 앤드 비욘드사(社)에 대한 사용자의 사랑을 페이스북에 있는 모든 사용자가 알 수 있도록 해야 할까? 사용자(또는 좀 더 정확하게는 NFC 서비스를 수행하는 대상)가 고급 설정으로 들어가지 않고 자신이 사용하고 싶은 역할

범위를 부드럽고 자연스럽게 결정하려면 어떻게 해야 할까?

전혀 모르는 사람이 여러분 고객의 폰을 가지고 실제 사용자의 허락 없이 NFC 기능을 사용하게 되기까지는 시간 문제다. 과거 근거리 통신 수단인 블루투스처럼 NFC 기술의 사용률이 떨어지는 것을 원하지 않는다면 디자이너들은 NFC 기술의 활성화 여부에 대해 신중하게 고려해야 한다. 앱이 외부 NFC 태그와 상호작용하기 위해 활성화돼야 할까? 앱이 활성화돼 있지만 멀티태스킹 모드에서 백그라운드에서 실행된다면 어떻게 해야 할까? 폰을 켜야 할까 아니면 대기 모드로 머물러야 할까? NFC 단말기에서는 어떤 정보를 요청할 수 있을까? 사용자는 어떤 정보를, 누구에게 보낼지 어떻게 제어할 수 있을까? 사용자의 승인 없이 사용자의 폰에서 얻을 수 있는 정보는 뭐가 있을까? NFC 신호를 전달하는 대상에 연결하는 게 얼마나 쉽거나 어려운가?

때로는 모바일 기술의 빠른 발전 속도로 인해 새로운 해답보다는 더 많은 질문이 생겨난다. 하지만 바로 이런 점 때문에 안드로이드 모바일 및 태블릿 UX 디자인이 그만큼 재미있는 것인지도 모른다.

관련 패턴

12.1 패턴: 빠른 로그인

내비게이션

내비게이션 패턴 중 일부는 이 책의 이전 장에서 이미 다뤘다. 이렇게 한 데에는 그럴만한 이유가 있다. 바로 내비게이션이 이 책에서 세 번째로 중요한 주제이기 때문이다. 검색, 데이터 입력과 더불어 내비게이션은 효과적인 모바일 사용자 경험의 세 축을 이룬다. 하지만 안드로이드 내비게이션은 별도로 책 한 권이 필요할 만큼 방대한 주제. 아쉽게도 이 책에서는 내비게이션에 할애할 수 있는 장이 하나뿐이므로 독자들에게 도움이 되게끔 여기서는 가장 고급 내비게이션. 가장 큰 논쟁이 되는 내비게이션. 가장 많이 실수하는 내비게이션만을 엄선해 살펴본다.

이 장에서는 작은 모바일 화면에서도 사용할 수 있고, 편안하게 즐길 수 있는 내비게이션 패턴을 살펴본다. 파노라마 내비게이션이나 사용자가 몰입하게 하는 내비게이션도 머지 않아 등장할 것으로 보이지만. 아직 이런 내비게이션은 집단적 안드로이드 디자인 의식 속에 자리잡지 못했다. 사실 새로운 모바일 내비게이션 패턴이 매일 발전할수록 필요어 따라 새로운 모바일 패턴을 채택할 수 있게 해주는 견고한 모바일 디자인 기초에 초점을 맞추는 게 더 중요하다.

어렸을 적에는 놀이로 즐기던 게임도 모바일 화면의 작은 공간에서는 익스트림 스포츠가 된다. 여기서는 포고스티킹을 피할 수 있는 방법을 살펴본다.

언제, 어디에서 나타나나

포고스티킹은 모바일 내비게이션에 내재해 있는 문제점이다. 포고스티킹은 추가 정보를 보여주는 상세 뷰와 연결된 리스트 뷰에서 나타난다.

📊 예시

포고스티킹은 데스크톱 웹 화면에서도 자주 이슈가 되지만, 모바일에서는 문제가 더 심각하다. 예를 들어 인기 앱인 TripAdvisor에서는 리스트 뷰에서 호텔에 대한 정보를 일부(네 가지 정보)만 보여준다(그림 13.1 참고). 이런 뷰는 내비게이션 기능이 떨어진다.

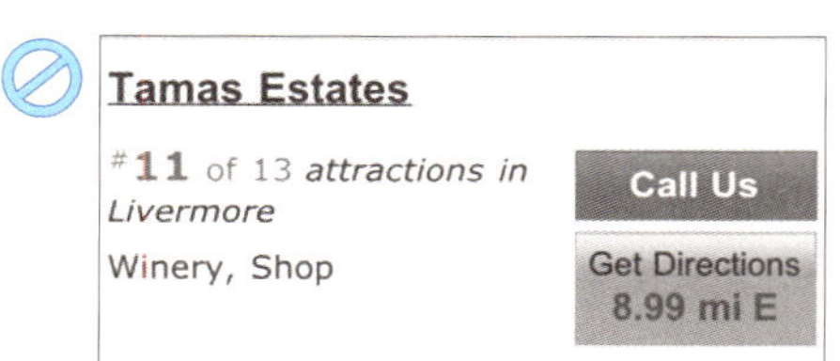

▶ 그림 13.1: 이 포고스티킹 안티패턴은 TripAdvisor 앱의 화면이다.

모바일 기기의 화면이 작다고 해서 리스트 뷰에서 항목 정보를 생략해야 하는 것은 아니다. TripAdvisor 앱(그림 13.1 참고)을 그림 13.2에 나온 옐프 앱의 리스트 뷰와 비교해보자. 옐프 앱에서는 사용자에게 TripAdvisor 앱보다 두 개나 많은 여섯 가지 정보를 보여준다.

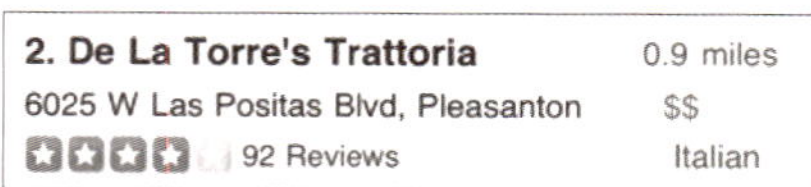

▶ 그림 13.2: 옐프 앱의 포고스티킹 안티패턴 해결책

아울러 같은 화면 공간에서 더 많은 검색 결과(TripAdvisor 대비 1.5배)를 보여줌으로써 포고스티킹 이슈를 상당히 줄였다. 이는 대단한 성과다. 옐프 앱은 개별 리스트 결과에 개선된 레이아웃을 적용해 이를 구현하고 있다.

삼가야 하는 이유

포고스티킹이라는 용어를 창시한 UX 전문가 제라드 스풀은 대부분의 효과적인 내비게이션 결정은 갤러리(리스트) 페이지에서 이뤄지며, 드릴다운은 실제로 각 항목에 참여할 때만 필요하다고 설명한다. 과도한 포고스티킹이 적용된 페이지의 경우 갤러리나 리스트 페이지에서 효과적인 내비게이션 결정을 할 수 있을 만큼 충분한 정보를 제공하지 않아, 사용자가 스카이콩콩을 타는 어린아이처럼 계속해서 여러 상세 페이지를 들어갔다 나왔다 해야 한다. 이런 내비게이션은 소중한 시간을 낭비하게 하고, 사용자의 주의력을 떨어뜨리며, 사용자가 여러분의 기업에서 사용자에게 제공하려는 정보와 재미를 제대로 느끼지 못하게 한다. 아울러 지나친 포고스티킹으로 인해 사용자는 자신이 찾고 있는 정보를 전혀 찾지 못하고 아예 앱을 삭제해 버릴 수도 있다.

추가 고려 사항

포고스티킹은 별도로 한 챕터를 할애할 필요가 있을 정도로 큰 주제다. 필자의 책인 Designing Search(Wiley, 2011)에서는 한 장을 빌어 포고스티킹에 대해 자세히 설명하고 있다.

관련 패턴

7장 '검색'의 모든 패턴

⊘ 13.2 안티패턴: 여러 개의 강조 영역

모든 소비자는 싼 가격에 물건을 사는 것을 좋아한다. 그럼 할인 콘텐츠의 종류가 하나가 아니라 여러 개이면 더 좋을까? 그렇지는 않다. 여러 개의 강조 영역 안티패턴은 모바일 공간에서 가장 많이 저지르는 실수 중 하나다.

언제, 어디에서 나타나나

이 안티패턴은 강조하는 결과의 종류가 한 개보다 많을 때 나타난다. 특히 마케팅 부서 직원들이 앱 디자인에 개입해 다양한 브랜드명의 강조 영역을 웹사이트와 똑같이 모바일에서도 강조하려고 할 때 흔히 생긴다.

📊 예시

이 안티패턴은 도처에서 흔히 볼 수 있다. 필자가 가장 많이 예로 드는 앱은 NewEgg 앱이다. 이 앱의 홈페이지에서는 Shell Shocker, 자동으로 바뀌는 오늘의 특가 상품, 그리고

EGGXTRA! EGGXTRA! 섹션을 강조한다(그림 13.3 참고). 아울러 이들 강조 항목은 '일반적인' 검색 결과와 함께 표시된다(물론, 사용자가 검색 기능을 찾을 수 있을 때의 얘기다).

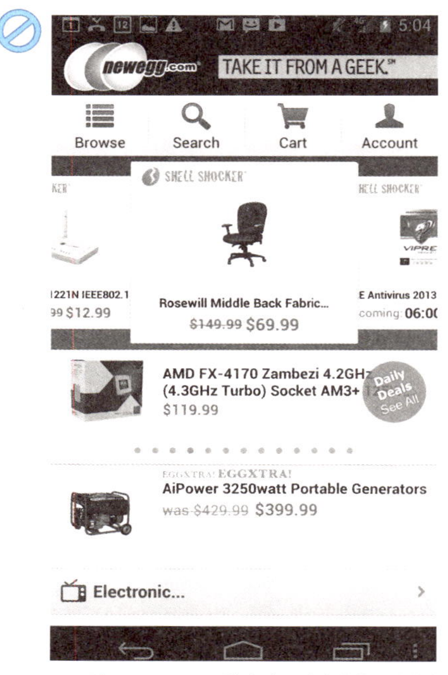

▶ 그림 13.3: NewEgg 앱의 강조 영역에서는 지나치게 많은 정보를 보여준다.

삼가야 하는 이유

저명한 UX 전문가인 스티브 크룩과 제이콥 닐슨은 여러 차례 브랜드를 내세운 통제와 제안이 사용자의 혼란을 초래한다고 보고한 바 있다. 이는 유명 전자 상거래 기업을 대상으로 조사한 필자의 연구 결과와도 정확히 일치한다. 특히 작은 모바일 기기 화면에서는 이와 같이 브랜드화된 가격 제안이 더 큰 문제를 일으킨다. 각기 다른 특가 브랜드 사이의 차이점이 무엇일까? 대체 누가 이런 브랜드에 신경을 쓸까? 대부분의 소비자는 이런 브랜드에 신경 쓰지 않으며, 작은 기기 화면에서 이와 같은 과도한 프로모션은 금세 수익 감소로 이어질 수 있다.

사용자들이 다양한 마케팅 제안 사이의 차이점을 명확히 설명할 수 없다면 아마도 사용자들은 혼란스러워하고 있을 가능성이 크다. 사용자는 '내가 Shell Shocker에 들어 있는 물건을 사야 가장 쌀까? 아니면 EGGXTRA! EGGXTRA!에 있는 물건을 봐야 하나? Daily Deals에서 신형 태블릿을 가장 싸게 살 수 있으면 어쩌지?' 같은 고민을 하고 있을 것이다. 이 경우 사용자는 실제로 뭔가를 구매하는 대신 마케팅 프로모션 사이를 왔다갔다 하면서 어떤 상품이 가장 저렴한지 계속 찾게 된다. UX 세계에서는 이와 같은 행동을 처닝(churning)이라고 부른다. 처닝은 사용자의 목적에 부합하지 않는 쓸모 없는 항목들 사이에서 비생산적으로 왔다갔다 하는 행동을 가리킨다.

추가 고려 사항

마케팅 부서 직원들과 싸우는 데 지쳤고, 모바일 사용자 경험에 악영향을 주지 않으면서 마케팅 부서 직원들의 창의적인 표현의 자유도 존중하고 싶다면 아마존 앱 모델을 고려해보자. 이 앱에서는 각기 다른 특가 유형이 Gold Box라는 제목 아래 모두 표시된다(그림 13.4 참고).

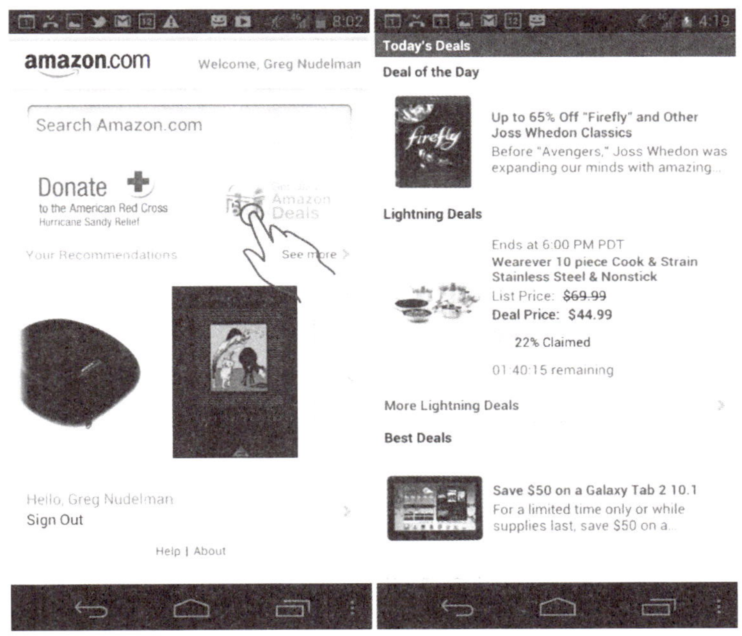

▶ 그림 13.4: 아마존 앱에서는 여러 개의 강조 영역 안티패턴이 Gold Box 아래 숨었다.

물론 아마존 앱에서도 각기 다른 특가 메커니즘, 이름, 브랜드를 사용한다. 하지만 이 사례가 앞서 살펴본 NewEgg Shell Shocker과 다른 점은 아마존 앱에서는 모든 강조 항목을 홈페이지에서 보여주려고 하지 않았다는 점이다. 대신 프로모션 상품들은 Gold Box 라벨 아래 숨김으로써, 꼭 이 항목들을 보고 싶은 사용자가 아니라면 서로 다른 특가 항목들로 인해 불필요한 혼란을 느끼지 않게 했다. 아울러 상단의 Gold Box 브랜드는 사용자들이 다소 혼란스러울 수 있는 특가 상품들이 나열돼 있는 화면으로 이동한다는 사실을 사용자에게 충분히 경고해주는 역할도 한다.

관련 패턴

이 장에 나와 있는 모든 패턴을 대체 내비게이션 패턴으로 참고하자.

13.3 패턴: 캐로셀

특가 제품을 보여주는 방식에 얘기가 나온 김에 캐로셀 패턴도 살펴보도록 하겠다. 캐로셀 패턴은 시각적으로 매력 있는 제품 몇 개를 보여주기에 가장 적합한 내비게이션 중 하나다.

적용 방식

사용자는 한 행에서 몇 개의 제품 이미지를 본다. 좀 더 많은 제품을 보려면 행을 가로로 스와이프해 다음 제품으로 이동하면 된다. 보통 캐로셀의 움직임 방향을 나타내는 화살표를 사용해 필요한 동작에 대한 힌트를 준다. 또는 제품 중 하나를 부분적으로 숨겨, 티저를 제공함으로써 사용자가 스와이프를 통해 더 많은 콘텐츠를 볼 수 있음을 암시한다.

📊 예시

이 패턴이 잘 적용된 예로 아마존 앱의 홈 화면(그림 13.5)이 있다. 이 구현체에서는 티저 방식을 사용해 필요한 동작을 암시한다. 그림 13.5에서는 CAT5E 이더넷 케이블이 일부 화면만 보여줌으로써 사용자가 스와이프를 통해 더 많은 콘텐츠를 볼 수 있게끔 욕구를 자극한다.

언제, 어디에서 사용하나

이 패턴은 그림을 통해 쉽게 식별할 수 있는 8개에서 20개의 제품이나 항목이 있을 때는 언제든 사용할 수 있다.

사용하는 이유

캐로셀은 매력적인 내비게이션 방식이지만 아직까지 시각적인 정보를 보여주는 데 많이 활용되지 않고 있다. 캐로셀은 모바일 기기에서 활용할 수 있는 스와이프 멀티터치 제스처를 완전히 활용한다. 캐로셀은 사용하기 쉽고 직관적이며, 콘텐츠에 대한 설명 문구가 거의 필요 없을 때 효과적으로 모바일 화면 공간을 활용하게 해준다.

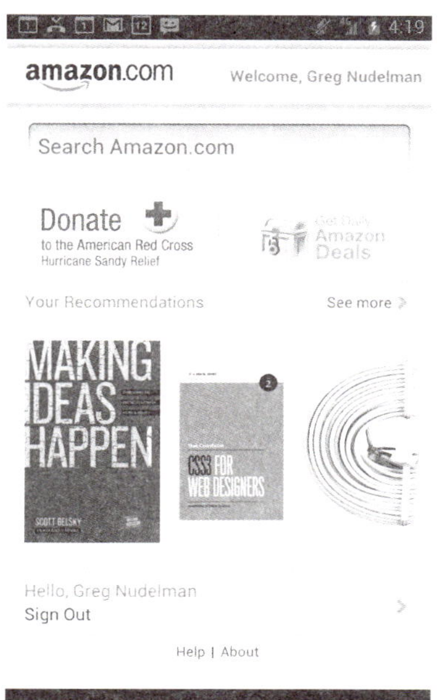

▶ 그림 13.5: 아마존 앱의 홈 화면에서는 캐로셀 패턴을 잘 보여준다.

다른 활용법

캐로셀 패턴의 큰 장점 중 하나는 다양한 기기 크기와 화면 해상도에서도 잘 적용된다는 점이다. 물론 여기에는 까다로운 가로 방향(그림 13.6)도 포함된다. 오히려 캐로셀 패턴은 세로 방향보다 가로 방향에서 제 기능을 더 잘 발휘한다.

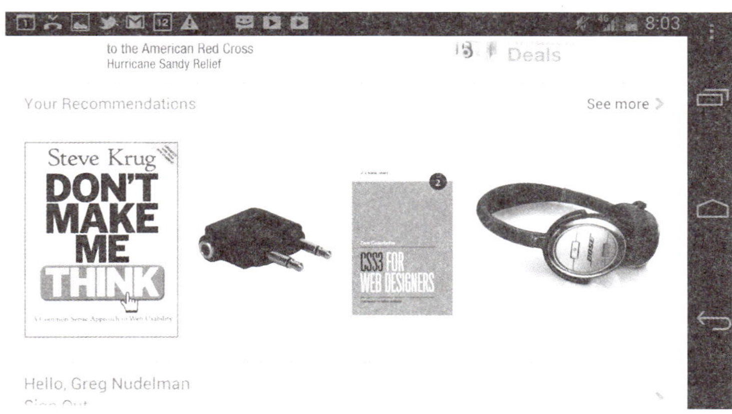

▶ 그림 13.6: 아마존 앱의 캐로셀 패턴은 다양한 화면 크기에 적합하며, 세로 방향보다 가로 방향에서 제 기능을 더 발휘한다.

전통적인 검색 결과는 가로 방향에서 좁은 세로 공간으로 인해 효율성이 크게 떨어지는 반면 잘 디자인한 캐로셀은 오히려 더 많은 재고를 보여줌으로써 빛을 발한다. 아울러 특정 검색 결과로 이동하는 더 보기(See More) 링크도 주의해서 보자.

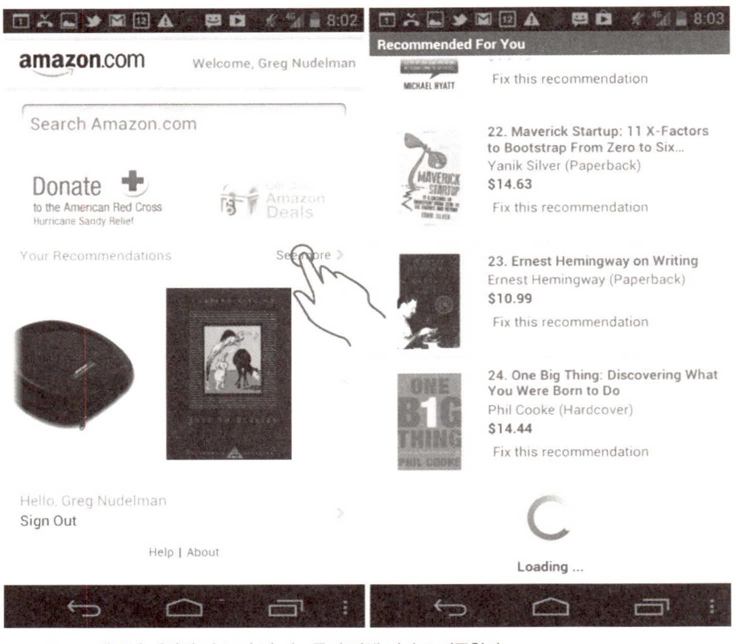

▶ 그림 13.7: 캐로셀 패턴의 더 보기 링크는 특정 검색 결과로 이동한다.

이와 같은 더 보기 링크는 캐로셀 컨트롤에서 보여주는 항목이 사용자의 요구를 충족하기에는 부족하지만 관심을 끌기에는 충분할 때 특히 도움된다. 이 패턴과 관련한 자세한 내용은 14장 '태블릿 패턴'에 있는 '2-D 더 보기 패턴'을 참고하자. 여기서는 전체 캐로셀 컨트롤이 일종의 광고 역할을 하고 사용자가 방대한 아마존 재고 중 관련 상품들을 자세히 볼 수 있게 한다.

반려동물 가게 애플리케이션

반려동물 가게 앱은 캐로셀을 활용해 특정 반려동물이나 새로 등록된 반려동물을 강조할 수 있다. 예를 들어 사용자가 지역에서 마지막으로 검색한 '경비견'에 해당하는 반려동물이 새로 등록된 경우 이를 캐로셀을 통해 강조할 수 있다. 14장의 2-D 더 보기 패턴에 있는 와이어프 레임을 참고하자(이 패턴의 소스 코드가 궁금하다면 http://androiddesignbook.com을 참고 하도록 한다.

태블릿 앱

이 패턴은 태블릿 기기 같은 큰 화면에서 스와이프 제스처를 사용하기에 매우 적합한 패턴이다. 태블릿 기기에서 캐로셀 패턴을 사용할 때는 2-D 캐로셀 컨트롤 세트를 활용하는 게 특히 좋다. 자세한 내용은 14장의 2-D 더 보기 패턴을 참고하자.

⚠ 주의점

여느 패턴과 마찬가지로 이 패턴을 잘못 구현할 수 있는 요소는 여러 가지가 있다. 일례로 그림 13.8에 나온 NewEgg 앱의 Shell Shocker 캐로셀 구현체가 있다.

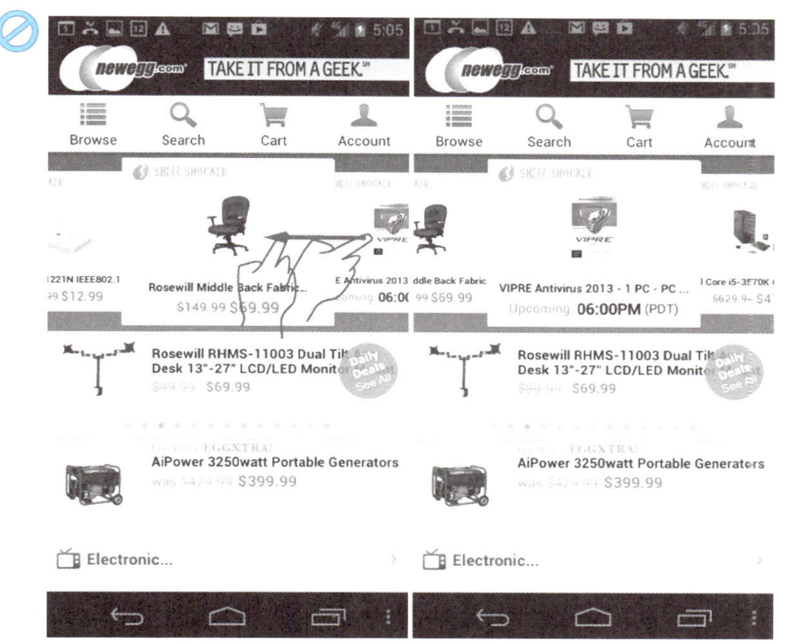

▶ 그림 13.8: NewEgg 앱의 캐로셀 패턴에는 몇 가지 문제가 있다.

NewEgg 앱의 캐로셀 구현체 있는 UX 이슈를 설명하는 게 도움이 될 것 같다. 캐로셀 컨트롤을 디자인할 때는 현실에서의 회전목마를 생각하는 게 도움이 된다. 다음은 사용자가 가장 좋아할 만한 캐로셀을 구현하는 데 도움되는 권장 사항이다.

- **부드러운 스크롤**: 우선 NewEgg 앱의 캐로셀은 애플 OS의 커버플로우처럼 디자인돼 있다. 따라서 가운데에 큰 요소가 있고 두 개의 부분 뷰가 가장자리를 차지한다. 아마존 앱의 캐로셀처럼 이 캐로셀도 스와이프 제스처를 통해 추가 상품 목록을 볼 수 있다. 하지만 NewEgg 앱의 캐로셀은 가운데 요소를 크게 보여주는 구조로 인해 부드럽게 움직이지 않으며, 스크롤을 하는 동안 중간 단계를 보기가 어렵다. 이는 큰 단점이다. 특히 두 개의 양 옆 요소가 바뀌는 것을 보기가 어렵다. 항목들은 아마존 앱에서처럼 부드럽게 제 자리로 이동하는 대신 갑자기 이동한다. 실제 회전목마는 편안하고 부드러운 속도로 사용자에게 즐거움을 선사한다. 캐로셀은 보는 사람을 짜증나게 하는 게 아니라 부드러움을 강조한 시각적 경험을 전달하는 게 목적이다. 컨트롤의 모든 부분(화면 전환 포함)는 부드럽게 움직여야 한다.

- **초기 스크롤 방향을 표시한다**: NewEgg 앱은 왼쪽과 오른쪽 모두 이동할 수 있어서 사용자의 혼란을 야기한다. 즉, 이 캐로셀이 계속 반복되는지, 전체 항목을 모두 봤는지, 아니면 계속 스크롤해야 하는지 알기 어렵다. 아마존에서는 표준 안드로이드 4.0의 기울어진 화면 경계 처리를 통해 마지막 위치를 알려준다. 즉, 사용자가 캐로셀의 마지막 항목을 지나 계속 스크롤하려고 하면 화면 콘텐츠가 조금 기울어지는 효과를 통해 해당 방향으로 더 이동할 수 없음을 알려준다. 이 방식이 사용자에게는 훨씬 더 적합하다. 실제 회전목마가 특정 방향으로 이동하듯(회전목마를 거꾸로 타지는 않으니까) 여러분의 캐로셀 구현체도 어떤 방향으로 이동하는지 반드시 보여줘야 한다.

- **놀이를 빨리 끝낸다**: 훌륭한 캐로셀 구현체에서는 목록의 끝을 시작과 동일한 화면 기울어짐 경계 처리로 표시하고, 8개에서 20개의 항목만 보여준다. 이들 항목을 보고 나면 놀이가 끝나고 사용자는 캐로셀에서 내릴 수 있다. 사용자가 캐로셀에서 내릴 때는 '더 타고 싶다'는 느낌이 들어야 한다. 하지만 이와 반대로 NewEgg 앱의 캐로셀은 끝없이 계속되는 듯한 느낌을 주며, 사용자는 지겨울 때까지 캐로셀에서 내리지 않는다. 이런 방식보다는 캐로셀의 마지막 요소를 활용해 검색 결과로 이동하는 더 보기 링크를 제공하는 게 훨씬 좋다. 이런 검색 결과 화면에서는 훨씬 더 많은 데이터를 검토할 수 있고, 서로 유사한 항목으로 나눠서 보여줄 수도 있다(이런 화면의 예는 14장 2–D 더 보기 패턴에서 볼 수 있다).

- **멋진 말을 사용한다**: 말이 아무리 부드럽게 움직여도, 또 캐로셀이 아무리 멀리, 빠르게 이동하더라도, 가장 중요한 것은 말이 얼마나 멋진지이다. 사진 썸네일(말)은 여러분의 사용자에게 보여주고 싶은 이야기를 전달해야 한다. 예를 들어 아마존 앱의 썸네일은 NewEgg 앱의 썸네일보다 훨씬 보기 좋다. 물론 때로는 아마존 같은 거대 기업에서도 썸네일을 아예 누락하는 경우도 있지만 말이다(그림 13.9 참고).

할로윈 데이조차 유령 말은 타기가 겁난다. 어떤 상품의 경우 특성상 별로 시각적이지 않은 경우가 있다. 이런 상품들은 캐로셀에 포함시키기에는 부적합하다. NewEgg에서 판매하는 기술적인 제품의 경우 추가 정보를 제공하는 텍스트를 보여주는 게 더 좋을 수 있다. 사진이 이야기의 절반을 들려주고, 상당한 양의 텍스트를 포함시켜야 한다면 캐로셀이 더 이상 적합하지 않을 정도로 개별 항목의 크기를 늘려야 한다. 이런 항목들의 경우 캐로셀이 정말 필요한지 다시 생각해보거나, 단순 세로 리스트가 더 나은 사용자 경험을 전달할 수 있지는 않을지 고려하는 게 좋다.

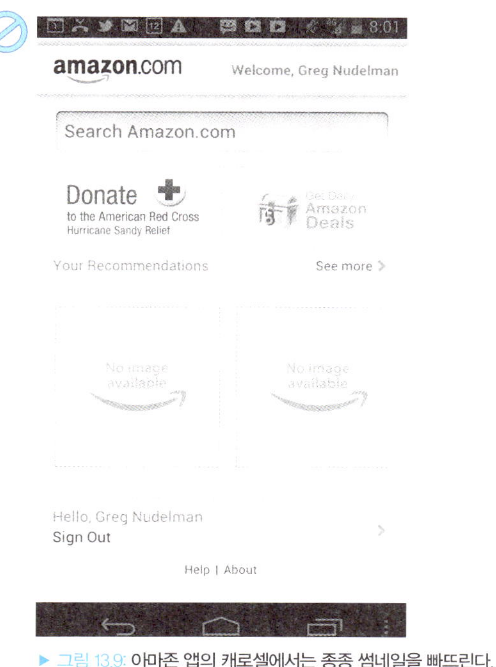

▶ 그림 13.9: 아마존 앱의 캐로셀에서는 종종 썸네일을 빠뜨린다.

14.5 패턴: 2–D 더 보기

13.4 패턴: 팝오버 메뉴

데스크톱에서는 오른쪽 마우스 버튼을 사용해 컨텍스트 메뉴를 제공한다. 하지만 데스크톱 웹은 전통적으로 한 가지 마우스 버튼만 사용하는 방식을 택했으므로, 데스크톱 웹에서는 왼쪽 클릭을 통해 활성화되는 액션 메뉴 개념을 도입했다.

모바일 플랫폼은 왼쪽과 오른쪽 마우스 버튼이 터치로 바로 이어지지 않다 보니 조금 특별하다. 하지만 iOS의 첫 번째 아이패드 버전에서는 마우스 오른쪽 버튼 클릭과 유사한 추가 메뉴를 제공하는 탭하고 기다리기 팝오버 메뉴를 도입했다(탭하고 기다리기는 윈도우 폰에서 컨텍스트/2차 액션 및 정보를 볼 때도 자주 사용한다). 탭하고 기다리기 메뉴가 창의적이고 흥미로운 해결책이기는 하지만, 이 방식에는 여러 가지 발견 가능성 이슈가 있다. 현재 안드로이드 플랫폼에서는 사용자가 선택할 수 있는 액션 목록을 펼치는 단순 탭 메뉴가 대세를 이루는 패러다임이다.

사용자가 '액션' 요소나 화살표를 탭하면 기존 콘텐츠 위에 팝오버 형태로 추가 선택 항목을 보여주는 메뉴가 나타난다.

예시

팝오버 메뉴를 내비게이션에 잘 활용한 예로는 링크드인 앱이 있다. 이 앱에서는 로고 아래 화살표로 강조한 로그를 탭하면 내비게이션 레이어가 열린다(그림 13.10 참고). 유사한 형태의 팝오버 메뉴를 Wapedia 앱에서도 볼 수 있다. 이 앱에서는 팝오버 메뉴가 주로 검색 범위를 줄이는 데 사용된다(그림 13.11 참고).

이를 사일로 검색(siloed search)이라고 한다. 이 검색 방식은 여러 개의 데이터베이스를 대상으로 한 번의 검색을 수행하는 방식—이를 통합 검색(federated search)이라고 부르며 구글이나 국회 도서관 검색이 이에 해당한다—과 정반대 방식이다. Wapedia 앱의 경우 사용자는 직접 다양한 데이터베이스 중 하나를 선택하게 함으로써 피터 모빌이 '특정 컬렉션에 집중한 고급 질의'를 제공한다. 통합 검색에 대한 설명은 이 책의 범위를 벗어나지만 사용자가 특정 컬렉션을 선택하게 하는 것보다는 사용자의 의도를 파악하는 게 더 중요하다는 게 대다수 사람들의 견해다. 일반 사용자는 전문적인 사서도 아니고, 서로 다른 데이터베이스를 잘 구분하지도 못하기 때문이다. 이 주제에 관심이 있다면 피터 모빌이 집필한 Search Patterns: Design for Discovery(2010, 오라일리)를 읽어보자.

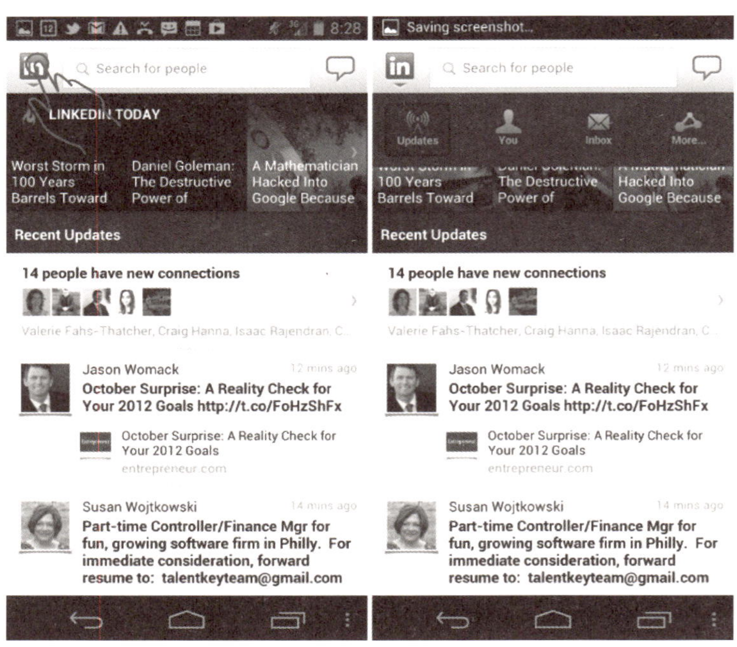

▶ 그림 13.10: 링크드인 앱은 내비게이션에 팝오버 메뉴를 사용한다.

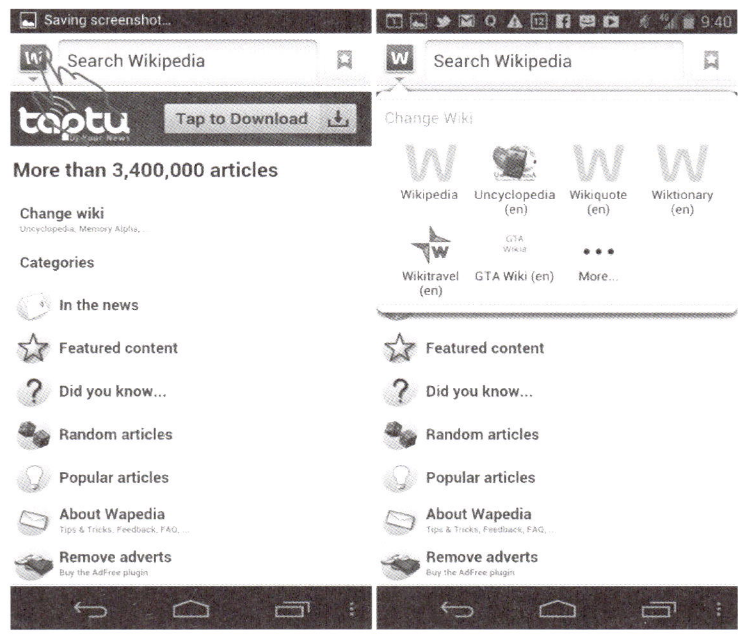

▶ 그림 13.11: Wapedia 앱에서는 검색 범위를 선택하는 데 팝오버 메뉴 패턴을 사용한다.

끝으로 그림 13.12에서는 Fandango 앱에서 행레벨 기능을 확장하는 데 팝오버 메뉴를 사용하는 것을 볼 수 있다. 결과의 각 행에는 회색 아래 화살표가 있고, 이 화살표를 누르면 두 개의 추가 기능을 사용할 수 있다. 이로써 이 화면의 각 행에서 사용자가 선택할 수 있는 행동은 총 세 가지가 된다.

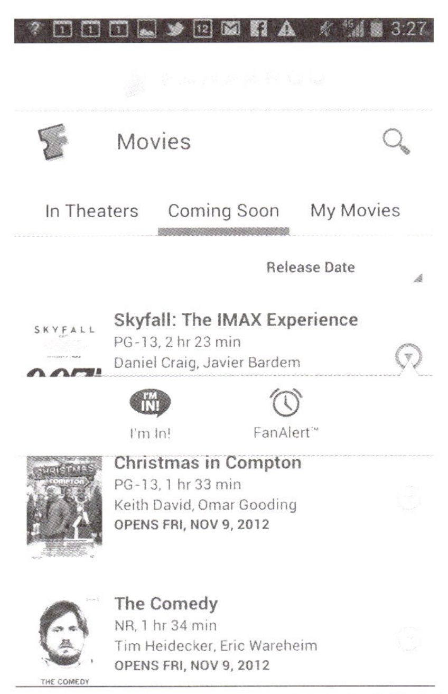

▶ 그림 13.12: Fandango 앱에서는 행레벨 기능을 확장하기 위해 팝오버 메뉴 패턴을 사용한다.

언제, 어디에서 사용하나

제한된 모바일 공간에서 사용자에게 추가 기능을 제공하고 싶은 경우에 팝오버 메뉴 패턴을 사용한다.

사용하는 이유

모바일 앱은 불과 몇 년 만에 빠르게 복잡해지고 있다. 사용자들은 데스크톱 애플리케이션에 서처럼 모바일 기기와 태블릿에서도 많은 기능을 사용하고 싶어 한다. 이와 같은 사용자들의 요구를 반영하고 터치에 사용되는 사람 손가락의 두께를 고려하면 결국 화면 공간은 부족할 수밖에 없다. 제한된 모바일 화면에서 더 많은 액션, 필터, 내비게이션 옵션을 제공하는 것은 불가능하다. 팝오버 메뉴는 공간을 재사용하고, 기존 콘텐츠 위에 레이어를 여는 방식을 통해 이와 같은 공간 문제를 해결해주는 우아한 해결책이다.

다른 활용법

팝오버 메뉴가 활용되는 곳은 일일히 나열할 수 없을 정도로 많다. 중요한 활용 사례로 지도 위 핀을 탭하면 팝오버 메뉴가 나타나는 지도 기반 내비게이션이 있다. 아울러 4.0 이전 안드 로이드 앱에서 표준으로 사용된 안드로이드 내비게이션 메뉴에 대해서도 언급할 만하다. 이 메뉴는 안드로이드 초창기 시절부터 안드로이드 플랫폼에 사용된 메뉴로, 앞으로도 이 팝오버 메뉴의 발전 방향을 계속 관찰할 필요가 있다(이후 '주의절' 참고).

행 레벨 기능을 사용할 수 있는 또 다른 방법은 트위터 앱에서 볼 수 있다. 이 앱에서는 개별 행에 대해 탭하고 가만히 있기 제스처를 사용하면 행이 액션 메뉴로 바뀐다(그림 13.13 참고). 페이지를 스크롤하면 이 메뉴는 사라진다.

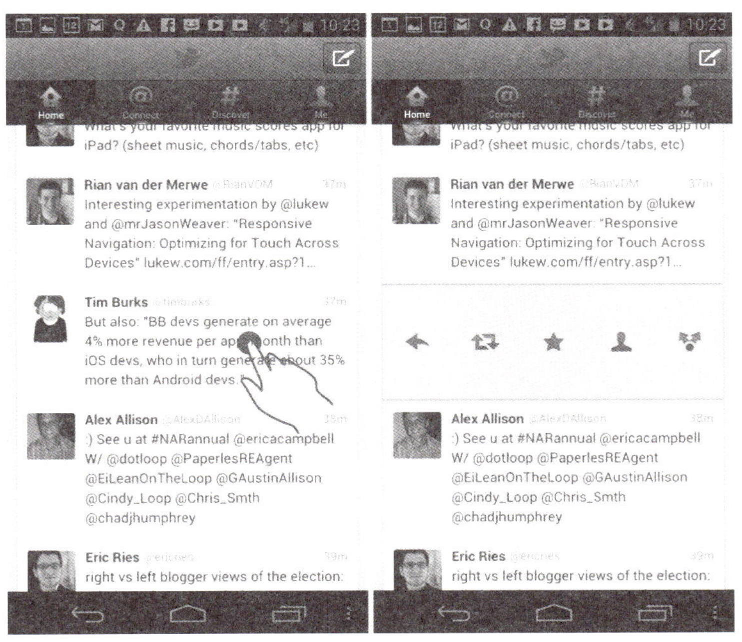

▶ 그림 13.13: 트위터 앱은 탭하고 가만히 있기 제스처를 사용해 행 레벨 기능을 확장한다.

이 기능은 물론 최신 기능이지만, 심각한 발견 가능성 이슈가 있다. 이 말은 트위터 앱을 사용하는 대다수 사람들이 이 기능이 있는지조차 모른다는 뜻이다. 아울러 이 기능을 사용하는 사람 중 상당수도 우연히 이 기능을 발견한 경우가 대부분이다. 그 이유는 탭하고 가만히 있기 제스처를 활용한 메뉴가 안드로이드에서는 사실상 거의 알려지지 않았기 때문이다. 안드로이드의 네이티브 기능 중 이런 식으로 동작하는 기능은 전혀 없다. 따라서 안드로이드 사용자는 이런 행동을 배울 기회가 전혀 없었다. 그럼에도 불구하고 필자는 이와 같은 팝오버 메뉴가 행 레벨 기능을 보여주는 가장 좋은 방법이라고 생각한다. 이 방식은 으아하고, 미니멀리스트적이며, 모바일의 특성에 부합하고, 가장 효과적으로 제한된 공간을 활용한다. 만일 구글-애플 간 특허 전쟁으로 인해 이와 같은 패턴을 대다수 안드로이드 사용자가 사용할 수 없는 것이라면 이는 부끄러운 일이 아닐 수 없다.

반려동물 가게 애플리케이션

반려동물 가게 앱에서 팝어보 메뉴 패턴을 적용하기에 가장 적합한 곳은 판매자에게 연락하기, 즐겨찾기에 추가, 공유 같은 행동을 사용할 수 있는 행 레벨 액션 메뉴다. 하지만 여기서는 Fandango 앱의 모델을 사용하는 대신 트위터에서 도입한 변형 방식(탭하고 가만히 있기)을 사용한다(그림 13.14 참고).

어떤 앱에서는 액션 메뉴가 나타나게 하는 데 필요한 행동이 '탭하고 가만히 있기'에서 '가로 스와이프'로 달라지기도 한다. 여기서 자세히 다루지는 않지만 이 또한 iOS의 멀티터치 툴킷에서 개념을 가져온 것이다.

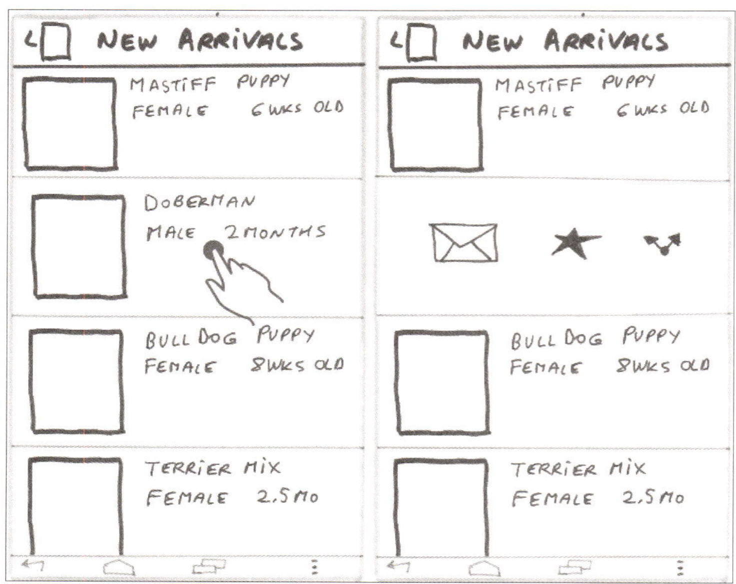

▶ 그림 13.14: 탭하고 가만히 있기 오버레이 메뉴를 활용해 반려동물 가게 앱의 행 기능을 확장한다.

태블릿 앱

태블릿에서는 내비게이션에 사용할 공간이 모바일 기기처럼 부족하지는 않다. 아울러 여러 필드 조사에 따르면 태블릿은 사용자가 멀티터치 제스처를 찾아내는 데 좀 더 적합하다. 이는 주로 태블릿의 '게임 DNA' 때문이다. 익숙한 태블릿 사용자들은 기기에서 특이한 멀티터치 행동을 더 많이 기대하고, 태블릿으로 작업을 하거나 게임을 할 때 이런 제스처를 찾아내는 데 더 능숙하다.

필자는 이와 같은 사용자의 기대를 가리켜 '이게 전부야?'라고 부른다. 대다수 사용자는 간단한 단축 기능일지라도 태블릿에 모바일 기기보다 더 많은 기능이 있을 것이라고 기대한다. 하지만 기기와 상관없이 행 레벨 기능처럼 '숨겨진' 내비게이션 옵션을 찾아내는 것은 언제나 어려운 과제다. 이처럼 '숨겨진' 멀티터치 기능의 잠금을 푸는 데 필요한 행동을 사용자에게 정확히 알려주는 아이디어가 궁금하다면 다음 패턴인 워터마크를 참고하자.

⚠ 주의점

모든 메뉴를 고려해야 한다. 앞에서 본 링크드인 앱의 경우 팝오버 메뉴를 내비게이션에 사용

한다. 아쉽게도 이로 인해 안드로이드의 기기 바 메뉴는 Updates 탭에서 Refresh 기능 한 개
만 보여주는, 거의 쓸모 없는 메뉴가 돼 버렸다. 심지어 You 탭에서는 안드로이드 기기 바 메
뉴가 아예 작동하지 않으며 메뉴를 탭하더라도 아무런 효과가 없다(그림 13.15 참고).

이와 같은 동작은 혼란을 초래하며 안드로이드 데이터 모델과 사용자의 기대에도 배치된다.
아울러 선택 항목을 내비게이션과 함께 사용하지 말아야 한다. 앞에서 본 Wapedia 앱의 경우
팝오버 메뉴를 검색 컬렉션을 선택하는 데 사용한다. 하지만 여기에는 More 섹션으로 이동하
는 내비게이션 기능도 추가로 들어 있다. More 섹션으로 이동하면 검색 상자는 그대로 유지되
고, 컬렉션은 위키피디아 검색으로 초기화된다. 이런 동작은 사용자의 기대와 다르며 혼란스
럽다. 이런 혼란은 같은 메뉴에서 내비게이션 옵션과 필터링을 같이 사용한 데서 비롯된다(그
림 13.16 참고).

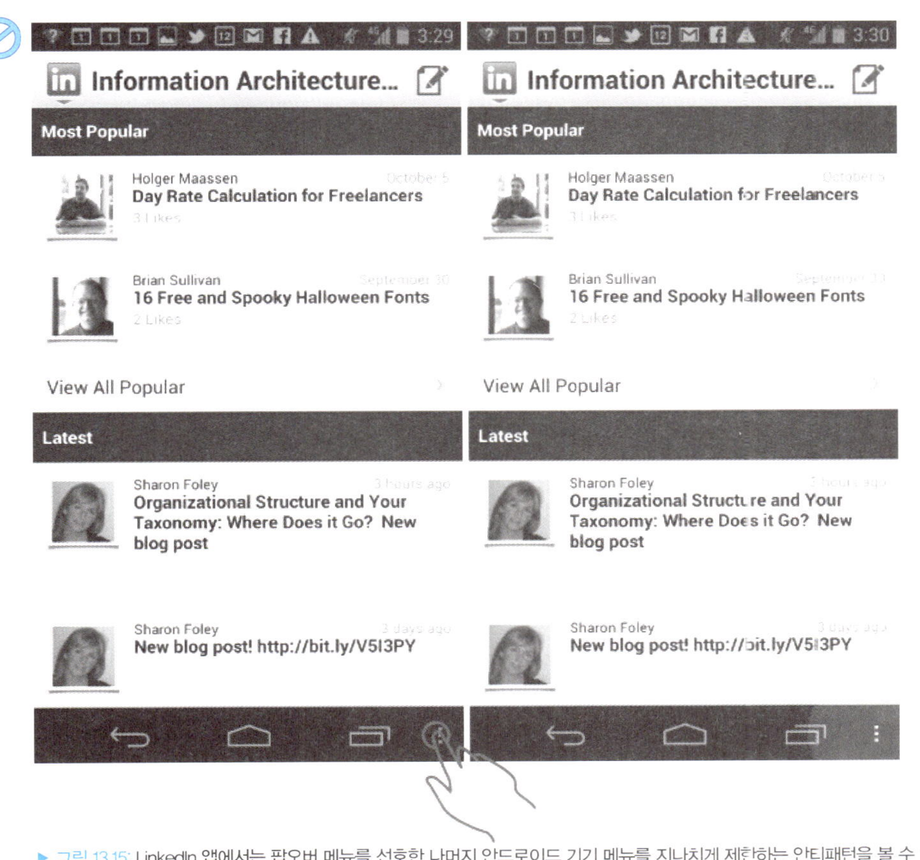

▶ 그림 13.15: LinkedIn 앱에서는 팝오버 메뉴를 선호한 나머지 안드로이드 기기 메뉴를 지나치게 제한하는 안티패턴을 볼 수 있다.

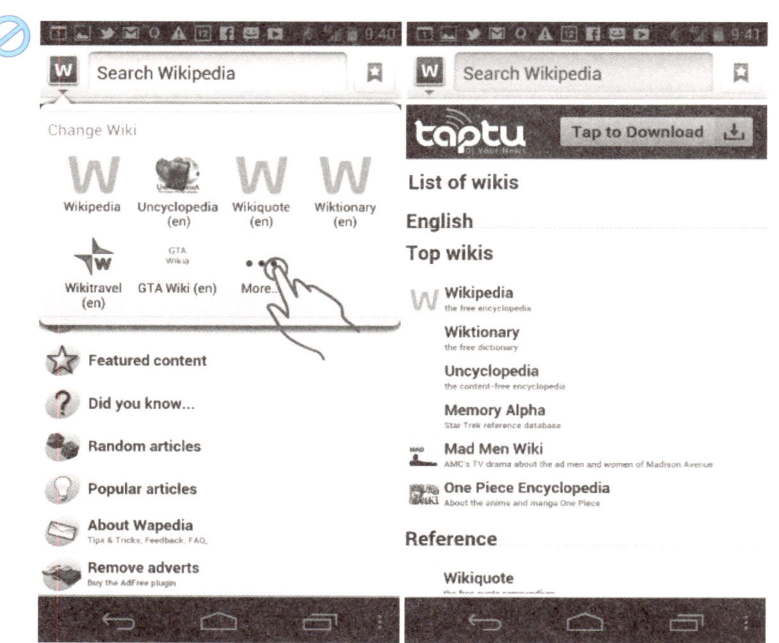

▶ 그림 13.16: Wapedia 앱에는 팝오버 메뉴에서 필터링 옵션을 내비게이션과 함께 사용하는 안티패턴이 들어 있다.

최신 구글 플러스 앱으로 대표되는 네이티브 안드로이드 구글 앱에서는 훨씬 더 좋은 메뉴 모델을 볼 수 있다. 이 앱에서는 액션 바에서 두 개의 상단 메뉴를 사용하고 내비게이션 바 안드로이드 메뉴를 제거했다(그림 13.17 참고). 링크드인 앱과 마찬가지로 좌측 상단 액션 바 메뉴는 전역 내비게이션에 사용되고, 우측 상단 구석에 있는 추가 안드로이드 오버플로우 메뉴는 검색과 설정 같은 섹션 레벨 및 전역 기능에 사용된다. 좀 더 자주 사용하는 새로 고침과 작성 같은 기능은 상단 액션 바에 전용 아이콘을 통해 제공한다(구글 플러스 앱의 서랍 패턴에 대해서는 1장 '안드로이드용 디자인:사례 연구'를 참고하자).

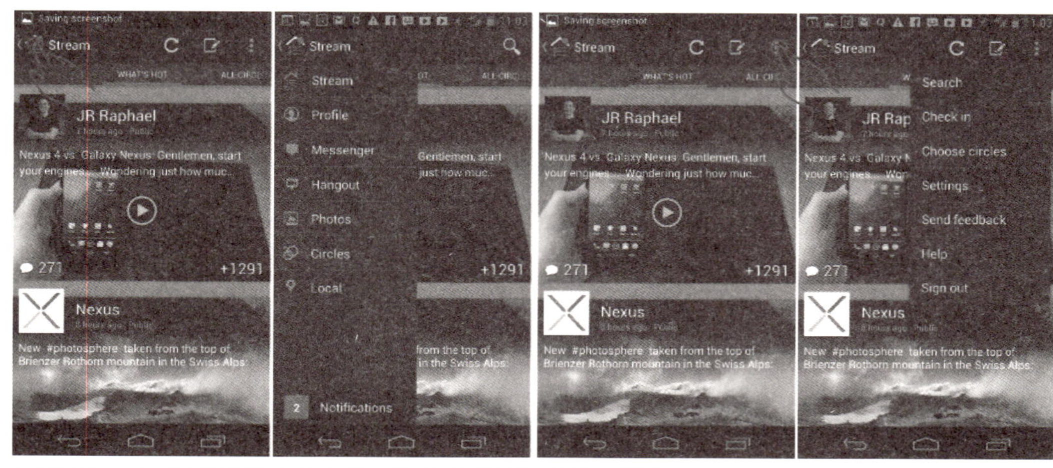

▶ 그림 13.17: 구글 플러스 앱은 내비게이션과 기능을 두 개의 팝오버 메뉴로 분할 정복한다.

이 메뉴 방식은 우아하고 새로운 모델로서, 구글이 안드로이드가 출시될 때부터 주요 기능으로 사용된 전통적인 하단 내비게이션 바 메뉴에서 벗어나고 있음을 분명히 알려준다. 자신의 내비게이션에 팝오버 메뉴를 사용할 때는 어떤 메뉴에 어떤 옵션을 포함시킬지 고려하고, 타깃 사용자를 대상으로 다양한 옵션을 테스트하는 것을 잊지 말아야 한다.

관련 패턴

13.5 패턴: 워터마크

13.5 패턴: 워터마크

워터마크는 사용자가 내비게이션에 활용할 수 있는 '숨겨진' 멀티터치 제스처 및 가속도계 행동을 찾아내는 데 꼭 필요한 힌트를 제공한다.

적용 방식

시스템에 멀티터치 제스처와 가속도계 모션이 존재할 경우 화면에서 반투명한 워터마크(경우에 따라 콘텐츠 아래에 보여주기도 한다)를 보여준다. 워터마크 패턴에서는 사용자가 특정 시스템 액션을 수행하는 데 필요한 제스처나 모션에 대한 힌트를 제공한다. 워터마크는 잠시 나타났다가 사라진다. 대개 워터마크는 앱을 시작할 때 몇 차례 반복적으로 보여주거나 사용자가 특정 행동을 처음 수행하기 전까지 보여준다. 그러고 나면 시스템에서 멀티터치 제스처/가속도계 모션이 한 동안 사용하지 않은 것을 감지한 경우 워터마크가 일정 주기(예를 들어 2주마다)로 표시된다.

📊 예시

게임에서는 멋지게 구현된 최신 패턴을 볼 수 있다. 워터마크도 예외가 아니다. 예를 들어 메이저 메이헴이라는 게임에서 주인공은 정글에서 닌자에게 총을 쏜다. 게임이 시작할 때는 애니메이션 워터마크가 나타나 두 가지 행동인 사격하는 동작과 탭하고 드래그 동작을 하면 엄호물 뒤에 숨어 있는 닌자를 밖으로 드래그(그림 13.18 참고)하는 법을 보여준다. 게임이 진행됨에 따라 사용자가 멀티터체 제스처를 모두 익힐 수 있도록 점프 같은 추가 행동을 수행하는 법을 플레이어에게 보여준다.

5장 '웰컴 사용자 경험'에서는 이미 이와 같은 컨텍스트 튜토리얼에 대해 다룬 바 있다. 워터마크 패턴이 다른 점은 워터마크는 없애야 할 오버레이가 아니라 부드러운 초대다. 워터마크는 현재 작업 컨텍스트와 완전히 통합돼 있으므로 사용자는 튜토리얼에서 제안하는 모션을 따라 하지 않고 그냥 하던 작업을 계속 할 수 있다. 즉, 사용자는 선택의 자유가 있으므로 워터마크는 이런 행동도 수행할 수 있다는 것을 알리는 역할만 한다. 메이저 메이헴 게임의 경우 사용자는 탭-드래그 제스처를 사용해 숨어 있는 닌자를 굳이 밖으로 드래그하지 않아도 된다. 그냥 현재 보이는 닌자를 저격해도 되기 때문이다. 이와 같이 워터마크는 사용자의 주된 작업(닌자를 총으로 쏘는 일)을 방해하지 않는다.

언제, 어디에서 사용하나

단순 탭 이외의 제스처를 사용한다면 워터마크 패턴을 활용해 사용자들이 제스처를 찾을 수 있게 도와주고, 사용자의 혼란을 방지하는 게 좋다.

▶ 그림 13.18: 메이저 메이헴 앱에서는 워터마크 패턴을 사용해 게임 내 제스처를 보여준다.

사용하는 이유

멀티터치와 가속도계를 활용하면 지저분한 내비게이션 옵션을 추가하지 않고도 사용자들이 모바일 기기에서 복잡한 기능을 활용할 수 있다. 하지만 아쉽게도 대부분의 제스처는 어느 정도의 힌트 없이는 찾아내기가 어렵다. 워터마크는 사용자들이 주된 작업을 방해하지 않으면서 앱에서 사용할 수 있는 다양한 액션에 대한 재미있는 힌트를 제공한다. 워터마크를 사용하기로 결정하는 경우 앱의 디자인은 그만큼 자유로워지고 결과적으로 사용자 경험에도 큰 도움이 된다. 워터마크 패턴을 사용하면 좀 더 공간을 적게 사용하고, 우아하며, 모바일에 적합한 내비게이션 레이아웃을 찾느라 더 이상 시간을 낭비하지 않아도 되기 때문이다. 워터마크 같은 패턴은 사용자 몰입이 필요한 앱에서 군더더기 없는 단순한 디스플레이를 개발하는 데도 도움이 된다. 이 주제는 다음 절에서 살펴본다.

다른 활용법

워터마크는 게임에만 적합한 패턴이 아니다. 이 패턴을 전자 상거래나 소셜 미디어 애플리케이션에서 활용하는 예는 '반려동물 가게 애플리케이션' 절을 참고하자.

반려동물 가게 애플리케이션

반려동물 가게 앱에서는 전용 필터 버튼 대신 흔들기를 통해 '흔들어서 결과 검색하기' 같은 간단한 필터링을 수행할 수 있다. 이 제스처를 사용자에게 알려주려면 흔들기 동작을 보여주는 워터마크 패턴을 사용하면 된다(그림 13.19 참고).

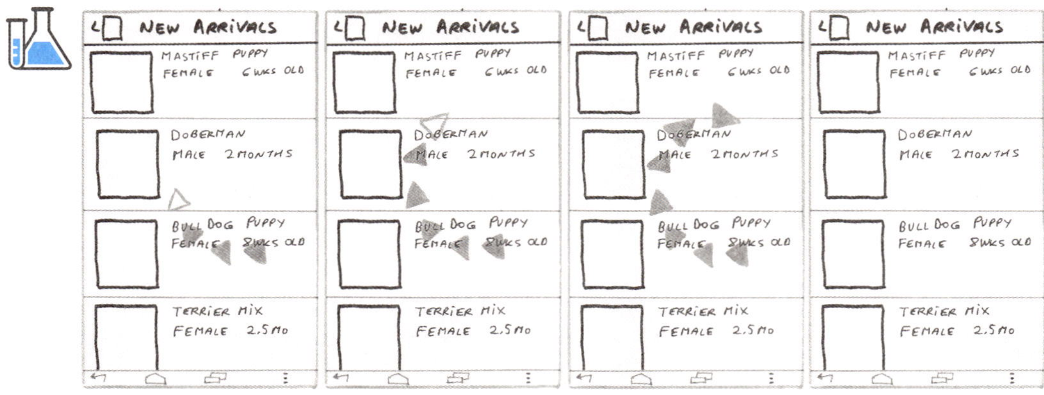

▶ 그림 13.19: 워터마크 패턴을 활용해 흔들기 제스처를 통해 반려동물 가게 앱의 필터링 및 정렬 기능을 사용할 수 있음을 보여준다.

이 와이어프레임에서는 워터마크가 얼마 후 사라진다는 것도 알 수 있다. 이렇게 하는 이유는 혹시 있을지 모를 사용자의 짜증을 없애고, 추가 행동(흔들기 제스처)에 사용자가 반응하게 하기 위해서다. 이때 사용자에게 흔들기 제스처를 수행하면 어떤 일이 일어나는지 보여줄 필요가 없다는 점에 주의하자. 다만 사용자가 이 제스처를 사용할 수 있다는 사실만 알려주고, 사용자가 직접 결과를 확인하게 함으로써 자연스럽게 앱을 좋아하게끔 하면 된다.

멀티터치 제스처를 활용해 필터링 동작을 수행할 수 있는 또 다른 방법으로 손가락으로 원을 그리는 방식이 있을 수 있다. 아마도 이 동작은 주머니(결과셋)에 구슬(결과)을 담는 동작을 연상시킨다. 그림 13.20의 와이어프레임에서는 이 제스처에 보여주는 워터마크가 나와 있다.

▶ 그림 13.20: 이 경우 워터마크 패턴에서 원을 그려 반려동물 가게 앱의 필터링 및 정렬 기능을 사용할 수 있음을 보여준다.

이 절에서 소개한 워터마크들은 사용자가 결과를 보는 데 전혀 방해가 안 된다는 점에 주의하자. 워터마크에서는 사용자가 추가 기능을 사용하고 싶을 때 수행할 수 있는 행동에 대한 힌트만 제공한다.

태블릿 앱

'13.4 패턴:팝오버 메뉴'의 '태블릿 앱' 절을 참고하자.

 주의점

사용자들은 워터마크에서 제안하는 행동을 지금 당장 하지 않으면 워터마크가 사라진 후 언젠가 워터마크가 다시 나타날 것이라고 예상한다. 하지만 사용자가 행동을 수행하고 나면 한동안(며칠이 아니라 몇 주 정도) 워터마크가 보이지 않다가, 이내 완전히 사라질 것이라고 예상한다.

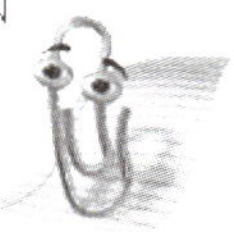

▶ 그림 13.21: 마이크로소프트의 클리피는 전 시대를 통틀어 가장 보기 싫은 컨텍스트 튜토리얼일 것이다.

워터마크 패턴은 대다수 패턴보다 사용자에게 방해가 덜 된다는 장점이 있지만, 워터마크를 통해 지나치게 많은 도움을 주려는 것보다는 오히려 지나칠 정도로 적은 도움을 주는 게 낫다. 특히 사용자의 관심을 끄는 등장 애니메이션과 사라짐 애니메이션이 이에 해당한다. 예컨대 워터마크는 총 4~5번 보여주고 완전히 사라지게 하거나, 한 달에 최대 한 번만 보여주는 게 좋다. 또는 '튜토리얼 표시' 같은 설정 스위치를 적용하는 것도 고려해 볼 만하다. 사용자가 앱을 사용한 지 10분 이내에 스스로 행동을 수행했다면 사용자가 이 행동을 완전히 익혔다고 볼 수 있고, 적어도 2주 동안은 다시 튜토리얼을 보여줄 필요가 없다. 이 중 어떤 전략을 선택하든 워터마크 상호작용은 타깃 사용자를 대상으로 철저히 테스트해야 한다.

또 다른 주의할 점은 지나치게 이 방식에 빠져들지 말아야 한다는 것이다. 멀티터치 제스처는 사용자들이 가끔 수행할 만한 특별한 행동에 사용해야 한다. 자주 사용하는 행동에 멀티터치가 필요한 경우에는 대신 사용할 수 있는 간단한 푸시 버튼을 제공해야 한다. 예를 들어 인기 앱인 Urbanspoon에서는 흔들기 제스처를 통해 검색 기능을 사용할 수 있다. 얼핏 보면 이런 방식은 멋져 보일 수 있다. 실제로 이런 독특한 기능으로 인해 많은 사람들이 초기에 이 앱을 다운받았다. 하지만 사람들은 매번 검색을 할 때마다 기기를 흔들어야 하는 게 짜증나는 일이라는 것을 실감했다. 그 결과 머지않아 앱의 디자이너들은 똑같은 동작을 수행하는 흔들기(Shake) 버튼을 추가했다(그림 13.22 참고). 이와 같은 단축 기능은 이 앱의 성공을 이끌었다. 이 앱에서는 멋진 멀티터치 제스처를 통해 사용자의 시선을 끌었고, 시스템에 익숙한 고급 사용자들을 위한 단축 기능도 함께 제공했다.

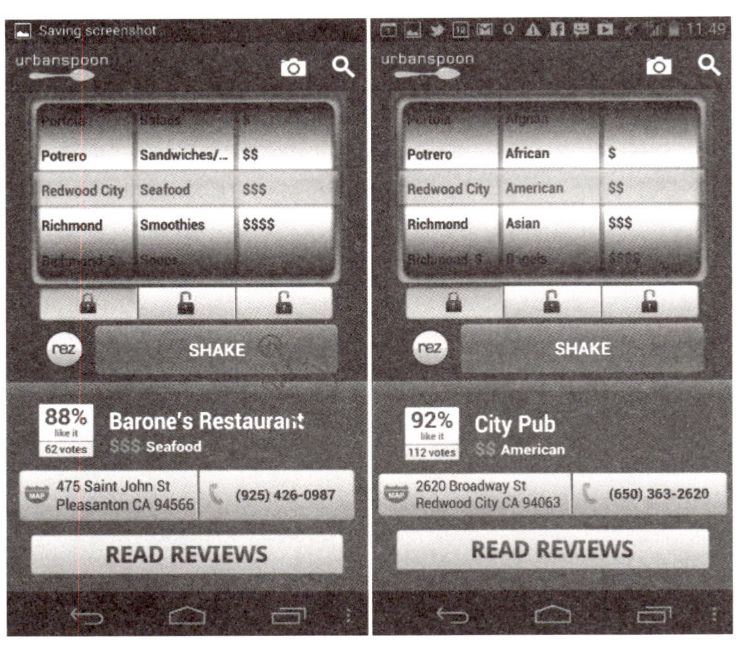

▶ 그림 13.22: urban spoon 앱에서는 흔들기 제스처에 대한 단축 기능을 제공한다.

일반적으로 모바일 기기에서는 반복적으로 필요한 핵심 멀티터치 제스처에 대해 푸시 버튼처럼 대신 사용할 수 있는 기능을 제공하는 게 좋다. 이런 버튼은 오른손으로 기기를 쥐고 있을 때 인체공학적으로 한 손으로 누르기 쉬운 위치에 두어야 한다(다양한 터치 기기에서 편리한 '핫 존'이 어디인지에 대한 상세 정보는 3장 '안드로이드 파편화'에서 기기 인체공학을 다루는 절을 참고하자). 이 버튼의 라벨은 멀티터체 제스처의 이름인 흔들기, 스와이프 등과 똑같이 설정하는 게 좋다. 이런 버튼은 멀티터치 액션을 사용자에게 상기시켜주는 역할도 한다. 사용자가 앱 사용에 익숙해지고 나면 사용자는 주로 액션을 수행할 때 이 버튼을 누르게 된다.

관련 패턴

5.5 패턴: 튜토리얼

13.6 패턴: 스위스 군용 칼 내비게이션

모바일 기기에서 게임을 해봤다면 몰입감을 높이고 즐거움을 주기 위해 내비게이션이 주로 배경 화면 뒤에 숨는 것을 자주 볼 수 있다. 이 패턴에서는 스위스 군용 칼 내비게이션을 모든 애플리케이션에 적용하는 법을 보여준다.

적용 방식

여기서는 콘텐츠를 빛내기 위해 배경 뒤로 숨는 내비게이션을 사용하는 실험적인 패턴들을 다룬다. 대부분의 패턴 구현체에서는 기기 구석에 있는 버튼을 탭하면 열리는, 숨은 내비게이션 메뉴를 사용해 이를 구현한다. 구현 방식에 따라 내비게이션 메뉴는 위에서 아래로 내려올 수도 있고, 콘텐츠 위로 슬라이드되기도 하고, 오버레이 형태로 나타나며, 다양하고 창의적인 요소와 화면 전환을 모두 활용한다. 게임에서는 사용자가 게임 중 전체 화면을 볼 수 있게 주로 반투명한 메뉴 버튼을 사용한다.

예시

사용자 몰입 경험을 성공적으로 전달하는 앱 중 필자가 좋아하는 예로는 앵그리 버드가 있다. 10억 횟수 이상 다운로드(위키피디아 http://en.wikipedia.org/wik_/Angry_Birds에 따르면)된 앵그리 버드는 스위스 군용 칼 내비게이션 패턴을 사용하는 앱에서 모델로 삼을 만하다.

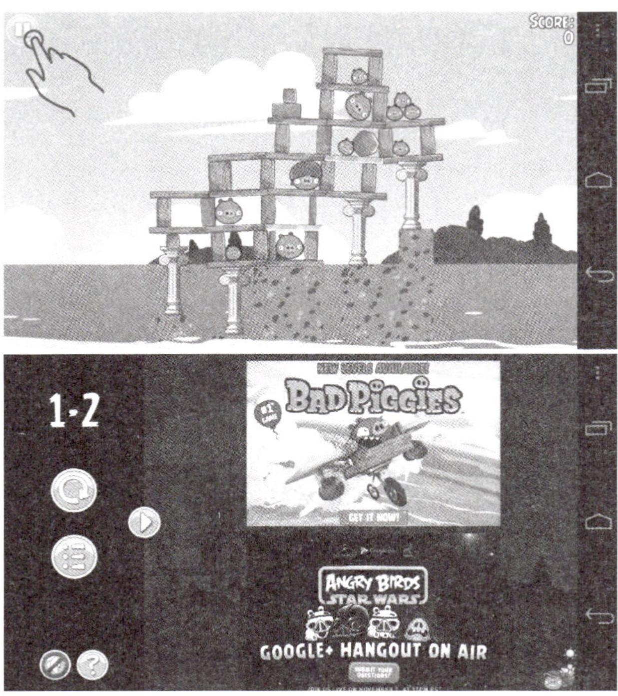

▶ 그림 13.23: 앵그리 버드 앱은 반투명 버튼과 블라인드 메뉴를 활용해 사용자 몰입 경험을 잘 전달한다.

전체 화면 공간은 돼지를 공격하는 일에 집중할 수 있게 디자인됐다. 유일한 내비게이션 컨트롤은 화면 왼쪽에서부터 열리는 커스텀 블라인드 메뉴를 열어주는 일시정지 버튼뿐이다. 이 메뉴는 마치 게임의 일부인 것처럼 완전히 커스터마이징됐으며, 메뉴가 열릴 때 메뉴는 게임 컨텍스트 위에 표시되므로 사용자는 게임의 흐름을 놓치지 않고 게임에 계속 빠질 수 있다. 이를 위해 메뉴는 화면의 전체 게임 영역을 덮지 않으며, 화면의 메인 영역은 부드러운 화면 전환을 통해 살짝 어둡게 처리된다. 사용자 몰입에 있어서는 음영, 아이콘, 화면 전환 같은 작은 요소들조차 큰 차이를 불러온다.

또 다른 형태의 블라인드 내비게이션은 웰스 파고 은행(Wells Fargo Bank) 앱에서 볼 수 있다(그림 13.24 참고). 이 앱은 하이브리드 앱(즉, 브라우저 창에서 캡처한 HTML 엘리먼트를 사용하는)이지만 블라인드 트랜지션이 부드럽고, 사실적이다. 이 앱은 개발자와 디자이너뿐 아니라 HTML 5 앱 전반의 가능성 측면에서도 시사하는 바가 크다.

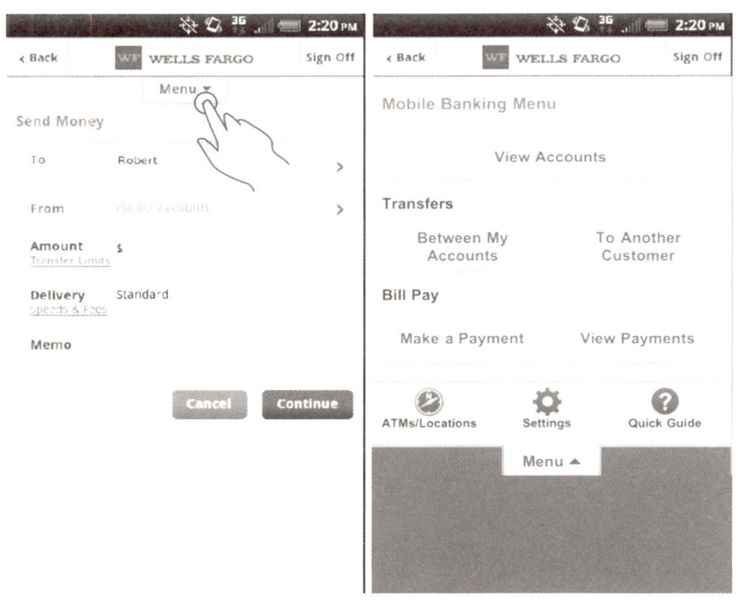

▶ 그림 13.24: 웰스 파고 은행 Wells Fargo 앱의 스위스 군용 칼 내비게이션

하지만 흠잡을 데 없는 이 메뉴와는 달리 사용자 몰입을 위한 전체 스테이지의 품질은 앵그리버드 앱에는 크게 못 미친다. 그 이유는 이 앱 내에 추가 내비게이션 요소가 있기 때문이다. 그런데 은행 앱은 어차피 게임과는 다르니 이 정도 요소는 있어도 괜찮을 것 같다. 대신 스위스 군용 칼 내비게이션 메뉴 버튼은 전체 앱에서 언제든 접근할 수 있는 안정적이고, 완전한 내비게이션 기능을 제공함으로써 그 역할을 충실히 수행한다.

여기서 배울 수 있는 교훈은 스위스 군용 칼 내비게이션 패턴의 주된 목적이 더 많은 화면 공간을 핵심 콘텐츠에 배분하는 것이지만, 이 패턴에는 앱 전체에서 접근할 수 있는 보편적 내비게이션 기능을 제공하는 장점도 있다는 것이다. 이와 같은 보편적 내비게이션을 사용하면 6장 '홈 화면'에서 앞서 다룬 링크 목록 패턴이 전혀 필요 없다. 대신, 내비게이션 부담으로부터 자유로워지므로 홈 화면(사실상 전체 앱)에서는 업데이트 및 찾기, 지역 정보, 관련 정보와 거래 같은 패턴을 통해 사용자에게 필요한 정보를 보여줄 수 있다.

사용자 몰입 경험을 전달하는 내비게이션을 잘 활용한 앱 중 하나로 페이스북이 있다. 페이스북에서는 최근 스위스 군용 칼 내비게이션 패턴의 변종인 사이드 메뉴 티저를 사용해 전역 내비게이션을 새롭게 디자인했다(그림 13.25 참고). 좌측 상단 구석을 탭하면 왼쪽에서부터 슬라이드 메뉴가 열리고, 화면 오른쪽에는 메인 콘텐츠의 일부만 남긴다.

많은 디자이너와 개발자들이 앵그리 버드와 페이스북이 이 패턴을 구현한 방식에 대한 차이점에 대해 끊임없이 논쟁하고 있지만, 여러분은 좀 더 깊이 들어가 두 접근 방식이 공통으로 갖고 있는 디자인 DNA를 찾아낼 수 있을 것이다. 메뉴에 멋진 화면 전환 효과를 사용하든 안 하든, 메뉴가 스크롤되든, 앵그리 버드처럼 콘텐츠 위로 오버레이되든, 페이스북처럼 기존 콘텐츠를 밀어내든, 둘 다 한 가지 공통 목적을 갖고 있다. 바로, 콘텐츠에게 무대의 중심을 내어주는 동시에 애플리케이션의 모든 화면에서 내비게이션을 사용하게 하는 것이다. 이것이야 말로 이 내비게이션 패턴의 힘이다.

언제, 어디에서 사용하나

이 패턴은 좀 더 많은 화면 공간을 콘텐츠에 할애하고, 사용자의 사용 흐름을 촉진하고 싶을 때 사용하면 된다. 또 이 패턴은 콘텐츠를 좀 더 많이 보여주고 지저분한 내비게이션 요소를 덜 보여주고 싶을 때, 사용자가 내비게이션을 충분히 활용할 수 있을 정도로 사용법에 익숙할 때 적합하다.

사용하는 이유

스위스 군용 칼 내비게이션은 자연스러운 사용 흐름과 사용자 몰입 경험을 촉진한다. 특히 크기가 작은 모바일 화면에서는 사용자의 손가락 두께를 고려해 내비게이션 요소를 크게 만들어야 하고, 이로 인해 실제 사용할 수 있는 공간은 줄어드므로 이 내비게이션이 그만큼 효과적이다. 스위스 군용 칼 내비게이션은 필요할 때까지 내비게이션을 화면에서 없애주고, 사용자가 다른 곳으로 이동하려고 내비게이션을 사용할 때는 거의 전체 화면 공간을 내비게이션에 활용하는 우아한 접근 방식을 제공한다.

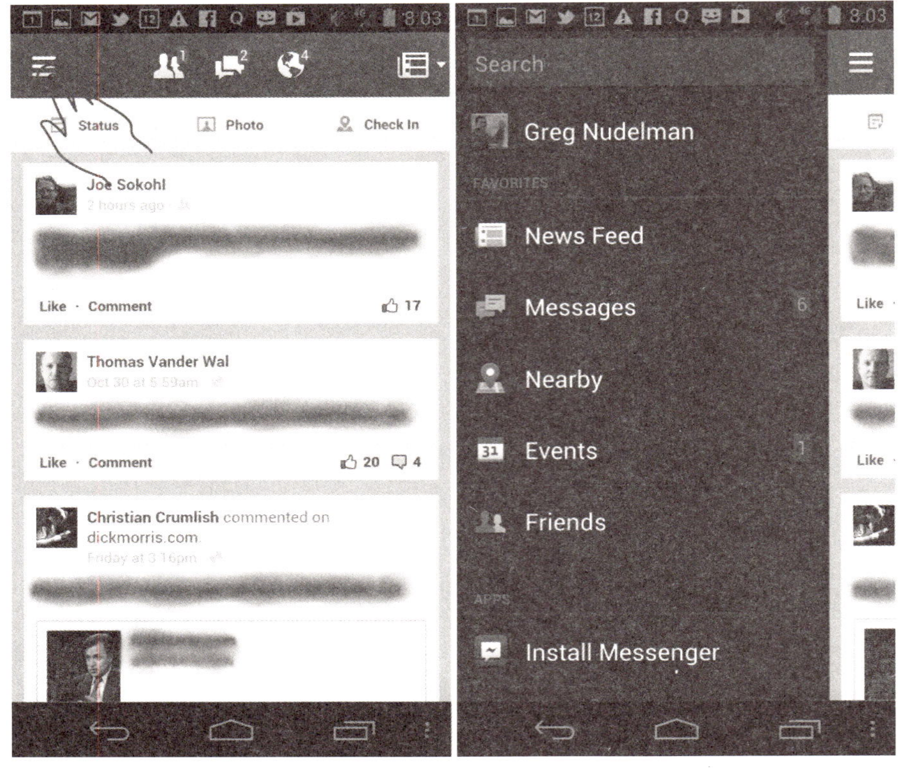

▶ 그림 13.25: 페이스북 앱에서는 스위스 군용 칼 내비게이션을 잘 활용한다.

마리사 메이어의 말을 빌리자면, "구글은 정말 복잡한 스위스 군용 칼의 기능을 두루 갖추고 있지만, 홈페이지는 마치 스위스 군용 칼을 접은 모습과 같다. 구글 홈페이지는 단순하고, 우아하며, 주머니에 넣고 다닐 수 있지만, 필요할 때는 강력한 힘을 발휘한다. 그에 반해 경쟁 업체들은 마치 모든 칼을 펼쳐 놓은 스위스 군용 칼과 비슷하다. 그 모습은 사람을 주눅들게도 하고, 실제로 종종 위험하기도 하다(The Beauty of Simplicity, Fast Company, 2005년 11월)." 스위스 군용 칼 내비게이션 패턴은 바로 이런 정신을 모바일 내비게이션에 그대로 적용한 패턴이다.

다른 활용법

스위스 군용 칼 내비게이션을 항상 메뉴를 여는 버튼 형태로 구현할 필요는 없다. 이미 다양한 애플리케이션에서 여러 가지 성공적인 모델을 입증한 바 있다. 예를 들어 네이티브 사진 갤러리 앱에서는 이미지 중간을 한 번 탭하면 공유, 이메일 보내기, 삭제 등 여러 기능이 들어 있는 반투명 오버레이가 나타난다(그림 13.26 참고).

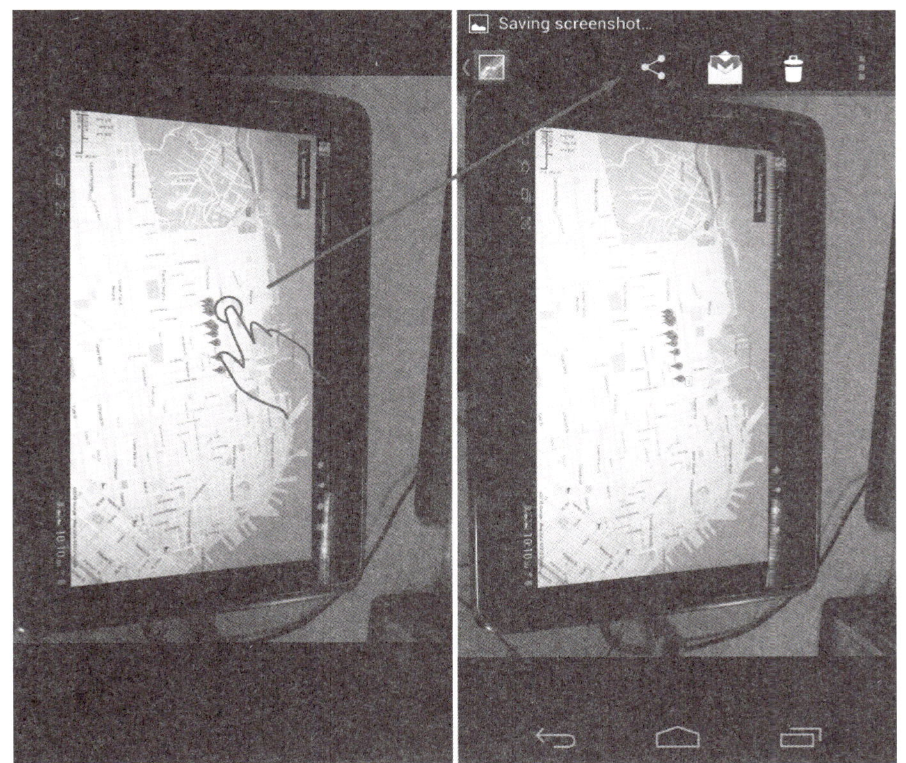

이 오버레이는 스와이프 제스처를 통해 이미지를 보는 보기 모드에서는 나타나지 않고 숨어 있으며, 사용자는 방해 받지 않고 계속해서 다른 이미지를 볼 수 있다.

물론 이 사례는 이 디자인 패턴을 활용한 특수 사례이고, 보기 모드에서 멀티터치 제스처를 사용하기 때문에 가능하다. 이 패턴은 화면에서 탭을 사용하는 대다수 앱에는 적합하지 않다. 하지만 반대의 접근 방식은 가능하다. 예를 들어 일반 사용 모드에서는 내비게이션을 사라지게 하고, 특수 멀티터치 제스처를 사용하면 내비게이션이 나타나게 할 수 있다. 안드로이드 플랫폼의 네이티브 알림 기능이 바로 이런 방식을 사용한다. 알림 화면은 화면 상단에 완전히 숨어 있다. 하지만 아래로 스와이프 제스처를 사용하면 그림 13.27처럼 메뉴가 나타난다(이상하게도 윈도우 RT에서는 똑같은 멀티터치 제스처를 홈 화면으로 돌아갈 때 사용한다).

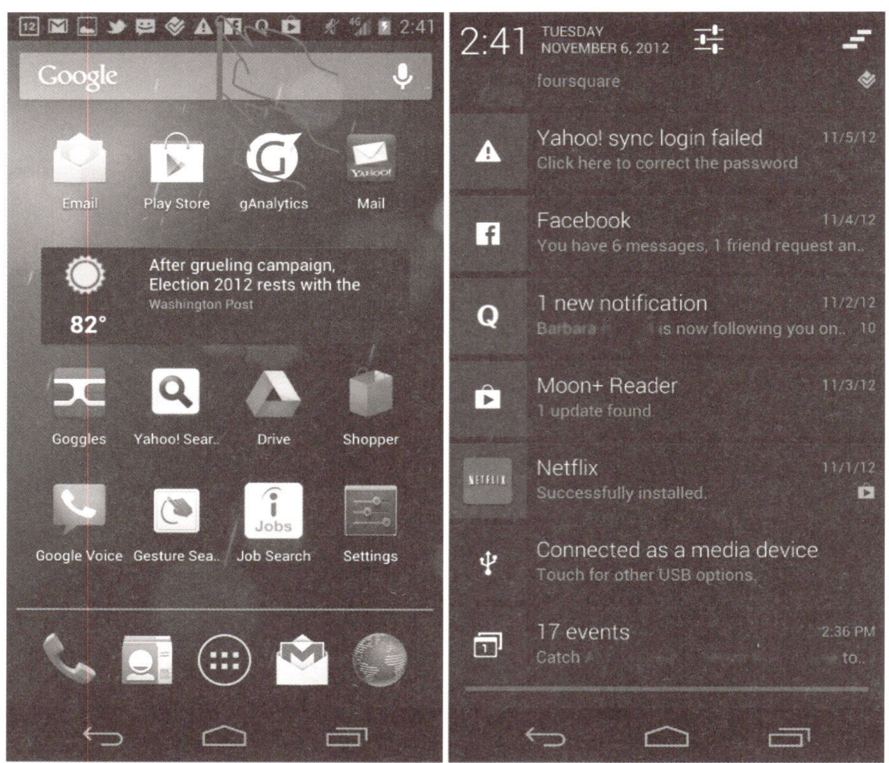

▶ 그림 13.27 안드로이드 알림 화면을 볼 때도 스위스 군용 칼 내비게이션 패턴을 사용한다.

위에서 아래로 스와이프하는 가장 인기 있는 제스처를 이미 네이티브 알림 컨트롤에서 사용 중이므로 독자들은 옆으로 스와이프(윈도우 모던 UI에서 주로 사용-), 대각선 스와이프, 흔들 기 등을 대신 사용할 수 있다. 또는 '이동(Go)'의 경우 'G', '메뉴(Menu)'의 경우 'M'처럼 알파벳 을 그리는 동작도 고려해 볼 만하다.

개발한 제스처는 그리기가 쉬운지 충분히 고려하고 테스트해야 한다. 인피니티 블레이드 (Infinity Blade)라는 게임에서는 터치 화면 제스처를 사용해 전투 도중 마법을 소환한다. 하 지만 이 게임에서는 키릴 문자 'GH'와 유사한 제스처는 C(반 원)과 마찬가지로 쉽고 빠르게 그 릴 수 있지만, 'U'를 그리기는 어렵다(그림 13.28 참고).

▶ 그림 13.28: Epic 사의 인피니티 블레이드 게임에서 사용하는 새로운 멀티터치 제스처

끝으로, 내비게이션을 완전히 없앨 수 없다면 그림 13.29에 나온 구글 지도와 구글 어스의 예에서 보듯 내비게이션을 반투명하게 만드는 것을 고려해보자.

여기서는 두 액션 바가 항상 화면에 표시되지만 반투명하므로 사용자는 바 아래 있는 지도를 볼 수 있다. 이 방식은 스위스 군용 칼 내비게이션을 처음부터 만들 수 없는 경우 이 패턴에서 제공하는 장점만을 활용하는 절충안이 될 수 있다.

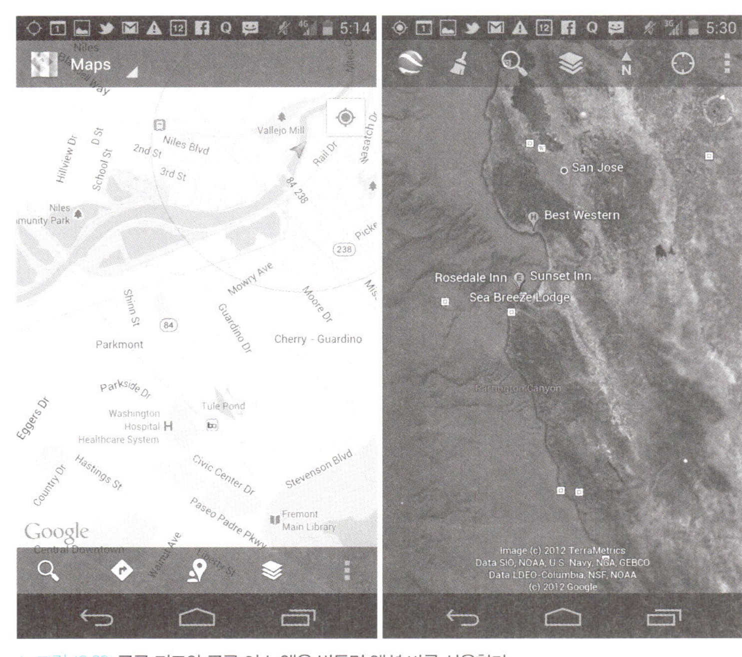

▶ 그림 13.29: 구글 지도와 구글 어스 앱은 반투명 액션 바를 사용한다.

반려동물 가게 앱에서 스위스 군용 칼 내비게이션 패턴을 구현한 화면은 그림 13.30의 와이어 프레임에서 볼 수 있다. 여기서는 네 모서리를 모두 활용하는 내비게이션 패턴을 사용한다. 기본적인 아이디어는 간단하다. 앵그리 버드 게임에서처럼 한 개의 반투명 메뉴 버튼만 사용하는 대신 화면의 네 모서리를 모두 활용해 앱의 주요 기능에 접근하는 단축 메뉴를 제공하는 것이다. 예를 들어, 검색 결과 화면에서 상단 두 메뉴는 지도와 장바구니가 되고, 왼쪽 하단은 필터, 오른쪽 하단은 메뉴 기능이다.

각 모서리에 있는 단축 기능은 반투명한 필터 스트립 요소와 함께 사용한다(8장 '정렬 및 필터링'에서 '8.3 패턴: 필터 스트립' 절 참고). 이를 통해 이 디자인에서는 강아지 사진을 스크롤해보는 데 화면 공간을 100% 활용한다. 아울러 앱의 핵심 영역과 기능을 잘 노출함과 동시에, 사용자가 실수로 기능을 눌러 원하지 않는 행동을 할 가능성을 최소한으로 줄였다.

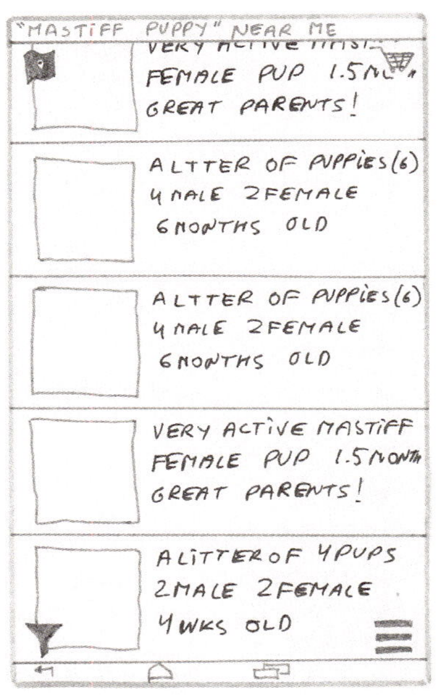

▶ 그림 13.30: 반려동물 가게 앱은 네 모서리를 활용하는 스위스 군용 칼 내비게이션 패턴의 변형을 사용한다.

그럼 왜 이 위치를 선택했을까? 메뉴를 우측 하단 구석에 두는 것은 매우 이치에 맞다. 이 위치는 기존 앱에서 전통적으로 안드로이드 내비게이션 메뉴가 있던 위치이므로 커스텀 블라인드 메뉴를 보여주기에 적합한 위치다. 아울러 이 위치는 기기를 오른손으로 쥐고 있을 때 오른손 엄지가 가장 닿기 쉬운 위치다. 필터 버튼을 좌측 하단에 둔 이유는 이 버튼이 특정 항목을 검색할 때 반복적으로 사용될 가능성이 크기 때문이다. 인체공학적으로 필터는 가장 접근하기 쉬운 곳에 위치한다. 대다수 사람들이 오른손으로 모바일 기기를 쥘 때 엄지가 자연스럽게 위치하는 곳이 바로 이 자리이기 때문이다. 우측 모서리에 있는 버튼들은 지도처럼 사용자들에게 우선순위가 조금 떨어지는 기능이나, 언제든 접근할 수 있는 장바구니에 사용한다. 물론 이런 배치도 좋지만 다양한 기능을 얼마든지 더 다양하게 배치할 수도 있다. 디자인을 여러 차례 수정해보면서 어떤 방식이 가장 좋은지 판단하자. 이때 핵심은 주요 기능을 쉽게 사용할 수 있게 하면서, 핵심 콘텐츠에 가능한 한 많은 공간을 배분하는 것이다.

태블릿 앱

10인치 태블릿 같은 대형 태블릿에서는 내비게이션, 툴바 등에 사용할 수 있는 공간이 충분하므로 이와 같은 공간 절약 패턴이 불필요하다. 하지만 7인치 태블릿에서는 이 패턴을 적극적으로 고려해야 한다. 네 모서리를 활용하는 디자인 패턴을 조금 변형하면 저미있고 유용한 디자인을 적용할 수 있다. 예를 들어 추가 컨트롤, 메뉴 바, 버튼 등이 없는 깔끔한 텍스트 편집 프로그램(빈 캔버스에 글을 쓸 수 있는)을 상상해보자. 캔버스의 우측 하단 구석은(실제 종이처럼) 살짝 위로 접혀 있다. 이 모서리를 탭하면 부드러운 화면 전환을 통해 캔버스를 위로 접으면서 숨어 있던 메뉴가 나타난다.

⚠️ 주의점

여기서 가장 당부하고 싶은 말은 경쟁 업체에서 이 패턴을 사용할 때까지 기다리지 말라는 것이다. 숨은 메뉴 버튼의 발견 가능성(discoverability)이 염려된다면, 걱정하지 않아도 된다. 앵그리 버드 및 다른 게임들을 내려받은 수십억 명의 사용자가 동일한 패턴을 사용하는 법을 문제 없이 배웠다. 거대 통신사에서 후원한 한 연구에 따르면, 25명 이상의 사람들이 버튼 하나만 주어진 경우에도 버튼에 대해 완전히 이해하지 못함에도 버튼이 숨어 있는 기능을 알기 위해 버튼을 클릭하는 것으로 드러났다. 물론 버튼이 두 개나 세 개인 경우 상황이 좀 더 복잡해지므로 적절한 아이콘을 사용하고, 타깃 사용자를 대상으로 인터페이스를 초기부터 철저히 테스트하는 게 중요하다.

이때 네 모서리를 모두 사용할 필요는 없다는 점에 주의하자. 예를 들어 페이스북 앱(그림 13.31 참고)은 상단 두 개의 모서리와 화면 우측 하단에 있는 네이티브 안드로이드 내비게이션 바(총 세 개의 모서리)를 사용한다. 이 디자인은 반려동물 가게 앱에서 본 것과는 조금 다르지만, 전반적인 접근 방식은 충분히 실험해볼 만한 가치가 있는 패러다임을 제공한다.

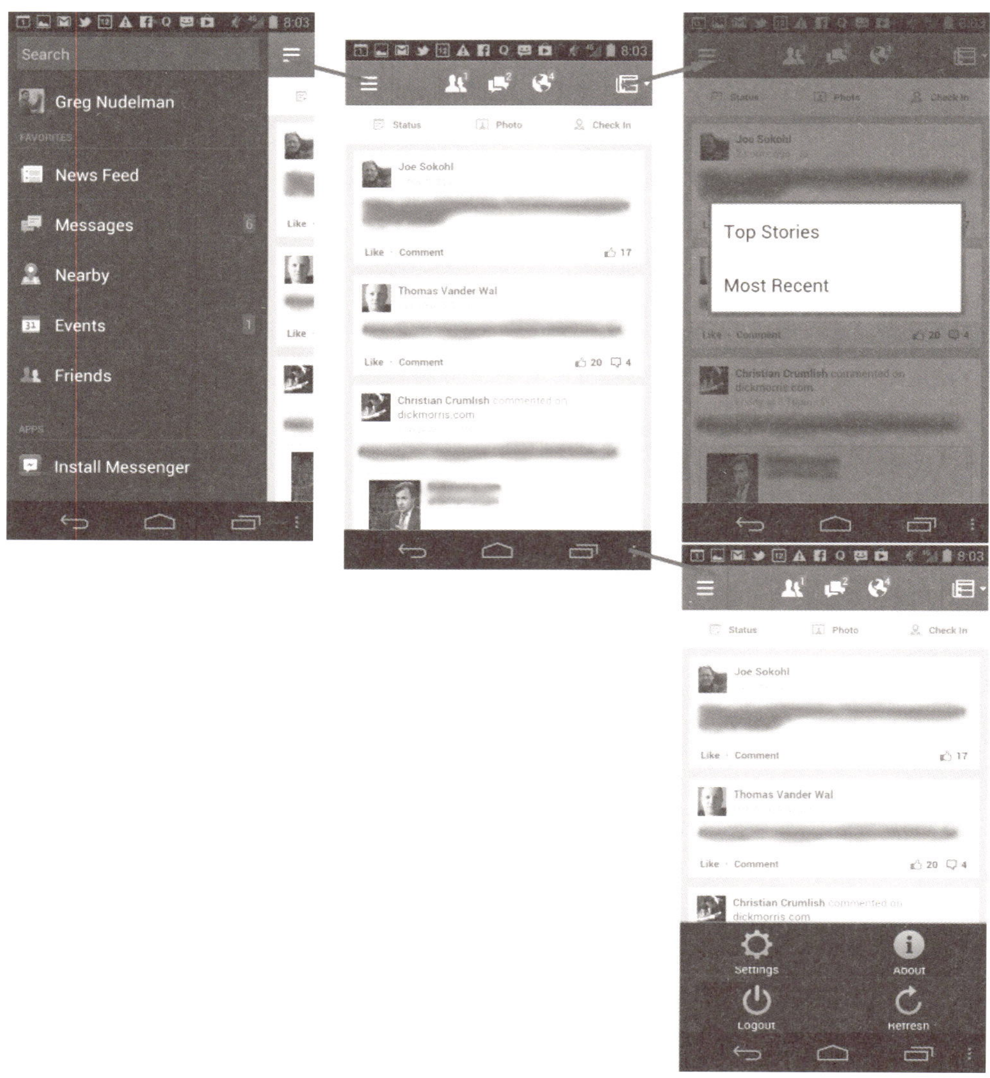

▶ 그림 13.31: 페이스북 앱은 세 모서리를 활용한 스위스 군용 칼 내비게이션 패턴을 사용한다.

독자들 중에는 페이스북에서 사용하는 것과는 조금 차별화된 아이콘을 선호하는 사람도 있을 것이다. 여기서 중요한 문제는 어떤 메뉴 속에 어떤 행동이 숨어 있는지 알 수 있게 하는 것이다. 사용하는 아이콘에 자신이 없다면 한 개의 메인 메뉴만 사용하고, 메뉴 콘텐츠를 전반적으로 정리한 후에 추가 주요 기능을 추상화하는 게 좋다.

관련 패턴

8.3 패턴: 필터 스트립

13.7 패턴: 연동: 마지막 지경

마지막으로 살펴볼 모바일 패턴은 이 책에서 지금까지 내비게이션과 컨트롤을 다루면서 사용한 단일 앱의 테마에서 다소 벗어난다. 또 여기서는 다양한 앱에서 받은 데이터를 취합해 사용하기 편리한 모바일 대시보드에서 보여줄 수 있게 하는 멋진 위젯과 CS 기능도 살펴본다.

적용 방식

사용자에게 앱에서 제공하는 것 이외의 기능이 필요한 경우 사용자를 위해 해당 작업을 수행하는 다른 앱으로 이동한다. 여기에는 단순한 절차적 연동뿐 아니라 다양한 앱에서 받은 데이터를 커스텀 대시보드, 위젯, 파노라마를 통해 보여주는 기회도 숨어 있다.

예시

비교적 단순한 절차적 연동을 잘 활용한 예로 포스퀘어 앱이 있다. 이 앱에서는 관심 지역 목록을 지도 형태로 보여주기 위해 특별히 라이선스 계약을 맺은 구글 지도의 '캡처' 버전을 제공한다. 하지만 가는 방향을 알려면 별도의 네이티브 구글 지도 앱으로 이동해야 한다(그림 13.32 참고).

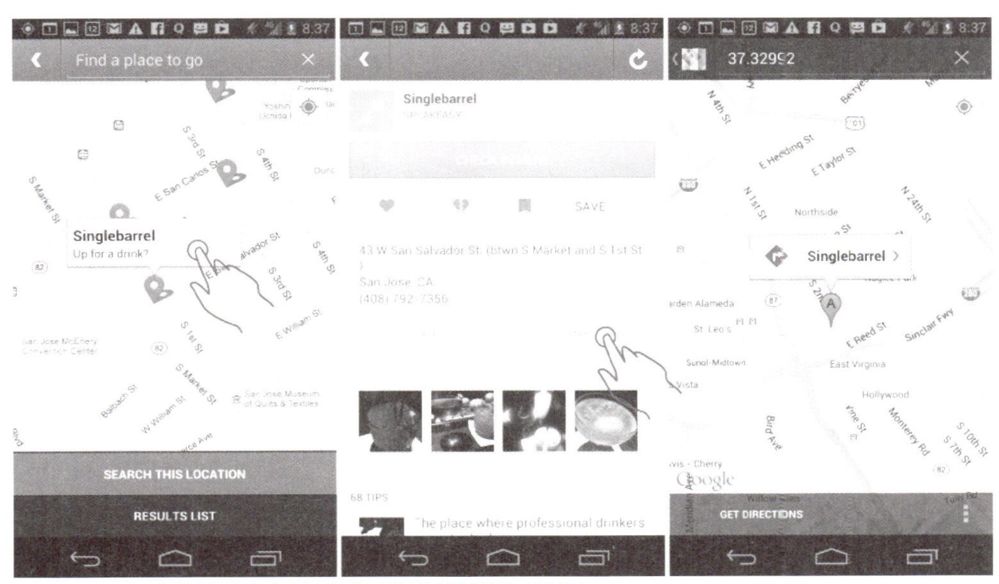

▶ 그림 13.32 포스퀘어 앱은 구글 지도와 프로세스 중심의 연동 방식을 사용한다.

포스퀘어 앱은 구글 지도와 무척 잘 연동된다. 포스퀘어에서는 구글 지도로 소숫점 숫자(실제로는 목적지 코드)를 넘겨준다. 그럼 구글 지도 앱은 구글 데이터베이스를 활용해 관심 위치의 이름과 주소를 정확히 보여준다(다른 연동은 부드럽지 않다. '주의점' 절을 참고하자).

언제, 어디에서 사용하나

이 패턴은 사용자가 익숙한 다른 앱에서 이미 개발된 서비스를 앱에서 제공해야 할 때 사용하면 된다.

사용하는 이유

이미 존재하는 서비스를 불필요하게 처음부터 개발하지 않으면 그만큼 개발도 쉬워진다. 아울러 다양한 앱으로부터 데이터를 가져오고 이를 찾기 쉬운 형태로 취합할 경우 모바일 사용자 경험을 개선하고 가치를 더할 수 있다(다음 절 참고).

다른 활용법

모바일에서 가장 많은 기회가 숨어 있는 곳 중 하나는 여러 앱에서 다양한 데이터 피드를 취합해 보여주는 분야다. 아직 모마일 앱에서 충분한 가치를 누릴 수 없는 이유는 통신이 특정 기술(이메일, 인스턴트 메시지, 링크드인, 트위터, 페이스북 등)로 제한돼 있고, 정보가 사람들이 실제 사용하는 형태에 맞게 정렬돼 있거나, 적정한 라벨이 적용되지 않았기 때문이다. 대신 사용자는 혹시 중요한 정보를 잃을지 모르는 두려움과 최신 정보를 계속 수신하기 위해 계속해서 다양한 통신 채널을 확인해야 한다. 이처럼 모든 통신 채널을 확인하는 일에는 많은 시간이 소요되고, 거의 초인적인 노력이 필요하다. 모바일 통신 분야에서 앞서 나가고 싶은 기업이라면 다양한 기술 매체로부터 메시지를 분류하기 위해 상당한 노력을 해야 한다.

이를 위한 한 가지 방법으로 하나의 통합 수신함에 다양한 정보 피드를 집어넣는 방식이 있을 수 있다. 그럼 모든 네트워크 정보를 일일히 확인하느라 앱을 전환하는 대신 모든 피드를 한곳에서 받을 수 있다. 또 연락할 사람이 어디 있는지 매번 찾지 않아도 한곳에서 한 번에 필요한 사람들을 모두 선택해 연락할 수도 있다. 또, 여러분이 연락하려는 사람은 자신이 원하는 통신 방식으로 여러분의 연락을 받을 수 있다는 장점도 있다.

현재 안드로이드에서는 홈 화면에 위치한 다양한 위젯을 통해 이와 같은 '연동' 방식을 지원하고 있다(그림 13.33 참고). 물론 이는 홈 화면 위젯에 우연히 추가된 기능이며, 홈 화면 위젯의 이와 같은 연동 기능은 아직까지 잘 관리되지 않고 있다.

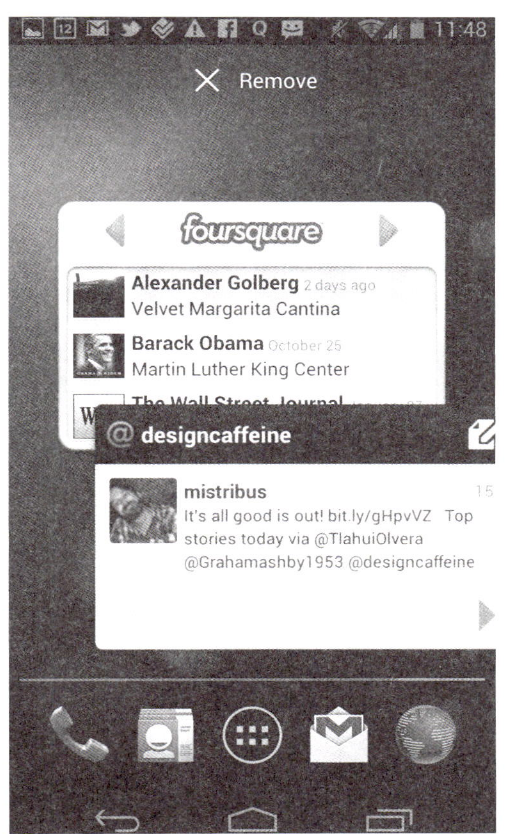

▶ 그림 13.33: 포스퀘어와 트위터 위젯이 한 개의 홈페이지 화면으로 통합되지 않는 것은 안티패턴이다.

 물론 이론적으로는 이런 위젯이 제 기능을 충실히 수행하지만, 사실 이들 위젯은 인터넷의 여러 소셜 네트워크 피드에서 오는 수많은 정보를 처리하고 싶은 사용자들의 기대에는 못 미친다. 포스퀘어와 트위터 위젯만 보더라도 빈 공간이 상당히 많으며, 위젯에서 볼 수 있는 내용을 거의 설정할 수 없고, 크기로 인해 같은 페이지에 두 위젯을 둘 수도 없다. 만일 좀 더 통합된 위젯이 있다면 한 페이지에서 포스퀘어, 트위터, 페이스북 등을 모두 볼 수 있을 것이다. 이런 통합형 위젯의 경우 각 영역은 링크 역할을 하거나 더 많은 소셜 피드 정보를 열어주는 섹션 기능을 수행할 수 있다.

모바일 기기와 태블릿에서 이와 같은 기능을 실제로 구현한 사례를 그림 13.34의 포스퀘어 앱에 나온 윈도우 폰 파노라마 컨트롤에서 볼 수 있다(이미지 출처: Liz Ngo Global ISV, "Updated Announcement: Official foursquare 2.X App for Windows Phone Unveiled and Now Available for Download," MSDN.com 웹사이트, 2011년 6월 28일, http://blogs.msdn.com/b/msftisvs/ archive/2011/06/28/official-foursquare-2-0-app-available-for-windows-phone.aspx).

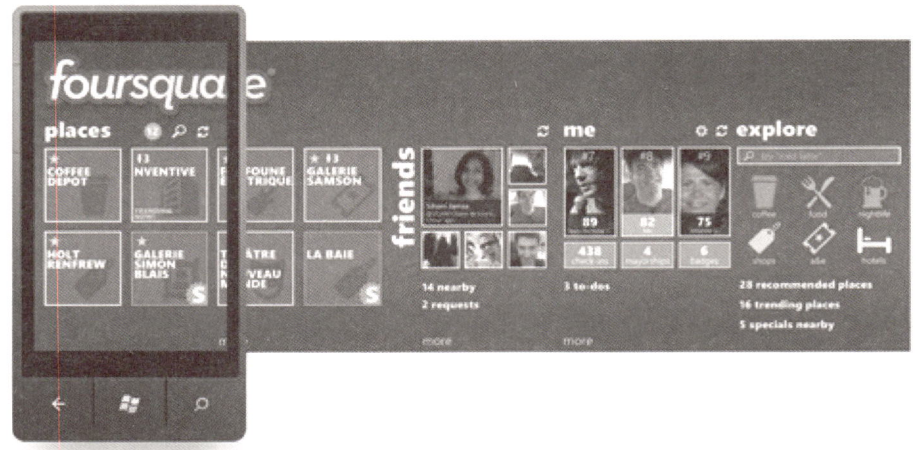

▶ 그림 13.34: 윈도우 폰의 포스퀘어 앱은 파노라마 컨트롤을 사용한다.

모바일 세계에서는 매일마다 새롭고 다양한 소통 방식이 등장한다. 페이스북에서는 메시지를 주고받을 수 있는 방법이 10개 이상이다(찔러보기, 담벼락에 글 남기기, 사진에 댓글 남기기 등).

이와 같은 다양한 메시지를 대시보드 파노라마로 통합하는 것은 충분한 가치가 있다. 아쉽게도 페이스북에서는 모바일 기술의 모든 역량을 충분히 활용하고 있지 못하다. 다양한 앱에서 가져온 이들 정보를 한 개의 파노라마로 취합하는 대신 다양한 앱이 자체 대시보드 파노라마를 만들었으며, 이로 인해 정보의 고립을 초래하고 있다.

다양한 소스로부터 멋진 아이디어를 빌려오기를 주저하지 않는 배고픈 안드로이드 개발 팀에게는 이런 현실이 멋진 기회가 될 수 있다. 다양한 네트워크 피드, 찔러보기, 담벼락 메시지, 체크인, 경고를 볼 수 있는 커스터마이징이 가능한 개방형 안드로이드 파노라마 대시보드를 생각해보자. 또는 CRM-in-Your-Pocket 같은 제목의 앱을 떠올려보자. 이 앱에서는 연락처에 등록된 사람별로 이름과 사진, 트위터, 페이스북, 텀블러 업데이트 정보, 포스퀘어 체크인, 마지막으로 나눈 대화, 인스턴트 메시지, 음성-텍스트 변환 기술을 통해 변환한 음성메일을 멋진 대시보드로 보여준다. 이런 앱이 있다면 사용자가 연락처에 있는 사람들과 얼마나 가까이 연결돼 있다고 느낄지, 또 이 사람들에 대한 정보를 얼마나 많은 정보를 가지고 있다고 생각할지 상상해보자. 이런 앱은 당장 오늘이라도 만들 수 있지만 아직까지 이와 같은 형태로 연동 패턴을 활용한 사람은 아무도 없었다.

전반적인 모바일 사용자 경험은 특정 기술에 국한될 필요가 없으며, 오히려 정보를 서로 연결해주는 것을 목표로 삼아야 한다. 시스템에서는 다양한 통신 채널의 정보를 취합하고 우선순위를 정해 사용자에게 적절한 양의 정보를 보여줘야 한다. 또, 시스템에서는 메시지의 우선순위를 판단해 사용자에게 중요하고 긴급한 메시지만 전달해야 한다. 안드로이드는 개방형 표준과 실험 정신을 준수한다는 점에서 이와 같은 연동 패턴을 구현하기에 가장 좋은 플랫폼이다.

반려동물 가게 앱

반려동물 가게 앱은 어떤 유형의 앱과 연동할 수 있을까? 당연히 지도는 주변 지역의 반려동물을 찾아서 보여주고, 반려동물을 구매하러 가는 방향을 보여주는 데 활용할 수 있다. 또 사용자가 관심 있는 반려동물(경비견 등)과 관련한 사용자 주변 지역의 뉴스, 이벤트 등을 보여줄 수도 있다. 이 패턴에서 필자는 독자들이 이와 같은 다양한 가능성을 브레인스토밍하고 스케치하기를 권장하고 싶다.

태블릿 앱

태블릿은 미디어를 소비하기 위한 최적의 기기로, 다양한 연동에 매우 적합하다. 다양한 연동을 활용한 위젯과 앱, 통합 대시보드는 태블릿 앱 개발자들의 향후 가장 큰 성장을 이끌 분야다.

⚠ 주의점

앱 간 연동에는 위험이 따른다. 옐프와 Kayak처럼 산업을 대표하는 주요 앱에서의 '간단한' 지도 연동조차 완벽과는 거리가 멀다.

그림 13.35에서는 옐프 앱에서 지도로 넘겨주는 데이터가 거리 주소가 아니라 위도와 경도(구글 지도에서는 표준인)인 것을 볼 수 있다. 이 경우 주소가 정확히 보이지 않거나 지도 앱에서 관련 업체의 이름이 보이지 않는 등 문제가 생길 수 있다. 아울러 구글 지도가 최근 목적지 드롭다운에서 업체명을 기억하지 못하므로 여러 위치를 검색한 후 이전 주소로 되돌아가는 등의 멀티태스킹 작업을 하는 게 매우 어렵다(예약을 하는 사람이라면 이런 작업을 당연히 하기 마련이다). 지도 컴포넌트에서의 사용자의 탭 흐름을 관찰한 사람이라면 같은 목적지를 같은 사람이 여러 번 접근하는 것을 볼 수 있을 것이다. 이는 수준 이하의 연동 경험을 나타낸다.

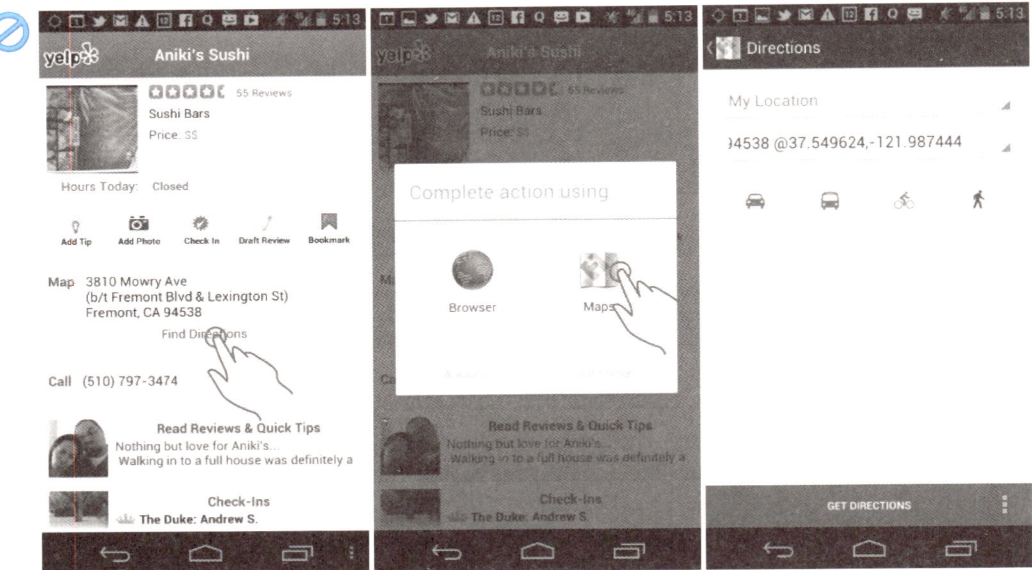

▶ 그림 13.35: 옐프 앱과 구글 지도의 좌표 기반 연동 방식은 심각한 단점이 있다.

이보다 더 깊은 수준의 연동 기능은 다른 앱의 '캡처(좀 더 정확히 말하면 라이선싱)'함으로써 구현할 수 있다. 이를 잘 보여주는 예가 Kayak 앱(그림 13.36 참고)이다. 여기서는 Bing 지도 앱을 사용해 지도에서 호텔의 위치를 보여준다. 아쉽지만 이 연동 기능은 실제 앱에서 볼 때보다는 종이상에서 볼 때 더 보기 좋다. 실제로 호텔로 가는 방향을 알려고 해보면, 도저히 알 수가 없다!

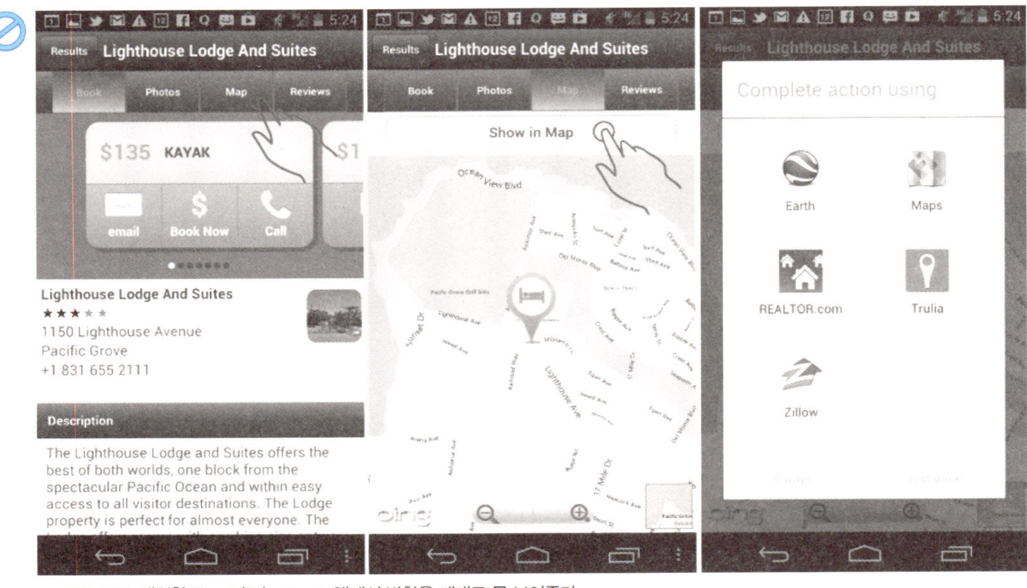

▶ 그림 13.36: 캡처한 Bing 지도는 Kayak 앱에서 방향을 제대로 못 보여준다.

대신 Bing-Kayak 하이브리드 앱에서는 여러 가지 앱(구글 어스, Zillow, Trulia, Realtor. com)을 열어주는(대부분의 경우 지도를 사용) 멋진 스타일의 'Show in Maps'라는 버튼을 제공한다. 실제로 이들 옵션을 사용해보면 에러가 결과 없음 화면이 나오는데, 여기에는 그럴만한 이유가 있다. 자세히 관찰해 보면 Kayak-Bing 하이브리드 앱에서는 'Lighthouse+Lodge+And+Suites'를 넘겨주는데, 그림 13.37에서 볼 수 있듯 이 문자열에 해당하는 연동 지점은 거의 없다(구글 어스의 경우 결과를 찾지 못했다는 사실을 알리지도 않는다).

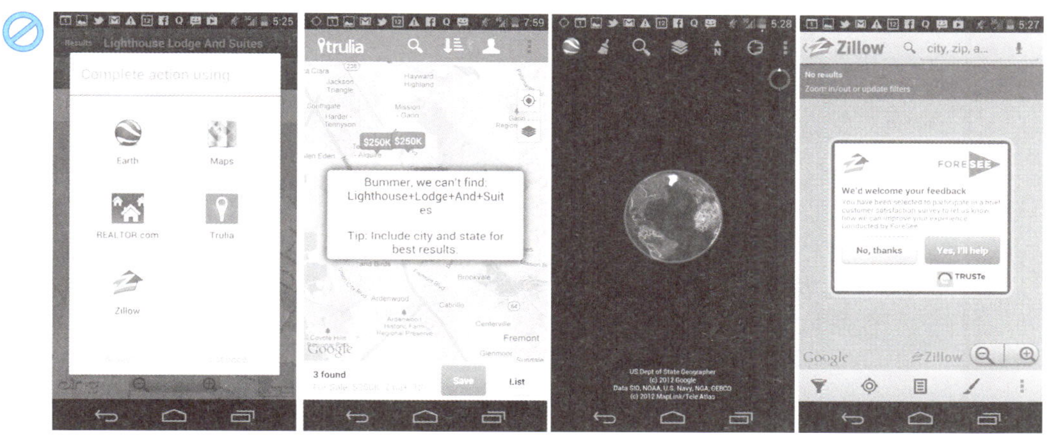

▶ 그림 13.37: Kayak 앱에서는 지도를 제외한 모든 연동 지점에서 타깃을 찾거나 방향을 제공하지 못한다.

구글 지도만이 사용자가 출발지에서 도착지로 가는 방향 정보를 보여줌으로써 의미 있는 결과(퍼시픽 그로브에 위치한 이름과 주소)를 제공해준다. 그렇다면 아무 기능도 수행하지 않고 사용자를 헷갈리게만 하는 다른 연동 옵션들은 왜 제공하는 것일까?

관련 패턴

6.2 패턴: 대시보드

9.1 안티패턴: 시스템 상태의 가시성 무시

태블릿 패턴

태블릿은 모바일 기술에서 큰 부분을 차지하며, 제대로 설명하려면 별도로 책이 한 권 필요하다. 이 장에서 소개하는 패턴들은 스마트폰보다 화면이 큰 소형 및 대형 태블릿용 패턴이다. 태블릿용 디자인 분야는 실험할 감행할 의지가 있는 개발팀이 태블 기기어 가장 최적화된 사용자 경험을 창출함으로써 경쟁에서 빠르게 앞서갈 수 있는 분야 중 하나다. 이 장의 내용을 읽기 전에 3장 '안드로이드 파편화'를 다시 보고, 다양한 기기를 쥐는 일반적인 방법과 각 기기에서의 핫 존에 대한 내용을 복습하자.

14.1 패턴: 프래그먼트

기기 파편화를 처리하기 위해 안드로이드는 다시 아이러니컬한 이름인 프래그먼트 UI 프레임 워크를 제공했다. 프래그먼트는 UI 디자인에서 중요한 '순수 안드로이드' 패턴이다.

적용 방식

화면의 콘텐츠가 프래그먼트라고 부르는 타일로 나뉜다. 각 프래그먼트는 전체 공간을 가장 효과적으로 차지하게끔 기기 크기와 방향에 따라 배치된다. 개별 타일의 스크롤은 액션 버튼 같은 핵심 요소가 화면 밖으로 벗어나지 않게끔 제한된다.

예시

필자가 좋아하는 프래그먼트 UI의 예로는 구글 플레이 앱이 있다. 이 앱은 그림 14.1과 14.2에 서도 잘 볼 수 있듯 다양한 기기에서 놀라울 정도로 잘 동작하는 '반응형' 네이티브 앱이다.

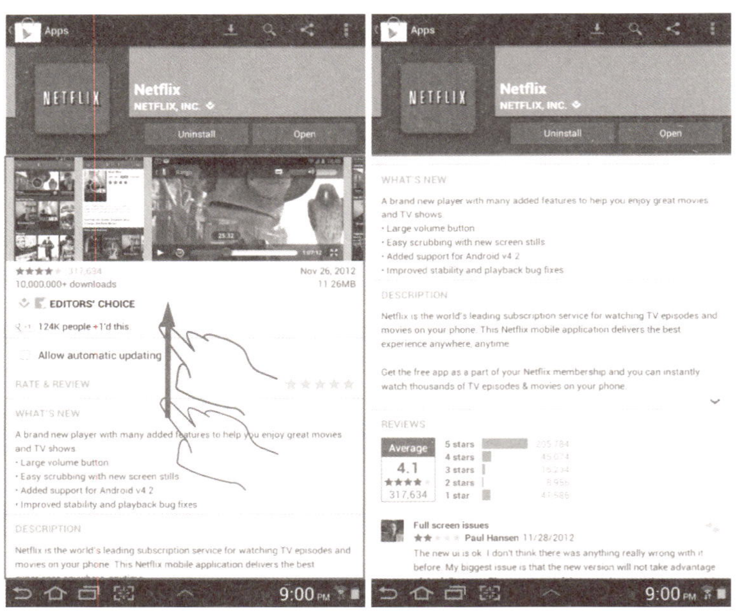

▶그림 14.1: 구글 플레이 앱의 프래그먼트 패턴은 세로 방향의 7인치 태블릿에서는 한 개의 컬럼만 형성한다.

그림 14.2에 나온 것처럼 7인치 태블릿의 가로 방향에서는 구글 플레이 앱의 화면 요소가 전 체 공간을 효과적으로 차지하게끔 두 컬럼으로 나뉜다. 태블릿을 세로 방향으로 볼 때는 화면 요소가 그림 14.1처럼 한 컬럼 디자인 안으로 들어간다. 각 요소 내에 있는 내용은 별도로 스크롤할 수 있지만 액션 버튼은 항상 표시된다. 가로-세로 방향 모두 화면 요소는 최적의 레이 아웃에 따라 배치된다.

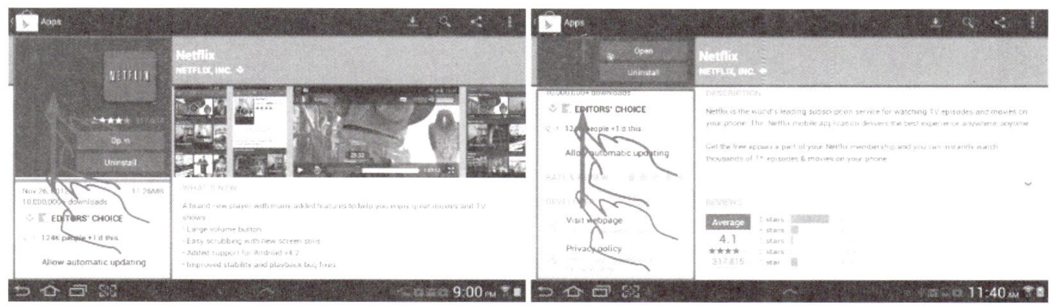

▶ 그림 14.2: 구글 플레이 앱의 프래그먼트 패턴은 가로 방향의 7인치 태블릿에서 두 개의 컬럼을 형성한다.

언제, 어디에서 사용하나

기존 앱 디자인을 소형 및 대형 태블릿에 맞게 바꿀 때 프래그먼트 프레임워크를 사용하면 가장 좋다. 프래그먼트 프레임워크는 다양한 기능을 제공하며, 사용하기도 쉽다.

사용하는 이유

프래그먼트 프레임워크 패턴은 다양한 크기에 적합한 크기를 정의할 수 있게 해준다. 프래그먼트 패턴은 대다수 기기에서 훌륭한 사용자 경험을 전달하고, 소형 태블릿과 대형 태블릿 같은 다양한 기기별로 커스텀 앱을 개발하는 불편을 없애준다.

다른 활용법

반응형 웹 디자인과 관련한 내용은 대부분 프래그먼트에도 적용된다. 하지만 프래그먼트 프레임워크가 반응형 디자인에 최적화돼 있는 데 반해 웹 디자인의 대부분은 CSS와 자바스크립트 핵(hack)을 통해 이뤄진다. 프래그먼트 프레임워크에 대한 자세한 내용은 http://developer.android.com/training/basics/fragments/index.html을 참고하자.

⚠ 주의점

액션 버튼이 들어 있는 프래그먼트 콘텐츠를 타일에 배치할 때는 전체 액션 버튼이 최소한 일부라도 사용자에게 항상 보이도록 프래그먼트의 최소 크기를 제한해야 한다. 액션 버튼이 들어 있는 프래그먼트는 스크롤하기 어렵고, 대다수 사람들이 아예 스크롤을 하지 않기 때문에 이 부분은 매우 중요하다. 따라서 이들 기기의 사용자는 프래그먼트 아래에 숨어 있는 추가 기능을 아예 찾지 못할 가능성이 크다.

반응형 디자인의 의도가 아무리 좋다고 한들 반응형 디자인은 특정 크기의 기기에 맞게 별도로 디자인된 전용 앱만큼의 성능은 발휘할 수 없다는 점을 염두에 두자. 사용자에게 최상의 태블릿 사용자 경험을 전달하고 싶다면 특정 크기에 맞춰 최적화하는 데 공을 들여야 하고, 양방향 모두에서 두세 개의 인기 있는 기기 크기를 대상으로 프래그먼트 UI를 테스트해야 한다.

관련 패턴

14.2 패턴: 복합 뷰

14.2 패턴: 복합 뷰

태블릿을 가로 방향으로 볼 때는 상세 항목과 함께 리스트를 보여주는 게 좋다. 이런 형식은 복합 뷰(또는 이중 패널 셀렉터, http://designinginterfaces.com/patterns/two-panel-selector/)라고 부른다.

적용 방식

일반적으로 작은 모바일 기기에서는 리스트 뷰를 먼저 보여주고 사용자가 상세 뷰로 드릴다운할 수 있다. 리스트 뷰로 돌아오려면 사용자는 뒤로가기 버튼을 눌러야 한다. 이와 달리 태블릿에서는, 특히 가로 방향에서 리스트와 상세 화면을 보여줄 공간이 충분하므로, 두 뷰 사이를 왔다갔다(포고스티킹) 하지 않아도 쉽고, 효과적으로 상세 화면을 볼 수 있다.

예시

복합 뷰가 잘 나와 있는 앱으로 그림 14.3에 나온 태블릿 기기의 설정 앱이 있다. 이 앱 화면의 왼쪽에서는 설정 목록을 보여주고, 오른쪽에서는 상세 정보를 보여준다.

설정 앱에서는 가로, 세로 방향 모두 같은 정보를 보여준다. 이를 위해 이 앱은 양방향에서 균형 잡힌 레이아웃을 구성하게끔 왼쪽 컬럼의 크기를 조절하는 확장/축소 방식을 사용한다.

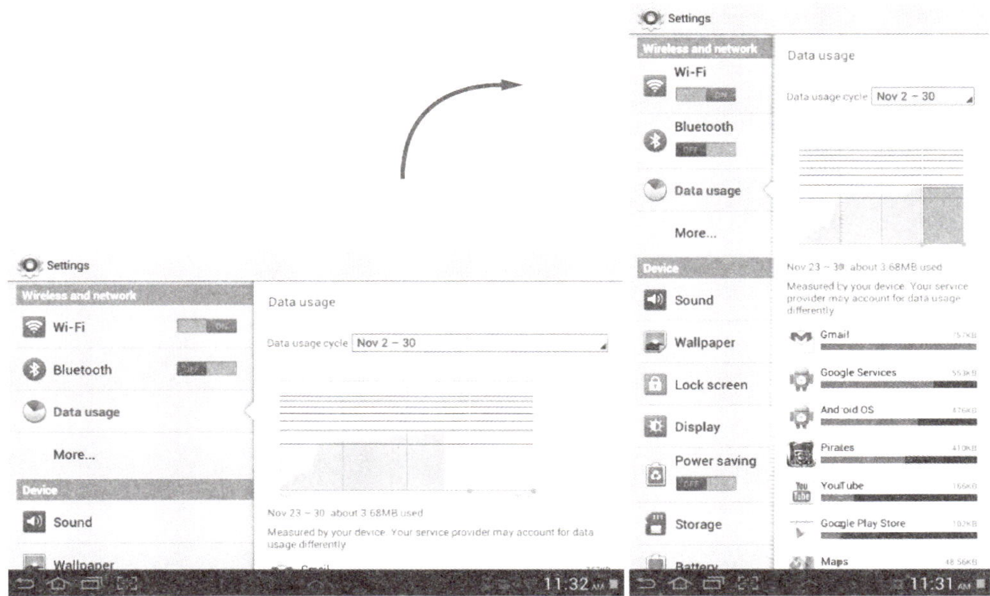

▶ 그림 14.3: 설정 앱은 복합 뷰 구현체를 잘 보여준다.

언제, 어디에서 사용하나

리스트와 상세 뷰 정보 아키텍처(IA)가 있다면 항상 복합 뷰 패턴을 사용을 고려할 만하다.

사용하는 이유

복합 뷰는 개괄적인 정보를 제공하는 데 효과적이며, 사용자가 임으로 원하는 곳으로 이동하게 하는 데도 탁월하다(다시 말해 사용자는 리스트 뷰에서 아무 곳으로나 이동해 상세 화면을 볼 수 있다).

다른 활용법

간혹 리스트 칼럼에서 앱 내비게이션을 보여주는 경우가 있다. 이런 경우에는 복합 뷰 패턴이 이 장의 다음 절에서 다루는 사이드 내비게이션 패턴과 충돌하게 된다.

⚠ 주의점

기기 크기와 복합 뷰의 두 컬럼 크기에 따라 지메일 같은 일부 앱에서는 조금 다른 방식을 사용하기도 한다. 이 경우 가로 방향에서는 똑같이 두 개의 컬럼(리스트와 상세 화면)을 보여주지만, 세로 방향에서는 상세 칼럼 한 개만 보여준다. 세로 방향에서는 모바일 폰에서처럼 업(up) 내비게이션을 사용해 리스트를 볼 수 있다.

아쉽게도 모든 앱에서 이 패턴을 정확히 구현하는 것은 아니다. 그림 14.4에 나와 있는 Ustream 같은 일부 앱에서는 사용자가 세로 방향에서 리스트 뷰에 접근할 수 없다. 더 황당한 것은 Categories라는 라벨이 뷰에서 사라지기 전에 화면에 잠깐 나타난다는 점이다. 하지만 세로 방향에서는 이 카테고리 목록을 다시 볼 수 있는 방법이 전혀 없다.

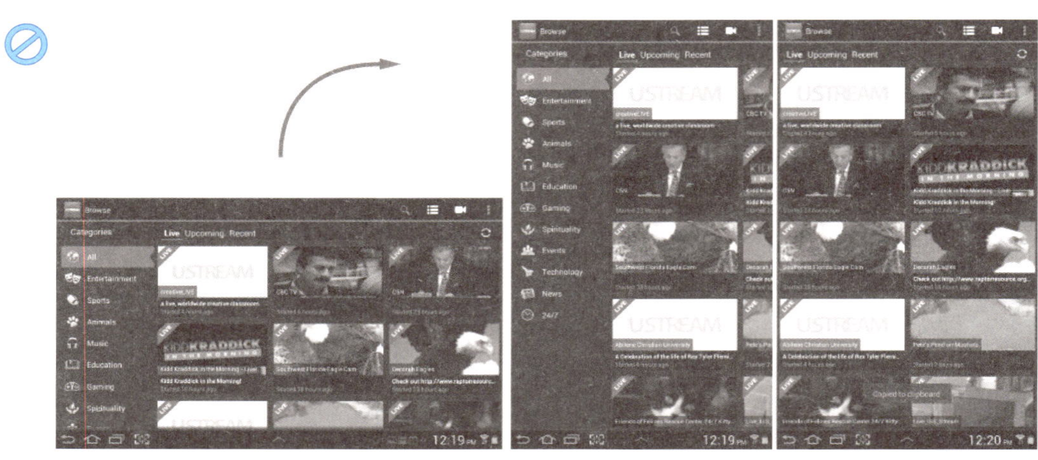

▶ 그림 14.4: Ustream 앱에서는 세로 방향에서 카테고리 목록에 접근할 수 없다. 이는 안티패턴이다.

다행히 사용자가 가로 뷰로 되돌아 오면 카테고리 목록을 다시 볼 수 있다. 그럼에도 불구하고 이 앱의 디자인은 안티패턴이다. 안드로이드 가이드라인에 따르면 "화면에서는 방향과 상관없이 같은 기능을 제공하려고 노력해야 한다." 여기서 키워드는 '노력하다(strive)'는 단어다. 이 말은 모든 앱이 모든 방향에서 같은 기능을 제공하지 않아도 괜찮다는 뜻이다. 하지만 화면 제약에 따라 리스트와 상세 화면을 분할한 경우 리스트는 항상 접근할 수 있어야 한다. Ustream 앱에서는 이와 같은 기본 원칙을 깨뜨림으로써 매우 혼란스러운 사용자 경험을 초래한다.

관련 패턴

14.3 실험 패턴: 사이드 내비게이션

 # 14.3 실험 패턴: 사이드 내비게이션

사이드 내비게이션에서는 기기의 왼쪽 및 오른쪽 측면을 따라 위/아래로 주요 기능을 둔다. 이 위치는 인체공학적으로 기기에서 손을 떼지 않고도 쉽게 내비게이션을 사용할 수 있는 위치다. 특히 대형 태블릿에서는 이와 같은 인체공학적 특성이 중요하다.

적용 방식

표준 안드로이드 내비게이션 가이드라인을 따르기로 결정하기 전에 대형 태블릿의 인체공학적 특성을 신중하게 고려한다. 3장에서 배운 것처럼 대형 태블릿에서는 기기의 측면이 상단 액션 바의 가운데 위치보다 훨씬 접근하기 쉽다. 다양한 내비게이션 및 기능을 제공하는 앱에서는 기기의 측면을 따라 위, 아래로 기능을 배치하는 게 매우 적합할 수 있다.

예시

수정된 사이드 내비게이션 패턴을 볼 수 있는 예로 Plume 앱이 있다. Plume 앱은 안드로이드 태블릿에서 인기 있는 트위터 클라이언트 앱이다. 이 앱에서는 홈, 검색, 즐겨 찾기 같은 핵심 메뉴를 기기의 왼쪽에 있는 서랍을 통해 보여준다(그림 14.5 참고).

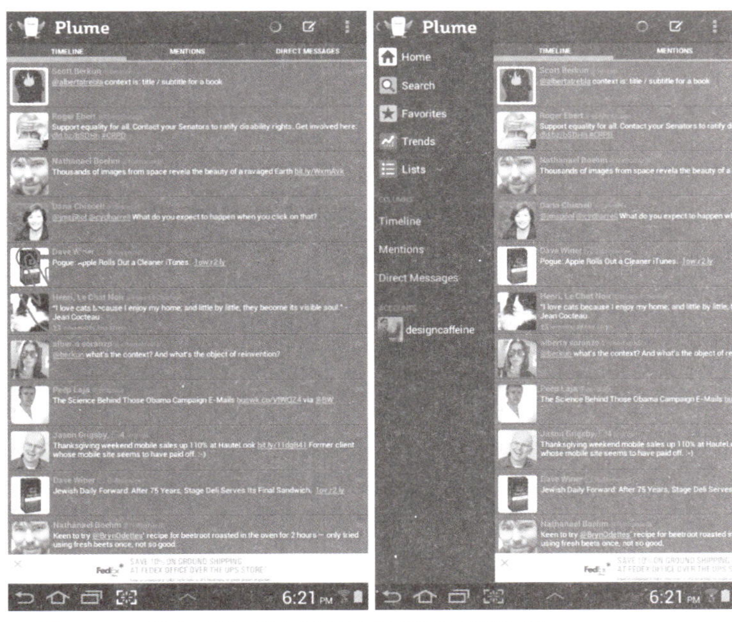

▶ 그림 14.5: Plume 앱에는 사이드 내비게이션이 서랍 패턴으로 구현돼 있다.

물론 이 앱에서 사이드 내비게이션 개념을 잘못 구현한 것은 아니지만, 전반적으로 디자인이 완성도가 떨어지는 듯한 인상을 준다. 서랍 메뉴는 대부분의 경우 부분적으로 가려져 있으므로 메인 콘텐츠 영역을 조금 움직임으로써 사용자에게 계속해서 이 기능을 상기시켜줘야 하고, 이 과정에서 콘텐츠가 주기적으로 부자연스럽게 움직인다. 또, 상단 액션 바와 오른쪽 오버플로우 메뉴에는 상당히 많은 내비게이션 요소가 있으므로, 전체 인터페이스가 어수선하고 미완성된 느낌이 든다. 특히 내비게이션 공간이 충분한 대형 태블릿에서 이런 문제는 더 크게 느껴진다.

같은 기능을 좀 더 깔끔하게 구현한(이를 통해 더 나은 사용자 경험을 전달하는) 사례를 애플 아이패드용 트위터 앱에서 볼 수 있다. 물론 안드로이드에서는 이 방식이 실험적인 구현 방식이지만, 그럼에도 불구하고 제 기능을 충분히 발휘할 수 있다고 생각한다(그림 14.6 참고).

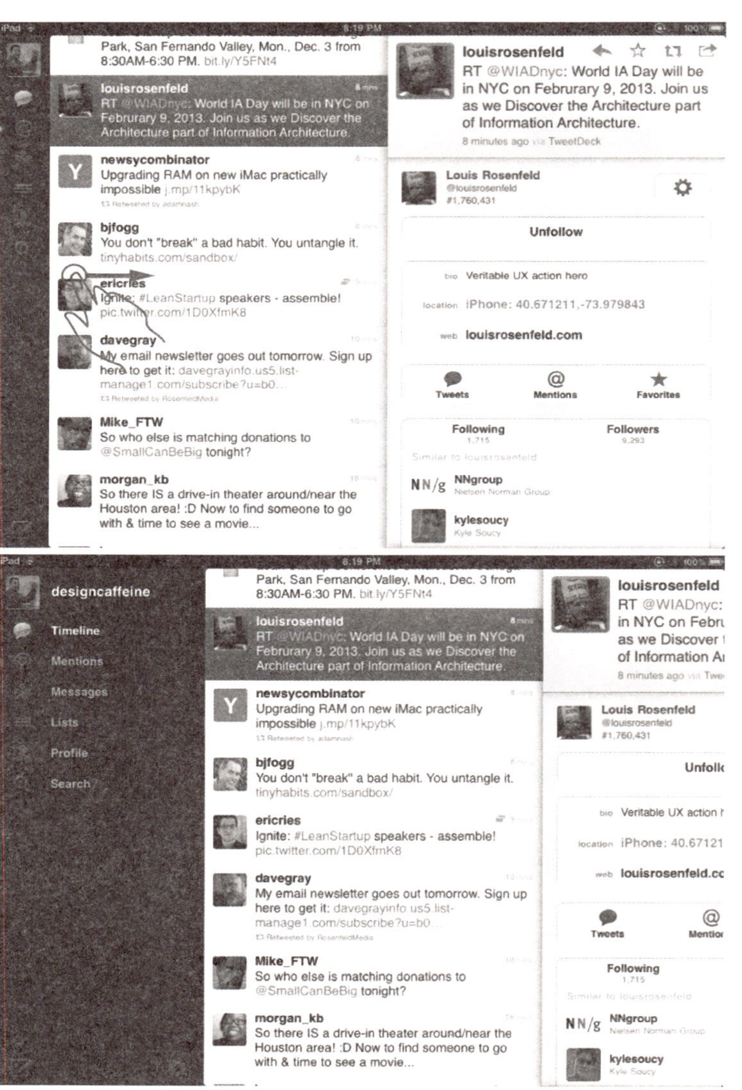

▶ 그림 14.6: 사이드 내비게이션 패턴을 훌륭하게 구현한 아이패드용 트위터 앱

트위터 앱은 사이드 내비게이션 패턴을 가장 먼저, 가장 우아하게 성공적으로 구현한 앱 중 하나다. 이 앱에서 왼쪽 메뉴의 주요 특징 중 하나는 절대 화면 밖으로 사라지지 않는다는 점이다. 기기의 방향 및 애플리케이션의 다양한 컬럼 위치에 따라 메뉴는 아이콘과 텍스트가 모두 들어 있는 긴 리스트로 열리거나, 간단한 가로 스와이프를 통해 좁은, 세로 아이콘 형태로 표시된다. Plume 앱과 달리 이 앱에서는 다른 곳에 일반 아이콘과 컨트롤이 전혀 없다. 아이패드 트위터 앱에서 모든 기능은 왼쪽 메뉴 안에 다 들어 있다.

언제, 어디에서 사용하나

대형 태블릿 기기를 대상으로 한다면 표준 안드로이드 서랍처럼 완전히 사라지지 않고, 화면에 그대로 남아 있는 트위터 아이패드 앱 스타일의 아이콘을 고려해브자. 앱의 목적과 기능에 따라 중간 크기인 7인치 태블릿에도 이 패턴을 적용할 수 있다.

사용하는 이유

표준 서랍 대신 이 패턴을 사용하는 이유는 세 가지가 있다.

1. 이 디자인은 사용자가 아이콘과 텍스트를 모두 보면서 빠르게 다양한 기능을 익힐 수 있는 멋진 디자인이다. 아울러 사용자가 기능을 배우고 나면 아이콘만 표시하게끔 메뉴를 닫을 수도 있다. 또, 아이콘이 무슨 기능을 하는지 다시 알고 싶으면 언제든 메뉴를 열어 텍스트를 보고 아이콘이 하는 일을 알 수 있다.

2. 앱의 전체 기능을 기기의 왼쪽이나 오른쪽 측면에 따라 세로 아이콘 바에 한 줄로 표시하면 앱에 대한 전체적인 인지 부담이 줄어드는 효과가 있다.

3. 모든 기능이 왼손 엄지 손가락이 쉽게 닿는 왼쪽 세로 메뉴 안에 들어 있다. 이 말은 사용자가 기기에서 손을 떼지 않고도 그만큼 쉽게 기능을 사용할 수 있다는 뜻이다. 이 상호작용은 양방향에서 모두 잘 동작한다.

다른 활용법

아이콘과 텍스트를 함께 보여줄 공간이 충분하지 않다면 세로 방향에서는 왼쪽 내비게이션 아이콘만 사용하는 것을 고려하자. 예를 들어 그림 14.4를 보면서 초기에 두 컬럼 화면을 로드한 후, 텍스트가 사라지고 카테고리 아이콘만 세로 방향에서 보이게 하더라도 Plume 앱이 얼마나 크게 개선될지 생각해보자. 그림 14.7에서는 이와 같이 수정한 고해상도 와이어프레임을 보여준다.

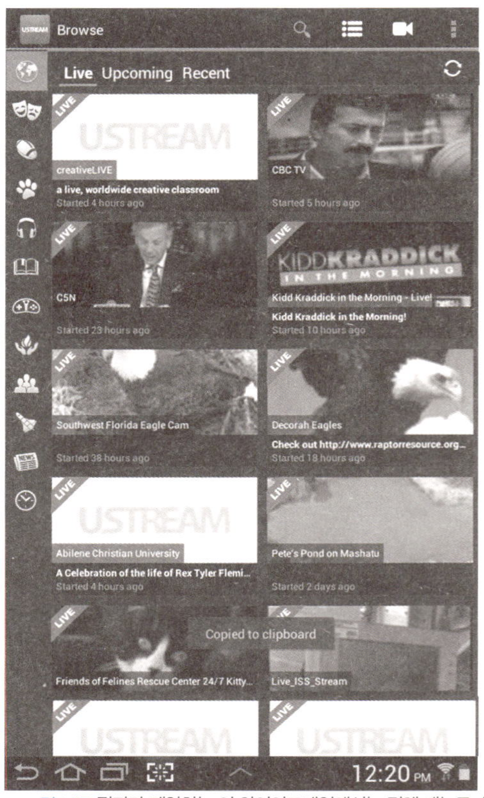

가로 방향에서는 리스트를 그대로 보여주거나 필요에 따라 기기 크기 및 오른쪽 칼럼에 보여줄 콘텐츠의 양에 맞게 텍스트를 숨길 수 있다.

왼쪽 내비게이션에서 아이콘을 구현하고 싶지 않다면 1장 '안드로이드용 디자인:사례 연구'에서 살펴본 AutoTrader앱의 사례처럼 최소한 간단한 베벨을 사용해 서랍을 사용할 수 있고, 스와이프를 통해 열 수 있다는 점을 알려야 한다.

⚠ 주의점

여기서 주의할 점은 다분히 정치적인 성격을 띤다. 이 패턴은 매우 효과적이지만, 사이드 내비게이션은 아직까지는 공식적으로 채택된 안드로이드 패턴이 아니다.

관련 패턴

13.6 패턴: 스위스 군용 칼 내비게이션

14.4 패턴: 내비게이션 겸용 콘텐츠 / 멀티터치 제스처

가능한 한 태블릿에서는 콘텐츠를 내비게이션 요소로 활용하고, 탭하기 어려운 작은 버튼을 사용하는 것을 삼가야 한다.

적용 방식

모든 콘텐츠 요소가 다양한 멀티터치 제스처를 통해 접근할 수 있는 내비게이션 역할도 수행한다.

예시

콘텐츠를 내비게이션에 잘 활용한 예로 플립보드가 있다(그림 14.8 참고). 이 앱은 디자인이 아름다울 뿐 아니라 기능성도 매우 뛰어나 사용자들이 자연스럽게 앱을 좋아할 수밖에 없다.

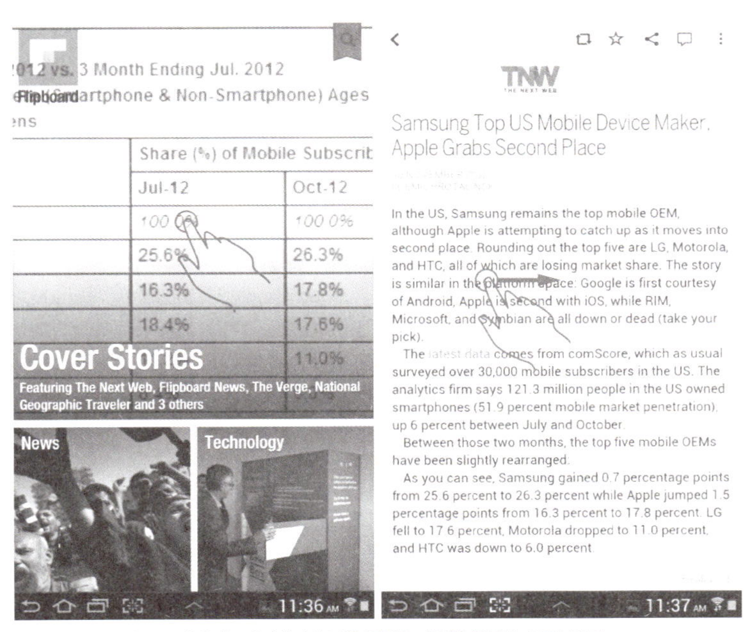

▶ 그림 14.8: 플립보드 앱에서는 내비게이션 겸용 콘텐츠 패턴을 훌륭하게 구현한다.

사용자는 큰 타일을 간단히 탭해 나머지 스토리를 볼 수 있다. 또, 위로 스와이프하면 더 많은 스토리를 볼 수 있고, 오른쪽에서 왼쪽으로 스와이프하면 뒤로 이동할 수 있다. 이 앱에서는 내비게이션 버튼이 전혀 없지만 잡지를 모방한 직관적인 인터페이스 덕분에 앱 사용에 어려움을 겪는 사람은 거의 없다.

이와는 조금 다른 예시를 그림 14.9에 나온 News 360 앱에서 볼 수 있다. 이 앱에서는 각 스토리를 위/아래로 스와이프해 회전할 수 있는 '큐브'로 보여준다. 아래로 스와이프하면 '드릴다운'을 통해 스토리에 대한 더 많은 정보를 볼 수 있다. 위 스와이프는 공유 기능과 추가 내비게이션 기능을 보여준다. 이 앱에서는 적절한 화면 전환 활용과 시스템 액션에 대한 제스처 매핑을 통해 재미 요소를 추가하고 있다.

▶ 그림 14.9: News 360 앱에서는 콘텐츠가 재미있는 내비게이션 역할을 수행한다.

하지만 이와 같이 단순한 방향 스와이프는 태블릿 기기에서 사용할 수 있는 멀티터치 및 제스처 기능 중 빙산의 일각일 뿐이다. 구글 어스 앱(그림 14.10 참고)에서는 사용자가 현재 보고 있는 지도 화면과 직접 상호작용할 수 있게 함으로써 멋진 가상 현실 기능을 제공한다. 이 앱에서는 사용자가 익숙한 확대-축소 핀치 제스처와 더불어 두 손가락을 사용한 회전 및 팬(pan) 기능도 효과적으로 활용한다.

이 앱의 태블릿 버전을 사용하는 사용자라면 이 앱의 이런 기능을 좋아하지 않을 수 없으며, 몇 분 내에 이 방식이 '유일한' 방식임을 실감하게 된다.

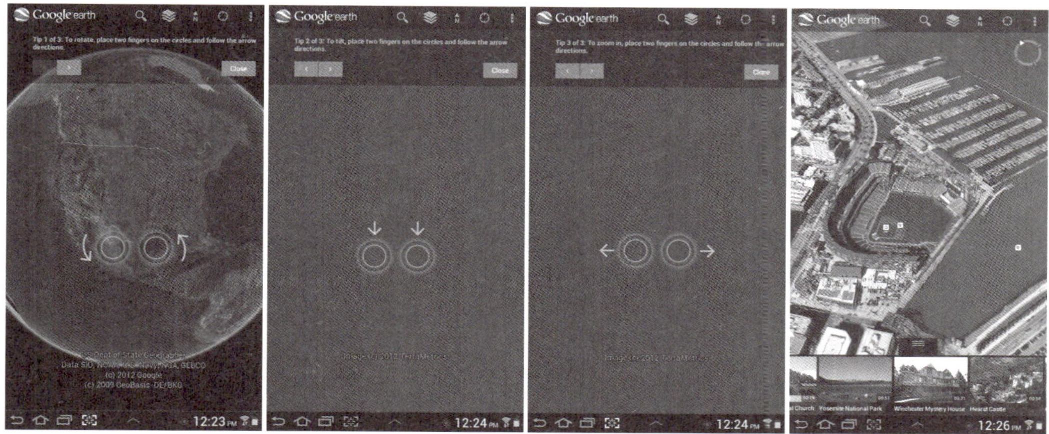

▶ 그림 14.10: 구글 어스 앱에서는 복잡한 실세계 콘텐츠를 직접 조작하기 위해 멀티터치 제스처를 사용한다.

언제, 어디에서 사용하나

직접 접근 내비게이션은 가능한 한 모든 태블릿 애플리케이션에서 사용해야 한다.

사용하는 이유

태블릿, 특히 대형 태블릿은 멀티터치 제스처에 적합하다. 이는 기기의 크기 및 폼 팩터와 관련 있으며, 멋지고 재미있는 터치 상호작용과도 관련 있다. 멀티터치는 양손을 모두 사용해야 하는 태블릿과는 뗄래야 뗄 수 없으며, 태블릿의 터치 DNA에 녹아 들어 있다. 모바일 사용자 경험 전문가인 조시 클라크가 필자의 첫 번째 책 Designing Search(2011, Wiley)에서 사이드바를 통해 말한 것처럼 "버튼은 핵(hack)[1]이다." 필자는 이 말에 더할 나위 없이 동의한다. 물론 버튼은 익숙한 제스처로 매핑되지 않는 동작에서는 여전히 필요하지만, 전반적으로 태블릿에서 버튼은 과도하게 사용 중이며, 가능한 한 제스처와 멀티터치를 대신 사용하는 법을 고려해야 한다.

다른 활용법

2010년 IA 서밋 키노트에서 리차드 솔 워먼은 다음과 같은 유명한 말을 했다. "우리가 컴퓨터와 웹사이트에서 하는 일은 아직까지 초보적인 수준이다. 우리는 마무리나 마감에 투자할 수 없을 정도로 빠르게 변화하는 시대에 살고 있다. 그 결과 대부분의 결과가 무척 좋지 않다. 웹은 페이지를 모아놓은 것으로 그치지 않을 것이다. 웹은 유동적인 영화와 같아야 하며, 정보에 대한 여행을 제공해야 한다. 우리는 웹을 타고 원하는 정보로 날아갈 수 있어야 한다. 또, 가

---

1 어쩔 수 없이 사용하는 임시 방편이나 꼼수를 말한다.

고 싶은 방향을 결정할 수 있어야 한다. 웹을 책으로 비유할 경우 이와 같은 개념을 제대로 나타날 수 없다.”

여기서 ‘웹’이라는 단어를 ‘정보’로 바꾸면 앞으로 데이터와 사용자의 관계를 어떻게 봐야 할지 알 수 있다. 우리는 현재 멀티터치를 통해 직접적으로 콘텐츠를 조작하는 가능성 중 극히 일부만을 접하고 있다. 이 패턴의 응용 분야는 말 그대로 무한하다.

이와 같은 응용 방식을 한 가지 구체적인 예를 들어 살펴보자. 리벳 부츠 사진 한 장을 사용해 사용자가 자신이 좋아하는 기능(리벳)이 들어 있는 비슷한 부츠들을 찾으려고 한다. 사용자는 더 크게 만들고 싶은 기능(발가락 부분 등)은 확대하고, 원하지 않는 기능(힐)은 X 표시를 한다. 그럼 앱에서 보여주는 결과에는 발가락 부분이 넓고 힐이 없는 리벳 부츠들이 표시된다.

‘정보를 타고 날아가는’ 사용자 경험을 전달하는 최근 사례로 Opening Ceremony 매거진과 터치를 지원하는 멀티미디어 스토리인 The Fantastic Flying Books of Mr. Morris Lessmore가 있다. 이와 같은 단일 터치 제스처를 사용할 때는 스토리의 터치 영역을 가볍고, 사용자의 참여를 유도하게끔 만들고, 사용자가 긴 튜토리얼을 보지 않고도 간단한 화면 힌트를 통해 인식할 수 있게 단순하고 직관적인 멀티터치 모션을 사용해야 한다.

⚠️ 주의점

어떤 제스처는 다른 제스처보다 발견 가능성이 떨어진다. 사용자가 내비게이션 기능을 찾아내지 못하는 일이 일어나지 않게 하려면 구글 어스에 잘 나와 있는 거처럼 상호작용을 보여주는 워터마크 튜토리얼, 오버레이, 애니메이션을 사용해야 한다(그림 14.10 및 ‘관련 패턴’ 절 참고).

태블릿은 모션을 사용할 수 있는 경우에도 일부 가속도계 모션에 적합하지 않다는 점도 염두에 두자. 예를 들어 간단한 기울임 정도는 괜찮지만, 특히 크고 무거운 태블릿 기기의 경우 흔들기나 뒤집기 동작은 매우 어색하다.

관련 패턴

13.5 패턴: 워터마크
5.5 패턴: 튜토리얼

14.5 패턴: 2-D 더 보기

2-D 더 보기는 단순하지만 강력한 콘텐츠 검색 디자인 패턴이다. 이 패턴은 재미있고, 시각

적인 검색 경험을 통해 다양한 검색을 할 수 있는 태블릿 같은 대형 터치 기기에서 특히 효과적이다.

적용 방식

검색 결과를 몇 줄의 갤러리 형태로 표시하고, 각 줄에서는 결과셋 중 특정 카테고리를 보여준다. 각 줄은 하위 카테고리, 상표, 날짜, 가격 범위 등 필요에 따라 생성할 수 있다. 또, 각 줄에는 캐로셀 컨트롤('13.3 패턴:캐로셀' 절 참고)이 들어 있다. 사용자에게 썸네일을 보여줄 뿐 아니라 각 줄은 오른쪽으로 화면 두세 개 너비만큼 확장되므로, 사용자는 오른쪽에 왼쪽으로 스와이프하는 제스처를 통해 추가 항목을 볼 수도 있다. 아울러 사용자는 더 많은 행을 보기 위해 페이지를 위로 스크롤할 수도 있다. 그럼 주제별로 정리된 2차원 스크롤 매트릭스에 결과 썸네일이 표시된다.

각 줄에서는 스크롤을 하지 않아도 선택할 수 있게끔 행 어딘가에서 더 보기 링크도 제공한다. 터치 화면에서는 주로 행 제목을 링크로 사용해 이와 같은 기능을 수행한다. 보통 더 보기 링크는 스크롤 가능한 캐로셀의 마지막 위치에 두는 게 가장 좋다. 이렇게 하면 사용자가 캐로셀에서 자신이 찾는 항목을 찾지 못한 경우 링크를 탭해 검색어와 특징 행의 주제에 맞는 더 많은 결과를 볼 수 있다.

📊 예시

이 패턴을 제대로 활용한 첫 번째 앱 중 하나로 그림 14.11에 나온 Netflix가 있다.

▶ 그림 14.11: Netflix 앱에는 2-D 더 보기 패턴이 잘 구현돼 있다.

이 패턴은 세로와 가로 방향 모두 잘 동작한다. 세로 방향에서는 더 많은 행을 볼 수 있고, 가로 방향에서는 각 행에서 더 많은 항목을 볼 수 있다. 사용자는 필요에 따라 태블릿을 회전해 원하는 대로 항목을 볼 수 있다.

언제, 어디에서 사용하나

2-D 더 보기 패턴은 카테고리를 쉽게 나눌 수 있는 콘텐츠의 검색을 다양하게 지원하려고 할 때 활용할 수 있다. 이 패턴은 주로 시각적인 특성이 강한 결과셋을 보여줄 때 가장 적합하지만, 필요에 따라 추가 설명이나 텍스트 요약 정보도 집어넣을 수 있다.

사용하는 이유

태블릿은 최소한의 입력과 기기의 큰 크기에 어울리는 크고, 다양한 제스처를 통해 접근하는 정보의 '사색적 소비(contemplative consumption)'에 적합하다. 2-D 더 보기 패턴보다 태블릿의 이와 같은 특성을 잘 활용하는 검색 디자인 패턴은 거의 없다.

잘 디자인한 더 보기 패턴은 기기의 전체 화면을 모두 활용하고, 가로-세로 양방향에서 잘 동작하며, 훌륭한 인체공학적 사용자 경험을 제공한다. 전반적으로 이 패턴은 시각적인 정보를 통해 우아하고, 편안한 비행을 제공함으로써 사용 흐름에 큰 도움이 된다.

다른 활용법

2-D 더 보기 패턴은 슬라이드 아웃 메뉴 같은 다른 멀티터치 UI 요소와도 쉽게 결합할 수 있다. 예를 들어 그림 14.12에 나온 Pulse 앱의 2-D 더 보기 패턴에서는 화면을 왼쪽으로 좀 더 밀면 서랍 메뉴가 나타난다.

⚠ 주의점

2-D 더 보기 패턴을 구현할 때는 다음 실수에 빠지지 않게끔 주의해야 한다.

1. 페이지의 각 행에 똑같은 하위 분류를 사용하지 않는다. 물론 이 방식이 이 패턴을 사용하는 일반적인 방식이기는 하지만, 이런 분류 방식만 사용할 수 있는 것은 아니다. 2-D 더 보기 패턴은 한 개의 부모 카테고리의 여러 하위 카테고리를 보여주기 위한 패턴이 아니다. 오히려 사용자에게 맞는 하위 분류 방식을 사용해야 한다. 예를 들어 첫 번째 행은 카테고리로 분류하고, 두 번째 행은 상표, 세 번째 행은 가격 범위로 분류할 수 있다. 사람들은 이런 분류 방식을

좋아하고, 실용적이라고 생각하며, 개별 행에 적용된 IA를 이해하는 데 애를 먹지도 않는다. 오히려 자신에게 가장 적합한 행을 바로 찾아서 정보를 바로 사용하는 게 대부분이다.

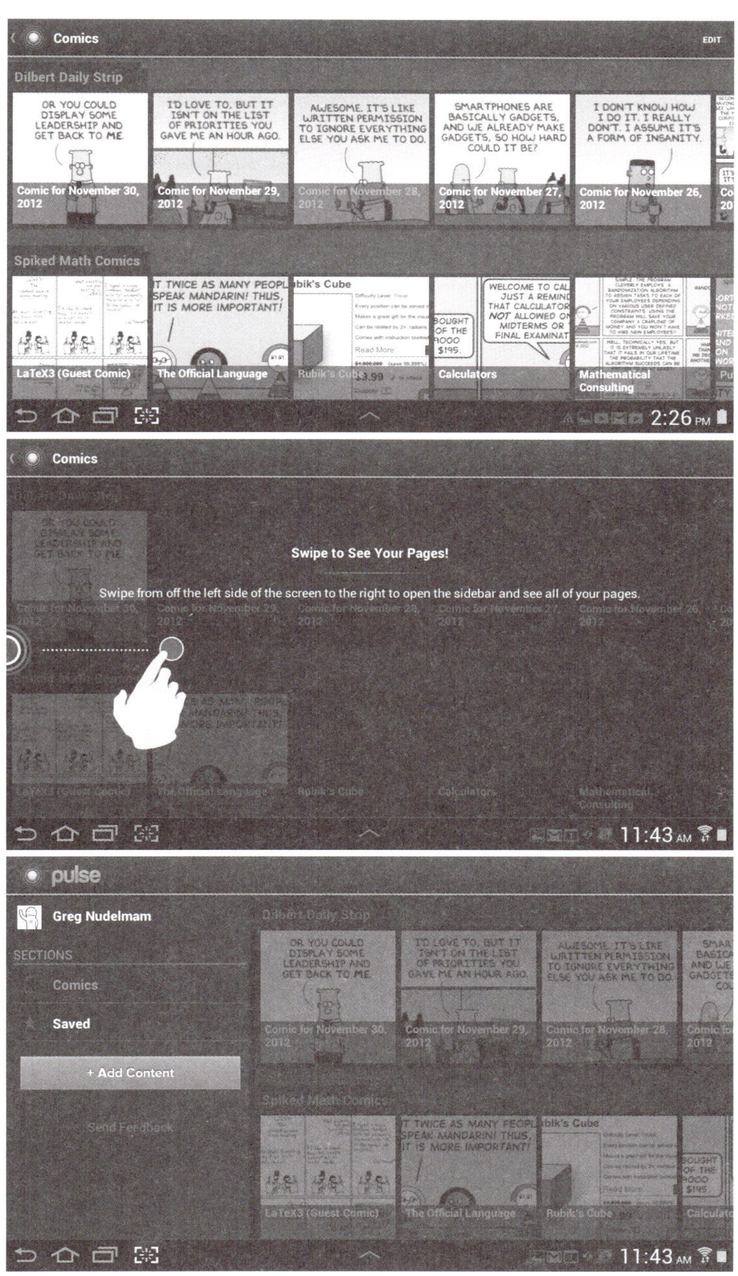

▶ 그림 14.12: Pulse 앱의 2-D 더 보기 패턴에서는 서랍 메뉴를 활용한다.

2. 티저를 **빼먹지** 않는다. 각 행에 캐로셀을 사용한다면(터치 기기에서는 이를 사용할 것을 크게 권장한다) 추가 콘텐츠를 사용자가 직관적으로 찾아내지 못할 수도 있음을 기억하자. 스크롤을 통해 더 많은 정보를 볼 수 있다는 점을 사용자에게 알리는 가장 좋은 방법은 티저(다음 항목을 일부만 보여주기)를 사용하는 것이다. 티저는 오른쪽에 사용해 각 행에 더 많은 항목이 있음을 알려줄 수 있고, 페이지 하단에 사용해 스크롤을 통해 더 많은 행을 볼 수 있음을 알려줄 수도 있다. 이때 티저가 가로, 세로 방향 모두에서 제 기능을 하게끔 주의해야 한다. 이를 위한 가장 좋은 방법은 특정 기기 방향에 따라 행 개수나 행 내 항목 개수를 늘리는 것이다.

3. 실제 항목을 사용한다. 이 패턴은 시각적인 정보를 보여주는 다양한 화면에 활용할 수 있지만, 2-D 더 보기 패턴이 가장 적합한 경우는 각 행에서 아이콘이나 그림이 아닌 실제 이미지를 보여주는 경우다.

4. 부드러운 스크롤 관성을 사용한다. 일부 2-D 더 보기 패턴 구현체에서는 행을 스크롤할 때 '한 번에 한 페이지 이동' 스크롤 방식을 사용한다. 자연스러운 사용 흐름을 유지하려면 각 행의 캐로셀은 나머지 페이지와 마찬가지로 부드러운 스크롤 관성을 갖고 있어야 한다. 이때 가로 스와이프 제스처의 속도에 따라 행의 초기 스크롤 속도를 조절한다면 금상첨화다.

관련 패턴

13.3 패턴: 캐로셀

14.6 실험 패턴: C-스와이프

최근 윈도우 8용 기기들을 참고하면 태블릿은 시간이 지나면서 점차 커질 것으로 전망된다. 이미 태블릿 라인업에는 12인치, 15인치, 21인치 터치 화면이 포함돼 있으며, 터치 친화적인 애플리케이션들은 점점 더 복잡하고 다양한 기능을 갖추고 있다. 안드로이드에서 이와 같은 추세를 따라가는 것은 시간 문제다. 하지만 현재의 액션 바 스키마는 현실적이지도 않으며, 인체공학적으로 바람직하지도 않다. C-스와이프는 새로운 내비게이션 스키마의 기초가 되는 실험적인, 미래형 패턴이다. 이 패턴은 터치 화면 내 어디서나 엄지 손가락으로 자연스럽게 반원을 그리면 아무 곳에서나 컨텍스트 메뉴를 보여준다. 이 제스처의 모양이 알파벳 C와 비슷하므로 이 패턴은 C-스와이프라고 부른다.

한번 상상해보자. 태블릿의 전체 화면은 콘텐츠에 할애돼 있다. 기능이나 내비게이션을 사용하려면 사용자는 오른쪽 엄지로 기기 모서리 근처에서 자연스러운 반 원 제스처를 사용한다. 이 제스처는 기기를 편안히 쥐고 있는 상태에서도 쉽게 사용할 수 있으며, 오른손 손목과 나머지 네 손가락, 아울러 왼손의 다섯 손가락과 왼손 바닥에는 아무런 부담도 없다.

오른손 스와이프를 사용하면 반원 형태의 컨텍스트 메뉴가 나타난다. 이 중 가장 많이 사용하는 기능은 엄지 손가락이 C-스와이프 제스처를 끝내는 최종 위치와 가장 가까운 상단에 들어 있다. 아이콘 및 관련 메뉴 텍스트는 엄지 손가락에 가리지 않게끔 배치한다. 사용자가 원하는 기능을 탭하면 메뉴가 다시 닫히고 메뉴 기능이 수행된다.

예시

앞에서 말한 것처럼 플립보드는 멀티터치를 효과적으로 활용하는 우아한 앱이다. 하지만 상세 페이지에서 일부 기능(뒤로 가기, 즐겨찾기, 좋아요 등)는 상단 액션 바에 들어 있다. 필자는 이런 방식 대신 C-스와이프 패턴을 사용할 것을 제안한다.

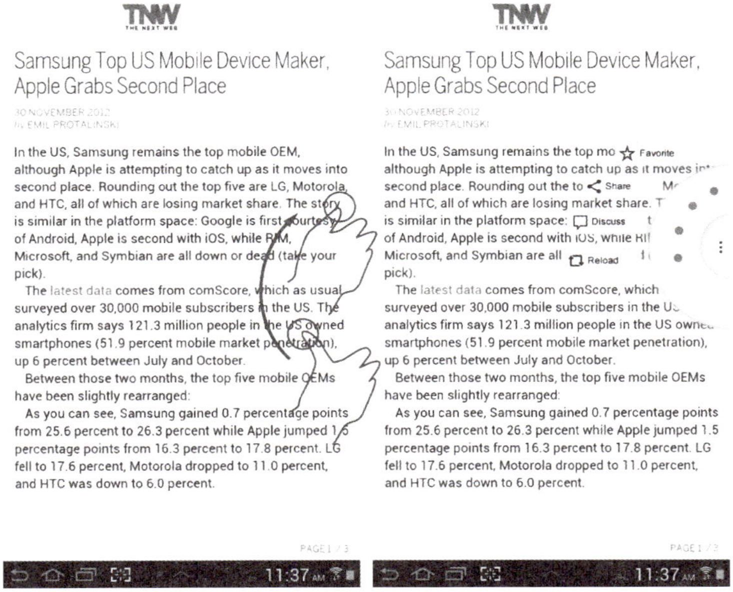

▶ 그림 14.13: 이 와이어프레임에서는 C-스와이프 메뉴를 사용해 재디자인한 플립보드 앱을 보여준다.

화면 내 아무 곳에서나 엄지 손가락으로 반원 스와이프 제스처를 사용하면 앱의 메뉴 기능이 들어 있는, 숨은 메뉴가 나타난다.

언제, 어디에서 사용하나

C−스와이프 패턴은 기본적으로 현재 안드로이드의 액션 바 메뉴를 완전히 대체할 수 있는 패턴이다. 따라서 이 패턴은 현재 액션 바를 사용하는 곳이라면 어디든 사용할 수 있다. 특히 잡지를 읽거나 검색하는 앱에서 숨어 있는 스위스 군용 칼 내비게이션을 사용하는 경우가 이 패턴을 사용하기에 가장 적합하다.

사용하는 이유

C−스와이프 패턴에는 여러 가지 중요한 장점이 있다.

- 필요할 때까지 기능을 숨김으로써 화면 공간을 가상 현실 같은 터치 사용자 경험에 100% 할애할 수 있게 해주는, 몰입 효과가 매우 뛰어난 패턴이다.
- C−스와이프 패턴은 화면 내 어디서나 내비게이션을 사용할 수 있고, 이미 손이 있는 위치에서 정확하가 메뉴가 표시된다는 점에서 매우 독보적인 패턴이다. 덕분에 사용 불편도 최소한으로 줄일 수 있고, 기능을 사용하느라 손 위치를 바꿀 필요도 없다.
- C−스와이프 패턴은(이 책을 집필하는 시점 기준으로) 현재 다른 용도로 사용되지 않는 독창적인 제스처를 사용한다. 따라서 메뉴가 실수로 실행될 가능성이 그만큼 적고, 메뉴가 열렸을 때는 메뉴 밖 아무 곳이나 탭해 쉽게 닫을 수 있다.

다른 활용법

C−스와이프 패턴은 굳이 모서리 주변에서 활성화하지 않아도 된다. 거치대를 통해 기울어진 상태로 대형 태블릿을 사용하는 경우 엄지 손가락으로 아무 데서나 반 원 제스처를 그리면 C−스와이프 내비게이션을 활용할 수도 있다. 보통 이런 경우에는 제스처를 원활히 수행하려면 검지 손가락 같은 다른 손가락이 먼저 화면을 터치해야 한다.

C−스와이프 패턴은 가능한 한 엄지의 움직임을 따라 반원 경로로 메뉴를 보여주는 '자연스러운' 애니메이션 전환을 활용한 독창적인 패턴이다.

⚠ 주의점

C−스와이프 패턴은 쉽게 찾아내기 어렵다. 하지만 애니메이션 워터마크나 유사한 패턴을 활용하면 이 패턴의 발견 가능성을 크게 높일 수 있다. "화면 아무 데서나 엄지로 스와이프하세요"라든가 화면 내 각기 다른 위치에서 여러 차례 애니메이션을 보여주면 사용자가 이 제스처를 찾아내는 데 큰 도움이 된다. 일단 이 제스처를 알고 나면 C−스와이프 패턴은 사람 손으로 하기에 자연스러운 제스처이므로 금세 익숙해진다.

어떤 사람들은 C 스와이프 제스처의 단점이 인체공학적으로 복잡하고, 스크롤/팬처럼 현실 세계에서 일치하는 '실제' 제스처가 없다는 점을 지적한다. 다른 디자이너들은 전체 팔을 사용해 화면을 왼쪽에서 오른쪽이나, 위에서 아래로 이동하는 윈도우 모던 UI의 제스처를 더 선호한다. 또 다른 디자이너들은 대형 디스플레이에서 특수 멀티터치 제스처(이를테면 다섯 손가락 탭, 다섯 손가락 핀치)를 더 좋아한다. 하지만 필자는 이에 동의하지 않는다. 물론, C-스와이프 대신 사용할 수 있는 이들 패턴이 여러 가지 장점이 있지만, 필자가 브기에는 C-스와이프 패턴이 가장 자연스럽고, 적합하며, 인체공학적이다. 물론 이런 이론을 증명하려면 여러 사람을 대상으로 방대한 테스트가 필요하다. 하지만 한 가지만은 분명하다. 바로 제스처와 상관없이, 숨은 메뉴에 들어 있는 개념 자체는 앞으로 출시될 초대형 태블릿의 터치 조작 방식에 적합하다는 점이다. 따라서 이 패턴과 관련해 필자가 가장 당부하고 싶은 것은 이와 같이 중요한 추이 변화를 무시하지 말라는 것이다.

관련 패턴

13.5 패턴: 워터마크

13.6 패턴: 스위스 군용 칼 내비게이션

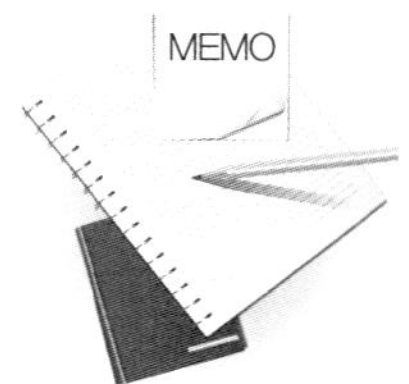

MEMO

개발자와 디자이너를 위한 인터랙션 디자인 솔루션

안드로이드 디자인 패턴

1판 1쇄 발행 2013년 10월 1일

저   자 | 그렉 누들먼
역   자 | 유윤선
발 행 인 | 김길수
발 행 처 | (주)영진닷컴
주   소 | (우)153-803 서울특별시 금천구 가산동 664번지 대륭테크노타운
              13차 10층

대표전화 | 1588-0789
대표팩스 | (02) 2105-2207

등   록 | 2007. 4. 27. 제16-4189호

가격 25,000원

ⓒ2013. (주)영진닷컴
ISBN | 978-89-314-4567-1

http://www.youngjin.com

YoungJin.com **Y.**
영진닷컴